田林年鉴

TIANLIN NIANJIAN

2019

田林县地方志编纂委员会　编

方志出版社
Publishing House of Local Records

图书在版编目（CIP）数据

田林年鉴．2019 / 田林县地方志编纂委员会编．--
北京 ：方志出版社，2019.12
ISBN 978-7-5144-4125-3

Ⅰ．①田… Ⅱ．①田… Ⅲ．①田林县—2019—年鉴
Ⅳ．①Z526.74

中国版本图书馆 CIP 数据核字(2020)第 035640 号

田林年鉴（2019）

编　　者：田林县地方志编纂委员会
责任编辑：顾　洁

出 版 者：方志出版社
地址　北京市朝阳区潘家园东里 9 号（国家方志馆 4 层）
邮编　100021
网址　http://www.fzph.org
发　　行：方志出版社图书经销中心
电话（010）67110500
经　　销：各地新华书店
装帧设计：南宁市佳彩广告设计有限公司
印　　刷：深圳市精一瑞兰印刷有限公司

开　　本：889 ×1194　1/16
印　　张：27.75
字　　数：746 千字
版　　次：2019 年 12 月第 1 版　2019 年 12 月第 1 次印刷
印　　数：001 ～ 600 册

ISBN　978-7-5144-4125-3　定价：160.00 元

编辑说明

一、《田林年鉴》的编纂坚持马克思列宁主义、毛泽东思想、邓小平理论、“三个代表”重要思想、科学发展观、习近平新时代中国特色社会主义思想为指导，坚持辩证唯物主义和历史唯物主义的立场、观点和方法。贯彻中国共产党的各项方针政策，按照“实事求是、严谨办鉴”的要求，力求全面客观反映田林县各族人民在中国共产党的领导下建设中国特色社会主义和谐社会的伟大实践，反映田林县情资料。

二、《田林年鉴》根据国务院《地方志工作条例》《广西壮族自治区实施〈地方志工作条例〉办法》有关规定进行编写。是在田林县委、县政府领导下，由县人民政府主办、县地方志编纂委员会办公室承编，逐年编纂、连续出版的综合年鉴，该书全面、准确、科学、系统地记载料本行政区域自然、政治、经济、文化、社会等各项事业的基本情况和重大事情，是具有政府公报性质的综合性大型信息资料工具书和权威性的年度资料性文献，是了解田林县、研究田林县的重要窗口，旨在为各级领导提供决策的参考依据，为社会各界和多层面提供资讯。

三、《田林年鉴(2019)》系统记载2018年度田林县经济和社会发展的基本情况。

四、本年鉴分为特载、大事记、总述、中共田林县委员会、田林县人民代表大会、田林县人民政府、中国人民政治协商会议田林县委员会、社会团体、法治、军事、农林·水利、工业、交通运输·信息产业、住建·环保、商务、金融、经济监督与管理、财政·税务、文化·体育·广电、科技·教育、卫生、乡镇等22个类目，并在书前设有数说田林、年度要闻和图片专辑，为读者提供关注较高的资料信息。

五、本年鉴采用分类编辑法，承担记述概况及百科任务。记述范围为：县直各部、办、局及企事业单位；各乡镇；驻田林境内的中央、自治区、市各单位。全书条目统一用黑体字加【 】表示。

六、一律采用中华人民共和国法定计量单位，其中长度单位用“米”或“千米”，重量单位用“克”“千克”“吨”。考虑到历史原因及习惯，记述农林事项、运输事项等事项，仍保留亩、公里、公斤等，还有住房建设方面，仍保留亩、平方米等。引用文献中的计量单位尊重原文，不做改动。数据一般保留小数点后2位，房地产面积保留小数点至后4位。

七、本年鉴使用规范的语体文和记述体，直陈其事，寓论断于叙事之中，文字力求言简意赅。同时，在正文中间和各类目之间收入图片，力求做到图文并茂。

八、本年鉴记述的内容(含文字、图片)均由县直各部门、各人民团体、各乡(镇)以及各企业提供，并经严格的审核。涉及田林县社会经济统计数据，由田林县统计局提供，其他数据为撰稿部门提供。资料具有可靠性、科学性和权威性。

《田林年鉴·2019》编纂委员会

(2019年11月)

《田林年鉴·2019》编辑部

数说田林 2018

SHUSHUO TIANLIN

- 行政区域面积：5523.78 平方千米
- 年平均气温：21.1℃
- 年平均日照时数：1428.0 小时
- 年平均降水量：1932.4 毫米
- 耕地面积：21542.04 公顷
- 世居民族：4 个
- 总人口：267389 人
- 城镇人口：59753 人
- 人口自然增长率：5.41‰
- 乡（镇）：14 个
- 社区：3 个
- 村民委：165 个
- 地区生产总值：63.11 亿元
- 财政收入：4.16 亿元
- 财政预算收入：2.43 亿元
- 财政预算支出：24.13 亿元
- 粮食总产量 8.41 万吨：
- 农林牧渔业总产值：25.72 亿元
- 全部工业增加值：21.28 亿元
- 全社会固定资产投资：29.85 亿元
- 公路通车总里程：1897 千米
- 铁路运营总里程：89 千米
- 社会消费品零售总额：13.16 亿元
- 进出口总额：0.49 亿元
- 出口总额：0.49 亿元
- 邮电业务总量：0.56 亿元
- 年末电话用户：21.91 万户
- 旅游总收入：11.47 亿元
- 金融机构年末存款余额：68.68 亿元
- 金融机构年末贷款余额：47.42 亿元
- 教育事业财政支出：49.63 亿元
- 科学技术财政支出：0.12 亿元
- 文化体育与传媒财政支出：0.09 亿元
- 社会保障和就业财政支出：3.33 亿元
- 医疗卫生财政支出：3.22 亿元
- 授权专利（拥有有效发明专利）：8 个
- 艺术表演团体（含业余剧团）：116 个
- 公共图书馆：1 个
- 文化馆：1 个
- 卫生医疗机构：175 个
- 卫生技术人员：1110 人
- 医院、卫生院病床：1025 张
- 能源消耗总量：112862.71 吨标准煤
- 农村居民人均可支配收入：1.12 万元
- 农村居民人均生活消费性支出：0.84 万元
- 城镇居民人均可支配收入：2.86 万元
- 城镇居民人均生活消费性支出：1.76 万元
- 参加城镇基本养老保险人数：6078 人
- 参加基本医疗保险人数：242223 人
- 参加失业保险人数：5873 人

县城风光

年度要闻 2018

NIANDU YAOWEN

5 月 18 日 百矿集团田林电解铝项目正式投产，生产出田林历史上第一桶铝水、第一块铝锭，田林铝工业实现从无到有的历史性突破。该项目总投资 22 亿元、年产量 30 万吨，是田林建县以来最大的产业投资项目。同时，40 万吨阳极碳素项目全面动工。

6 月 24 日 因为连日暴雨，田林县城绕城路渭架沟一带发生严重地质灾害事件，倒塌或掩埋房屋 20 栋，未发生人员伤亡。

7 月 4 日 田林县人民法院原创微视频《法院那些你不知道的事儿》荣获 2017 年度全国法院优秀微博作品，是全区基层法院中唯一获此荣誉的法院。

7 月 10 日 为了解决贫困患者“报销难”问题，田林县创新推出“一站式”医疗服务（即：一个窗口接单、一套系统结算、一处全部办结），确保建档立卡贫困患者得到及时医疗保障，开通了贫困户就医新绿色通道，先后被中央电视台、人民日报宣传报道。

7 月 20 日 田林县国家税务局、田林县地方税务局正式合并，挂牌成立国家税务总局田林县税务局。

9 月 12 日 第 15 届中国—东盟博览会广西百色市重点产业投资推介会暨项目签约仪式上，田林县成功签约 2 个项目，总投资额达 14 亿元。

百矿集团田林铝水项目园区鸟瞰图

12 月 19 日 国家艺术基金资助项目大型壮剧《瑶娘》在广西民族大学剧场公演。该剧目已在贵州、云南、百色、南宁等地巡回公演次数高达 40 场次。

12 月 25 日 自治区、市、县三级统筹推进的重大能源项目——广西田林瓦村水电站工程竣工庆典仪式在田林县八桂瑶族乡弄瓦村隆重举行。瓦村水电站是田林建县以来最大的水电投资项目。项目总投资 28.3 亿元、年平均可发电量 695.36GW.h，项目总工期 44 个月（2015 年 5 月至 2018 年 12 月）。

2018 年 田林县新增规上工业企业 5 家、总数达 44 家，全县规上工业总产值首次突破 60 亿元，增长 20%。

2018 年 中央财政部从规范预算编制、强化预算执行、提高收入质量、优化支出结构、增强财政可持续性、加大预决算公开 6 个方面对全国 28 个省（区、市）1891 个县（县级市、旗）2017 年度全国县级财政管理绩效进行综合评价。根据综合评价，田林县位列全国第 386 名，是百色市获得此项殊荣的两个县份之一；同时，在单项考评强化预算执行指标中田林县位列全国第 1 名。广西壮族自治区财政厅按照 2017 年度全国县级财政管理绩效综合评价结果，奖励田林县 500 万元。

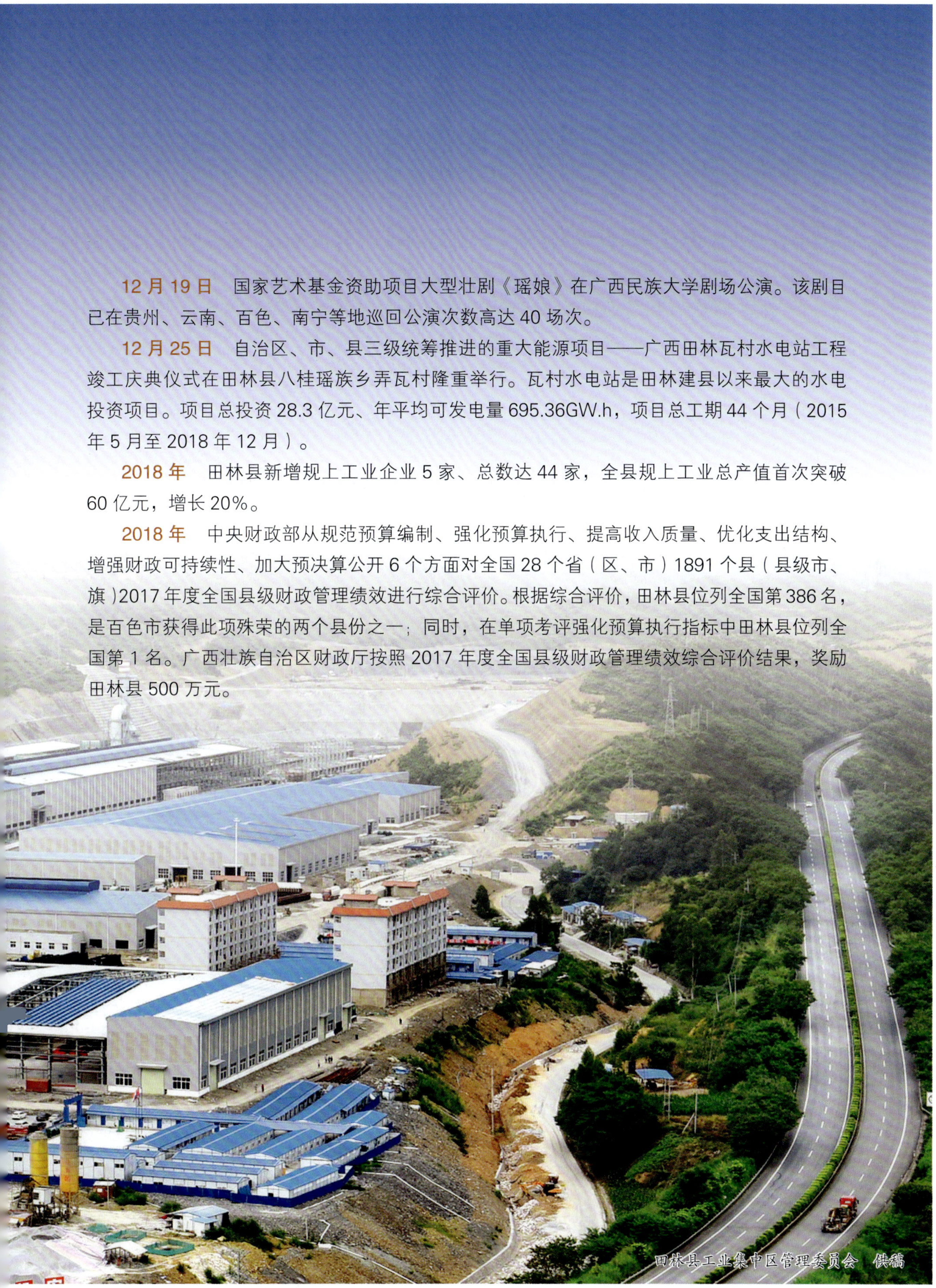

田林县工业集中区管理委员会 供稿

图片专辑 2018

TUPIAN ZHUANJI

田林城西

（拍摄于 2019.5.16 冯春旺）

领　导

1　2018年5月17日，自治区党委副书记孙大伟（前排右三）到桂黔（田林）经济合作产业园百矿集团工业基地调研
2　2018年4月10日，自治区党委常委、自治区纪委书记、自治区监委主任房灵敏（左一）到田林县走访慰问贫困户
3　2018年7月8日，自治区人民政府副主席方春明（左二）到田林县调研扶贫工作
4　2018年11月28日，自治区政协副主席、市委书记、市人大常委会主任彭晓春（中）到田林县入户走访贫困户

视　察（一）

1　2　3　4

领　导

1　2018 年 3 月 29 日，中国扶贫基金会副会长、广东省老区建设促进会会长、广州市政协原主席、百色市人民政府原顾问、百色市荣誉市民、百色市教育基金会名誉会长陈开枝（前排左一）一行到田林县田林高中考察

2　2018 年 12 月 7 日，市长周异决（左二）到田林县潞城瑶族乡调研精准扶贫工作，并走访慰问潞城瑶族乡那帮村那合屯贫困户

3　2018 年 8 月 2 日，百色市委副书记、政法委书记周武红（左二）到田林县视察时指出，“一站式”服务确保贫困患者得到及时的医疗保障

4　2018 年 11 月 8 日，百色市在田林县召开全市“党员教育提升年”活动工作推进会。图为百色市委常委、组织部部长黄智宇（中）到田林县委党校检查指导工作

视　　察（二）

1　2
3
4

县 领 导 班 子

1 2018 年 7 月 4 日，县委书记彭斌到潞城瑶族乡各烟村走访慰问结对帮扶贫困户
2 2018 年 6 月 7 日，高考首日，县委书记彭斌到田林高中巡查高考工作，县领导蒋桂红、汤自忠、谢君稳等陪同巡查
3 2018 年 10 月 21 日，县委书记彭斌率队到乐里镇百花寨安置点开展易地扶贫搬迁检查工作
4 2018 年 11 月 13 日，彭斌、黄慧、覃纪腾等县四家班子领导率队到瓦村水电站就瓦村水电站工作进展情况进行调研
5 2018 年 5 月 9 日，县长黄慧到旧州镇开展扶贫领域腐败和作风问题专项治理工作大接访活动，与群众“零距离”、面对面倾听他们反映的问题和诉求

1 2 3 4 5

工作剪影

重　要

2018 年 1 月 17 日，中国共产党田林县第十四届代表大会第三次会议在县政府小礼堂隆重开幕

2018 年 1 月 17 日—19 日，中国人民政治协商会议田林县第九届委员会第三次会议在县政府小礼堂召开

会　　议（一）

2018 年 1 月 19 日—20 日，田林县第十六届人民代表大会第三次会议在田林县政府小礼堂召开。图为新当选田林县监察委员会主任和田林县第十六届人大常委会副主任、委员向宪法宣誓仪式

2018 年 3 月 2 日，在县政府小礼堂召开中国共产党田林县第十四届纪律检查委员会第三次全体会议

重　要

2018 年 3 月 8 日，《田林县志（1991—2005）》评稿会在田林县召开

2018 年 6 月 29 日，田林县在县政府小礼堂召开纪念中国共产党成立 97 周年大会

会　议（二）

2018 年 7 月 2 日—3 日，田林县召开第十六届人民代表大会第四次会议

2018 年 11 月 8 日，全市党员教育提升年工作现场会在田林召开

重　大

1　2018 年 4 月 4 日，田林县 2018 年脱贫攻坚工作推进大会暨新选派队员驻村工作动员会在县灯光球场隆重召开

2　2018 年 6 月 14 日，市人大常委会副主任、市脱贫攻坚战指挥部副指挥长杨明刚，市人民政府副市长、市脱贫攻坚战指挥部副指挥长古俊彦率市产业扶贫现场推进会现场参观组到田林县现场参观产业扶贫项目

3　2018 年 6 月 29 日，全市“精准扶贫·亮化惠民工程”公益捐赠活动启动仪式在田林县乐里镇风洞村举行

4　2018 年 7 月 19 日晚，在田林县县城灯光球场举办“精准脱贫颂党恩”主题晚会

5　2018 年 10 月 15 日，中国国际广播电台国际在线到田林县开展扶贫调研

1 | 2 | 3 | 4 | 5

活　　　动（一）

推进大会
动员会

云南德凯商贸有限公司捐赠百色市贫困村高效太阳能路灯
启动仪式
百色市脱贫攻坚战指挥部
2018年6月

田林县2018年
贯彻十九大·精准脱贫颂党恩

中国国际广播电台国际在线广西分公司到田林县六隆镇平细村开展扶贫慰问活动

重　大

1　2018 年 9 月 10 日，田林县举行 2018 年度脱贫攻坚冲刺大会。图为县四家班子主要领导给脱贫攻坚工作先进的乡镇颁发流动红旗
2　2018 年 7 月 2 日，田林县“翔路党旗红”就业扶贫技能培训基地在田那路建设办揭牌成立
3　2018 年 10 月 17 日，田林县锦瑶服饰厂（扶贫车间）开工仪式在潞城瑶族乡营盘易地扶贫搬迁安置点举行
4　2018 年 11 月 11 日，六隆镇 73 户贫困户入住“老乡家园”，为表达喜迁新居喜悦心情，举办长桌宴

活　动（二）

1	2
	3
	4

重　大

1　2018年7月21日，由田林承办的2018年百色芒果（上海）专场推介会在上海举行

2　2018年1月12日，自治区地方志办公室主任梁金荣到田林县调研地方志工作并听取汇报

3　2018年1月21日，田林县在八渡瑶族乡弄中移民搬迁安置点举行八渡中心校回建项目开工仪式

4　2018年2月27日，田林县文化科技卫生“三下乡”集中服务活动启动仪式在县城乐里镇三宝庙戏台正式拉开帷幕

5　2018年10月15日，由县卫计局、县文体局等单位联合主办的2018年健康中国行－科学健身主题宣传活动暨健康八桂行宣传周启动仪式在县文化广场举行

1
2　3　4　5

活　　动（三）

行銷全國
果（上海）专场推介会
约仪式
百色市
田林县人民政府

深入学习宣传贯彻党的十九大精神
创建广西文明城市　坚决打赢脱贫攻坚战
田林县2018年文化科技卫生“三下乡”集中服务活动
启动仪式

2018年健康中国行—科学健身主题宣传活动暨八桂行宣传周
田林县启动仪式

重　　大

活　　动（四）

1　2018 年 1 月 30 日，百色市 2018 年全市乡村办工作会议在田林召开

2　2018 年 11 月 8 日，全市人大代表工作经验交流现场会在田林县召开

3　2018 年 7 月 25 日，自治区迎接 2018 年国务院大督查第十督导组到田林县开展实地督导工作

4　2018 年 8 月 28 日，田林县举办光明幼儿园竣工仪式

5　2018 年 9 月 20 日，田林县首届“中国农民丰收节”庆祝大会在利周瑶族乡举行

6　2018 年 10 月 16 日，在田林县2018年《重阳》文艺联欢演出活动上，县委常委、宣传部部长、县人民政府副县长蒋桂红宣布即日起，田林县老年人免费乘坐公交

1	2	
3		
4	5	6

重　大

事　　件

1　2018 年 6 月 23 日 8 时—24 日 7 时，田林县乐里镇滑架沟发生重大地质灾害

2　2018 年 6 月 25 日，市长周异决（后排正面左二）率队到田林县了解该县地质灾害受灾情况，指导善后处理及灾后次生灾害防范工作

3　2018 年 6 月 25 日，自治区纪委副书记何敏到到田林县视察因暴雨发生严重地质灾害受灾情况，县委书记彭斌陪同视察

4　6 月 26 日，县委书记彭斌、县人民政府县长黄慧、县人大常委会主任覃纪腾等县领导率队到县城绕城路滑架沟地质灾害点检查防灾救灾工作

5　滑架沟塌方重新安装供水管道现场

1

2 | 3 | 4 | 5

项　目

1　百矿集团田林铝水项目园区鸟瞰图
2　2018 年 5 月 18 日，百色百矿集团田林 275kta 电解铝项目正式投产
3　2018 年 12 月 24 日，田林县举行田林至西林（滇桂界）高速公路重点控制工程新寨隧道开工仪式
4　2018 年 12 月 25 日，广西田林瓦村水电站工程竣工庆典仪式在田林县八桂瑶族乡隆重举行

建　　设

田林至西林（滇桂界）高速公路新寨隧道
开工仪式

瓦村水電站
广西田林瓦村水电站工程竣工
庆典仪式
可再生能源发电工程质量监督站贺

1　2　3　4

文 化 活 动

1　2018 年 5 月 3 日，田林县“三月三·吼敢”壮剧节隆重开幕
2　2018 年 3 月 12 日，田林县开展一年一度的壮族“祭瑶娘”民俗活动
3　2018 年 5 月 6 日，田林县在县文化广场举行原生态民歌歌会
4　2018 年 5 月 7 日，田林县 2018 年“壮族三月三·吼敢”壮剧节闭幕式．暨校园戏曲展演在县文化广场举行

精 彩 纷 呈

1 | 2 3 4

行　　业

1　2018 年 10 月 25 日，田林县举办“乡村振兴　娃娃同行”新时代主题讲习暨板凳圈戏曲进校园活动
2　2018 年 5 月 14 日，田林县开展以“时刻听党话　永远跟党走”为主题的第二十五届青少年爱国主义读书教育活动
3　2018 年 7 月 20 日，田林县国家税务局与田林县地方税务局正式合并，挂牌成立国家税务总局田林县税务局
4　2018 年 9 月 4 日，田林县举行 2018 年教育工作暨教育扶贫攻坚大会
5　2018 年 9 月 8 日，由县人民政府主办，县人力资源和社会保障局、财政局、总工会等单位承办的广西第五届农民工技能大赛田林县初赛在田林县城三宝庙举行

1		2
		3
	4	5

风 · 采

田林县第二十五届青少年爱国主义读书教育活动讲故事、演讲比赛
“时刻听党话 永远跟党走”

田林县税务局

田林县2018年教育工作
暨教育扶贫攻坚大会
164.28万元
130.7万元
95.8万元

西第五届农民工技能大赛
田林县初赛
暨农民工现场招聘会
主办单位：田林县人民政府

美丽田林·宜居乡村

1 平塘乡油菜花
2 旧州镇徕周村
3 乐里镇平旺屯屯内新貌
4 农闲时期群众休闲娱乐
5 丰收景色
6 五月的田园

目　录

特　载

大事记

概　况

中共田林县委员会

田林县人民代表大会

田林县人民政府

中国人民政治协商会议田林县委员会

人民团体

法　治

军　事

农林·水利

工　业

交通运输·信息产业

住建·环保

商　　务

金　　融

经济监督与管理

财政·税务

文化·体育·广电

科技·教育

卫生·计生

乡　镇

索　引

特 载

贯彻新思想　实现新突破
在高质量发展中努力攻坚脱贫奔康

——在中共田林县第十四届代表大会第三次会议上的报告

彭　斌

（2018 年 1 月 17 日）

各位代表：

我代表中国共产党田林县第十四届委员会向大会报告工作，请予审议。

中国共产党田林县第十四届代表大会第三次会议，是在贯彻党的十九大精神，全县发展实现历史性突破、脱贫攻坚进入关键阶段召开的一次重要会议。大会的主题是：深入贯彻党的十九大精神和习近平新时代中国特色社会主义思想，全面总结 2017 年工作，研判部署 2018 年工作，团结带领全县党员干部和各族人民，抢抓机遇，努力拼搏，在高质量发展中实现脱贫奔康新突破。

一、历史性突破的 2017 年

过去的一年，在市委、市政府的正确领导下，我们冷静应对严峻复杂、持续下行的宏观形势，深入贯彻党的十九大精神，团结带领全县各族干部群众，以"三年一争当"为统领，紧扣脱贫奔康主线，深入实施三大战略，着力打好四大攻坚战，全面推进五区建设，圆满完成各项目标任务，县域发展实现田林建县以来的历史新突破。

（一）脱贫攻坚再创佳绩。举全县之力推进精准脱贫，主体责任不断夯实，制度体系不断完善，全年脱贫投入 4.8 亿元，预计完成 13 个村 2501 户 10474 人的年度脱贫任务，贫困发生率由 20.5% 下降到 15.5%。所有贫困村均成立村民合作社，贫困村集体经济空壳率由 97.1% 下降到 63.3%；易地扶贫搬迁集中安置实现零的突破，832 户 3746 名贫困群众喜迁新居；脱贫质量不断提高，农村人均可支配收入历史上首次突破 1 万元；东西部扶贫协作扎实开展；田林党建促脱贫的经验在《人民网》专题报道。

（二）铝工业实现从无到有的历史性突破。抢抓全市铝二次创业历史机遇，无中生有，举全县之力推动田林建县以来历史上最大的产业投资项目——百矿田林 30 万吨电解铝项目实现了当年开工建设、当年完成各项审批、当年竣工投产，成为全市新一轮布局中唯一一个新增铝产业县。这一重大项目的竣工投产及其上下游产业的集群发展，将使田林有可能打造建县以来历史上第一个百亿元企业、第一个百亿元产业、第一个百亿元工业园区；将支撑田林在"十三五"有可能冲击百亿元 GDP、十亿元财政收入的宏伟目标；将为田林今后三十年乃至更长时期的产业发展奠定坚实的基础，将有可能实现田林由全市县域第三方阵跨越到第二方阵的历史性新突破。

（三）县域发展取得重大突破。经济发展实现历史新突破，GDP 连续四年两位数增长，主要经济指标增速位居全市前列，GDP 和规上工业总产值首次突破 50 亿元，“四上”企业数首次突破 100 家。重大项目建设取得历史新突破，田林建县以来历史上最大的基础设施项目——田林西林高速路开工建设，40 万吨碳素项目落户田林工业园区，瓦村水电站通过截流验收，八渡口水电站前期工作加快推进。经济结构优化实现历史新突破，三次产业结构预计由 29∶36∶35 调整为 25∶41∶34，二产比重首次在产业结构中占据主导地位。

（四）城乡建设提质向好。田林新区“一山二水三中心、四校五路六节点”21 个重点项目全面推进，体育中心、壮剧中心、政务中心加快建设，浪平撤乡设镇，城镇化率由 22.9% 提高到 23.6%。“美丽田林 · 宜居乡村”建设成效明显，创建 5 个自治区生态村；旧州至那腊二级路等 25 个交通项目和 44 个水利项目开工建设，完成 57 个，基础设施不断完善；“绿满田林行动计划”深入推进，森林覆盖率提高到 77.8%；“环境保护巩固提升年”扎实开展，中央环保督察反馈意见得到切实整改，建成 3 个乡镇污水处理厂和 18 个村级垃圾处理中心，巩固提升山清水秀自然生态。

（五）民生保障更加有力。民生投入 19.8 亿元，增长 10.1%，占财政总支出的 86.1%。教育提升攻坚战扎实推进，田林高中“百高班”成功开办，投入 1.5 亿元全面推进义务教育均衡发展，中考成绩 A+ 人数首次突破百人；公立医院综合改革步伐加快，城乡居民基本医疗保险参保率 98%；农村低保金提高 28.6%，养老保险发放率 100%；大型壮剧《瑶娘》在南宁成功首演，被列为自治区宣传部文艺精品；完成 10 项 67 件为民办实事工程，群众获得感和幸福感进一步提升。

（六）民主法治建设全面加强。人大工作科学化水平不断提升，围绕中心工作开展 4 场专题询问，切实增强了监督实效。县政协成功承办滇黔桂三省（区）二十一县（市）政协联席会，组织 16 个建言调研报告，更好发挥政治协商作用。军民融合工作扎实开展，爱国统一战线不断巩固，群团改革逐步深化，县社科联获“全国先进社科组织”荣誉称号。全面加强社会综合治理，深化司法改革，强力打击违法犯罪，深入开展信访调处，不断强化安全生产，群众安全感满意度提升到 92.8%，被评为“平安广西”先进县；田林检察院侦查监督工作经验在《检察日报》上向全国推广；全市司法系统法律惠民现场会在田林召开，田林做法在全市推广。

（七）党的建设水平不断提升。全面掀起学习党的十九大精神热潮，用习近平新时代中国特色社会主义思想武装全县党员干部头脑，推动“两学一做”制度化、常态化、特色化、实效化。深入开展“三年一争当”活动，全市领导班子建设年现场会在田林召开，田林经验在全市推广。农村星级党组织建设全覆盖，大幅度提高村干部待遇，出台村干部管理十条规定，完成村两委换届工作。加大基层党建投入，新增党建经费 1100 多万元，新建改扩建村级服务场所 21 个。建立健全“3+6”党建责任制度体系，深化“131”机关党建机制，不断强化党的制度建设。牢牢把握全县意识形态工作大局，开展讲习所、戏曲进校园等特色宣讲，加强精神文明建设，弘扬田林主旋律。切实履行党风廉政建设主体责任，自治区巡视反馈问题整改率 98.1%，在全市率先完成纪委派驻机构改革，深入开展扶贫领域监督执纪问责，认真落实中央八项规定精神，坚决反对“四风”，全年共立案 118 起，给予党纪政纪处分 115 人，推动全面从严治党向纵深发展。

2017 年，是艰苦奋斗的一年，是成果丰硕的一年，是开创历史的一年。这一年，全县上下共同努力，实现了建县以来的历史性突破，开启了田林跨越发展、弯道超车的新征程，在田林的发展史上具有里程碑意义。这些历史性突破，是市委、市政府正确领导、关心支持的结果，是全县广大党员干部克难攻坚、扎实工作的结果，在此，我代表中国共产党田林县第十四届委员会，向各位代表并通过你们向全县广大党员干部群众表示衷心的感谢和崇高的敬意！

在肯定成绩的同时，我们也要清醒地看到存在的困难和问题：欠发达后发展的基本县情还没有发生根本改变，大项目拉动大发展的格局还没有全面形成；脱贫攻坚任务繁重，基础设施建设欠账较多，社会公共服务还比较滞后，民生保障还有待加强；一些基层党组织的战斗堡垒作用发挥还不充分，少数党员干部的能力和作风还有待加强，等等。对于这些问题，我们要高度重视，采取有效措施，认真加以解决。

二、2018 年的形势与任务

2018 年，是贯彻党的十九大精神开局之年，是改革开放 40 周年和自治区成立 60 周年，是田林县脱贫攻坚、实现大发展格局的关键之年。

这一年，我们将面临新的困难挑战：一是宏观发展形势依然复杂多变，田林县综合实力弱、产业基础不牢，形成大发展格局还面临诸多困难。二是距2019年全县脱贫摘帽时间节点日益临近，田林县又被列为全区深度贫困县，脱贫任务艰巨，压力空前巨大。三是随着全国社会主要矛盾的变化，田林县既面临欠发展后发达的历史老课题，又面临不平衡不充分的时代新课题，既要推动高质量发展，又要加快高速度增长，这对我们提出了新的更高要求。

这一年，我们将迎来新的历史机遇：一是中央、自治区加大对深度贫困地区的支持，我们将获得更多政策、资金、项目帮扶。二是脱贫攻坚进入第三年，政策体系逐步稳定，产业和基础设施有了长足进步，帮扶干部积累了一定经验，这更有助于完成脱贫攻坚任务。三是我们抓住了全市铝二次创业的历史机遇，无中生有，挑战不可能，产业发展实现了历史性突破；田西高速路等项目开工，重大项目建设也实现了历史性突破；只要围绕铝工业大力发展产业集群，加快重大项目建设，推动田林从农业县向工业县转变，我们比以往任何时候都更有信心推动田林的大发展大繁荣，我们比以往任何时候都更有能力满足田林人民日益增长的美好生活向往。

全县上下艰苦努力，把握机遇，抢抓机遇，创造机遇，把不可能转变为历史性突破，田林跨越发展、弯道超车的历史性重大机遇已经摆在我们面前，但是机遇又是稍纵即逝，失不再来，此时错过又不知何日再来。因此，全县上下务必统一思想、团结一心，务必抢抓机遇、艰苦奋斗，务必不骛虚声、不搞内耗，撸起袖子加油干，卷起裤腿拼命赶，扎实工作，狠抓落实，用奋斗迎来田林的繁荣复兴。

2018年，是尤其关键的一年。2018年的总体思路是：高举习近平新时代中国特色社会主义思想伟大旗帜，深入贯彻党的十九大精神，认真落实自治区第十一次党代会和市第四次党代会精神，坚持全面推进“三大战略”“四大攻坚战”与“五区建设”，以全面从严治党为纲，以“三年一争当”为统揽，以高质量发展为要务，以脱贫奔康为主线，以保持经济两位数增长为主导，以供给侧结构性改革为动力，着力统筹好真脱贫、稳增长、促改革、惠民生、优生态、防风险、强法治等各项工作，奋力争创基层党建、廉政建设、意识形态三大工作亮点，努力奋斗“打造滇黔桂接边区域中心县，全面脱贫摘帽建成小康社会”宏伟目标。

2018年的工作要求是：大力推进“136”工程，即扎实推进脱贫攻坚“一个中心”；扎实推进工业园区、田林新区、农业核心示范区“三项重点”；扎实推进百矿电解铝项目、碳素项目、瓦村水电站、八渡口水电站、田林西林高速路和田林贞丰高速路“六大项目”。

2018年的总体思路和工作要求，既符合中央、自治区和全市的工作部署要求，也符合田林发展的实际需要；既是贯彻县第十四次党代会精神的科学实践，也是根据新形势新任务作出的具体安排。全县各级党组织和全体党员必须抢抓机遇、主动担当、努力拼搏，全力在高质量发展中夺取脱贫奔康新胜利。

三、坚决打赢脱贫攻坚战

切实履行主体责任，以脱贫攻坚统揽发展全局，聚焦深度贫困，统筹好东西部扶贫协作和央企、区直、市直单位帮扶合力，坚决举全县之力打赢脱贫攻坚战。

（一）抓好扶志气与扶智力两个关键。开展“脱贫光荣·同奔小康”主题活动，强化贫困群众思想工作，树立脱贫典型，进行脱贫事迹巡回宣讲，营造脱贫光荣的浓厚氛围，克服等靠要思想，激发贫困群众的内生动力。深化教育扶贫，实施“培大教小”工程，帮助贫困群众提高劳动技能，增强自我发展能力；确保教育帮扶落实到每一个贫困学生，阻断贫困代际传递。

（二）突出基础设施和易地扶贫搬迁两个难点。开展基础设施提升攻坚战，建立贫困村基础设施清单制和项目库，加快建设，确保质量，不断改善贫困村基础设施条件。强化易地扶贫搬迁安置点县领导“八包”责任制，完善通报和约谈制度，加强后续产业扶持和拆旧复垦，确保2018年完成全部搬迁入住任务。

（三）推进产业扶贫和就业扶贫两个重点。实施贫困户产业提升工程，长中短结合、种养游搭配，使每个贫困户有一至两项稳定收入来源。建立贫困户劳动力资源和就业岗位信息台账，创造就业岗位，加大劳务输出，努力实现“一人务工、全家脱贫”。确保有劳动能力的贫困户都有产业在手、就业在岗。

（四）提升贫困村集体经济和贫困群众两个收入。实施贫困村集体经济“五个万元”工程，以建设村集体商铺、入股国有企业、打造特色种养等五个方面为重点，力争每个贫困村有一个主导产业，鼓励打造飞地产业示范点，力争消灭空壳村，确保贫困村集体收入达标；落实各项政策补贴，盘活资源资产，不断提升贫困群众劳动脱贫的积极性和生产技能，加强社保兜底，提高贫困群众财产性、经营性、工资性、转移性收入，确保收入达标。

（五）强化扶贫领域监督执纪问责和扶贫干部作风两个重要环节。开展"巡访百村千户"活动，加大信访线索排查；深化"六个一批"整治活动，保障扶贫资金安全；坚持零容忍态度，查处扶贫领域违法违纪案件。加强扶贫干部作风建设，逐级压实工作责任，探索建立乡镇扶贫办、县直部门扶贫互助小组和所有村第一书记全覆盖，建立健全流动红旗、流动黄牌等考核奖惩机制，加强第一书记、驻村工作队员、帮扶干部、扶贫信息员四支队伍的管理，严惩弄虚作假、数字脱贫。

四、全力推进县域经济高质量发展

抢抓县域发展的历史性重大机遇，坚持稳中求进总基调，保持高速度增长，聚焦高质量发展，努力推动田林大发展、大跨越、大繁荣。

（一）大力推进新型工业化。举全县之力推动百矿田林30万吨电解铝项目尽快达产满产超产，加快园区基础设施建设，强化园区招商，大力发展铝精深加工的产业集群，努力打造田林建县以来历史上第一个百亿元工业园区。同时，大力实施服务企业行动计划，狠抓工业"双十"工程，推进培规入统工作，推动田林实现由传统农业县向新型工业县转变的历史性突破。

（二）着力抓好重大项目建设。深化投资环境综合整治，开展"重大项目建设年"活动。全力推动40万吨碳素项目和瓦村水电站今年投产，同时用好国定贫困县IPO绿色通道，努力将瓦村水电公司打造成田林历史上第一个总部公司，第一个上市企业。全力推动田西高速路建设，力争八渡口水电站今年开工，加快推进田林贞丰高速路前期工作。

（三）深入实施乡村振兴战略。稳定粮食生产。按照"一乡一业、一村一品"的思路，结合扶贫产业发展，深入实施杧果、甘蔗、油茶、八渡笋、用材林5个30万亩高产示范工程；扎实推进农业核心示范区建设，全县力争打造2至3个自治区核心示范区，每个乡镇打造一个县级示范园，每个村打造一个乡级示范点。

（四）切实推进服务业提升工程。围绕铝工业产业链，大力发展物流配送、商贸交易等生产性服务业集聚区。加快推进万吉山森林公园、利周河谷、定安历史小镇等重点旅游项目，争创一个3A级景区，努力实现田林县A级景区零的突破。扎实发展电子商务，推动"互联网+"新业态，强化限上规上服务业企业培育工作。

（五）扎实推进城镇化发展。全面推进田林新区"一山二水三中心、四校五路六节点"21个重点项目建设，同时谋划新开工一批新区建设项目。深入开展县容县貌大整治专项活动，加强县城亮化、绿化、美化建设，巩固"三违五乱"整治成果，完善县城功能，打造宜居县城。鼓励撤乡设镇，提升乡镇机关所在地的建设水平，打造一批文化小镇、特色农业小镇、生态旅游小镇。加快建设乡村屯道路，打造全县"三纵三横"路网，推进"两小时交通圈"建设；加快建设启文水库扩容等水利项目，推进危房改造、污水垃圾处理等项目建设，不断改善全县基础设施条件。

（六）进一步深化改革开放。深入推进供给侧结构性改革，提高全产业供给质量；推进农村产权改革、农村金融改革等各项涉农改革，激发农业农村发展活力；深化行政体制改革，简化行政审批手续，提高行政效率。加强与贵州、云南等周边地区的全方位合作，健全区域联席会议制度，推动优势互补、发展共赢。

五、扎实推进民主法治建设

坚持党的领导、人民当家作主、依法治县有机统一，统筹民主法治各项工作，不断巩固发展民主团结、生动活泼的政治局面。

（一）深入推进民主政治建设。支持人大依法履行职责，进一步加强新形势下县乡人大工作，充分发挥县乡人大的职能作用。加强社会主义协商民主建设，支持人民政协更好地履行政治协商、民主监督和参政议政职能。不断巩固和壮大爱国统一战线，充分调动党外人士、新社会阶层的积极性，推动非公经济健康发展。加强党管武装工作，强化国防教育，推动军民融合发展。加强群团组织建设，支持工青妇、科协、文联、工商联、社科联、残联等群团组织发挥作用，进一步强化宗教、外事、侨务、对台、老干部等工作。

（二）全面加强法治田林建设。推进依法行政，严格规范公正严明执法，加快建设法治政府。抓好司法体制改革，推进司法规范化建设，强化司法公正，加强执法监督，建立领导干部干预司法活动的记录、通报和责任追究制度。加强法治宣传工作，深入开展“七五”普法活动，大力开展司法救助和法律援助行动，最大限度解决群众合理利益诉求。加强社会综合治理，严厉打击违法犯罪行为，切实提高信访调处工作水平，切实强化安全生产，加强食药品监管，不断提升群众安全感和满意度。

（三）大力推进民族团结建设。深入开展民族团结进步创建活动，落实各项民族政策；传承和发扬特色民族文化，开展民族节庆活动；加大民族乡建设力度，加大少数民族干部培养和使用力度，营造民族团结和谐的良好氛围。

六、努力创造人民美好生活

始终坚持为田林人民谋幸福，不断加大民生投入，努力抓好各项民生工程，切实增强田林人民的获得感和幸福感。

（一）深入实施教育提升攻坚战。加快教育基础设施建设，推进新高中、第三小学等项目建设进度。全力推进义务教育均衡发展，力争年内通过验收；实施“名师工程”，切实办好“百高班”，不断优化校风教风学风，努力提升教学质量。

（二）持续推进健康田林建设。扎实开展健康扶贫工程，提高贫困群众基本医疗保险补偿和医疗救治水平。加快推进重点公立医院综合改革、医疗联合体建设、分级诊疗制度建设等重点工作，增强医疗卫生公共服务能力，提升人口计生优质化服务水平。加快体育中心等体育基础设施建设，活跃发展全民健身活动。

（三）不断完善社会保障体系。加强劳动就业工作，力争城镇新增就业1000人以上、农村转移就业新增5000人以上；巩固基本医疗保险，推动社会保险全覆盖；加强住房保障，大力推进保障性安居工程；完善城乡社会救助体系，强化对低收入群体的生活兜底保障，依法保护弱势群体。

七、切实推进意识形态建设

坚持把意识形态作为一项极端重要工作，落实意识形态工作责任制，凝聚推动田林发展的强大正能量。

（一）加强宣传思想工作。通过讲习所、壮剧板凳圈等特色载体，持续掀起宣传贯彻党的十九大精神热潮，用习近平新时代中国特色社会主义思想武装全县干部群众头脑。加强理想信念教育，强化网络和新媒体监管，统一思想意志。开展社会主义核心价值观宣传教育，加强社会公德、职业道德、家庭美德、个人品德建设，营造崇德向善的社会风气。弘扬田林正能量，唱响田林好声音，树立田林良好形象。

（二）强化精神文明建设。以创建自治区文明县城为统领，强化各级精神文明创建活动。开展“做文明田林人”主题教育，培育文明风尚，提高县城文明水平；制定向上向善的村规民约，开展“最美”系列评选活动，加强民风乡风建设，抵制陈规陋习，提升乡村文明水平。

（三）推进文化繁荣发展。深入挖掘田林多民族文化资源，推进文艺精品创作；加快建设壮剧中心等文化基础设施，推进“三百”工程；开展“戏曲进校园”活动，举办壮剧节等文化节庆活动，推动文化事业和文化产业蓬勃发展。

八、大力推进生态文明建设

坚持绿色发展理念，推动绿色共建共享，巩固和提升山清水秀的自然生态。

（一）扎实开展美丽田林乡村建设。巩固提升清洁乡村、生态乡村建设成果，推进宜居乡村“产业富民、服务惠民、基础便民”三大行动，实施“三改”“六提”“三增”工程。探索乡村建设多元化投入机制，建设一批宜居乡村示范村屯。

（二）加大生态环境保护力度。实施“绿满田林”和“山水林田湖草”生态保护与修复工程，大力植树造林，加强森林防火，严厉打击乱砍滥伐，提高森林覆盖率。全面落实河长制、湖长制，提升县域水质；实施“蓝天保卫战”，切实改善空气质量；强化生态文明宣传，巩固和提升田林山清水秀的美丽家园。

九、坚定不移推进全面从严治党

坚持和加强党的全面领导，牢固树立抓好党建是最大政绩的理念，全面落实管党治党政治责任，不断提高党建科学化水平。

（一）坚决全面推进党的建设。坚持把政治建设摆在首位，用习近平新时代中国特色社会主义思想武装头脑，严守政治纪律和政治规矩，增强“四个意识”，坚决维护习近平总书记在党中央和全党的领导核心地位，坚决贯彻党中央路线方针政策，在政治立场、政治方向、政治原则、政治道路上同党中央保持高度一致。坚持把思想建设作为根本任务，开展“不忘初心、牢记使命”主题教育，坚持理论学习中心组学习制度，深入组织党员干部学习党的十九大精神，加强共产主义理想信念教育，凝聚团结奋斗共同思想基础。坚持抓好班子带好队伍，深入开展“领导班子建设年”活动，提高各级领导班子素质和能力；改革完善干部选拔任用体制机制，形成公道正派、工作为先的选人用人导向；落实好干部标准，加强干部队伍培养、管理、监督工作，优化干部队伍结构。坚持抓基层打基础，深入开展各个领域党建工程，规范党内政治生活，加大基层党建投入，整治软弱涣散党组织，全面实施“脱贫攻坚先锋行”活动，推动基层党建全面进步，全面过硬。

（二）坚决强化正风肃纪反腐。加强党的纪律建设。严守党的“六大纪律”，坚持开展批评和自我批评，运用“四种形态”，抓早抓小、防微杜渐，加强纪律教育，强化纪律执行，使党员领导干部知敬畏、存戒惧、守底线。加强反腐倡廉建设。严格落实党风廉政建设“两个责任”，不断完善反腐倡廉工作机制，构建“不能腐”的工作格局；加强反腐倡廉教育，注重正面典型与反面警示相结合，营造“不想腐”的良好风气；深化监察体制改革，加强县级巡察，强力整治群众身边腐败问题，坚持无禁区、全覆盖、零容忍，巩固“不敢腐”的廉洁底线，营造风清气正的政治生态。加强党的作风建设。深化落实中央“八项规定”精神和实施细则，持之以恒整治“四风”及其新表现形式。在全县大兴解放思想之风、调查研究之风、真抓实干之风，推动作风建设常态化长效化。

（三）坚决提高能力和本领。要增强学习本领，大兴勤学好学之风；增强政治领导本领，坚持战略思维、创新思维、辩证思维、法治思维、底线思维；增强改革创新本领，善于结合实际创造性推动工作；增强科学发展本领，用新发展理念开创新局面；增强依法执政本领，加强和改善党的领导；增强群众工作本领，动员群众跟党走；增强狠抓落实本领，攻坚克难、真抓实干；增强驾驭风险本领，牢牢把握工作主动权；切实做到能力过硬，本领过硬，不断提高工作专业化水平。

同志们，田林跨越发展、弯道超车的历史新机遇已经摆在我们面前，田林繁荣复兴的美好愿景需要我们共同去奋斗。让我们高举习近平新时代中国特色社会主义思想伟大旗帜，在市委、市政府的正确领导下，抢抓机遇，团结一心，奋发图强，扎实工作，在高质量发展中夺取脱贫奔康新胜利。

田林县人民代表大会常务委员会工作报告

——在田林县第十六届人民代表大会第三次会议上

田林县人大常委会主任　覃纪腾

（2018 年 1 月 19 日）

2018 年主要任务

2018 年是贯彻落实党的十九大精神、全面开启新时代人大工作开局之年，是田林县脱贫攻坚，实现大发展格局的关键之年。做好今年县人大及其常委会的各项工作，对助推田林跨越发展、弯道超车具有重要的意义。在新的一年里，县人大常委会工作的总体要求是：高举习近平新时代中国特色社会主义思想伟大旗帜，深入贯彻党的十九大精神，坚持党的领导、人民当家做主、依法治国有机统一，更加主动服务全县工作大局，更加积极回应社会重大关切，更加自觉行使各项职权，更加充分发挥代表作用，努力使人大工作在新时代展现新作为，为奋力推进脱贫攻坚、全面建成小康社会做出新的贡献。

一、坚持抓大事、议大事，在履职担当上力求新成效

按照县委的决策部署，围绕全县经济社会发展中事关全局、事关根本、事关长远的重大问题，和人民群众普遍关注的热点、难点问题，依法行使重大事项

决定权和人事任免权，把党的主张、人民的意愿通过法定程序变成国家意志。坚持与县委在思想上同心，在政治上同向，在行动上同步，全面领会县委意图，坚决执行县委的决策和意见，通过人大审议决定程序，使县委的主张成为全县广大人民群众的自觉行动，通过运用各种监督手段，使县委的决策部署得到有力执行，从而在制度上、法律上、行动上保证党委决策的贯彻实施和干部任用意图的实现。

进一步完善向被任命人员颁发任命书、向宪法宣誓机制，增强被任命国家工作人员的使命感和责任感。切实加强任前把关、任后监督，通过听取汇报、对部门开展专项工作评议等方式，加强干部监督，强化被任命人员的宗旨意识、法律意识、责任意识。

二、坚持抓重点、把关键，在依法监督上力求新突破

紧紧围绕县委重大决策部署、群众期盼解决的热点难点问题，找准监督工作的切入点和着力点，依法加大监督力度，探索完善监督方式，积极回应社会关切，不断增强监督实效。

（一）组织开展一系列有深度的、有质量的调研活动。调查研究是人大发挥职能作用的关键环节，是人大工作的生命线，县人大常委会将紧紧围绕县委提出的“136 工程”精选调研课题，对全县义务教育均衡发展工作、通屯道路硬化建设情况、脱贫攻坚“两不愁、三保障”政策落实情况、2018 年财政扶贫资金使用情况开展专题调研，助推重点工作开展。

（二）推进专题询问工作常态化、制度化。2018 年，我们将进一步加强和改进专题询问工作，充分发挥其在监督工作中的有力作用。我们将坚持问题导向，增强询问选题的针对性和时效性，在深入调研的基础上开展专题询问，进一步传导工作压力，着重在跟踪问效上下功夫，实行询问限期整改反馈制度，促进应询单位积极作为，主动作为，推进工作。同时，通过县电视台、人大网、政府网等媒介平台，对专题询问的落实情况进行跟踪督办。

（三）积极回应群众关切，提升法律监督实效。对田林县贯彻实施《广西壮族自治区饮用水水源保护条例》情况、贯彻实施《中华人民共和国消防法》情况开展执法检查，督促解决执法中存在的突出问题。

（四）加强计划预算的监督，促进财政依法理财。专题听取和审议国民经济和社会发展计划执行情况及财政预决算的报告，听取和审议县人民政府关于审计发现问题整改的工作报告，进一步督促建立对审计查出问题整改的长效机制，强化对审计结果的运用和审计整改的监督。

三、坚持抓服务、促保障，在代表工作上力求新作为

进一步完善新时代做好代表工作的办法和措施，积极为人大代表履行职责提供条件和服务，进一步激发代表服务和推进田林经济社会发展的动力和活力。

（一）抓实代表履职平台建设。深化人大常委会联系人大代表、人大代表联系选民“双联”格局，借鉴外地先进经验，建章立制，完善机制，持续不断完善代表联系人民群众履职工作实体平台。重点推进和铺开代表履职网络平台建设，开发和打造具有田林县特色的人大手机 APP，使网络平台成为代表依法履职、知情知政、学习交流、密切联系群众的新途径新渠道，为代表履职提供更加便捷高效的服务。

（二）丰富代表履职载体。推行代表建议办理满意度测评、代表履职满意度测评“两个满意度”测评，固定和推广“选民接待日”活动，在一些乡镇和选区探索实行人大代表向选民述职活动，进一步提高代表履职的积极性。探索实施专业代表小组联系重大项目机制。试点推行人大代表创业致富培训基地，打造一批在全县具有影响力的人大代表履职创业平台。

（三）创新代表履职抓手。开展人大代表履职“四个一”活动。每个人大代表提出一件以上高质量的意见建议，联系一个建设项目，联系一项扶贫产业，联系一户贫困户，进一步发挥监督作用，充分体现人大代表的先进性。

（四）进一步提升代表能力。从代表履职急需的财经知识、法律知识等入手，加强对代表的业务培训，做到县人大代表、乡镇人大干部培训全覆盖。努力创造条件，让代表到高等院校、人大培训基地等接受更高层次培训和教育。

四、坚持抓队伍、转作风，在自身建设上力求新提升

紧扣新时代的形势和要求，牢固树立“四个意识”、坚定“四个自信”，全面提升县人大常委会履职能力建设。

（一）始终把政治建设摆在首位。深入学习贯彻党的十九大精神，以习近平新时代中国特色社会主义思想为引领，旗帜鲜明讲政治，坚定坚持党的领导、人民当家做主、依法治国有机统一，切实有效地把党的各项决策部署贯彻落实到人大的各项工作中去。

（二）进一步加强常委会党的建设。深入贯彻落实新时代全面从严治党要求，认真贯彻执行关于新形势下党内政治生活的若干准则和党内监督条例，加强和规范党内政治生活，严守党的政治纪律和政治规矩，积极营造风清气正的政治生态。

（三）切实加强人大宣传工作。紧紧围绕贯彻落实县委重大决策部署和常委会工作重点，抓好宣传工作。加强对开展监督工作的深度宣传，加强对代表密切联系群众、发挥主体作用、展示代表风采的典型宣传。

（四）全面加强机关内部建设。巩固巡视整改工作成果，开展“不忘初心、牢记使命”主题学习教育活动。贯彻落实中央八项规定精神，扎实推进作风建设。加强干部队伍建设，坚持正确选人用人导向，严格干部监督管理，打造忠诚、干净、担当的人大机关干部队伍。

各位代表，时代赋予重任，人民寄予厚望。让我们紧密地团结在以习近平同志为核心的党中央周围，高举习近平新时代中国特色社会主义思想伟大旗帜，在县委的正确领导下，不忘初心，不辱使命，开拓创新，奋发有为，为全面夺取脱贫奔康新胜利而努力奋斗！

政府工作报告

——在田林县第十六届人民代表大会第三次会议上

田林县人民政府县长　黄　慧

（2018 年 1 月 19 日）

一、2017 年工作回顾

2017 年是田林县克难攻坚、砥砺奋进的一年。面对经济下行压力持续加大的严峻形势，在市委、市政府和县委的坚强领导下，在县人大、县政协的监督支持下，我们牢固树立新发展理念，以脱贫攻坚统揽经济社会发展全局，在落实“三大生态”中迎难而上，担当作为，全县经济社会发展在克服诸多困境中取得历史性成就，全面建成小康社会迈出坚实步伐。

（一）经济运行稳中向好。初步统计，全年地区生产总值首次突破 50 亿元大关，达到 55.94 亿元，增长 11.6%，连续四年保持两位数增长；固定资产投资 36.17 亿元，增长 15.4%；财政收入 3.71 亿元，增长 13.8%；规模以上工业总产值 54.99 亿元，增长 31.1%；社会消费品零售总额 11.99 亿元，增长 11.8%；农村居民人均可支配收入突破 1 万元，达到 10380 元，增长 10.5%；城镇居民人均可支配收入 27166 元，增长 8.3%。

（二）脱贫攻坚稳步向前。精准聚焦贫困村和贫困人口，建设农村饮水安全工程 143 个、通屯道路 102 条，完成易地扶贫搬迁安置贫困户 832 户 3746 人。投入 2199 万元扶持壮大村集体经济，“5+2”特色产业覆盖率达 93.1%。累计发放小额贷款 29603 万元，受益贫困户 6394 户。筹措 1881.25 万元“以奖代补”资金实施产业扶贫项目，覆盖 5375 户贫困户 21922 名贫困人口。争取到中国电信集团公司、深圳市光明新区、自治区纪委机关等帮扶资金 3131 万元、社会帮扶资金 565 万元，实施通信、道路、产业等项目 9 个，直接受益 3.26 万人。预计 13 个贫困村脱贫摘帽，10474 名贫困人口稳定脱贫，全县贫困发生率降至 15.5%，降低 5 个百分点。

（三）产业发展稳中提质。产业结构调整取得新进展，由上年的 29∶36∶35 调整为 25∶41∶34，二产比重提高 5 个百分点，历史上首次在产业结构中占据主导地位。农业扩产增收。农林牧渔业总产值 23.5 亿元，增长 5.5%。5 个 30 万亩示范基地建设成效突出，新种、翻种甘蔗 6.89 万亩，新增用材林 8.4 万亩、油茶 2.22 万亩、杧果 2 万亩、柑橘 0.6 万亩，田林县林业产业示范园入围广西现代特色农业县级示范区，利周瑶族乡盘古部落休闲农业产业示范园、沃柑产业示范园入围广西现代特色农业乡级示范园，乐里万亩杧果产业（核心）示范区被评为百色市现代特色农业示范区，潞城八洞养鸡示范园被评为广西现代特色农业乡级示范园。现代畜牧业加快发展，新增畜禽规模养殖场243个，规范建设14个乡镇动物检疫申报点，创新开展“互联网＋检疫出证”试点建设，完成12个三星级以上生态养殖场认证。全年肉类总产量增长3.1%，水产品总产量增长13.1%。新型经营主体蓬勃发展，组建村民合作社168家，新增专业合作社52家、家庭农场21家。工业扩量增效。大力培育强优企业，新增规上工业企业8家，全县规上工业企业突破40家、工业总产值首次突破50亿元。实体经济取得历史性突破，田林建县以来最大的产业投资项目百色百矿集团田林30万吨铝水项目实现当年开工建设、当年完成各项审批、当年竣工投产，40万吨阳极碳素项目落户开工，瓦村水电站项目加速推进，工业发展站上新的起点。桂黔（田林）经济合作产业园区取得新进展，完成土地收储5000亩，园区给排水工程、入园大道等配套项目全面推进，以铝水资源为核心、生态铝产业为支柱的A类园区正逐步形成，开启了田林从农业县向建设工业强县迈进的历史性转变。服务业扩面增力。新增规上服务和限上批零住餐企业21家。高铁无轨站开通运营。环球大酒店被评为四星级饭店，盘古部落民俗风情园顺利开园，成功举办首届利周旅游扶贫民俗文化节。全年旅游综合收入8.56亿元，增长20%。电子商务等新业态蓬勃发展，建成48个农村电子商务服务点。年内金融机构各项存款余额65.6亿元、贷款余额45亿元，分别增长12.5%、22.2%。

（四）项目建设稳中提效。重大项目有序推进。完成重大项目投资36.17亿元，增长15.4%。开工建设体育中心、政务服务中心、壮剧中心、2017年易地扶贫搬迁工程等46个项目，竣工三宝桥等35个项目，建县以来最大的基础设施投资项目田林至西林高速公路启动建设。基础设施日趋完善。农村公路、饮水等基础设施建设快速推进，开工建设旧州至那腊、八桂至那比等一批交通项目，受益群众10.77万人；投入4575万元，实施小农水、农村饮水安全巩固提升工程等一批水利项目，解决1.1万群众“饮水难”问题；投入9771万元，改造农村危房2413户，新建城市棚户区改造531套。投入1417万元建设村通宽带网络52个行政村，实现全县村村通宽带目标。精准招商成效初显。引进长江天成营养山茶油、家全木业等项目7个，开工2个，全年完成招商引资区外到位资金11.81亿元，增长22.1%。

（五）城乡建设稳中有进。大力推进征地拆迁工作，完成征地1181亩、土地收储234亩。田林新区建设取得突破性进展，体育中心、壮剧中心、政务服务中心等重点城镇项目加快推进，新增建成区面积4.98公顷，城镇化率由22.9%提高到23.6%。乡镇建设持续加力，定安镇百镇建设项目加快推进，浪平成功撤乡设镇。大力开展市容市貌和交通秩序综合整治工作，依法依规处置违法建房户13户，“三违五乱”得到有效遏制。投入707万元实施城区背街小巷硬化亮化绿化工程，乐里大桥、风雨桥、三宝桥亮化工程全面竣工，城市面貌大幅提升。

（六）生态建设稳扎稳打。启动“宜居乡村”建设，“产业富民”“服务惠民”“基础便民”工程全面推进，旧州镇平满村等5个村屯分获自治区“美丽广西”乡村建设示范村和“绿色村屯”称号。深入开展“环境保护巩固提升年”活动，切实加强生态建养，完成造林绿化11.32万亩、义务植树80万株，森林覆盖率提高到77.8%；建成3个镇级污水处理厂和18个村级垃圾处理中心，兑现公益林补偿1967.77万元，治理石漠化面积36平方千米，山清水秀自然生态持续巩固。全面推进“河长制”，主要河流水质达到标准。继续做好中央环保督察反馈意见整改巩固工作，水环境和空气环境质量均达标，节能减排获市政府通报表扬。做好防灾减灾工作，未发生重大森林火灾、汛灾或地质灾害。

（七）民生事业稳步发展。全年民生投入19.8亿元，增长10.1%。其中，落实7.3亿元全面实施社保惠民、教育惠民等10件为民办实事工程，群众幸福指数持续攀升。教育事业加快发展。开工建设田林光明幼儿园二期工程、第三小学教学综合楼等49个教育基础设施项目，教学环境持续改善；全面落实各类教育惠民政策，田林高中“百高班”成功开办，中、高考成绩取得新突破，中考成绩A+人数首次突破百人大关，教育质量不断提升。文体事业持续繁荣。成功举办2017年“壮族三月三·吼敢”活动，开展“壮族祭瑶娘”“祭瑶王”等形式多样的民俗文化活动，戏曲进校园活动全面铺开；国家艺术基金项目壮剧《瑶娘》在南宁成功首演，被列为自治区党委宣传部文艺精品；全民健身运动蓬勃开展，完成一批村级公共文化服务中心等文化体育惠民工程建设。卫生计生事业健康发展。深入推进公立医院改革，分级诊疗制度有序实施，县乡村三级医疗卫生服务体系逐步健全。健康扶贫“五个一行动”扎实推进。县妇幼保健院业务用房、疾控中心等医疗卫生项目全面竣工。全面二孩政策稳步落实，全县人口自然增长率、出生政策符合率、政策外多孩率均在市级控制指标内。社会保障持续增强。低保、医疗、就业等社会保障体系运行平稳，发放城乡困难群众补贴1.54亿元、医疗补贴0.97亿元，新增城镇就业1156人，下岗失业人员再就业203人，城乡居民基本医疗保险参保率98%，养老保险发放率达100%。

（八）社会大局稳定和谐。深入推进“平安田林”建设，开展领导大接访、领导带案下访活动，深化矛盾纠纷排查化解，受理群众来信284件，调解三大纠纷110起；安全生产、食药品安全、社会治安保持平稳，破获刑事案件303起，查处治安案件790起，反恐应急处突能力不断提高，消防和交通管理逐步加强，无重大群体性事件和安全事故发生，群众安全感和满意度持续提升，被评为建设平安广西活动先进县。

一年来，全县民族团结进步创建活动深入开展，国防动员和双拥共建工作取得新成绩。科技、外事、侨务、宗教、物价、工商、税务、质监、供销、邮政、通信、气象、地震、机要、档案、地方志、老龄、残疾人等工作取得新进展。工会、共青团、妇联、红十字会、文联、科协、工商联等群团组织在经济社会发展中发挥了重要作用。

一年来，我们认真落实全面从严治党要求，扎实开展“两学一做”学习教育制度化常态化和“三年一争当”活动，严格执行中央“八项规定”，“三公经费”持续下降。全面落实自治区党委巡视反馈问题整改，反馈问题均按期整改到位。加强清廉政府建设，落实“两个责任”“一岗双责”、约谈问责制度，党风廉政建设和反腐败斗争取得新成效。健全政务信息公开制度，举行民生、文化等领域新闻发布会5次。继续清理行政审批事项，取消、调整行政审批事项259项。全面推进法治政府建设，自觉接受人大法律监督和政协民主监督，人大代表建议和政协提案办复率100%。完善政府重大决策、民主决策、合法性审查的程序和机制，政府权力运行更加规范。审计监督力度加大，绩效管理进一步加强。

各位代表，一年来的成绩，来之不易。这是市委、市政府和县委正确领导的结果，是县人大、县政协监督支持的结果，是各乡镇各部门和全县各族人民共同努力、奋力拼搏的结果。在此，我代表县人民政府，向全县各族人民，向工商联、无党派人士和各人民团体，向驻县军警和关心支持田林建设的各界朋友，表示崇高的敬意和衷心的感谢！

在肯定成绩的同时，我们也要看到面临的困难和问题：经济总量仍很薄弱，大项目拉动发展的格局还没有全面形成；农业农村基础落后，脱贫攻坚任务艰巨，教育、卫生、文化、体育等社会事业发展还不能满足群众需求；行政效率有待提高，等等。对此，我们必须高度重视，切实强化措施，认真加以解决。

二、2018年工作的总体要求和目标任务

2018年是贯彻党的十九大精神的开局之年，是改革开放40周年，是决胜全面建成小康社会、实施“十三五”规划承上启下的关键一年。扎实做好全年工作，对于田林社会经济各项事业高质量发展，不断实现人民群众对美好生活的向往具有重大意义。

今年政府工作的总体要求是：坚持以习近平新时代中国特色社会主义思想为指导，深入贯彻党的十九大精神，认真落实自治区第十一次党代会、市第四次党代会和县第十四次党代会精神，坚持稳中求进工作总基调，以高质量发展为要务，以脱贫奔康为主线，以保持经济两位数增长为主导，以供给侧结构性改革为动力，全面推进“三大战略”“四大攻坚战”和“五区建设”，大力实施“136”工程，全力做好真脱贫、稳增长、促改革、调结构、惠民生、防风险等各项工作，努力打造滇黔桂接边区域中心县，为决战贫困决胜小康奠定坚实基础。

全县经济社会发展的主要预期目标为：地区生产总值增长10%以上；规上工业增加值增长15%；固定资产投资增长12%；财政收入增长8%；社会消费品零售总额增长11%；城镇居民人均可支配收入增长9%；农村居民人均可支配收入增长11%；完成上级下达的脱贫摘帽任务；万元GDP能耗、排污量、城市登

记失业率、人口自然增长率以及居民消费价格指数控制在区、市下达指标范围内。

为实现以上目标,我们将重点抓好七个方面工作:

(一)深化精准发力,全力夺取脱贫奔康新胜利

坚持以扶贫攻坚统揽发展全局,持之以恒抓好精准脱贫,让广大群众在共建共享中有更多获得感。

健全扶贫工作机制。打牢精准识别基础,深入推进单位定点帮扶和干部结对帮扶制度,动员全社会力量参与精准扶贫,坚持专项扶贫、行业扶贫、社会扶贫"三位一体"大扶贫格局,形成常态化、全覆盖的扶贫长效机制,坚决完成上级下达脱贫摘帽任务。

聚焦发力深度贫困。紧盯全县69个深度贫困村,瞄准最困难的群体,抓住最急需解决的问题,集中力量统筹推进深度贫困地区的产业、就业、教育、医疗、社会保障等扶持工程,决不让一个贫困村、一个贫困户在小康路上掉队。

精准加力补齐短板。全面实施贫困村基础设施项目建设攻坚战,整合各方资源,完善贫困村公共服务设施,建设硬化贫困村通屯公路623千米以上、农村饮水安全工程160个、改造危房759户,为如期脱贫创造必要条件。大力推进易地扶贫搬迁工程,加大搬迁后续扶持和管理,完成贫困户移民搬迁入住1046户4377人。

增强脱贫内生动力。坚持扶贫与扶志、扶智相结合,落实扶贫动态调整机制,激发贫困人口脱贫内生动力,提高脱贫质量。探索推广入股分股金、务工挣薪金、流转收租金的"三金"和"企业+基地/合作社+农户"等脱贫模式。大力推进产业扶贫,做实做强村集体经济,结合现代特色农业示范区的创建和带动,大力发展油茶、杧果、八渡笋等特色经济林和鸡、猪、鱼等特色养殖业,帮扶每个贫困村培育2~3个特色种养产业、具备条件的贫困户发展1~2个特色种养项目,形成"输血"与"造血"互补的长效机制。

全面深化对口帮扶。加强与中国电信集团公司、深圳市光明新区、自治区纪委机关等对口帮扶单位的对接与协调,找准对口帮扶突破口,提出具体合作项目和需要解决的问题,提高帮扶项目的精准率,为对口帮扶提供持久动力。探索推进百企扶百村,吸引东部企业落户投资,发展脱贫产业,引导贫困劳动力就业,开启对口帮扶新篇章。

(二)深化供给侧结构性改革,全力推动县域经济发展新跨越

坚持以新型工业化为主导,积极融入百色"铝二次创业",大力实施县域经济三年行动计划,推动经济总量跨入百亿元大关。

实施工业强县战略。大力发展实体经济,重点聚焦百色百矿集团田林30万吨铝水、40万吨阳极碳素项目和瓦村水电站项目,力争年内全部投产达产满产,努力实现年内工业总产值达80亿元以上。全面开展桂黔(田林)经济合作产业园区和潞城旺吉工业片区建设,加快桂黔(田林)经济合作产业园区进园大道、污水处理厂以及天然气、氧气站、220KV变电站等项目建设,力争引进并落户园区铝精深加工及相关企业5家以上,年内将桂黔(田林)经济合作产业园打造成产值达50亿元以上的支柱性产业基地。

促进企业集聚壮大。推动传统产业优化升级,促进木材加工、食药品加工、清洁能源等主要产业集群发展,力争三大产业产值分别达到20亿元、10亿元、5亿元以上。深化"服务企业年活动",落实企业扶持办法,全面降低企业要素成本和交易成本,推动家全木业年产20万立方米生态板项目、长江天成年产2000吨高端营养山茶油项目年内投产运营,支持商贸、餐饮、住宿等企业做大做强,力争新增规上工业企业2家、规上服务和限上批零住餐企业3家。

培育新兴服务业。推进电商产业发展,加快县乡村三级电商网络服务建设,依托益农信息社、村邮乐购等平台,引导农业种养大户线上销售。强化金融服务支持,争取各类商业银行和其他金融机构在本县设立分支机构。切实加强银企对接,为企业解决融资难题。大力发展第三方物流,提升物流信息化水平,构建安全、便捷、高效的商贸流通体系。支持发展信息通讯、大健康、文化教育等新业态。实现社会消费品零售总额增长10%以上。

推动旅游全域融合。推进岑氏宗祠申报国家级文物保护单位,建设恢复"马神甫事件"旧衙门,全力将定安镇打造成"法治中国"教育基地。提高"吼敢"壮剧节带动旅游产业发展水平,打响田林文化旅游品牌。加快利周河谷生态农家乐集群、定安历史文化旅游小镇等重点旅游项目建设,推进万吉山森林公园3A级旅游景区建设,努力把田林打造成历史文化、生态休闲旅游目的地。

（三）实施乡村振兴战略，全力开创“三农”发展新局面

坚持农业农村优先发展，按照“产业兴旺、生态宜居、乡风文明、治理有效、生活富裕”的总要求，推进“三农”工作新发展。

做大做强富民产业。稳定粮食生产，确保粮食播种面积31万亩、产量9.5万吨以上。调优产业结构，促进八渡笋、杧果、油茶、甘蔗、柑橘、生猪、肉牛山羊、林下养鸡、网箱养鱼等传统产业提质增效，力争新种油茶2万亩、杧果1万亩、柑橘0.3万亩，新种、翻种甘蔗4万亩，拓展新型业态落户田林，促进农民持续增收。

转变农业发展方式。大力推进现代特色农业示范区建设，启动创建3个自治区级、2个市级、6个县级、24个乡级示范园以及165个村级示范点。结合扶贫产业发展，深入实施杧果、甘蔗、油茶、八渡笋、用材林5个30万亩高产示范工程。规划建设田林水果交易市场，完成1个柑橘无病毒苗木繁育基地、1个无公害蔬菜标准化生产示范基地及5个星级畜禽生态养殖场建设。加快利周“清水鸭”等地理标志保护产品申报，提升田林特色农产品附加值。探索推进智慧农业，健全农村物流配送网络，推动农业“接二连三”融合发展。

夯实农业发展基础。培育新型经营主体，力争新增家庭农场、专业合作社50家以上。抓好农村土地确权成果应用，积极发展土地入股、土地托管等多种形式适度规模经营。抓好杧果、沃柑等绿色农产品认证。加大科技兴农投入，实施八渡笋、油茶低产改造等科技富民强县项目。加快“互联网+检疫出证”系统建设，推进畜牧产品质量安全监管信息化、现代化。

推进宜居乡村建设。紧密结合脱贫攻坚工作，持续巩固“清洁乡村”、“生态乡村”活动成果，全面推进“宜居乡村”建设，着力实施“产业富民、服务惠民、基础便民”专项活动，全面完成改厕改厨改圈“三改”任务，年内通过区市验收。实施世行贷款广西产业扶贫项目，与农业产业、乡村旅游、乡土文化建设相融合，打造“一村一品”特色品牌。

健全乡村治理体系。健全和创新村党组织领导的村民自治机制，进一步加强村民委员会规范化建设，维护好农民群众当家做主的权利。坚持法治为本，将政府涉农各项工作纳入法治化轨道，增强农民尊法学法守法用法意识。坚持德治为先，引导农村敬老爱亲、重义守信、勤俭持家。不断创新农村管理服务体制，健全农村社会矛盾纠纷化解机制，维护农村和谐稳定。

（四）实施区域协调发展战略，全力展现城乡建设新面貌

坚持以特色城镇建设为目标，积极推动产城融合发展，切实加强城镇规范化管理，全面建设特色城镇发展突破区。

实施城镇重点项目。高标准建设体育中心、壮剧中心等田林新区项目，推进污水处理厂二期、建筑垃圾消纳场、田林新区污水管网、天然气管网工程建设，完成888户棚户区改造。

规范城镇综合管理。推进城市管理综合执法体制改革，深入开展城市管理集中整治行动，巩固“三违五乱”整治成果。完善城乡公共服务设施，推进富源小区、河南路、八桂坡铁路桥至廉租房道路等美化绿化亮化工程。整治三轮车、公交车不规范营运行为，提高群众出行质量。巩固提升城乡环卫建设成果，确保生活垃圾无害化处理率达100%。

推动城镇融合发展。加大力度统筹城乡协调发展，以田林新区、桂黔（田林）经济合作产业园区为平台，引导周边乡镇因地制宜谋发展，推动城乡一体化和乡村联动建设，努力将利周、潞城、旧州等乡镇打造成融合休闲旅游、商贸物流、现代制造的宜居宜业特色小镇。

提升交通互联水平。加快推进旧州至那腊二级公路、八桂至那比三级公路、凌云至田林二级公路项目建设，争取开工建设潞城至百乐三级公路、河口至定安二级公路项目，完成福达至八渡公路复建工程，加快构筑县域“两小时交通圈”。全力推进八渡大桥及连接线、田林至西林高速公路、贞丰至田林高速公路建设，提高县域交通互联水平。

（五）深化改革创新，全力激发县域发展新动力

坚持把改革创新贯穿于经济社会发展各个领域、各个环节，充分发挥改革创新综合带动作用，不断谋求发展新突破。

实施重点改革。深化“放管服”改革，全面推行“多证合一”“一照一码”。全面落实“双随机、一公开”制度，切实提高监管效率。有效开展债券、PPP融资，吸引社会资本参与城市公共服务领域和基础设施建设。抓好农村集体林权、农村土地确权、农村金融改革,深化医药卫生体制改革,统筹推进城乡义务教育一体化和城管综合执法体制、户籍制度、司法体制等改革,激发发展活力。深化简政放权,简化行政审批手续,提高审批效率,优化经济发展环境。

深化对外开放。推动建立区域联席会议制度,加强与贵州、云南等周边地区的经贸往来,拓宽与周边区域的产业合作渠道,实现资源共享、优势互补、发展共赢。坚持引进来与走出去“双向发力”,大力推进全产业、全领域、全要素开放,鼓励外贸出口企业开拓国际市场,力争实现外贸进出口总额增速扭负为正。健全重大招商项目落地激励机制,确保项目招引一个、落地一个,开工一个、见效一个。

推动创新发展。实施创新驱动发展战略,落实各项创业扶持政策,深入推进“大众创业、万众创新”。全面实施质量强县战略,开展质量提升行动,围绕田林农林产品等优势产业,开展质量攻关,推动产业全面提升产品技术、工艺装备、能效环保等水平。制定品牌培育规划和品牌发展的政策措施,提升田林八渡笋、杧果、油茶、历史文化旅游等品牌形象,培育一批区域品牌和企业产品商标品牌,不断提升企业品牌价值和田林制造整体形象。

(六)强化生态环境治理,全力建设绿色美丽新家园

坚持把绿色生态作为田林最大财富、最大优势、最大品牌,在保护中发展,在发展中保护,推动可持续发展。

守住绿色底线。全面推行“河长制”,落实最严格水资源管理制度,重点整治河道垃圾、河道采砂、面源污染等问题,强化岑王老山、平宜水库、启文水库等重点区域保护,实现江河环境水清岸绿。实行森林资源目标管理责任制,加强森林防火,严厉打击毁林和非法占用林地等违法犯罪行为。

筑牢绿色屏障。深入推进绿满田林工程,新造林6万亩,巩固提高森林覆盖率。实施好退耕还林、坡耕地水土流失综合治理等水土治理工程,推进启文水库扩容、万吉水库建设,完成乐里河、利周河等6条河流9个防洪工程建设。落实环境保护“党政同责”“一岗双责”,着力解决环境保护突出问题,完成上级下达的节能减排任务,巩固和提升田林山清水秀的美丽家园。

推进绿色发展。严守水源、耕地、生态“三大红线”,严把企业准入关,抓好传统产业升级改造,提高资源生产效率。培育壮大绿色清洁能源,积极引进有实力的能源企业,发展光电、风能、生物质发电等清洁能源产业,促进资源节约高效循环利用,加快推进南盘江八渡口水电站项目前期工作,打造生态经济强县。落实畜禽产业禁养、限养区发展规划,大力发展生态养殖。培育绿色生态文化,倡导绿色低碳的生活方式,引导绿色消费、节约消费。

(七)加大民生事业投入,全力建设和谐共享新田林

坚持普惠共享,把为人民造福的事情真正办好办实,不断满足人民日益增长的美好生活需要。

优先发展教育事业。深入实施教育提升攻坚战,全力推进县域义务教育均衡发展工作,加快学前教育和高中阶段教育项目建设,优化教育资源配置和学校网点布局,加快推进新高中、第三小学等项目建设进度,启动建设第四小学,确保通过国家和自治区义务教育均衡发展督导评估验收。推进教育现代化,通过网络技术和云技术提升教育信息化水平,努力让每个孩子都享有公平而有质量的教育。实施“名师工程”,从政策、资金等方面加大对优秀教师、边远地区教师的支持和帮助力度。加强教育教学管理,落实“双线”控辍保学责任制和教育惠民政策,切实办好田林高中“百高班”,努力提高教育教学质量,办人民满意教育。

繁荣民族文体事业。实施重点文化惠民工程,建设20个村级公共服务中心示范项目和30个屯级篮球场,办好2018年壮剧汇演和原生态山歌表演活动,开展国家艺术基金项目《瑶娘》巡回演出40场。加强少数民族文化保护与传承,推进利周、潞城、八桂、八渡等四个民族乡建设,支持北路壮剧、吼敢民俗等民族文化保护,留住民族记忆。加强体育产业建设,广泛开展全民健身运动。

提高健康保障水平。深化医药卫生体制改革,加快县级公立医院综合改革和分级诊疗制度建设,推进医保、医药、医疗“三医联动”,推行医药集中采购“两票制”,完善“三个一批”行动计划,支持发展健康产业,缓解群众看病难看病贵问题。加快县中医院二期、乡镇卫生院基础设施项目标准化建设,完善卫生人才引进培养机制,提升公共卫生服务能力。坚持计划生育基本国策,落实“全面两孩”政策,促进人口均衡发展。

健全社会保障体系。加强对高校毕业生、农村转移劳动力、城镇困难群体的就业帮扶，确保城镇失业登记率控制在3%以内。实施全民参保计划，确保城乡居民社会养老保险参保率达100%。加强城乡居民医疗保险筹资及监管，确保参保率达98%以上。统筹推进城乡救助体系建设，落实最低生活保障、特困人员供养、残疾人补贴，加强城区养老服务中心建设，打造医养结合特色城区，切实提高群众幸福指数。

办好十件民生实事。围绕群众最关心、最受益、最迫切需要解决的热点难点问题，认真办好社保惠民、健康惠民、教育惠民、文化惠民、强基惠民、安居惠民、通畅惠民、水利惠民、生态惠民、产业惠民等十件为民实事，切实提升群众获得感。

建设法治平安田林。完善县乡村三级公共服务平台建设，构建全民共建共享的社会治理体系。开展反恐维稳工作，落实反恐责任制，建立健全立体化社会治安防控体系，开展“盗抢骗”“黄赌毒”“黑拐枪”等专项斗争，抓好禁毒专项整治行动，从严整治电信诈骗、网络违法行为，提高平安田林建设水平。深入开展“打非治违”“安全生产大检查”等专项行动，确保安全事故起数和死亡人数实现双降。加强食品药品安全监管、疾病预防控制和卫生监督工作，提高公共卫生突发事件应急处置能力。推进公共法律服务平台建设，健全社会矛盾纠纷排查化解机制，打造无越级访、无集体访、无重复访的“三无”乡镇，确保群众安全感和满意度保持高位水平。

支持国防建设。加强国防教育，加强国防动员、国防后备力量建设。深入开展双拥共建活动，促进军民融合发展。

加强和改进新时代民族工作，扎实推进民族团结进步创建活动，做好迎接自治区成立60周年大庆工作。扎实开展第四次全国经济普查工作。继续做好宗教、侨务、调处、统计、气象、地震、水库移民、人事、编制、档案、老龄、地方志等工作。充分发挥工会、共青团、妇联、残联、红十字会、科协、文联、工商联、社科联等群团组织作用。

各位代表，要完成决胜全面小康社会的时代重任，奋力推动田林经济高质量发展，为百姓创造更加美好的幸福生活，我们必须以铁的纪律、铁的标准、铁的举措，全面加强政府自身建设。我们将坚持依法行政。严格落实政府常务会、党组会等制度，全面推进法治政府建设，主动适应依法治理新形势，自觉接受人大法律监督、工作监督和政协民主监督，认真做好人大议案、代表建议和政协提案办理工作。高度重视社会监督和新闻舆论监督。严格执行行政决策法定程序，完善政府权责清单，实现行政权力依法规范运行。我们将坚持勤勉尽责。严格执行工作责任制，完善重大项目领导挂点、重点工作现场办公、重要事项督促检查等制度，加强部门协作，强化责任担当，层层传导压力，确保工作不折不扣落实到位。健全正向激励机制和容错纠错机制，鼓励因地制宜、大胆探索，让广大干部想干事、敢干事、干成事。我们将坚持规范高效。加强政务公开，主动回应民生改善新期待，充分了解群众诉求，使政府工作更好地体现民众意愿。加快政务服务中心项目建设，完善政府OA办公系统，推进无纸化办公，促进政务服务网络平台和窗口办理互补融合。建立清晰明确可追溯的责任体系，全面提升行政效能和政府执行力。我们将坚持廉洁从政。严格落实“一岗双责”，把全面从严治党各项要求贯彻到政府工作各个环节。瞄准重点领域，深化廉政风险防控，严厉查处各类违纪违法案件。推进“两学一做”学习教育常态化制度化，认真开展“不忘初心、牢记使命”主题教育，深化“三年一争当”活动，持续开展“庸懒散浮拖”等专项整治行动，打造廉洁政府。

名词解释

1.“5+2”特色产业：“杉、油茶、糖料蔗、猪、鸡”+“笋、杧果”。

2.“五个一行动”：建档立卡农村贫困人口新农合覆盖率100%；大病保险覆盖率100%；预防保健覆盖率100%；家庭医生签约率100%；健康扶贫保险参保率100%。

3.“三年一争当”：领导班子建设年、投资环境综合整治年、环境保护巩固提升年、争当全区营造“三大生态”排头兵。其中“三大生态”指：风清气正的政治生态、团结和谐的社会生态、山清水秀的自然生态。

4.“三大发展战略”：党建带动、绿色崛起、两区三带三大发展战略。其中“两区三带”指：以田林新区、桂黔（田林）经济合作产业园区为核心，带动中部乐里、潞城、旧州沿路（隆百高速）发展带，东部利周、浪平、百乐沿山(岑王老山)发展带,西部六隆、八桂、八渡、定安、那比、高龙、者苗、平塘沿江(驮娘江)发展带协调发展。

5.“四大攻坚战”:脱贫摘帽、产业发展、教育提升、基础设施建设攻坚战。

6.“五区建设”:新型经济发展先行区、特色城镇化发展突破区、生态文明建设引领区、民生共享示范区、民族团结和谐模范区建设。

7.“136”工程:扎实推进脱贫攻坚“一个中心”;扎实推进工业园区、田林新区、农业核心示范区“三项重点”;扎实推进百矿电解铝项目、碳素项目、瓦村水电站、八渡口水电站、田林西林高速路和田林贞丰高速路“六大项目”。

8.农业“接二连三”:指在发展传统种养业的同时,协调发展农副产品深加工业,以及与农业相关的商贸、休闲、生态旅游等服务业。

9.“放管服”:即简政放权、放管结合、优化服务的简称。

10.“多证合一”:指证照整合改革,目的是实现企业一照一码走天下。其中“一照一码”指:通过“一口受理、并联审批、信息共享、结果互认”,将由三个部门(工商、质检、税务)分别核发不同证照,改为通过“一窗受理、互联互通、信息共享”,由工商部门直接核发加载法人和其他组织统一社会信用代码的营业执照。

11.“双随机、一公开”:即在监管过程中随机抽取检查对象,随机选派执法检查人员,抽查情况及查处结果及时向社会公开。

12.“三个一批”:大病集中救治一批、慢病签约服务管理一批、重病兜底保障一批。

中国人民政治协商会议田林县委员会常务委员会工作报告

——在政协第九届田林县委员会第三次会议上

黄 欢

(2018 年 1 月 18 日)

2017 年工作回顾

2017 年是迎接党的十九大召开的喜庆之年,是田林县决战贫困决胜小康的关键一年。一年来,县政协常委会在县委的高度重视和正确领导下,在县人大、县政府的大力支持下,认真贯彻落实党的十八大、十八届历次全会和十九大精神,贯彻落实县第十四次党代会决策部署,团结引领广大政协委员,聚焦四大攻坚、“五区”建设等事关全县发展大局的重点工作,充分发挥政协优势,认真履行政治协商、民主监督、参政议政职能,为助推全县经济社会加快发展贡献政协力量。

一、强化意识形态引领,筑牢政协履职思想基础

一年来,县政协常委会强化理论武装,增强政治定力,狠抓政治思想理论工作,全面落实意识形态工作责任制,机关队伍和政协委员综合素质有了新提高,有效促进各项工作的开展。

(一)学习宣传贯彻党的十九大精神。把学习宣传贯彻十九大精神作为首要政治任务来抓,先后召开政协党组(扩大)会、政协党支部会议专题学习党的十九大精神,切实在学懂、弄通、做实上下功夫。常委会班子以身作则,依托讲习所,深入联系乡镇、村屯及农家宣讲,让习近平新时代中国特色社会主义思想深入人心、走进千家万户。同时深刻领会十九大报告中关于民主政治建设、协商民主建设等方面的新论断、新部署,牢牢把握人民政协工作的正确政治方向。

(二)扎实推进“两学一做”常态化。认真制定常委会工作计划和“两学一做”学习教育活动方案,紧密结合自身实际,不断落实和完成学习计划和任务。坚持“三会一课”、民主生活会、组织生活会、民主评议党员等基本制度。创新履职方式,拓宽履职平台,在委员中倡议“撰写一篇发言材料、提交一件政协提案、

反映一条社情民意、上送一篇宣传稿件、为民办一件好事”的“五个一”要求，充分调动了委员工作积极性。邀请自治区政协领导到田林给委员讲课，组织部分委员到中山大学学习，选派政协班子成员、专委人员参加市政协分别在北京大学、厦门大学、上海复旦大学举办的综合能力提升研修班、提案工作专题研修班，有效提升了政协机关和政协委员的履职能力。

（三）全面深化“三年一争当”活动。以县委提出的“六大专项行动计划”为抓手，深入开展“三年一争当”活动，努力争当全区营造“三大生态”排头兵。特别是在开展领导班子建设年活动中，我们着力抓好思想政治建设、严肃党内政治生活、能力建设、作风建设、廉政建设、制度建设，努力建设“五好”领导班子，推动政协工作不断迈上新台阶。同时，按照县委整改工作部署，制定自治区党委巡视整改方案，强化整改责任担当，精心组织整改落实。对照巡视反馈的4大方面12大项22小项问题，县政协班子对号认领3大方面8大项问题，明确具体整改措施、整改时间和责任人，及时上报整改进展情况，本着“解决一个、销号一个、巩固一个”的原则，确保在规定时限内全部整改到位。

二、围绕中心服务大局，助推经济社会持续发展

县政协常委会紧扣发展第一要务，议大事，谋要事，督难事，办实事，自觉把政协工作放到党政工作全局中谋划和推进，扎实履职，积极建言献策，发挥了政协助推各项事业发展的积极作用。

（一）议政协商聚合力。坚持突出政协会议议政平台作用，精心筹办县政协九届二次全会，围绕政协常委会工作报告、提案工作情况报告、政府工作报告等认真开展讨论，积极提出意见建议。同时，充分运用大会发言协商平台，围绕全县发展重心，精选建言课题，就经济发展、民生改善等内容建言献策，大会发言得到大家的一致好评。年内组织召开常委会议4次、主席会议12次、协商座谈会16次，与县党政领导围绕重大事项、重大问题开展协商探讨，助推田林经济社会文化各项事业发展。

（二）履职建言促发展。政协常委会选择群众关注、党政重视、政协能做的课题，采取现场查看、听取汇报、座谈交流等形式开展视察调研。一年来，先后组织开展“利周瑶族乡旅游扶贫项目建设”“巩固甘蔗产业”“全县杧果种植管理”“发展油茶扶贫产业”“服务企业”“教育系统空编缺员”“县城污水管网建设”“通乡道路‘老龄化’问题”“完善村屯道路联网建设”“撤并乡镇街道亮化工程”“乐里河道环境卫生综合治理”和“屯级戏台建设”共16个课题进行视察、调研及专题协商活动，形成16份专题调研报告，履职建言解决相关问题，促成县城幼儿入学、空编教师招聘、教师职称同步聘任等遗留问题的有效解决。

（三）民主监督见实效。树立“公、和、诚、实”的理念，汇聚各方力量，协助县委和县政府解决问题、改进工作、增进团结、凝心聚力。组织委员参加县脱贫攻坚工作督查，先后对平塘、定安、旧州等乡（镇）脱贫攻坚工作进行专项检查，随机抽查7个贫困村，11个自然屯，42户贫困户，客观反映结对帮扶、产业扶持、基础设施建设、易地扶贫搬迁等脱贫攻坚工作情况，为全县脱贫攻坚工作建言献策。年内对县扶贫办、县民政局、平塘乡年度重点工作落实和推进情况开展民主评议，助推脱贫攻坚、民生项目、特色产业等重点工作。此外选派政协委员100多人（次）担任“乡镇卫生院卫生专业技术人才”“2017年度公开招聘事业单位人员”“2017年公开招考聘用中小学教师”“2017年度公开招聘合同制教师”等招聘面试的监督员，对人才招聘工作进行民主监督，履行好政协民主监督职责。

（四）参政议政凝共识。一年来，班子成员参政议政意识强，积极主动协调和推进项目建设。深入田林至凌云二级公路、八桂至那比三级路改造、中医院二期工程项目、县光明幼儿园项目、长江天成集团公司有机山茶油等项目现场，协调解决项目建设中遇到的困难和问题，助推项目建设。积极配合县委、县政府处置六隆扶贫移民异地安置基地矛盾纠纷等历史遗留问题，促进矛盾化解和社会大局稳定。此外，2017年9月14日，市政协四届二次会议第42号重点提案《关于加快推动建设“三林”民族文化旅游示范圈的建议》督办座谈会在田林县召开，承办单位和提案人面对面就提案的办理情况进行沟通和协商，形成整合利用好“三林”独特的民族文化旅游资源、原生态自然资源、合力打造旅游亮点的共识。

三、坚持履职为民理念，合力助推脱贫攻坚

脱贫攻坚是当前最大的民生。县政协常委会自觉融入全县脱贫攻坚，动员号召政协机关和全县政协

委员，探索新举措、新模式、新方法，在全县脱贫攻坚一线主动作为创佳绩。

（一）瞄准关键处，狠抓提案落实。九届二次会议以来，县政协共收到委员提案50件，其中大会期间收到提案49件，平时提案1件，经审查立案42件，并案2件，最后交办的提案共41件。至2017年底，各承办单位均能按照办理时限向委员进行答复，41件提案已全部办结，委员满意率达96%。

（二）找准着力点，贡献政协智慧。县政协把助推脱贫攻坚作为履职重要任务，深入走访调研、寻找贫困症结、理清发展思路、制定脱贫计划，着力为脱贫攻坚贡献政协智慧。围绕全县脱贫攻坚工作重点开展专题协商讨论，形成脱贫攻坚意见建议23条，其中得到采纳18条，有效助推脱贫攻坚工作。通过视察调研建言，助推旅游扶贫项目、油茶扶贫产业、村屯道路联网建设等扶贫项目的推进，多角度、多途径为推动脱贫攻坚建言。

（三）寻求突破口，提升帮扶成效。把脱贫攻坚作为履职尽责的切入点和聚焦点，切实发挥政协优势，积极组织委员参与脱贫攻坚，探索精准扶贫的政协模式，形成强大的脱贫攻坚“政协力量”。据统计，全县政协委员结对帮扶340多户，扶持产业发展、捐资助学、基础设施建设等捐款捐物20万元。为加强帮扶工作，县政协选派1名干部结对帮扶定安镇八新村并担任第一书记，脱产助力脱贫攻坚工作。按照贫困户“八有一超”和贫困村“十一有一低于”目标，从项目、政策、资金、信息等方面做好八新村帮扶工作。积极协调推进那雄村至八新村那来道路硬化项目建设。筹集资金3.5万元，添置和更新八新村部电脑、桌椅等办公设备，全村130户贫困户实现预期脱贫摘帽目标。协调联系县糖办、和平糖业公司等单位帮扶央荣村发展甘蔗产业，组织县直联系定安镇的单位干部职工和定安镇直干部职工到央荣屯突击新种植糖料蔗200余亩，并协调解决修通蔗区简易道路。

四、突出民主团结主题，促进社会和谐稳定

充分发挥政协大团结、大联合的政治优势，积极协调各方关系，不断汇集正能量，唱响政协好声音，甘当和谐“稳压器”。

（一）营造团结合作“同心圆”。进一步加强与无党派人士、工商联、各人民团体、各界人士，各类社会组织、经济组织的团结合作。充分利用例会、调研视察、组织重大活动等机会开展联合调研视察和协商议政，营造广开言路、畅所欲言、体谅包容的民主氛围，形成发展共识，为发展减少阻力、增添合力。把界别活动与经常性履职工作结合起来，调动各界别委员参政议政的积极性，拓宽社情民意反映渠道，传达民声民愿。年内，各界别小组主动深入界别群众，反映界别诉求150多条，积极参与调研协商20多次，开展委员下基层、服务社会活动10余次。

（二）联合省际协商“大合唱”。2017年4月17日—19日，滇黔桂三省（区）“两江一河”二十一县（市）政协联席会第二十九次会议在田林县城召开。这是田林县政协承办大型联谊交流会议，来自云南、贵州、广西的二十一个县（市）政协领导欢聚一堂，就如何依托“两江一河”的原生态民族文化资源，加快旅游开发助推脱贫攻坚和经济社会发展座谈协商，交流探讨旅游开发、脱贫攻坚等重大问题，达成了以提升品牌为目标，联手打造大西南特色产业带和民俗节庆文化与生态旅游融合开发示范圈的共识。会议期间，各县（市）政协领导还参加了社区宴会、品尝田林美食等活动，观看专题歌会《我们的家园》、壮族风情歌舞剧《瑶娘》等节目，增进友谊、交流学习和宣传推介田林，也提升了县政协办会办活动的服务水平。

（三）创建政协联谊“朋友圈”。加强与自治区、市政协的沟通联络，积极参加政协组织各类活动，上下左右联动推进政协工作开展。全年共接待自治区、南宁市马山县和云南省富宁县、贵州省册亨县等20个区内外政协调研组到田林考察，展示田林县经济社会发展成果，提高对外影响力。同时结合政协调研议题需要，组织课题调研组到区内外的云南、贵州、河池、柳州、南宁等地考察学习，增长见识，开阔视野。利用双休日节假日开展传统文化节目排练，组织业余歌队到乐里、六隆、者苗、定安、旧州等乡（镇）开展扶贫文化下乡，到百色、凌云、富宁等地进行文化联谊交流，全年共演出19场（次），受到当地群众的好评和称赞。

五、发挥政协智力优势，文史宣传工作成效突出

充分发挥政协人才荟萃、智力密集优势，积极开展各项文史活动，加大工作宣传力度，提升文史宣传工作实效。

（一）助力民族节庆活动。县政协积极主动作为，动员政协机关及全县政协委员广泛参与，协助完成

2017年“壮族三月三·吼敢”活动期间的乡(镇)壮剧片区会演、县城壮剧展演、专题歌会、原生态歌会、社区宴会、特色美食展销等一系列节庆活动,有效促进田林民族节庆文化传承与弘扬。活动期间,由政协委员和县直干部职工自编自演的专题歌会《我们的家园》深受群众喜爱,获得各界好评,成为田林传统文化品牌,提升田林民族文化新形象。

(二)挖掘传承文史资料。积极发挥政协优势,弘扬优秀传统民族文化,经多方努力,年内已收集编纂出版《田林县民俗节庆文化纪实—2016年“吼敢”壮剧节》一书,这是田林县第一部收集记录节庆文化的图书,同时继续编辑《田林县2017年“壮族三月三吼敢”活动纪实》一书。发挥政协、存史、资政、团结、育人的作用,为后人提供珍贵的借鉴,助推田林县文化艺术事业发展。

(三)提升政协宣传影响力。围绕服务委员、面向社会、扩大影响的目标,创新宣传形式,拓展宣传渠道。加强与百色市政协网、广西政协报社等新闻媒体的联系和合作,及时做好政协重要会议、重要活动的宣传报道,唱响政协好声音,扩大田林县政协工作的社会影响力,展现政协委员风采,凝聚发展正能量。年内在《人民政协报》《广西政协报》、百色政协网等报刊杂志及网站上发表250余篇新闻稿件,获全区政协报刊宣传工作一等奖、全市政协第六届理论研究论文评比组织奖,其中选送的《对基层政协民主监督与其他监督形式有机结合的思考》分别获区、市优秀论文奖。

各位委员,使命重在担当,实干创造价值。过去的一年,县政协常委会团结和带领广大政协委员,较好地完成全年各项工作任务。这些成绩的取得,是县委高度重视加强对政协工作领导的结果,是县人大、县政府关心帮助和大力支持的结果,也是全县各级各部门、社会各界、全体政协委员和政协机关工作人员不辱使命,共同努力的结果。在此,我代表县政协常委会表示衷心的感谢和崇高的敬意!

回顾一年来的工作,我们也清醒地看到,我们的工作中还存在一些不足,主要是履行职能的途径和效果还有待进一步探索,协商议政协商成果的转化落实还有待进一步加强,民主监督的力度还有待进一步加大,提案办理的实效还有待进一步提高等。这些都需要我们认真研究,在今后工作中加以解决。

2018年工作意见

2018年是全面贯彻落实党的十九大精神的开局之年,是改革开放40周年,是决战贫困决胜小康的关键之年,也是田林县政协工作步入新时代、踏上新征程、展现新风采的一年。县政协工作的总体要求是:深入学习贯彻中共十九大精神和习近平新时代中国特色社会主义思想,全面贯彻落实自治区第十一次党代会、百色市第四次党代会和田林县第十四次党代会精神,牢固树立和贯彻落实新发展理念,牢牢把握团结和民主两大主题,紧扣统筹推进“三大战略”、“四大攻坚战”与“五区建设”,“打造滇黔桂接边区域中心县,全面决战贫困决胜小康”,认真履行政协职能,着力做好思想引导、协调关系、汇聚力量、议政建言、服务大局的各项工作,为加快建设富强民主文明和谐美丽新田林贡献智慧和力量。

一、深入学习贯彻十九大精神,坚持党对政协的绝对领导

党的十九大为党和国家事业发展指明了前进的方向,为人民政协事业发展提供了根本遵循。县政协将自觉坚持党的领导,把学习好、宣传好、贯彻好党的十九大精神作为全年工作的首要政治任务,用十九大精神全面指导新一年政协工作。

(一)深刻领会精神实质。通过参加上级和县委专题报告会,举办学习会、培训班等形式,学习领会十九大精神要义和丰富内涵,准确把握十九大对政协工作的新要求,引导政协委员坚持正确的政治方向,准确把握人民政协的性质定位。牢固树立“四个意识”,更加坚定“四个自信”,切实把思想和行动、智慧和力量统一到十九大确定的奋斗目标和战略任务上来,统一到县委的各项决策部署上来,夯实团结奋斗的共同思想政治基础。

(二)坚持党的统一领导。坚持和强化党的统一领导,把政治建设摆在首位,严格开展好政协党组理论中心组学习和党支部“三会一课”制度,突出政治学习和教育,突出党性锻炼,不折不扣地把党对人民政协工作的决策部署全面贯彻落实到县政协各项工作当中。

(三)深入开展主题教育。组织谋划开展“不忘初心,牢记使命”主题教育,以履职成效检验学习成

果。结合“两学一做”学习教育常态化制度化和“三年一争当”活动，用十九大精神和习近平新时代中国特色社会主义思想武装头脑、指导实践、推动工作，引导广大委员和各界人士贯彻落实好中共中央、自治区党委、百色市委和县委的重大决策部署，始终与县委、县政府同心同力，同向同行，积极为田林县加快发展和脱贫攻坚献计出力。

二、聚焦党政中心工作，建言献策助推田林新发展

围绕中心、服务大局，是政协履职的基本原则。我们将自觉把政协工作放到党政工作全局中谋划和推进，努力做到党政中心工作推进到哪里、政协履职就跟进到哪里，为加快田林各项事业发展出实招、谋良策、建净言、增合力。制定年度协商计划，拟定专题议政性常委会议、界别协商会、专题协商会、对口协商会和提案办理协商会。

（一）聚焦项目建设，开展常委会议政性协商。围绕项目建设，针对“发展田林特色产业，助推脱贫攻坚”和“加大通乡公路提级改造”开展常委会议政性协商，全面分析项目建设推进工作中存在的困难和问题，广泛征求项目业主、施工方、监理方的意见，逐一形成对策建议，助推项目顺利实施。

（二）聚焦社会发展，开展界别协商会协商。关注社会发展进步，围绕“加快新高中建设”和“壮剧与民歌传承及发展”开展界别协商，组织界别委员围绕议题有针对性开展协商议政，拿出有效解决问题和困难的办法、措施，为党委政府的决策提供参考。

（三）聚焦民生改善，开展专题协商会协商。围绕“加快瓦村水电站库区移民后续扶持和管理”和“助推特色村寨建设”开展专题协商，助推社会民生改善，让老百姓生活更加幸福美满。

（四）聚焦焦点问题，开展对口协商会协商。如实反映社情民意是政协职责所在。针对“在县文化广场建设固定舞台”和“加快贫困村村集体经济发展”等焦点问题，组织委员开展对口协商，促进焦点问题得到有效解决。

（五）聚焦提案办理，开展提案督办协商会。政协提案工作是人民政协履行职能的重要方式，以提案办理为抓手，邀请县党政领导参加重点提案办理协商会，年内县政协主席、副主席开展5次重点提案督办协商。

三、关注保障和改善民生，全力参与打赢脱贫攻坚战

坚持以人民为中心，服务百姓，是人民政协本质属性的充分体现，是人民政协履行职能的应有之义。县政协将始终坚持人民至上、民生为先理念，积极回应人民群众对美好幸福生活的向往、对改革发展成果获得感的渴望，多做联系服务企业、联系服务群众的工作，多办顺民意、暖民心、惠民生的好事实事。

（一）助力改善社会民生。以助推改善民生为己任，主动围绕惠民利民政策落实、重大民生工程建设和精准扶贫精准脱贫等问题，深入开展调研、视察等活动，力争年内协调解决3~5个群众关切的问题，为助推民生改善竭诚尽智。

（二）积极参与脱贫攻坚。认真做好联系帮扶、发展产业、改善群众生产生活条件、捐资助学济困等工作，积极引导群众发展特色优势产业和村集体经济发展，加快脱贫致富步伐。组织政协委员参与美丽田林乡村建设，开展爱心帮扶，送政策、送文化等活动，传递党委和政府的关爱，助推脱贫摘帽工作。

（三）主动助推社会事业。充分发挥政协作用，抓住教育、文化、卫计、民政事业领域中的重点问题，有针对性地开展民主监督活动，助推各项社会事业长足发展。

四、加强和改进民主监督，推进政协民主监督新发展

政协民主监督主要是以提出意见、批评、建议的方式进行的协商式监督，是社会主义协商民主的重要实现形式。“有事好商量，众人的事情由众人商量，是人民民主的真谛”，我们要深入贯彻落实中共十九大精神和中共中央关于加强和改进人民政协民主监督工作的决策部署，进一步做好民主监督工作。

（一）坚持基本原则，加大民主监督力度。坚持在县委的领导下，依照宪法法律和政协章程，切实加强民主监督工作，切实做到真监督、善监督。坚持在参与中支持、在支持中服务、在服务中监督，融协商、监督、参与、合作于一体，真正实现民主监督的常态化、规范化和实效化。

（二）选准角度和重点，提高民主监督实效。在政协的会议、视察、提案等各项活动中，增加民主监督的内容，注重发现问题，坦诚地提出批评、意见和建议。围绕田林县脱贫摘帽任务的完成、重大改革举措的落实、重要政策文件的执行、重大民生工程的实施等，开展监督性专题调研、专项视察和协商议政活动，实事求是地反映情况，认真负责地提出建议。

（三）加强协调配合，形成民主监督合力。坚持问题导向，全力加强协调配合，特别是在民生突出问题的有效解决方面，联合纪委、督查、组织、绩效以及党代表、人大代表等力量，创新开展联合监督，加强政协民主监督同其他监督形式的协调配合，更好地发挥政协民主监督的作用，进而形成监督合力。

五、提升自身能力建设，提高政协工作能力水平

政协自身的能力和水平，影响着协商议政的质量，关系到履行职能的成效。抓好政协履职管理，提高委员履职能力，造就一支政治强、作风硬、业务精的政协队伍。

（一）切实抓好政协履职管理。县政协组织和全体政协委员，要把加强思想政治建设排在首位，不折不扣地把党对人民政协工作的决策部署贯彻落实到政协各项工作之中。全体政协委员和机关干部要把纪律和规矩推在各项工作前面，严格遵守政治纪律和政治规矩，牢固树立作风建设永远在路上的思想，加强党风廉政建设，认真执行《田林县政协委员履职工作规则（试行）》，强化履职管理，严格纪律要求，完善履职考核，激发履职热情，切实抓好政协履职管理。

（二）着力提高委员履职能力建设。按照懂政协、会协商、善议政和守纪律、讲规矩、重品行的要求，加强委员履职能力建设，继续在委员中开展“撰写一篇发言材料、提交一件政协提案、反映一条社情民意、上送一篇宣传稿件、为民办一件好事”的“五个一”活动，提高委员履职能力建设，树立政协委员的良好形象。

（三）切实做好政协经常性工作。

做好文史工作。做好政协文史馆建设筹备工作，提早收集相关文字、图片、实物等。继续做好“吼敢壮剧节”活动情况资料收集编撰等工作，并完成出书任务。

做好文化联谊。加强与上级及区内外政协组织的联谊交流，进一步延伸团结联谊范围和深度，开展好政协对外友好交往，广集各方智慧和力量。同时协助做好田林县2018年“吼敢”壮剧节活动，开展送文化下乡及联谊活动，发挥政协人才优势，助推田林民族文化繁荣与发展。

反映社情民意。深入社区，深入群众，如实反映群众的呼声与合理诉求，努力多办顺民意暖民心惠民生的好事实事，维系好政协联系人民群众的纽带。

抓好理论宣传。围绕“推进人民政协履职实践创新发展”议题开展理论研讨活动，积极探索和把握新时代人民政协事业发展的规律，继续推出一批有价值、有见地的研究成果，发挥理论对实践的指导作用。加大政协工作宣传力度，认真做好各类会议、视察调研和重要活动的宣传报道，突出政协工作亮点、履职成效和委员风采，不断扩大政协影响力。

抓好委员培训。继续做好委员培训全覆盖，邀请上级专家到田林县为政协委员讲课。同时，根据需要分期分批组织委员到区内外培训基地或高等学院学习培训，提升委员能力素质。

各位委员、同志们，新时代、新征程鼓舞人心，新目标、新起点催人奋进。让我们高举中国特色社会主义伟大旗帜，深入学习贯彻党的十九大精神和习近平总书记新时代中国特色社会主义思想，在县委的坚强领导下，全面贯彻新发展理念，努力打造滇黔桂接边区域中心县，不忘初心、牢记使命、团结鼓劲、履职尽责，为决战贫困决胜小康加快建设富强民主文明和谐美丽新田林作出新的更大的贡献！

大事记

1月

5日 深圳市光明新区4所学校共10名专家教师到田林县定安中心校开展教育教学交流。

8日 百色高中教师到田林县田林高中开展教研活动。

同日 2017年度田林县基层党组织书记落实主体责任述职评议会议在县城召开。

15日 田林县开展百色市国培计划—田林县初中教师工作坊项目第一次线下集中活动。

16日 田林县在县政府二楼会议室召开中国共产党田林县第十四届委员会第三次全体会议。

17日 中国共产党田林县第十四届代表大会第三次会议在县政府小礼堂召开。

17—19日 中国人民政治协商会议田林县第九届委员会第三次会议在县政府小礼堂召开。

18日 田林县公安局举行合成作战中心揭牌仪式。

19—20日 田林县第十六届人民代表大会第三次会议在田林县政府小礼堂举行。

20日 自治区地方志办公室党组书记、主任梁金荣一行到田林县调研地方志工作。

21日 田林县举行瓦村电站回建八渡中心校开工仪式。

22日 田林县人民医院与市人民医院在县医院急诊大门前举行医疗联合体揭牌仪式，标志着田林县人民医院正式成为市人民医院医疗联合体成员单位。

23日 田林县监察委员会正式挂牌。

23—24日 自治区绩效考核组一行到田林县开展2017年年终核验工作。

25日 田林县启动2018年“青春自护、平安春节”青少年自护教育活动。

30日 百色市2018年全市乡村办工作会议在田林县召开。

同月 田林县司法局社区矫正中心确定为“2018年自治区司法厅的共建试点”单位。

2月

1日 自治区扶贫办调研组到田林县调研扶贫信息员队伍建设工作。

2日 田林县乡镇广播电视无线覆盖项目全面竣工。

同日 田林县党的建设工作领导小组会议在县城召开。

8日 2018年全县经济工作会议在县城召开。

同日 田林县2018年党风廉政工作会议在县政府小礼堂召开。

9日 县委常委（扩大）会议暨脱贫攻坚战指挥部2018年第一次全体会议在县城召开。

12日 田林县2018年组织、宣传、政法、统战工作会议在县城召开。

12日 中华人民共和国农业部公告第2651号“田林灵芝”获国家农产品地理标志。

26日 田林县在县府小礼堂召开县域义务教育均衡发展工作推进会，为深入推进义务教育均衡发展工作作出新要求。

3月

1日 田林县2018年农村工作暨现代特色农业核心示范区创建工作推进会议在县城召开。

2日 中国共产党田林县第十四届纪律检查委员会第三次全体会议在县城召开。

同日 田林县2018年深化领导班子建设年活动动员会在县城召开。

4日 田林县城环球商业中心某KTV消费门口发生一起命案，田林县公安局迅速行动，迫于压力，犯罪嫌疑人黄某某当晚到乐里派出所自首。

6日 田林县气象局、烟草专

卖局、烟草办联合召开防灾减灾工作联席会。

7日 自治区司法厅党委书记、厅长林金文率调研组一行到田林县基层司法行政部门进行调研。

8日 田林县召开《田林县志(1991—2005)》评稿会。自治区、百色市地方志学术委员会专家组到会指导。

9日 深圳市光明新区慈善会到田林县开展捐资助学活动,本次助学共资助贫困学生资金3000元~6000元/年不等,为期3年。

11日 田林县县域义务教育均衡发展攻坚工作推进会在县政府小礼堂召开。

15日 田林县公安局到八渡瑶族乡、潞城瑶族乡对2个涉黑涉恶团伙展开抓捕行动,抓获涉黑恶犯罪团伙成员10名,缴获自制猎枪1支、射钉子弹31发。

16日 定安镇举办"销正月"民俗文化活动。

18日 自治区纪委组织部部长黄剑峰一行51人到田林县开展扶贫慰问活动并召开座谈会。

20日 自治区纪委副书记、区监察委副主任何敏一行3人到田林县潞城瑶族乡丰防村针对当前形势下如何进行精准帮扶工作开展调研。

27日 田林县召开新一轮市级派驻田林县"美丽广西"乡村建设(扶贫)工作队员报到对接会。

29日 中国扶贫基金会副会长、广东省老区建设促进会会长、广州市政协原主席、百色市人民政府原顾问、百色市荣誉市民、百色市教育基金会名誉会长陈开枝一行到田林县高中考察李伟波助学班情况。

30日 田林县义务教育学校办学基本标准通过市级评估。

同月 乐里镇特色产业马蜂养殖在中央电视台播出推广。

4月

1日 自治区党委常委、自治区纪委书记、自治区监委主任房灵敏到田林县开展扶贫领域腐败和作风问题专项治理工作调研督导活动,并深入潞城瑶族乡各烟村岩走访慰问贫困户。

2日 田林新区重大项目建设工作推进会在田林新区召开。

3日 百色市扶贫领域腐败和作风问题专项治理工作例会在田林县召开。自治区党委常委、自治区纪委书记、自治区监察委员会主任房灵敏出席会议并讲话。自治区纪委常委、自治区纪委秘书长、自治区监察委员会委员吕玉波出席会议。市委常委、市纪委书记、市监察委员会主任覃荣化主持会议。

4日 田林县2018年脱贫攻坚工作推进大会暨新选派队员驻村工作动员会在县城灯光球场召开。

12日 县人大常委会调研组到八渡瑶族乡福达中心校、福达中学、八渡中心校调研义务教育均衡发展工作。调研组先后察看学校教学楼、食堂、宿舍、图书馆以及校园亮化、绿化等情况。

同日 国际在线采编总编唐志强到定安镇洞洋春黄瓜基地调研。

13日 县旅游局组织涉旅企业到深圳市参加"壮族三月三·相约游广西"2018广西旅游文化节活动。

15日 田林县扶贫领域腐败和作风问题专项治理工作推进会在县城召开。

17日 全市高考中考保密建设工作现场会在田林县教育局召开,全市12个县区招生办参加会议并到利周等部分学校进行实地指导检查。

19日 台湾花莲县丰滨乡联谊队到利周瑶族乡福祥村那平屯开展壮族三月三联欢活动。

24日 自治区国土资源厅厅长陈建军率调研组一行到田林县就重大项目用地情况开展调研。

同日 自治区教育厅总督学黄华吉率队到田林县开展义务教育均衡发展工作调研。

5月

4日 田林县召开2018年脱贫攻坚推进大会暨2017年国家各项核查反馈问题整改落实工作布置会。

8—9日 人民日报社新农村周刊主编赵永平率采访组到田林县就脱贫攻坚工作开展情况及取得成效进行采访调研。

15日 田林县在县文化广场开展"科普活动周"启动仪式。

18日 总投资22亿元、年产量30万吨的田林建县以来最大的产业投资项目百矿田林电解铝项目正式投产,生产出田林历史上第一桶铝水、第一块铝锭,田林铝工业实现从无到有的历史性突破。同时,40万吨阳极碳素项目全面动工。

22日 深圳市光明新区医疗集团党委副书记范余娟一行3人到田林县人民医院召开座谈会,商讨进一步加强医疗协作等对口医疗扶贫工作问题。

22—23日 南宁海关食安处副调研员刘开胜、龙邦海关副关长陆冲率专家组到田林县调研指导创建国家级出口八渡笋质量安全示范区建设工作。

25日 县委全面深化改革领导小组2018年第一次会议在县城召开。

6月

5日 田林县被评为“全国法治县(市、区)创建活动先进单位”,是百色市唯一获此称号的县份。

同日 田林县举行实施乡村振兴战略暨扶贫“扶心扶志扶智”百人百场“板凳圈”讲习和宣讲活动启动仪式。

12日 田林县召开“扫黑除恶”专项斗争返赃暨决胜“基本解决执行难”执行款兑现大会,将总价值740余万元的赃款赃物及法院执行款返还给群众。

13日 百色市2018年主要经济指标“双过半”西北五县片区调度会在田林县召开,市委常委、副市长容贤标,县委书记彭斌,县委副书记、县长黄慧,凌云、乐业、隆林、西林人民政府县长、分管副县长出席会议,市直、县直相关单位主要领导,县各企业代表等参加会议。

同日 梧州市委宣传部考察团、河池市天峨县委宣传部考察团到田林县考察新时代讲习所创建工作。

22日 泰伯基金会会长吴炯泰等香港爱心人士捐助田林县300多名学生。

22日 深圳市标识行业协会、广西标识行业协会到田林县百乐乡龙车中小学开展爱心捐赠活动。

23—24日 田林县普降大雨,局部地区出现暴雨。全县14个乡镇不同程度受灾,农作物受灾面积5998亩。受暴雨影响,乐里河河水暴涨倒灌入县农贸市场内,引发内涝。

24日 因为连续暴雨,地形地质条件复杂,田林县县城绕城路渭架沟一带发生地质灾害,倒塌或掩埋房屋20栋,未发生人员伤亡。

25日 自治区纪委副书记何敏到田林县考察暴雨受灾情况。

同日 百色市市长周异决率队到田林县,通过实地察看、听取情况汇报等形式,全面了解田林县地质灾害受灾情况及河道汛情,指导善后处理及灾后次生灾害防范工作。

25—26日 中共中央电视台广西记者站党支部书记宋大珩一行13人到田林县公安局开展党员活动,并与中共田林县公安局乐里派出所党支部结对共建。

29日 百色市“精准扶贫·亮化惠民工程”公益捐赠活动启动仪式在田林县乐里镇风洞村举行。市人大常委会副主任杨明刚、云南德凯商贸有限公司董事长刘芳、市脱贫攻坚指挥部领导等出席启动仪式,县脱贫攻坚指挥部领导、市直单位派驻田林县贫困村第一书记、乐里镇相关领导等参加活动。

7月

2—3日 田林县召开第十六届人民代表大会第四次会议。

3日 田林县召开全县全域旅游发展大会。

4日 田林县人民法院原创微视频《法院那些你不知道的事儿》获2017年度全国法院优秀微博作品,是全区基层法院中唯一获此荣誉的法院。

5日 由百色市彤鑫月嫂家政服务中心举办为期7天的百色脱贫攻坚第九期中式烹调师培训班在田林县旧州镇那度村举行开班仪式,共有学员98人参加培训。

10日 为了解决贫困患者“报销难”问题,田林县专门设置“一站式”医疗服务,即:一个窗口接单、一套系统结算、一处全部办结。“一站式”服务政策,精准到户、精准到人、精准到病,确保贫困患者得到及时的医疗保障,先后被中央电视台、《人民日报》宣传报道。

12日 自治区区、市教育督导团到田林县开展2018年“中小学生欺凌综合治理”专项督查、义务教育均衡发展自治区级督导评估前专项督查。

12—14日 自治区人民政府教育督导团督查组到田林县开展2018年下半年义务教育均衡发展自治区级督导评估前专项督查和中小学生校园欺凌综合治理专项督查。

17日 中央民族大学舞蹈学院师生一行到田林县潞城瑶族乡三瑶村木柄瑶寨开展社会实践调研活动。

18日 武警广西总队政委丁晓兵一行6人到定点帮扶田林县潞城瑶族乡红旗村开展实地调研。

19日 中共田林县委宣传部主办的“精准脱贫颂党恩”主题晚会在灯光球场举行。

20日 按照国税地税征管体制改革工作部署,田林县国家税务局、田林县地方税务局正式合并,挂牌成立国家税务总局田林县税务局。从该日起,国家税务总局田林县税务局启用新的行政、业务印章,统一以新机构名称开展工作。

同日 田林县新税务机构挂牌仪式在县国税局举行。

24日 由南宁市"扫黄打非"办公室主任、文化新闻出版广电局党组成员、副局长何家军带队的自治区"扫黄打非"工作督导组到田林县开展"扫黄打非"督导检查工作。

30—31日 召开2018年全县年中工作会议暨脱贫攻坚、县域经济发展、乡村振兴推进大会。

8月

6—7日 自治区纪委组织部部长黄剑峰率调研组一行6人到田林开展蹲点调研活动。

14—15日 自治区党委副秘书长、办公厅副主任蒋洪率队到田林县开展扶贫调研工作。

17日 广西大学课题组负责人谢伟东、赖家业一行15人到田林县浪平镇开展"贫困地区木本粮油产业科技扶贫示范项目"核桃种植示范基地现场调研活动。

19日 延安南泥湾干部培训学院举办田林县2018年"三类"干部(妇女、少数民族、党外干部)专题培训班开班仪式,田林县共56名干部参加培训。

22—24日 自治区考核组一行10人到田林县对2017年度易地扶贫搬迁安置点包点县级领导干部进行专项考核。

23日 新招聘乡镇幼儿园教师岗前培训在田林高中举行,9所乡镇公立幼儿园新分配幼儿教师198名参加培训。

27日 田林县推广使用"中国社会扶贫网"。

同日 2018年特岗教师岗前培训在教育局举行,全县共招聘80名特岗教师,进一步解决田林县教师严重不足的问题。

28日 田林县第三小学项目竣工,并于秋季学期开始办学。

同日 田林县光明幼儿园项目竣工,并于秋季学期招生办学。

29日 百色市教育基金会到田林县开展2018年资助田林县"两特"大学生助学金发放仪式。

9月

3日 田林县2018年脱贫攻坚冲刺大会在县城召开。

5日 田林县举行一年一度的教育工作大会,并对170名教师进行表彰。

12日 第15届中国—东盟博览会广西百色市重点产业投资推介会暨项目签约仪式上,田林县成功签约2个项目,总投资额达14亿元。

14日 田林县迎接市人民政府督导委进行义务教育均衡发展市级复核并通过复核。

17日 田林县2018年青年干部培训班在贵州大学开班,51名青年干部参加培训班。

同日 县长黄慧莅临气象局检查指导台风"山竹"防御工作。

20日 田林县首届"中国农民丰收节"庆祝大会在利周瑶族乡举行。

27日 全区脱贫攻坚干部教育培训班暨工作推进座谈会在田林县召开。

30日 田林县人民检察院"12309检察服务中心"揭牌成立。

是月 乐里镇党委书记付小文接受自治区媒体采访,工作经验在自治区电视台新闻联播播出。

10月

10日 百色市委常委、统战部部长黄建宁一行到定安镇常井村调研民族宗教工作。

11日 四川省乐山市峨边彝族自治县考察组一行到田林县利周瑶族乡进行考察调研。

13—15日 深圳光明新区5名优秀教师到田林县开展教育教学经验交流活动。

15日 田林县乐里镇百花寨异地扶贫搬迁安置点——老乡家园扶贫车间举行现场招聘会,计划招聘工人50人,老乡家园群众100多人参加招聘会。

17日 田林县锦瑶服饰厂(扶贫车间)开工仪式在潞城瑶族乡营盘易地扶贫搬迁安置点举行。

21日 县长黄慧、常务副县长何建华到财政局进行扶贫资金整改检查。

25日 田林县在初级中学举行"乡村振兴 娃娃同行"新时代主题讲习暨"板凳圈"戏曲进校园活动。

11月

1日 中国电信广西公司党委书记、总经理叶松华率队到田林县开展定点扶贫调研工作。

6日 自治区政协“八桂行”采访团到田林县开展集中采访活动。

8日 百色市“党员教育提升年”活动工作推进会在田林召开。市委常委、组织部部长黄智宇出席会议并讲话。

同日 百色市人大代表工作经验交流现场会在田林县召开。

10日 县旅游局组织涉旅企业到百色市参加2018年百色“十佳”系列评选活动，利周盘古部落休闲农家乐的烤全羊获得百色市首届“十佳”系列评选活动的“十佳”美食奖。

11日 百色市教育基金会到田林县开展“两特”高中生助学金发放仪式，资助金额3000元/人。

14日 内蒙古自治区人大常委会调研组一行11人到田林县开展人大代表工作调研。

16日 广西民族博物馆党总支书记梁志敏一行到“西林教案”遗址和“岑氏宗祠”调研。

同日 南宁市第三中学与田林高中签订联系支教合约，标志着田林县高中教育迈上新台阶。

17—18日 田林县243户贫困户到百色深圳小镇与百东新区管委会签订购房合同，领取钥匙，成为新一批的百色市民。

23日 《右江日报》刊登《乐里林场：“林场+合作社”经营模式初显成效》新闻。

28日 自治区政协副主席、百色市委书记、市人大常委会主任彭晓春深入田林县浪平镇、潞城瑶族乡开展脱贫攻坚调研工作。

29日 田林县人民法院八桂法庭被自治区党委、政府授予“自治区第八次民族团结进步模范集体”称号。

30日 田林县住建、国土、公安等部门联合组成执法组，对县城规划区内违法建筑物予以依法拆除。此次拆除位于进城大道的6户、43间违章建筑，拆除面积约2363平方米。

是月 田林县完成12个乡（镇）、95个行政村、50234.84亩糖料蔗保护区的划定工作，完成划定任务的100.47%。

12月

3—4日 自治区评估专家组一行到田林县第二幼儿园开展自治区示范幼儿园评估验收工作。

4日 驻桂部分全国人大代表和自治区人大代表一行到田林县视察脱贫攻坚、乡村振兴和重大项目建设工作。

7日 百色市市长周异决率队深入田林县八渡瑶族乡和潞城瑶族乡，走访慰问贫困户，调研精准扶贫工作。

13日 广西电视台到定安镇“西林教案”遗址开展历史文化拍摄工作。

19日 国家艺术基金资助项目大型壮剧《瑶娘》在民族大学剧场公演。该剧目已在贵州、云南、百色、南宁等地巡回公演40场次。

23日 田林县在县文化广场举办2018年·庆祝改革开放40周年自治区成立60周年的文艺晚会。

24日 百色市人民政府在八渡瑶族乡八桃村新寨屯新寨隧道举行田林至西林（滇桂界）公路重点控制工程新寨隧道开工仪式。田林至西林（滇桂界）公路项目总建设里程201.38千米，由主线和八渡、定安、马蚌三线连接组成

25日 自治区、市、县三级统筹推进的重大能源项目广西田林瓦村水电站工程竣工庆典仪式在田林县八桂瑶族乡弄瓦村隆重举行。瓦村水电站是田林建县以来最大的水电投资项目，项目总投资28.3亿元、年平均可发电量695.36亿瓦时，项目总工期44个月（2015年5月至2018年12月）。

27—28日 全区“党员教育提升年”活动推进会暨2019年工作务虚会在田林县召开。

28日 中央和自治区财政出资110万元的田林县粮食储备库“粮安工程”仓储智能化升级改造项目建成投入使用。

是月 田林县气象局获中国气象局颁发2018年重大气象服务先进集体；者苗乡人民政府被中国西昌卫星发射中心授予“落区工作先进单位”称号；田林县社科联获2018年度全国社科组织“先进单位”称号。

是月 旺吉工业园区锦森木业公司建设进展顺利，2018年建成投产并完成超万立方米的产能，成为2019年规上企业培植对象。

是月 田林县新引入百矿40万吨预焙阳极碳素、22万变电站、工业固废利用、大地木业、炳森木业增资扩产、年产2000吨高端营养山茶油等项目，规划总投资近25亿元。

是年 投入财政专项扶贫资金1.85亿元，整合财政涉农资金3.32亿元。新建、续建屯级道路

105条、510.42千米。17个易地扶贫搬迁安置点全部竣工,完成易地扶贫搬迁安置2283户9793人,县内搬迁任务全面完成。发放扶贫小额贷款2.95亿元,覆盖贫困户6416户。实现21个贫困村摘帽、25885名贫困人口脱贫,全县贫困发生率降至5.1%。

是年 田林县着力构建共建共治的社会治理格局,开展扫黑除恶专项斗争,全年破获刑事案件294起,查处治安案件555起。深化矛盾纠纷排查,受理群众来信来访386件,调解三大纠纷234起,妥善化解了一批涉众涉稳问题。全县群众安全感满意度持续提升,社会大局和谐稳定。

是年 田林县新增规上工业企业5家、总数达44家,全县规上工业总产值首次突破60亿元,增长20%。

是年 中央财政部从规范预算编制、强化预算执行、提高收入质量、优化支出结构、增强财政可持续性、加大预决算公开6个方面对全国28个省(区、市)、1891个县(县级市、旗)2017年度全国县级财政管理绩效进行了综合评价。根据综合评价,田林县位列全国第386名,是百色市获得此项殊荣的两个县之一;同时,在单项考评强化预算执行指标中位列全国第1名。广西壮族自治区财政厅按照2017年度全国县级财政管理绩效综合评价结果,奖励田林县500万元。

概 况

田林县概貌

【建置沿革】 田林县历史悠久。春秋时期,田林县地属百越地。战国时期,县地属骆越地。秦朝,县地中部至东南部,属象郡(治今崇左市);县地西北部属夜郎部落;县地西南部属句町部落。汉时,田林的东南部属郁林郡广郁县,西南部属牂牁郡句町王国,西北部属夜郎王国。三国时期,东南部属交州郁林郡,西南、西北部属益州兴古郡。唐时,东南部属岭南西道邕管田州如赖县,西北部属黔中道双城州、盘州。宋时,属广南西路邕州右江道统管,分属泗城州(羁縻州)、利州、路程州、上林峒。元时,属广西行中书省两江道,分属田州路的利州、泗城州及来安路的路城(今潞城)州、上林峒、安隆峒。明时,属广西布政使司右江道,分属泗城州、上林长官司和安隆长官司。清时,属广西省右江道泗城府,分属西林县、凌云县和西隆州。中华民国1—23年(1911—1934)隶属广西省,分属西林、西隆、凌云3县。民国24年冬,从西林县划出潞城、八桂、供央3个乡及者苗乡央边村,西隆县划出旧州、南角2个乡,凌云县划出乐里、浪平、百平3个乡共8个乡置田西县(因地处旧田南道以西而得名),县治在潞城圩,隶属广西省第五(百色)行政区。1951年1月,凌云县利周乡划入;8月,西林县裁撤,将定安、八渡、者苗、高阁(今高龙乡)4个乡划入,从田西、西林两县名中各取一个字,改称田林县,全县划为10个区93个乡。1953年12月,县城从潞城圩迁到乐里圩至今。1958年8月,人民公社建立,实行政社合一,撤区、乡建制,设社、队建制,区改为公社,98个乡调整为148个生产大队。1984年10月,撤社设乡(镇),并将全县14个公社(镇)调整为17个乡(其中6个瑶族乡)、3个镇,下设156个村民委员会(其中居委会1个)。1999年3月,能良乡改称六隆镇,同时把那色村划入乐里镇;把弄瓦乡周马村和洞弄乡下维村划入六隆镇,增设粉屯、平细、门屯、六隆、板图、六功、中屯、太阳8个村。全县共为16个乡、4个镇(其中6个瑶族乡),下设166个村民委员会(其中居委会1个)。2002年9月,将乐里居民委员会改称新市社区,增设河南、新昌两个社区。2005年6月,将全县20个乡(镇)撤并为14个乡(镇),板桃乡并入潞城瑶族乡,龙车乡并入百乐乡,平山乡并入浪平乡,洞弄乡并入六隆镇,弄瓦瑶族乡并入八桂瑶族乡,福达瑶族乡并入八渡瑶族乡。2017年9月,浪平乡撤乡设镇。2018年,全县有5个镇、9个乡(其中4个瑶族乡),165个村民委3个社区。

【地理位置】 县境位于广西壮族自治区西北部,地处北纬23°57′45″~24°47′16″,东经105°31′44″~106°25′59″,北回归线以北。东与百色、凌云、乐业3个县(市)接壤,南与云南省富宁县交界,西与西林、隆林县毗邻,北与贵州省册亨县隔南盘江相望。周边行政区域界线518.32千米。东西横纵距约80千米,南北纵距70千米。总面积5523.78平方千米(含雅长、老山林场),居广西各县(市)第一位。县城乐里镇,直线距离广西壮族自治区首府南宁市270千米。

地貌 县境以山地为主,由土山(砂岩与页岩)和石山两类组成。石山分布在浪平镇、百乐乡龙车、平塘乡、高龙乡一带,八桂瑶族乡周马村有零星分布,面积28873.33公顷,占全县土地总面积5.2%。除周马外,海拔多在800米以上,最高1900米,相对高度500~900米。此山地岩峰丛立,溶洞遍布,无明显地表河溪,弄坝零星狭窄，属峰丛洼地地貌。土山遍布全县各乡、镇，面积58826.67公倾，占全县土地总面积94.8%，多是三迭系砂岩、泥岩组成的剥蚀中低山地貌，河沟切割强烈，地表水发育，山高谷深，地势崎岖，相对高度200~1000米。在低山和1000米以下的中山地区，河谷比较开展，有较广的河漫滩和近代形成的阶地。据海拔高度不同，全县可分为中山、低山、高丘中丘三种地貌类型。

山脉 县境的山脉属都阳山系，分青龙山、金钟山、六韶山三大支脉。各山脉蜿蜒曲折，峰峦起伏，海拔1000米以上的山峰200多座。青龙山以及其诸峰—位于县境与乐业、凌云县交界的边缘，东北东南走向。成土母质多为砂岩、页岩和石灰岩。山脉分别向东南和西北方向伸展。境内属西北支，绵亘于浪平镇、利周瑶族乡、乐里镇北半部、潞城瑶族乡北半部、百乐乡龙车及西南部，至潞城乡板桃、旧州镇境内与金钟山脉相接。1000米以上的山峰有100多座，多个山峰高达1700米以上，主峰岑王老山为广西第四高峰，素有“桂西屋脊”之称。

金钟山余脉及其诸峰—金钟山余脉从隆林各族自治县东南面贯人县境西北部，分东、南方向伸延，东支自旧州镇西部的梅花山向东南延伸，经旧州、平塘东部、者苗、福达、潞城板桃及南半部、八渡东半部、八桂、乐里南半部、六隆等乡(镇)境，向百色市境内伸延，主峰为梅花山。南支自平塘乡西北部南下，向定安、者苗乡境伸延，匍匐于驮娘江边，主峰为营盘山。西北段地质为石灰岩，约77平方千米；东南段为砂质页岩，其边缘有寒武系岩及其变质的砂页岩。海拔1000米以上的山峰有78座。

六韶山余脉及其诸峰—六韶山支脉从西林县东南部和云南省东部入境，由西向东伸延，至驮娘江西岸边。山高壑深，峰峦连绵，1000米以上山峰有45座。成土母质为三迭纪砂页岩和间有小面积石灰岩。蕴藏锑、铜、金、铁、煤、冰洲石、水晶等矿物。

水系 全县河流总长866.3公里，河面宽30~100米，河床高2~6米，总流域面积5523.78平方千米，水面面积12388.48公顷，多年平均流量57.14立方米每秒。分为地表水和地下水。

地表水—右江水系，主要有驮娘江、乐里河、八桂河，总流域面积4506.5平方千米，占全县土地总面积80.81%。

南盘江水系，主要有板坚河、旧州河、百乐河，总流域面积882.8平方千米，占全县土地总面积15.83%。

其他小河，共长184千米，流域面积为187.7平方千米，占土地总面积3.30%，多年平均流量0.20立方米每秒，平均径流量1.971亿立方米，可利用落差为950米。

池塘，有犀牛塘。在浪平镇人民政府驻地东北面，呈葫芦形，面积400平方米，常年有水，深约50米。

地下水—境内地下水埋藏深浅不一，西北及东北部较深，一般深100米左右；南部较浅，乐里等河谷地带，地下水位较高，一般在地表以下5~10米左右。径流大小不一，多分布在浪平、平塘、高龙等乡镇岩溶地带内，基流较大的有龙潭、狮子口、三川洞、巴央、肖厂、香维等伏流。地下水大部是沿构造破碎带或岩组变化的接触面从山麓边缘露出。主要地下河有5条：

田坝至狮子口。在浪平镇境内，流程36.2千米，补给面积133.98平方千米，枯水期出口流量348.3公升每秒，动蓄量1379.99公升每秒，在出口处建有狮子口电站；

田垌至香维。在浪平镇境内，流程9.6千米，补给面积53.2平方千米，枯水期出口流量61公升每秒，流入百乐河；

浪平至肖厂。在浪平镇境内，流程11.6千米，补给面积29.2平方千米，枯水期出口流量97.4公升每秒，动蓄量69.03公升每秒，流入百乐河；

龙油至巴央。在百乐乡、浪平镇境内，流程6千米，补给面积17平方千米，枯水期出口流量101.2公升每秒，动蓄量50.15公升每秒，流入百乐河；

龙车至三川洞。在百乐乡、浪平镇境内，流程6.8千米，补给面积27平方千米，枯水期出口流量25.5公升每秒，动蓄量179公升每秒，流入百乐河。

【土地资源】 田林县县境范围近似正方形，以山地为主，最高山峰海拔2026.5米，最低谷地海拔200米。行政区域面积5523.78平方千米，是广西面积最大的县份。县境内山多、地少，林地多、耕地少，耕地主要分布在乐里河及其支流的河谷沿岸、山间底部。其中耕地面积21542.04公顷，农田有效灌溉面积11899.10公顷，粮食播种面积

1.79万公顷，经济作物种植面积0.99万公顷。园地面积33114.27公顷，草地面积12664.79公顷，城镇村及工矿用地4785.13公顷，交通用地3421.52公顷，水域及水利设施用地6750.44公顷，其他土地5896.95公顷。

境内土壤类型多样，有红壤、黄壤、黄红壤、棕色石灰土、沼泽土、冲击土、洪积土、砂页岩红壤、砂页岩黄红壤、砂页岩黄壤、灌丛草甸土、棕色石灰土，砂页岩红壤是田林县有地带性特征的代表性土壤，占土地面积的61.00%，分布在山地和丘陵上，大多适宜于林木生长，是发展林业、水果业、畜牧业的良好地带；水稻土是田林县最重要的粮食生产用地，面积占各土类总面积1.8%，主要分布在沿324线乡（镇）、丘陵以及地势较高的梯田，“望天田”或旱地改成的田。田林县沿岸河狭窄，山多平地少，土层深厚，自然肥力高，宜于农业。在土地利用结构中，农用地面积526513.68公顷，未利用土地面积1407.93公顷，建设用地6460.69公顷，水域面积5498.29公顷。

【矿产资源】 县境内资源丰富，主要矿产有煤、金、银、铜、铅、锌、锑、铁、锰、铝土矿、磷、硫铁矿、石膏、重晶石、石灰岩、冶金用石英岩、石料用砂泥（页）岩、建筑用砂、砖瓦用页岩、砖瓦用泥岩（粘土）、辉绿岩、砷（雄黄）等20余种。共有矿床、矿点和矿化点109处，其中中型矿床2处，小型矿床7处，矿点、矿化点100处。主要矿产为金、锑、石灰岩、石料用砂泥岩、砖瓦用页岩、饰面材料用辉绿岩，次为煤、铜、铅、锌、锰、铝土矿、冶金用石英岩、建筑用砂。县境内矿产资源总体上呈现规模小，分布零星的特点。优势矿种金矿分布于高龙、那比、八渡、平塘、浪平、百乐、利周、乐里等乡（镇），有中型矿床2处，小型矿床5处，矿点、矿化点10处。其中高龙金矿田是田林县最重要的金矿成矿区带，由2个中型矿床和3个小型矿床组成，探明的资源总量黄金达24742千克，平均品位1.68克/吨，属大型金矿床。田林县具有工业价值的矿种仅有金、石灰岩、石英岩、辉绿岩和砂石粘土等几种，资源量不明。

【水资源】 境内属低纬度而海拔又较高的中亚热带气候区，雨量适中，河流纵横，水资源丰富。年均降雨量1156毫米，降雨时空分布极不均匀，降雨多集中在5—9月，占全年总降雨量的80%，形成春秋易旱、夏涝冬干的特点。全县境内大小河流175条，其中，水量较大，不易干枯的有20条，其余为季节性河流。全县境内多年平均来水总量25.48亿立方米，其中地表水量18.01亿立方米，地下水储量7.47亿立方米。水能资源理论蕴藏量为51.5万千瓦，水能资源可开发利用量为33.14万千瓦。

【旅游资源】 境内有丰富的自然景观和人文景观，旅游资源非常丰富。自然景观有桂西第一高峰、广西第四高峰、被称为“桂西屋脊”的岑王老山生态康体养生旅游，岑王老山漂流景区，平宜水库生态旅游，三川洞漂流探险游、六隆竹海生态旅游观光；人文景观有“西林教案”遗址；民族风情景点有利周瑶族乡凡昌村伟好屯，潞城瑶族乡三瑶村等民族风情游；民族节庆有壮剧文化艺术节。

【植被资源】 山地植被以亚热带旱生性和中生性植被为主，已知的有187科1600多种。稀有珍贵树种有掌叶木、福建柏、香果树、蒜头果、红椿、毛红椿、马尾树、短叶黄杉等。国家一、二级保护树种有掌叶木、苏铁、兰花、梭萝木、香果树、马尾树等。常见的天然乔木有栓皮栎、白栎、麻栎、栲树、楠木、檫树、酸枣、泡桐、枫香、桦木、荷木、樟木、香椿、木棉、山槐、楹树、麻扎木、粗糠柴、拟赤杨、重阳木、鸭脚木、格榔央、木姜子、海南蒲桃等。人工植被主要有杉、松、桉、油桐、油茶、八角、板栗、核桃、李子、桃子、柑橙、杧果、麻竹等。灌木、草本植物植被主要有桃金娘、野牡丹、盐肤木、山杨梅、余甘子、番石榴、乌饭树、火炭木、圆叶乌桕、铁芒箕、五节芒、黄茅草、纤毛鸭嘴草、龙须草、蔓生绣竹、东方乌毛蕨、凤尾蕨、金毛狗脊等。2018年，全县林地面积501409.54公顷，森林面积415206.03公顷，商品林面积375568.52公顷，公益林规划面积125841.02公顷。森林覆盖率80.59%。2018年实现林业产值86317万元，林业增加值58160万元，同比增长11.06%，占年度林业增加值预计完成工作目标5.46亿元的106.52%。全年完成林业固定资产投资0.1687亿元。

【野生动物资源】 野生动物资源比较丰富，属国家一、二级保护动物有白鹗、云豹、黑颈长尾雉、蟒蛇、猕猴、短尾猴、穿山甲、大灵猫、小灵猫、林麝、苏门羚、白鹇、原鸡、白腹锦鸡、虎纹蛙等。其他动物有果子狸、黄獠、野猪、豪猪、赤鹿、竹鼠、野猫、水獭、号獾、斑鸠、竹鸡、环颈雉等。对农林有利的鸟类有小鸦鹃、褐翅鸦鹃、四声杜鹃、赤红山椒鸟、红耳鹎、白头鹎、棕背伯劳、黑枕黄鹂、红咀兰鹊、喜鹊等。

【气候】 2018年年平均气温为21.1℃,与历年同期平均值偏高0.3℃,年极端最高气温为36.9℃,出现在8月14日,年极端最低气温为1.3℃,出现在2月6日;年总降水量为1932.4毫米,比历年同期平均值偏多739.1毫米;年日照总时数为1428.0小时,比历年同期平均值偏少110.2小时。

2018年田林县境内重大气象灾害情况:

3月14日受高空槽影响,21时至15日08时,田林县局部出现中到大雨并伴有短时大风和冰雹天气。此次天气过程造成旧州镇平满、平林、者务3个村6个自然屯183户549人遭受冰雹灾害。截止3月15日08时,灾害造成农作物受灾面积90公顷,其中水稻26.67公顷,玉米23.33公顷,甘蔗13.33公顷,油菜16.67公顷,李果10公顷,绝收面积56.67公顷。因灾直接经济损失23万元,农业损失23万元。

3月20日凌晨,田林县潞城乡局部出现中到大雨冰雹,造成潞城乡马逻村1个村、大平屯1个自然屯遭受大雨冰雹灾害。截止3月20日09时,灾害造成全县受灾44户132人,农作物受灾面积78公顷,其中八角树70公顷,油茶树0.8公顷,绝收面积78公顷,因灾直接经济损失30万元。

5月27日受强降雨影响,造成田林县那比乡、八桂瑶族乡、潞城瑶族乡、八渡瑶族乡、六隆镇等5个乡镇遭受洪涝灾害。据统计,灾害造成362户1389人口受灾;农作物受灾面积44.95公顷,其中水稻15.9公顷,玉米11公顷,甘蔗9.1公顷,生姜2.3公顷,蔬菜1公顷,西瓜0.05公顷,烟叶5.6公顷;因灾直接经济损失19.5万元;其中农业损失19.4万元,无人员伤亡。

6月4日受大暴雨天气过程影响,截止6月4日10时,暴雨灾害造成505户1943人口受灾,无紧急转移安置人口;农作物受灾面积55.43公顷,其中水稻28.71公顷,玉米12.73公顷,甘蔗12.37公顷,生姜1.54公顷,菜地0.08公顷;成灾面积31公顷,绝收面积2.27公顷;房屋一般损坏1间。因灾直接经济损失22.94万元;其中农业损失22.74万元,家庭财产损失0.2万元;无人员伤亡。

受低涡切变线和西南季风共同影响,6月22日20时至23日10时,田林县出现大范围暴雨天气,大部地区过程累计雨量超过100毫米,过程最大累计雨量229毫米。截至6月26日08时许,田林县受强降雨影响,造成全县14个乡(镇)不同程度受灾。据统计,县城绕城路渭架沟一带房屋因灾倒塌或被泥石流掩埋23栋,另有58户房屋因泥土垮塌或积水浸泡造成损坏,未出现因房屋倒塌致人员伤亡的现象。农作物受灾面积397.47公顷,其中甘蔗22.07公顷、水稻115.07公顷、玉米120.33公顷、生姜80公顷、苗圃及用材林60公顷。道路损坏128条、桥梁损坏16座,有浪平、八桂、那比、百乐等4个通乡(镇)道路及120个村屯道路交通中断。全县受灾群众3200人,紧急转移安置401人,因灾直接经济损失约4000万元(道路等基础设施未折算)。

9月2日,受强降雨影响,造成田林县平塘乡、利周瑶族乡2个乡6个村遭受洪涝灾害。据统计,灾害造成17户57人口受灾;农作物受灾面积20公顷,其中甘蔗1公顷、水稻14公顷,玉米5公顷;成灾面积18公顷,绝收面积15公顷;因灾造成农作物与民房损失3万元,其中农业损失3万元,无伤亡人员。

2018年年平均气温偏高,年总降水量偏多,年日照总时数偏少。年内降水量空间分布不均匀,年内出现的暴雨、大风等自然灾害比较严重,给当地工农业生产和人民生命财产造成一定的损失,也给全县造成较严重的经济损失。综上所述,2018年度气候属于偏差年度。

【水文】 全县河流175条,分为右江水系和红水河水系,主要河流有南盘江、驮娘江、西洋江、乐里河、利周河等。河流全长866.3千米,河面宽30~100米,河床高2~6米,总流域面积5523.78平方千米,水面面积123.88平方千米,多年平均流量57.14立方米每秒。河流多属季节性溪河,水量的补给主要来自降水,年际变动大,丰水期流量与枯水期流量相差大。丰水年(涝年)常造成涝灾,枯水年(旱年)往往出现旱灾。土山区地表径流多,岩溶地区地表径流少。田林县境内大小江河溪流有175条,其中主要河流 12 条,集雨面积在 100 平方千米以上,100 平方千米以下的河流 163 条。有 134 条大小河流汇入驮娘江,有 41 条大小河流汇入南盘江。

2018 年,汛前的 3 月份降雨量比历年均值明显偏多,月总降水量 140.3 毫米,比历年同期平均值偏多 105.9 毫米,是有气象资料以来第一位。受汛前降雨分布不均而且雨量偏多影响,各江河连续保持较高水位。降雨均主要集中在 5—9 月,乐里河汛期洪水次数比往年多。

【行政区划】 2018 年全县乡(镇)区划设置保持相对稳定,辖乐里镇、旧州镇、定安镇、六隆镇、浪平镇 5 个镇和利周瑶族乡、潞城瑶族乡、八桂瑶族乡、八渡瑶族乡、百乐乡、平塘乡、高龙乡、者苗乡、那比乡 9 个乡。全县 168 个村民委(社区),其中 165 个村民委,3 个社区。乐里镇辖乐里、新建、新昌、百花寨、新宁、风洞、文化、田平、弄平、启文、那光、那色、新市社区、新昌社区、河南社区 15 个村(社区);利周瑶族乡辖百达、和平、平布、亮福、爱善、福祥、囊老、老山、凡昌 9 个村;浪平镇辖浪平、弄阳、央村、塘合、西华、江洞、弄陀、小坳、委贵、平山、岩龙、坳停、香维、大保、红星、八号、达妹、弄鞋、弄坝、甲朗 20 个村;潞城瑶族乡辖潞城、旺吉、营盘、丰厚、八洞、各烟、丰防、弄读、平板、渭祥、三瑶、平合、那帮、红旗、马逻、央郎、那马、东力、弄光 19 个村;百乐乡辖百乐、板干、八洞、根标、龙车、百华、三帮 7 个村;旧州镇辖旧州、板坚、那度、平满、者务、平林、广龙、央白、平保、南合、板仰、者念、示甫、徕周 14 个村;平塘乡辖平塘、龙果怀、兴六、同祥、茅草坪、龙歪、茅坡田、渭各、平吉、六池 10 个村;定安镇辖定安、渭密、八新、那雄、那门、央荣、八来、常井 8 个村;高龙乡辖高郭、者车、弄南、渭山、新寨、渭荣、达尧 7 个村;者苗乡辖者苗、者化、八中、百隆、渭龙、八亨、六恒 7 个村;八渡瑶族乡辖八渡、那囊、六章、那利、东朋、博峨、合塘、六林、那骂、顶孟、者塘、福达、那拉、百六、平封、八桃、弄当 17 个村;八桂瑶族乡辖八桂、八修、渭标、六丹、平六、八高、八江、弄瓦、岩林、果卜、者达、谭合 12 个村;六隆镇辖粉屯、平细、能良、供央、门屯、小榄、百怀、六隆、下维、板图、六功、中屯、央光、太阳、周马、洞弄、列屯、上仁 18 个村;那比乡辖那比、六音、六帮、普农、那腊 5 个村。

【人口】 2018 年末全县总户数 68866 户,总人口 267389 人,其中:男 137549 人,女 129840 人,农村人口 207636 人。人口自然增长率 5.41‰。

【民族】 田林县是一个以壮族为主的多民族聚居地区,居住着壮、汉、瑶、苗等多个民族。2018 年末,总人口 267389 人,少数民族 195968 人,占总人口的 73.29%,其中壮族 163158 人,瑶族 31051 人,其他少数民族 1759 人。

【语言文字】 田林县日常使用的语言为壮语、汉语、粤语、瑶语(含盘古、兰靛、木柄、背篓等)语言。平时交往以壮语、汉语为主。文字以汉字为通用,是境内的壮族和瑶族以及其他民族通用的文字。壮族有壮文,瑶族有瑶文(盘古),在社会应用中,全县法定机关单位公章和大门牌匾采用壮语和汉语两种文字书写较为常见。

壮语 田林县壮语口音比较复杂。如利周的壮族口音与其他壮族口音异同点较明显。乐里、潞城、旧州等乡(镇)大致相同。定安、高龙、那比等地壮族也大致相同。语壮语音腔各有些差异,但平时交往没有妨碍到会话。

汉语 县内主要有西南官话(也称桂柳话)、高山汉话(平山、浪平、平塘等地口音)、普通·话、白话(粤方言)、客家话(高龙当地汉族方言,近似于白话,也称埃话)。除白话和客家话外,各乡(镇)汉话均能相互会话通用。

瑶语 盘古有瑶文,木柄、背篓、兰靛无瑶文。四种瑶族语言互不相通,差异很大,不能会话,若有交际,只能采用壮语或者汉语进行沟通。木柄、背篓二瑶语言相同点较多些,兰靛、盘古语言相同点约占 15%左右。但盘古、兰靛与木柄、背篓之间的语言就完全不通了。

粤语 主要流行于县城,偶尔也有在潞城、旧州当地的少数人能会通。县城粤语主要来自于百色城内语言影响,相传县城内粤语的使用是民国初年(1912 年)始流入田林县境内。

【宗教】 田林县信仰天主教的公民有 649 余人,其中男 344 人,女 304 人,分布在定安、者苗、平塘 3 个乡(镇)4 个村,16 个自然屯。经批准设立两个天主教聚会点,即定安常井天主教聚会点和平塘渭各天主教聚会点。有教堂两座,即常井天主教堂和渭各天主教堂，两座教堂均属县级重点文物保护单位。广西天主教南宁教区在定安镇政府所在地附近建立了常井天主教聚会点自养基地——教会招待所。总面积为1138.08平方米，建筑面积为604.17平方米，有1名神父、1名修女常住此地(房屋)具体负责组织两个天主教聚会点开展宗教活动。

【华侨】 2018年，田林县有归侨侨眷港澳同胞眷属87人。主要分布在越南、美国、加拿大等十几个国家和地区，香港同胞有29人。

经济和社会发展

【经济结构】 2018年全县实现地区生产总值63.11亿元，其中第一产业增加值15.69亿元，第二产业增加值25.85亿元(其中工业增加值22.27亿元)，第三产业增加值21.57亿元。三次产业结构比例为：24.86：40.36：34.18。从结构看，三次产业继续趋于均衡、协调发展，工业增长势头明显。

【农业经济】 2018年田林县全县农林牧渔业总产值25.72亿元，同比增长7.5%。其中农业产值10.48亿元，同比增长6.7%；林业产值8.63亿元，同比增长11.9%；牧业产值5.65亿元，同比增长4.5%；渔业产值0.48亿元，同比下降3.9%；农林牧渔业服务业产值0.49亿元，同比增长4.9%。粮食总产量为8.41万吨；烤烟产量0.03万吨；甘蔗产量42.94万吨；蔬菜产量16.4万吨；水果产量4.41万吨；食用菌产量0.78万吨。重大动物疫病防控工作得到加强，水产业、养殖业产量稳中有升，全县肉鸡出栏230.801万羽；牛出栏1.8万头；羊出栏4.51万只；生猪存拦9.62万头、出栏19.33万头；肉类总产量1.45万吨；水产品产量0.35万吨。山弘(田林)农产品有限公司、广西田林红枫淀粉厂等龙头企业的发展，带动粮食、蔬菜等生产基地建设及“公司+农户”种植小区、种植标准化、无公害生产的建设和发展。强力打造田林八渡笋、灵芝、杧果、茶油、山楂等一批名优农产品品牌，增强农产品竞争力。

【工业经济】 2018年末，田林县规模以上工业企业43家，以造纸、水电、矿产、林业、农副产品加工等为重点。2018年，田林建县以来最大的产业投资项目百矿田林电解铝项目正式投产，生产出田林历史上第一桶铝水、第一块铝锭，田林铝工业实现从无到有的历史性突破。全县规模以上工业总产值完成61亿元，同比增长20.4%；规模以上工业增加值完成21.28亿元，同比增长17.8%；主营业务收入完成27.79亿元，同比增长12.92%。工业项目投资完成13.4亿元，更新改造投资完成1.25亿元。全县规模以上工业能源消费量112862.71吨标准煤，同比增加44.57%。

【消费经济】 2018年田林县消费品市场供应旺盛，食品、服装产品、交通工具等保持热销势头，社会消费品零售总额13.16亿元。商品房销售面积5.98万平方米，同比增长35.5%。

【投资经济】 2018年田林县全社会固定资产投资完成额29.85亿元，同比分别增长17.9%。其中：第一产业固定资产投资完成0.28亿元，同比下降51.6%，第二产业完成固定资产投资13.40亿元，同比下降0.2%，第三产业完成固定资产投资16.17亿元同比增长111.6%。房地产开发完成投资1.24亿元，同比分别增长426.8%。

【社会发展】 2018年全县人口保持低速增长态势，总人口为267389人，出生人数为2974人，比2017年减少370人，人口自然增长率为5.41‰。学校基础设施得到加强，教育事业全面进步，优化配置农村教育资源，加快农村义务教育和扫除青壮年文盲，大力推进职业教育改革与发展。教育事业全面进步，中等职业教育在校生规模为665人；高中阶段教育毛入学率为90.65%；小学适龄儿童入学率为99.74%；初中毛入学率为98.69%。科技事业蓬勃发展，全面实施“科技兴县”“科技兴农”战略。做好“种子工程”“畜禽水产良种工程”，完善县、乡、村三级农村科技推广网络建设。卫生事业较快发展，针对疫情开展对甲肝、禽流感等重大传染病的预防控制工作，重大疾病防治成效显著。农村医疗卫生状况有所改善，疾病预防控制、妇幼保健工作进一步加强。加大卫生执法力度，食品卫生质量和公共卫生水平得到改善。2018年，全县政府办医疗卫生机构175个，其中县直医疗卫生单位5个，分别为县人民医院、县妇幼保健院、县中医院、县疾病预防控制中心和县卫生监督所，中心卫生院4个，普通乡镇卫生院16个，村卫生室150个。县乡两级实际开放病床1025张，每千人口医院、卫生院病床位为3.82张。全面推行农村贫困人口住院“先诊疗后付费”服务模式，农村贫困患者住院无需缴纳押金，与医疗单位签订“先诊疗后付费”协议即可住院治疗。贫困人口医疗报销“一站式”服务被中央电视台、人民日报宣传报道。年内全县共有242223人参加基本医疗保险（含城乡居民统筹），参保率占任务242100人的100.05%。文化事业稳步发展，文化基础设施投入增多，全县农村业余壮剧团104个，乡村戏台增至90个。注重生态环境保护，全县森林覆盖率80.59%，农村安全饮水水质达标率63.51%。就业和社会保障方面，新增城镇就业人数为1106人；城镇登记失业率为2.1%；新增农村劳动力转移就业4391人。城镇企业基本养老参保人数为6078人，城镇失业参保人数为5873人。扶贫工作落实精准要求、下足绣花功夫，打好脱贫摘帽攻坚仗。年内投入财政专项扶贫资金1.85亿元，整合各类财政涉农资金3.32亿元。实现摘帽21个贫困村，减贫6022户25885人，贫困发生率降低至4.79%。

【人民生活】 2018年田林县城乡居民生活水平持续提高。城镇居民人均可支配收入2.86万元，人均消费性支出1.76万元。农村居民人均纯收入1.12万元，人均生活费支出0.84万元。城乡居民年末储蓄存款余额43.70亿元。农村居民人均居住面积33.83平方米。

中共田林县委员会

【中共田林县第十四届委员会领导】

书　记:彭　斌

副书记:黄　慧(壮族)

　　　张国革(壮族)

常　委:蓝　峰(2018年12月离任)

　　　吴志纯(2018年12月任职)

　　　何建华(壮族)

　　　蒋桂红(女,壮族)

　　　何琪洸(壮族)

　　　黄友政(2018年5月离任)

　　　潘永春(2018年5月任职)

　　　汤自忠(壮族)

　　　韦　星(壮族,2018年5月离任)

　　　黄剑辉(壮族,2018年5月任职)

　　　梁秀荷(女,壮族)

　　　麦国坚(挂职)

　　　农国宁(2018年1月挂职)

　　　张　琦(2018年5月挂职)

在职县处级干部:覃　平(女,壮族)

重要会议

【中国共产党田林县第十四届代表大会第三次会议】 2018年1月17日,中国共产党田林县第十四届代表大会第三次会议在田林县政府小礼堂举行。大会应到代表251名,实到代表239名,符合法定人数。县委书记彭斌,县委副书记、县长黄慧,县人大常委会主任覃纪腾,县政协主席黄欢等县领导出席会议。县委书记彭斌代表中国共产党田林县第十四届委员会向大会作了题为《贯彻新思想,实现新突破,在高质量发展中努力攻坚脱贫奔康》的报告。中共田林县第十四届纪律检查委员会常务委员会以书面形式向大会作了题为《时刻牢记使命担当,强化监督执纪问责,坚定不移推动全面从严治党向纵深发展》的工作报告。大会选举产生黄友政为田林县监察委员会主任、王自顺为田林县第十六届人大常委会副主任,以及部分第十六届人大常委会委员。

会议表决通过关于田林县人民政府工作报告的决议、关于田林县2017年国民经济和社会发展计划执行情况与2018年国民经济和社会发展计划的决议、关于田林县2017年预算执行情况和2018年预算的决议、关于县人大常委会工作报告的决议、关于县人民法院工作报告的决议、关于县人民检察院工作报告的决议,举行新当选田林县监察委员会主任和田林县第十六届人大常委会副主任、委员并向宪法宣誓仪式。县委书记彭斌向大会的胜利召开表示热烈的祝贺,并在会上作讲话。

【县委常委会】

◆ 2018年1月2日,县委书记彭斌在县政府二楼会议室和县委三楼常委会议室分两阶段主持召开县委常委会十四届第33次会议,传达学习和审议相关材料,达成一致意见。第一,传达学习贯彻国务院扶贫开发领导小组关于印发《2017年省级党委和政府扶贫开发工作成效考核实施方案的通知》和《东西部扶贫协作考核办法(试行)的通知》文件精神。会议要求,一是各级各部门要高度重视国家扶贫开发工作成效考核工作。二是加强完善帮扶的资料档案信息,各级相关资料要相互对应、相互一致,符合逻辑。三是要继续加大宣传和培训的力度,做好接受访谈的各项准备工作。第二,听取各核查工作组汇报落实自治区2017年市县扶贫成效考核“四合一”实地核查发现反馈问题整改工作完成情况。会议要求,一是要抓紧整改。关键抓好问题的整改工作,关于“户”的整改,特别是重点户、“自治区领导联系户”“市领导联系户”“县领导联系户”,做到“信息系统”与手册信息匹配,并做好佐证材料的收集,请联系县领导进行跟踪。关于“村”的整改。贫困村与非贫困村都要有档案、有材料。关于“乡”的问题整改,要抓好乡级档案资料、迎检方案以及清洁卫生等。关于县级的问题整改，要抓好档案信息材料以及培训好“访谈”工作，以及易地扶贫搬迁工作和抓东西部扶贫协作。二是抓紧沟通与汇报。与自治区联络员及时对接沟通，做好问题整改汇报工作。三是明确通报考勤，按照县脱贫攻坚战指挥部要求进行通报。第三，传达贯彻中央、全区、全市经济工作会议精神。会议强调，全市经济工作会议让田林作为三个发言县(市、区)之一作典型发言。是对田林经济工作给予的充分肯定。全县上下一定要深入贯彻中央、自治区和市经济工作会议精神，再接再厉、再创佳绩。第四，传达百色市第四届委员会第六次全体会议精神。会议强调，要深入学习贯彻市第四届委员会第六次全体会议精神，扎实抓好全县各项工作。第五，传达贯彻市县(市、区)党委书记和市直有关党(工)委书记落实主体责任述职评议会议精神。会议要求，要认真按照彭晓春书记的点评意见。一要对照存在问题，剖析根源，制定整改方案。二要强化措施，加大力度一项一项抓好整改。三要举一反三，全面推进田林县基层党建再上新台阶。第六，传达贯彻传达学习《自治区党委办公厅印发〈关于防止干部“带病提拔”实施意见〉的通知》文件精神。会议要求，要认真贯彻落实意见要求。一是树立正确的用人导向。二是防止带病提拔。三是请县委组织部根据自治区、市级文件，草拟田林县相关文件报审。第七，传达学习《自治区党委办公厅、自治区人民政府办公厅关于印发〈广西壮族自治区环境保护督察办法(试行)〉的通知》。会议要求，要认真贯彻落实通知精神，不断加大环境保护力度，切切实实抓好环保工作。第八，审议《关于审定田林县第十六届人民代表大会代表(增选)正式代表候选人的请示》和《关于补选田林县第十六届人大常委会委员的请示》。会议原则同意县人大常委会提交的两份请示事项，请县人大常委会按有关程序办理。第九，听取田林县 2017 年经济工作汇报及 2018 年经济工作初步安排。会议要求，要在紧盯 2017 年工作扫尾的基础上，开始紧盯 2018 年 1 月份和一季度经济工作，为 2018 年经济工作打好基础。第十，审议县纪委提交的相关议题。会议原则同意从政法编制划转 10 个编制进入监察委，请县编办按照有关程序办理推进。第十一，审议县委组织部提交的相关议题。本次讨论共涉及干部 61 人，其中县监察委员会班子配备 6 人，乡镇团委书记 14 人，乡镇妇联主席 13 人，乡镇国土规建环保安监站站长 14 人，乡镇卫生计生办公室主任(卫生计生服务所长)14 人，监察委班子配备事项由县委组织部按程序报市纪委和市委组织部，涉及提拔的人员由县委组织部按相关程序做好任前公示。

◆ 2018 年 1 月 15 日，县委书记彭斌在县委三楼常委会议室主持召开县委常委会十四届第 34 次会议，传达学习和审议相关材料，达成一致意见。第一，审议中共田林县第十四届委员会第三次全体会议相关材料。会议原则同意县委组织部提交的《中共田林县第十四届委员会第三次全体会议相关材料》。第二，审议中共田林县第十四届代表大会第三次会议相关材料。会议原则同意《中共田林县第十四届代表大会第三次会议相关材料》。第三，审议田林县第十六届人民代表大会第三次会议相关材料。会议原则同意《中共田林县第十六届人民代表大会第三次全体会议相关材料》。第四，审议《关于补选田林县第十六届人大常委会委员的请示》。会议原则同意县人大常委会《关于补选田林县第十六届人大常委会委员的请示》，请人大常委会按照有关程序办理。第五，审议中国人民政治协商会议第九届田林县委员会第三次会议相关材料。会议原则同意县政协党组提交的《中国人民政治协商会议第九届田林县委员会第三次会议相关材料的请示》。并强调，县政协 2017 年度拟表彰工作方案涉及奖金部分要以县纪委的意见为准。第六，传达《自治区党委办公厅自治区人民政府办公厅关于进一步加强和规范值班工作的通知》(以下简称《通知》)文件精神。会议要求，要将《通知》精神传达到全县乡镇和部门，并严格执行。县四大办要认真学习《通知》精神，将《通知》精神切实落实到日常值班工作和节假日、特殊时期值班工作中。第七，审议《关于组建田林县监察委员会有关机构编制事项的通知》。会议进行充分审议，原则同意请示事项。强调务必要坚持原则，务必要依照政策执行。第八，审议县委组织部提交的相关议题。会议同意县财政局党组成员、总会计师郁再春调到自治区国资委工作。第九，传达《关于右江区张绍勋、平果县李建华进京到非接待场所上访事件的通报》文件精神，并部署区“两会”、春节期间的信访维稳工作。会议要求，要认真贯彻落实《通报》精神，扎实做好全县信访维稳工作，确保自治区“两会”和春节期间全县大局和谐稳定。一是要把信访维稳工作作为一项极端重要的工作，切实提高政治站位，全力抓好信访维稳工作。二是要加大力度，采取措施，群策群力，全力化解矛盾纠纷。三是要正确研判当前形势，加大摸排力度，及时掌握“重点人”“重点群众”和“重点案件”的最新动态。四是要强化措施，坚持一手抓思想疏导，一手抓依法惩治，确保工作取得实效。五是要强化保障，要加强值班、车辆、经费、人员等方面的保障力度，为信访维稳工作提供坚强保障。

◆ 2018年2月1日，县委书记彭斌在县委三楼常委会议室主持召开县委常委会十四届第35次会议，传达学习和审议相关材料，达成一致意见。第一，传达学习贯彻习近平总书记在《学习贯彻习近平新时代中国特色社会主义思想和党的十九大精神研讨班》开班式上的讲话精神。会议强调，要深刻理解、准确把握“三个一以贯之”的重大意义，牢固树立“四个意识”，切实增强“四个自信”，坚持学深做实，扎实推进“大学习、深调研、真落实”工作，以“马上就办、真抓实干”的工作作风，切实把学习十九大精神成果转化为推动田林高质量发展的具体举措，推动习近平新时代中国特色社会主义思想在田林落地生根。第二，传达学习贯彻中国共产党第十九届中央委员会第二次全体会议精神。会议强调，要加强宪法的学习宣传和贯彻落实，深入实施依法治县，全面提升全县法制化水平。要坚持领导带头，形成办事依法、遇事找法、解决问题用法、化解矛盾靠法的良好法治秩序。第三，传达学习贯彻2018年中央、全区农村工作会议精神。会议要求，全县各级各部门要认真学习领会中央、全区农村工作会议，深刻领会习近平新时代中国特色社会主义思想，准确把握中央、自治区对做好2018年农村工作的新部署新要求，提前谋划好今年全县各项重点工作。要认真抓好贯彻落实工作，全力抓好新时代“三农”工作，研究制定出台“乡村振兴计划”“县域经济发展计划”三年行动计划，坚决打赢脱贫攻坚战，推动全县各项工作新台阶，确保党中央决策部署不折不扣落到实处。第四，传达学习贯彻2018年自治区“两会”精神。会议指出，这次自治区“两会”是在全区上下深入学习贯彻习近平新时代中国特色社会主义思想和中共十九大精神，加快营造“三大生态”实现“两个建成”，全面推进富民兴桂各项事业的新阶段举行的一次重要会议，具有重大意义。会议要求，要及时组织制订学习贯彻自治区“两会”精神工作方案，迅速掀起学习自治区“两会”热潮，各级领导干部要带头学习、带头宣传、带头贯彻落实，带头做好表率，切实把思想和行动统一到自治区“两会”精神上来，要把学习贯彻自治区“两会”精神与学习贯彻习近平新时代中国特色社会主义思想和中共十九大精神结合起来，与县委各项决策部署结合起来，真正把自治区“两会”精神转化为全县广大干部群众干事创业的热情，转化为推动田林高质量发展的动力。第五，传达学习贯彻中国共产党第十九届中央纪律检查委员会第二次全体会议精神。会议要求，全县各级党组织要深入学习领会、把握精神实质、统一思想认识、强化责任担当，以习近平新时代中国特色社会主义思想为指导，贯彻落实党的十九大战略部署，牢固树立“四个意识”，坚定“四个自信”，把全面从严治党引向深入。第六，传达学习贯彻全国、全区组织部长会议精神。会议要求，全县要全面贯彻党的十九大精神，坚持以习近平新时代中国特色社会主义思想为指导，以党的政治建设为统领，坚决维护习近平总书记在党中央和全党的核心地位、坚决维护党中央权威和集中统一领导，在思想上政治上行动上同以习近平为核心的党中央保持高度一致，不断提高组织工作质量和水平，为田林县脱贫攻坚和经济社会发提供坚强组织保证。第七，传达学习贯彻全国、全区宣传部长会议精神。会议要求，要紧紧围绕学习宣传贯彻党的十九大精神这条主线，扎实做好宣传思想文化工作，为全县社会和谐稳定提供坚强思想保证和强大精神力量。第八，传达学习贯彻《中共中央关于印发中国共产党党务公开条例（试行）的通知》文件精神。会议要求，全县各级党组织要认真学习贯彻文件精神，结合实际抓好贯彻落实，有序推进全县各领域党务公开工作，全面提升党内监督的水平和质量。第九，传达学习贯彻《自治区党委办公厅自治区人民政府办公厅关于印发广西贯彻党政主要领导负责人履行推进法治建设第一责任人职责规定实施办法的通知》会议精神。会议强调,全县各级各单位党政主要负责人要提高认识,高度重视,增强法治建设第一责任人的责任感,层层落实任务,确保把各项工作纳入法治化轨道;把履行推进法治建设职责情况列入党政主要领导年终述职内容和政绩考核体系;党政主要负责人要带头学法尊法守法用法,不断提高法治思维和依法行政的能力和水平,努力推动法治社会建设。会议要求,县委政法委要统筹全年工作安排,将具体责任系统化条理化。第十,传达学习贯彻《自治区党委办公厅自治区人民政府办公厅关于印发关于支持深度贫困地区脱贫攻坚的实施意见的通知》精神。会议要求,要强化思想认识,全县上下要深刻认识推进深度贫困地区脱贫攻坚工作的重大意义,把深度贫困地区脱贫攻坚工作摆在更加突出的位置,认真抓好贯彻落实,要深入学习领会,加强培训指导,在全县广泛开展专题培训,吃透文件精神。会议明确,县脱贫攻坚战指挥部要结合田林县实际,制订贯彻落实意见行动方案,强化组织领导,明确目标任务,细化工作措施,确保各项工作落到实处。第十一,研究《市委书记彭晓春对2017年年度县委彭斌抓基层党建、履行党风廉政主体责任和落实意识形态工作责任制的点评意见及转基层党建工作目标管理责任制量化考评结果反馈情况》的整改落实。会议要求,要制定出台整改方案,明确整改责任和整改时间;要突出年度特点,争取出亮点树典型。第十二,审议《中共田林县委员会常委会2018年工作要点》。会议审议并原则同意《中共田林县委员会2018年工作要点》,请县委办根据会议精神修改完善后按程序报审。第十三,审议《关于调整县领导联系乡镇工作的通知》。会议原则同意《关于调整县领导联系乡镇工作的通知》。第十四,审议县纪委提交的相关议题。会议审议并原则同意县纪委提交的请示事项,请县纪委严格按照有关程序办理。第十五,审议县委组织部提交的相关议题。会议讨论通过县委组织部提交的干部调动方案。此次讨论共涉及21人,其中黄兆新、陆建师、陆焕朝、黄瀛圣调入县纪委派驻纪检组;闭真发调入县委政法委综治办,姚洋调入县法学会;岑国俊调入县政协委员联络工委;陆泰升、李启晶、梁雪梅调入县委组织部;姚雅芳调入县委宣传部;罗一彪、杨进宏调入县新闻中心;龙钰调入县人民检察院;罗月兰调入县委党校;邓利辉调入县事业单位登记管理局;覃灿晶调入县行政审批办;岑建军调入县残联残疾人康复中心;韦祎君、张凯调入县公安局;黄鸿雁调入县发改局。会议还明确今后党群部门调入一般干部的条件和原则。

◆ 2018年2月11日,县委书记彭斌在县委三楼常委会议室主持召开县委常委会十四届第36次会议,传达学习和审议相关材料,达成一致意见。第一,传达学习贯彻市委副书记、市人民政府市长周异决在田林县委常委班子2017年度民主生活会上的讲话精神。会议要求,要深入领会周异决市长的讲话精神,切实抓好贯彻落实。第二,传达学习贯彻全国、全区政法工作会议暨扫黑除恶专项斗争会议会议精神。会议要求,一要坚持以习近平新时代中国特色社会主义思想为指导,深入学习贯彻党的十九大精神,推进平安田林、法治田林建设,根据上级要求提早部署扫黑除恶专项斗争。二要坚持以人民为中心的发展思想,适应人民群众对平安的新需要,有效防范化解各类社会稳定风险、公共安全风险,政法工作要与纪检工作相结合,加强党组织建设,加强农村精神文明建设,公检法要加大对违法犯罪行为惩治力度,司法、信访、调处要加大对矛盾纠纷的化解工作,不断增强人民群众获得感、幸福感、安全感。三要坚持党对政法工作的绝对领导,努力造就一支信念坚定、执法为民、敢于担当、清正廉洁的政法队伍,不断提高执法司法公信力,为新时代政法事业发展提供坚强保证。第三,传达贯彻全国、全区统战工作会议精神。会议要求,一要深入学习贯彻习近平新时代中国特色社会主义思想和中共十九大精神,研究谋划新时代统一战线工作,探索"百企扶百村"工作,争创工作亮点。二要把学习贯彻党的十九大精神作为统战工作的核心任务和工作主线,结合田林县实际,在民族乡建设、非公经济平台建设、港澳台工作、宗教工作等方面打造全区性的工作亮点。第四,听取县人大常委会党组2017年工作总结及2018年工作计划汇报。会议要求,一是要切实加强党对人大的领导,坚持改进完善党对人大工作的领导。二是认真学习宣传贯彻党的十九大精神,把学习宣传贯彻十九大精神作为当前首要政治任务。三是在做好规定动作的基础上,围绕全县"十三五"和2018年工作思路,加大专题询问、专题研究，提升服务大局水平。四是收集民声民意，帮助县委校正航向。五是创新人大工作亮点，争创品牌。六是切实加强人大班子建设和队伍建设。第五，听取县政府党组2017年工作总结及2018年工作计划汇报。会议要求，一是切实加强党政府工作的领导。二是认真学习贯彻宣传十九大精神，推动新时期经济社会健康持续发展。三是要围绕全县中心工作，抓落实抓执行，推动县委各项决策落地生根，发挥好机制体制，坚持问题导向，不断提高执行力水平。四是强化一岗双责，全面加强政府党风廉政建设。五是强化政府班子和队伍建设。第六，听取县政协党组2017年工作总结及2018年工作计划汇报。会议要求，一是切实加强党对政协工作的领导。二是认真学习宣传贯彻十九大精神和习近平新时代中国特色社会主义思想。三是要在做好规定动作的基础上，围绕中心工作加强参政议政、专项调研等政协工作。四是收集民声民意，帮助县委校正航向。五是要扎实落实上级政协的要求，争创田林政协工作品牌。六是加强政协党组班子建设和队伍建设。会议还就政协党组提出的相关问题给予了答复。第七，听取县人民法院党组2017年工作总结及2018年工作计划。会议强调，县委常委会听取县人民法院党组工作汇报，是贯彻中央、自治区和百色市精神的具体体现，是增强“看齐意识”的具体举措。会议要求，一是切实加强党对法院的领导。二是认真学习宣传贯彻十九大精神和习近平新时代中国特色社会主义思想。三是围绕全县中心工作，扎实推进“平安田林”建设。四是要加强司法体制改革后的各项工作。五是加强班子建设和队伍建设，加强“一岗双责”、廉政建设、公平正义、加强能力、作风、基础建设。六是关于法院提出的问题。关于审判大楼资金缺口问题请县人民政府统筹研究；关于多元化纠纷化解问题请县委政法委统筹研究解决；关于“全国法治教育基地”建设问题另进行专题研究。第八，听取县检察院党组2017年工作总结及2018年工作计划。会议强调，县委常委会听取县检察院党组工作汇报，是贯彻中央、自治区和百色市精神的具体体现，是增强“看齐意识”的具体举措。会议要求，一是要切实加强党对检察工作的领导。二是认真学习宣传贯彻十九大精神和习近平新时代中国特色社会主义思想。三是围绕全县中心工作开展好检察院各项工作，推进“平安田林”建设。四是抓好司法体制改革和监委改革后的各项工作，推动检察工作再上新水平。五是加强班子建设和队伍建设。第九，审议县委组织部提交的相关议题。会议审议并原则通过县委组织部提交的《田林县关于推行六个层级构建“大党建”联动机制的意见》《关于实施“强组织·增活力”党建工程的意见》，请县委组织部根据会议精神修改完善，按程序报审。第十，审议县脱贫攻坚战指挥部提交的相关议题。会议明确，一是年后上班先以白头文件形式下发《田林县2018年脱贫攻坚工作实施方案》，明确脱贫初步计划村数和人数。二是《田林县关于进一步完善脱贫攻坚工作机制压实工作责任严格考核奖惩的实施意见（试行）》《田林县2017年脱贫攻坚先进集体和先进个人评选表彰奖励方案》要根据会议精神再进一步修改完善再按程序报审。三是《关于成立田林县乡镇扶贫工作办公室的方案》，请县编办根据会议精神修改完善后按程序报审。

◆ 2018年3月1日，县委书记彭斌在县委三楼常委会议室主持召开县委常委会十四届第37次会议，传达学习和审议相关材料，达成一致意见。第一，传达学习贯彻《自治区党委关于印发〈中共广西壮族自治区委员会履行全面从严治党主体责任清单的通知〉》精神。会议要求，要按照《自治区党委关于印发〈中共广西壮族自治区委员会履行全面从严治党主体责任清单〉的通知》的具体要求，深入结合本县实际，出合文件，制定县委班子、县委主要负责人、县委班子其他成员的责任清单，切实压实县委全面从严治党主体责任，推进全县经济社会快速健康发展。第二，传达学习贯彻《中共中央办公厅国务院办公厅印发关于加强贫困村驻村工作队选派管理工作的指导意见的通知》精神。会议要求，全县要认真贯彻落实好文件精神。一是要成立以县委书记、县长为组长，县委副书记为常务副组长的县驻村工作领导小组。二是要把一些具体工作要求列入田林县完善作风、压实责任的文件。三是要加强贫困村驻村工作队的典型培树，细化考核内容，突出与贫困群众满意度结合、与年度脱贫任务结合。四是要加强贫困村驻村工作队的选派、培训和管理工作，既要严格管理，又要关心爱护。第三，传达学习贯彻《中共中央办公厅关于印发〈中央巡视工作规划(2018—2022年)〉的通知》精神。会议要求,要深入贯彻落实党的十九大精神,认真研究监察体制改革后如何更好地抓好全县巡察工作。要严格按照文件要求推动田林县巡察工作,促进巡察工作规范化、制度化、专业化,切实推进巡察工作落实落地。第四,传达学习贯彻中央、自治区、百色市关于开展扶贫领域腐败和作风问题专项治理相关文件精神。会议要求,一是县委常委班子要带头贯彻落实开展扶贫领域腐败和作风问题专项治理工作精神。二是要坚持三年整治,要按照“排查去存、重拳遏增、巩固深化”三年“战役式”行动的工作部署,实施深化扶贫领域腐败和作风问题精准治理,扎实开展“大接访”“大约谈”“大宣传”“大查处”活动。三是要建立双向通报机制,每季度由县纪委向其他县领导通报其分管部门及领域工作情况,同时收集各位县领导向纪委通报其分管部门和领域存在的最突出的扶贫领域腐败风险点和作风问题。四是坚持和完善执纪审查片区协作机制,把各案件区、各派驻纪检监察组、各乡(镇)纪委书记全部编入片区工作组,用协作方式解决派驻纪检监察组和乡(镇)纪委力量薄弱的问题。五是把惩治基层腐败同扫黑除恶结合起来,坚决查处涉黑“保护伞”,紧盯群众反映的突出问题加大集中整治和督查督办力度,把全面从严治党覆盖到“最后一公里”。第五,传达学习贯彻市纪委四届三次全会精神。会议要求,一是要根据《百色市2018年至2020年扶贫领域腐败和作风问题专项治理三年行动计划》制订田林县“三年行动计划”,并按要求做好行动准备,抓好落实。二是要将扶贫领域腐败和作风问题专项治理工作与扫黑除恶工作相结合,将干部充当黑恶势力保护伞现象作为工作重点。三是要着力强化纪检监察队伍的政治建设和作风建设,要不断提升政治能力,严守政治纪律和政治规矩,始终在政治规矩约束下推动工作,要加强监委改革后的深度融合,真正管好用好培训好提升好县纪委和监委队伍。第六,传达学习贯彻全市农村工作会议。会议要求,一是要认真贯彻落实全国、全区、全市农村工作会议精神。二是要结合田林县实际制定《乡村振兴规划》,突出上下对接和全面融合。三是要聚焦全县优势和短板,集中力量每年在大农业方面办成几件事或创建几个农业核心示范区,取得实实在在的效果,逐步形成全县农业工作的更大优势。第七,听取县委组织部2017年工作总结及2018年工作计划。会议要求,一是要深入贯彻落实中共十九大精神,紧扣区组部和市组部的工作要求,围绕党建促脱贫、班子和人才建设等工作,扎实开展好田林县党建工作。二是要加强干部队伍梯队建设,着力培养专业和高端人才。三是要努力打造基层党建工作亮点,要抓示范、树典型,确保田林县组织工作在全市有声音、有地位。四是要围绕县委中心工作发挥组织部的职能作用。第八,听取县委宣传部2017年工作总结及2018年工作计划。会议要求,要紧紧围绕自治区政协副主席、百色市委书记、市人大常委会主任彭晓春关于创历史文化名城和创文明城市的指示精神,按照市委常委、宣传部长、副市长黄彩毕关于以创建文明城市作为总统领的要求,切实抓好全县宣传工作。一是要切实抓好党的十九大精神宣讲,重点宣传宣讲好习近平新时代中国特色社会主义思想,要擦亮讲习所招牌。二是要切实抓好脱贫攻坚政策宣传,做好脱贫攻坚感恩教育。三是要加强全县正面典型的培树和宣传。四是要紧盯各级主流媒体抓宣传,做到在上级主流媒体有所突破。五是要探索创新宣传队伍的管理工作。第九,听取县纪委2017年工作总结及2018年工作计划并审议《县纪委十四届三次全会工作报告》。会议原则同意《县纪委十四届三次全会工作报告》。第十,听取研究中国电信2017年帮扶工作情况及2018年工作计划。会议建议,中国电信在2018年帮扶工作中可聚焦信息扶贫,发挥行业特点,提升全县电信信号覆盖完好率。探索针对帮扶点电信资费降低政策;聚焦一个贫困村抓好整村帮扶工作,同时针对全县面上扶贫引入关联企业,推动“百企扶百村”工程。第十一,听取研究自治区纪委2017年帮扶工作情况及2018年工作计划。会议认为,自治区纪委帮扶田林的力度大、效果好,派驻田林的工作队认真负责、业务精通,有力助推田林脱贫攻坚工作。2018年的帮扶计划思路清晰,尤其是针对贫困村、贫困户的扶志、扶智思路创新,基础设施建设、产业带富、党建促脱贫等计划也具有很强的操作性。第十二,审议县委组织部提交的相关议题。会议讨论通过县委组织部提交的相关人事议题。此次讨论共涉及干部62

人，其中平级交流25人，提拔27人，单位机构更名需要重新任命9人，科级干部提前退休1人。由县委组织部按相关程序做好任前公示和任前谈话安排。

◆2018年3月8日，县委书记彭斌在县委三楼常委会议室主持召开县委常委会十四届第38次会议，传达学习和审议相关材料，达成一致意见。第一，传达学习贯彻中纪委到田林县开展扶贫领域腐败和作风问题专项治理检查的指示精神。会议要求，县委常委要带头深入领会和把握中纪委到田林县开展扶贫领域腐败和作风问题专项治理检查的指示精神，扎扎实实做好扶贫领域腐败和作风问题专项治理工作。一是要深入理解和把握习近平总书记在十九届中纪委二次全会上关于“重整行装再出发”的重要指示精神，切实提高政治站位，不断增强政治大局观、政治敏锐性和政治定力，以开展扶贫领域腐败和作风问题专项治理为重点，开创全县全面从严治党工作新局面。二是要深刻认识作为自治区、市两级纪委联系点的重要性，以更高的标准、更严的要求和更实的作风做好扶贫领域腐败和作风问题专项治理工作，确保在重点工作上不仅要完成任务，还要有所突破、有所创新。三是工作要扎实，上级会议、文件精神要及时传达、学习到位，主体责任和监督责任要落实到位，方案制订要结合工作实际，要在新时代实现新的作为。四是要坚持问题导向，针对学习传达还不够到位、监督机制落实还不够到位、制度执行还不够严格等问题，立行立改，即知即改。县委常委要带头整改、带头履职、带头创新。要加强向上级纪委的请示汇报，立足实际、创新举措，打造全面从严治党工作亮点，争创全面从严治党工作品牌。第二，传达学习贯彻《中共广西壮族自治区纪律检查委员会关于印发〈2018年至2020年全区深化扶贫领域腐败和作风问题专项治理实施方案〉的通知》精神。会议要求，县委常委要带头学习贯彻通知精神，盯紧看牢管好自身分管领域的扶贫领域腐败和作风问题，发现问题要及时报告、及时整改。要严格按照自治区纪委通知要求，结合田林县工作实际，制定完善田林县深化扶贫领域腐败和作风问题专项治理实施方案。第三，传达学习贯彻《中共百色市委关于印发〈百色市2018年至2020年扶贫领域腐败和作风问题专项治理三年行动计划〉的通知》文件精神。会议要求，县委常委要带头学习贯彻市委通知精神，认真履行好全面从严治党责任。要严格按照市委通知要求，结合田林县工作实际，制订完善田林县2018年至2020年扶贫领域腐败和作风问题专项治理实施方案。第四，审议《中共田林县委关于印发〈田林县2018年至2020年扶贫领域腐败和作风问题专项治理三年行动计划〉的通知》。会议原则同意行动计划，由县纪委根据会议精神修改完善后按程序报审。会议还就全县近期工作安排进行研究部署。

◆2018年3月12日，县委书记彭斌在县委三楼常委会议室主持召开县委常委会十四届第39次会议，传达学习和审议相关材料，达成一致意见。第一，传达学习贯彻习近平总书记在打好精准脱贫攻坚战座谈会上的讲话精神。会议要求，一是县委常委要带头学习贯彻落实习近平总书记的重要讲话精神，各乡（镇）、各部门要迅速召开本乡（镇）、本部门干部大会进行传达学习，切实将习近平总书记的讲话精神落实到脱贫攻坚各项任务中。二是要认真总结脱贫攻坚的经验，分析困难和问题，扎实推进2018年的脱贫攻坚各项目标任务，科学谋划2019年全县全面脱贫工作目标。三是全县各领域、各行业、各部门、各乡（镇）的工作都要聚焦脱贫攻坚，向脱贫攻坚靠拢，为脱贫攻坚工作服务。第二，传达学习贯彻广西国家扶贫开发工作重点县纪委书记座谈会精神。会议要求，要坚决按照中纪委徐令义副书记的重要讲话精神，以永远在路上的韧劲和执着，推动专项治理工作取得新的更大成效。一是要迅速传达学习。各乡（镇）、各部门要迅速召开干部大会进行传达学习，确保传达到全县每一位干部职工，确保真正入耳入脑入心。二是要深刻领会精神实质。要深入结合当前形势和工作实际，深刻领会“重整行装再出发”和“全面从严治党向纵深发展”的指导意义。三是要迅速整改。要认真对照存在的问题，及时发现、及时整改、及时查处，切实把纪律挺起来、严起来。四是要扎实工作。要按照“围绕五个重点转”和“三个抓”的要求，各部门、各乡（镇）主动自查自纠、主动提供问题线索。五是要围绕中心，全力推动脱贫攻坚。要探索自身工作职能和脱贫攻坚之间的结合点，聚焦脱贫攻坚开展职能工作，相互协作，唱好脱贫攻坚大合唱，坚决反对小独唱。六是要狠抓作风，营造干事创业良好氛围。要坚持从会风、事风抓起，以实实在在的行动推进扶贫领域腐败和作风专项治理工作。第三，审议县编委办提交的《关于增加中共田林县委宣传部副职领导职数的请示》。会议原则同意县委编办提交的《关于增加中共田林县委宣传部副职领导职数的请示》。

◆ 2018年3月16日，县委书记彭斌在县委三楼常委会议室主持召开县委常委会十四届第40次会议，传达学习和审议相关材料，达成一致意见。第一，传达学习贯彻全市党的政治工作会议精神。会议强调，县组织、宣传、统战、政法部门要切实贯彻落实自治区政协副主席、市委书记、市人大常委会主任彭晓春在会上的重要讲话精神，始终将政治建设摆在首位，认真结合工作实际争创工作亮点，扎实推进各项工作，为推动田林脱贫攻坚、经济社会和谐稳定健康发展奠定良好基础。第二，传达学习贯彻《中共百色市委修订印发〈中共百色市委员会关于进一步贯彻落实中央八项规定精神的实施办法〉的通知》文件精神，审议《中共田林县委修订印发〈中共田林县委员会关于进一步贯彻落实中央八项规定精神的实施办法〉的通知》。会议审议并原则同意县纪委提交的《中共田林县委修订印发〈中共田林县委员会关于进一步贯彻落实中央八项规定精神的实施办法〉的通知》，由县纪委根据会议精神完善后报审。第三，传达学习贯彻《自治区扶贫开发领导小组关于印发〈脱贫攻坚作风建设“十坚持十不准”〉的通知》文件精神，并审议《田林县脱贫攻坚作风建设“十坚持十不准”》。会议审议并原则同意县脱贫攻坚战指挥部提交的《田林县脱贫攻坚作风建设“十坚持十不准”》，由县脱贫攻坚战指挥部根据会议精神完善后报审。第四，听取人武部2017年工作总结及2018年工作计划。会议强调，要始终坚持党管武装原则，自觉用习近平新时代中国特色社会主义思想武装头脑，聚焦主责主业抓好工作落实，要努力推动军民融合发展。县委将一如既往加大全县武装工作的各项保障，推动全县党管武装工作再上新台阶。第五，听取县委政法委2017年工作总结及2018年工作计划，并专题研究扫黑除恶专项工作推进。会议要求，全县政法队伍在2018年工作中要认真学习十九大精神，以习近平新时代中国特色社会主义思想武装头脑，坚持党对政法工作的绝对领导，围绕自治区政协副主席、市委书记、市人大常委会主任彭晓春在全市党的政治工作会议上强调的“五个重点要求”，结合田林实际抓好各项工作。一是要聚焦安全感满意度主线抓落实。二是要针对社会维稳重点问题进行创新和尝试，以试点推进，探索“三跨三分离”案件的有效处理机制。三是要强化政法队伍建设，提升政法队伍专业化水平。四是要统筹抓好各项常规工作。五是要严格按照上级要求，结合田林实际制订扫黑除恶专项工作方案，明确工作目标和工作阶段，与扶贫领域腐败和作风问题专项治理充分结合，扎实推进全县扫黑除恶专项工作。第六，听取研究深圳市光明新区2017年帮扶工作总结及2018年工作计划。会议要求，针对对口协作项目实施缓慢的问题，要建立东西部协作红黑榜制度和项目黑名单制度，倒排进度表，加大督查力度，一个月出一期红黑榜，对项目单位黑名单进行通报。会议强调，2018年的对口协作要有重点和亮点，建议光明新区一是要进一步拓展结对帮扶，加强光明新区街道扶田林乡（镇）、社区扶村，力争做到一一对应帮扶。同时充分发挥光明新区的企业优势，打造“百企扶百村”工作亮点。二是要建立对口协作项目库，入库项目要聚焦“十一有一低于”和“八有一超”标准。三是要突出劳务和就业扶贫，建立劳务和就业平台，加强用人单位和劳动力之间的沟通，增强劳务和就业扶贫成效。第七，听取县委统战部2017年工作总结及2018年工作计划。会议强调，县委统战部要紧紧围绕自治区政协副主席、市委书记、市人大常委会主任彭晓春在全市党的政治工作会议上强调的“三个聚焦”开展工作，要重点开展“百企扶百村”工作；要把百色市非公有制经济网络服务平台和三年整治相结合，巩固“六有一提升”；要发挥好乡（镇）统战委员的作用，努力开创统一战线各领域工作新局面。第八，听取中共田林县委办公室2017年工作总结及2018年工作计划。会议强调，一是要加强办公室内部管理，要按照自治区和市党办的标准，搭好框架、明确职责、不打乱仗。二是要切切实实开展岗位练兵，增强岗位责任心和业务水平，对发现的错误及时研究改正，并实行记错牌机制，杜绝犯同一错误。三是要加大督查力度，强化跟踪督查督办能力。四是要发挥县委办龙头作用。要进一步统筹好“四办”高效运行，进一步提升乡（镇）和县直部门办公室服务协调能力，进一步加强办公室人才队伍梯队建设，进一步夯实全县办公室基础，切实做到尽量少出错平稳运行、在突发应急时有条不紊、发挥参谋助手作用。第九，审议《田林县关于进一步完善脱贫攻坚工作机制加强作风建设的实施意见（试行）》。会议原则同意实施意见，由县脱贫攻坚战指挥部根据会议精神修改完善后按有关程序报审。第十，审议《关于审定田林县义务教育均衡发展相关事项的请示》。会议原则同意请示，由县教育局按有关程序办理报审。第十一，审议《关于审定田林县2018年“三月三·吼敢”壮剧节相关事项的请示》。会议原则同意请示，并明确涉及壮戏节的冠名问题由县社会事业组讨论确定，涉及奖励问题请县纪委严格把关，由县文广局根据会议精神修改完善后按程序报审。第十二，审议县纪委提交的相关议题。

◆ 2018年4月4日，县委书记彭斌在县委三楼常委会议室主持召开县委常委会十四届第41次会议，传达学习和审议相关材料，达成一致意见。第一，传达学习贯彻自治区党委常委、自治区纪委书记、自治区监委主任房灵敏到田林县开展扶贫领域腐败和作风问题专项治理工作调研活动的重要指示精神。会议强调，房灵敏此次调研督导不打招呼、不定路线、随机抽查，充分体现房灵敏书记对脱贫攻坚工作、扶贫领域腐败和作风问题专项治理工作的高度重视，释放今后督导调研随机走访、随机抽查将成常态的强烈信号，全县干部务必要牢固树立“功夫在平时”的理念，扎实做好各项工作。会议要求，县委常委要带头学习贯彻房灵敏书记的指示要求，并带动全县上下抓好学习贯彻落实。一是要认真学习房灵敏书记的指示要求，迅速制订学习贯彻意见。二是要争当脱贫攻坚和扶贫领域腐败和作风问题专项治理“两个标兵”，要围绕如何争当标兵、结合田林实际制订相关方案。争当脱贫攻坚标兵方案由县委副书记张国革组织制定并报审，争当扶贫领域腐败和作风问题专项治理标兵方案由县委常委、纪委书记、监委主任黄友政组织制定并报审。三是要抓好基础设施建设、基础教育提升、易地扶贫搬迁和村集体经济收入“四项重点”以及年度工作任务目标，相关部门要认真对照，认领责任，形成合力抓好落实。四是打造“一个样板村”。要结合实际，创新思路，统筹资源和力量，将潞城瑶族乡各烟村打造成脱贫攻坚和扶贫领域腐败和作风问题专项治理样板村。第二，传达学习贯彻自治区党委常委、自治区纪委书记、自治区监委主任房灵敏在全市扶贫领域腐败和作风问题专项治理工作例会上的讲话精神。会议强调，县委常委要带头学习贯彻房灵敏书记的重要讲话精神，并带动全县上下抓好贯彻落实。一是要认真学习房灵敏书记的重要讲话精神，不断提高政治站位，进一步增强开展扶贫领域腐败和作风问题专项治理工作的政治自觉、思想自觉和行动自觉。二是要牢固树立一抓三年的思想，坚决把专项治理工作作为一项重要工作来抓，抓出成效，抓出特色。三是要突出重点抓好专项治理工作，要将“扶贫领域腐败和作风问题专项治理工作”和“扫黑除恶”深入结合，要防止老问题反弹，关注新问题动向，尤其要坚决纠正扶贫领域的形式主义、官僚主义和弄虚作假问题，在5月底前集中曝光一批扶贫领域形式主义、官僚主义案件。四是要找准抓手，坚决落实“一年两例会、工作月报、线索排查、直查直办、通报曝光、联动协同”等六项制度。五是要逐级压实“两个责任”，构建县、乡、村三级齐抓共管的工作格局。县纪委和监委要聚焦主业做好本职工作，各部门要充分发挥职能部门的作用，协同作战。第三，传达学习市委主要领导率队赴江西井冈山市、河南兰考县考察学习精神。会议要求，要认真学习贯彻此次考察学习精神，扎实完成全县年度脱贫攻坚任务。一是要认真学习自治区党委书记鹿心社的重要指示精神，在精准分类、落实干部责任、激发贫困户内生动力和实现产业就业全覆盖上下功夫。二是要认真学习自治区政协副主席、市委书记、市人大常委会主任彭晓春在井冈山和兰考调研时的重要讲话精神，以决战贫困决胜小康目标统揽全县经济社会发展全局，坚持精准是核心，作风是保障，质量是目标的原则，狠抓基层党建、产业覆盖和干部队伍管理，通过扶志、扶智的双扶机制激发贫困群众参与脱贫攻坚工作的内生动力，注重扶贫精神层面的塑造，确保完成本年度脱贫攻坚任务并谋划明年全县全面脱贫的工作目标。三是要正确认识田林县与井冈山市和兰考县的差距，充分借鉴两地的脱贫攻坚工作经验，适时组织考察队外出学习脱贫攻坚工作，扎实推进全县脱贫攻坚工作有序开展。第四，传达学习贯彻百色市2018年脱贫攻坚工作推进大会暨新派队员驻村工作动员会会议精神及《中共百色市委员会〈关于进一步加强村级党组织第一书记队伍建设的意见〉》《中共百色市委办公室关于印发〈百色市村级党组织第一书记选派办法（试行）等三个办法的通知〉》文件精神。会议要求，一是要认真学习自治区政协副主席、市委书记、市人大常委会主任彭晓春和市长周异决在会上的重要讲话，结合田林实际扎实推进脱贫攻坚各项工作。二是要坚持选优派强原则，扎实做好全县村级党组织第一书记以及“美丽广西”乡村建设（扶贫）工作队员选派工作。三是要结合田林实际制定全县村级党组织第一书记选派办法，要按照“十个一”的标准对村级党组织第一书记队伍进行管理，确保第一书记队伍在脱贫攻坚和村级组织建设中发挥强有力作用。第五，传达学习贯彻百色市2018年深化领导班子建设年活动动员会会议精神及《中共百色市委员会关于印发〈百色市2018年深化领导班子建设年活动实施意见〉及四个配套方案的通知》文件精神。会议要求，县委常委要带头学习传达好会议精神，带动全县上下掀起活动高潮。一是要认真学习传达好全市深化领导班子建设年动员会精神，制定好本县活动方案，切实抓好活动开展。二是要马上开展全县深化领导班子建设年活动，迅速按照活动方案推进，既要抓好规定动作，又要创新自选动作，并做好活动台账资料的收集整理。三是要将深化领导班子建设年活动融入全县高质量发展过程，坚持以全县脱贫成效和经济社会发展成效检验深化领导班子建设年活动成果。

◆ 2018年4月17日，县委书记彭斌在县委三楼常委会议室主持召开县委常委会十四届第42次会议，传达学习和审议相关材料，达成一致意见。第一，传达学习贯彻自治区党委书记鹿心社在自治区党委常委会议上的讲话精神。会议要求，县委常委要带头认真学习贯彻讲话精神，带动全县领导班子进一步增强“四个意识”，自觉加强自身建设，努力实现“五个过硬”，在深化领导班子建设年中取得新成效，切实做到让上级党委放心、让人民群众满意。第二，传达学习贯彻彭清华在自治区党委党的建设工作领导小组2018年第一次会议上的讲话精神。会议要求，县委常委要带头学习贯彻讲话精神，自觉将党的建设摆在首位，用习近平新时代中国特色社会主义思想武装头脑，一以贯之推进党的建设新的伟大工程，不断提升党的领导水平。县党建工作领导小组要坚持谋全局、管宏观、抓大事，强化对党建工作的领导和指导，推动中央和自治区党委、市委各项决策部署落地生根。要落实好管党治党推进责任，齐心协力把党建工作抓牢抓实抓好，确保各项任务落到实处。第三，传达学习贯彻百色市扶贫领域腐败和作风问题专项治理工作推进会精神。会议要求，县四家班子要带头认真学习贯彻全市扶贫领域腐败和作风问题专项治理工作推进会精神，带头开展“巡访百村千户”活动，率队到联系乡（镇）开展大接访活动了解民众疾苦、社会民意收集线索，带头到联系部门排查线索。全县各乡（镇）、各部门要迅速传达，及时研究部署，把会议精神落实好；要召开专项治理工作培训会，提升业务水平；要加强专项治理工作的档案管理，部门主要领导要主动抓主动管；要组织一次暗访督查，重点围绕各乡（镇）和各部门贯彻落实中央纪委副书记徐令义、自治区纪委书记房灵敏督导调研讲话精神情况开展督查暗访，推进专项治理工作全面深入开展，取得实效，取信于民。第四，传达学习贯彻《自治区纪委办公厅〈关于认真学习贯彻中央纪委副书记徐令义在广西调研督导讲话精神的通知〉》，并研究田林县关于中央纪委副书记徐令义在广西调研督导反馈意见整改工作推进情况。会议提出，田林县自座谈会后开展一系列的工作，取得一定的成效，但离自治区党委、政府主要领导的批示精神还有一定的差距，我们要认真贯彻落实自治区党委、政府主要领导批示精神，认真按照自治区纪委要求，逐一对照整改任务清单，结合田林工作实际查缺补漏，进一步完善整改落实方案，要明确整改时限，注重整改落实阶段性工作总结汇报，及时发现问题，及时推进整改，确保整改落实到位。第五，研究部署自治区党委常委、自治区纪委书记、自治区监委主任房灵敏在百色市调研督导反馈存在问题整改工作。会议要求，一是要认真贯彻落实自治区政协副主席、市委书记、市人大常委会主任彭晓春对具体贯彻落实整改工作提出的明确要求，切实抓好整改工作。二是要逐项对照整改落实任务清单，进一步完善《田林县落实中央纪委督导广西扶贫领域腐败和作风问题专项治理工作反馈问题整改工作方案》，明确整改任务表和整改措施，并一项一项抓好落实。三是要管理好整改落实台账资料。四是请张琦协助县纪委抓好整改落实。第六，传达学习贯彻《中共百色市委办公室关于印发〈百色市开展扶贫领域作风问题专项治理工作实施方案〉的通知》文件精神，审议《田林县开展扶贫领域作风问题专项治理工作实施方案》。会议并审议《田林县开展扶贫领域作风问题专项治理工作实施方案》。会议原则同意《田林县开展扶贫领域作风问题专项治理工作实施方案》，请县纪委根据会议精神修改完善后按有关程序及时报审。第七，传达学习贯彻自治区扶贫开发领导小组办公室关于2018年贫困人口脱贫和贫困村摘帽计划制定工作督导情况的通报。会议要求，要严格按照自治区的文件精神进一步完善田林县2018年贫困人口脱贫和贫困村摘帽计划。压实责任、明确目标要突出脱贫质量，按照原定计划扎实推进年度脱贫攻坚工作。第八，审议《中共田林县委员会关于印发〈田林县2018年深化领导班子建设年活动实施意见〉及四个配套方案的通知》。会议原则同意县委组织部提交的《中共田林县委员会关于印发〈田林县2018年深化领导班子建设年活动实施意见〉及四个配套方案的通知》，请县委组织部根据会议精神修改完善后按程序报审。第九，审议县委组织部提交的相关议题。会议讨论通过县委组织部提交的相关人事议题。该次讨论共涉及干部81人，其中科级干部调整3人，“美丽广西”乡村建设乡镇工作分队长挂任乡镇党委副书记14人，乡镇扶贫办（扶贫站）班子配备62人，科级领导干部调出县外1人，科级干部辞去公职1人，由县委组织部按相关程序办理。

◆ 2018年5月4日，县委书记彭斌在县委三楼常委会议室主持召开县委常委会十四届第43次会议，传达学习和审议相关材料，达成一致意见。第一，传达学习贯彻自治区党委书记鹿心社在自治区党委十一届四次全会第二次全体会议上的讲话精神。会议强调，一是要认真学习书记鹿心社的重要讲话精神，切实领会精神实质和内在要求，深刻认识实施乡村振兴战略的重大意义，切实增强实施乡村振兴战略的政治自觉、思想自觉和行动自觉。二是要以书记鹿心社的重要讲话精神指导实际工作，按照“五个振兴”要求，着力实施“六大工程”，强化“六大保障”，全力推进乡村振兴战略各项目标任务在田林落实落地。三是要坚持以习近平总书记重要讲话精神指导当前各项工作，在乡村振兴、脱贫攻坚等重点工作中争创特色亮点，打造田林品牌。第二，传达学习贯彻自治区党委书记鹿心社在自治区2018年脱贫攻坚推进大会暨业务培训会上的讲话精神。会议强调，一是要认真学习书记鹿心社的重要讲话精神，切实领会精神实质和内在要求，坚定打赢打好脱贫攻坚战的信心和决心。二是要按照“核心是精准，关键在落实，确保可持续”的要求，重点突破全县贫困村的脱贫攻坚、产业扶贫、易地扶贫搬迁、村集体经济发展、基础设施建设、扶贫协作和教育医疗住房“三保障”等重点难点，确保完成年度脱贫攻坚任务目标。三是要压实脱贫攻坚工作责任，不断增强政治担当和责任担当，全面提振扶贫工作作风，加强资金项目监管，夯实扶贫工作基础，激发贫困户脱贫内生动力，扎实做好脱贫攻坚工作。第三，传达学习自治区党委书记鹿心社在自治区扶贫开发领导小组2018年第二次全体会议上的讲话精神。会议强调，一是要认真学习书记鹿心社的重要讲话精神，切实领会精神实质和内在要求，统一思想认识，坚定打赢打好脱贫攻坚战的信心和决心。二是要按照“核心是精准，关键在落实，确保可持续”的要求，调动各方力量集中攻坚，切实提高脱贫质量，坚决把脱贫攻坚抓紧抓准抓到位。三是要压实脱贫攻坚工作责任，以更扎实的工作作风、更严格的督查考核、更强大的攻坚合力，扎实做好脱贫攻坚工作。第四，传达学习贯彻自治区2017年省级党委和政府扶贫开发工作成效考核国家反馈问题整改落实工作动员部署视频会会议精神。会议要求，一是要认真学习深刻领会会议精神，深入查摆国家、自治区专项检查督查暗访给我们指出的问题，既要把握好共性问题，也要把握好主要问题，确保整改方向不偏。二是要认真对照反馈问题，结合田林实际制定整改方案，扎实推动工作，扎实落实整改。三是要坚持问题导向，制定方案，采取措施，对症下药，全力推动全年脱贫任务，打造脱贫攻坚工作亮点。第五，传达学习贯彻《中共广西壮族自治区委员会组织部 广西壮族自治区发展和改革委员会关于印发〈广西壮族自治区易地扶贫搬迁安置点包点县级领导干部专项考核办法(试行)〉的通知》精神。会议要求,一是各包点领导要组织相关部门、乡(镇)和驻点具体负责人再次深入学习通知精神,要逐级传达学习,切实领会文件要求。二是要严格按照要求抓好落实,要制订方案,倒排工期。方案要经县委、县政府研究,报市委、市政府审核同意后报自治区扶贫易搬专责小组备案,要严格把握好时间节点。三是要召开一次会议,把存在问题讲清楚,每月由县委常委、副县长何建华至少召开一次调度会。四是县委组织部和发改局要参照自治区的方案制订该县易地扶贫搬迁安置点包点科级领导干部考核方案。五是县纪委要对发现的问题线索认真检查,同时举一反三,对全县各易地搬迁安置点全面排查,对发现的问题要立案审查。六是各包点领导要抓好档案整理,做到一易安点一档案。要与上级部门做好对接,按档案管理要求做好归档工作,为2019年脱贫攻坚奠定基础。第六,传达学习贯彻《自治区扶贫办关于认真做好自治区巡视及国家暗访发现问题整改工作的通知》精神。会议要求,一是要充分认识自治区巡视组巡视和媒体暗访组暗访的重要意义,切实增强做好整改工作的责任感。二是要认真对照巡视指出的五类问题和暗访反馈的四类问题,立即开展自查自纠,对发现的问题建立清单,剖析原因,落实整改措施,严格按要求整改。三是要按时报送整改情况。要按照时间节点报送自查自纠情况和问题整改情况,确保落实整改到位。第七,传达学习贯彻《关于培育贫困村创业致富带头人的指导意见》文件精神。会议要求,一是要按照文件精神,结合田林实际制订田林贫困村致富带头人培育意见。二是要摸清家底,对全县致富带头人进行全面摸底,将有潜力的人员纳入致富带头人培育对象。三是要明确致富带头人的选拔标准和致富带头人的义务责任,并针对性制订培训计划、选好培训机构、设置培训内容,确保每个贫困村培育2~3名致富带头人。第八,传达学习贯彻自治区党委常委、纪委书记、监委主任房灵敏在全区深化扶贫领域腐败和作风问题专项治理工作第一季度约谈会上的讲话摘要精神。会议要求,一是县委常委要带头深入学习讲话精神,切实增强抓好扶贫领域腐败和作风问题专项治理工作的主动性和紧迫性。二是县四套班子成员和各部门负责人要对各自分管领域开展扶贫领域腐败和作风问题专项治理工作情况再自查、再完善,县纪委、监委进行再督查,发现问题坚决查处。三是要确保专项治理五个全覆盖机制真正落实到位。四是要加强沟通汇报,及时了解上级最新要求和兄弟县(区)工作亮点。五是要加强宣传,切实营造扶贫领域腐败和作风问题专项治理工作良好氛围。第九,研究田林县贯彻落实中央纪委副书记徐令义在广西调研督导反馈意见整改工作情况及田林县贯彻落实自治区党委常委、纪委书记、监委主任房灵敏在百色市调研反馈存在问题整改工作情况。会议要求,一是要持续强化组织领导,压紧压实主体责任。层层传导压力,推动整改工作向纵深发展。二是要持续强化措施,围绕五个工作重点,坚决全面完成整改任务,务求取得实效。三是要强化纪委、监委监督力量。强化线索排查,提升案件查办速度和质量。四是要以整改为动力,构建长效机制,助推专项治理工作再上新台阶。第十,传达学习贯彻《中共中央办公厅国务院办公厅关于印发〈地方党政领导干部安全生产责任制规定〉的通知》精神。会议指出,实行地方党政领导干部安全生产责任制,是促使地方各级党政领导干部切实承担起“促一方发展、保一方平安”政治责任的有效举措,也是地方党政领导干部应尽职责。会议要求,一是县处级领导干部要深入学习文件精神,准确把握文件细则,尤其是本次更新的部分细则。二是县处级领导要严格按照文件精神履行安全生产责任制,有效防范安全生产风险,坚决遏制重特大安全生产事故。三是要严格督查考核,将履行安全生产责任制情况作为各级党政领导干部年度考核重要依据,严格责任追究,做到赏罚分明。第十一,审议《关于成立乡镇扶贫领域腐败和作风问题专项治理工作站的意见》。会议原则同意《关于成立乡镇扶贫领域腐败和作风问题专项治理工作站的意见》,并请县纪委根据会议精神修改后按程序报审。

◆ 2018年5月25日,县委书记彭斌在县委三楼常委会议室主持召开县委常委会十四届第44次会议,传达学习和审议相关材料,达成一致意见。第一,传达学习贯彻自治区党委副书记孙大伟到田林县开展调研工作的讲话精神。会议要求,一是县委常委要带头学习贯彻落实讲话精神,并带动全县各级各部门认真学习领会,全面贯彻落实。请张国革副书记牵头制订田林县落实孙大伟副书记调研指示工作方案。二是要切实抓好教育扶贫、健康扶贫工作,确保建档立卡家庭户的子女在义务教育阶段无辍学现象;在婚前均能享受婚前检查和产前筛查。请蒋桂红抓好教育扶贫工作,并打造两个健康扶贫试点。三是要抓好扶贫产业园建设,争取产业园早日达产满产,加快县域发展,助力脱贫攻坚。四是要切实把握好宜居乡村建设向幸福乡村建设转段的重要节点,扎实推进乡村振兴战略在田林落地生根。第二,传达学习贯彻《中共广西壮族自治区纪律检查委员会关于完善2018至2020年全区深化扶贫领域腐败和作风问题专项治理实施方案的意见》。会议强调,要深刻领会“核心在专、重点在治”和“更加聚焦、更见成效”的深层内涵,要在专项治理案件占全部案件比例上体现“核心在专”,要在立案审查力度上体现“重点在治”。意见要求在涉及扶贫领域工作部署时,将国定贫困县作为特别安排与设区市纪委并列,高度更高,聚焦更精准,是我们今后开展工作的重要指南。一是请县纪委牵头制订田林县创建“两个标兵”实施方案。二是要围绕“五个全覆盖”工作要求,做到乡(镇)纪委查处扶贫领域案件全覆盖、扶贫主抓责任部门查处扶贫领域案件全覆盖、扶贫部门向纪委移交问题线索全覆盖、中央纪委副书记徐令义在广西调研讲话提到的五个重点问题案件全覆盖、每季度各位县领导移交的问题线索全覆盖,打造田林扶贫领域腐败和作风问题专项治理工作亮点。三是要切实把握好当前专项治理新形势新任务,强化案件审查和上级交办问题的查处力度,推进专项治理工作深入开展。四是要切实履行好主体责任和监管责任,主动研究解决问题,确保专项治理工作取得实效。第三,传达学习贯彻自治区考核组到田林县开展2017年度全区县域经济发展分类考核工作的讲话精神。会议强调,在常委会上专题研究该项工作,非常关键。一是要深入学习领会自治区考核组到田林县开展2017年度全区县域经济发展分类考核工作的讲话精神,充分认识2017年县域经济考核短板,主要表现在农业示范区认定数量、特色旅游、城镇化率和服务业。二是要充分挖掘县域经济新的增长点。三是要紧紧围绕县域经济发展考核各项指标,坚持问题导向,补齐短板,挖掘潜力,确保全县县域经济发展各项指标实现新增长。第四,听取2018年上半年经济工作情况汇报,研究部署经济工作“双过半”目标任务。会议强调,全县上半年和全年的目标任务不会改变。一是要认真分析问题,克服困难,挖掘优势,学习借鉴兄弟县份的宝贵经验,确保完成上半年和全年任务目标。二是要抓好稳定增长和均衡入库问题,确保县域经济继续保持平稳增长。三是各职能部门要紧扣上半年和全年任务目标,主动担当,积极作为,全力以赴实现上半年“双过半”任务目标。县发改部门要牵头制订田林县争当“全区进步县”工作方案,县绩效考核要聚焦脱贫攻坚、县域发展和和谐稳定三大重点。第五,审议县委巡察机构建设的方案。会议原则同意《关于县委巡察机构建设的方案》,请县委巡察办根据会议精神修改完善后按程序报审。第六,听取十四届县委第二轮巡察工作汇报,研究部署巡察整改工作。会议要求,一是对巡察发现的线索,县纪委、监委要进一步了解核实,确保线索排查到位。二是县纪委要组织各巡察组对巡察单位提出反馈意见,并督促巡察单位落实整改,定期报告整改成效,确保整改落实到位。三是要进一步提高巡察工作水平,切实提高思想认识和业务水平,不断发挥巡察利剑作用,适时启动下轮巡察工作。第七,听取田林县落实上级2017年脱贫攻坚各项核查反馈问题整改工作情况,研究部署相关工作。会议要求,一是要对标自治区整改落实工作方案,结合田林实际,进一步完善田林落实上级2017年脱贫攻坚各项核查反馈问题整改工作方案,切实抓好整改工作。二是要紧盯整改问题,建立整改清单,认真核对、全面查摆,对照问题举一反三,确定整改方向。三是要切实做好台账整理和统计工作,确保整改有依据。四是要把整改工作作为6月大督查的重点内容,按照整改清单进行全面督查,确保2017年核查反馈的问题不再出现。五是从县到乡要聚焦脱贫攻坚,把主要精力投入到脱贫攻坚工作,全力以赴打赢打好脱贫攻坚战。第八,审议科级领导干部2017年度考核评优。会议对县委组织部提交的科级领导干部2017年度考核评优议题进行充分审议,原则同意县委组织部提交的议题。

◆ 2018年6月14日,县委书记彭斌在县委三楼常委会议室主持召开县委常委会十四届第45次会议,传达学习和审议相关材料,达成一致意见。第一,传达学习贯彻自治区中央第五环境保护督察组对广西开展回头看工作动员部署会精神和中环保督察组交办群众举报问题整改工作会议精神。会议要求,一是要提高站位,高度重视,全面推动整改工作。二是要对2016年以来中央环保督察组交办的4件群众信访件整改问题开展"回头看",确保整改到位,要坚决把本次交办问题整改到位。三是要举一反三,全面排查,整改到位,并以"两办"名义下发县四家班子领导挂点负责中央环保督察"回头看"督导工作,从6月15日起到中央环保督察组离开广西为止,每周到联系的乡镇督导2次以上。四是要形成强大良好宣传氛围。要加强正面宣传,深入宣传习近平总书记生态文明建设重要战略思想,每周田林电视台要有关于环保的节目和信息,要加强对接及时报送整改工作信息。五是整改态度要坚决。要坚决整改,坚决取缔,但不能一刀切,不能不作为、乱作为,也不能不担当。六是要及时上报整改成效,建立整改长效机制。潞城瑶族乡要对辖区企业加强监管,百乐乡要对采石场区域每天开展巡逻,其他相关乡(镇)每天开展监管工作。第二,传达学习贯彻全区工业高质量发展大会和全区深化改革优化营商环境大会精神。会议强调,一是要根据市委的安排部署,在市级召开大会后,及时召开田林县工业高质量发展大会和深化改革优化营商环境大会,认真传达学习贯彻全区和全市大会精神。二是要及时对接自治区、市直相关部门,根据自治区和百色市的工业高质量发展深化改革优化营商环境实施方案,结合田林县实际,进一步细化措施,做好田林县工业高质量发展、深化改革优化营商环境实施方案草拟工作。三是要把握年初目标任务,进一步强化措施,确保完成上半年"双过半"任务。经济局今年要完成入统10家企业,商务局要完成20家限上企业。统计和住建部门要向凌云县学习先进工作经验,商务局要向隆林县学习先进工作经验。四是要聚焦重大项目,全力服务好百矿30万吨电解铝、40万吨碳素、瓦村水电站、田林西林高速路等重大项目。第三,传达学习贯彻《中共中央关于深化党和国家机构改革的决定》文件精神。会议要求,要按照上级要求抓好机构改革工作,要把握时间节点,把握工作要求。一是要吃透精神,要加强对党和国家机构改革实施方案的学习,切实领会精神,明确时间节点,把握要求任务。二是要摸清家底。要对田林县涉及改革的机构进行深入开展调查,了解涉及的人员数量、结构、经费等问题。三是要借鉴经验。要到区内外已成功实施机构改革的市县进行学习,借鉴成功经验。四是要理清思路。要根据上级关于机构改革的要求,结合田林县实际,树立一盘棋思想,理清全县机构改革思路,制订机构改革实施方案。第四,传达学习贯彻《中共中央关于加强和改进党的新闻舆论工作的意见》文件精神。会议要求,一是要认真学习文件要求,切实抓好贯彻落实。要用意见指导田林新闻舆论工作,尤其是对脱贫攻坚等重点工作的宣传。二是要形成宣传的良好态势,要继续紧紧围绕中共十九大精神和习近平新时代中国特色社会主义思想开展宣传工作;要做好脱贫攻坚扶志宣传,要参照自治区的扶志宣传形式,在全县范围开展脱贫先锋巡回宣讲,培树典型。三是要加大阶段性工作宣传。要大力宣传在全县经济、脱贫攻坚、项目推进中涌现出来的典型,积极培育、打造典型,传播田林正能量。第五,审议县绩效办提交的相关议题。会议充分审议并原则同意县绩效办提交的《田林县2017年度机关绩效考评结果》及《关于后续计发田林县2017年度机关事业单位绩效奖励工作方案》,请县绩效办按照有关程序办理。会议要求,县绩效办要迅速进入今年的各项绩效工作状态,认真梳理总结,安排谋划工作;学习百色市关于绩效考评相关做法,科学分类;要科学合理设置绩效考评项目;要强化措施,确保2018年绩效工作在同类县中排名第一。

◆ 2018年6月27日,县委书记彭斌在县委三楼常委会议室主持召开县委常委会十四届第46次会议,传达学习和审议相关材料,达成一致意见。第一,传达学习贯彻自治区党委书记鹿心社对防汛抢险救灾工作重要批示精神。会议要求,全县上下务必要坚决贯彻落实书记鹿心社的重要批示精神,扎实做好全县防汛抢险救灾工作。一是要进一步强化思认识。各级各部门要把防汛抢险救灾工作作为当前最重要的任务,坚决做到思想到位、组织到位、措施到位、督查到位,努力把灾害造成的损失降到最低,确保人民群众生命财产安全。二是要强化应急预案和应急措施,各部门、各乡(镇)要针对灾害点制订应急预案,强化应急措施,做到一个灾害点一个预案,落实好人员避险转移方案,发现灾情及时预警预报。三是要强化应急值守。各级各部门要进一步强化汛期24小时值班和领导带班制度,县领导和乡(镇)主要领导、防汛抗旱指挥所领导要带头坐班。四是要强化灾情排查。要举一反三,对全县范围内的重点区域再进行地毯式大排查,及时发现隐患点,及时做好防范整改,防止次生灾害发生。五是要进一步强化保障措施,要特事特办加强抢险设备、救灾物资和救灾专项资金的保障。六是要强化信息报送。各乡(镇)和各部门要及时、实事求是做好灾情统计上报工作,为上级决策提供可靠依据。七是要及早谋划灾后重建工作。要邀请专家对县城绕城路渭架沟地质灾害点灾后重建工作进行评估,制订重建加固方案。各乡(镇)、各部门要立即开展灾后重建工作,再由县政府统筹安排救灾资金。第二,传达学习贯彻自治区党委常委、纪委书记、监委主任房灵敏对田林县防汛抢险救灾工作重要指示精神。会议要求,全县上下要坚决贯彻落实好房灵敏书记的重要指示精神,扎实做好防汛抢险救灾工作。一是要统一思想,坚决贯彻落实好房灵敏书记的重要指示精神。二是要按上级要求做好防汛抢险救灾各项工作。三是要以自治区纪委在防汛抢险救灾工作中的实际行动为榜样,不断强化政治意识,锤炼工作作风,切实做好防汛抢险救灾工作。四是宣传部门要认真总结此次抢险救灾宣传和舆论管理的好经验,力争打造意识形态工作亮点。五是县四套班子领导要到各自联系乡镇指导抢险救灾工作,授权乡镇尽快修建恢复灾害受损的道路等基础设施,县政府统筹好救灾资金的调配。六是关于社会捐赠的问题,请副县长罗俊书组织相关部门提出规范意见与统筹实施。七是要加强值班值守和信息报送工作。汛期实行县四家班子领导和乡(镇)主要领导带班制。第三,传达学习贯彻全市工业高质量发展大会暨铝产业二次创业大会、深化改革优化营商环境大会、全域旅游发展大会、创建第八轮自治区文明城市动员大会、意识形态工作暨网络安全和信息化大会精神。会议要求,在贯彻落实全市工业会议精神方面:要充分领会精神,研判形势,牢固树立"工业强县"新使命。要坚持"一个总战略、两步走、三个发展目标"思路,努力开创全县工业高质量高速度发展新篇章。要聚焦抓项目、抓龙头、补链条、抓集群、抓品牌几个关键,全力走出田林工业高质量发展新路子。要补齐五大短板,大力形成工业高质量发展新合力。要加强领导,强化担当,为工业高质量发展提供新保障。在贯彻落实全市营商环境会议精神方面:要以改革为抓手,持续优化营商环境。深入推进"放管服"改革,优化行政审批环节,缩短审批时间,压缩审批事项。通过深化改革优化营商环境三年行动,努力实现政务服务效率大提升,推动项目更快落地,企业更快发展,田林更优发展。在贯彻落实全域旅游发展大会方面:要以融合创新为重点,重点抓好科学规划布局,坚持融合发展,打造特色品牌,完善服务体系,不断推进全域旅游发展。在贯彻落实全市创建文明城市会议精神方面:要以"七化"为重点,全面创建自治区文明县城重点抓好项目化推进、精细化建改、精准化育人、大众化宣传、长效化管理、一体化同创和特色化创建等工作。在贯彻落实全市意识形态工作会议精神方面:以坚持党的领导为根本,抓好意识形态和网络安全、信息化工作。要重点抓好理论武装、阵地建设、正面宣传、网络舆论管理、引领正确价值取向、发展文化文艺,加快推进信息化发展事业整体水平。第四,传达学习贯彻赵乐际在市县学习贯彻《中央巡视工作规划》推进会上的讲话精神。会议强调,要认真学习贯彻中央纪委书记赵乐际重要讲话精神,进一步提高政治站位和政治觉悟,深刻领会把握巡视巡察工作的政治定位和政治要求,全面落实中央、自治区党委和市委决策部署,全覆盖高质量开展巡察监督,推动巡察工作取得新成效。要切实加强巡视巡察成果运用,加快巡察移交问题线索处置进度,着力解决群众反映强烈的突出问题、侵害群众利益的不正之风和腐败问题。要加强巡察机构自身建设,从严教育管理监督,着力打造巡察工作专业化队伍。第五,传达学习贯彻《中共广西壮族自治区纪律检查委员会关于对扶贫开发重点县扶贫领域腐败和作风问题专项治理工作实行重点指导的意见》。会议要求,一是认真学习,领会到位。要严格按照自治区纪委工作部署要求,结合田林县实际,抓紧制定和完善配套措施。二是请县纪委根据文件要求,结合田林县实际,加快推进争创标兵具体工作。三是扎实推进全县的专项制治理工作要扎实的开展,选择一些领域或方面,争创亮点,取得实效。第六,听取县委政法委近期突出信访维稳问题工作情况汇报。会议要求,要认真贯彻落实中央、自治区和百色市政法工作会议精神和维护稳定工作相关文件精神,扎实做好今后全县信访维稳工作,确保全县大局和谐稳定。一是加强认识,更进一步提高政治站位,全力抓好信访维稳工作。二是超前谋划部署,加强动态摸排和预测预警,加强情报跟踪,确保底子清楚,掌握工作主动性。三是加强突出问题分析研判,采取得当有效措施,加大工作力度,化解信访维稳突出问题,解决突出社会矛盾纠纷。四是加强应急处置,要制定应急预案,确保快速、妥善处置群众突发性事件。第七,审议《田林县教育精准扶贫工作方案》。会议对《田林县教育精准扶贫工作方案》进行充分审议,原则同意县人民政府党组提交的《田林县教育精准扶贫工作方案》,由县人民政府按有关程序办理。第八,审议县委组织部提交的议题。会议审议县委组织部提交的相关议题,一是会议原则通过县委组织部提出的县处级领导干部2017年年度考核初评意见;二是会议同意旧州镇党委委员、纪委书记罗德君调到田东县人民法院工作。由县委组织部按有关程序办理。第九,审议县纪委监委提交的议题。

◆ 2018年7月17日,县委书记彭斌在县委三楼常委会议室主持召开县委常委会十四届第47次会议,传达学习和审议相关材料,达成一致意见。第一,学习传达贯彻《中共中央、国务院关于打赢脱贫攻坚战三年行动的指导意见》文件精神。会议要求,全县上下要认真学习贯彻指导意见,坚决打赢脱贫攻坚战。一是要认真对照《中共中央、国务院关于打赢脱贫攻坚战三年行动的指导意见》,结合田林实际草拟田林县打赢脱贫攻坚战三年行动实施方案。二是要聚焦力量,全力抓好田林县脱贫攻坚工作。三是要加大问题整改力度。要以自治区人民政府副主席方春明到田林县调研发现的问题为导向,查缺补漏,完善工作并加强问题排查整改。尤其要加强贫困村党支部第一书记、驻村工作队员的管理,县纪委监委要安排乡(镇)纪委书记专门检查第一书记和驻村工作队员的扶贫工作作风问题。四是要围绕易地扶贫搬迁、村集体经济发展等重点工作,按照半年时间节点,逐项督促整改。五是要加大扶贫信息、扶贫亮点、典型事例和社会宣传力度,营造氛围,为打赢脱贫攻坚战加油鼓劲。第二,传达学习贯彻全国生态环境保护大会精神。会议要求,全县上下要认真贯彻落实大会精神,坚决打好污染防治攻坚战,抓好问题整改,立行立改。一是要召开全县生态环境保护大会进一步传达学习贯彻大会精神,部署全县生态环境保护工作。二是要结合田林实际,制订田林县生态环境保护实施方案。三是要以环境保护督查为契机,对中央环境保护督查组反馈的14个信访案件进行仔细核查,分类处理。要举一反三,发现薄弱环节,针对性整改,推动全县生态环境保护工作再上新台阶。第三,传达学习贯彻《中共中央、国务院关于印发〈乡村振兴战略规划(2018—2022年)〉的通知》及《中共广西壮族自治区委员会关于实施乡村振兴战略的决定》文件精神。会议要求,一是全县上下要深入学习贯彻《中共中央、国务院关于印发〈乡村振兴战略规划(2018—2022年)〉的通知》《中共广西壮族自治区委员会关于实施乡村振兴战略的决定》精神,统一思想认识,全面实施乡村振兴战略。二是要认真对照《中共中央、国务院关于印发〈乡村振兴战略规划(2018—2022年)〉的通知》《中共广西壮族自治区委员会关于实施乡村振兴战略的决定》精神,充分结合田林实际,制定田林乡村振兴战略规划。三是各相关部门要充分结合本职工作,紧紧围绕产业兴旺、生态宜居、乡风文明、治理有效、生活富裕总要求,寻求突破口,推动乡村振兴战略深入实施。第四,传达学习贯彻《中共广西壮族自治区纪律检查委员会关于印发〈自治区纪委开展"政治建设六项重点任务"专项监督检查工作方案〉的通知》文件精神。会议要求,一是县委常委要带头深入学习贯彻自治区纪委文件精神,带头执行"政治建设六项重点任务",将政治建设作为党的根本性建设全力推进。二是要切实领会自治区纪委开展该专项监督检查的意图,扎扎实实落实好政治建设六项重点任务,并做好全县各级党组织落实情况开展专项监督检查。三是认真按照市委常委、纪委书记、监委主任覃荣化的重要指示精神,以开展"政治建设六项重点任务"专项监督检查工作试点县的标准开展该专项工作,制订好试点县创建工作方案,并加强向市纪委的请示汇报,确保田林县此项工作走在全市乃至全区前列。第五,传达学习贯彻全市2018年深化领导班子建设年活动推进会精神。会议要求,一是全县各级领导班子要深入学习贯彻会议精神,认真对照活动方案各个时间节点和工作要求,扎实做好规定动作。二是全县各乡(镇)、各部门要在扎实做好规定动作的基础上,充分结合各自工作实际,创造性开展深化领导班子建设年活动,努力打造活动亮点。三是要将深化领导班子建设年活动融入全县各项工作,以经济社会发展实效检验活动成果。第六,通报《中共百色市委、百色市人民政府关于表彰百色市2017年度绩效管理先进单位和绩效管理进步单位的决定》和《中共百色市委、百色市人民政府关于给予田林县、市委政法委等单位记集体二等功的决定》。会议要求,一是全县干部职工要珍惜来之不易的荣誉,再接再厉,再创佳绩。要锐意进取,开拓创新,增强工作执行力,努力完成各项绩效目标任务。二是请绩效办充分研究政策,了解该荣誉是否有其他加分等奖励。第七,审议县纪委监委提交的议题。

◆ 2018年7月25日,县委书记彭斌在县委三楼常委会议室主持召开县委常委会十四届第48次会议,传达学习和审议相关材料,达成一致意见。第一,传达学习贯彻全区年中工作会议暨县域经济发展、乡村振兴推进大会精神。会议要求,全县上下要认真学习贯彻大会精神,确保大会精神在田林落地生根。一是要认真对标上半年工作,充分认清田林县经济运行形势,上半年田林县的主要经济指标虽然基本保持两位数增长,但是县域经济发展先进县和进步县都没有田林,县域经济考核成绩不够理想。二是要进一步查找不足,补齐短板,奋力追赶下半年,全力以赴完成年度各项工作任务,力争县域经济再上新台阶。三是要瞄准目标,主动担当。县委常委和四家班子其他领导要主动担当,在各自部门和分管领域就全县下半年重点工作再进行专题研究,认真研究,确保出成绩、出亮点。脱贫攻坚要瞄准“党委和政府扶贫开发工作成效考核一等县”的目标加倍努力,县域经济考核工作也要有所突破,乡村振兴和生态环境保护工作要有亮点,绩效考评和群众安全感满意度等工作要继续保持全市前列。第二,传达学习贯彻全区生态环境保护大会精神。会议要求,全县上下要认真贯彻落实大会精神,坚决打好污染防治攻坚战,扎实做好全县生态环境保护工作。一是要召开全县生态环境保护大会进一步传达学习贯彻大会精神,部署全县生态环境保护工作。二是要结合田林实际,制订田林县生态环境保护实施方案。三是要以环境保护督查为契机,对中央环境保护督查组反馈的14个信访案件进行仔细核查,分类处理。要举一反三,发现薄弱环节,针对性整改,推动全县生态环境保护工作再上新台阶。第三,听取县人大常委会党组2018年上半年工作总结及下半年工作计划。会议强调,希望县人大党组继续认真履职,在下半年工作中取得更大成绩。一是要聚焦突出服务中心大局,充分利用电视问政等专题询问形式,助推全县在“党委和政府扶贫开发工作成效考核”中争当“一等县”。二是要围绕脱贫攻坚工作,在人大代表率先脱贫、人大代表致富带头人培育和人大代表脱贫攻坚创业示范基地打造上下功夫,力争打造市级以上人大工作亮点。三是要注重向自治区、百色市人大请示汇报,用以指导全县人大工作,力争取得更大工作成效。四是要持续深入发挥上半年人大工作的好做法,围绕全县中心工作正确履职,推动全县人大工作再上新台阶。第四,听取县人民政府党组2018年上半年工作总结及下半年工作计划。会议强调,希望县人民政府党组继续带领政府班子,强化履职抓落实,确保完成全年各项工作任务。一是要聚焦脱贫攻坚工作,全力以赴解决去年统筹整合财政涉农资金支出慢、易搬工程建设慢、村集体经济发展慢等老大难问题,确保完成脱贫攻坚年度任务。二是要聚焦全年经济发展指标,把县域经济发展和县域经济考核指标结合起来,着力在建筑业、一产、两民收入和工业项目上下功夫,研究政策、补齐短板,力争GDP增长15%以上。三是要加快推进城镇化建设,进一步完善交通水利等基础设施建设,推动城乡融合发展。四是要深入实施乡村振兴战略,加快推进现代农业(核心)示范区建设,着力抓好特色产业发展。五是要紧扣“136”工程,强力突破工作难点和痛点,统筹推进各项工作,确保绩效工作和安全感满意度工作保持全市前列,力争“党委和政府扶贫开发工作成效考核一等县”。第五,传达学习贯彻《广西壮族自治区人民政府办公厅关于进一步调整完善脱贫攻坚有关政策的通知》,听取县脱贫攻坚战指挥部上半年工作总结及下半年工作计划，并审议《关于田林县2018年4月脱贫攻坚绩效考评结果的通报》。会议要求，一是全县领导干部要深入学习贯彻《广西壮族自治区人民政府办公厅关于进一步调整完善脱贫攻坚有关政策的通知》文件精神，严格按照文件精神开展脱贫攻坚相关工作。二是要进一步压实脱贫攻坚各级干部责任，形成工作强大合力。三是要进一步夯实脱贫攻坚基础性工作，出台简单可行的办法，将信息系统完善工作明确到部门、到分管领导、到具体责任人，将村脱贫攻坚责任压实到第一书记。四是要进一步做好易地扶贫搬迁、村集体经济发展、两率一度等各项重点工作。五是要进一步宣传打造扶贫领域腐败和作风问题专项治理工作亮点，整治防控易地扶贫搬迁安置工作风险点，确保脱贫攻坚工作顺利推进。六是要倒排时间，倒排进度，加强沟通，梳理问题，多向周边地区学习好的经验和做法，找到差距，补齐短板，全力向“党委和政府扶贫开发工作成效考核一等县”努力。会议原则同意《关于田林县2018年4月脱贫攻坚绩效考评结果的通报》，并要求进一步提高督查水平，提升督查标准，强化督查实效。第六，传达学习贯彻自治区扶贫领域腐败和作风问题专项治理工作第二次例会精神。会议要求，一是要认真学习自治区党委常委、自治区纪委书记、自治区监委主任房灵敏重要讲话精神，坚持用讲话精神指导全县专项治理工作。二是要准确把握全区、全市专项治理工作的敏感点和走势，全面贯彻落实房灵敏书记重要指示，全力以赴做好第三季度扶贫领域腐败和作风问题专项治理工作。三是要将“政治建设六项重点工作”与深化领导班子建设年工作相结合，全力开创田林扶贫领域腐败和作风问题专项治理工作新局面。第七，传达学习贯彻全区组织工作会议精神。会议要求，一是要认真学习贯彻落实全区组织工作会议精神，坚持用会议精神指导田林县组织工作。二是要注重实干，不能光说不做，要探索设立乡（镇）组织部，选择试点探索村干部职业化，要明确村干工作职责和考核指标，确保村干部职业化取得实效，确保田林组织工作在全市组织工作中有亮点、有特色。三是要重点结合即将重点推进的机构改革工作，全力抓好干部进退流转。四是全县各级党组织要切实加强对党的建设和组织工作的领导，落实抓党建工作责任，切实提高抓党的建设和组织工作的专业化水平，不断提升党的建设和组织工作质量水平，以新气象新作为推动党的建设和组织工作开新局、谱新篇。第八，传达学习贯彻全市村集体经济工作会议精神。会议要求，一是要尽快落实原有既定方案，通过入股百矿、发展铺面等形式，力争7月31日前解决所有村空壳问题。二是要确保两个达标，即确保23个已脱贫村和23个预脱贫村村集体经济今年收入达到3万元以上，确保168个村（社区）村集体经济空壳率为0。三是要充分结合现代农业（核心）示范区建设，通过入股分红、引进致富能人带动等方式，做到每一个村（社区）有一个村集体经济示范点。四是要严格村集体经济资金管理和使用。探索“4+4+2”资金使用模式，不断做大做强村集体经济。第九，审议田林开展“乡村振兴·争创五旗”推荐对象建议名单。会议要求，请县委组织部再次通知各乡（镇），要高度重视“乡村振兴·争创五旗”推荐工作，要对自治区、百色市文明村、历史上重点打造村和上级领导联系村进行再梳理、再摸排，查缺补漏，并进一步完善提升，确保推荐50个以上自评分80分以上的村申报“乡村振兴·争创五旗”。第十，传达学习贯彻百色市委政法委员会第二次全体（扩大）暨年中政法工作会议精神。会议要求，要认真贯彻落实百色市委政法委员会第二次全体（扩大）暨年中政法工作会议精神，一是加强认识，更进一步提高政治站位，全力抓好信访维稳工作。二是重点关注当前涉军群体动态，认真做好涉军群体服务工作。二是超前谋划部署，加强动态摸排和预测预警，加强情报跟踪，确保底子清楚，掌握工作主动性。三是加强突出问题分析研判，采取得当有效措施，加大工作力度，化解信访维稳突出问题，解决突出社会矛盾纠纷。四是加强应急处置，要制定应急预案，确保快速、妥善处置群众突发性事件。第十一，审议县纪委监委提交的议题。

◆ 2018年9月20日，县委书记彭斌在县委三楼常委会议室主持召开县委常委会十四届第49次会议，传达学习和审议相关材料，达成一致意见。第一，传达学习贯彻数字广西建设大会精神。会议要求，全县要认真学习贯彻全区数字广西建设大会精神，坚决贯彻落实好上级党委决策部署。一是要根据全区、全市的统一安排部署，以数字广西建设为契机,进一步推进数字田林建设。二是要根据市委的统一安排,择时召开全县数字田林建设大会。三是要结合田林县实际,找准重点,以“数字+政务”“数字+民生”“数字+服务”等为突破口,有效推动全县数字化、信息化建设上新水平。第二,传达学习贯彻市委常委、组织部部长黄智宇到田林县调研重要指示精神。会议要求,要提高政治站位,根据指示精神抓好贯彻落实。一是县委组织部要根据黄智宇对党建材料的要求,进一步完善田林县各级党组织党建材料。二是要将旧州镇那度村打造成田林县党建促脱贫的亮点,打造村集体经济发展示范点。三是要全面贯彻落实好黄智宇提出的五点具体要求。四是要参照市委关于对第一书记、工作队员的督查暗访办法,由县四家班子领导带头到所联系的乡镇对第一书记、工作队员进行暗访,并对发现问题进行通报。第三,传达学习贯彻《广西壮族自治区设区市、县党委和政府扶贫开发工作成效考核办法(2018年修订)》文件精神,研究部署田林县脱贫攻坚工作。会议要求,一是要及时将该考核办法下发至各乡(镇)、县直各单位,县脱贫攻坚指挥部全体驻组成员,各乡(镇)三家班子、县直各部门领导班子、第一书记、驻村工作队员要及时组织学习,对照2017年考核办法对照学习,把握考核办法最新要求。二是要对照考核办法,在全县开展一次自评对标打分。三是查缺补漏,对照考核办法,查找失分点,坚持问题导向,及时补齐短板,完善台账资料,做到分厘必争。四是要主动对接,向上级部门主动汇报,争取加分项,全力以赴实现“争一保二”目标。第四,审议《关于设立乡镇党委组织部的请示》《关于拟设立乡镇党委宣传部的请示》及《关于设立乡镇党委统战部的请示》。会议要求,一是在各乡(镇)设立党群工作部,划定3个事业编制作为党群工作干事。二是县委组织部要根据会议要求,完善工作方案、明确党群工作部工作职责,完善后及时报审。第五,审议《田林县实施优秀村党支部书记挂任乡(镇)党委委员工作方案》《田林县选派优秀村党支部书记挂任乡(镇)党委委员暂行办法》《田林县实施村干部职业化管理试点工作方案》及《田林县村干部职业化管理工作暂行办法》。会议原则同意《田林县实施优秀村党支部书记挂任乡(镇)党委委员工作方案》《田林县选派优秀村党支部书记挂任乡(镇)党委委员暂行办法》《田林县实施村干部职业化管理试点工作方案》及《田林县村干部职业化管理工作暂行办法》,由县委组织部根据会议要求进一步完善后报审。第六,审议县纪委监委提交的议题。第七,审议县委组织部提交的议题。会议讨论通过县委组织部提交的有关议题。此次讨论共涉及干部53人,其中平级交流15人,提拔11人,免去兼任职务2人,科级领导干部试用期满正式任职17人,新录用研究生公务员试用期满转正定级2人,科级领导干部辞去公职2人,科级干部提前退休2人,已退休需免去法律职务2人。由县委组织部按相关程序做好任前公示和任前谈话安排。

◆ 2018年9月29日,县委书记彭斌在县委三楼常委会议室主持召开县委常委会十四届第50次会议,传达学习和审议相关材料,达成一致意见。第一,传达学习贯彻全国全区宣传思想工作会议精神。会议要求,一是全县各级党委(党组)要深入学习贯彻全国、全区宣传思想工作会议精神,认真领会习近平总书记关于宣传思想工作的重要思想,部门主要负责同志要带头把方向、抓导向、管阵地、强队伍,确保全国、全区宣传思想工作的各项决策部署不折不扣贯彻落实。二是要进一步结合当前脱贫攻坚、乡村振兴、创建自治区文明县城等重点工作,把宣传思想工作放在全县发展大局中去贯彻落实,确保全县宣传思想工作出亮点、出成效。三是关于网信办的编制问题。宣传部要与县编办沟通对接后按程序上报。第二,传达学习贯彻徐绍川在全区宗教工作督查专题会议上的讲话精神。会议要求,一是县委常委要认真学习领会徐绍川在全区宗教工作督查专题会议上的讲话精神,切实抓好贯彻落实。二是加大对新修订《宗教事务条例》的宣传学习培训,提高处理宗教问题的能力和水平。三是要加强对宗教工作的组织领导,强化工作保障,不断开创全县新时期宗教工作新局面。第三,传达学习贯彻全区脱贫攻坚作风建设年推进电视电话会议精神。会议要求,一是县委常委要带头学习贯彻落实会议精神,带头转变脱贫攻坚作风,要积极深入联系点开展帮扶工作和督导脱贫攻坚工作。二是要继续深入推进扶贫领域腐败和作风问题专项治理工作,有效解决群众反映强烈的突出问题,坚决遏制损害群众切身利益的问题。三是要加强治理力度，要提升发现问题的能力，强化直查追责，用扎实的作风赢得人民群众的认同感。第四，传达学习贯彻全区脱贫攻坚干部教育培训班暨工作推进座谈会精神，研究田林县脱贫攻坚干部教育培训工作。会议要求，一是要深入学习贯彻全区脱贫攻坚干部教育培训班暨工作推进座谈会精神，主动研究上级相关政策文件，扎实推进全县脱贫攻坚干部教育培训工作。二是要进一步调整充实全县工作领导小组，提升工作组织力量。三是要进一步完善工作方案，确保工作方案既符合上级文件要求，又突出本县特色。四是要打造田林工作亮点，力争在全区甚至全国创出品牌。要制定精品课程，优化师资力量；要对照上级文件要求策划打造现场教学点；要针对不同干部编印不同案例，整合本县现有特色资源打造特色教学。五是要借助外力，加强对本县脱贫攻坚干部教育培训工作的深入研究、亮点总结、经验提炼。六是要加强保障，要加大培训经费、师资等保障力度，确保脱贫攻坚干部教育培训工作顺利开展，取得实效。第五，传达学习贯彻全区脱贫攻坚问题整改工作推进电视电话会议精神及全市脱贫攻坚问题整改工作推进会和督查暗访工作布置会精神。会议要求，一是各乡（镇）、各部门要高度重视并全面掌握问题整改内容，认真学好文件政策，熟悉全县脱贫攻坚问题整改核查评估方案，研究分析整改内容和措施，切实把问题整改到位。二是全县上下要保持高压的工作状态，压紧压实责任制，明确责任，细化分工，实事求是开展全面整改工作，整改过程中遇到困难和难题及时研究解决。三是必须深入、细致、扎实开展脱贫攻坚工作。有针对性地做好脱贫攻坚问题整改工作，要注重整改成效，逐项查缺补漏，针对问题履职尽责，确保如期完成脱贫攻坚各项整改任务。第六，传达学习贯彻2018年度百色市扶贫开发领导小组第三次全体会议暨脱贫攻坚战指挥部第八次例会精神。会议要求，一是要准确研究政策。要认真研究上级相关文件和政策，把握好最新的标准和要求，并在全县各乡（镇）、各单位传达学习。二是要把握时间节点。要按照上级要求，结合本县实际，紧扣各个时间节点工作任务，下发近期必须要按时完成的脱贫攻坚工作任务，并召开全县脱贫攻坚“冲刺月”大会进行全面部署。三是要重点针对资金支出、易地扶贫搬迁安置、控辍保学、信息档案和扶贫手册、产业就业扶贫、基础设施建设、村集体经济发展等风险点，倒排时间表，逐个解除风险点。四是要强化举措。要采取非常举措，全力推进脱贫攻坚工作。五是县委常委要带头进入脱贫攻坚决战状态，全力以赴“保二争一”。第七，审议县纪委监委提交的有关议题。会议原则同意《关于对给予谢昌爱党内警告处分的请示》《关于给予李寿卓党内警告处分的决定的请示》《关于给予杨美娟党内警告处分决定的请示》，由县纪委监委按有关程序办理。第八，审议县委组织部提交的有关议题。会议对县委组织部提交的《公务员职级晋升方案》进行充分审议。会议原则同意县委组织部提交的公务员职级晋升方案，其中晋升副处职级38人，晋升正科职级22人，暂缓晋升职级1人，由县委组织部按程序办理相关手续和组织集体谈话。会议强调，今后公务员符合职级晋升条件的，要及时办理。

◆ 2018年10月15日，县委书记彭斌在县委三楼常委会议室主持召开县委常委会十四届第51次会议，传达学习和审议相关材料，达成一致意见。第一，传达学习贯彻全区易地扶贫搬迁后续扶持、后续管理暨拆旧复垦工作现场会精神，研究推进田林县易地扶贫搬迁工作及后续拆旧复垦等工作。会议要求，要认真贯彻落实好全区会议精神，扎实做好田林县易地扶贫搬迁各项工作。一是全县上下要充分认识脱贫攻坚已经到了最较劲的关键时期、易地扶贫搬迁工作是田林脱贫攻坚最大风险点的严峻形势，本着对田林负责的态度，全力以赴按时按质按量完成全县易地扶贫搬迁各项工作。二是要明确工作任务，确保100%完成2016年和2017年搬迁任务，确保完成2018年搬迁任务60%以上。三是要采取非常举措，倒排工期，以2018年10月31日为最后期限，完成各易地扶贫搬迁点搬迁入住任务。四是要用好用活用足政策，规范资金管理，加快项目库建设，严格执行限时办结制，加快项目建设进度，加强项目资金监管，全面清理扶贫闲置资金。五是要落实好“六个一”工作机制。每个易地扶贫搬迁安置点必须有一个党建工作站、一个服务管理中心、一个档案室、一个就业产业合作社、一个扶贫车间、一名帮扶干部。六是要加强向上级部门的沟通汇报，每个专责小组必须向上级对应部门汇报一次以上。第二，传达学习贯彻粤桂扶贫协作工作会议精神，研究推进田林县扶贫协作工作。会议要求，一是要严格按照自治区的要求，倒排工期、梳理排序，加快推进帮扶资金使用支出进度。二是县委常委要带头协调推进分管联系领域的帮扶资金使用支出进度，要亲自到帮扶项目现场办公，解决难题。三是要认真抓好项目建设工作，形成项目投资量。四是要加强向上级部门的沟通汇报，及时掌握政策、用好政策。五是要对标贫困县党委和政府扶贫开发工作成效考核加分项，打造扶贫协作工作亮点，争取加分。同时要做好自评分，做到心中有数。第三，传达学习贯彻《广西壮族自治区财政厅关于田林县财政扶贫资金专项检查的处理决定》（以下简称《处理决定》），并研究落实田林县针对反馈问题的整改工作。会议要求，对自治区财政厅的处理决定，要照单全收，要认真对照《处理决定》抓好问题整改。一是要严格按照自治区财政厅要求，抓紧时间整改。要在2018年10月31日前全面完成2017年扶贫资金使用存在问题整改工作，做到一个问题一个整改方案、一份整改材料。二是请县委常委、县人民政府副县长何建华组织小分队，对标中央对涉农资金的具体要求，对2017年涉农资金统筹整合问题进行自查自纠，立行立改；三是要对2018年扶贫专项资金和涉农资金统筹整合问题进行全面排查，抓好整改。四是要举一反三，从《处理决定》内容拓展到扶贫相关领域，认真排查整改。五是请县纪委监委将《处理决定》作为工作线索，按照程序逐一了解核实。六是要通过《处理决定》进行反思，加强扶贫资金使用建章立制工作，推行限时办结等制度，为管好用好扶贫资金提供制度保障。第四，传达学习贯彻全市脱贫攻坚（乡村振兴）工作队管理和发展壮大村集体经济工作布置会精神。会议要求，要深入学习领会全市脱贫攻坚（乡村振兴）工作队管理和发展壮大村集体经济工作布置会议精神，统一思想，形成共识；要增强责任感和使命感，结合田林县实际，抓重点任务，落实政策；要做好工作队员的保障，加强谋划好村集体经济工作，进一步加快推进村集体经济发展；紧盯整改任务，落实田林县乡村工作队员、第一书记经费保障；要在“争创五旗”工作中争创亮点；要确保2018年非脱贫村村集体经济年收入达2万元以上，预脱贫、脱贫摘帽村村集体经济年收入达3万元以上。第五，传达学习贯彻全市专项治理工作布置会精神。会议要求，一是要提高政治站位，深入学习好、贯彻好全市专项治理工作布置会精神。二是要结合田林实际抓好专项治理工作，以优异的专项治理工作成绩为全县脱贫攻坚工作保驾护航。三是要充分发挥自治区和百色市两级纪委帮扶田林的优势，在专项治理工作中争创亮点，打造品牌。

◆ 2018年10月19日，县委书记彭斌在县政府小礼堂主持召开县委常委会十四届第52次会议，传达学习和审议相关材料，达成一致意见。第一，传达学习贯彻中央纪委书记赵乐际在十九届中央第二轮巡视工作动员部署会上的讲话精神、中央第二巡视组对广西壮族自治区开展脱贫攻坚专项巡视工作动员会精神和市委常委会扩大会议（四届第51次）精神。会议要求，一是要提高政治站位，充分认识中央开展脱贫攻坚专项巡视的重大意义。二是要扎实做好迎接巡视各项工作。全力配合巡视组开展巡视工作，做到压实责任，实事求是，严守纪律。三是要扎实做好脱贫攻坚工作，确保完成脱贫攻坚年度任务。四是统筹抓好年底各项工作，以专项巡视工作推动全年工作任务顺利完成。第二，研究《关于成立田林县配合中央第二巡视组脱贫攻坚专项巡视工作联络组的通知（送审稿）》。会议原则同意《关于成立田林县配合中央第二巡视组脱贫攻坚专项巡视工作联络组的通知（送审稿）》，按会议精神完善后印发。第三，研究田林县脱贫攻坚工作中存在的问题，提出整改措施。会议要求，一是要落实整改责任，强化整改措施。对已整改的加强巩固，对整改质量不高的加强整改，确保在期限内高质量完成整改任务。二是要坚持以点带面，扎实推进整改。要举一反三，增强整改整体成效。三是要健全机制，确保整改实效。要针对问题漏洞，加快建立健全相关制度规范，巩固整改成果。第四，传达学习贯彻全区打赢脱贫攻坚战三年行动电视电话会议精神。会议要求，一是要认真贯彻落实会议精神，全力抓好贯彻落实。二是要对标要求，强化措施，全力以赴抓好“三保障”“五场硬仗”“五大专项行动”和“四大专项治理”工作，扎实推进打赢脱贫攻坚战三年行动。三是要加强领导，强化保障，确保打赢脱贫攻坚战三年行动取得实效。第五，传达学习贯彻《关于贯彻落实习近平总书记重要指示精神集中整治形式主义、官僚主义的工作意见》文件精神。会议要求，一是要把坚决维护习近平总书记核心地位、维护党中央权威和集中统一领导作为首要政治任务，迅速掀起学习贯彻热潮。二是要聚焦“关键少数”，深入调研排查，畅通监督举报渠道，找到症结，精准施策，及时纠正形式主义和官僚主义行为。三是要加强追责问责和通报曝光力度，对典型案例要点名道姓通报曝光，开展警示教育，杜绝形式主义、官僚主义的苗头性和倾向性现象。

◆ 2018 年 11 月 18 日，县委书记彭斌在县委三楼常委会议室主持召开县委常委会十四届第 53 次会议，传达学习和审议相关材料，达成一致意见。第一，传达学习贯彻《自治区党委办公厅、自治区人民政府办公厅关于印发〈广西壮族自治区县级党委和政府扶贫开发工作成效考核办法〉的通知》和《自治区扶贫开发领导小组关于印发 2018 年县党委和政府扶贫开发工作成效考核指标及计分办法的通知》文件精神。会议要求，全县上下务必要高度重视县级党委和政府扶贫开发工作成效考核工作，全力以赴抓好年度脱贫攻坚各项工作，确保实现“保二争一”目标。一是要认真学习。县委常委要带头加强对文件的学习和研究，注重细节，重点关注 2018 年的考核办法与去年的不同点，为什么会有不同，切实学懂弄通文件精神。二是要对标排查发现的问题，统筹推进问题解决。对排查发现的问题，举一反三，县脱贫攻坚战指挥部和各乡（镇）联系县领导不能单纯将问题交由所在乡（镇）解决，要主动担当，统筹推进问题解决。三是要严格把关好脱贫攻坚所有材料。县脱贫攻坚指挥部要进一步落实专人负责撰写、核对、把关好脱贫攻坚各种材料，确保做到客观实际、准确无误、亮点突出。第二，传达学习贯彻《中共广西壮族自治区纪律检查委员会关于三起易地扶贫搬迁领域违纪问题典型案例的通报》。会议要求，一是要在全县干部大会上进一步传达学习《中共广西壮族自治区纪律检查委员会关于三起易地扶贫搬迁领域违纪问题典型案例的通报》精神，在全县起到警示教育作用。二是县政府党组要在政府常务会上传达学习，将此作为县政府党组廉政教育课的一个重要内容。三是各分管领导要在易地扶贫搬迁专责小组和发改、水利、交通、财政等相关部门班子会上传达学习通报精神，在重点领域加强警示教育。四是要紧扣群众满意度低、项目建设进度慢、扶贫项目成效不明显等问题，认真对照检查，举一反三，对发现问题要真真正正整改，确保扶贫工作成效。五是要认真做好迎接自治区脱贫攻坚督查组到田林县督查指导的各项工作，要将此次督查作为年度考核的提前测试，扎实做好各项工作。第三，传达学习贯彻《关于对巴马瑶族自治县农村饮水安全工程和小型农田水利工程项目监管不力问题责任追究的通报》。会议强调，自治区纪委对巴马县农村饮水安全工程和小型农田水利工程项目监管不力问题有关责任单位及人员进行严肃问责，充分体现了自治区党委坚持党要管党、全面从严治党的坚定决心和责任担当，释放出对扶贫领域腐败和作风问题“零容忍”、坚决打赢脱贫攻坚战的强烈信号。会议要求，全县广大干部要从中汲取教训，以案为鉴，以严实深细工作作风，扎实推动全县脱贫攻坚工作深入开展。一是要在全县干部大会上进一步传达学习《中共广西壮族自治区纪律检查委员会关于三起易地扶贫搬迁领域违纪问题典型案例的通报》精神，在全县起到警示教育作用。二是县政府党组要在政府常务会上传达学习，将此作为县政府党组廉政教育课的一个重要内容。三是各分管领导要在易地扶贫搬迁专责小组和发改、水利、交通、财政等相关部门班子会上传达学习通报精神，在重点领域加强警示教育。四是要紧扣群众满意度低、项目建设进度慢、扶贫项目成效不明显等问题，认真对照检查，举一反三，对发现问题要真真正正整改，确保扶贫工作成效。第四，传达学习贯彻全市宣传思想工作会议精神。会议要求，要深入学习贯彻习近平总书记关于宣传思想工作的重要思想，认真落实全国、全区、全市宣传思想工作会议精神，立足田林实际，不断更新理念，创新举措，着力在“举旗帜”“聚民心”“育新人”“兴文化”“展形象”上下功夫，不断开创田林宣传思想工作新局面。第五，传达学习贯彻全国全区扫黑除恶专项斗争推进会精神，研究推进田林县扫黑除恶专项斗争工作。会议要求，一是要高度重视扫黑除恶专项斗争工作，县委常委要带头学习，熟悉工作内容，切实贯彻落实好上级扫黑除恶专项斗争会议精神。二是要重点针对宣传不够到位、案件侦破力度不够、公检法协同不够、群众认同感偏低等薄弱环节，进一步加大宣传力度，加强办案力量，提升办案质量，以实实在在的工作成效提升群众满意度。三是要认真做好上级对扫黑除恶专项斗争既定的规定动作，同时结合田林实际，创新自选动作，努力打造工作亮点。四是要全力做好全县扫黑除恶专项斗争的人力、物力、财力等保障工作，确保专项斗争扎实开展。第六，审议《田林县深化统计管理体制改革试点工作总体实施方案》。会议原则同意《田林县深化统计管理体制改革试点工作总体实施方案》。请县政府党组按照上级要求时间节点加快推进改革试点工作。对新设立的部门和新配备的人员，要明确职责任务，充分体现改革试点的成效。第七，审议县委组织部提交的相关议题。会议讨论通过县委组织部提交的科级领导干部挂任职方案。此次讨论共涉及1人，同意杨秀昆挂任县委组织部副部长，挂任期一年。第八，审议县纪委提交的相关议题。

◆ 2018年11月30日，县委书记彭斌在县委三楼常委会议室主持召开县委常委会十四届第54次会议，会议审议县编办提交的相关议题，达成一致意见。会议原则同意《田林县机构改革方案》，请县编办按会议精神完善后报审。

◆ 2018年12月10日，县委书记彭斌在县委三楼常委会议室主持召开县委常委会十四届第55次会议，传达学习和审议相关材料，达成一致意见。第一，专题研究脱贫攻坚工作。一是学习贯彻习近平总书记关于扶贫工作的重要论述。会议要求，要坚持以更高的政治站位，深入学习贯彻习近平总书记关于扶贫工作的重要论述。要确保帮扶干部和村“两委”干部通读《习近平扶贫论述摘编》，不仅要一个专题一个专题、一个条目一个条目地认真研读，还要从总体上进行把握，深入学习领会习近平总书记关于扶贫论述的科学内涵、精神实质以及实践要求，坚持用习近平总书记关于扶贫工作的重要论述统领全县脱贫攻坚工作。二是研究部署自治区扶贫开发领导小组办公室关于2018年市县扶贫成效考核“四合一”实地核查工作。会议要求，全县上下务必要高度重视自治区对市县扶贫成效考核“四合一”实地核查工作，全力以赴做好迎检各项工作。一要高度重视，认真按照自治区核查要求，迅速制定县、乡（镇）和部门迎检方案。二要强化措施，狠抓问题整改。要认真对照发现问题，举一反三，扎实整改，确保12月14日前整改到位。三要全力做好迎检准备。要认真学习习近平总书记关于扶贫工作的重要论述；要确保易地扶贫搬迁安置户搬迁入住生活；要整理完善控辍保学档案。四要压实责任，县四家班子领导要带头履职，率先垂范，带动全县干部职工拧成一股绳，全力做好迎检各项准备工作。（三）研究部署自治区脱贫攻坚大督查发现存在问题整改及百色市2018年度扶贫对象脱贫摘帽核验发现问题整改工作。会议要求，一是要全面核查发现的问题。对反馈的问题仔细核查，对核查属实的问题要照单全收，认真查找原因，抓好整改。二是要强化措施，狠抓问题整改。各乡（镇）、县直各单位，要严格按照区、市核验工作的要求，强化措施，狠抓2016年1月以来各类巡视、考核、督查、审计等发现的问题、自治区大督查发现的5方面问题和市核验组抽查发现的7方面问题等整改，务必于12月14日前所有需立行立改问题要完成整改，并举一反三，全面查缺补漏。三是要全面排查，排除隐患风险点。各乡镇要组织驻村工作队，帮扶干部，对“两不愁、三保障”的住房、教育、医疗以及材料收集归档等隐患风险点较多的方面再排查整改。第二，研究其他工作。（一）传达学习贯彻自治区第八次民族团结进步表彰大会精神。会议要求，一是要深入学习贯彻书记鹿心社在大会上的讲话精神，扎实推进田林民族团结进步工作再上新台阶。二是要强化示范带动，大力宣传田林县受表彰的集体和个人在民族团结进步事业中的先进事迹，营造民族团结进步工作浓厚氛围。三是要切实加强党对民族工作的领导，把基层党组织建设成为促进民族团结工作的坚强战斗堡垒，把党员培养成为维护民族团结的旗帜。（二）传达学习贯彻数字百色建设大会精神。会议要求，一是要深入学习贯彻数字百色建设大会精神，以大会精神指导数字田林建设。二是要抢抓数字百色建设大好机遇，结合田林实际，创新举措，加强数字田林基础性工作，扎实推进数字田林建设。三是要切实加强领导，压实数字田林建设工作责任，为顺利推进数字田林建设提供坚强组织保障。（三）审议《印发〈关于深化人才发展体制机制改革的实施方案〉等5个文件的通知》。会议对县委组织部提交的《中共田林县委员会办公室印发〈关于深化人才发展体制机制改革的实施方案〉等5个文件的通知》进行了充分审议，会议原则同意县委组织部提交的《中共田林县委员会办公室印发〈关于深化人才发展体制机制改革的实施方案〉等5个文件的通知》，请县委组织部根据会议精神修改完善后按程序报审。（四）审议《田林县推进融媒体中心建设工作实施方案》《田林县融媒体中心主要职责内设机构和人员编制规定》。会议原则同意县委宣传部提交的《田林县推进融媒体中心建设工作实施方案》《田林县融媒体中心主要职责内设机构和人员编制规定》，请县委宣传部根据会议精神修改完善后按程序报审。（五）审议《关于申请成立中共田林县委员会网络安全和信息化领导小组办公室（田林县互联网信息办公室）的请示》。会议原则同意县委宣传部提交的《关于申请成立中共田林县委员会网络安全和信息化领导小组办公室（田林县互联网信息办公室）的请示》，请县委宣传部根据会议精神修改完善后按程序报审。（六）审议县委组织部提交的相关议题。会议原则同意彭艳花提前退休，由县委组织部按程序办理。（七）审议县纪委提交的相关议题。

◆ 2018年12月26日，县委书记彭斌在县委三楼常委会议室主持召开县委常委会十四届第56次会议，传达学习和审议相关材料，达成一致意见。第一，专题研究脱贫攻坚工作。（一）研究部署中央第二巡视组移交脱贫攻坚领域信访件工作。会议要求，要严格按照上级纪委的要求，加快信访件核实办理进度和办理质量，确保扶贫领域信访举报问题“件件有着落，事事有回音”。要严格落实“谁核查、谁签字、谁负责”原则，以事实为依据，以法律法规为准绳，对核查工作层层把关，坚决防止人情案、关系案，确保核查质量，确保办成铁案。对已核实了结的信访件要做到一案一档，对需要延期了结的信访件要及时请示市纪委，加快办理进度，并做好信访群众的信访解答工作。（二）总结自治区绩效考评组到田林县开展2018年度易地扶贫搬迁项目绩效考评发现存在问题并研究部署整改工作。会议要求，要坚持问题导向，举一反三，全面排查整改好发现问题。一是要把此次考评发现的问题以清单式反馈各易地扶贫搬迁安置点，做到问题整改全覆盖。二是要尽快完善工程程序，确保符合工程项目要求。三是要尽快完善易地扶贫搬迁安置点的配套基础设施建设。四是要加强后续产业扶持工作，扎实做好劳动调查表、已就业人员统计表和未就业人员就业计划措施等工作。五是要加快推进拆旧复垦工作进度，各乡镇要切实做好排查摸底工作，动员搬迁户尽快拆旧复垦。（三）总结自治区2018年市县扶贫成效考核“四合一”实地核查工作发现存在问题，研究部署迎接国家2018年脱贫攻坚成效省际交叉考核。会议充分肯定了全县干部职工在扶贫工作中付出的艰辛努力，要求全县上下要把迎接国家核验作为当前头等大事来准备。一是要切实抓好问题整改。首先要总结问题，各乡（镇）、县直各单位要反复看、反复总结问题，尤其要围绕危改材料是否齐全、新农合报销比例是否达标、教育保障是否落实等“两不愁三保障”方面发现的问题，再次全面核查，确保“硬伤”整改到位。其次要注意弱项，要重点针对区、市单位联系村和干部帮扶贫困户的材料，再摸排、再整改。要全面核查县、乡、村、户四级材料，实行材料审签机制，确保准确无误。二是要切实抓好亮点打造。要针对目前脱贫攻坚中加分项较少的情况，再发力、再创新，全力挖掘打造脱贫攻坚工作亮点。三是要切实做好迎检准备。各乡镇、各单位要迅速召开会议安排部署，对发现问题举一反三，立行立改，切实将问题整改和迎检各项工作抓好抓实抓到位，杜绝弄虚作假。四是要做好年度脱贫奖惩方案，要结合年初制订的方案和各级督促检查考核情况，制订好年度脱贫攻坚奖惩方案，做到公平公正、奖惩分明。五是要切实做好明年工作安排。要紧扣全县脱贫摘帽的任务目标，再深入分析研究脱贫攻坚机制体制问题，明确责任清单，明确脱贫村、户，确保2019年全县顺利脱贫摘帽。第二，研究其他工作。（一）传达学习贯彻习近平总书记在庆祝改革开放40周年大会上的讲话精神。会议要求，全县上下要深入贯彻落实习近平总书记在庆祝改革开放40周年大会上的讲话精神，要更加紧密地团结在以习近平为核心的党中央周围，高举中国特色社会主义伟大旗帜，不忘初心、牢记使命，持续深入推进改革开放，为实现“两个一百年”奋斗目标、建成富强民主文明和谐美丽的社会主义现代化强国、实现中华民族伟大复兴的中国梦，贡献田林力量。（二）传达学习贯彻百色市庆祝广西壮族自治区成立60周年座谈会精神。会议要求，全县上下要深入学习贯彻百色市庆祝广西壮族自治区成立60周年座谈会精神，自觉用习近平新时代中国特色社会主义思想指引全县经济社会发展，不断增强"四个意识"，坚定"四个自信"，践行"两个维护"，努力开创田林新时代改革发展新局面，为建设壮美广西做出积极贡献。(三)研究田林县贯彻落实中央环境保护督察反馈意见整改工作以及2018年环境保护工作和2019年工作计划。会议要求，一是要强化思想认识。污染防治工作是全国三大攻坚战之一，全县上下务必要高度重视，认真履行好责任，全力做好环境保护工作。二是要认真抓好整改。要认真做好中央环境保护督察"回头看"督察组交办的信访件整改工作，加快整改进度，提高整改质量，确保年前完成整改。整改材料要做到一件一档，明确责任人，做到可追踪、可溯源、可倒查。对环保不达标的企业，该取缔的取缔、该关停的关停；对涉及环保问题的干部职工，该问责的问责，该查处的查处。三是要认真总结谋划。要认真总结好2018年环保工作，谋划好2019年环保工作，要争创亮点，争取加分。(四)审议县委组织部提交的相关议题。会议原则同意县委组织部提交的干部挂任职方案。方案共涉及1人，同意刘峰挂任田林县人民医院副院长，挂任期一年。(五)审议县纪委提交的相关议题。

【县级其他重要会议】

◆ 2018年1月8日，2017年度田林县基层党组织书记落实主体责任述职评议会议在县城召开，会议由县委书记彭斌主持。会上全县18个党(工)委书记、3名县直党组书记、2名村党支部书记分别进行述职，与会人员进行民主评议。县委书记彭斌、市纪委组织部部长罗加锋(市指导组成员)分别作讲话。

◆ 2018年1月16日，中国共产党田林县第十四届委员会第三次全体会议在县城召开，会议由县委书记彭斌主持。会上，县委书记彭斌作县委常委会工作报告及中国共产党田林县第十四届代表大会第三次会议筹备工作报告。县委副书记张国革对《县委工作报告》的起草工作作说明。县委常委、纪委书记黄友政对《县纪委工作报告》起草工作作说明。县委常委、组织部部长韦星对《关于召开中国共产党田林县第十四届代表大会第三次会议的决议(草案)》《关于递补覃农、黄荣登为县委委员的决定(草案)》《中国共产党田林县第十四届代表大会第三次会议代表资格审查委员会关于代表资格的审查报告(草案)》作说明，并分组讨论彭斌讲话，讨论工作报告、全会决议(草案)。

◆ 2018年2月2日，全县党的建设工作领导小组会议在县城召开，会议由县委副书记张国革主持。会上，各乡(镇)、县直各党(工)委代表发言。县委常委、组织部部长韦星总结2017年全县党建工作开展情况，部署2018年党建工作重点任务。会议讨论《田林县基层党建工作层级联动机制》《关于进一步加强基层党建队伍建设的意见》《田林县破解党建重点难点问题试点任务分配表》和《2018年村级组织公共服务场所建设项目计划表》，县委书记彭斌作讲话。

◆ 2018年2月8日，2018年全县经济工作会议在县城召开。会议由县委常委、县人民政府副县长何建华主持。县发改局、财政局、统计局、农业局、经济局、商务局、调查队等单位发言。县委书记彭斌、县委副书记、县长黄慧分别作讲话。

◆ 2018年2月8日，田林县2018年党风廉政工作会议在县政府小礼堂召开。县委常委、纪委书记、监察委主任黄友政通报有关典型案例；县委书记彭斌在会上讲话。县委副书记、县长黄慧主持会议。

◆ 2018年2月9日，县委常委(扩大)会议暨脱贫攻坚战指挥部2018年第一次全体会议在县城召开。会上各乡(镇)党委书记就2018年1月脱贫攻坚工作完成情况和2月工作计划进行汇报；县脱贫攻坚战指挥部各专责小组组长就2018年1月脱贫攻坚工作完成情况和全年工作计划进行汇报；县四套班子主要领导分别作讲话。

◆ 2018年2月12日，田林县2018年组织、宣传、政法、统战工作会议在县城召开，会议由县委副书记张国革主持。会上，县委常委、组织部部长韦星传达全国、全区组织工作会议精神，总结田林县2017年组织工作，部署2018年组织工作。县委常委、宣传部部长、县人民政府副县长蒋桂红传达全国、全区宣传工作会议精神，总结田林县2017年宣传思想工作，部署2018年宣传思想工作。县委常委、政法委书记何琪洸传达全国、全区政法工作会议精神，总结田林县2017年政法工作，部署2018年政法工作。县委常委、统战部部长梁秀荷传达全国、全区统战工作会议精神，总结田林县2017年统战工作，部署2018年统战工作。县委副书记、县长黄慧作工作部署。县委书记彭斌作讲话。

◆ 2018年3月1日，田林县2018年农村工作暨现代特色农业核心示范区创建工作推进会议在县城召开，会议由县委副书记张国革主持。会上县农业局、林业局、水产畜牧兽医局围绕创建核心示范区主题作发言；县乡村办就乡村建设工作作发言；县委宣传部就文明乡风建设工作作发言。(一)六隆镇就八渡笋核心示范区创建工作作发言；百乐乡就农民增收工作作发言。县委书记彭斌、县长黄慧分别作讲话

◆ 2018年3月2日，中国共产党田林县第十四届纪律检查委员会第三次全体会议在县城召开，召开第一次大会，县委书记彭斌讲话，县委常委、县纪委书记、县监察委主任黄友政主持；大会召开第二次大会，黄友政代表县纪委常委会作工作报告，分组讨论彭斌讲话，讨论工作报告、全会决议(草案)；听取各组对工作报告、全会决议(草案)审议意见；大会通过工作报告、全会决议。

◆ 2018年3月2日，田林县2018年深化领导班子建设年活动动员会在县城召开。县委副书记张国革主持会议。县委副书记、县长黄慧解读百色市2018年深化领导班子建设年活动“1+4”文件，传达市级会议精神并部署田林县2018年深化领导班子建设年活动。县委书记彭斌作讲话。

◆ 2018年3月11日，田林县县域义务教育均衡发展攻坚工作推进会在县政府小礼堂召开，各乡(镇)设分会场。县处级中学、乐里镇中心校、定安镇中心校作典型发言；六隆镇中心校、平山中学作表态发言；县教育局局长黄启发汇报义务教育均衡发展进展情况；县委常委、宣传部部长、县人民政府副县长蒋桂红宣读义务教育均衡发展攻坚突破年实施方案，并对下一步进行安排部署；县委常委、县人民政府副县长何建华主持会议；县委书记彭斌、县长黄慧分别作讲话。

◆ 2018年4月2日，田林新区重大项目建设工作推进会在田林新区召开。彭斌、黄慧、覃纪腾、黄欢等县四套班子领导出席现场推进会，会议依次到体育中心—新高中—壮剧中心、政务服务中心—中医院二期—百花寨易地扶贫搬迁项目(包括深圳桥)—百花寨河堤路工程—万吉山森林公园—县政府大院棚户区改造项目现场调研推进。

◆ 2018年4月4日，田林县2018年脱贫攻坚工作推进大会暨新选派队员驻村工作动员会在县城灯光球场召开，县人民政府副县长罗俊书通报2017年脱贫攻坚工作情况和2018年工作计划；第一书记代表发言；上一轮选派的“美丽广西”乡村建设(扶贫)工作队长周光林讲话；新一轮选派的“美丽广西”乡村建设(扶贫)工作队长张琦讲话；县委副书记张国革主持会议；县委书记彭斌、县长黄慧分别作讲话；会议还对驻村工作队员进行授旗仪式。

◆ 2018年4月15日，田林县扶贫领域腐败和作风问题专项治理工作推进会在县城召开。会上县扶贫办、财政局、交通局、乐里镇、浪平镇、八渡瑶族乡作发言；县委常委、县纪委书记、县监察委主任黄友政通报中纪委徐令义、自治区纪委房灵敏讲话精神及百色市扶贫领域腐败和作风问题专项治理工作推进会精神，对下一步工作作部署；县委书记彭斌讲话。县长黄慧主持会议。

◆ 2018年5月4日，田林县2018年脱贫攻坚推进大会暨2017年国家各项核查反馈问题整改落实工作布置会。会议以视频形式召开，各乡(镇)设分会场，会议由县委副书记张国革主持。会上张国革宣读《关于表彰2017年度田林县脱贫攻坚先进集体和先进个人的决定》和《关于表扬全县2017年度脱贫摘帽有关单位的通报》。举行2017年度田林县脱贫攻坚先进集体和先进个人颁奖仪式。浪平镇、六隆镇就2018年脱贫攻坚工作作发言，县教育局就组织干部帮扶和控辍保学工作作发言，县人社局就劳动就业全覆盖工作作发言。县委常委、县人民政府副县长何建华解读《广西壮族自治区易地扶贫搬迁安置点包点县级领导干部专项考核办法(试行)》。县委书记彭斌、县长黄慧分别讲话。

◆ 2018年5月25日，县委全面深化改革领导小组2018年第一次会议在县城召开。彭斌、覃纪腾、黄慧、黄欢等县委全面深化改革领导小组成员及各项小组正、副组长，县委全面深化改革领导小组牵头单位及涉及改革工作相关单位主要领导参加会议。县委书记、县委全面深化改革领导小组组长彭斌传达学习十九届中央深改组

第一、第二次会议，中央深改委第一、第二次会议，十一届自治区党委深改组第八、第九次会议和市深改组第八次、四届市委深改组第六次会议精神；会议听取各专项小组2017年改革工作总结及2018年工作计划；县委副书记、县委全面深化改革领导小组副组长张国革汇报2017年推进农村改革和生态文明体制改革工作情况及2018年工作计划；县委常委、县人民政府副县长、县委全面深化改革领导小组副组长何建华汇报2017年推进经济体制改革、开放合作体制改革工作情况及2018年工作计划；县委常委、政法委书记、县委全面深化改革领导小组副组长何琪洸汇报2017年推进民主法治领域改革和社会体制改革工作情况及2018年工作计划；县委常委、宣传部部长、县人民政府副县长、县委全面深化改革领导小组副组长蒋桂红汇报2017年推进文化教育卫生体制改革工作情况及2018年工作计划；县委常委、组织部部长、县委全面深化改革领导小组副组长黄剑辉汇报2017年推进党的建设制度改革工作情况及2018年工作计划；县委常委、纪委书记、县委全面深化改革领导小组副组长潘永春汇报2017年推进纪律体制改革工作情况及2018年工作计划。会议审议《田林县委全面深化改革领导小组2018年工作要点》《县委全面深化改革领导小组规则》《县委全面深化改革领导小组专项工作规则》《县委全面深化改革领导小组办公室工作细则》等文件。县委书记、县委全面深化改革领导小组组长彭斌主持会议并讲话。

◆ 2018年7月30日—31日，2018年全县年中工作会议暨脱贫攻坚、县域经济发展、乡村振兴推进大会。会议以参观考察和召开会议的形式进行，30日参会人员分为5个小组，对各乡镇的产业基地、产业示范点、党建示范点等参观考察。31日在县政府小礼堂召开座谈会，会上，县委常委、县人民政府副县长何建华传达区、市年中工作会议暨县域经济发展、乡村振兴推进大会精神；县委副书记张国革总结上半年脱贫攻坚工作，并通报田林县2018年4月脱贫攻坚绩效考评结果；县委常委、组织部部长黄剑辉通报田林县脱贫攻坚（乡村振兴）工作队员驻村工作督查情况；潞城瑶族乡、林业局就脱贫攻坚工作作典型发言，平塘乡、住建局就脱贫攻坚工作作表态发言；旧州镇徕周村党组织第一书记李州、质监局帮扶干部莫蝉榕作典型发言，定安镇八来村党组织第一书记黄救恩、利周瑶族乡派出所帮扶干部甘世稳作表态发言；发改局、财政局、经济局就县域经济发展工作作典型发言，国家统计局田林调查队、乐里镇就县域经济发展工作作表态发言；市政局、利周瑶族乡就乡村振兴工作作典型发言，定安镇就乡村振兴工作作表态发言；县委书记彭斌、县长黄慧分别作讲话。

◆ 2018年9月3日，田林县2018年脱贫攻坚冲刺大会在县城召开，会议以视频形式召开，各乡（镇）设分会场。会上，县人民政府副县长罗俊书通报全县上半年脱贫攻坚工作进展情况及6月份脱贫攻坚绩效考评结果，部署下半年工作；县委常委、县人民政府副县长何建华通报自治区考核组到田林县专项考核易地扶贫搬迁安置点包点县领导干部情况及扶贫资金支出情况，部署下半年工作；县委书记彭斌、县长黄慧分别作讲话。会议还对4月、6月督查结果进行通报，授予相关乡（镇）、部门红牌和黄牌。

重大决策及重要工作部署

◆ 2018年2月23日，县委、县人民政府下发《关于印发〈田林县教育提升攻坚行动计划（2018—2020）〉的通知》，根据县第十四次党代会提出要在“十三五”期间实施脱贫摘帽、产业发展、教育提升、基础设施建设四大攻坚战的战略部署，为适应教育发展新常态，进一步整合优化教育资源，全面完成田林县“十三五”期间教育提升攻坚目标，推动全县教育快速发展，县委、县人民政府制定《田林县教育提升攻坚行动计划（2018—2020）》并成立田林县教育提升攻坚行动计划工作领导小组。

◆ 2018年3月5日，县委下发《田林县关于实施“3+1”党建工程的意见的通知》为进一步贯彻落实中共十九大精神，加强田林县基层党建工作队伍建设，切实提升基层党组织的组织力、执行力，强组织、增活力，推进全面从严治党落实到基层，决定实施“3+1”党建工程（“3”加强县乡村党建工作力量，“1”落实党建主体责任）。对村级党建指导联络员、乡（镇）党委组织干事、县党建督导联络员等几个方面提出了意见及要求。

◆ 2018年4月2日，县委、县人民政府下发《田林县关于〈进一步完善脱贫攻坚工作机制加强作风建设的实施意见(试行)〉的通知》,为进一步明确脱贫攻坚各级各类责任主体职责,充分整合各级各类脱贫攻坚力量,加强扶贫领域作风建设,标本兼治构建扶贫领域作风建设长效机制,推动扶贫领域作风明显改善,促进脱贫攻坚各项政策措施全面落实,确保如期高质量完成脱贫攻坚目标任务。《意见》主要包括七项内容:一是完善攻坚机制,凝聚脱贫攻坚强大工作合力。二是完善运行机制,确保脱贫攻坚上下联动。三是完善宣传培训机制,提高帮扶对象满意度。四是完善督查通报机制,推动工作落实。五是完善考核奖惩机制,加强结果运用。六是完善作风建设机制,为脱贫攻坚保驾护航。七是完善保障机制,确保脱贫攻坚取得实效。

◆ 2018 年 5 月 14 日,县委下发《田林县 2018 年创建基层党建示范带实施方案的通知》,根据《百色市委组织部关于印发〈百色市创建基层党建示范群实施方案〉的通知》和《中共田林县委员会关于印发〈田林县创建基层党建示范带三年规划〉的通知》的要求,县委制定《田林县 2018 年创建基层党建示范带实施方案》,方案主要包括创建任务目标、创建内容、创建基本标准、工作步骤、保障措施几项内容并制定了党建示范带创建工作计划表及创建标准。

◆ 2018 年 5 月 18 日,县委、县人民政府下发《关于印发田林县 2018 年脱贫攻坚工作实施方案的通知》,为全面落实中央、自治区、百色市关于脱贫攻坚战的相关安排部署,进一步压实工作责任、加大工作力度、强化监督考核,持续巩固全县脱贫攻坚发展成果,圆满实现 2018 年脱贫攻坚工作目标,特制订该方案。通过打好产业扶贫硬仗、打好村级集体经济硬仗、打好易地扶贫搬迁硬仗、打好基础设施硬仗、打好桂粤扶贫协作和社会扶贫硬仗、全面实施社会保障工程、全面落实教育培训工程、实施金融扶持扶贫工程、实施就业扶贫工程、加强贫困人口动态管理、完善脱贫攻坚工作机制等措施来实现 2018 年预脱贫村贫困发生率降到 3% 以下,全面完成 2018 年全县脱贫攻坚任务;巩固 2016、2017 年已脱贫摘帽的 20892 名贫困人口,23 个贫困村;到 2018 年底,全县实现减贫 25819 名贫困人口,23 个贫困村摘帽;全县贫困发生率下降到 5% 左右的总目标任务。

◆ 2018 年 6 月 6 日,县委、县政府下发《关于印发田林县教育提升三年行动计划(2018—2020 年)的通知》,为进一步提升田林县教育整体发展水平,加快教育现代化,办好人民满意的教育,特制订该行动计划。主要任务:(一)实施学前教育普及普惠工程。(二)实施义务教育优质均衡工程。(三)实施普通高中突破发展工程。(四)实施现代职业教育加快发展工程。(五)实施教师队伍提质增量工程。(六)实施教育信息化推进工程。要求全县各乡(镇)与各部门要将本行动计划实施情况列为政府教育督导的重要内容,做好田林县教育提升三年行动计划相关工作。

◆ 2018 年 6 月 21 日,县委下发《田林县创建扶贫领域腐败和作风问题专项治理工作“六个全覆盖”标兵县实施方案的通知》,为适应扶贫领域腐败和作风问题专项治理工作新形势、新任务、新要求,使专项治理工作更加聚焦、更见成效,经县委、县政府研究,决定在全县范围内深入开展创建“扶贫领域腐败和作风问题专项治理工作‘六个全覆盖’标兵县”活动,即:工作宣传全覆盖,工作机构全覆盖,领导干部参与全覆盖,部门参与全覆盖,深度贫困村巡察全覆盖,乡(镇)和主责部门查办案件全覆盖,为全县打赢脱贫攻坚战提供坚强有力的纪律保障。具体实施步骤为:2018 年 5 月为宣传发动时间,2018 年 6 月—11 月为组织实施时间,2018 年 12 月为总结提升时间,2019 年 1 月—2020 年 12 月为巩固升华时间。为确保创建工作的顺利开展,成立创建田林县扶贫领域腐败和作风问题专项治理工作标兵县领导小组。

◆ 2018 年 7 月 6 日,县委下发《关于建立村级扶贫领域腐败和作风问题专项治理工作站的意见的通知》,为扎实推进扶贫领域腐败和作风问题专项治理工作,延伸基层监督触角,打通基层监督“最后一公里”,结合田林县实际,制订《关于建立村级扶贫领域腐败和作风问题专项治理工作站的意见的通知》。意见主要包括:指导思想、基本原则、构建形态、运行制度、工作步骤、工作要求 6 项内容。

◆ 2018 年 7 月 12 日,县委、县人民政府下发《关于印发田林县教育精准扶贫工作方案的通知》,为大力推进教育扶贫、就业扶贫和健康扶贫,狠抓“控辍保学”工作,强化正向激励,加大技能培训,激发贫困群众内生动力。以全县贫困村和建档立卡未脱贫户(含返贫户）为重点，实行部门联动、内外结合，全社会广泛参与，落实多元扶持与资助政策，大力优化学校育人环境，实现全县高质量脱贫的预期目标。总体目标：到2018年年底，全县贫困村及建档立卡贫困户子女全部入学，全县九年义务教育巩固率达到95%以上，通过“全国义务教育发展基本均衡县”国家评估认定，到2020年，全县教育基本公共服务主要指标达到全区、全市平均水平。

◆ 2018年7月17日，县委、县人民政府下发《田林县现代特色农业示范区建设(2018—2020)年行动方案》，为加快田林县农业现代化发展进程，切实抓好田林县现代农业示范区建设，实现农业增效，农民持续增收目标，结合田林县2014年以来开展现代特色农业示范区建设所取得的成效和经验，为确保示范区创建工作顺利进行，特制订该方案。以“机制活、品种优、品质好、技术新、市场广、效益高、群众乐”和“统一规划、统筹协调、分类指导、分步实施”的思路，确定建设重点和主攻方向，分别编制建设规划和制订实施方案，建设不同产业、不同区域、不同层次、不同运行方式和经营主体的现代特色农业示范区。

◆ 2018年7月31日，县委、县人民政府下发《田林县2018年现代特色农业示范区建设工作实施方案》，根据《关于印发广西现代特色农业(核心)示范区创建方案的通知》精神，结合田林县实际，制定工作方案。方案主要内容为加快推进农业现代化的重大部署，提升田林县农业产业化、市场化、现代化水平，夯实“美丽田林·宜居乡村”和社会主义新农村建设的产业基础，为科学合理安排好各方面工作，进一步推进现代化特色农业示范区建设，切实推进全县“三农”工作追赶跨越发展。

◆ 2018年8月27日，县委、县人民政府下发《田林县容错纠错实施办法(试行)》，根据《中国共产党纪律处分条例》《中共中央办公厅印发关于进一步激励广大干部新时代担当新作为的意见》等有关政策制度，制定该办法。其内容包过总则、容错纠错的内容、容错纠错的情形、容错纠错的实施，办法总则共16条。

◆ 2018年9月5日，县委、县人民政府下发《田林县村级党组织第一书记管理办法(试行)》，为进一步加强对村级党组织第一书记的管理，根据中央、自治区和百色有关规定制定本办法。其办法明确职责任务、督查落实、奖惩激励。督查时间从2018年9月15日开始，督查方式分县级、乡(镇)分别联合成立督查组，实现督查全覆盖率，管理办法共3章。

◆ 2018年10月20日，县委、县人民政府下发《关于加强乡镇政府服务能力建设的实施方案》，根据《自治区党委办公厅、自治区人民政府办公厅印发〈关于加强乡镇政府服务能力建设的实施意见〉的通知》和《百色市委办公室、市人民政府办公室印发〈关于加强乡镇政府服务能力建设的实施方案〉》精神，为进一步强化乡镇政府服务功能，健全服务机制，提升服务效能，推进乡镇治理体系和治理能力现代化，方案明确田林县加强乡镇政府服务能力建设领导小组和田林县加强乡镇政府服务能力建设重点任务分工。

◆ 2018年12月10日，县委下发《关于深化人才发展体制机制改革的实施方案》等5个文件的通知为深入贯彻落实中共中央印发的《关于深化人才发展体制机制改革的意见》和自治区党委、自治区人民政府印发《关于深化人才发展体制机制改革的实施意见》有关规定和要求，进一步深化田林县人才发展体制机制改革，结合田林实际，特制订工作方案。

◆ 2018年12月29日，县委下发《田林县村(社区)干部管理办法(试行)》，根据《中国共产党章程》《中国共产党农村基层组织工作条例》《中华人民共和国村民委员会组织法》和有关法律法规的规定，为加强对村(社区)干部的监督管理，提高基层干部队伍的责任意识和履职能力，对本办法进行补充完善。办法包过总则、村(社区)干部的工作原则、明确岗位职责、监督检查与责任追究、奖惩激励，附则共8条。

◆ 2018年4月17日，县委下发《田林县2018年深化领导班子建设年活动实施方案》及4个配套方案，为贯彻落实党中央、自治区党委、市委关于领导班子建设的新要求，巩固深化田林县2017年领导班子建设年活动成果，提高全县各级领导班子执政能力和领导水平，制定该方案。县委成立深化领导班子建设年活动工作领导小组，下设5个专责小组。

◆ 2018年5月4日，县委下发《田林县创建基层党建示范带三年规划(2018—2020年)》，为有效破解全县基层党建发展不均衡、点优面差等难题，巩固近年来基层党建品牌创建成果，进一步推进各领域基层党组织全面进步、全面过硬，全面提升基层党组织组织力，根据《百色市委组织部关于印发〈百色市创建基层党建示范群实施方案〉的通知》要求，制定该规划以乡(镇)、县直党(工)委为单位，利用三年的时间，按照2018年覆盖20%党组织、2019年覆盖30%党组织、2020年覆盖50%党组织的总体要求，将全县基层党组织培育和创建成特色鲜明、更富创新、更具影响的基层党建典型标杆，使示范点串点成线、连线成带、聚带成群，形成全县党建示范群。

◆ 2018年12月28日，县委、县政府下发《田林县打赢脱贫攻坚战三年行动实施方案(2018—2020年)》，根据《中共中央国务院关于打赢脱贫攻坚战三年行动的指导意见》《中共广西壮族自治区委员会广西壮族自治区人民政府关于打赢脱贫攻坚战三年行动的实施意见》和《中共百色市委、百色市人民政府印发(关于打赢脱贫攻坚战三年行动实施方案)的通知》以及《田林县"十三五"脱贫攻坚规划》精神，田林县制订三年行动的任务目标是到2020年，现行标准下全县农村贫困人口基本脱贫，贫困村基本摘帽。其中，2018年脱贫25885人，摘帽贫困村21个；2019年计划脱贫7500人，计划摘帽贫困村35个，全县贫困发生率控制在3%以下，实现全县高质量脱贫摘帽；2020年巩固脱贫摘帽成果。全县因病、因残、因灾致贫以及无房、家庭主要劳动力丧失劳动能力、收入较低的贫困群体问题得到有效解决，全部实现"两不愁、三保障"目标，与全国全区全市人民一道同步建成小康。

中共田林县委员会办公室

【中共田林县委员会办公室领导】

主　任：汤自忠(壮族)
副主任：万新星(壮族)
　　　　蒙志海(壮族)
　　　　刘海英(女，壮族)
　　　　崔　健
　　　　蒋全军

【机构】 2018年田林县委办设有秘书、督查、文电、综合、会务、行政、保密、政研(县委改革办)、党委信息中心(县委办值班室)等10个股室，共有行政编制11名(含1名县委改非领导)，事业编制12名(党委政策研究中心5名，党委信息中心4名，县委办值班室3名)，后勤服务事业编制2名。

【综合协调】 充分发挥县委办公室综合协调职能，促进"四办"的协调、沟通、联系，协调和理顺好四家班子领导、常委部门、四大办和各部门之间的工作关系，做到信息互通共享、工作协调配合，积极主动地做好重要活动安排和相关工作的协调，协调各方面力量，统筹推进全县各项工作顺利有序开展。完成自治区党委常委、纪委书记房灵敏，市委书记彭晓春，市长周异决等各级领导到田林考察调研的接待工作。全年共起草全县党代会、年中工作会议等重要会议的领导讲话稿30余篇，全县性的工作总结、工作汇报、典型材料等综合文稿20余篇，为领导决策提供有效参考。

【办文办电办会】 2018年处理各级文件和各种来电来函2000余份，加强文件制发的管理，严把公文审批关、格式关、文字关，全面提高办文质量，维护公文的权威性、严肃性。同时，简化办文程序，加快办文时效，及时传达县委的决策部署和工作安排，推动各项工作的组织实施。全年共制发各类文件480余件，其中田发17件，田办发61件，田办通115件，田委109件，田办会通70件，田办电215件。2018年承办和协办各类会议120多个，其中顺利完成全县党代会、人代会、政协会、"吼敢"壮剧节等重要会议活动的组织筹备工作，协助承办全区、全市党建工作现场会等一系列大型活动。

【信息报送】 抓住领导关注的重点和社会发展中的难点、热点问题，充分发挥信息工作的服务作用，及时反映社会发展动态、总结经验教训，为上级党委和本级领导提供内容多、质量高的信息服务，帮助领导科学决策，2018年共编发《田林信息》12期、《信息快报》25期，信息报送在全区得分544分，占任务分值280分的194%；在全市得分1538分，占任务分值1200分的128%，排名全市第8位。

【督查工作】 2018年着重对扶贫攻坚、项目建设、绩效考评、安全生产等多方面、多领域进行督查，并将督查情况通报全县。在督查的方式上，采取跟踪督查、部门联合督查、专项督查等多种灵活方式，促进各项决策部署和工作事项的落实到位。加大对领导批示件的督查力度，领导批示件做到件件有着落、事事有结果。2018年共完成上级重大决策督查6余次，上级领导批示交办事项15件，开展决策督查77余次，督办县委领导批示交办事项100余件，有力推动各级党委、政府重大决策部署和领导批示交办事项的贯彻落实。

【机要保密】 加大保密培训和宣传，提高办公室人员保密意识，做好防范工作。加强对涉密文件、涉密电脑和机要保密人员的管理，定期开展保密工作检查，加大对办公室电脑公办、网络办公的监控，不断更新机要保密设备，提高保密工作的“人防、物防、技防”水平。2018年共处理上级各种密级文件200余件，未发生一起失泄密事故，既保证工作顺畅高效运转，又确保国家秘密安全。

组　织

【中共田林县委组织部领导】

部　长：韦　星（壮族，2018年5月离任）

黄剑辉（壮族，2018年5月任职）

副部长：王耀飞（壮族）

黄内排（壮族）

【概况】 中共田林县委组织部（以下简称县委组织部）是中共田林县委员会主管党的组织工作、干部工作和人才工作的部门。总编制数13名，其中行政编制11名，后勤服务事业编制2名。2018年在职13人，其中部长1人，副部长2人。2017年12月，县委组织部的内设股室由原来的办公室、组织股、干部股、综合股（知识分子工作、干部调查监督、党员电化教育、举报中心）4个股室调整为“办公室、组织一股、组织二股、干部股、干部监督股（举报中心）、调研室（信息办）、干教人才股”共7个股室。田林县党员干部现代远程教育管理办公室（以下简称县远程办）为县委组织部管理的财政全额拨款相当正科级参照公务员管理的事业单位，核定编制7名，2018年县远程办在职7人，其中主任1人，副主任1人。县远程办下设综合指导股、网络管理股和教学资源股。2015年11月将“田林县党代表大会常任制工作办公室”更名为“田林县党建工作办公室”，为县委组织部管理的财政全额拨款相当于副科级事业单位，核定事业编制3名，其中设办公室主任1名，2018年县党建办在职2人，主任1人，副主任1人。2017年12月设立田林县集体经济发展工作办公室，为县委组织部管理的财政全额拨款事业单位，核定事业编制4名，2018年县集体经济发展工作办公室在职人员为0人。

2018年，田林县基层党组织共有477个，其中基层委员会16个，党总支部34个，党支部427个。另有工委3个（即县直属机关工作委员会、县教育工作委员会、县卫计工作委员会），机关党组织244个（其中县直机关党组织207个，乡镇机关党组织37个）。党员总数10946人，其中少数民族党员8035人，占73.4%，女党员2325人，占21.2%，35岁以下党员2022人，占18.4%，农民党员6172人，占56.4%，退（离）休党员1193人，占10.9%。

【人事任免】 2018年，田林县坚持正确选人用人导向，结合全县县直、乡镇领导班子人事变动以及建设的实际情况，按照“整体稳定、个别调整”的原则，对科级领导班子进行调整充实。全年调整共涉及科级干部94人，其中提拔63人，平级交流27人，改非4人。在提拔的63人中，80后22人，85后24人；女干部21人，非党干部4人，特少数民族8人。注重在脱贫攻坚第一线提拔使用干部，全县共提拔任用脱贫攻坚第一线干部38名，其中提任正科级2名、副科级36人。把基层一线作为培养锻炼年轻干部的主战场，对看得准、有潜力的优秀年轻干部，敢于突破传统思维，打破条条框框，有计划安排在基层一线岗位锻炼培养，提升其履职能力。年内从乡（镇）扶贫第一线干共选拔48名履职2年左右的优秀年轻干部担任乡（镇）团委书记、妇联主席和扶贫办（扶贫站）副主任（副站长）。

【领导干部队伍建设】 2018年，田林县强化后备干部队伍建设，开展科级后备干部推荐工作，对各乡镇、各单位推荐的正副科以及副科中长期人员进行收集整理，确定后备干部人选，为县委全面准确了解和选任干部提供决策依据。出台干部激励关爱机制，以深化领导班子建设年活动为契机，建立田林县激励干事创业容错免责机制，协助县委出台《田林县容错纠错实施办法（试行）》，激发和保护党员干部干事创业的热情。落实职务与职级制度，确保干部职工的工资待遇正常晋升，全年共有27名干部递交晋升证明材料，符合晋升条件24人，其中，正科级晋升副处级职级9人，副科级晋升正科级职级15人。落实公务员奖励制度，对科级及以下公务员年度考核当年优秀的给予嘉奖，对连续三年考核优秀的记三等功，发放一次性考核奖金。开展“干部回家”活动，对全县14个乡（镇）领导班子成员分期分批开展“干部回家”活动，通过召开座谈会的方式，关心爱护基层干部、主动为干部排忧解难，了解掌握领导干部的思想动态，解决存在的困难和问题。召开全县年轻干部座谈会，搭建年轻干部沟通交流的平台，激励全县年轻干部在新时代新发展中新担当新作为，来自县直单位38名领导和年轻干部代表参加座谈会。开展优秀村党支部书记挂任乡（镇）党委委员工作，增强村党支部书记政治荣誉感，帮助村党支部书记不断丰富工作经历，提升农村社会创新管理能力，探索选派政治素质高、“双带”能力强、工作作风实、群众反映好的优秀村党支部书记挂任镇党委委员。制订《田林县2018年深化领导班子建设年活动实施方案》及4个配套方案，创新活动载体，扎实开展“四个大兴”活动，全力打造“五个过硬”领导班子。

【干部队伍建设】 2018年，全县2018年考试录用公务员（参公人员）计划招录51个职位共53人，网上报名1310人，资格审核通过1126人。做好公务员（参公人员）面试资格审查和第二批网上报名资格审查工作，面试资格审查共138人，放弃面试7人，面试资格审查通过131人，复审放弃面试资格2人，考试进入面试129人，体检人数53人，已录用公务员51人。2018年面向社会公开招考聘用事业单位工作人员105人，经笔试、面试、体检、考察、公示等各项程序后，市人社局审核批复同意，聘用72位同志为事业单位工作人员。贯彻落实自治区、市关于人事人才管理办法的规定，不断健全人才的引进、选拔、培养、评价机制，各项人事人才管理等工作规范有序扎实推进。

【干部队伍监督和管理】 2018年，田林县着眼于“全程化”监督，不断完善监督措施，拓宽监督渠道，形成多层次、全方位的干部监督工作体系。严格任前“公示”、任期“约束”和离任“审计”工作，不断完善干部监督工作联席会议，与纪检监察、审计、计生、信访等相关职能部门及时沟通干部监督信息，综合运用日常考察、经济责任审计、信访举报等结果，做好对干部的谈心谈话和提醒函询诫勉，有效规范领导干部从政行为。

田林县采取“四个到位”开展党政领导干部和国有企业领导人员承包经营农村土地问题专项清理工作，全县副科级以上清理工作对象共1020人，其中：处级干部32人，科级干部988人。经统计，需开展土地清理的对象共17人（其中：处级干部7人，科级干部10人），共清退承包经营农村土地16546.4亩。做好2018年领导干部个人有关事项报告工作，组织开展领导干部报告个人有关事项及《两项法规》的学习、再学习，并按期将田林县32位处级领导的个人有关事项报告表转交至市委组织部，严明党的政治纪律和组织纪律，从严管理监督领导干部，推动全县全面从严治党向纵深发展。做好群众来访来信接访工作，全年共接收和办结信访件5件，为匡正选人用人风气营造良好氛围。

【农村基层党组织建设】 2018年，田林县坚持以全面从严治党为主线，严肃党内政治生活，强化党内监督，推进各项工作扎实有效有序开展。以“一所二区五牌”建设为重点，扎实推进活动阵地整体提升。明确新建村级组织公共场所使用面积至少360平方米以上，全年新建和维修村级公共服务场所34个，项目总投资2830.46万元，并按照“四室十有”标准配套办公设施；建立服务公示区和文化氛围区，统一制作并更换支部委员会等五种平面不锈钢腐蚀文字烤漆牌子848块。制订《田林县委党的建设工作领导小组2018年工作要点》《田林县关于推行六个层级联动机制构建质量党建的意见》等一系列文件，压实主体责任。开展“对标定级、整体提升”工作，坚持每月评级，动态整改提升，年底综合评定，推动全县各级党支部全面达标升级，全县新成立党总支部11个，党支部12个，党小组1004个。实施“3+1”党建工程，配备乡镇组织干事共28名，村（社区）党建指导联络员169名，县直单位党建督导联络员35名，增强基层党建力量。加强“两台两群”的管理使用，即全国党员管理信息平台、百色市基层党建管理平台，微信互动交流群、QQ党务管理群，实现党建工作在线部署、在线落实、在线督查、在线考核。举办“不忘初心，忠诚履职”培训班，200多名党员参加培训。举办和协办23期村“两委”干部业务培训，实现1361名村“两委”干部培训全覆盖。实行“基本工资＋工龄＋绩效”机制，提高村干部待遇。出台《田林县村（社区）干部参加新型农村社会养老保险实施办法》。开展关心、爱护困难党员和老党员活动，发放慰问金3.96万元，慰问品110多份（件）。在10个试点村率先对村干部实行职业化管理，不断激发基层组织的活力。27个村（社区）在全市“乡村振兴·争创五旗”活动中获33面红旗，激发村党员干部工作热情。创建“一轴两线三带”基层党建示范带，推进各领域基层党组织全面进步、全面过硬。加强党代表工作室示范点建设，为党代表在党代会闭会期间开展活动搭建一个重要的实践平台，牢固党联系群众的桥梁。制作1500份《田林县创建基层党建示范带工作指南》《党建工作一本通》等一系列党建工作指导性、规范性文件，指导全县基层党组织开展党建工作。全县共形成“强村带弱村”帮扶对子50多对，“致富型”党支部21个，培育“党员创业带富标兵”313名，6139名党员干部与14099户贫困户结对帮扶，280多名致富能人结对帮扶1406户贫困户发展产业。梳理形成11个大类、38个具体问题，明确19个党（工）委破解基层党建重点难点任务清单，要求各级党（工）委强化服务，破解重点难点，切实履行主体责任。严厉惩治黑恶势力，经过对全县168个村（社区）189个党支部进行全面排查，田林县不存在“村霸”等黑恶势力。

【非公有制经济组织和社会组织党建】 2018年，田林县两新组织党工委深入贯彻习近平新时代中国特色社会主义思想和中共十九大精神，按照市两新组织党工委的工作部署，以增强两新党组织组织力为抓手，认真研究，精心部署，狠抓落实，保证各项工作的顺利开展。深入推进“两学一做”学习教育制度化常态化，落实好“党旗领航·助力脱贫”主题活动，搭建两新党组织服务脱贫攻坚新平台，引导两新组织助力精准脱贫，推动两新党建务实化、惠民化。开展培训，采取相关主管部门集中培训和两新组织自主培训相结合的方式，加强对两新党务工作者和党员的培训力度。年内开展培训4期，参训人员达400多人次。2018年，田林县继续按照“建立一个、巩固一个”的要求抓好两个覆盖，组建田林县潞城瑶族乡旺吉工业园区党支部；打造了区级首批两新组织党建示范点广西伟健药业有限公司党支部，及广西环球商业运营股份有限公司田林分公司党支部、田林县银川水电有限责任公司党支部等一批两新组织党建示范点。全县共有非公企业96家，党员199名，党支部20个，其中单独建立党支部18个，联合组建党支部2个；社会组织25家，党员162名。社会组织党支部21个，其中单独建立党支部20个，联合建立党支部1个。非公企业单独组建率18.7%，比2017年提高8.9%，党组织覆盖率为84.4%，比2017年提高2%；社会组织单独组建率80%，比2017年提高11%，党组织覆盖率为100%。

【机关事业单位党建】 2018年，紧紧围绕县委提出“136”工程，全面推进机关党的建设，提高机关党的建设质量。组织机关党组织开展组织生活会、民主评议党员、收集社情民意、慰问贫困户、宣传党的扶贫政策等各项活动，引导党员干部安装“八桂先锋”智慧党建手机APP，拓展党员学习教育渠道。召开机关事业单位党建工作会议。扎实开展党建信息平台管理工作。做好发展党员和党费收缴工作，县直机关发展新党员38名，预备党员转正33名。切实抓好党支部“对标定级，整体提升”工作，坚持每月对标查摆问题，集中整改，建账销号，推动党支部全面达标升级。把27个县直机关党支部列入2018年度党建示范点创建单位，以“发挥标杆作用、带动基层建设”的党建工作思路，高标准打造党建示范点，其中，县委党校、县司法局党支部、田林高中党总支部作为自治区、百色市党员教育现场参观示范点，为机关事业单位党建的长远发展，树立标杆。

【党员队伍建设】 2018年，田林县按照“控制总量、优化结构、提高质量、发挥作用”的总体要求，紧紧围绕县委的中心工作和党员队伍建设需要，坚持高标准、高质量、严程序，扎实做好党员发展工作，全县党员队伍保持总量适度增长、结构持续优化、素质不断提升，生机活力进一步增强。截至2018年12月，田林县共有党员10946名，其中女党员2325名，占21.2%；35岁及以下党员1800名，占16.4%；大专及以上学历党员3433名，占31.4%。全年发展党员235名，完成市委组织部下达发展党员指导性计划任务。

【流动党员管理】 2018年，田林县共有外出务工流动党员223名。通过“行前教育”“邮寄教育”“网络教育”等举措，抓流动党员学习教育工作。借助网络、电话、短信、邮政等传媒中介，组织流动党员过党的组织生活，参加学习教育活动，为流动党员发挥先锋模范作用搭建平台。全年共组织189名流动党员参加“行前教育”，邮寄学习资料210多份，利用农村党员远程教育站点培训215人，覆盖面96.4%。

【干部教育培训】 2018年，田林县围绕《干部教育培训工作条例》的新要求来推动干部教育培训工作的理念更新，紧紧把握干部教育培训是建设高素质干部队伍的先导性、基础性、战略性工程，树立干部教育全局理念，确立大开放、大教育、大培训观念。坚持干部教育培训工作服务于脱贫攻坚大局，突出理想信念教育和学习习近平总书记关于脱贫攻坚的重要论述这个重中之重，制订全县干部培训计划，因地制宜的设计培训内容和方向，有计划、有重点、有组织地开展对各级干部的教育培训，全面提高各级干部的整体素质。全年举办“田林县2018年科级主要领导干部脱贫攻坚工作专题研修班（第一、二期）”“田林县2018年‘三类’干部（妇女、少数民族、党外干部）脱贫攻坚工作专题培训班”“田林县青年干部培训班”等脱贫攻坚干部教育培训44期，培训干部6936人次；配合上级做好调训工作，年内共选派131人次领导干部参加62个专题培训班。

【人才工作】 2018年，田林县围绕“引进急需、注重培养、留住人才、创新机制”的工作思路，深入推进“人才强县”战略，坚持党管人才原则，建立健全人才政策，优化人才发展环境，激发人才创新创业活力，全县人才工作取得新进展、新突破。2018年，出台《关于深化人才发展体制机制改革的实施方案》并配套出台《柔性引进人才暂行办法》《引进紧缺人才暂行办法》《领导干部联系关护人才制度》《关于加快人才培养实施意见》等“1+4”文件，从人才安居补贴、生活补贴、人才关爱等方面着手，破解刚性引进高层次人才难题，为做好人才引进、培养、服务等方面提供政策依据，大力营造尊重人才、关爱人才的良好环境。同时，创新柔性引进高层次人才，田林县以“瞄准产业引人才、针对短板引人才、力求需要引人才”为原则，通过顾问指导、短期兼职、实践引才、挂职引才等方式引进重点领域紧缺急需人才，补齐人才短板，年内全县柔性引进10名来自教育、医疗、农业、林业、新闻等领域的县外高层次人才，助力各相关领域工作发展。此外，田林县与华中科技大学、广西民族大学共建政校合作新模式，打造实用性实践基地，实现政校互促共赢发展。

【远程教育】 2018年，制订出台《田林县党员教育“1123”活动实施方案》及4个配套方案，以“筑牢精神高地　争当时代先锋”为主题，大力开展“党员教育提升年”活动，狠抓党员教育机制建设、阵地建设、教学资源建设和学用管理，从高从严抓好落实。11月8日，全市“党员教育提升年”活动工作推进会在田林县召开。12月27日—28日，全区“党员教育提升年”活动工作推进会在田林县召开。同时，完成党员教育电视系列片《村里来了“小鲜肉”》摄制工作，该片在2018年全区党员教育电视片优秀作品评选中获典型人物类特等奖，实现历史性突破。同时，自治区党委组织部授予田林县委组织部等10个单位为全区党员教育电视片摄制工作先进单位组织奖。

【脱贫攻坚（乡村振兴）工作队管理】 2018年，田林县脱贫攻坚（乡村振兴）工作队共有工作队员454名，其中第一书记168名，健全各项管理制度，强化日常管理和督导检查，加大关心关爱力度，落实激励保障机制，不断提高第一书记和工作队员的驻村工作成效。出台《田林县村级党组织第一书记管理办法（试行）》，实地走访督查14个乡（镇）工作队员550余人次，电话在岗督查和微信定位490人次，开展集体约谈2次共520余人次，个人约谈112人次，通报批评79人次，印发通报“基层党建两随机工作专刊”21期，共召回培训工作队员40名。做好干部结对帮扶工作，完成全县6333名干部结对帮扶13512贫困户，完成21个村、6022

户、25885人脱贫出列。落实驻村工作补助经费916.8万元,解决第一书记驻村工作经费和帮扶经费共计605万元,落实改善住村条件经费33.5万元,全县第一书记和工作队员共为民办实事好事2400余件,争取项目260余个,涉及资金12500余万元。

【发展壮大村级集体经济】 2018年,县委、县政府高度重视发展壮大村级集体经济工作,全县累计投入资金6384.5万元,通过盘活资产、村企合作、自主发展等模式发展村级集体经济。截至2018年12月底,全县村级集体经济总收入为794.122万元,168个村(社区)收入均达到2万元以上,其中已经脱贫摘帽和2018年计划脱贫摘帽的贫困村村级集体经济收入均达到5万元以上。 (黄文渊)

宣　　传

【中共田林县委宣传部领导】

部　长:蒋桂红(女,壮族)

副部长:谭正银

　　　　黄艳琼(女,壮族)

【概况】 中共田林县委宣传部(以下简称县委宣传部)是中共田林县委员会主管意识形态工作的综合职能机构,编制11名(含10名行政编制,1名后勤事业编制),在职12人,其中部长1人,副部长2人。下设7个股室,即办公室、理论股、社会宣传股、新闻通讯股、信息调研股、精神文明建设股、未成年人思想道德建设股。县委宣传部下设二层机构县新闻网络信息管理中心,为县委宣传部管理的财政全额拨款事业单位,不定机构级别,核定事业编制4名。

2018年县委宣传部分别荣获百色市"基层理论宣讲先进集体"称号、2017年度《右江日报》《百色早报》新闻报道先进集体、2017年度《百色新闻网》新闻报道先进集体、田林县"2017年度新闻宣传工作先进集体"称号、田林县"2017年度先进基层党组织"称号、田林县"2017年度机关绩效管理先进单位"称号、田林县"2018年度田林县人大宣传工作先进单位"称号、音乐壮剧《瑶娘》获得桂花舞美设计奖。

【宣传队伍建设】 调整和充实县委宣传部、县文广局等领导班子,配齐备强14个乡(镇)宣传统战委员,出台乡(镇)党委宣传委员工作考核办法,把基层各项工作和意识形态工作紧密衔接起来,全面提升意识形态领域干部综合素质和政治定力。整合全县资源,在各乡镇、各部门确定160多名专兼职采编、网评队伍,让正能量占领精神阵地。

【理论工作】

完善制度促学习 围绕党的十九大和十九届二中、三中全会精神、习近平新时代中国特色社会主义思想、习近平总书记视察广西重要讲话精神及中央重大理论创新和决策部署,学习宣传贯彻党的十九大精神,常态化、制度化开展理论专题学习,完善各级中心组学习制度,确保每季度有集体学习安排,每个专题有中心发言。

创新载体激活力 依托新时代讲习所,开展"讲习夜话""田林讲坛""讲习小广播"等特色讲习活动,全县共开展讲习活动800余次、"田林讲坛"12期、"讲习夜话"56次,播出"讲习小广播"40期。2016年10月以来,田林县结合精准扶贫工作主旨,在定安镇渭密村、乐里镇风洞村、利周瑶族乡福祥村农家书屋试点开展"配书围着产业转、服务围着需求转、干部围着群众转"(简称"三围三转")文化扶贫,使农家书屋的管理、使用活起来,全面提升农家书屋综合惠农成效,2018年11月得到市委领导肯定及书面批示在全市范围内进行推广。

创新宣讲入民心 通过讲、播、演、传相结合的形式开展乡村振兴战略暨扶贫"扶心扶志扶智"百人百场"板凳圈"宣讲活动、"贯彻十九大·感恩在田林"主题教育活动、脱贫攻坚情景报告会暨"精准脱贫颂党恩"主题晚会和"乡村振兴　娃娃同行"新时代主题讲习暨"板凳圈"戏曲进校园活动。全县累计开展"板凳圈"宣讲150余场次。

【新闻宣传】

突出主流媒体影响凝聚力量 2018年县委宣传部在中央主流媒体宣传工作取得新突破,其中在《中央电视台》刊发稿件3篇,在《人民日报》刊发稿件5篇,在《新华每日电讯》刊发稿件4篇,在《农民日报》刊发稿件6篇,在《瞭望》刊发稿件1篇。在市级以上新闻媒体共刊播新闻稿1938篇,在《右江日报》刊发田林县专版10版,县级媒体共刊播新闻稿件4245篇,微信公众号《田林宣传》刊发113

田林县召开学习宣传贯彻中共十九大精神田林宣讲团，壮语宣传队宣讲动员会 （龙 升 摄）

期，刊发田林县手机报68期。

注重外部宣传助推经济社会发展 紧扣脱贫奔康主题，弘扬主旋律，传递正能量，2018年在《人民日报》《新华社每日电讯》《农民日报》等中央级主流传统媒体刊播新闻稿件18篇。召开5期新闻发布会，围绕全县脱贫攻坚、经济发展、民俗活动、精神文明创建等各项工作开展情况，向社会宣传传递田林经济社会发展之声。

【宣传文化事业】 以培育和践行社会主义核心价值观为根本，不断完善基础设施，整治城乡环境，全面提升市民素质和城乡文明程度，助推自治区级文明城市创建工作。2018年5月，田林县正式全面启动自治区级文明城市创建工作，在成功创建市级文明县城基础上，全面提升市民素质和城乡文明程度；7月，第三方调查队对自治区文明城市县级参评城市进行实地考察和问卷调查测评，结果反馈田林县市民对开展文明城市创建的效果满意度达到90%、全市排名第4名、自治区排名36名；10月开始，在县城内人流密集地段，设置大量中心隔离护栏，加装红绿灯疏导交通流量，大力提高道路通行能力；11月，根据自治区文明委《关于反馈2018年自治区文明城市县级参评城市实地和问卷调查测评结果的通知》，完成整改工作；全年共编写出田林县创建自治区文明城市工作简报5期。

【网络宣传管理】 建全网络舆情监控制度，强化舆论引导和监控，处置舆情案件20余件，2018年全县无重大舆情发生。2018年6月24日田林县县城绕城路滑架沟局部区域因暴雨引发地质灾害，地质灾害发生后，坚持以正面宣传为主原则，牢牢把握正确舆论导向，第一时间通过中央电视台、中新社、广西日报广西云、《右江日报》等主流媒体发布准确、权威信息，稳定公众情绪，最大限度地避免、缩小和消除因突发公共事件造成的各种负面影响，抢占舆论引导主动权，有效遏制舆情炒作升级，压缩舆论杂音噪音的空间，营造和谐稳定的社会环境。并撰写《快速反应 主动出击 网夺先声——田林持续强降雨引发地质灾害导致房屋倒塌舆情处置案例总结》作为舆情处置优秀案例上报市网宣办。

【精神文明创建活动】

“道德讲堂”活动传递正能量 通过身边人讲身边事、身边人，年内完成“道德讲堂”总堂建设，开

2018年10月25日，板凳宣讲暨戏曲活动进校园进行文艺演出 （刘丁源 摄）

展县、乡活动61期,受教育人数近10000人次。

精神文明创建活动稳步推进 完成社会主义核心价值观主题公园、168个村(社区)"一约四会"、14个乡镇"乡风文明示范点"建设,选树利周瑶族乡福祥村、旧州镇者务村为文明示范点;以道德模范和身边好人为原型,开展壮剧、山歌、快板等巡回演出100余场次,山歌传唱30多场,受益观众达10多万人。全县获得2所中央少年宫项目(浪平镇、高龙乡中心校),县内自建5所(百乐、旧州、福达、者苗、那比)乡村学校少年宫,高级中学、初级中学、高龙乡中心校获百色市第一届文明校园称号。

典型示范引领社会新风尚 开展"我推荐我评议"工作,推荐上报赵龙京先进事迹。经评选,2018年9月27日中央文明办在浙江宁波举办全国道德模范与身边好人现场交流活动,隆重发布9月"中国好人榜",田林县赵龙京当选敬业奉献中国好人,成为广西4人荣登9月"中国好人榜"之一。2018年表彰"美德少年"100名先进典型,评选出8名"身边好人"、10名"最美乡村干部"、20名"最美乡村教师"、10户"文明家庭",99户"十星级文明户"等工作。

(杨进宏　黄丽莲)

纪检监察

【中共田林县纪律检查委员会领导】

纪委书记:

黄友政(壮族,2018年5月离任)

潘永春(壮族,2018年5月任职)

副书记:黄圣刚(壮族)

姚茂权(2018年9月任职)

常　委:杨秀珍

岑志雄(壮族,2018年9月离任)

黄润春(壮族)

袁国成(2018年9月任职)

潘　静(2018年9月任职)

【田林县监察委员会领导】

主　任:

黄友政(壮族,2018年5月离任)

潘永春(壮族,2018年5月任职)

副主任:

黄圣刚(壮族,2018年1月任职)

姚茂权(2018年10月任职)

委　员:

杨秀珍(2018年1月任职)

岑志雄(壮族,2018年9月离任)

袁国成(2018年10月任职)

黄华庆(壮族,2018年1月任职)

吴鸿宇(2018年1月任职)

【概况】 田林县纪检监察机关设有纪委监委机关1个,领导职数9名,其中书记1名、副书记2名,常委4名;监委主任1名(纪委书记兼任),副主任2名(纪委副书记兼任),委员4名(其中2名由纪委常委兼任),内设9个室,即办公室、预防宣教室、党风政风监督室、信访室、第一纪检监察室、第二纪检监察室、第三纪检监察室、案件审理室(案件申诉复查工作办公室)、案件监督管理室,另设反腐倡廉信息教育管理中心,共有编制32名,其中行政编制22名,政法专项编制6名,事业编制2名,机关后勤服务事业编制2名。县纪委监委设置派驻纪检监察组11个,编制40名(其中20名为行政编制、20名为政法专项编制)。全县共有纪检监察干部71人(不含巡察办和巡察组),其中县纪委监委27人,派驻纪检监察组16人,乡(镇)纪委书记14人、副书记14人。共有村级(社区)纪检委员168名。

【监察体制改革】 2018年,田林县把深化监察体制改革工作列为改革"一号工程",由县委担负主体责任,纪委牵头组织实施,相关部门各负其责,深入推进改革工作。1月20日选举产生县监察委员会主任,任命副主任和委员,1月23日挂牌成立田林县监察委员会。落实合署办公体制下案件审查调查重要事项向上级纪委监委、同级党委请示报告制度。与公检法机关相互协作、配合,推动纪法贯通,纪法协调衔接。制定《田林县纪委监委机关执纪监督监察工作办法(试行)》等四项制度,严格规范使用12项调查措施,全年向县委报批立案审查案件18人。

【巡察工作】 调整充实县委巡察工作领导小组成员,明确巡察办为正科级单位,配齐巡察办人员。设立6个县委巡察组,配备正科长级专职组长。组建全县巡察工作人才库,储备巡察工作人才103人。2018年完成2轮深度贫困村巡察、1轮常规政治巡察、1轮巡察"回头看",发现问题692个,向相关单位移交问题线索236条,相关人员主动退回违纪款项4.06万元。

【作风建设】 印发《田林县巩固深化落实中央八项规定精神和整治四风成果的方案》,开展巩固深化落实中央八项规定精神和整治“四风”活动，组织自查自纠发现问题125个，查处违反中央八项规定精神问题5件，给予党纪政务处分5人，通报典型案例3批、5人。聚焦形式主义、官僚主义10个方面具体表现，强化监督检查，查处形式主义、官僚主义问题52起，给予党纪政务处分40人，诫勉谈话7人，通报典型案例7件、10人。紧盯重要时间节点，采取明察暗访、交叉检查等多种形式，持续对节假日值班情况、公车私用、公款吃喝、公款送礼等行为及防汛值班情况、上班纪律执行情况进行明察暗访11次，发现并整改问题33个。

【信访工作】 开展纪检监察信访工作规范化建设，对乡(镇)纪委信访办公场所、业务流程按照统一标准进行规范，进一步提升信访工作水平。县领导到乡(镇)开展大接访活动28场次，发放宣传资料8000余份，接待群众2665人次。2018年，全县纪检监察机关接受信访举报293件次。

【执纪审查】 建立健全县反腐败协调制度、执纪审查片区联合协作制度、问题线索研判处置制度等工作机制，不断加大执纪审查力度，提升案件质量。2018年共处置问题线索243件，立案128件，涉及科级干部18人，一般干部15人，村干部43人，其他人员52人，给予党纪政务处分114人。

【宣传教育】 一是在县级主流媒体设立专栏，同时开通“田林清风”微信公众号；在集镇及公路沿线新增大型户外固定宣传广告牌268张(处)，利用墙体刷写标语、拉挂横幅、制作灯杆宣传牌等3000余条(幅)。二是在田林县“吼敢”壮剧文化艺术节开幕式上展演反腐倡廉剧目，其间发放印制有专项治理工作内容的扇子、环保袋、围裙等1.6万份，发放《一封信》、宣传卡等资料3万余份。三是利用节假日学生放假之机，向中小学生发放宣传资料15000份，通过小手拉大手向家长宣传。四是将典型案例通报到村到屯，分期将本县查办的典型案例张贴到全县168个行政村(社区)、1291个自然屯及村道主要路口；充分利用县气象局设立在各行政村的气象“大喇叭”自动播报典型案例66次，做到每月必通报。五是在田林县纪检监察网开通一个监督曝光专区，已经通报了12期、25起、31人典型案例；召开县乡两级干部警示教育会，通报有关案例进行警示；在村级和各单位设立公示公开栏，以典型案例警示展的形式集中张贴案例通报；还组织全县领导干部开展家庭助廉活动和现场警示教育活动；建设完善全县廉政教育基地，将扶贫领域典型案例、典型忏悔进行展示，分批次组织党员干部参观警示。

【扶贫领域腐败和作风问题专项治理】 落实“一年两例会”、一月一报告、问题线索排查制度、直查直办制度、通报曝光制度、联动协同、“专班专抓”、“蹲点调研”等工作机制，组织召开2次工作例会，4次主责部门联席会议。建立“三级联动、协同合力、共同推进”的县、乡、村三级互联互动工作体系，建立165个村级专项治理工作站，打造“微治理”模式，组织开展纪检干部大蹲点大巡访活动，蹲点走访2619户，发现一批问题线索。2018年立案查处扶贫领域腐败和作风问题92件，给予党纪政务处分88人。当年被评为全区扶贫领域腐败和作风问题专项治理工作先进典型。

【自身建设】 以“两学一做”学习教育常态化制度化为契机，结合实际，开展纪检监察业务知识培训3次，组织或推荐纪检监察干部参加自治区、市纪委监委组织的各种培训、办案15人次，以案代训，提高纪检干部实战水平；组织全县纪检监察干部学习新修订的《中华人民共和国宪法》《中国共产党纪律处分条例》和《中华人民共和国监察法》，提升业务素质能力。全面梳理纪委监委、机关各室、党支部、领导班子主要工作职责，建立健全监委委务会议事规则，完善请休假、考勤等内部管理制度，着力形成靠制度办事、用制度管人的机制。严格执行纪检监察干部“十自觉、十严禁”，严防“灯下黑”。

【中国共产党田林县第十四届纪律检查委员会第三次全体会议】 2018年3月2日，中国共产党田林县第十四届纪律检查委员会第三次全体会议在田林举行。出席会议的县纪委委员17人。县委书记彭斌出席全会并作重要讲话。县四家班子党员领导，以及有关方面负责同志参加会议。全会深入学习贯彻习近平新时代中国特色社会主义思想和中共十九大精神，全面贯彻落实十九届中央纪委二次全会、自治区纪委十一届四次全会、市纪委四届三次全会和县第十四届第三次党代会精神,总结全县2017年纪检监察工作,分析当前形势,研究部署2018年工作任务。全会审议通过黄友政代表县纪委常委会所作的《强化监督执纪问责　推进全面从严治党　奋力开创党风廉政建设和反腐败工作新局面》工作报告。

(罗　鹃)

统一战线

【中共田林县委统战部领导】

部　长:梁秀荷(女,壮族)

副部长:鄂桂青(女,壮族)

李祖元(壮族)

【概况】 中国共产党田林县委员会统一战线工作部(以下简称县委统战部),是中共田林县委主管全县统一战线工作的职能部门,内设办公室,2018年核定行政编制4名,后勤服务事业编制1名,其中部长1人,副部长2人(其中1人兼任县工商联合会党组书记),办公室1人,司机(机关后勤人员)1人。县非公有制经济办公室(以下简称县非公办)为县委统战部管理的财政全额拨款事业单位,不定机构级别,核定编制1名,无在编人员。全县14个乡(镇)党委均配备宣传统战委员。

【基层统战】 2018年,县委统战部按照"六有一提升"工作思路进一步推广利周瑶族乡统一战线工作室创新试点经验,在全县其余13个乡镇全面铺开,深入推进统战工作室标准化建设。通过"两个纳入"(一是纳入全县乡镇年度绩效考评指标任务;二是将统战工作室建设经费纳入县级财政预算),强化乡(镇)党委对统一战线工作的主体责任,推动基层宣传统战委员落实统一战线工作职责,发挥乡(镇)统战工作室在推动当地非公企业结对帮扶贫困村、贫困户的沟通联系作用,巩固和发展更广泛的爱国统一战线,为脱贫奔康目标凝心聚力。

【统战思想政治引领】 2018年1月和5月,县委统战部分别组织人员到潞城旺吉工业园区、定安镇常井天主教堂等地,开展田林县统一战线中共十九大精神宣讲活动,落实中共十九大精神进企业、进厂房、进车间、进宗教活动场所宣教工作。同时,全年共组织全县统战干部、统战对象、非公经济代表人士、党外干部代表及新的社会阶层人士代表分别参加广西统一战线新时代讲习所、广西统一战线百色市新时代讲习所讲习活动共12场(次),参加学习培训人数300余人(次)。除此以外,年内还举办有宣传统战工作业务学习培训班,邀请市委统战部的领导授课,进一步强化统战工作理论学习和统战信息工作。通过学习,带领全县统一战线成员和服务对象深入领会习近平新时代中国特色社会主义思想特别是习近平总书记关于加强和改进统一战线工作的重要思想,切实把十九大的决策部署转化为推动田林经济社会发展和社会稳定的实践保障。

【引导社会力量参与脱贫攻坚】 2018年,县委统战部贯彻落实习近平总书记在中央扶贫工作会议上的讲话精神,围绕县委关于脱贫攻坚工作的决策部署,充分发挥部门职能作用,引导县内外的118个企业结对帮扶全县103个贫困村(含深度贫困村),开展结对帮扶工作,合力助推田林脱贫奔康,取得初步成效。在走访调研的基础上,制定并由县脱贫攻坚指挥部下文印发《田林县"百企扶百村"精准扶贫工作方案》。5月31日,以县、乡镇两级视频会议的形式召开田林县"百企扶百村"精准扶贫工作动员大会,参会人员约300人。会上,企业代表与贫困村代表签订《企业与贫困村结对帮扶框架协议》,开启全县企业结对帮扶贫困村脱贫攻坚工作的热潮。明确县委统战部牵头,统筹抓好企业结对帮扶工作,县扶贫办、县工商联、各乡镇等相关部门密切配合,凝聚多方力量,切实抓好"百企扶百村"精准帮扶工作的落实。在县委统战部、县工商联及各乡(镇)共同推动下,年内有85家结对企业与结对贫困村签订帮扶框架协议,企业开展调研帮扶取得一定成效。

产业帮扶方面　田林县和平糖业公司、田林县康益土特产有限公司、田林县鑫福源山茶油开发有限公司、田林县康之源食品配送有限公司、田林长江天成农业公司、田林县铭翔养殖有限责任公司6家公司结合公司发展特点在扶贫联系村开展产业帮扶工作。通过发展种植项目、建立农民专业合作、签订农产品收购和技术帮扶等方式开展帮扶活动,有效带动所联系村贫困户的增产增收,充分发挥企业的社会效益。

就业帮扶方面 县委统战部通过建立非公企业微信平台，收集企业的用工需求，与各乡镇对接落实贫困劳动力的就业安排。如年初组织6家用工企业参加“春风行动”招聘现场会，当场与18个贫困劳动力达成用工协议。在各方的推动下，共有20家县内非公企业安置贫困人口就业共166人(次)，直接带动贫困群众就业增收。

基础设施帮扶方面 共动员县内20多家民营企业捐资捐物，参与贫困村的水毁道路修复、贫困农户安全饮水、村容村貌、文体办公等设施建设，帮助贫困村改善生产生活条件，提供民营企业力所能及的援助。同时，响应自治区党委统战部关于“广西统一战线同心水柜”建设的部署，广泛动员非公企业开展捐赠工作，年内全县非公企业完成捐赠13.5万元。其中银川水电有限公司捐赠10万元、伟健药业公司1.5万元、曾强木业1万元、星达公司1万元。银川水电有限公司为此受邀参加广西电视台在10月15日举办的“广西统一战线‘捐赠同心水柜 助力脱贫攻坚’”特别节目录制。

品牌帮扶方面 如八渡瑶族乡博峨村的结对帮扶企业百色市文化旅游发展有限公司，依托其公司在土特产品开发的优势，引导博峨村做大做强八渡笋产业，帮助的博峨村八渡笋产品获百色市首届旅游商品大赛银奖。

捐资助学方面 民营企业家响应号召，主动联系贫困学生开展捐资助学活动，为学校、学生捐助学习用品和生活用品。如田林县星达工业公司张义捐助贫困高中生及旺吉村贫困大学生，每年捐助学费约7000元；广西和宇生态农业发展有限公司田林分公司捐助达妹村下陇马屯1名贫困学生上学，每年5000元等。

建立扶贫爱心超市 部分民营企业帮助贫困村建立扶贫爱心超市。如百色市汇客隆公司投入2万多元在定安镇八来村建起爱心超市；广西熙禾房地产公司、广龙水泥有限公司等企业分别捐赠价值约万元的超市商品、不断补充扶贫“爱心超市”货源。

【非公经济发展】 县委统战部以推动广西非公经济服务平台的注册认证工作为抓手，搭建党委、政府和非公企业、非公经济人士沟通协商的桥梁，推进非公经济健康发展和非公经济人士健康成长。

非公经济服务平台注册认证 按照自治区党委统战部的工作要求，落实广西非公经济服务平台注册认证工作。根据辖区内企业分布、行业属性分类等原则，进一步明确各乡(镇)、各业务主管部门责任主体，落实工作责任，共同推进田林县非公经济人士的注册认证工作任务。为重点突破县城内非公人士的注册认证任务，经请示县委同意，从相关职能部门人员组成专项工作队，在县城辖区内进行“拉网式”注册认证，完成县城1300余家私营企业、个体工商户的注册认证工作。截至2018年12月31日，田林县非公人士在平台上注册认证人数为3227人。

解决非公领域诉求 充分发挥线上和线下协同配合机制，及时做好企业在广西非公经济服务平台上反映问题的答复、处理的协调、跟踪和督办工作。县委统战部安排专人负责管理非公服务平台，一经收到在平台反映的问题动态，将及时做好汇报和与相关业务主管部门沟通对接工作，确保非公企业反映的困难问题有着落、有回应。帮助非公企业解决实际困难，凝聚广大非公经济人士力量，营造“亲”“清”政商关系。截至2018年12月，田林县共收到企业在平台上提出的诉求问题40件，已回复受理40件，受理率100%。已回复受理的40件诉求问题中，企业评价满意38件，满意率95%。

非公经济人士的政治引领 通过组织开展“两会两活动”，即田林县2018年非公经济人士座谈会、习近平总书记在民营企业座谈会讲话精神集中学习会和组织非公经济人士代表参加“不忘初心 红心向党”为主题的红歌比赛活动、开展“重走红军路、寻访小平革命足迹、重温激情燃烧岁月”理想信念教育活动，进一步推动习近平新时代中国特色社会主义思想在广大非公有制经济人士心中落地生根。

【党外代表人士队伍建设】 一是主动与县组织、人事及各相关单位对接，及时更新完善田林县党外科级以上领导干部花名册；继续做好党外后备干部的摸排调研工作，在全县范围内开展党外后备干部摸排工作，对素质好、能力强、有发展潜力的党外后备干部进行登记造册。二是做好党外干部代表的推荐选送工作，推荐2名党外优秀代表人士参加在中央民族干部学院举办全市无党派人士、新的社会阶层代表人士理论培训班。三是做好年度党外干部培训工作。2018年8月,组织全县22名党外科级领导干部参加在延安干部学院举办的田林县2018年“三类”(妇女、少数民族、党外干部)干部专题培训班培训,进一步提高全县党外领导干部政治理论素养、执政能力、参政议政、组织领导和合作共事能力,提高党外干部队伍的能力素养。

【宗教事务】 2018年,田林县坚持全面贯彻党的宗教信仰自由政策,依法管理宗教事务,健全制度、落实责任。一是及时传达上级会议和文件精神,在县委常委会和县委理论中心组学习会议上专题传达学习中央、自治区有关宗教工作文件和领导的重要讲话精神。二是组织召开田林县宗教工作联席会议,研究和交流田林县宗教工作的形势和发展,加强依法管理宗教工作。同时,举办新修订的《宗教事务条例》学习培训班,对各单位、部门及乡镇领导、分管领导进行培训,提高依法管理宗教工作的能力和水平。三是组织人员到定安常井天主教堂所在地和平塘乡渭各村经堂所在地开展宗教政策法规宣传和爱国教育活动,通过开展中共十九大进宗教场所专题宣讲、组织信教群众观看爱国教育影片等方式,激发信教群众的爱国热情,引导群众在合理合法的范围内信教传教。四是年内开展走访慰问困难信教群众工作,在春节期间给困难信教群众送上县委、县政府的关怀和问候,年内共发放慰问金6000元。五是按照程序规范使用自治区下拨的教堂维修经费7万元,用于定安常井天主天面和吊顶维修。同时,向上级宗教部门申报2019年教堂维修经费,保障宗教场所的安全使用。

【港澳台海外统一战线】 2018年,县委统战部、县侨办、台办配合县委、县政府做好台湾少数民族代表团一行到田林县利周瑶族乡开展2018年“中华一家亲相约美丽广西”—桂台各民族欢度“三月三”民族交流活动,促进两岸少数民族交往交流交融,进一步巩固和完善少数民族交流合作平台和机制。同时,深入了解辖区内侨属、侨眷和台属、台眷的生产生活困难问题,开展对困难侨属侨眷、台胞台属的关心和慰问工作,年内共发放慰问金18900元。（黄艳钦）

机关党建

【田林县直属机关工委领导】
书　记:姚敦座
副书记:杨秀昆

【概况】 1971年11月17日经县委批准成立县直机关党委,1997年3月25日县直机关党委改为中共田林县直属机关工作委员会(简称直属机关工委),由原来在县委组织部挂牌改为县委工作机构。1993年之前县直机关党委与各乡镇党委同样每三年举行一次换届选举,1993年以后县直党委由县委直接任命,不再举行换届选举。内设办公室、综合股、人民武装部3个职能股室。2018年县直机关工委核定行政编制3名,后勤事业编1名。在职人员5人,其中书记1人,副书记1人,主任科员1人,副主任科员2人。

【党支部建设】 2018年县直机关工委所辖基层组织101个党支部,85个单位,1个机关党委,7个党总支部,6个非公党支部,党员数1895人。县直属工委紧紧围绕县委提出“136”工程,按照《田林县关于推行六个层级联动机制构建“质量党建”的意见》的通知要求,宣传贯彻中共十九大精神和习近平新时代中国特色社会主义思想,全面推进机关党的建设,进一步提高机关党的建设质量,不断增强党组织的凝聚力、战斗力和影响力。以“发挥标杆作用、带动基层建设”的党建工作思路,高标准打造党建示范点,其中伟健药业公司党支部获自治区两新组织党建工作示范点,万科律师事务所党支部获百色市律师行业先进基层党组织,县委党校、县司法局党支部作为百色市党员教育现场参观示范点,为机关党建的长远发展,树立标杆。

【发展党员】 做好发展党员工作,严把新党员的“入口关”,2018年,县直属机关共发展新党员38人,预备党员转正34名。2018年培养积极分子培训班一期、128名,发展对象66名。

【党员组织生活】 县直属机关工委以支部为单位,按照组织设置规范、班子配备规范、队伍建设规范、制度执行规范、活动开展规范,推动党支部全面达标升级;结合开展

"不忘初心、牢记使命"主题教育，建设"五好"领导班子的基础上，以"五学"为抓手，以增强"三观"为抓手，围绕"抓重点、补短板、强弱项"，推进"五到工作制"，推行"五个一线"工作方法，打造过硬的领导班子。一是制定下发《2018年机关党员干部利用春节回乡助力"美丽田林"乡村建设和脱贫攻坚工作》，组织机关党员干部利用春节回乡时机，开展帮扶活动，展示机关党员风采。二是组织两新组织开展2018年"学雷锋志愿服务月"活动。三是组织县直机关党(总)支部以多种方式开展向郑德荣等7名同志学习活动。四是组织引导县直党员干部安装"八桂先锋"智慧党建手机APP，构建党员教育管理服务新平台。五是组织县直机关党员观看《榜样3》专题节目，学习全国优秀共产党员的先进事迹。六是在县直机关3个党总支，13个党支部安装现代远程教育点。七是新成立1个机关党委，1个党总支，2个党支部，撤销7个党支部。

落实"三会一课"制度，统一印制了"三会一课"记录簿。2018年共收缴党费55万元，全部上交县委组织部。

在春节、"七一"期间使用党费返还慰问180名党员，其中退休老党员89名(中华人民共和国成立老党员1名)，困难党员60名，受地质灾害31名，慰问金共48872元。

建党97周年以"铭记党的历史，共建活力机关"为主题，举行离退休党员开展"不忘初心　永跟党走"主题离退休党员游园活动，开展"不忘初心　牢记使命"杯气排球赛。共有31个代表队，近320多名运动员参加。组织78名新老党员到田林县灯光球场开展"不忘初心　永跟党走"主题新老党员入党宣誓活动，缅怀党的丰功伟绩，传承党的好作风。参与田林县"不忘初心、牢记使命"主题演讲比赛和"不忘初心　永跟党走"知识竞赛。举办入党积极分子培训班，共210名入党积极分子和发展对象参加。举办田林县2018年县直机关党员培训班，共有850余名党员参加。举办田林县两新党组织"不忘初心　永跟党走"培训班。

2018年6月12日，县直属机关工委党支部举办"不忘初心忠诚履职"培训班

【党内民主活动】 按照党章规定，坚持落实民主评议党员制度，建立党员承诺公开栏，接受党员群众评议，严格召开民主评议党员和民主生活会，101个党组织集中党员学习、谈心谈话、征求意见的基础上，通过党员评议和党支部评定，对每名党员在政治、纪律、品德和作用发挥等方面作出客观评价。根据县委组织部的要求，县直各机关党员领导干部共有101个党组织开展批评与自我批评的组织活动。

【征兵工作】 夏秋季征兵工作，做到预征对象摸底100%，征兵宣传100%，家访100%，确保征兵任务的完成。同时抓好兵役登记，民兵整组训练和民兵应急分队建设。

(甘淑兰)

机构编制

【田林县机构编制委员会办公室领导】

主　任：黄瑞芳(女，壮族)

副主任：邓忠善(瑶族)

　　　　曾秋方(女，壮族)

【概况】 田林县机构编制委员会办公室划归县委序列，正科级行政部门。2018年核定行政编制5名，内设综合股、机关机构编制股、事业机构编制股，在职人数5名。设有田林县事业单位登记管理局和田林县行政审批制度改革管理办公室2个二层机构。其中田林县事业单位登记管理局为财政全额拨款事业单位(参公),领导职数设局长1名,核定事业编制3名,实有在职人数3名。田林县行政审批制度改革管理办公室为财政全额拨款事业单位,领导职数设主任1名,核定事业编制4名,实有在职人数4名。2018年,围绕年初制定的各项工作目标,推进政府职能转变和机构改革,不断深化行政审批制度改革,优化资源配置,强化机构编制日常管理,推进事业单位分类改革,抓好事业单位登记管理和行政审批制度改革管理工作,为田林县经济社会发展提供机制体制保障。

【行政机关和事业单位机关】

全县行政机构设置情况(不含下设机构) 2018年,田林县行政机构个数为84个,其中县直党委机关16个、人大6个、政府机关35个、政协4个、群团机关9个,乡镇14个。

全县事业单位设置情况 2018年,全县各类事业单位机构419个,其中:全额拨款事业单位386个(含参公单位87个),差额拨款事业单位23个,自收自支事业单位10个。

【行政管理体制改革】

党政机构改革 深入学习贯彻中央、自治区和市有关机构改革文件和会议精神,深入基层开展专题调查研究,多次与上级部门领导对接和反复修改,2018年11月底,《田林县机构改革方案》正式行文上报。

国家监察体制试点改革 2018年1月,将县监察局的职责,以及县人民检察院查处贪污贿赂、失职渎职及预防职务犯罪等反腐败的相关职责整合,完成田林县监察委员会的组建,与中共田林县纪律检查委员会合署办公,将田林县人民检察院6名政法专项编制划转到中共田林县纪律检查委员会、田林县监察委员会机关,并完成转隶调动。根据巡察工作需要,组建县委巡察组机构,设6个县委巡察组,落实人员编制,核定专职人员6名,为推动全面从严治党向纵深发展、向基层延伸提供有力保障。

统计管理体制试点改革 设立县统计执法监督局、县统计数据管理中心(县乡镇统计工作管理办公室)、乡(镇)统计工作办公室,强化统计执法职能,建立和完善统计数据信息直报、共享体制机制,为全区深化统计管理体制改革工作提供试行试点经验。

司法体制改革 核查核实县人民法院和县人民检察院机构编制、内设机构以及人员基本情况,做好县人民法院内设机构的调整优化,将原来的内设机构13个、派出机构4个调整为内设机构8个、派出机构4个。县人民检察院31名政法专项编制,2名后勤服务人员控制数、县人民法院82名政法专项编制上划自治区管理。

乡镇行政体制机构改革 贯彻全区深化乡镇“四所合一”改革的实施意见,深入全县14个乡镇开展“四所合一”改革调研和检查工作,并重新制定田林县乡镇“四所合一”机构编制方案,健全完善部门联席会议制度,建立制度化、常态化的工作协调机制。组织县法制办、安监局、国土局、环保局、住建局等部门对各乡(镇)有关人员开展全员大培训;组织安监、环保、国土3个部门和14个乡镇人民政府分别与14个乡镇国土规建环保安监站签订《行政权力事项委托书》,进一步理清乡镇“四所合一”机构的权责清单,乡镇“四所合一”机构国土规建环保安监站(综合行政执法大队)受委托事项37项,协助事项17项,公共服务事项11项,破解乡镇国土规建环保安监站无执法权限难题。探索“多所合一”,将乡镇农机职责整合,组建国土规建环保安监农机站。为14个乡(镇)国土规建环保安监农机站配备90万元的执法设备。

成立乡镇扶贫工作机构 14个乡(镇)分别设立“扶贫工作办公室”和“扶贫工作站”,从田林县的乡(镇)层级调剂14个行政编制专用于乡镇扶贫工作办公室,从各乡(镇)农业技术推广站、林业工作站等站所连人带编划转编制到扶贫工作站,确保每个乡镇扶贫工作机构有人员编制5~9名。

【行政审批制度改革】

行政审批事项清理 围绕企业申请开办时间压缩、投资项目审批提速、政府加大事中事后监管、提升公共服务供给效率、服务大众创业万众创新、降低企业成本等领域的行政许可事项,全年共取消行政许可事项8项,承接自治区委托下放的行政许可事项3项,调整行政许可事项39项,依据法律法规设定为行政许可事项9项,均印发调整文件向社会公布。

规范县本级中介服务事项目录 根据广西壮族自治区人民政府《关于印发广西保留为行政审批必要条件的中介服务事项目录的通知》精神，共梳理出全县保留的中介服务事项目录共44项，涉及14个县直部门，并实行清单管理和动态管理。明确规定除保留为行政审批必要条件的中介服务事项外，全县各审批部门不得以任何形式要求申请人委托中介服务机构开展服务，也不得要求申请人提供相关中介服务材料。通过编制公布行政审批中介服务事项清单，斩断审批部门、审批人员与中介机构的利益链条，打破中介垄断，促进中介服务市场的健康发展。

开展“减证便民”行动 广泛征求意见，清理编制出证明材料“取消清单”和“保留清单”，共取消35项证明事项。对纳入取消清单的证明材料，一律不再要求企业和群众提供，将各单位的清单执行情况纳入年度目标考核。

开展优化营商大行动 协调工商、国土、住建等部门推行田林县“354560”提升服务企业效能改革措施，实现企业开办手续3个工作日内完成、不动产抵押登记5个工作日内完成的初期目标，园区企业施工许可、企业投资项目施工许可办结时限进一步提速。其中，企业、农民专业合作社和个体工商户等各类市场主体的设立、变更、注销登记承诺办结时限由法定办结时限20个工作日调整为2.5个工作日。个体工商户的设立、变更、注销登记承诺办结时限由法定办结时限15个工作日调整为当场办结，查封登记、异议登记即时办理，抵押登记平均办结时间压缩到5个工作日。2018年，全县注册的市场主体共2266户，比2017年增长11%。办理抵押登记741件，抵押金额42249.44万元。

【机构编制管理】

控编减编工作 坚决落实中央关于该届政府任期内财政供养人员只减不增的目标，全县行政编制和事业编制，总数控制在中央和自治区下达的限额内。

用编审批工作 坚持空编进人原则，严格用编审批，做好2018年度公务员、事业单位公开招考，定向培养、特岗教师转岗入编，教育卫生系统竞聘上岗以及一般干部申请工作调动等用编计划的审核。做好机构编制日常出入编人员登记造册、实名录人、工资变动审核等，防止超编进人、逆向进人等现象发生。

编制挖潜创新力度工作 管好用活本县人员编制。调整优化县不动产登记中心的职责和人员编制，设立社会救助管理站、河长制办公室和河长制工作站、政府债务管理办公室。适应新形势下中小学及幼儿教育教学工作的需要，新设立田林县第三小学、田林县光明幼儿园。重新调整和合理分配田林县各中小学校教职工编制资源，推进田林县义务教育均衡发展。

机构编制事项答复工作 2018年完成各乡镇、各部门报县编委以及县委、县政府涉及机构编制和领导职数等66件请示事项的答复工作，按时高质地完成县党代、人大、政协等会议代表和委员们建议、提案的答复和办理工作，发挥了作为党委、政府和领导决策的参谋助手作用。

【事业单位登记管理】

事业单位法人年度报告公示 开展2017年度事业单位法人年度报告公示工作，实现事业单位法人年度报告公示工作“零次跑”。2018年，全县共登记事业单位276家，应参加年度报告265家，实际报告265家，报告率100%，合格率100%，公示率100%。

事业单位法人日常登记管理 事业单位法人日常登记管理通过采取网上预审再提交的方式，确保事业单位法人登记“最多跑一次”。2018年，共核准9家事业单位法人登记；给予55家事业单位法人进行了变更登记，变更登记事项共66项，(其中：变更法定代表人26项、变更名称14项、变更举办单位2项、变更开办资金13项、变更经费来源4项；变更单位住所6项，宗旨和业务范围变更1项)；给予2家事业单位办理补证登记手续；对8事业单位法人进行冻结(其中：由于合并撤销的事业单位未及时注销登记的2家，因乡镇机构归属关系改变造成空壳事业单位法人6家)。

事业单位法人联合抽查 参加由百色市登记局首次牵头负责开展的事业单位法人公示信息跨区域联合随机抽查工作。抽查单位由市登记局按各县(区)事业单位法人总数的1%在登记管理系统里随机抽取，田林县被抽取县学生资助中心、县图书馆、县城镇居民最低生活保障中心3家事业单位法人，抽查结果均被评定为“合格”，联合检查结果统一在

2018年9月27日，田林县机构编制委员会开展"四所合一"机构业务培训 （李 证 摄）

《百色市事业单位在线》网站予以公示。

事业单位法人实地核查 开展全县事业单位登记管理实地核查工作，按全县事业单位法人总数5%的比例，指定核查县土地储备中心等13家事业单位，被核查单位涉及农林水、教育、交通、卫生、工会等行业，核查工作采取送达通知书、听取工作汇报、实地查看、职工座谈等形式进行，并做好工作全程的拍照和记录，对存在问题单位当场下发限时《整改通知书》。经实地核查，13个被查事业单位中有6个单位未发现有违反《事业单位登记管理暂行条例》及其实施细则事项，有7个单位存在问题，全部完成整改。核查过程全部录入登记管理系统，核查结果在县政府网站上公示，为规范登记、加强监管和保障事业单位的合法权益奠定了基础。

党政群机关统一社会信用代码管理 严格按照中央编办《关于开展机关、编办直接管理机构编制的群众团体统一社会信用代码赋码工作的通知》和《机关群团统一社会信用代码赋码工作有关问题办理意见》要求，不断加强学习，优化服务，严审材料。2018年，共完成机关统一社会信用代码变更10个，准予机关特殊情形单位初领2个，群团初领1个，垂直管理部门初领2个。

事业单位年度报告制度改革试点 按照自治区、市编办事业单位年度报告制度改革试点工作的总体部署和要求，田林县机构编制委员会加强对试点改革工作的跟踪和督促工作，顺利完成田林县第一小学、港航管理所、非物质文化遗产保护传承展演中心、乐里镇卫生院4个单位改革试点工作任务。共梳理职能清单34项，均为公益服务，其中县第一小学18项、县港航管理所5项、县国家级非物质文化遗产保护传承展演中心4项、乐里镇卫生院7项；清单依据涉及法律11部、行政法规10部、部门规范性文件17份。 （李 证）

老干部工作

【田林县委老干部局领导】
局　长：岑彩林（壮族）
副局长：韦秋妹（女，壮族）

【概况】 中国共产党田林县委员会老干部局（以下简称为县委老干部局）是党委系列，核定编制为6名，其中行政编制2名，事业编制2名，后勤服务事业编制2名，主任科员2人，在职8人。县委老干部局的职责是宣传贯彻党的老干部政策；落实老干部的政治待遇和生活待遇。田林县共有离退休干部2223人，其中退休干部2215人，离休干部8人、副处以上离退休干部共53人。在8名离休干部中，正处1人，副处4人，正科级3人。抗日战争时期入伍的有1人，解放战争时期入伍的有7人。80岁及以上8人。企业2人，事业1人，行政5人；在田林县居住3人，在百色居住1人，在田阳居住1人，在巴马居住1人，在南宁居住1人，在深圳居住1人。

【老干部政治待遇】 2018年，充分发挥离退休老干部"余热"，全面落实老干部政治待遇，激发老干部建言献策积极性。

政治理论学习活动 坚持每个季度集中学习制度，组织离退休老干部集中学习习近平新时代中国特色社会主义思想和中共十九大精神及区、市、县级有关老干部文件。通过学习活动，不断增强离退休老干部的"四个意识"，做到“两个维护”，引领他们在新时代发挥他们的“余热”。2018年，共组织老干部开展政治学习活动10次，参加人数达950余人次。

组织参加重要会议 邀请离退休老干部代表参加新春座谈会、政府工作报告征求意见会、经济发展通报会、重点项目征求意见会等各种重要会议，并邀请他们在会上发表自己的意见和建议。2018年，共组织老干部参加情况通报会1次，征求意见会1次，老干部座谈会8次。

组织参观考察 组织离退休老干部代表深入基层参观考察田林县在中共十八大以后在文化旅游、产业发展、设施建设等方面取得的成果，引导他们在参观考察期间建言献策，不断凝聚他们的智慧和力量，推动全县各项事业稳步前进。

离退休老干部党组织活动 深化离退休老干部党支部关爱互助机制，针对当前老干部高龄、高发病期及行动不便的特点，登门给行动不便的老干部送去学习资料、送去关爱；组织部分离退休老干部观看爱国影片《厉害了，我的国》，引导离退休老干部学习领会习近平新时代中国特色社会主义思想和中共十九大精神，教育引导离退休老干部“不忘初心、牢记使命”。邀请冯春旺以“不忘初心，与党同行”为主题，开展老书记上党课活动，引导全县离退休老干部珍惜光荣历史、永葆政治本色；“七一”期间，组织部分离退休老干部代表和老干局全体党员干部到百色起义纪念碑开展“不忘初心、牢记使命”主题教育实践活动，接受爱国主义教育，让党员干部们在纪念碑前重温入党誓词，瞻仰革命先烈塑像，缅怀革命先烈，聆听生动详细的历史解说，追忆波澜壮阔的革命历程，了解新中国社会主义建设的伟大成就，接受革命传统教育和社会主义核心价值观的心灵洗礼。

【老干部生活待遇】 2018年，田林县贯彻落实上级有关文件精神，提升服务水平，全面完善老干部的生活待遇，尽心竭力为老干部办实事，做好事，解难事，改善老干部晚年生活。一是及时为老干部协调办理各类政策性补助。为建国初期参加革命工作18人退休干部办理生活和医疗补贴15.48万元；二是2018年春节，落实2018年春节慰问金125.88万元，其中离休干部1000元/人，退休干部600元/人，春节慰问实现全覆盖；三是提高离休干部生活完全不能自理的生活补助。根据文件规定，从1000元/人·月提高至2500元/人·月，及时协调办理12名离休干部补发2017年7月至2018年2月护理费共13.74万元，并从2018年起按2500元/人·月，足额按时发放到每位离休干部手中；四是协调落实相关涉老助老政策。2018年6月，县人社局下发《关于做好我县公务员医疗补助有关工作的通知》（含退休人员），2018年10月，落实解决70岁以上老年人免费乘坐田林县公交车，解决老干部、老年人多次反应的困难问题；五是县财政局下文发放田林县2018离退休生活补助，县本级离休及“镇南关”人员生活补助标准为10000元/人·年，退休人员生活补助标准为6000元/人·年，补助经费已全部兑现并发放到离退休干部手中。六是2018年春节期间，县人民政府拨出专款8.72万元，由县委书记彭斌、县长黄慧等县四套班子领导分别拜访、看望慰问居住在田林县的廖盛磊、王品芝、温维成等离退休干部和冯春旺、蒙俊新等退休县处级老领导，乡（镇）和各单位的退休老干部，由各单位主要领导带队进行走访慰问。县委老干部局领导看望慰问了部分居住在外地的离退休干部及遗属，共看望老干部53人次；七是建立困难离休干部帮扶机制。对离退休老干部生活情况进行排查摸底，了解掌握离退休老干部遇到的实际困难问题，并一一进行记录和整理分类，采取针对性帮扶措施，给予困难老干部更多的关心和照顾。2018年，田林县参照自治区、百色市和周边县（区）经验做法，向县委、县人民政府申请同意按一年4万元的补助标准，设立“特殊困难离休干部帮扶资金”项目。八是对来人来信都作好登记，对属于政策范围内问题接待人员都予以及时解答和解决，超越政策范围的问题，耐心做好解释说服工作，做到来信来访件件有着落，事事有回音，全年收到信访件8件，处理答复8件。九是组织部分副处级以上离退休老干部健康体检。2018年10月、11月，老干部局根据居住地的特点，组织县处级以上离退休老干部在田林县人民医院、市医院进行一年一度的健康体检。十是按政策做好善后处理工作。2018年共处理沈英琪、车宝昌两位离休干部的后事，并与财政、人社等单位协调，办理好离休干部沈英琪、车宝昌遗属一次性抚恤金的发放。

【老干部作用】 县老干局发挥离退休干部余热作用,凝聚正能量,发挥正能量。一是组织离退休老干部开展对未成年人、失足青年和网隐少年开展帮教活动。2018年分别两次对全县的战国网吧、红蜘蛛两家大型网吧进行督查。县人大常委会原副主任冯春旺、县关工委办公室主任聂桂珊、县政协原副主任张云迎参加此次“五老”网吧督查活动,通过积极发挥余热,教育引导广大小学生树立正确的人生观、世界观、价值观;二是清明节联合县直有关部门组织离退休老干部、中小学生到烈士陵园开展祭奠活动,离退休老干部通过为青少年儿童讲革命烈士先进事迹,通过缅怀和纪念革命先烈,表达对革命先烈的无限怀念和感恩之情,激励中小学生牢记革命先辈的丰功伟绩,保持和发扬党的优良传统和作风,坚定理想信念,弘扬爱国主义精神,加强爱国主义教育,凝聚正能量,发挥正能量。三是发挥老同志、老专家的技能和经验优势,组织老干部、老专家深入乡镇、村屯、“两区”发展情况开展考察活动,通过实地参观考察,老干部们对田林县所取得的成绩表示充分肯定,对田林县未来的宏伟蓝图充满期待,大家纷纷表示对田林县工业园区建设多宣传、多支持,积极发挥余热,为田林县发展奉献自己的力量。

【老干部文体活动】 通过平台充分展示离退休老干部积极向上、老有所乐的别样风采。一是建好老年大学。田林立足实际,建设老年大学,为离退休老干部开设书画、音乐、太极拳、舞蹈、智能手机使用、电脑操作等班次培训,丰富老干部业余生活。2018年,田林县老年大学步入正轨,参与培训活动的老干部保持有200余人,他们热情高涨,认真专研学习,坚持在日常学习中提升自我。二是举办“回顾光辉历程、展望美好田林”主题活动,为老干部搭建老有所为平台,组织开展书画、山歌、文学、摄影等作品征集活动,引导老干部围绕田林县建设以来取得的丰硕成果积极发声。共征集文学作品151篇、书画作品25幅、摄影作品100余张。2018年已将这些优秀作品汇编成《田林县离退休老干部为党的事业增添正能量优秀作品集》,营造全县离退休老干部为党的事业增添正能量的浓厚氛围。三是依托老干部活动中心,利用春节、三月三“吼敢”壮剧节及“多彩金秋”文化活动月,组织离退休老干部开展戏曲展演、山歌擂台赛、书画作品展等活动,在各项比赛活动中充分展示离退休老干部积极向上、老有所乐的别样风采,戏曲展演《婆媳情》获自治区“多彩金秋”地方戏曲展演全区“银奖”。四是完善老干部活动中心建设及创建自治区示范性老干部活动中心,相继建成完善门球场、乒乓球室、棋牌室、舞蹈室、电子阅览室、多媒体教室等13个活动中心功能室,购置一批电视机、电脑、健身器材等室内设备设施,铺设室外地板胶,切实推进老干部活动中心标准化建设。2018年12月,通过验收,田林县老干部活动中心获“自治区示范老干部活动中心”称号。

(冯俊翰)

2018年2月9日,组织老干部参观考察旧州工业区

保　密

【田林县国家保密局领导】

局　长:赵　礼(瑶族)

副局长:许秀娟(女,壮族)

【概 况】 1991年12月14日成立田林县保密局,1997年6月16日在县委办公室增挂田林县保密局牌子,保密委员会办公室设在县党委办公室不变,“一个机构,两块牌子”,行使保密行政管理职

能，依法主管田林县保守国家秘密的工作，不作为党委办公室的内设机构。2002 年 5 月 21 日，"田林县保密局"名称改为"田林县国家保密局"。2018 年，保密局核定行政编制 2 名，设局长 1 人，副局长 1 人，实有人员 4 人。田林县国家保密局通过发挥保密绩效杠杆作用，定期和不定期开展定密管理、涉密人员管理、网络保密管理和保密检查查处工作，较好地完成各项工作任务，年度承担自治区、百色市保密绩效考评扣分点为零，保密部门年度工作任务考评获全市"优秀"等级。

【保密管理】 2018 年开展定密责任人的保密管理和保密确定工作。加大对党政机关、涉密单位定密责任人的监管工作力度，加强重要部门、重要领域、核心岗位的涉密人员分类管理和重大会议活动的保密监督管理。抓好涉密网络，办公自动化和互联网移动设备的保密管理，开展涉密载体的登记、保管、销毁的保密管理工作，配合做好全县中考、高考、学业水平统一考试保密管理和监督工作。

【保密培训】 2018 年有计划、有针对性地组织和参加上级保密行政管理部门开展的保密教育培训工作。5 月 21 日—23 日，组织单位干部 3 人参加在南宁市举办的百色市保密系统全员培训班，参加培训人员全部顺利结业。9 月 8 日，在县委党校举办一期新任涉密人员保密教育培训班，参加培训人员共 67 人。

【保密宣传教育】 2018 年继续以《"七五"保密法治宣传教育》为主线，以党委中心组和班子成员专题学习为抓手，深入开展形式多样的保密法治宣传教育活动。4 月 18 日至 5 月 31 日，开展以"增强保密常识、严守保密纪律、提高保密能力"为主题的保密警示教育宣传活动，通过张贴挂图和制作板报，宣传《领导干部保密工作责任须知》《涉密载体管理须知》等保密常识。11 月 27 日—30 日，通过发放知识问答和配套法规知识要点，在县直机关单位宣传《军事设施安全保密法治常识》，在宣传活动中共发放保密宣传资料 500 份。征订年度保密法治宣传重点资料 302 份，其中，征订《保密工作》月刊 77 份，《保密科学技术》杂志 25 份，公务员保密知识读本 50 册、计算机安全保密知识普及读本 50 册、挂图漫画 100 张。通过内容丰富、形式多样的宣传教育和学习活动，使干部职工和党员群众牢记保密行为规范，熟习掌握保密法知识和各项要求，自觉履行保密义务。牢固树立国家安全和利益高于一切、保守国家秘密人人有责的观念。

2018 年 8 月，市、县保密检查组在县民政局开展涉密计算机保密检查（罗 澄 摄）

【执法监督检查】 2018 年主要开展机关、单位保密要害部门部位在用涉密网络保密检查，保密自评自查检查，定密程序工作检查，涉密计算机和非涉密计算机保密检查，互联网电子邮件系统专项保密检查，涉密人员管理督查，军事设施周边安全保密检查，涉密载体管理保密检查，政府涉密项目保密审查等 9 项保密检查工作。共检查 28 份密件，123 份疑似敏感信息资料，76 台涉密计算机，83 台非涉密计算机，收回安全系数为 0 的非涉密计算机硬盘 2 个，及时消除涉密安全隐患。（赵 礼）

党 校

【中共田林县委党校领导】
常务副校长：潘光生（瑶族）
副校长、党支部书记：罗精明（壮族）

副校长:蒙加丰(壮族)

【概况】 中共田林县委党校是在田林县委领导下负责全县党员干部教育和培训的职能部门,基本职能为:主要轮训副乡科级党员领导干部和基层党员干部;协助县委做好干部培训规划,对乡镇党校进行业务指导;宣传党的重大方针、政策;根据全县经济发展建设工作需要,搞好科研和调研,为县域经济建设服务。经2010年全区县乡党校教学与管理体制改革后,县委党校人员编制设为15名,2018年在职在编15人,领导职数3名,设常务副校长1人,副校长2人。设有4个职能室:办公室、教研室、财会室和图书资料电脑室。

【教学设施】 中共田林县委党校创建于1961年1月15日,原校址位于乐里镇马店村(迎宾路),2009年校址整体搬迁至乐里镇河南片万吉山公园脚下(原乐里镇中学)。2018年校园占地面积10亩,有办公综合楼、教学楼及学员公寓楼各一栋,总建筑面积为4228.95平方米。校内各种功能室较为齐全,设有学术报告厅、小多媒体教室、微机室、普通教室、厨房、餐厅等。学术报告厅和小多媒体教室配备投影仪、音响设备、话筒、笔记本电脑、电子横幅等,分别可容纳180人、60人开展教学活动。微机室配备20台电脑,供学员浏览电子书刊或上机操作。

【干部培训】

主体班次培训 中共田林县委党校于2018年4月24日—25日自主举办1期田林县2018年村“两委”副职干部培训班,培训学员81人次;9月2日—8日与组织部联合举办3期田林县2018年村“两委”干部脱贫攻坚教育培训班,培训学员437人次。培训班采取集中辅导培训、外出现场教学、带课题回村自学的模式进行。通过开展培训,全面提高田林县村级干部的综合素质,夯实基层党组织的战斗堡垒作用,为田林县经济社会发展提供有力保障。每举办一期主体班,做到规范管理,切实做到有计划、有通知、有名册、有跟班教员、有点名考勤、有讲课提纲、有考核考试成绩(其中,三期村“两委”干部脱贫攻坚教育培训班安排扶贫知识专题测试,提高学员对扶贫政策的掌握认识),全面强化训前、训中、训后全程动态管理。

协助办班工作 中共田林县委党校发挥党校教育资源优势,努力满足其他县直部门的培训需求,推进联合办班工作。2018年为扶贫办及县直有关部门举办的各类业务培训班共计41期,培训人数达5681人。田林县“道德讲堂”及“田林讲坛”共举办5期(总堂设在党校学术报告厅),共1098人次参加,党校的整合资源效果日益凸显。每一期与有关部门的联合办班都安排有跟班教员和后勤联系人员全程跟踪,负责为培训部门及学员提供优质的服务。

宣讲工作 党校作为党的理论阵地,承担着理论宣讲的主要任务,2018年中共田林县委党校跟随县委思想宣传工作步伐,配合县委组织部、宣传部做好全县形势教育巡回宣讲工作。1名校班子成员和1名骨干教师作为县级学习贯彻中共十九大精神宣讲团成员到各(乡)镇、各部门进行学习贯彻中共十九大精神宣讲,共开展6场宣讲。

【课题研究】 科研是党校教育的基础。2018年,校领导及教研人员开展科研文章的撰写工作,其中《田林县委党校建设存在的问题及建议》《田林县干部教育培训师资队伍建设问题研究》分别报送县委和县委组织部门,《民族地区贫困村发展集体经济的思考与对策》、《关于推行农村公路管理升级版的

2018年10月10日,县长黄慧在县委党校“田林讲坛”讲课

思考与建议》在《右江论坛》发表,《破穷链　激发内生动力,开创扶贫协作新模式—田林县新一轮粤桂扶贫协作工作调研报告》《健全治理体系全力维护农村良好社会生态》向《右江论坛》投稿。

【队伍建设】 党校事业发展的关键在于人才队伍建设,按照师资队伍"专业化"提升的要求,注重对人才的引进和教师队伍的培养。一方面通过外派教师参加各级各类培训学习来提高教学水平,先后派出2名教师分别参加广西区委党校举办的"导师制定向培养市县骨干教师集中培训班"和"第14期全区党校系统师资进修班"进行系统的培训学习,选派2名教师到乡镇挂任第一书记和驻村工作队员,教师整体业务水平和基层工作经验有所提高。另一方面,针对学校师资力量不足,教学科研环节薄弱的问题,校领导经研究后向县委及县委组织部门相关领导汇报,于3月调进一名教师,11月通过公开招聘2名教师,师资队伍不断得到充实。 （罗月兰）

党史·地方志

【田林县党史和地方志办公室领导】
主　任:黄晋强
副主任:饶珍珠(女,壮族)

【概况】 2018年4月,中共田林县委员会党史办公室更名为田林县党史和地方志办公室(简称县史志办)。核定事业编制4名,其中设正副主任各1名,工作人员2名,下设党史股、地方志股2个职能股室。县史志办既是县委的工作部门,又是县政府的工作部门,是参照公务员管理的事业单位,列入县委序列。2018年在职人员7人,其中在编4人,以购买社会服务形式聘请3人。

【党史资料征集与编纂】 统筹开展党史和地方志两个方面的业务。在开展资料征集方面,在收集地方志资料的同时,注意收集和筛选有关党史内容的资料。继续做好《中国共产党田林县历史》的资料收集和全书初稿编纂工作,聘请原中共百色市委党史办莫亚人主任对县史志办已完成的《中国共产党田林县历史》部分初稿进行初步审核;继续开展《田林县历史图集》图片资料的收集和整理,通过整理各单位报来的二轮县志和年鉴资料,及时组织收集2017年田林县政府网站的重要新闻图片和各类报刊杂志图片,将其中有价值的图片筛选出来补充到《田林县历史图集》资料中;继续开展《田林县党史大事记》资料收集工作,筛选二轮县志和年鉴资料中有关党史的大事要事补充到《田林县党史大事记》中;邀请定安镇退休老同志黎之鼎老人收集整理解放前定安镇一些革命人士的事迹。通过日常对党史的资料收集工作,为今后尽快出版各类党史书籍打下良好基础。并与直属工委联合开展田林县纪念建党97周年党史知识竞赛活动。

【地方志资料征集与编纂】 2018年,县党史地方志办公室贯彻落实《地方志工作条例》以及自治区、市地方志工作会议精神,紧扣史志"存史、资政、育人"主题,稳步推进第二轮县志编纂和年鉴编辑工作。

第二轮县志编纂工作　田林县于2011年12月年全面启动第二轮县志编纂工作,经过多年的不懈努力,于2018年年初完成第二轮县志全书共120万字的评议稿,并于3月8日组织召开三级评稿会。自治区地方志办公室副主任邓敏杰等十几位自治区、百色市地方志专家领导莅临评稿会指导点评,到会的地方志专家对田林县第二轮县志稿件质量给予较高的评价,对评议稿提出大量的宝贵意见和建议。会后,县史志办及时梳理各级领导专家给田林县二轮评议稿提出的意见和建议,将有关建议和修改意见稿逐一发给全县一百多个承编单位,通过电话跟踪和上门督促等方式加大对部门的业务指导,全县各单位稿件编纂进度明显加快,至年底,大部分单位已经陆续将修改好的稿件报送县史志办,稿件质量得到进一步提高。

《田林年鉴》编纂工作　落实上级对年鉴工作"一年一鉴、公开出版"的要求,在2018年3月份完成第二轮修志评稿工作以后,将主要精力转移到年鉴工作上来。草拟《〈田林年鉴·2017〉编纂工作方案》并报县委、县政府审核通过后,以两办文件的形式下发各乡镇各单位贯彻落实。通知下发后,县史志办按通知要求跟踪督促部门按时报送稿件。通过分片包干的形式,把全县一百多个单位的稿件编审任务分配到全办每个人,由各人全程负责所联系单位稿件的催收、编辑和校审,并对稿件的出版质量负责。至11月,已完成《田林年鉴·2017》编辑稿送印刷厂排版编辑。

《田林县地方志2018年资料年报》工作 根据《广西壮族自治区实施〈地方志工作条例〉办法》关于建立地方志年报制度的有关要求，草拟《田林县2018年地方志资料年报工作方案》报县委、县政府审核，于2018年5月份通过审核后由两办下发全县各单位贯彻落实。要求各部门在年内9月底前，将本部门2017年度各类档案资料按规定的目录收集整理并打印装订成册报送县史志办。此项工作通过及时组织对各单位年度档案资料的收集、整理和编辑保存，建立田林县地方志资料数据库，将为下一轮修志和编纂各类史志书籍提供丰富的资料。

《田林县2017年大事记图集》编纂工作 县史志办在开展第二轮《田林县志》和《田林县历史图集》等史志书籍编纂过程发现，全县各部门图片档案缺失严重，造成第二轮《田林县志》和《田林县历史图集》等史志书籍图片资料缺乏。为及时征集并妥善保存上一年度各部门的图片资料，县史志办利用全县各单位报来的《田林县地方志资料年报》及年鉴材料等，对其中历史价值的图片做进一步的筛选和编辑，编纂印刷《田林县2017年大事记图集》一书，以大事记的记录方式，图文并茂直观的反映一年来全县人民在县委、县政府领导下经济和社会发展取得的成就。

《乡镇(部门)志》编纂工作 为丰富田林县的地方志资料文库，县史志办于2014年组织全县各乡镇和部分县直单位编写《乡镇(部门)志》，经过4年的不懈坚持，县教育局、县水利局、县地税局于2018年先后编纂完成《田林县教育志》《田林县水利志》《田林县地税志》初稿。

其他地方志工作 完成《广西年鉴·2017》田林篇稿件撰写报送工作；完成《百色年鉴·2017》田林篇稿件撰写报送工作；协助自治区高级法院、自治区地方志办公室为编写《西林教案》收集和整理田林县“西林教案”档案资料，参与自治区高级法院、自治区地方志办公室赴云南、贵州开展开展的“西林教案”历史资料田野调查活动，取得大量珍贵的历史资料，并找到当年田林县令张鸣凤的后人。

（周留玉）

绩效考评

【田林县绩效考评办领导】

主　任：梁祖承(壮族)

副主任：梁　丹(女，壮族)

【概况】 田林县绩效考评领导小组办公室(简称田林县绩效考评办)根据田林县机构编制委员会《关于设立田林县绩效考评领导小组办公室的通知》精神，于2009年8月成立，为田林县绩效考评领导小组常设办事机构，暂挂靠田林县纪委监察委，核定行政编制2名，设主任1人，由正科级领导担任；设专职副主任1人，2018年行政在职干部2人。2018年成立田林县绩效评估中心，为绩效考评办管理的二层机构，财政余额拨款，田林县绩效评估中心事业编制为5名，在职干部5人。

【年终考评】 2018年1月，根据《田林县2017年度机关绩效考评工作方案》文件要求，组织专项考核单位对各有关单位开展专项考评工作和96个被考评单位开展自查自评工作，填报自评表、撰写指标完成情况汇报以及申报加分事项等工作；并组织开展年终察访核验工作，从各单位抽调科级领导干部和工作人员56人，组成14个核验小组对全县14个乡(镇)、82个县直单位全年指标任务完成情况进行察访核验工作；同时，做好迎接自治区、百色市对田林县2017年度机关绩效考评年终察访核验工作。

【方案制定】 结合本县历年的工作经验和实际情况，在充分征求各被考评单位意见建议和借鉴区、市经验基础上，2018年10月制定印发《田林县2018年度机关绩效考评工作方案》，首次将党群政务部门再细划分为四大办及常委部门、群团政务部门两大类。2018年度县直单位被考评单位类别由原有的四大类调整为五大类，分别是四大办及常委部门(9个)、群团政务部门(17个)、经济管理部门(26个)、社会发展部门(16个)、执法监督部门(14个)；乡(镇)考评指标体系设置职能工作目标、加减分考评指标、工作满意度目标等三个指标维度；县直单位设置职能工作目标、共性工作目标、加减分考评指标、工作满意度目标等四个指标维度。10月中旬，完成并印发本县14个乡(镇)和82个县直单位的绩效考评指标体系及评分细则，进一步修改完善指标体系及评分细则，做到指标设置科学合理，评分细则规范公正，探索对96个被考评单位实行差异化考评。年内，研究制定印发《田林县2018年度加强绩效考评“一把手”组织领导实施办法》《田林县2018年度机关绩效考评创新创优指标评定规定》等配套工作方案。

2018年6月28日，田林县迎接自治区2018年度绩效考评中期核验工作部署会

【**业务培训**】 为做好田林县2017年度绩效考评年终察访核验工作，于1月举办田林县2017年度绩效考评年终核验工作培训会，对田林县2017年度绩效考评年终核验14个工作组56名工作人员进行年终察访核验业务培训；为指导县直部门做好2018年度指标设置和创新创优培育工作，4月举办田林县2018年度绩效考评指标设置和创新创优工作业务培训会，对全县82个县直单位分管领导和联络员进行指标设置和创新创优工作业务培训；6月和10月，县委、县人民政府分别召开田林县2018年度绩效考评工作部署暨业务培训会和田林县2018年度绩效考评工作推进会，并邀请百色市绩效办韦鹰主任和百色市绩效考评一科、考评二科的业务骨干到田林县开展绩效考评工作业务培训。12月举办田林县2018年度绩效考评指标台账规范化业务培训会，对全县承担区、市级绩效考评指标任务的单位进行台账统一集中培训。

【**责任分解**】 在自治区、百色市绩效考评指标评分细则下达后，县绩效办按照职能归口的原则，将涉及田林县的考核任务分解到56个责任单位，把责任分解落实到各单位主要领导、分管领导和具体责任人，层层传递绩效考评工作压力，落实责任、压实责任，形成“主要领导亲自抓，分管领导具体抓，业务股室全力抓”的领导体制和工作机制。8月起，组织全县承担有百色市2018年绩效考评指标任务的单位对照考核任务指标进行逐项排查，汇编《田林县落实百色市2018年度绩效考评指标推进表》；同时，每月编排形成《田林县落实百色市2018年度绩效考评工作指标难以完成情况汇总表》，报送县委、县人民政府各分管县领导，作为绩效考评各阶段重点工作的检查参考依据。10月，督促各承担自治区、百色市绩效考评工作任务的单位，确因客观因素无法完成的指标，督促部门与上级部门联系沟通，对指标任务进行申请调整。

【**督促检查**】 2018年，整合全县督查力量，结合县委督查室、县政府督查室等部分，自6月起重点对自治区和百色市考核指标任务落实情况、社会公众意见建议整改情况、懒政怠政常态化治理、创新创优工作培育、落实提升满意度工作目标等进行每月两次以上的常态化督查，全程跟踪目标任务进展情况，并坚持以问题为导向，对督查发现的问题，督促部门立行立改，对未完成整改工作任务的，将作为下阶段绩效督查重点跟踪的内容，直到任务完成或整改内容完成，整改情况作为年终绩效考评的重要依据。9月中旬开始，成立由驻田林县绩效督查员和县绩效办工作人员组成的县绩效督查组，全程对部分乡(镇)、县直各相关单位承接自治区、百色市2018年度绩效目标任务推进工作落实情况进行督查和核验。11月下旬，配合百色市绩效考评办开展驻县(市、区)绩效交叉督查工作，重点是对百色市第三季度绩效督查发现的问题和田林县排查出来的问题整改工作落实情况。2018年开展绩效检查5次，配合市绩效抽调驻县督察员开展绩效检查3次、“懒政怠政”专项检查3次，针对发现的问题及时下发“整改通知单”43份。

【整改落实】 2018年,收到自治区、百色市反馈田林县2017年度绩效考评社会评价征集到群众意见建议66条。经梳理汇总,落实13个乡镇和20个县直单位为整改责任单位,针对整改内容提出具体的整改措施。严格按照“五个有”要求,即每一项意见建议有量化的工作任务、有可操作的推进路线图、有明确的时间表、有具体的责任主体、有可检验的成果形式。7月,县委、县政府印发《田林县2017年度绩效考评社会评价整改工作方案》,将整改情况纳入各整改责任单位的绩效考评指标体系,要求各单位制定整改方案,形成《田林县落实区、市2017年度绩效考评社会评价意见建议整改措施一览表》。在落实整改工作过程中,县委、县人民政府始终树立“群众利益无小事”的工作理念,落实整改举措,及时掌握整改进取、加强整改反馈、督促责任部门结合“七个一”工作方法回应社会公众,以高质量的整改效果取信于民。截至12月底,涉及田林县的绩效考评社会评价整改内容已经全部顺利完成整改。

【舆论宣传】 2018年,为营造田林县开展绩效工作文化氛围,县绩效办牵头联合各责任部门,制作《用活绩效管理“指挥棒”打造县域发展“升级版”—广西百色市田林县创新绩效管理工作纪实》《挥动“指挥棒”转动“摩天轮”——田林县以绩效考评助推经济社会发展纪实》《“无中生有”破困局 攻坚克难兴田林—点燃27.5万吨铝创业引擎,开创县域发展新篇章》《盯紧问题抓落实 推动整改出成效——田林县落实自治区、百色市反馈田林县2017年度社会评价群众意见建议整改完成情况材料汇编》等绩效宣传展示材料;同时,组织各被考评单位采取灵活多样的方式开展绩效宣传展示工作,对本单位承担的自治区、市级绩效考评指标任务、创新创优项目、社会评价整改等进行“亮目标任务、亮责任主体、亮工作效能、亮整改成果、亮绩效成效、亮结果运用”。年内共计40多篇绩效展示文章在人民网、《人民日报》《右江日报》、田林县政府网站、田林县电视台、公共宣传栏等新闻媒体进行宣传公示,接受社会监督。

【结果运用】 严格按照《田林县绩效考评工作奖励问责实施办法》,将考评结果与单位评先评优和年度考核、干部任用、绩效奖励、部门公用经费、绩效问责相挂钩。6月,县委、县人民政府授予6个乡(镇)和32个县直单位2017年度机关绩效考评“绩效管理先进单位”;1个乡(镇)和4个县直单位2017年度机关绩效考评“绩效管理进步单位”称号,并行文通报全县2017年度绩效考评结果。其中“绩效管理先进单位”的乡镇有6个、党群政务部门有13个、经济管理部门有8个、社会发展部门有6个、执法监督部门有5个。2018年,在年度绩效考评等次中首次设置“一般”等次,其中评为“一般”等次的乡(镇)有3个、党群政务部门有4个、经济管理部门有4个、社会发展部门有3个、执法监督部门有3个。6月,联合田林县人力资源和社会保障局、财政局共同印发《关于后续计发田林县2017年度机关事业单位绩效奖励的通知》,及时兑现2017年度机关和事业单位的个人绩效奖励。在2017年度后续计发绩效奖励办法中,各乡(镇)绩效奖励在县直单位绩效奖励的基础上实行“分类分档”的奖励原则;对在2017年度绩效考评工作中,为田林县争取到绩效考评表彰奖励、创新创优加分和指标超额加分的单位,实行“特殊贡献”的奖励原则。2017年度,田林县在自治区脱贫摘帽工作考核中考评结果为二等,对有帮扶任务的在职在编干部职工实行脱贫攻坚工作特殊绩效奖励“扶贫成效奖”;为充分发挥绩效考评激励机制,由各单位根据干部职工年度工作实绩和干部平时考核结果,提取后续计发个人绩效奖励总额的20%,在单位内部实行“二次分配”。 (马 驰)

田林县人民代表大会

【田林县第十六届人民代表大会常务委员会领导】

主　任：覃纪腾（壮族）

副主任：黎朝兴（壮族）

兰丽色（女，瑶族）

王自顺（壮族，2018年1月任职）

唐才荣

在职县处级干部：

陆红军（壮族，正处级，2018年8月离任）

吴正敏（副处级）

韦景文（壮族，副处级）

【办公室及专门委员会、工作委员会领导】

办公室主任：黄　飞（壮族）

办公室副主任：农玉娟（女，壮族）

法制与内务司法委员会主任委员：

韦晓坚（壮族）

财政经济委员会主任委员：莫常余

选举联络工作委员会主任：

王宗其（壮族）

教科文卫与民族工作委员会主任：

梁家福（壮族）

农业农村与环资城建工作委员会主任：农志刚（壮族）

【概况】 田林县人大常委会机关设办事机构1个：县人大常委会办公室；设专门委员会2个：法制与内务司法委员会、财政经济委员会；设工作机构3个：选举联络工作委员会、教科文卫与民族工作委员会、农业农村与环资城建工作委员会。县人大常委会有主任1人，副主任4人，在职县处级干部3人；办公室主任1人，副主任1人；法制与内务司法委员会主任委员1人，财政经济委员会主任委员1人，选举联络工作委员会主任1人，科教文卫与民族工作委员会主任1人，农业农村与环资城建工作委员会主任1人。代表服务中心，事业编制，工作人员2人。共有各级人大代表922人，其中，自治区人大代表2人，市级人大代表28人，县级人大代表174人，乡镇人大代表718人。2018年，召开田林县第十六届人民代表大会会议2次，常委会会议9次。

重要会议

【县十六届人民代表大会第三次会议】 2018年1月18日—20日召开，会期三天，1月18日上午在田林县政府小礼堂开幕，应出席会议的代表174人，实出席会议代表158人。列席会议的有：出席县政协九届三次会议的政协委员；驻田林县自治区十三届人大代表和市四届人大代表；驻县军警领导；不是县人大代表的县四家班领导，在职县处级干部；中直、区直、市直驻田林县各单位主要负责人；退休的县四家班子领导代表；县政府办主任，县委办、县政府办副主任；县直各部、委、办、局、行、社，人民团体负责人；不是县人大代表的各乡（镇）人民代表大会主席、人民政府乡（镇）长；部分企业负责人。会议听取和审议田林县人民政府工作报告、田林县人大常委会工作报告、田林县人民法院工作报告、田林县人民检察院工作报告，审查和批准田林县人民政府关于田林县2017年国民经济和社会发展计划执行情况的报告，批准2018年国民经济和社会发展计划；审查和批准田林县人民政府关于田林县2017年预算执行情况和2018年预算草案的报告，批准2018年预算草案，并作出相应的决议。会议补选王自顺为田林县第十六届人民代表大会常务委员会副主任，补选王承赞、朱俊、农志刚、陈恒、姚玉万、蒙志海为田林县第十六届人民代表大会常务委员会委员。

【县十六届人民代表大会第四次会议】 2018年7月2日—3日召开，会期两天，7月2日下午在田林县政府小礼堂开幕，应出席会议的代

2018年7月2日—3日,田林县第十六届人民代表大会第四次会议胜利召开

表174人,实出席会议代表146人。此次会议不邀请列席人员参会。会议补选潘永春为田林县监察委员会主任。

【田林县十六届人大常委会会议】2018年共召开田林县第十六届人民代表大会常务委员会会议9次,即第十一次会议至第十九次会议。

第十一次会议 2018年1月8日在县人大常委会会议室召开,会期半天。应到会18人,实到会16人。会议听取和审议县十六届人大常委会代表资格审查委员会关于增选代表的代表资格审查情况的报告,增选王自顺、农志刚为田林县第十六届人民代表大会代表,经审查,其代表资格有效。会议审议县人民政府关于田林县十六届人民代表大会第二次会议代表建议办理情况报告。会议表决通过县人大常委会2018年工作要点和县十六届人大三次会议有关文件。会议作出《关于召开县十六届人大三次会议的决定》和《关于县十六届人大三次会议列席人员的决定》。

第十二次会议 2018年1月20日在县人大常委会会议室召开,会期半天。应到会25人,实到会25人。会议表决通过人事任免事项,任命黄圣刚为田林县监察委员会副主任,任命杨秀珍、岑志雄、黄华庆、吴鸿宇为田林县监察委员会委员。

第十三次会议 2018年3月26日在县人大常委会会议室召开,会期半天。应到会25人,实到会23人。会议听取和审议县人民政府关于2016年度田林县预算执行和其他财政收支审计查出问题整改情况的报告。会议接受陈恒辞去田林县第十六届人民代表大会常务委员会委员职务的请求;表决通过了人事任免事项,决定任命农国宁为田林县人民政府副县长(挂任期二年),黄启发为田林县教育局局长,免去赖国康田林县教育局局长职务。会议学习传达十三届全国人大一次会议精神。

第十四次会议 2018年5月30日在县人大常委会会议室召开,会期半天。应到会24人,实到会17人。会议听取和审议县人民政府关于田林县县域义务教育均衡发展工作推进情况的报告和县人大常委会调研组关于田林县县域义务教育均衡发展工作情况的调研报告。会议接受黄友政辞去田林县监察委员会主任职务的请求,接受周光林辞去田林县人民政府

2018年3月26日,田林县第十六届人大常委会第十三次会议在县人大常委会会议室召开

副县长(挂任)职务的请求。会议表决通过人事任免事项,决定任命张琦为田林县人民政府副县长(挂任期至2020年3月)。

第十五次会议 2018年6月15日在县人大常委会会议室召开,会期半天。应到会24人,实到会21人。会议听取和审议县第十六届人大常委会代表资格审查委员会关于个别代表出缺情况和代表补选的代表资格审查情况的报告。会议审议县十六届人大四次会议有关文件,作出关于召开县十六届人大四次会议的决定。

2018年6月15日,田林县第十六届人大常委会第十五次会议在县人大常委会会议室召开

第十六次会议 2018年7月27日在县人大常委会会议室召开,会期半天。应到会24人,实到会22人。会议听取和审议田林县2018年上半年国民经济和社会发展计划执行情况的报告、2018年上半年全县预算执行情况的报告、田林县“十三五”规划纲要中期评估报告;听取和审议县人民政府关于全县扶贫基础设施通屯道路建设情况的工作报告和县人大常委会调研组关于全县扶贫基础设施通屯道路建设情况的调研报告;听取和审议县人民政府贯彻实施《广西壮族自治区饮用水水源保护条例》情况的报告和县人大常委会执法检查组关于检查《广西壮族自治区饮用水水源保护条例》贯彻实施情况的报告。会议作出关于批准田林县“十三五”规划纲要中期评估报告的决议。

第十七次会议 2018年9月20日在县人大常委会会议室召开,会期半天。应到会24人,实到会20人。会议审议县人民政府《关于田林县2017年财政决算草案的报告》和《关于田林县2017年财政预算执行和其他财政收支情况的审计工作报告》;听取和审议县人民政府关于贯彻实施《中华人民共和国消防法》情况的报告和县人大常委会执法检查组关于检查《中华人民共和国消防法》贯彻实施情况的报告;听取和审议县人民政府关于田林县财政扶贫资金使用情况的报告和县人大常委会调研组关于田林县财政扶贫资金使用情况的调研报告;听取和审议县人民政府关于田林县健康扶贫工作推进情况的报告和县人大常委会调研组关于田林县健康扶贫工作推进情况的调研报告。会议作出关于批准2017年田林县财政决算的决议。

第十八次会议 2018年10月25日在县人大常委会会议室召开,会期半天。应到会24人,实到会24人。会议听取和审议县人民政府关于县十六届人大三次会议代表建议、批评和意见办理情况报告和关于田林县环境保护工作情况的报告;听取和审议县人民检察院关于妇女儿童维权工作情况报告,并进行满意度测评。会议表决通过人事任免事项。

第十九次会议 2018年12月13日在县人大常委会会议室召开,会期半天。应到会24人,实到会22人。会议审查和批准县人民政府《关于田林县2018年财政预算调整方案(草案)的报告》,作出关于批准田林县2018年财政预算调整方案的决议。

重要决议(决定)

1月8日 田林县第十六届人大常委会第十一次会议作出:

△关于召开田林县第十六届人民代表大会第三次会议的决定

△关于田林县第十六届人民代表大会第三次会议列席人员的决定。

1月20日 田林县第十六届

人民代表大会第三次会议作出：

△田林县第十六届人民代表大会第三次会议关于田林县人民政府工作报告的决议。

△田林县第十六届人民代表大会第三次会议关于田林县2017年国民经济和社会发展计划执行情况与2018年国民经济和社会发展计划的决议。

△田林县第十六届人民代表大会第三次会议关于田林县2017年财政预算执行情况和2018年预算的决议。

△田林县第十六届人民代表大会第三次会议关于田林县人大常委会工作报告的决议。

△田林县第十六届人民代表大会第三次会议关于田林县人民法院工作报告的决议。

△田林县第十六届人民代表大会第三次会议关于田林县人民检察院工作报告的决议。

3月26日 田林县第十六届人大常委会第十三次会议作出：关于接受陈恒辞去田林县第十六届人大常委会委员职务请求的决定。

5月30日 田林县第十六届人大常委会第十四次会议作出：

△关于接受黄友政辞去田林县监察委员会主任职务请求的决定。

△关于接受周光林辞去田林县人民政府副县长（挂任职）职务请求的决定。

6月15日 田林县第十六届人大常委会第十五次会议作出：关于召开田林县第十六届人民代表大会第四次会议的决定。

7月27日 田林县第十六届人大常委会第十六次会议作出：关于批准田林县“十三五”规划纲要中期评估报告的决议。

9月20日 田林县第十六届人大常委会第十七次会议作出：关于批准2017年田林县财政决算的决议。

12月13日 田林县第十六届人大常委会第十九次会议作出：关于批准田林县2018年财政预算调整方案的决议。

重大活动

【执法检查】

5月 县人大常委会执法检查组检查全县贯彻实施《广西壮族自治区饮用水水源保护条例》情况。

9月 县人大常委会执法检查组检查田林县贯彻实施《中华人民共和国消防法》情况。

【调查研究】

3月 对全县县域义务教育均衡发展工作推进情况进行调研。

4月 对全县扶贫基础设施通屯道路硬化建设情况进行调研。

5月 对全县扶贫“两不愁、三保障”政策落实情况进行调研。

8月 对2018年财政扶贫资金使用情况和全县健康扶贫工作推进情况开展调研。

【视察活动】

6月 组织驻田林县的市四届人大代表到田阳、靖西进行交叉视察。

12月 组织市、县人大代表视察瓦村水电站八渡至福达复建路推进情况和光明幼儿园、田林县第三小学周边环境综合整治情况。

【人事任免】 共任免国家机关工作人员16人，其中任11人（次），免5人（次）。

【代表建议】 在县十六届人大三次会议期间，共收到代表建议、批评和意见63件，已全部转办，并作出答复代表。

【信访办理】 全年共受理并妥善

2018年10月12日，田林县人大常务会执法检查组到平塘乡检查消防法贯彻实施情况

2018年11月14日，田林县人大办常委会组织县人大代表到县第三小学视察学校建设情况

解决人大代表和人民群众来信来访26件(批)，其中来信10件，接待来访16批36人，交办26件，办结26件。

【代表列席常委会会议】 坚持邀请各级代表列席常委会会议制度，共邀请区、市、县人大代表27人列席常委会会议，切实加强与代表的联系，扩大代表知情知政，主动接受人大代表对常委会工作的监督。

【代表资格确认】 2018年1月8日召开田林县第十六届人大常委会第十一次会议，听取田林县第十六届人大常委会代表资格审查委员会关于增选代表的代表资格审查情况的报告，对王自顺、农志刚的代表资格进行审查。审查结果认为，选举程序合法，其代表资格有效。田林县第十六届人民代表大会实有代表174名。

2018年6月15日，召开田林县第十六届人大常委会第十五次会议，听取田林县第十六届人大常委会代表资格审查委员会关于代表补选的代表资格审查情况的报告。由于黄友政、韦星调离本行政区域，其代表资格自行终止。补选潘永春、黄剑辉为田林县十六届人民代表大会代表。审查结果认为，选举程序合法，潘永春、黄剑辉的代表资格有效。田林县第十六届人民代表大会实有代表174名。

【专题询问】

5月 对田林县县域义务教育均衡发展工作推进情况开展专题询问。

6月 对全县扶贫“两不愁、三保障”政策落实情况开展专题询问。

9月 对2018年财政扶贫资金使用情况开展专题询问。

（梁家福）

田林县人民政府

【田林县第十五届人民政府领导】

县　长：黄　慧（壮族）

副县长：何建华（壮族）

蒋桂红（女，壮族）

麦国坚（挂职）

农国宁（壮族，2018年3月任职）

张　琦（挂职，2018年5月任职）

谢君稳

罗俊书（壮族）

黄金贵（壮族）

周光林（挂职，2018年5月离任）

谢旦杏

县长助理：薛彦霞（女，壮族，2018年10月任职）

常务会议

【第1次会议】 2018年1月4日上午，县长黄慧在县政府二楼会议室主持召开田林县第十六届人民政府第36次常务会议，县人民政府领导班子黄慧、何建华、蒋桂红、谢君稳、罗俊书、周光林、谢旦杏出席会议，县委办、政府办、法制办、监察局、组织部等相关单位列席会议。会议主要内容：一是审议县教育局提交的《田林县八渡乡中心校迁建项目工程预算评审结果》。会议明确，田林县八渡乡中心校迁建项目工程的招标控制价为2100万元。二是审议县政府办提交的《田林县人民政府工作规则》。会议原则通过《田林县人民政府工作规则》。三是审议县移民局提交的《广西田林瓦村水电站工程建设征地移民安置补充协议》。会议原则通过《广西田林瓦村水电站工程建设征地移民安置补充协议》。四是审议县经济局提交的《田林县盐业监管体制改革方案》。会议原则通过《田林县盐业监管体制改革方案》。五是审议县财政局提交的《关于调整2017年地方政府新增一般债券资金安排项目的请示》。会议原则同意调整2017年地方政府新增一般债券资金使用方案。六是审议县工管委提交的《关于申请项目基础设施建设扶持补助资金的请示》。会议同意按已完成土地拍卖的面积662.26亩兑现扶持资金补助。七是审议县审计局提交的《关于审定潞城乡营盘村十二桥小学教师公租房结算审核结果的请示》。会议同意潞城乡营盘村十二桥小学教师公租房工程结算审计金额为197.61万元。八是审议县审计局提交的《关于审定田林县高龙中学学生宿舍楼工程竣工结算审计结果的请示》。会议同意田林县高龙中学学生宿舍楼工程结算审计金额为280.33万元。九是审议县林业局提交的《田林县2017年度建档立卡贫困人口生态护林员选聘实施方案》。会议原则通过《田林县2017年度建档立卡贫困人口生态护林员选聘实施方案》。十是审议县民政局提交的《关于提高特困人员基本生活标准的请示》。会议同意从2018年1月1日起提高特困人员基本生活标准。十一是审议县乐里林场提交的《关于解决乐里林场改革人员安置遗留问题的请示》。会议同意县国有林场改革工作领导小组对该问题专题研究会议形成的意见。十二是审议县人社局提交的《关于审批黄统益办理提前退休的请示》。会议同意田林县社会保险事业局黄统益办理退休手续。

【第2次会议】 2018年1月12日下午，县长黄慧在县政府二楼会议室主持召开田林县第十六届人民政府第37次常务会议，县人民政府领导班子黄慧、何建华、蒋桂红、农国宁、谢君稳、罗俊书、黄金贵、周光林、谢旦杏出席会议，县委办、政府办、法制办、监察局、组织部等相关单位列席会议。会议主要内容：一是审议县政府办提交的《政府工作报告》。会议原则通过《政府工作报告》。二是审议县财政局提交的《田林县2017年度财政预算执行情况和2018年度预算(草案)的报告》。会议原则通过《田林县2017年度财政预算执行情况和2018年度预算(草案)的报告》。三是审议县发改局提交的《田林县2017年国民经济和社会发展计划执行情况与2018年国民经济和社会发展计划草案报告》。会议原则通过《田林县2017年国民经济和社会发展计划执行情况与2018年国民经济和社会发展计划草案报告》。四是审议县委宣传部新闻网络信息管理中心提交的《关于解决购买社会服务从事宣传思想工作的请示》。会议同意给予县委宣传部新闻网络信息管理中心2名政府购买服务人员名额。五是审议县水利局提交的《关于审定田林县2017年中央财政小型农田水利建设项目(第三批)工程和田林县2016年自治区抗旱规划引调提水建设项目的预算评审结果的请示》。会议要求,县水利局要尽快做好项目招投标等相关工作。六是审议县安监局提交的《田林县"3·5"桂黔(田林)经济产业园塌方掩埋事故调查报告》。会议原则同意《田林县"3·5"桂黔(田林)经济产业园塌方掩埋事故调查报告》。

【第3次会议】 2018年2月26日下午,县长黄慧在县政府二楼会议室主持召开田林县第十六届人民政府第38次常务会议,县人民政府领导班子黄慧、何建华、蒋桂红、农国宁、谢君稳、罗俊书、黄金贵、周光林、谢旦杏出席会议,县委办、政府办、法制办、监察委、组织部等相关单位列席会议。会议主要内容:一是传达学习自治区十三届人大一次会议精神。二是审议县食药监局提交的《田林县食品药品安全"十三五"规划实施方案》。会议原则通过《田林县食品药品安全"十三五"规划实施方案》。三是审议县农业局提交的《田林县现代特色农业示范区建设(2018—2020年)行动方案》《田林县2018年现代特色农业示范区建设工作方案》。会议原则通过《田林县现代特色农业示范区建设(2018—2020年)行动方案》《田林县2018年现代特色农业示范区建设工作方案》。四是审议县文广局提交的田林县2018年"三月三·吼敢"壮剧节相关事项。会议讨论了《田林县2018年"三月三·吼敢"壮剧节壮剧会演工作方案》《田林县2018年"三月三·吼敢"壮剧节活动实施方案》及活动经费的请示。五是审议县教育局提交的《田林县义务教育均衡发展工程项目施工模式》《田林县义务教育均衡发展仪器图书装备配置实施方案》。会议原则通过《田林县义务教育均衡发展工程项目施工模式》《田林县义务教育均衡发展仪器图书装备配置实施方案》。六是审议县卫计局提交的《田林县卫生与健康"十三五"规划》。会议原则同意《田林县卫生与健康"十三五"规划》。七是审议县林业局提交的《田林县营造山清水秀的自然生态实施金山银山工程工作方案》。会议原则通过《田林县营造山清水秀的自然生态实施金山银山工程工作方案》。八是审议县科协提交的《田林县全民科学素质行动计划纲要实施方案(2016—2020年)》。会议原则通过《田林县全民科学素质行动计划纲要实施方案(2016—2020年)》。九是审议县恒昌公司提交的《关于成立田林县城市投资集团有限公司的请示》。会议原则同意成立田林投资集团(暂定名),报县委审定。十是审议县扶贫办、财政局提交的《关于审定田林县2018年财政专项扶贫资金(第一批)分配等方案的请示》。会议原则通过《田林县2018年财政专项扶贫资金(第一批)分配方案》《田林县2018年财政专项扶贫资金(第一批)补助标准方案》《田林县2018年财政专项扶贫资金(第一批)项目计划草案》。

【第4次会议】 2018年3月2日上午,县长黄慧在县政府二楼小会议室主持召开田林县第十六届人民政府第39次常务会议,县人民政府领导班子黄慧、何建华、蒋桂红、农国宁、谢君稳、罗俊书、黄金贵、周光林出席会议,县委办、政府办、法制办、监察委、组织部等相关单位列席会议。会议主要内容:一是审议县人社局提交的《关于提高我县公益性岗位补贴标准的请示》。会议同意将田林县公益性岗位补贴标准提高到每人每月1500元。二是审议县人社局提交的《关于实行公务员及参公人员医疗补助的请示》。会议原则同意按照《百色市公务员医疗补助管理办法》从2018年1月1日起实行本县公务员及参公人员医疗补助制度。三是审议县审计局提交的《关于审定田林县百乐乡路劳至达买至根标道路工程竣工结算审核结果的请示》。会议同意田林县百乐乡路劳至达买至根标道路工程结算审计金额为331.41万元。四是审议县教育局提交的《田林县义务教育均衡发展工程项目施工模式》《田林县义务教育均衡发展仪器图书装备配置实施方案》。五是审议县卫计局提交的《关于配备乡镇卫生院救护车司机的请示》。会议同意以政府购买服务方式招聘各乡(镇)卫生院每院1名救护车司机。六是审议县市场开发服务中心提交的《关于将市场开发服务中心干部职工的养老保险转为机关养老保险的请示》。会议明确:1.同意县市场开发服务中心干部职工现在职在编的43人和2015年5月后退休的9人从企业养老保险转为机关养老保险,其余在2015年4月30日前退休的人员仍按原渠道执行;2.所需经费由县市场开发服务中心自行承担。七是审议八桂瑶族乡提交的《田林县八桂玉塘民族文化体育活动中心项目工作方案》《田林县八桂瑶族乡渭标村通屯道路硬化项目工作方案》。会议原则通过《田林县八桂玉塘民族文化体育活动中心项目工作方案》《田林县八桂瑶族乡渭标村通屯道路硬化项目工作方案》。八是审议县恒昌公司提交的《关于请求我公司转让所持云龙公司21%股权的请示》。会议原则同意转让县恒昌公司所持云龙公司21%的股权,报县委审定。

【第5次会议】 2018年3月9日下午,县长黄慧在县政府二楼会议室主持召开田林县第十六届人民政府第40次常务会议,县人民政府领导班子黄慧、何建华、蒋桂红、麦国坚、农国宁、罗俊书、黄金贵、周光林、谢旦杏出席会议,县委办、政府办、法制办、组织部等相关单位列席会议。会议主要内容:一是审议县人民政府办公室提交的《田林县人民政府重大行政决策专家咨询论证办法》。会议原则通过《田林县人民政府重大行政决策专家咨询论证办法》。二是审议县公安局提交的《关于要求增加97名辅警人员的请示》。会议同意给予县公安局增加97名辅警名额。三是审议县脱贫攻坚战指挥部提交的《关于审定为全县帮扶干部办理人身意外伤害保险的请示》。会议同意为帮扶干部办理人身意外伤害保险。四是审议县人社局提交的《关于审批岑建军同志办理提前退休的请示》。会议同意县人社局的请求事项,按程序办理。五是审议县房改办提交的《田林县公共租赁住房租金标准及收取规定》。会议原则通过《田林县公共租赁住房租金标准及收取规定》。六是审议县教育局提交的义务教育均衡发展有关项目的工程预算评审结果。会议同意田林县旧州镇中心校教学综合楼项目、田林县第三小学项目、田林县义务教育均衡发展学校土建项目(学校运动场、挡土墙、公厕)按工程预算评审结果发布招标公告。

【第6次会议】 2018年3月23日下午,县长黄慧在县政府二楼会议室主持召开田林县第十六届人民政府第41次常务会议,县人民政府领导班子黄慧、蒋桂红、麦国坚、农国宁、谢君稳、罗俊书、周光林、谢旦杏出席会议,县委办、政府办、法制办、组织部等相关单位列席会议。会议主要内容:一是审议县农业局提交的《田林县2018年杧果发展实施方案》。会议原则通过《田林县2018年杧果发展实施方案》。二是审议县林业局提交的《深圳市帮扶田林县良种油茶产业示范基地项目"以工奖补"工作实施方案》。会议原则通过《深圳市帮扶田林县良种油茶产业示范基地项目"以工奖补"工作实施方案》。会议明确:整合上级财政专项扶贫资金作为"以工奖补"的资金来源。三是审议县教育局提交的《田林县教育事业发展"十三五"规划》。会议原则通过《田林县教育事业发展"十三五"规划》。四是审议县委老干局提交的《关于为县老干部活动中心、老年大学安排财政供养保安人员的请示》。会议同意给予县委老干局配备1名财政供养合同制聘用人员作为县老干部活动中心协管员。五是审议县老龄办提交的《关于解决老年人免费乘坐田林县公交车公益补助金的请示》。会议同意给予田林县公交车每辆每年1200元作为田林县内70周岁以上(含70岁)老年人免费乘坐公交车补贴。六是审议县人民法院、人民检察院提交的《关于提高田林县人民法院公用经费保障标准的请示》《关于提高田林县人民检察院公用经费保障标准的请示》。会议同意将县人民法院、人民检察院公用经费保障标准由2.6万元/人·年提高至3.6万元/人·年。七是审议县卫计局提交的《关于申报深圳帮扶田林县八渡瑶族乡卫生院项目的请示》。会议同意田林县八渡瑶族乡卫生院项目由原申报光明新区对口帮扶项目,调整为申报深圳市对口帮扶项目。八是审议县恒昌公司提交的《关于审定与百色百矿集团合作经营方案及预借资金的请示》。会议原则同意预借存量贫困户小额贷款8000万元委托百色百矿集团进行合作经营。九是审议县恒昌公司提交的《田林县“深圳桥”工程建设实施方案》。会议原则通过《田林县“深圳桥”工程建设实施方案》。十是审议县教育局提交的《田林县义务教育均衡发展校舍维修装饰实施方案》。会议同意《田林县义务教育均衡发展校舍维修装饰实施方案》中的工程内容及付款方式。

【第7次会议】 2018年4月12日下午，县长黄慧在县政府二楼会议室主持召开田林县第十六届人民政府第42次常务会议，县人民政府领导班子黄慧、何建华、蒋桂红、麦国坚、谢君稳、罗俊书、谢旦杏出席会议，县委办、政府办、法制办、组织部等相关单位列席会议。会议主要内容：一是传达学习中央纪委副书记徐令义和自治区党委常委、纪委书记、监察委员会主任房灵敏重要讲话精神以及百色市扶贫领域腐败和作风问题专项治理工作推进会精神，部署推进全县扶贫领域腐败和作风问题专项治理工作。二是审议县教育局提交的《田林县教育提升三年行动计划(2018—2020年)》。会议原则通过《田林县教育提升三年行动计划(2018—2020年)》。三是审议县教育局提交的《义务教育均衡发展项目工程预算评审结果》。会议同意田林县义务教育均衡发展项目工程按财政评审金额3875.69万元作为招标控制价进行招投标。四是审议县卫计局提交的《田林县全民健康素养促进行动工作方案(2018—2020年)》。会议原则通过《田林县全民健康素养促进行动工作方案(2018—2020年)》。五是审议县老龄办提交的《关于通过政府购买编外人员解决人员不足的请示》。会议同意给予县老龄办1名政府购买服务人员名额，工资待遇为每月2300元。六是审议县民族局提交的《2018年中央第一批和自治区本级少数民族发展资金项目招标控制价》。会议同意民族局请示事项，要求县民族局要尽快做好项目招投标等相关工作。七是审议县脱贫攻坚战指挥部办公室提交的《田林县潞城瑶族乡三瑶村“铜鼓舞”民俗文化广场及道路硬化工程项目工作方案》。会议原则通过《田林县潞城瑶族乡三瑶村“铜鼓舞”民俗文化广场及道路硬化工程项目工作方案》。八是审议县国土局提交的《关于同意与万成公司签订补偿协议书的请示》。会议原则通过《征收土地及地上附着物补偿协议书》。九是审议县工管委提交的《百矿集团桂黔(田林)经济合作产业园区煤电铝一体化项目年产40万吨阳极碳素项目投资协议书》。会议原则通过该协议书。十是审议县公安局提交的《关于要求执行人民警察执勤岗位津贴政策的请示》。会议同意按照《人力资源社会保障部 财政部关于执行人民警察执勤岗位津贴有关问题的通知》精神，执行人民警察执勤岗位津贴政策。十一是审议县人社局提交的《机关、事业单位工作人员和离退休人员死亡后遗属生活困难补助标准》。会议同意田林县机关、事业单位工作人员和离退休人员死亡后遗属生活困难补助标准为每人每月495元。

【第8次会议】 2018年5月2日下午，县长黄慧在县政府二楼会议室主持召开田林县第十六届人民政府第43次常务会议，县人民政府领导班子黄慧、何建华、蒋桂红、农国宁、罗俊书出席会议，县委办、政府办、法制办、组织部等相关单位列席会议。会议主要内容：一是听取2017年及2018年第一季度环保工作汇报。会议听取县环保局关于2017年及2018年第一季度的环保工作汇报。会议指出，党中央、国务院高度重视环保工作，十九大报告指出，要坚决打好污染防治攻坚战，坚决制止和惩处破坏生态环境行为。二是审议县脱贫攻坚战指挥部办公室提交的《田林县2018年脱贫攻坚工作实施方案》。会议原则通过《田林县2018年脱贫攻坚工作实施方案》。三是审议县教育局提交的《关于审定田林县旧州镇中心校学生宿舍楼工程预算评审结果的请示》。会议同意田林县旧州镇中心校学生宿舍楼工程按财政评审金额435.47万元作为招标控制价进行招投标。四是审议县教育局提交的《关于审定田林县义务教育均衡发展校舍维修装修项目工程预算评审结果的请示》。会议同意田林县义务教育均衡发展校舍维修装修项目工程按财政评审金额3517.95万元作为招标控制价进行招投标。五是审议县民政局提交的《关于审定万吉山烈士陵园维修经费的请示》。会议原则同意按县财政评审金额115.06万元作为万吉山烈士陵园维修项目控制价。

【第9次会议】 2018年5月16日下午，县长黄慧在县政府二楼会议室主持召开田林县第十六届人民政府第44次常务会议，县人民政府领导班子黄慧、何建华、蒋桂红、麦国坚、张琦、谢君稳、罗俊书、谢旦杏出席会议，县委办、政府办、法制办、组织部等相关单位列席会议。会议主要内容：一是学习贯彻《地方党政领导干部安全生产责任制规定》（以下简称《规定》）。会议要求：各乡（镇）各部门要认真组织传达学习，进一步提高对安全生产工作的思想认识；各分管副县长要组织所分管行业部门做好《规定》的学习贯彻，切实抓好当前安全生产工作，确保人民群众生命财产安全。二是听取田林县2018年以来安全生产工作情况汇报及2018年安全生产工作计划。会议要求，各乡（镇）各部门要把握安全生产工作重点，全覆盖、全方位推进隐患排查、问题整改；要强化应急预警预测，抓好主汛期防汛救灾和地质灾害防治等各项工作；加强监督检查，加大排查、管控力度，层层传导压力，确保全县安全生产形势持续稳定好转。三是审议县国土局提交的《田林县矿产资源总体规划(2016—2020年)》。会议同意发布实施《田林县矿产资源总体规划(2016—2020年)》，并按有关规定做好公开公示。四是审议县住建局提交的《田林县2018年农村改厕改厨工程实施方案》。会议原则通过《田林县2018年农村改厕改厨工程实施方案》。五是审议县教育局提交的《关于审定田林县定安镇中心幼儿园教学综合楼附属工程预算评审结果的请示》。会议同意田林县定安镇中心幼儿园教学综合楼附属工程按财政评审金额123.4万元作为招标控制价进行招投标。六是审议县教育局提交的《关于审定田林县义务教育均衡发展项目工程预算评审结果的请示》。会议同意田林县高龙中学教学综合楼、平塘中学教学综合楼等27个义务教育均衡发展项目工程按财政评审金额2889.09万元作为招标控制价进行招投标。七是审议县教育局提交的《关于审定田林县义务教育均衡发展6个项目工程预算评审结果的请示》。会议明确田林县那比九年一贯制学校运动场和附属工程、六隆镇好又多小学运动场和附属工程等6个义务教育均衡发展项目招标控制价为2100万元。八是审议县卫计局提交的《田林县建立现代医院管理制度工作实施方案》。会议原则通过《田林县建立现代医院管理制度工作实施方案》。九是审议县卫计局提交的《关于审定田林县妇幼保健院公共卫生业务用房项目结算审计的请示》。会议同意田林县妇幼保健院公共卫生业务用房项目结算审计金额为525.13万元。十是审议县民政局提交的《关于审定我县临时救助标准的请示》。会议同意县民政局提高临时救助标准的请示事项。十一是审议县市政局提交的《关于审定百花寨易地扶贫搬迁点污水主管网工程预算评审结果的请示》。会议明确百花寨易地扶贫搬迁点污水主管网工程项目招标控制价为450万元。十二是审议县老龄办提交的《田林县80岁以上高龄老年人生活津贴发放暂行办法》。会议原则同意《田林县80岁以上高龄老年人生活津贴发放暂行办法》。

【第10次会议】 2018年5月28日上午，县长黄慧在县政府二楼会议室主持召开田林县第十六届人民政府第45次常务会议，县人民政府领导班子黄慧、何建华、蒋桂红、麦国坚、张琦、谢君稳出席会议，县委办、政府办、法制办、组织部等相关单位列席会议。会议主要内容：一是审议县扶贫办提交的《关于审定未列入〈田林县2018年脱贫攻坚工作实施方案〉计划实施基础设施、特色产业建设项目的请示》。会议原则同意将未列入《田林县2018年脱贫攻坚工作实施方案》的预脱贫村基础设施提级改造、深度贫困村、已脱贫摘帽村、非贫困村基础设施项目列为2018年实施计划，特色产业建设项目暂不列入计划。二是审议县财政局提交的《田林县扶贫资金公告公示制度（试行）》。会议明确，由县财政局根据会议精神对该制度进行补充完善后报县政府审定。三是审议县财政局提交的《田林县财政资金审批划拨管理暂行办法》。会议原则通过《田林县财政资金审批划拨管理暂行办法》。四是审议县发改局提交的《田林县政府投资项目公告公示制度》。会议原则通过《田林县政府投资项目公告公示制度》。五是审议恒昌公司提交的《田林县2016年易地扶贫搬迁工程设计、采购、施工项目EPC施工补充合同》。会议原则同意《田林县2016年易地扶贫搬迁工程设计、采购、施工项目EPC施工补充合同》。六是审议县教育局提交的《田林县普通高中学生宿舍楼项目工程预算评审结果》。会议同意田林县普通高中学生宿舍楼项目工程按财政评审金额6623.13万元作为招标控制价进行招投标。七是审议县教育局提交的《田林县乐里镇第一小学附属工程预算评审结果》。会议同意田林县乐里镇第一小学附属工程按财政评审金额345.31万元作为招标控制价进行招投标。八是审议县扶贫办提交的《2018年财政专项扶贫资金(第一批)安排通屯道路建设项目招标控制价》。会议明确2018年财政专项扶贫资金(第一批)安排通屯道路建设项目21条76.84千米,溪桥2座76延米的招标控制价为3785.7万元。九是审议县物价局提交的《田林县安通机动车检测有限公司核定机动车(摩托车)安全技术检验收费标准批复》。同意县物价局对该公司核定机动车(摩托车)安全技术检验收费标准进行批复。十是审议县水利局提交的《广西田林县乐里河防洪工程亲水平台人行步道细部调整及石材栏杆材料价格补差变更》。

【第11次会议】 2018年6月7日下午,县长黄慧在县政府二楼会议室主持召开田林县第十六届人民政府第46次常务会议,县人民政府领导班子黄慧、何建华、蒋桂红、麦国坚、农国宁、张琦、谢君稳、谢旦杏出席会议,县委办、政府办、法制办、组织部等相关单位列席会议。会议主要内容:一是审议县财政局提交的《田林县2018年政策性农业保险工作实施方案》。会议原则通过《田林县2018年政策性农业保险工作实施方案》。二是审议县农业局提交的《关于审定田林县乐里杧果产业(核心)示范区现场教学培训中心观景台评审结果的请示》。会议同意田林县乐里杧果产业(核心)示范区现场教学培训中心观景台工程按财政评审金额151.69万元作为招标控制价进行招投标。三是审议县教育局提交的《田林县教育精准扶贫工作方案》。会议原则同意《田林县教育精准扶贫工作方案》。四是审议县教育局提交的《关于落实高龙、八渡、者苗等三个乡中心幼儿园缺口资金的请示》《关于审定高龙、八渡、者苗等三个幼儿园项目工程预算评审结果的请示》。会议同意落实高龙、八渡、者苗等三个乡中心幼儿园项目缺口资金1100万元。五是审议县教育局提交的《关于审定田林县义务教育均衡发展9个项目工程预算评审结果的请示》。会议同意9个义务教育均衡发展项目工程按财政评审金额2229.46万元作为招标控制价进行招投标。六是审议县绩效办提交的《关于后续计发田林县2017年度机关事业单位绩效奖励工作方案》。会议原则通过《关于后续计发田林县2017年度机关事业单位绩效奖励工作方案》。七是审议县安监局提交的《田林县旧州镇示甫村"11·23"触电事故调查报告》。会议原则通过由"11·23"触电事故调查组按照工作职责和有关规定对事故进行调查后形成的《田林县旧州镇示甫村"11·23"触电事故调查报告》。

【第12次会议】 2018年6月8日下午,县长黄慧在县政府二楼会议室主持召开田林县第十六届人民政府第47次常务会议,县人民政府领导班子黄慧、何建华、蒋桂红、麦国坚、张琦、罗俊书出席会议,县委办、政府办、法制办、组织部等相关单位列席会议。会议主要内容:一是审议县财政局提交的《田林县2018年统筹整合使用"一事一议"财政奖补资金项目实施方案》。会议原则通过《田林县2018年统筹整合使用"一事一议"财政奖补资金项目实施方案》。二是审议县房改办提交的《关于审定田林县2016年城市棚户区乐里镇城区改造(二期)立面修缮工程项目预算造价评审结果的请示》。会议同意田林县2016年城市棚户区乐里镇城区改造(二期)立面修缮工程项目招标控制价为460万元。三是审议县市政局提交的《关于安排市民小公园项目建设费的请示》。会议明确,市民小公园项目资金来源于当年均衡性转移支付补助增加或新增一般债券等县本级财力资金。四是审议县市政局提交的《关于审定田林县垃圾场进场道路硬化工程招标控制价的请示》。会议明确田林县垃圾场进场道路硬化工程招标控制价为165万元。五是审议旧州镇人民政府提交的《关于审定2018年度光明新区对口帮扶田林县旧州镇平保村基础设施建设项目申报的请示》。会议同意田林县旧州镇平保村基础设施建设项目申报2018年度深圳市光明新区对口帮扶项目。六是审议浪平镇人民政府提交的《关于审定2018年度光明新区对口帮扶田林县浪平镇坳停村基础设施建设项目申报的请示》。会议原则同意田林县浪平镇坳停村基础设施建设项目申报2018年度深圳市光明新区对口帮扶项目。七是审议县民政局提交的《关于审定田林县福利院消防改造工程经费的请示》。会议同意田林县福利院消防改造工程项目按财政评审金额158.12万元作为招标控制价进行招投标。八是审议县交警大队提交的《关于给予解决县城交通标志线及信号灯完善和改造工程经费的请示》。会议同意实施县城交通标志线及信号灯完善和改造工程。九是审议县卫计局提交的《关于2018年田林县公开招聘县级公立医院卫生专业技术人员和后勤服务人员的请示》《关于2018年田林县公开招聘乡镇卫生院专业技术人员的请示》。会议同意县卫计局公开招聘县级公立医院卫生专业技术人员和后勤服务人员193名,乡镇卫生院专业技术人员11名的请示事项。十是审议县旅游局提交的《关于对田林县环球大酒店评为四星级酒店奖励问题的意见》。会议明确,县人民政府成立专门工作组,由县人民政府副县长蒋桂红任组长,对环球大酒店被评为四星级酒店奖励问题进行再次检验核实后,报县人民政府审定。十一是审议定安镇人民政府提交的《关于审定田林县定安镇风貌改造项目财政评审初评价的请示》。会议同意田林县定安镇风貌改造项目招标控制价为400万元。十二是审议县住建局提交的《关于审定田林县体育中心建设工程项目三期(综合馆及总平配套设施)工程招标控制价的请示》。会议明确,由县人民政府副县长何建华、县人大常委会副主任黎朝兴负责组织县住建局、文广局等部门,邀请相关专业专家评审把关,对项目建设方案进一步优化后,再报县人民政府审定。十三是审议县交通局提交的《关于审定潞城至百乐(潞城至百华段)三级公路施工图设计方案的请示》。会议原则同意实施潞城至百乐(潞城至百华段)三级公路项目。十四是审议县交通局提交的《关于审定田林县乐里镇南环路至田平村连接线工程招标控制价的请示》。会议同意田林县乐里镇南环路至田平村连接线工程按财政评审金额128.65万元作为招标控制价进行招投标。

【第13次会议】 2018年6月26日下午,县长黄慧在县政府二楼会议室主持召开田林县第十六届人民政府第48次常务会议,县人民政府领导班子黄慧、何建华、蒋桂红、麦国坚、张琦、谢君稳、罗俊书、谢旦杏出席会议,县委办、政府办、法制办、组织部等相关单位列席会议。会议主要内容:一是审议县农业局提交的《田林县乐里杧果产业(核心)示范区建设工作实施方案》。会议原则通过《田林县乐里杧果产业(核心)示范区建设工作实施方案》。二是审议县林业局提交的《田林县六隆八渡笋产业(核心)示范区建设工作实施方案》。会议原则通过《田林县六隆八渡笋产业(核心)示范区建设工作实施方案》。三是审议县林业局提交的《田林县南盘江流域扶贫生态产业示范区合作方案》。会议原则通过《田林县南盘江流域扶贫生态产业示范区合作方案》。四是审议县住建局提交的《关于批复〈田林县中心城区通信基础设施专项规划〉的请示》。会议原则通过《田林县中心城区通信基础设施专项规划》。五是审议县乐里林场提交的《关于审定群众侵占国有林地造林处理意见的请示》。会议明确:1.由县政法部门进行社会稳定风险评估;2.由县法制办、林业局、乐里林场等部门向上级相关部门咨询征求意见。六是审议县森林公安局提交的《关于解决森林公安协警、后勤服务人员工作业务经费、法定工作日之外加班补贴的请示》。会议同意《关于解决森林公安协警、后勤服务人员工作业务经费、法定工作日之外加班补贴的请示》事项。七是审议县兴业公司提交的《关于审定百色百矿集团申请延续借款问题的请示》。会议原则同意百色百矿集团与县兴业公司签订肆仟万元借款展期合同。八是审议县市政局提交的《关于给予解决市政管理局自收自支人员待遇的请示》。会议同意《关于给予解决市政管理局自收自支人员待遇的请示》事项。九是审议县市政局提交的《关于申请环卫站合同制聘用人员岗位津贴的请示》。会议同意《关于申请环卫站合同制聘用人员岗位津贴的请示》事项。十是审议县教育局提交的《关于招聘乡(镇)公立幼儿园教师的请示》。会议原则同意县教育局面向社会公开招聘198名幼儿园教师。十一是审议县地税局提交的《关于下调田林县城镇土地使用税税额标准的请示》。会议同意《关于下调田林县城镇土地使用税税额标准的请示》事项,报市人民政府批准后执行。十二是审议县农业局提交的《世界银行结果导向型贷款百色市田林县扶贫示范项目实施方案》。会议原则同意《世界银行结果导向型贷款百色市田林县扶贫示范项目实施方案》。

【第 14 次会议】 2018 年 7 月 6 日下午，县长黄慧在县政府二楼会议室主持召开田林县第十六届人民政府第 49 次常务会议，县人民政府领导班子黄慧、何建华、蒋桂红、麦国坚、谢君稳、罗俊书出席会议，县委办、政府办、法制办、组织部等相关单位列席会议。会议主要内容：一是学习贯彻《中华人民共和国环境保护法》。二是审议县教育局提交的《关于审定田林县第三小学筹建工作方案的请示》。会议原则通过《田林县第三小学筹建工作方案》。三是审议县教育局提交的《关于增建平山、潞城、高龙等三所初中学校教学楼及宿舍楼的请示》。会议原则同意增建三所初中学校教学楼及宿舍楼项目。四是审议县教育局提交的《关于审定田林县普通高中建设项目工程预算评审结果的请示》。会议明确田林县普通高中学生食堂、体育馆建设项目工程招标控制价为 2890 万元。五是审议县国土局提交的《耕地后备资源项目投资开发合作协议书》。会议原则同意田林县人民政府与广西百色农村投资有限公司签订《耕地后备资源项目投资开发合作协议书》。六是审议县市政局提交的《关于审定田林县市民小公园项目施工招标控制价的请示》。会议明确，市民小公园项目施工招标控制价为 190 万元。

【第 15 次会议】 2018 年 7 月 12 日下午，县长黄慧在县政府二楼会议室主持召开田林县第十六届人民政府第 50 次常务会议，县人民政府领导班子黄慧、何建华、蒋桂红、农国宁、张琦、谢君稳、罗俊书、谢旦杏出席会议，县委办、政府办、法制办、组织部等相关单位列席会议。会议主要内容：一是审议县林业局提交的《关于审定田林县城可视两面坡森林景观改造项目的请示》。会议原则同意县林业局提交的《田林县城可视两面坡森林景观改造工作方案》。二是审议县水利局提交的《关于审定田林县 2018 年乐里河易安搬迁点百花寨旧坝河段清淤整治工程的请示》。会议明确，请县人民政府副县长何建华、谢旦杏组织水利局等部门对该工程进行现场办公，结合百花寨易地扶贫搬迁点河岸景观建设，调查研究该段河道沿途的防护堤护岸、亲水平台、栏杆等基础设施建设情况，进一步理清该工程建设内容和效果，再报县人民政府审定。三是审议县扶贫办提交的《关于审定 2018 年财政专项扶贫资金(第一批)6 条 36.69 千米通屯道路建设项目财政评审招标控制价的请示》。会议同意田林县 2018 年财政专项扶贫资金(第一批)6 条、36.69 千米通屯道路建设项目按财政评审金额 1728.42 万元作为招标控制价进行招投标。四是审议县移民局提交的《关于审定田林县 2018 年大中型水库移民新村续建项目工程预算评审结果的请示》。会议同意田林县 2018 年大中型水库移民新村续建项目。五是审议县移民局提交的《关于审定田林县 2018 年大中型水库移民后期扶持基金项目工程预算评审结果的请示》。会议同意田林县 2018 年大中型水库移民后期扶持基金项目。会议要求，县移民局要尽快做好项目招投标等相关工作。六是审议县市场服务中心提交的《关于将市场开发服务中心 2015 年 4 月 30 日以前退休的 7 名职工的养老保险转为机关事业养老保险的请示》。会议同意市场开发服务中心 2015 年 4 月 30 日以前退休人员吴岳英、张彩业等 7 名职工的养老保险转为机关事业养老保险。七是审议县交通局提交的《关于审定田林县六隆八渡笋产业(核心)示范区道路建设工程招标控制价的请示》。会议同意田林县六隆八渡笋产业(核心)示范区道路建设工程招标控制价为 340 万元。八是审议县住建局提交的《关于审定田林县八渡笋产业(核心)示范区村屯风貌改造工程招标控制价的请示》。会议同意田林县八渡笋产业(核心)示范区村屯风貌改造工程招标控制价为 222 万元。

【第 16 次会议】 2018 年 7 月 27 日上午，县长黄慧在县政府二楼会议室主持召开田林县第十六届人民政府第 51 次常务会议，县人民政府领导班子黄慧、何建华、蒋桂红、张琦、谢君稳、罗俊书、谢旦杏出席会议，县委办、政府办、法制办、组织部等相关单位列席会议。会议主要内容：一是审议县教育局提交的《关于安排 2018 年秋季学期部分学校搭建活动板房资金的请示》。会议原则同意给福达中学等 11 所学校搭建应急过渡活动板房 45 间。二是审议县人社局、脱贫攻坚战指挥部办公室提交的《关于审定田林县就业扶贫车间创建工作实施方案的请示》。会议原则通过《田林县就业扶贫车间创建工作实施方案》。三是审议县人社局、脱贫攻坚战指挥部办公室提交的《关于审定田林县 2018 年就业扶贫工作实施方案的请示》。会议原则通过《田林县2018年就业扶贫工作实施方案》。四是审议县人社局、脱贫攻坚战指挥部办公室提交的《田林县2018年开发乡村公益性岗位工作实施方案》。会议原则通过《田林县2018年开发乡村公益性岗位工作实施方案》。五是审议县脱贫攻坚战指挥部办公室提交的《田林县鼓励农村建档立卡贫困人口自主创业工作实施细则》。会议原则通过《田林县鼓励农村建档立卡贫困人口自主创业工作实施细则》。六是审议县扶贫办提交的《田林县2018年新增政府债券资金安排脱贫攻坚通屯道路建设项目计划》。会议同意从田林县2018年新增政府债券资金中安排900万元用于实施2018年脱贫攻坚基础设施建设项目12个。七是审议县扶贫办、财政局提交的《关于审定2018年第二批中央和自治区财政专项扶贫资金分配方案的请示》。会议原则同意《田林县2018年第二批中央和自治区财政专项扶贫资金分配方案》《田林县2018年第二批中央和自治区财政扶持专项资金补助方案》《田林县2018年第二批中央和自治区财政专项扶贫资金项目计划草案》三份方案(草案)。八是审议县财政局、扶贫办提交的《关于审定2018年地方政府新增债券资金安排项目的请示》。会议原则同意县财政局和扶贫办初步拟定的2018年新增债券实施项目明细表。

【第17次会议】 2018年7月31日晚上,县长黄慧在县政府二楼会议室主持召开田林县第十六届人民政府第52次常务会议,县人民政府领导班子黄慧、何建华、蒋桂红、麦国坚、农国宁、张琦、谢君稳、谢旦杏出席会议,县委办、政府办、法制办、组织部等相关单位列席会议。会议主要内容:一是审议县民政局提交的《关于审定城乡最低生活保障补助水平的请示》。会议同意县民政局的请示事项。二是审议县监察委、公安局提交的《关于招聘留置场所警务辅助人员的请示》。会议同意招聘田林县留置场所警务辅助人员15人。工资待遇为每人每月1800元,年度绩效奖金按每人每月500元的标准执行。三是审议县森林公安局提交的《关于解决森林公安民警办案经费的请示》。会议原则同意由县财政按年人均4.3万元的标准解决县森林公安在编在岗民警的办案及业务经费,并纳入年度财政预算。四是审议六隆镇人民政府提交的《关于审定六隆八渡笋产业(核心)示范区综合楼项目工程施工招标控制价的请示》。会议明确六隆八渡笋产业(核心)示范区综合楼项目工程施工招标控制价为265万元。五是审议六隆镇人民政府提交的《关于审定六隆八渡笋产业(核心)示范区瞭望阁项目工程施工招标控制价的请示》。会议明确六隆八渡笋产业(核心)示范区瞭望阁项目工程施工招标控制价为176万元。六是审议浪平镇人民政府提交的《关于审定田林县浪平镇坳停村基础设施建设项目——道路硬化工程预算评审结果的请示》。会议同意田林县浪平镇坳停村基础设施建设项目,项目按财政评审金额280.31万元作为招标控制价进行招投标。七是审议县发改局提交的《关于审定田林县2018年以工代赈示范工程项目预算评审结果的请示》。会议同意田林县2018年以工代赈示范工程项目,项目按财政评审金额578.91万元作为招标控制价进行招投标。

【第18次会议】 2018年8月10日上午,县长黄慧在县政府二楼会议室主持召开田林县第十六届人民政府第53次常务会议,县人民政府领导班子黄慧、何建华、蒋桂红、农国宁、张琦、谢君稳、罗俊书出席会议,县委办、政府办、法制办、组织部等相关单位列席会议。会议主要内容:一是审议县质监局提交的《2018年田林县实施质量强县战略工作实施方案》。会议原则同意《2018年田林县实施质量强县战略工作实施方案》。二是审议县医改办提交的《田林县2018年深化医药卫生体制综合改革重点工作任务》。会议原则同意《田林县2018年深化医药卫生体制综合改革重点工作任务》。三是审议县医改办提交的《关于进一步推广深化医药卫生体制改革经验的实施方案》。会议原则通过《关于进一步推广深化医药卫生体制改革经验的实施方案》。四是审议县交通局提交的《关于审定实施田林县伟好至浪平段公路项目的请示》。会议明确,由县交通局做好田林县伟好至浪平段公路项目预算,明确地方配套资金后,再由县财政统筹安排项目建设资金。五是审议县审计局提交的《关于审定田林县那掌坡移民点边坡防护工程竣工结算审核结果的请示》。会议同意田林县那掌坡移民点边坡防护工程竣工结算审核结果为230.43万元。六是审议县经济局提交的《关于2017年度田林县工业经济发展扶持和奖励考核结果的意见》。会议明确，请县人民政府副县长何建华组织相关部门严格按照《田林县工业经济发展扶持和奖励办法（试行）》，再次对2017年度田林县工业经济发展扶持和奖励考核结果进行研究讨论，形成考评结果方案后再提交县政府常务会议审定。七是审议县商务局提交的《关于审定2017年度田林县第三产业发展扶持考核结果的请示》。会议明确，由县商务局根据会议要求补充完善相关材料后，再提交县政府常务会议审定。八是审议县农业局提交的《关于审定田林县乐里杧果产业（核心）示范区园区硬化道路项目评审结果的请示》。会议明确田林县乐里杧果产业（核心）示范区园区硬化道路项目招标控制价为186万元。九是审议县教育局提交的《关于审定田林县八渡乡福达中学场地建设项目预算评审结果的请示》。会议明确田林县八渡乡福达中学场地建设项目招标控制价为110万元。十是审议县统计局提交的《关于请求长期聘用统计调查工作人员的请示》。会议同意县统计局通过购买服务方式聘请6名工作人员，聘用期为两年，工资待遇为每人每月2300元（含五险）。十一是审议县恒昌公司提交的《关于返聘陆红军同志的请示》。会议同意聘请陆红军为县政府顾问，同意县恒昌公司聘请陆红军为经济总顾问。十二是审议县林业局提交的《关于审定田林县森林重点火险区综合治理三期工程营房建设财政评审金额的请示》。会议同意田林县森林重点火险区综合治理三期工程营房建设项目按财政评审金额311.1057万元作为招标控制价进行招投标。十三是审议县文广局提交的《关于重新审定投资承包田林县数字电影院经营权的请示》。会议同意县文广局的请示事项。

【第19次会议】 2018年8月24日上午，县长黄慧在县政府二楼会议室主持召开田林县第十六届人民政府第54次常务会议，县人民政府领导班子黄慧、何建华、蒋桂红、农国宁、罗俊书、谢旦杏出席会议，县委办、政府办、法制办、组织部等相关单位列席会议。会议主要内容：一是审议县委组织部提交的《关于审定2018年村级组织公共服务场所建设项目的请示》。会议原则同意县委组织部的请示事项。二是审议县市政局提交的《关于实施乡（镇）易地扶贫移民安置点红线外污水处理设施及配套管网工程的请示》。会议同意实施利周瑶族乡、浪平镇等11个乡（镇）的易地扶贫移民安置点红线外污水处理设施及配套管网工程，并安排项目前期工作经费100万元。三是审议县民宗局提交的《关于审定2018年第二批中央财政专项扶贫资金项目的请示》。会议同意将自治区下达的2018年第二批中央财政专项扶贫资金中的少数民族发展资金用于实施乐里镇那光村高坡屯至潞城瑶族乡渭祥村瑶邦屯道路硬化工程项目。四是审议县水利局提交的《关于审定田林县石漠化综合治理工程2018年度建设项目（小型水利水保设施工程）评审结果的请示》。会议同意田林县石漠化综合治理工程2018年度建设项目（小型水利水保设施工程）按财政评审金额366.69万元作为招标控制价进行招投标。五是审议县水利局提交的《关于审定田林县2018年坡耕地水土流失综合治理工程预算评审结果的请示》。会议明确田林县2018年坡耕地水土流失综合治理工程招标控制价为750万元。六是审议县经济局提交的《田林县2017年度工业经济发展扶持和奖励考评初步方案》。会议原则同意《田林县2017年度工业经济发展扶持和奖励考评初步方案》。七是审议县商务局提交的《关于审定2017年度田林县第三产业发展扶持考核结果的请示》。会议原则同意《关于审定2017年度田林县第三产业发展扶持考核结果的请示》。八是审议县教育局提交的《关于审定田林县第34个教师节活动方案的请示》。会议原则同意《田林县第34个教师节活动方案》。九是审议县教育局提交的《关于划拨六隆镇卫生院旧址作为校园用地问题的意见》。会议原则同意划拨六隆镇卫生院旧址作为六隆镇中心校校园用地。十是审议县教育局提交的《关于对解决乐里镇中心校宿舍楼后边坡安全隐患问题的意见》。会议明确：1. 请县人民政府副县长蒋桂红组织县国土、住建、水利等相关部门再次对乐里镇中心校宿舍楼后边坡安全隐患情况进行实地勘察，并将最新的勘察情况、调查报告报自治区和百色市教育部门；2. 由县人民政府办公室负责发函，请广西交通投资集团百色高速公路运营公司负责消除百色高速公路田林段排水系统等对乐里镇中心校及周边居民造成的安全隐患问题；3. 由县国土局负责对接有资质的单位，尽快对乐里镇中心校宿舍楼后边坡安全隐患永久性治理工程进行勘察设计，加快推进隐患消除治理工作。同时，将以上三点处理意见报县委审定。十一是审议县发改局提交的《田林县企事业单位公务用车制度改革实施方案》。会议原则同意《田林县事业单位公务用车制度改革实施方案》《田林县国有企业公务用车制度改革实施方案》《田林县事业单位公务用车制度改革司勤人员安置实施办法》。十二是审议县扶贫办提交的《关于审定2018年世行项目配套基础设施建设项目工程预算评审结果的请示》。会议同意田林县2018年世行项目配套基础设施建设17个项目工程按财政评审金额941.49万元作为招标控制价进行招标。

【第20次会议】 2018年8月31日下午，县长黄慧在县政府二楼会议室主持召开田林县第十六届人民政府第55次常务会议，县人民政府领导班子黄慧、何建华、蒋桂红、农国宁、谢君稳、罗俊书、谢旦杏出席会议，县委办、政府办、法制办、组织部等相关单位列席会议。会议主要内容：一是审议县卫计局提交的《田林县推进医疗卫生与养老服务相结合实施方案》。会议原则同意《田林县推进医疗卫生与养老服务相结合实施方案》。二是审议县卫计局提交的《关于审定深圳帮扶田林县八渡瑶族乡卫生院业务用房建设项目工程预算评审结果的请示》。会议同意深圳帮扶田林县八渡瑶族乡八渡卫生院业务用房建设项目按财政评审金额501.72万元作为招标控制价进行招投标。三是审议县文广局提交的《关于审定田林县壮剧中心第二期工程项目建设装饰工程评审结果的请示》。会议明确田林县壮剧中心第二期工程项目建设装饰工程招标控制价为1600万元。四是审议县旅游局提交的《关于对创建定安镇马神甫事件3A旅游景区问题的意见》。会议同意推动创建定安镇马神甫事件国家AAA级旅游景区。五是审议县市政局提交的《关于审定八桂坡路口铁路桥下至廉租房片区整治提升工程施工招标控制价的请示》。会议明确八桂坡路口铁路桥下至廉租房片区整治提升工程施工招标控制价为140万元。六是审议县委组织部提交的《关于审定田林县2018年村级组织公共服务场所建设项目预算造价评审结果的请示》。会议明确田林县2018年村级组织公共服务场所建设28个项目招标控制价为2200万元。七是审议县审计局提交的《关于审定2016年农村义务教育学校校舍维修改造资金项目二标工程竣工结算审核结果的请示》。会议同意2016年农村义务教育学校校舍维修改造资金项目二标工程按财政审核金额479.24万元为竣工结算结果。八是审议县公安局提交的《关于审定警犬训练基地等项目用地的请示》。会议原则同意在乐里镇田平村渭华沟地块选址60亩土地用于警犬训练基地、执法办案中心、强制隔离戒毒所、反恐训练基地等4个项目建设用地。九是审议县人社局、科技局提交的《关于解决获得高级职称未聘任专业技术人员享受相应的专业技术等级工资待遇的请示》。会议同意给予已取得高级职称的何关顺、胡秀月享受相应的技术等级待遇。十是审议县教育局提交的《关于招聘田林县2018年义务教育学校同工同酬教师的请示》。会议同意县教育局补充招聘85名义务教育学校教师的请示事项，十一是审议旧州镇人民政府提交的《关于审定2018年深圳市光明新区帮扶旧州镇平保村基础设施建设项目招标控制价的请示》。会议同意2018年深圳市光明新区帮扶旧州镇平保村百六屯屯内亮化工程等5项基础设施建设项目按财政评审金额475.02万元作为招标控制价进行招投标。十二是审议县文广局提交的《关于审定田林县2018年预脱贫村文体设施建设项目评审结果的请示》。会议同意田林县2018年预脱贫村农家书屋等10个文体设施建设项目按财政评审金额175.92万元作为招标控制价进行招投标。十三是审议县文广局提交的《关于审定田林县农村文体基础设施屯级篮球场与村级戏台建设项目评审结果的请示》。会议同意田林县农村文体基础设施屯级篮球场与村级戏台等33个建设项目按财政评审金额335.40万元作为招标控制价进行招投标。十四是审议县文广局提交的《关于审定田林县2018年为民办实事21个村级公共服务中心项目评审结果的请示》。会议同意田林县2018年为民办实事21个村级公共服务中心项目按财政评审金额697.28万元作为招标控制价进行招投标。

【第21次会议】 2018年9月11日上午，县长黄慧在县政府二楼会议室主持召开田林县第十六届人民政府第56次常务会议，县人民政府领导班子黄慧、何建华、蒋桂红、农国宁、谢君稳、罗俊书出席会议，县委办、政府办、法制办、组织部等相关单位列席会议。会议主要内容：一是学习贯彻落实《2018年国务院大督查第二十督查组移交涉及广西问题线索的核查处理和整改工作方案》（以下简称《方案》）。会议要求，各乡（镇）人民政府、县直各部门要抓好《方案》的学习贯彻落实，对照问题线索全面开展自查自纠工作，确保中央、自治区和百色市各项决策部署不折不扣地落实到位；同时，相关责任部门要按照《方案》要求，认真对照涉及田林县的问题线索开展好核查处理和整改工作，将整改情况报县政府督查室。二是传达学习习近平总书记等中央、自治区主要领导关于治欠保支工作的批示和治欠保支工作重要文件精神。会议要求：1. 各乡（镇）人民政府、县直各部门要认真组织学习治欠保支相关文件及领导批示精神，并抓好贯彻落实；2. 请县人民政府副县长何建华召集县人社局、发改局、财政局等相关部门就设立农民工工资专用账户等问题进行专题研究落实。三是审议县林业局提交的《田林县石漠化综合治理工程2018年度建设项目（林业植被恢复工程）招投标控制价》。会议明确，请县人民政府副县长何建华、谢旦杏尽快召集林业、发改等相关部门，就推进田林县2018年度岩溶地区石漠化综合治理项目（林业植被恢复工程）进行研究，明确实施方式后再报县人民政府审定。四是审议县交通运输局提交的《田林县2018年农村公路养护管理工作方案》。会议原则同意《田林县2018年农村公路养护管理工作方案》。五是审议县交通运输局提交的《2017年—2018年农村公路路网结构改造（安防、危桥改造）工程项目招标控制价》。会议原则同意2017年—2018年农村公路路网结构改造（安防、危桥改造）工程项目按财政评审金额352.32万元作为招标控制价进行招投标。六是审议县国土局提交的《广西田林县德文液化气有限公司关于变更燃气储备站建设项目选址的报告》。会议原则同意广西田林县德文液化气有限公司燃气储备站建设项目选址由田林县乐里镇新昌片区平雄屯变更为田林县潞城瑶族乡营盘村渭扩铜坡（地名）。七是审议县住建局提交的《关于审定体育中心建设工程项目三期设计优化及招标控制价重评的请示》。会议同意田林县体育中心建设工程项目（三期）的设计优化方案。八是审议县国土局提交的《关于补偿给广西驰程汽车运输有限责任公司土地的情况汇报》。会议同意按2010年基准地价、设定用途为交通用地对城东商贸城占用驰程公司田林汽车站土地进行评估，并参照评估结果313元/平方米协商补偿。九是审议县教育局提交的《田林县乐里中心校学生分流安置工作方案》。会议原则同意《田林县乐里中心校学生分流安置工作方案》。十是审议县教育局提交的《关于招聘田林县2018年同工同酬初中教师的请示》。会议同意县教育局向社会招聘初中教师58名。十一是审议县教育局提交的《关于新增定安中学等25所学校建设项目的请示》。会议原则同意新增定安中学等25所义务教育均衡发展必检学校建设项目，报县委审定。十二是审议县乡村办提交的《关于聘请4位工作人员到“美丽田林”乡村建设领导小组办公室工作的请示》。会议同意给予县乡村办2名政府购买服务人员名额。十三是审议县委组织部提交的《田林县村（社区）干部养老补贴实施办法》。会议明确，由县委组织部进一步理清。

【第22次会议】 2018年9月21日下午，县长黄慧在县政府二楼会议室主持召开田林县第十六届人民政府第57次常务会议，县人民政府领导班子黄慧、何建华、蒋桂红、农国宁、吴志纯、谢君稳、罗俊书、谢旦杏出席会议，县委办、政府办、法制办、组织部等相关单位列席会议。会议主要内容：一是传达学习《广西壮族自治区县级党委和政府扶贫开发工作成效考核办法（2018年修订）》文件精神和全区脱贫攻坚问题整改工作推进电视电话会议精神，研究部署田林县脱贫攻坚工作。会议要求，各乡（镇）人民政府、县直各单位、指挥部各专责小组要认真抓好该考核办法和全区脱贫攻坚问题整改工作推进会议精神的学习贯彻落实；要全力抓好脱贫攻坚有关问题的整改工作，确保高质量完成各项工作任务；加快脱贫攻坚项目资金的支出，确保支出进度达到自治区考评要求，确保完成全年脱贫攻坚目标任务。二是审议县扶贫办提交的《田林县东西部扶贫协作优惠政策》。会议要求，请县人民政府副县长罗俊书召集相关部门根据会议精神并结合田林县实际进行修改完善后报审。三是审议县扶贫办提交的《田林县2018年第二批中央和自治区财政专项扶贫资金用于基础设施通屯水泥硬化道路建设项目招标控制价》。会议同意田林县2018年第二批中央和自治区财政专项扶贫资金用于基础设施通屯水泥硬化道路建设项目按财政评审金额277.50万元作为招标控制价进行招投标。四是审议县扶贫办提交的《田林县2018年新增政府债券资金安排脱贫攻坚通屯道路建设项目招标控制价》。会议同意田林县2018年新增政府债券资金安排脱贫攻坚通屯道路建设项目按财政评审金额790.46万元作为招标控制价进行招投标。五是审议县林业局提交的《田林县石漠化综合治理工程2018年度建设项目(林业植被恢复工程)招投标控制价》。会议原则同意田林县石漠化综合治理工程2018年度建设项目(林业植被恢复工程)按财政评审金额448.11万元作为招标控制价进行招投标。六是审议县水利局提交的《田林县万吉山吉星湖工程预算评审结果》。会议要求,请县水利局根据会议精神完善相关材料后报审。七是审议县水利局提交的《田林县2018年农村饮水安全工程(中央预算内投资)评审结果》。会议原则同意田林县2018年农村饮水安全工程(中央预算内投资)按财政评审金额608.15万元作为招标控制价进行招投标。八是审议县水利局提交的《田林县2018年高效节能灌溉及农田水利建设项目评审结果》。会议原则同意田林县2018年高效节能灌溉及农田水利建设项目按财政评审金额2792.48万元作为招标控制价进行招投标。九是审议县国土局提交的《关于建设云盛商贸物流市场用地的请示》。会议明确,请县土地城建交通工作组对田林云盛商贸物流项目建设用地进行重新审核。十是审议县住建局提交的《关于完善三桥廉租住房小区配套基础设施道路硬化、亮化、绿化、围墙等建设的请示》。会议原则同意田林县三桥廉租房通道围墙及照明绿化工程按财政评审金额90.03万元作为招标控制价进行招投标。十一是审议田林县潞城瑶族乡提交的《田林县潞城瑶族乡民族文化广场、潞城河防洪堤人行道亮化工程、潞城河4座漫水桥工程等项目招标控制价》。会议要求,请县人民政府副县长何建华召集相关部门商议确定各相关工程的建设内容。十二是审议县恒昌公司提交的《关于请求是否同意我公司按所持云龙公司21%股权的比例筹集首期权益的请示》。十三是审议县交通运输局提交的《2018年脱贫攻坚5个屯级硬化道路建设项目招标控制价》。会议要求,县交通运输局要在县脱贫攻坚战指挥部统筹下安排好脱贫攻坚屯级道路建设计划,确定好实施项目后再报审。十四是审议县文广局提交的《关于配备村级综合性文化服务中心公共文化专管员的请示》。会议同意为168个行政村(社区)各配备1名公共文化专管员,公共文化专管员工作报酬为200元/人·月,由县财政解决。

【第23次会议】 2018年9月27日下午,县长黄慧在县政府二楼会议室主持召开田林县第十六届人民政府第58次常务会议,县人民政府领导班子黄慧、何建华、蒋桂红、麦国坚、农国宁、张琦、谢君稳、罗俊书、谢旦杏出席会议,县委办、政府办、法制办、组织部等相关单位列席会议。会议主要内容:一是传达学习贯彻《广西壮族自治区财政厅关于田林县财政扶贫资金专项检查的处理决定》。二是听取田林县2018年教育重点工作汇报。三是审议县食药监局提交的《田林县创建广西壮族自治区食品安全示范县工作实施方案》。会议原则同意《田林县创建广西壮族自治区食品安全示范县工作实施方案》。四是审议县旅游局提交的《田林县创建全域旅游示范区工作方案》。会议原则同意《田林县创建全域旅游示范区工作方案》。五是审议县机关事务局、县公车改革办、县财政局提交的《田林县处置、购置全县公务用车实施方案》。会议原则同意《田林县处置、购置全县公务用车实施方案》。六是审议县协作办提交的《关于审定2018年度深圳市增量帮扶资金项目申报的请示》。会议同意田林县2018年危房改造补助协作项目、深圳市对口帮扶田林县第三小学、田林县锦瑶服饰厂(扶贫车间)项目申报作为2018年深圳市增量帮扶资金实施项目。

【第24次会议】 2018年10月15日上午,县长黄慧在县政府二楼会议室主持召开田林县第十六届人民政府第59次常务会议,县人民政府领导班子黄慧、何建华、蒋桂红、农国宁、谢君稳、罗俊书、谢旦杏出席会议,县委办、政府办、法制办、组织部等相关单位列席会议。会议主要内容:一是审议县水利局提交的《田林县2018年农村饮水安全项目热镀锌钢管、简易消毒设备采购控制价》。会议明确，田林县2018年农村饮水安全项目热镀锌钢管、简易消毒设备采购控制价为382.17万元。二是审议县水利局提交的《田林县万吉山吉星湖工程预算评审结果》。会议明确，田林县万吉山吉星湖工程招标控制价为700万元(总包干)。三是审议县工管委提交的《桂黔(田林)经济产业园区百矿工业基地生活用水专线工程评审结果》。会议明确，桂黔(田林)经济产业园区百矿工业基地生活用水专线工程招标控制价为260万元(总包干)。四是审议县住建局提交的《关于恢复违法用地、违法建设、违法开发处置办公室的请示》。五是审议县市政局提交的《田林中燃LNG气化站永久性建设用地方案》。会议原则同意将乐里至八桂三级公路Ⅰ标段(南环路)桩号K5+300南侧约8亩已征收土地作为田林中燃LNG气化站永久性建设用地。六是审议县安监局提交的《田林县泰宏烟花爆竹销售有限公司烟花爆竹(批发)仓库建设项目》。会议原则同意田林县泰宏烟花爆竹销售有限公司在乐里镇乐里村渭佳沟(绕城路往弄平方向1.5千米处)建设临时仓库。七是审议县物价局提交的《我县乡镇污水处理收费标准》。会议同意田林县乡(镇)居民污水处理费为0.85元/立方米，非居民污水处理费为1.2元/立方米。八是审议定安镇人民政府提交的《定安镇八来村八来至半坡硬化道路项目财政评审结果》。会议同意定安镇八来村八来至半坡硬化道路项目按财政评审金额210.04万元作为招标控制价。九是审议县恒昌公司提交的《关于请求我公司转让所持云龙公司21%股权的请示》。会议同意县恒昌公司委托中介公司对其所持富宁县云龙黄金矿业有限责任公司21%的股权进行股权评估并挂牌转让。十是审议县财政局提交的《田林县2018年统筹整合使用"一事一议"财政奖补资金项目工程施工招标控制价》。会议同意田林县2018年统筹整合使用"一事一议"财政奖补资金项目工程按财政评审金额3548.86万元作为招标控制价。十一是审议县房改办提交的《田林县2017年乡镇棚户区危旧住房改造设计方案》。会议原则同意《田林县2017年乡镇棚户区危旧住房改造设计方案》。十二是审议县交通运输局提交的《田林县实施"四好农村路"建设三年攻坚行动方案》。会议原则同意《田林县实施"四好农村路"建设三年攻坚行动方案》。十三是审议县脱贫攻坚战指挥部办公室提交的《田林县2018年脱贫攻坚道路维修实施方案》。会议原则同意《田林县2018年脱贫攻坚道路维修实施方案》。十四是审议县协作办提交的《田林县就业扶贫车间带动就业扶贫协作奖补工作实施方案》。会议原则同意《田林县就业扶贫车间带动就业扶贫协作奖补工作实施方案》。十五是审议县卫计局提交的《关于审定2018年村卫生室建设项目的请示》。会议同意实施2018年38个村卫生室建设项目。十六是审议乐里镇人民政府提交的《分水安置地场平工程财政评审结果》。会议明确，乐里镇分水安置地场平工程招标控制价为510万元(总包干)。十七是审议县教育局提交的《关于解决福达中学等6所学校8栋128套教师流转房教师自筹资金的请示》。会议同意由县财政解决田林县6所学校8栋128套教师流转房教师自筹资金。十八是审议县教育局提交的《田林县八渡瑶族乡那囊小学综合楼建设项目预算评审结果》。会议同意田林县八渡瑶族乡那囊小学综合楼建设项目按财政评审金额298.27万元作为招标控制价。十九是审议县教育局提交的《田林县2018年教师走教工作实施方案》。会议同意《田林县2018年教师走教工作实施方案》。

【第25次会议】 2018年10月19日上午，县长黄慧在县政府二楼会议室主持召开田林县第十六届人民政府第60次常务会议，县人民政府领导班子黄慧、蒋桂红、麦国坚、农国宁、谢君稳、罗俊书出席会议，县委办、政府办、法制办、组织部等相关单位列席会议。会议主要内容：一是进一步传达学习贯彻落实中央、自治区防范化解政府隐性债务风险文件精神，研究部署田林县相关工作。二是审议潞城瑶族乡提交的《田林县锦瑶服装厂(一期工程)招标控制价》。会议同意田林县锦瑶服装厂(一期工程)按财政评审金额379.47万元作为招标控制价。三是审议县卫计局提交的《田林县健康扶贫贫困人口"一站式"报销系统运行管理办法》《田林县健康扶贫医疗结算周转金管理办法》《田林县健康扶贫重病兜底保障金管理办法》。会议通过《田林县健康扶贫贫困人口"一站式"报销系统运行管理办法》《田林县健康扶贫医疗结算周转金管理办法》《田林县健康扶贫重病兜底保障金管理办法》,并试行一年。四是审议县质量强县办提交的《关于推荐田林县康益土特产有限公司为第三届田林县县长质量奖获奖企业的请示》。五是审议县协作办提交的《田林县粤桂扶贫协作优惠政策》。会议原则同意《田林县粤桂扶贫协作优惠政策》。六是审议县市政局提交的《田林县“深圳桥”工程施工招标控制价》。会议明确,请县市政局、财评中心等相关单位与设计单位、广西鸿业建设工程管理咨询有限公司做好对接,核实好建设相关内容后报县人民政府领导班子成员会签审定。七是审议县交通运输局提交的《2018年脱贫攻坚6个屯级硬化道路建设项目招标控制价》。会议同意2018年脱贫攻坚6个屯级硬化道路建设项目按财政评审金额1920.45万元作为招标控制价。八是审议县人民法院提交的《田林县人民法院审判法庭项目二次装修招标控制价》。会议同意田林县人民法院装修工程按财政评审金额377.1123万元作为招标控制价。九是审议县林业局提交的《田林县万吉山森林公园创建项目公路步道建设工程评审结果》。会议明确,田林县万吉山森林公园创建项目公路步道建设工程招标控制价为930万元(总包干)。十是审议县粮食局提交的《关于2018年轮换部分县级储备粮有关问题的请示》。会议原则同意县级储备粮轮出2015年入库的早籼稻1528514公斤和2014年入库的早籼稻谷139850公斤,共计1668364公斤。

【第26次会议】 2018年10月23日上午,县长黄慧在县政府二楼会议室主持召开田林县第十六届人民政府第61次常务会议,县人民政府领导班子黄慧、何建华、蒋桂红、麦国坚、谢君稳、罗俊书、谢旦杏、薛彦霞出席会议,县委办、政府办、法制办、组织部等相关单位列席会议。会议主要内容:一是审议县财政局提交的《田林县政府隐性债务清查统计工作情况报告》《田林县隐性债务变动的情况说明》《田林县政府隐性债务统计情况表》。会议原则同意《田林县政府隐性债务清查统计工作情况报告》《田林县隐性债务变动的情况说明》《田林县政府隐性债务统计情况表》,并按要求逐级上报。二是审议县招商局提交的《田林县投资优惠暂行办法》。会议明确,县招商局要根据会议精神对《田林县投资优惠暂行办法》进行修改完善后,报县人民政府。三是审议县商务局提交的《田林县第三产业发展扶持办法》。会议明确,县商务局要根据会议精神对《田林县第三产业发展扶持办法》进行修改完善后,报县人民政府。四是审议县经济局提交的《田林县工业经济发展扶持和奖励办法(2018—2020)》。会议明确,县经济局要根据会议精神对《田林县工业经济发展扶持和奖励办法(2018—2020)》进行修改完善后,报县人民政府。五是审议田林县南环路至渭华沟农村道路工程预算评审结果。会议明确,田林县南环路至渭华沟农村道路按三级公路标准建设。六是审议县人社局提交的《关于审批文艺同志办理提前退休的请示》。会议同意田林县粮食局文艺办理退休手续。七是审议县人社局提交的《关于要求给予提高苏州林等4位同志工资待遇的请示》。会议同意苏州林等4人工资待遇按田林县合同制聘用人员工资待遇标准发放,由县财政核拨。八是审议县协作办提交的《关于调整扶贫协作财政帮扶项目资金及项目的请示》。会议同意协作办请示事项。九是审议田林县锦瑶服装厂(二期工程)招标控制价。会议明确,田林县锦瑶服装厂(二期工程)招标控制价为340万元(总包干),请县脱贫攻坚战指挥部对锦瑶服装厂项目进行评估审定后才能实施。十是审议田林县2018年潞城瑶族乡那帮村等村屯17个项目点农村饮水安全工程评审结果。会议同意17村屯农村饮水安全工程项目按财政评审金额301.21万元作为招标控制价。十一是审议田林县2018年平塘乡茅草坪村农村饮水安全工程项目评审结果。会议同意田林县2018年平塘乡茅草坪村农村饮水安全工程项目按财政评审金额341.60万元作为招标控制价。十二是审议县脱贫攻坚战指挥部办公室提交的《关于确定田林县脱贫攻坚通屯道路建设工程项目设计费率的请示》《关于确定田林县脱贫攻坚通屯道路建设工程项目监理费率的请示》。会议同意田林县脱贫攻坚通屯道路建设工程项目设计费率、监理费率均控制在2%以内进行招标。十三是审议田林县利周瑶族乡农贸市场工程预算评审结果。会议明确,田林县利周瑶族乡农贸市场工程招标控制价为220万元(总包干)。十四是审议田林县新高中建设项目征收国有风潞农场木材加工厂场地平整补偿费用。会议同意田林县新高中建设项目征收国有风潞农场木材加工厂场地平整补偿费用按县监察委员会调查核实的128万元给予补偿,租用土地期限尚剩余6年年限的不予补偿。

【第27次会议】 2018年11月7日上午,县长黄慧在县政府二楼会议室主持召开田林县第十六届人民政府第62次常务会议,县人民政府领导班子黄慧、何建华、蒋桂红、麦国坚、农国宁、张琦、谢君稳、罗俊书、薛彦霞出席会议,县委办、政府办、法制办、组织部等相关单位列席会议。会议主要内容:一是审议旧州镇人民政府提交的《关于审定旧州镇易地扶贫搬迁高速路出口安置片区道路工程变更签证有关事项的请示》。二是审议县教育局提交的《田林县乡村小学及教学点优化布局调整工作方案》。会议原则同意《田林县乡村小学及教学点优化布局调整工作方案》。三是审议县教育局提交的《关于解决六隆、利周等两所乡(镇)公立幼儿园建设用地的请示》。会议同意利周瑶族乡、六隆镇中心幼儿园建设用地分别位于利周瑶族乡、六隆镇易地扶贫安置用地内。四是审议田林县旧州中心校平整场地三期工程预算评审结果。会议明确,田林县旧州中心校平整场地三期工程招标控制价为100万元。五是审议田林县万吉山森林公园旅游项目预算评审结果。会议明确,田林县万吉山森林公园旅游项目招标控制价为920万元。六是传达学习贯彻习近平总书记脱贫攻坚重要指示和李克强总理批示精神,部署当前脱贫攻坚工作。会议传达学习习近平总书记脱贫攻坚重要指示和李克强总理批示精神,部署田林县当前脱贫攻坚工作。七是审议县脱贫攻坚战指挥部办公室提交的《关于调整2018年农业生产发展资金用于统筹整合发展产业的请示》。会议原则同意《田林县2018年农业生产发展资金(中央和自治区)统筹整合发展产业实施方案》。八是审议县脱贫攻坚战指挥部办公室提交的《田林县2018年脱贫攻坚农村住房保障工作方案》。会议要求,请县脱贫攻坚战指挥部办公室对全县农村住房保障情况先进行调查摸底。九是审议县脱贫攻坚战指挥部办公室提交的《关于审定田林县2019年脱贫攻坚基础设施建设项目的请示》。会议原则同意田林县2019年脱贫攻坚基础设施建设项目计划。十是审议县财政局提交的《田林县农村集体经济组织财务管理办法实施细则(试行)》。会议原则同意《田林县农村集体经济组织财务管理办法实施细则(试行)》。十一是传达学习自治区城乡建设用地增减挂钩助力脱贫攻坚和乡村振兴现场会精神,部署全县相关工作;审议县国土局、财政局提交的《田林县城乡建设用地增减挂钩专项资金管理办法》《田林县鼓励农村宅基地退出(城乡建设用地增减挂钩项目)补偿办法》。十二是审议县国土局提交的田林县2016年第二批城市建设用地、2017年第一批乡镇建设用地国有土地使用权出让问题。十三是审议县工管委提交的《关于审定田林县潞城旺吉工业片区一期基础设施建设项目的请示》。会议原则同意田林县潞城旺吉工业片区一期基础设施建设计划项目。十四是审议县统计局提交的《田林县深化统计管理体制改革试点工作总体实施方案》。会议原则同意《田林县深化统计管理体制改革试点工作总体实施方案》。十五是审议县经济局提交的《田林县2018年自治区支持中小微企业到贫困地区发展补助资金二次分配方案》。会议明确,田林县2018年自治区支持中小微企业到贫困地区发展补助标准为每家企业不超过10万元。十六是审议县国土局提交的《关于将河滨路金田园大酒店旁原民政局部分国有土地与马威(户)国有土地进行置换问题的请示》。会议原则同意将位于河滨路金田园大酒店旁原民政局的部分国有土地与马威(户)的国有土地按同等面积进行置换。十七是审议县市政局提交的《关于审定平雄"轰沟"作为田林县建筑垃圾消纳场项目地址的请示》。会议同意将田林县建筑垃圾消纳场项目建设用地初步选址于乐里镇新昌村平雄屯"轰沟"。十八是审议八桂坡廉租住房小区配套建设管道燃气设施项目工程预算评审结果。会议明确,由县住建局就田林县八桂坡廉租住房小区配套建设管道燃气设施项目工程户均单价高于市场价问题进行研究,进一步优化设计及造价后再报县人民政府审定。十九是审议田林县三宝庙至住建局河堤路工程预算评审结果。会议明确,由县土地城建交通工作领导小组对田林县三宝庙至住建局河堤路工程建设问题先进行研究。二十是审议县水利局提交的《田林县2018年脱贫攻坚基础设施旧州镇等3个乡镇农村饮水安全工程招标控制价》。会议要求,县水利局要尽快做好项目招投标及实施等相关工作。二十一是审议县水利局提交的《田林县2018年第二批脱贫攻坚基础设施农村饮水安全项目热镀锌钢管、简易消毒设备采购控制价》。会议同意田林县2018年第二批脱贫攻坚基础设施农村饮水安全项目热镀锌钢管、简易消毒设备采购控制价为905.44万元。

【第28次会议】 2018年11月16日下午，县长黄慧在县政府二楼会议室主持召开田林县第十六届人民政府第63次常务会议，县人民政府领导班子黄慧、何建华、蒋桂红、麦国坚、农国宁、张琦、谢君稳、薛彦霞出席会议，县委办、政府办、法制办、组织部等相关单位列席会议。会议主要内容：一是审议县田林县2018年脱贫攻坚基础设施百乐乡等7个乡镇农村饮水安全工程招标控制价。会议同意田林县2018年脱贫攻坚基础设施百乐乡等7个乡镇农村饮水安全工程按财政评审金额343.21万元作为招标控制价。二是审议田林县潞城至百乐（潞城至弄甲段）三级公路预算控制价。会议明确，请县人民政府副县长何建华召集相关部门完善田林县潞城至百乐（潞城至弄甲段）三级公路工程涉及的用地指标、林地报批、环境评估等施工前期工作后，再报县人民政府审定。三是审议县绩效办提交的《关于审定发放2017年度脱贫攻坚特殊绩效奖励的请示》。会议同意发放2017年度脱贫攻坚特殊绩效奖励，发放范围为全县有帮扶任务的在职在编干部，按在岗实际工作月数发放。四是审议田林县背街小巷道路硬化、亮化工程财政评审结果。会议明确，田林县背街小巷道路硬化、亮化工程招标控制价为410万元。五是审议田林县环境监测站附属工程项目招标控制价。会议同意实施田林县环境监测站附属工程的挡土墙和园建道路硬化部分。六是审议县民政局提交的《关于通过政府购买服务方式为乡（镇）敬老院配备协管员的请示》。会议同意通过政府购买服务方式为有特困人员入住的乡（镇）敬老院各配备1名协管员，全县共配备12名协管员。七是听取全县扫黑除恶专项斗争工作进展情况。会议听取县公安局关于全县扫黑除恶专项斗争工作进展情况汇报。会议要求，各级、各部门要加强学习扫黑除恶有关文件精神，不断加大宣传力度，要进一步明确工作职责分工，要建立健全工作推进机制，加强协调沟通，落实工作联席会议制度，确保田林县扫黑除恶专项斗争工作取得实效。八是审议县文广局提交的《关于解决我县参加百色市第五届文艺会演经费的请示》。会议同意由县财政安排150万元作为田林县参加百色第五届文艺会演活动经费。九是审议县安监局提交的《浪平镇“6·19”车辆伤害事故调查报告》。会议同意浪平镇“6·19”车辆伤害事故调查组对事故的调查报告。十是审议县安监局提交的《平塘乡同祥村“8·17”事故调查报告》。会议同意平塘乡“8·17”事故调查组对事故调查报告。十一是审议县人社局提交的《关于请求给予同工同酬待遇的报告》。会议明确，请县人社局按会议要求补充完善相关材料后报县人民政府审定。十二是审议县人社局提交的《关于给予蒙建华、卢转和、罗雨3位同志工资待遇按照技师（技术工二级岗位）工资待遇套改的请示》。会议同意县纪委卢转和、食药监局罗雨、机关事务局蒙建华3人工资待遇按照技师（技术工二级岗位）工资待遇套改。十三是审议县审计局提交的《关于解决拖欠梁恒通工程款问题的再次核实报告》。会议原则同意解决百乐乡、六隆镇支付梁恒通工程款24.4万元，其中，洞弄铺水泥街道工程14万元，龙车水池饮水工程10.4万元。十四是审议田林县浪平镇达妹村候车亭至弄坝村炮木垌至石家垌屯道路工程项目评审结果。会议同意田林县浪平镇达妹村候车亭至弄坝村炮木垌至石家垌屯道路工程项目按财政评审金额157.90万元作为招标控制价。十五是审议县财政局提交的《关于兑现田林扶贫小额信贷委托经营分红的请示》。会议同意兑现田林县扶贫小额信贷委托经营一年分红给合作经营的贫困户。

【第29次会议】 2018年11月30日下午，县长黄慧在县政府二楼会议室主持召开田林县第十六届人民政府第64次常务会议，县人民政府领导班子黄慧、何建华、蒋桂红、麦国坚、谢君稳、薛彦霞出席会议，县委办、政府办、法制办、组织部等相关单位列席会议。会议主要内容：一是学习贯彻《中华人民共和国安全生产法》《广西壮族自治区党政领导干部安全生产责任制实施细则》。二是审议县民政局提交的《关于对2018年度转业士官安置工作的请示》。会议同意将2018年转业士官黄纪超、岑冉鑫、李桥朋分别安置至利周瑶族乡、八桂瑶族乡、六隆镇人民政府的机关后勤服务事业编制空编岗位。三是审议县脱贫攻坚战指挥部办公室提交的《关于解决田林县22个非贫困村盘活乡镇门面促进村级集体经济收入达标所需承包资金的请示》。会议同意由县财政统筹安排114万元用于盘活乡镇行政事业单位国有资产门面商铺,盘活门面商铺所得利润作为田林县22个非贫困村村级集体经济收入。四是审议县质监局提交的《关于推荐田林县康益土特产有限公司为第三届田林县县长质量奖获奖企业的请示》。会议同意田林县第三届县长质量奖获奖企业为田林县康益土特产有限公司,进行公告。五是审议田林县2018年脱贫攻坚基础设施利周瑶族乡、八渡瑶族乡共12个农村饮水安全工程招标控制价。会议明确,田林县2018年脱贫攻坚基础设施利周瑶族乡、八渡瑶族乡共12个农村饮水安全工程招标控制价为170万元。六是审议田林县2018年脱贫攻坚基础设施浪平镇西华村等4个村、7个农村饮水安全工程招标控制价。会议明确,田林县2018年脱贫攻坚基础设施浪平镇西华村等4个村、7个农村饮水安全工程招标控制价为290万元。七是审议田林县2018年脱贫攻坚基础设施浪平镇弄坨村9个农村饮水安全工程招标控制价。会议明确,田林县2018年脱贫攻坚基础设施浪平镇弄坨村9个农村饮水安全工程招标控制价为355万元。八是审议田林县2018年脱贫攻坚基础设施浪平镇甲朗村等5个村、10个农村饮水安全工程招标控制价。会议明确,田林县2018年脱贫攻坚基础设施浪平镇甲朗村等5个村、10个农村饮水安全工程招标控制价为318万元。九是审议县扶贫办、财政局提交的《关于调整2018年财政专项扶贫资金实施项目加快项目资金支出的请示》。会议同意调整2018年财政专项扶贫项目建设资金1827万元,用于田林县财政局2018年通屯道路(一事一议)项目建设和启动实施2019年脱贫攻坚基础设施建设项目。十是审议田林县2019年第一批脱贫攻坚基础设施建设项目中浪平镇达妹村公路至达桂至弄喏等24条通屯道路硬化项目招标控制价。会议同意田林县2019年第一批脱贫攻坚基础设施建设项目中浪平镇达妹村公路至达桂至弄喏等24条通屯道路硬化项目按财政评审金额4086.15万元作为招标控制价。十一是审议田林县2016—2020年易地扶贫搬迁建设项目潞城片区(营盘点)拦沙坝工程招标控制价。会议明确,请县人民政府副县长何建华召集相关部门现场核实田林县2016—2020年易地扶贫搬迁建设项目潞城片区(营盘点)拦沙坝工程建设内容后,报县人民政府审定。十二是审议旧州进镇大道至易地扶贫搬迁安置点连接道路建设项目工程控制价。会议明确,旧州进镇大道至易地扶贫搬迁安置点连接道路建设项目工程(工程建设内容为道路、排水、亮化部分)招标控制价为98万元。十三是审议县财政局提交的《田林县2018年财政预算调整方案》。会议原则通过《田林县2018年财政预算调整方案》。十四是审议田林县岩荣至六隆公路(岩荣至供央路段)路面大修工程预算评审结果。会议明确,田林县岩荣至六隆公路(岩荣至供央路段)路面大修工程招标控制价为1800万元。十五是审议县人社局、财政局提交的《田林县人力资源和社会保障局　财政局关于加强事业单位绩效工资总量核定管理工作的通知》。会议要求,请县人社局根据上级和其他县(区)实行情况,结合田林县实际对事业单位绩效工资总量核定管理工作进行研究分析。十六是审议县文广局提交的《田林县第一批(县级)文物保护单位》。会议同意将“西林教案”遗址、岑氏宗祠两个文物点申报第八批全国重点文物保护单位。

【第30次会议】 2018年12月4日上午,县长黄慧在县政府二楼会议室主持召开田林县第十六届人民政府第65次常务会议,县人民政府领导班子黄慧、何建华、蒋桂红、麦国坚、张琦、谢君稳、罗俊书、谢旦杏、薛彦霞出席会议,县委办、政府办、法制办、组织部等相关单位列席会议。会议主要内容:一是审议田林县潞城至百乐(潞城至弄甲段)三级公路工程招标控制价。会议明确,田林县潞城至百乐(潞城至弄甲段)三级公路工程招标控制价为11600万元。二是审议县交通运输局提交的《关于田林县出城大道工程项目工程回购款支付方案的请示》。会议明确,请县人民政府副县长何建华召集相关部门就田林县出城大道工程项目工程回购款支付工作进行专题研究后,再报县人民政府审定。三是审议浪平镇平山中学综合楼教学楼建设项目评审结果。会议同意浪平镇平山中学综合楼教学楼建设项目按财政评审金额724.93万元作为招标控制价。四是审议高龙中学宿舍楼建设项目评审结果。会议明确,高龙中学宿舍楼建设项目招标控制价为290万元。五是审议潞城中学宿舍楼等3个项目评审结果。会议明确,潞城中学宿舍楼等3个项目招标控制价为997万元。六是审议田林县人民医院职工宿舍楼后山滑坡地质灾害应急治理工程财政评审结果。会议同意田林县人民医院职工宿舍楼后山滑坡地质灾害应急治理工程按财政评审金额110.67万元作为招标控制价。七是审议县市政局提交的《关于审定河南路绿化亮化改造方案的请示》。会议同意县市政局对河南路进行绿化亮化改造。

【第31次会议】 2018年12月14日上午,县长黄慧在县政府二楼会议室主持召开田林县第十六届人民政府第66次常务会议,县人民政府领导班子黄慧、何建华、蒋桂红、麦国坚、农国宁、张琦、谢君稳、罗俊书、谢旦杏、薛彦霞出席会议,县委办、政府办、法制办、组织部等相关单位列席会议。会议主要内容:一是学习贯彻习近平总书记关于扶贫工作的重要论述,研究部署田林县迎接自治区2018年扶贫成效考核“四合一”实地核查工作。二是研究部署自治区脱贫攻坚大督查发现存在问题整改及百色市2018年度扶贫对象脱贫摘帽核验发现问题整改工作。三是学习贯彻新修订的《中华人民共和国宪法》。会议要求,各级各部门要把学习宪法与学习贯彻习近平新时代中国特色社会主义思想和中共十九大精神结合起来,为田林县决战脱贫、决胜小康提供强有力的法治保障。四是学习贯彻《中国共产党纪律处分条例》。会议指出,新修订的《中国共产党纪律处分条例》(下简称《条例》),进一步彰显全面从严治党的决心和力度。五是审议县人社局提交的《关于用财政资金为建档立卡贫困人口代缴城乡居民基本养老、医疗保险费的请示》。会议原则同意由县财政统筹安排134.95万元,为2018年未缴纳城乡居民基本养老、医疗保险费的建档立卡贫困人口代缴城乡居民基本养老、医疗保险费。六是审议县市政局提交的《关于审定田林县百花寨易搬点市政道路工程建设方案的请示》。会议原则同意田林县百花寨易搬点市政道路工程建设方案。七是审议六隆镇污水处理设施项目被水毁污水主管道抢修工程招投标控制价。会议同意六隆镇污水处理设施项目被水毁污水主管道抢修工程按财政评审金额136.7万元作为招标控制价。八是审议浪平镇中心卫生院等4个乡(镇)卫生院建设项目工程招投标控制价。会议同意浪平镇中心卫生院等4个乡(镇)卫生院建设项目工程按财政评审金额1223.15万元作为招标控制价,九是审议丰厚水库和板桃水库除险加固工程竣工结算审计结果。会议同意田林县丰厚水库和板桃水库除险加固工程竣工结算审计金额分别为552.36万元、358.06万元。十是审议利周瑶族乡爱善村、平布村耕地提质改造(旱改水)项目招标控制价。会议同意利周瑶族乡爱善村、平布村耕地提质改造(旱改水)项目按财政评审金额202.37万元作为招标控制价。十一是审议县交通运输局提交的《关于审定田林县潞城至百乐三级公路(潞城至弄甲段)项目监理招标费率的请示》。会议同意田林县潞城至百乐三级公路(潞城至弄甲段)项目监理费率控制在工程财评价的1.8%以内进行招标。

【第32次会议】 2018年12月29日下午,县长黄慧在县政府二楼会议室主持召开田林县第十六届人民政府第67次常务会议,县人民政府领导班子黄慧、何建华、蒋桂红、谢君稳、罗俊书、谢旦杏出席会议,县委办、政府办、法制办、组织部等相关单位列席会议。会议主要内容:一是学习贯彻《关于切实做好历年来上级反馈财政扶贫资金问题整改工作的通知》《关于采取有力措施切实加快扶贫资金使用管理问题整改的通知》。二是审议六隆镇易地扶贫搬迁集中安置点配套道路工程招投标控制价。会议同意六隆镇易地扶贫搬迁集中安置点配套道路工程按财政评审金额372.16万元作为招标控制价。三是审议县市政局提交的《关于将田林县“深圳桥”工程项目列入2019年度深圳续帮扶项目的请示》。会议同意将田林县“深圳桥”项目申报为2019年度深圳续帮扶项目。四是审议县脱贫攻坚战指挥部办公室提交的《田林县城乡居民基本医疗差异化补助政策实施方案》。会议同意《田林县城乡居民基本医疗差异化补助政策实施方案》中的资金安排,由县财政统筹安排解决。五是传达学习贯彻全区经济工作会议精神。六是研究田林县贯彻落实中央环境保护督察反馈意见整改工作及2018年环境保护工作和2019年环境保护工作计划。会议研究田林县贯彻落实中央环境保护督察反馈意见整改工作及2018年环境保护工作和2019年环境保护工作计划。七是审议县环保局提交的《田林县烟花爆竹禁燃限放管控工作方案》。会议原则同意《田林县烟花爆竹禁燃限放管控工作方案》。八是审议县卫计局提交的《关于解决六隆镇卫生院职工宿舍楼项目建设资金的请示》。会议同意由县财政统筹安排解决六隆镇卫生院职工宿舍楼项目建设资金。九是审议县委组织部提交的《关于给予年度考核确定为优秀公务员奖励的请示》。会议同意县委组织部的请示事项。

重大政务

【经济发展概况】 地区生产总值首次突破60亿元，增长10.7%，连续5年两位数增长；财政收入首次突破4亿元，达到4.16亿元，增长12.2%；规模以上工业增加值增长17.5%；固定资产投资增长17.9%；社会消费品零售总额增长10%；城镇居民人均可支配收入增长5.3%；农村居民人均可支配收入增长10%。

【脱贫攻坚】 投入财政专项扶贫资金1.85亿元，整合各类财政涉农资金3.32亿元。新建、续建屯级道路105条510.42千米。实施农村危房改造230户、安全饮水工程43处、基本公共服务项目71个，维修和新建贫困村卫生室项目38个。17个易地扶贫搬迁安置点全部竣工，完成易地扶贫搬迁安置2283户9793人，县内易地扶贫搬迁任务全面完成。建立村民合作社等村级集体经济组织168个，有68个贫困村村级集体经济收入达3万元以上，全县村级集体经济“空壳村”全部清零。金融精准扶贫工作持续推进，累计发放扶贫小额贷款2.95亿元，覆盖贫困户6416户。东西部扶贫协作帮扶全面深化，投入帮扶资金4006万元，实施易地扶贫搬迁安置点配套服务设施和贫困村基础设施项目14个，受益贫困村45个、贫困人口9375人；帮助1022名贫困人口就近就业和赴东部务工；完成深圳光明区3个街道办事处、5个社区、3个企业与田林县3个乡（镇）、5个贫困村结对帮扶。全区脱贫攻坚干部教育培训班暨工作推进座谈会在田林县召开，爱心公益超市建设经验在全市推广，贫困人口医疗报销“一站式”服务被中央电视台、人民日报宣传报道。预计实现21个贫困村摘帽、25885名贫困人口脱贫，全县贫困发生率降至5.1%。

【产业发展】 三次产业结构比调整为24∶43∶33，产业结构更趋合理。特色农业提质增效。农林牧渔业增加值17.52亿元，增长5.5%。持续推进杧果、油茶、八渡笋、用材林、甘蔗等5个30万亩高产示范基地建设，新种用材林7万亩、油茶2万亩。入厂糖料蔗首次突破40万吨，产值近2亿元。六隆八渡笋产业（核心）示范区获自治区认定，实现区级现代特色农业示范区“零”的突破，新创建县级现代特色农业（核心）示范区2个。新增家庭农场18家、农民专业合作社27家。规模化生态化养殖水平逐步提高，新增规模养殖场12个。生猪、家禽等传统养殖业稳步增长，全年肉类总产量增长7.6%，水产品产量增长10.5%。工业发展提质增速。田林建县以来最大的产业投资项目百矿田林电解铝项目正式投产，田林铝工业实现从无到有的历史性突破。全县装机容量最大的水电站瓦村水电站项目竣工，40万吨阳极碳素项目全面动工，南盘江八渡水电站前期工作加快推进。新增规上工业企业5家、总数达44家，全县规上工业总产值首次突破60亿元，增长20%。桂黔（田林）经济合作产业园区取得新突破，完成园区二期2000亩用地场平，实现土地收储5000亩，新引进落户园区项目4个，园区承载力吸引力明显增强。服务业增量提质。实现服务业增加值20.81亿元，增长10%。启动创建全域旅游示范区工作，万吉山森林公园、利周盘古部落等乡村旅游项目加快推进，全年实现旅游综合总消费11.47亿元，增长34%。新增限上企业和房地产企业9家。建成农村电子商务服务点65个，电商物流服务覆盖乡镇率达100%。年末金融机构各项存款余额69.79亿元、贷款余额47.23亿元，分别增长6.9%、5.4%。房地产市场总体平稳，交通运输、餐饮住宿、文化娱乐等传统服务业实现增量提质。

【城乡建设】 坚持城乡建设统筹推进，田林新区加速建设，县体育中心、壮剧中心等重点城镇项目加快推进，城镇化率提高到24.6%。自治区文明城市创建工作全面开展。市民小公园、百花寨易地扶贫搬迁安置点污水主管网工程全面竣工,完成富源路、绕城路等排水改造工程建设,新昌片区、河南片区、富源片区等背街小巷提质改造基本完成,城市功能更加完善、特色更加鲜明,城市管理水平不断提高。大力开展"两违"整治活动,县城区乱搭乱建现象得到有效遏制。深入推进特色小城镇建设,潞城、利周等集镇改造快速推进,定安百镇项目加快实施。田林建县以来最大的基础设施项目田林至西林高速公路进入实质性开工阶段,田林至贵州贞丰高速公路前期工作有力推进,凌云至田林二级公路、旧州至那腊二级公路、八桂至那比三级公路等项目进展顺利,县域"两小时交通圈"加快推进。农田水利建设提档加速,投入8600万元,实施小型农田水利、农村饮水安全工程等项目,解决3.29万农村人口饮水难问题。

【生态环境建设】 扎实开展"美丽田林·宜居乡村"建设,完成改厕4000个、改厨4000个、改圈277个,农村人居环境大幅改善。完成造林绿化6700公顷、义务植树90万株,管护生态公益林9.57万公顷,森林覆盖率提高到80.6%。治理水土流失面积17平方千米、石漠化面积0.99平方千米。完成2016年中央环保督察反馈意见整改,中央环保督察"回头看"交办田林县的14件信访件完成整改10件,正在整改4件,解决了一批长期难以解决的突出环境问题。全面推进"河长制"工作,全县214条河流和16座水库进入全面监管。全年环境空气质量优良率99%,饮用水水源地水质达标率100%。

【民生建设】 全年民生支出20.2亿元,增长9.5%。民生保障明显加强。全面实施社保惠民、教育惠民、民政惠民等10件为民办实事工程,提前完成区级重点民生实事任务24项。完成城市棚户区改造951套。就业规模稳步扩大,开发公益性岗位432个,城镇新增就业1106人,农村劳动力转移新增就业4391人次。累计发放民政惠民资金1.18亿元,受益5.2万人。社会保险参保总人数达40.77万人次,农村居民享受最低生活保障人数达25.64万人次。城乡居民基本医疗保险参保率达98.4%。教育事业加速发展。教育提升攻坚战深入推进,投入4.85亿元新建、续建教育项目109个,一批城区、乡镇义务教育学校基础设施建成投入使用,深圳帮扶的县第三小学、光明幼儿园投入使用。高考、中考成绩再创新高,高考一本上线人数是上年的2倍,中考A+人数增长50%。县第二幼儿园获评"自治区示范幼儿园"。全年补充中小学、幼儿园教师549名。城乡教育资源优化整合,义务教育均衡发展通过市级评估,被评为全市教育教学质量先进单位。健康田林建设扎实推进。投入医疗卫生计生事业资金4558.8万元。县中医院二期工程、八渡卫生院业务用房等16个卫计项目加快建设,完成县人民医院医技楼项目前期工作,妇幼保健院综合业务楼、疾控中心综合实验楼投入使用。累计发展民营医院2家。"医共体"建设全面推进,先诊疗后付费"一站式"报销和分级诊疗成效持续巩固,贫困人口家庭医生签约服务覆盖率达100%,群众就医更加便捷。文体事业全面繁荣。成功举办"吼敢"壮剧节活动,表演、展出128场次。壮剧《瑶娘》获第十届广西戏剧展演"桂花奖"。"戏曲进校园"及"爱国主义进校园"活动稳步推进。百乐村农家书屋被评为全国示范农家书屋。广播电视户户通实现全覆盖。基本公共文化服务标准化、均等化水平稳步提升,体育事业蓬勃发展。

【社会维稳】 着力构建共建共治的社会治理格局,扎实开展扫黑除恶专项斗争,全年破获刑事案件294起,查处治安案件555起。深化矛盾纠纷排查化解,受理群众来信来访386件,调解三大纠纷234起,妥善化解一批涉众涉稳问题。落实安全生产"一岗双责",对重点行业和领域开展拉网式大排查,消除隐患点。及时处置"6·24"渭架沟重大地质灾害,无人员伤亡。全县安全生产形势稳定向好,群众安全感满意度持续提升,社会大局和谐稳定。被评为"全国法治县(市、区)创建活动先进单位",是全市唯一获此荣誉的县。

【政府自身建设】 坚持把全面从严治党要求贯穿于政府工作各个方面,坚持"两学一做"学习教育常态化制度化,深入开展深化领导班子建设年活动,贯彻落实中央八项规定及其实施细则精神,扎实开展扶贫领域腐败和作风问题专项治理工作,政府系统廉政建设全面加强。深入推进法治政府建设,自觉接受人大法律监督和政协民主监督,办复人大代表建议和政协委员提案98件，办复率100%。健全完善议事决策、社会听证、风险评估等制度，政府权力运行更加规范。审计监督力度加大，绩效管理持续加强。田林绩效考评从2014年至2017年连续四年位居全市同类县第一，2018年获市委、市政府记集体二等功，是全市唯一获此荣誉的县。

田林县人民政府办公室

【田林县人民政府办公室领导】

主　任：罗旭平（瑶族）

副主任：黄龙贵（壮族）

梁祖承（壮族，2018年3月份离任）

黄家兴（壮族）

潘　勇（壮族）

杨秀传

许福赖（壮族）

闭遗斐（壮族）

黄家勤（壮族）

陈开国（2018年3月任职）

【概况】 田林县人民政府办公室是县政府的综合办事机构，承担县政府的日常政务和事务性工作，内设综合股、秘书股、文电股、信息股、财务室、文印室、督查室、应急办、接待办等机构。年内，县政府办公室围绕全县经济和社会发展及县政府中心工作，按照“参与政务、管理事务、搞好服务”的宗旨，加强监督管理，办文、办事、协调等服务工作不断改进，保证政府工作高效、协调、有序运转。

【办文办会】 县政府办公室按照公文处理要求，规范办文标准，确保政府机关行文的正确性和严肃性。一是精细服务会议。围绕提升会议服务质量为重点，加强会前研究、材料准备、会议通知等工作，细化会中统筹服务，强化会后跟踪督查，会议质量、效率均得到明显提升。2018年来，办公室参与组织筹备和服务田林县2018年“壮族三月三·吼敢”活动等全县性的会议和活动195次，其中县政府常务会议32次，起草各类会议纪要100多份。二是严格高效办文。严格执行《国家行政机关公文处理办法》，将收文、运转、校核等工作落实专人专线负责，实现公文分类登记、运转审批、整理归档“零失误”。全年共制发公文622份，处理阅处、批示件3755份，密件126份。同时，5月份起推行无纸化办公，启用移动协同OA办公系统平台，并举办两次OA办公系统业务培训，将OA办公系统在各乡镇、县直各单位进行推广；共开通公共账号1000个，移动端授权账号300个，实现手机移动端同步处理公文，公文办理速度得到大幅提高。

【脱贫攻坚】 认真贯彻落实党中央、国务院关于打赢脱贫攻坚战的战略部署要求，按照自治区、市和县委、县政府脱贫攻坚指示精神和选派、结对帮扶工作的总体安排，扎实推进旧州镇央白村第一书记选派和潞城瑶族乡丰防、各烟、渭祥村等结对帮扶工作。2018年共安排资金4.5万元助推央白村脱贫，解决村部挡土墙建设、会议室电子屏安装；实施村屯亮化工程，解决村里120盏路灯的安装，方便村民晚上出行；捐赠电脑、打印机、复印机等设备。协调落实央白村平维屯4500米、中屯600米的屯级道路硬化建设；协调县扶贫办、水利局、文广局等相关部门解决央白村文化室建设、篮球场维修及协调推进那浪、大管、大胆、大茶4个屯的水利项目建设。

【协调服务】 始终坚持办事抓程序、协调抓效率这些关键环节，全面统筹接待、行政事务及资产、食堂管理和后勤服务等工作。办事始终以“办好、办实、办妥”为标准，确保保障政府工作高效运行。年内，处理各种来电来信486件，办结率和反馈率均达100%，确保政府工作正常运转。

【督查督办】 每月对区、市及县委、县政府交办的重要工作进行认真督察督办，及时发现问题，并结合实际提出建议，促进重大决策有效落实。2018年共办理自治区、市、县下达督办事项17件，办结率100%。围绕2018年《政府工作报告》《政府工作要点》和全县重大决策部署开展督查督办。共开展专项督查活动16次，印发督查通报16期；督办县政府常务会议议定事项243件。有力保障百矿田林电解铝、阳极碳素、瓦村水电站等重大项目顺利推进。针对关系民生的热点、难点问题开展督查督办。推进办理田林县十六届人大三次会议建议63件，政协九届三次会议提案35件，督办落实国务院大督查反馈问题整改10件，完成整改3件。

【应急管理】 加强应急值守和信息报送工作，成立县人民政府办公室值班室，落实事业编制人员3名，健全工作制度，规范值班处理程序，实行机关休息和放假期间专人值班，做到“全天候”服务。协调有关部门有效防范和处置“6·24”田林县城渭架沟地质灾害等突发事件，组织好抢险救灾工作，最大限度减轻灾害造成的损失，实现灾后社会稳定，群众生活得到保障。

【议案、提案办理】 县政府办高度重视，将人大代表议案和政协委员提案办理工作作为重中之重的工作来抓。年初下发专门通知，把办理工作与全县重点项目、产业发展、生态建设、社会稳定以及为民办实事等工作密切结合起来，促进重点工作扎实开展。专门召开议案提案交办会议，县领导亲自作部署，对提案办理时限、反馈形式、签发领导等方面提出具体意见，多次召开办理协调会，及时解决办理过程中遇到的困难和问题，办理情况由办公室主任签发向代表、委员反馈意见。选择一些具有代表性的议案、提案，分阶段组织开展现场联合办公，做到有安排、有协调、有落实。据统计，年内共办理县人大代表意见、建议和议案63件，办理县政协提案35件，办复率100%。

【保密工作】 坚持宣传贯彻党和国家的保密工作方针、政策、法律、法规，坚持主要领导为第一责任人，明确分管领导和具体负责工作人员；将保密工作纳入争先创优评比依据，纳入工作考核内容，确保保密工作责任落实到个人；制定完善《县人民政府办公室保密工作制度》等有关保密工作规定和制度，进一步规范和严格保密程序；实行不定期抽查制，加大对各科室执行保密法律法规、涉密载体管理等进行抽查、检查，对发现违反有关保密工作的行为进行立即纠正、限期整改和通报。定期或不定期组织干部职工学习有关文件，研究解决保密工作中存在的问题；实行保密责任制，强化检查督促，使大家克服麻痹思想，树立全员保密意识。

【政务信息】 高度重视政务信息工作，落实专人负责政务信息上报工作。年内共向自治区政府报送政务类信息、互联网信息2865条，采用245条，得分166分，排名全市第4位。

（刘宏明）

信　访

【田林县委县人民政府信访局领导】
局长、党组书记：毕美霞（女，壮族）
副局长：韦显光（壮族）
　　　　蒙美秀（女，壮族）
　　　　岑凡希（壮族）

【概况】 1978年县委办内设信访科，属县委办内设机构。1986年2月成立中共田林县委、县人民政府信访办公室，2010年7月更名为中共田林县委、县人民政府信访局，行政级别为正科级单位，内设机构有办公室、信访联席办、办信股、接访股、复查复核办。2018年核定编制8名（其中：行政编7名、后勤编1名），在职人员9名，其中：局长1名，副局长3名，主任科员2名，副主任科员1名，科员1名，后勤工作人员1人。本科学历2人，专科学历7人。二层机构“农情民意、乡村联解”服务中心，核定事业编制4名，2018年在编人数2名。大学本科学历1名，专科学历1名，空编2名。

【信访接待情况】 2018年，全县信访总量224件、615人次，与2017年同期312件、2183人次相比，件次下降28%，人次下降72%；其中：收到群众来信58件、108人；接待群众来访45批、322人次；收到网上信访121件、185人次（含区、市网上信访件），网上信访占比54%。

【领导干部接访、下访活动】 2018年，县信访局在坚持定点接访的同时，更多地采取重点约访、专题接访、带案下访、下基层接访等方式，推动群众合理诉求的有效解决。年内共接待来访群众45批322人次（其中县领导参与接访35批次）；妥善解决瓦村电站项目八渡乡库区移民征地补偿及安置点供电、发放生活补助等信访问题。在全国“两会”、东盟博览会等重大活动期间组织协调开展县、乡领导大接访活动，共收到群众反映问题126个，年内信访局已全部完成转交办理，并针对群众反映热点、重点问题，多次组织召开专题研判会议。

【信访“三化”建设】

基础设施标准化建设 2018年年初，县人民政府下发《田林县信访基础设施标准化规范化建设实施方案》，明确田林县利用3年的时间，推进县、乡（镇）、村（社区）

三级信访基础设施建设，加大信访制度改革和信访业务规范化建设力度。截至 12 月 31 日，田林县群众信访服务中心仍在按规划设计紧锣密鼓装修中；年内完成 14 个乡镇群众信访服务站、52 个村社区群众信访服务室的标准化建设。

基础业务规范化建设 2018 年，信访局针对每一件信访事项，在检查登记、受理、转送交办、办理、送达、录入、督查督办等环节上，严格按照《信访条例》《国家信访局关于进一步规范信访事项受理办理程序引导来访人依法逐级走访的办法》进行办理，全年共转办、交办群众来信来访 224 件，已办结 202 件，正在办理 22 件，录入信访信息系统占比 100%；

信访工作队伍专业化建设 2018 年县信访联席举办组织相关部门和乡镇信访业务人员开展信访业务培训 3 次，此外，自治区信访局相关处室领导亲自作业务指导和培训，信访局干部职工坚持每月理论学习和业务研讨，同时安排骨干人员到区局、市局跟班学习。通过强化信访干部学习培训，提高信访干部的理论和业务水平。

【网上信访代理】 2018 年，信访局借助扶贫领域腐败和作风问题专项治理宣传、大接访活动，到扶贫攻坚联系村开展乡村振兴战略暨扶贫“扶心扶志扶智”百人百场“板凳圈”讲习和宣讲活动、“走进群众、改进作风、解决难题”主题实践活动、“党史国史、国情区情市情县情”专题学习等活动平台，以悬挂标语、宣传栏、发放宣传资料、投放宣传展板、面对面解答、宣讲等形式公开网上信访须知和操作流程，向广大群众宣传网上信访，引导群众“多上网，少走访”。年内，信访局共受理群众来信来访 224 件，其中网上信访 121 件，占信访总量的 54%。

【整治进京赴邕越级访、集体访、非正常上访】 2018 年，信访局加强“进京赴邕越级访、集体访、非正常上访”整治工作。年内，县领导和信访联席会议召集人组织县信访联席会议各成员单位、各乡（镇）领导召开进京赴邕上访处置会议 10 余次，给予非访行为人严厉的惩治惩处，有效惩治遏制进京访、非访势头。如：2018 年 11 月 12 日，重点上访人员王某进京非访被扣留，县领导高度重视，及时召开劝返处置工作会议，公安机关依法对王某进行刑事传唤，并给予拘留 7 日的刑事处罚。从越级信访情况看：是年，田林县群众到市上访 11 批、18 人次，与去年同期 31 批 32 人次相比，批次减少 20 批，人次减少 14 人次。赴邕上访 2 批 2 人次，与上年同期 2 批 2 人次持平。进京上访 1 批 1 人次，与上年 3 批 6 人次相比，批次减少 2 批，人次减少 5 人次。

【信访事项复查】 2018 年，共接到群众向县人民政府申请复查信访事项 15 件，其中审查受理 4 件，不予受理 8 件，信访人原因自动放弃复查 3 件。信访局坚持全面查清事实，实事求是，依法按政策处理的原则，扎实做好信访复查事项的受理、交办、审理、答复四个环节各项工作，引导信访人依法按政策维权。截至 12 月 31 日，受理的 4 件复查案件中，已作出复查处理意见 1 件（其中撤销部门答复意见 1 件），正在办理 3 件。通过复查，及时纠正信访事项办理过程中的错误问题，既维护信访人的合法权益，预防和制约信访权的滥用，又维护了信访秩序。

【信访案件的督办研判】 年内，针对重点信访事项召开分析研判会 31 次，其中县领导主持研判 10 次，局主要领导主持研判 21 次。对重大信访矛盾问题进行点对点分析、面对面处理，通过强化分析研判，为领导决策提供参考，助推信访问题有效化解。

【“农情乡解”活动】 田林县继续深入开展“农情乡解”活动。一是深化五级服务平台，完善一本民情台账。建立县、乡、村、屯、户五级信访服务机构，为各乡镇“农情乡解”服务中心重新配备办公设备。二是建立四张工作网络，完善两项长效机制，以乡村两级为重点，建立治安防控网，信访信息网，纠纷调处网，为民服务网等到四张信访维稳网，重点打造信访信息的纠纷调解网。在县乡（镇）“农情乡解”服务站设立村信访信息队，在屯一级设立信访信息员，负责矛盾排查和维稳信访信息的上报工作。县制定出台《田林县“农情乡解”奖惩暂行办法》《田林县“农情乡解”信访工作目标管理考评标准》，将“农情乡解”信访工作纳入乡镇党委、政府工作的总体目标。

【信访信息收集】 2018 年，县信访局在人民网、今日头条、《右江日报》、田林门户网等网站报道工作信息 86 篇，向县委、县政府及政法委上报《信访要情》21期、《信访摘报》3期，为领导及时、全面掌握全县信访矛盾纠纷突出问题提供信息，为工作决策提供依据，有效推动一大批信访突出问题得到有效解决。（刘　荣）

土地山林水利权属纠纷调处

【田林县调解处理土地山林水利纠纷办公室领导】

主　任：黄正雄（壮族）

副主任：潘永辉（瑶族）

　　　赵兴林

　　　黄兆坚（壮族，2018年4月离任）

【概况】 1977年，成立田林县处理土地、山林、水利纠纷领导小组办公室（简称“处纠办”），隶属县人民法院管辖，办公地址设在县人民法院内，1983年被撤销。1985年8月恢复成立，改称“田林县调解处理土地山林水利纠纷办公室”（简称“田林县调处办”），办公室设在县司法局，1988年3月定为正科级单位，在田林县人民政府办公室挂牌，更名“田林县人民政府调解处理土地山林水利纠纷办公室”（简称“田林县调处办”），办公地点设在县人民政府大院内。1997年改为县人民政府直属事业单位，2018年事业编制数6名，在职人数8人，就业见习生1名。

【案件调处】 2018年，发生“三大纠纷”案件108起，共立案受理调处集体与集体之间的土地、山林权属纠纷案件75起，结案67起，结案率89.33%，调解纠纷面积3080公顷。其中新案51起，结案47起，结案率92.16%；积案24起，结案20起，结案率83.33%；县内纠纷70起，结案65起，跨县纠纷4起，结案2起，跨省纠纷1起（未结案），处理群众来信83件，接待来访群众986人次，组织召开调解会167次。年内，没有发生因“三大纠纷”调处化解不力而引发集体进京赴邕上访事件和群体性事件，有效维护全县社会稳定和民族团结。

【行政裁决】 2018年，由县人民政府下文裁决处理的纠纷案件1起，即：八桂瑶族乡八高村八架、新寨村民小组与渭怀村民小组林地权属纠纷。

【专项调处活动】 2018年，县人民政府办公室印发《瓦村水电站项目建设纠纷调处工作方案》，从调处办、林业、国土、司法、法制等部门抽调12名干部，成立三个调处工作组，深入八渡、八桂、那比、高龙等四个乡开展涉及瓦村水电站项目建设工作的土地、林地纠纷调处工作。专项调处活动从1月至5月底，共调处化解31起土地、林地纠纷案件，涉及征地补偿款1600万元。

【目标管理】 坚持以服务全县大局、维护社会稳定为中心，坚持依法行政，先行调解，裁决为辅，遵循有利于生产生活，有利于经营管理，有利于社会和谐稳定的工作原则，主动作为，构建“大排查、大调处、大防控”调处工作格局，促进社会和谐稳定。（罗秉兼）

人力资源和社会保障

【田林县人力资源和社会保障局领导】

局长、党组书记：黄国性（壮族）

党组副书记：凌安荣（壮族）

党组成员、副局长：梁太华（壮族）

　　　　　　　　岑海雄（壮族）

2018年11月23日，县调处主任黄正雄（右二）率工作组到八桂乡开展纠纷地现场核定工作（赵兴林　摄）

【概况】 2002年机构改革时，县人事局和县劳动局合并，组建人事劳动和社会保障局。2010年12月县人事劳动和社会保障局更名为县人力资源和社会保障局。内设办公室、公务员管理股、规划财务股、专业技术人员管理股、工资福利与退休股、就业促进和社会保险管理股、人事劳动监察股、调解仲裁管理股。管理4个二层机构：田林县劳动保障监察大队、田林县就业服务中心、田林县人才服务管理办公室、田林县人事劳动争议仲裁院。2018年田林县人力资源和社会保障局(含二层机构)在编人员28人，其中局长1人，党组副书记1人，副局长2人，副科级7人，科员以下11人，事业编制4个，8个股室不变。

【公务员队伍管理】

公务员(参公人员)网络培训考试工作 根据自治区人力资源和社会保障厅精神要求，田林县行政机关单位公务员(参公人员)报名网络培训学习人数1696人，田林县人力资源和社会保障局在培训网络系统后台将对公务员的学员学习情况进行管理，督促未及时参加学习考试的学员，全县通过培训考试合格共1384人。

年度考核工作 2018年度考核严格按照规定比例和要求，对行政机关公务员、参照管理单位工作人员共57个单位467名同志进行年度考核，加强对单位人员身份核查，确保年度考核工作评定准确，标准严格，年度考核评定结果上报市局备案。

招考工作 田林县2018年考试录用公务员(参公人员)计划招录51个职位共53人，网上报名1310人，资格审核通过1126人；做好公务员(参公人员)面试资格审查和第二批网上报名资格审查工作，面试资格审查共138人，放弃面试7人，面试资格审查通过131人；复审放弃面试资格2人，考试进入面试129人，体检人数53人，已录用公务员51人，1名怀孕期未进行体检，1名由于个人原因待市级批复。

新公务员(参公)试用期满登记审批 建立公务员登记台账，确保公务员登记工作及时性。梳理公务员登记工作要点，按照统一、高效、规范的要求，审核上报新录用试用期满67名公务员(参公人员)登记；组织材料过渡参公登记20名；清理历年机关调入参公单位参公登记5人；补办历年因单位超编未进行公务员登记的人员5人；市局共批复公务员(参公)登记141名。

【事业单位工作人员管理】

人才引进、人才招聘工作 2018年全年共招聘事业单位工作人员222人。其中：一是经公开招考聘用渠道聘用159人(事业公开招聘聘用67人，事业单位“双选招聘”招聘6人，卫生系统县级公立医院卫生专业技术人员和后勤服务人员面向社会公开招聘专业技术人员77人、招聘乡镇卫生院专业技术人员9人)，二是聘用农村订单定向医学生11人，三是百色市专项招聘乡村教师6人，四是聘用定向委培双语定向培养教师和全科教师9人，五是特岗教师转岗聘用34人，六是转业士官安置3人。

事业单位人事调配 按程序办理外调手续10人、县内调动139人，办理辞职5人。

岗位设置管理工作 2018年全县事业单位参加岗位设置有196个。设置管理岗位9人，专业技术岗位1042人，工勤技能岗位5人。

年度考核备案工作 完成2018年度完成事业单位工作人员年度考核备案工作，下文同意备案

图为参加高校“双选会”招聘现场

136个单位考核结果,共有3973人参加年度考核,17人不参加年度考核。评为优秀等次548人,合格等次3008人,不合格等次0人,不确定等次131人(其中6人处分期内不确定等次、125人为新招聘试用期不确定等次)。

职称管理工作 2018年田林县职称推荐评审认定申报:推荐参评副高级职称113人;推荐参评中级职称146;由田林县相应初级评审委员会评审初级职称65人,评审通过率100%。

【工资福利与退休管理】

工资福利与退休 办理事业单位工作人员晋升薪级工资手续4571人,办理机关工作人员晋升级别工资档次和晋升级别工资变动手续1847人;按规定审批机关工作人员职务变动及事业单位专业技术人员受到评聘的给予办理职务、岗位变动工资手续,共672人;审批办理2018年机关事业单位工作人员调整艰苦边远地区津贴标准6932人;审核办理2017年全县机关事业单位在职人员绩效考评奖励6566人;按照工资政策规定审核套改2018年新录用公务员51人、招聘事业单位工作人员60人、招聘合同制幼儿教师40人、特岗教师转正34人、乡镇中学同工同酬教师108人、乡镇幼儿教师同工同酬198人、招聘控制数教师94人、全科教师18人、双选会教师10人、农村定向医学生11人;审批机关事业单位办理津贴补贴384人以及特殊岗位津贴165人;办理机关事业单位工作人员工龄认定38人。

工作人员调动工资的核定 2018年对调动工作人员工资进行认真核定套改,共办理86人。

办理机关、事业单位工作人员退休手续165人。办理机关、事业单位工作人员死亡后的一次性抚恤金92人,遗嘱生活困难补助51人。按文件规定提高遗嘱补助标准,已办理完成100%。

【来信来访办复】 受理办复来信来访和县委、县政府以及局领导批办件11件,来访人员40人,均得到妥善处理,办结率100%。

【就业与再就业】 2018年,通过就业援助月、“春风行动”等公共就业服务专项活动,为求职者和用人单位搭建服务平台,向社会广泛宣传就业创业政策,为求职者提供良好的就业服务,促进就业。全年市人社局下达田林县城镇新增就业、城镇失业人员再就业、就业困难人员实现就业、农村劳动力新增转移就业的任务分别为880人、160人、45人、3250人,城镇登记失业率为2.1%,控制在4%以内。截至12月底,田林县城镇新增就业、城镇失业人员再就业、就业困难人员实现就业、农村劳动力新增转移就业分别完成1106人、184人、100人、4391人,完成目标任务的125.68%、115%、222.22%、135.11%;城镇登记失业率为2.1%,就业形势基本保持稳定。安排使用就业补贴资金508.77万元,其中用于公益性岗位和灵活就业人员社保补贴113.09万元、公益性岗位补贴92.53万元,用于职业培训267.78万元,用于职业鉴定35.37万元。通过各定点培训机构举办职业技能培训班57期,培训人数2637人,其中贫困劳动力1348人。结合实际于8月底在潞城乡、旧州镇、利周瑶族乡认定10个扶贫车间,共吸纳建档立卡贫困劳动力就业105人。

【劳动关系】 2018年,县人社局从健全执法机构、完善管理制度等方面入手,切实把处理劳动纠纷工作纳入到规范化、程序化的管理轨道上来,发挥劳动监察的主动监察功能,形成突出日常巡视检查,强化劳动纠纷调解,引导争议仲裁的劳资纠纷处理格局,体现了劳动监察、信访调解、争议仲裁三重稳定防护网的作用,及时疏导和化解劳资矛盾,维护社会的稳定。

劳动保障监督 2018年,田林县人社局从健全执法机构、完善管理制度等方面入手,强化劳动纠纷调解,引导争议仲裁的劳资纠纷处理格局,充分发挥劳动监察、信访调解、争议仲裁三重稳定防护网作用,及时疏导和化解劳资矛盾,维护社会的稳定。2018年检查用人单位123家,涉及劳动者人数2359人;审查单位规章制度30家;完成企业合同签订2284人,合同签订率97%;企业集体合同签订1228人,建立工会6家,集体合同签订率100%。

劳动保障欠薪案件立案16件,结案16件,结案率100%,涉及113名农民工,共追讨工资52.55万元。受理认定工伤申请17件,符合认定17件,其中已认定12起,不予认定1起,正在办理4起。为11名工伤职工协调解决工伤医疗费共计14.9万元,为1名死亡职工家属解决补助金及抚恤金等共计68万元。

工伤认定 收到工伤认定申请38件,受理38件。其中,认定为工伤30件,调解结案3件,不予认定为工伤3件,因劳动关系不明确中止审理2件。为工伤职工(家属)解决工伤医疗费、一次性工亡补助金、丧葬费、亲属抚恤金等费用共计153.26万元。

劳动仲裁 2018年,共收到书面劳动争议仲裁申请案件18件和案外受理调解成功劳动争议案件18件,涉及劳动者90多人,经审查,立案受理16件,不予受理2件,其中,立案受理的16件劳动争议仲裁案件中,立案调解结案4件,开庭审理结案11件,尚有1件处在中止审理当中,年度案件结案率和调解成功率均达到年初制定的工作计划目标。2018年的劳动争议案件诉求理由主要涉及确认劳动关系、支付劳动报酬、支付工伤医疗费和工伤待遇等,涉案金额255.29万元。 (王如青)

社会保险事业

【田林县社会保险事业局领导】

局　长:凌安荣(壮族)

副局长:韦宇荣(壮族)

　　　　吴泓翰

　　　　王艳芳(女,壮族)

【概况】 田林县社会保险事业局于2015年11月由"田林县社会劳动保险事业管理所""田林县城镇职工基本医疗保险管理中心""田林县失业保险管理所""田林县机关事业养老保险管理所""田林县城乡居民社会养老保险管理所"整合组建成立,为田林县人民政府管理的财政全额拨款事业单位,业务上受县人力资源和社会保障局指导。2016年1月百色机构编制委员会定为正科级事业单位,同年6月自治区公务员局确认为参照公务员法管理事业单位。内设办公室、计划财务股、参保征缴股、基金结算股、企业养老保险和失业保险待遇股、医疗保险和工伤生育保险待遇股、城乡居民社会保险股、政策咨询和档案管理股、信息技术和稽核内控股、机关事业单位养老保险参保征缴股、机关事业单位养老保险待遇股、机关事业单位养老保险基金结算股、机关事业单位职业年金管理股、城乡居民医疗保险股共14个股(室)。核定编制为79名,2018年在编人员71人,其中局长1人,副局长3人,其他干部职工67人,内设机构不变。

【社会保障参保人数及基金征缴管理】

城镇企业职工基金 2018年,全县共6078人参加企业职工养老保险,占全年任务6000人的101.3%;全年征缴任务4226万元,实际完成养老费征缴6305万元,完成全年任务的149.2%。养老保险基金支出:领取养老金人数1908人,供养人员62人,丧葬费补助人数45人,基金支出总计5848.9万元,其中基本养老金支出5537.1万元,供养费支出22.1万元,丧葬费补助82.9万元。

机关养老保障基金 全年参保单位203个,在职参保人数5415人,基本养老保险基金收缴完成12765万元,占年任务6605万元的193.26%,养老保险基金支出:领取养老金待遇的离退休人员有25013人次,基本养老基金支出11654.37万元。

城乡居民养老保险基金 参保人数127639人,参保率108.09%;养老金发放人数29500人,发放率100%。全年收取养老保险费949万元。

医疗保险基金 全县共有242223人参加基本医疗保险(含城乡居民统筹),参保率占任务242100人的100.05%;城镇职工基本医疗保险基金征缴收入4964万元,完成全年任务的124.10%;城乡居民医疗保险收入15294.02万元,其中各级财政补助11185.18万元;共有9000人参加工伤保险,完成率101.12%;基金征缴收入275万元,完成任务指标的171.88%;共有9514人参加生育保险,完成率139.91%;基金征缴收入171万元,完成任务指标的131.54%。基金支出情况:2018年城镇职工基本医疗保险基金支出2771.4万元(其中统筹基金支出1347.1万元,个人账户基金支出1424.3万元;城乡居民基本医疗保险统筹基金支出14475.47万元;工伤保险(含统筹)支出119.56万元;生育保险(含统筹)支出282.53万元。工伤保险基金结余7.59万元,生育保险基金结余14.29万元;大病结余56.3万元。

失业保险基金 2018年度全县失业保险基金累计收入409万元,完成市级下达任务302万的135.59%,全县失业保险参保人数5873人,完成市级下达任务5800

人的101.26%；2018年度全县失业金支出227.7万元，其中失业保险支出170.4万元。

国土资源管理

【田林县国土资源局领导】

党组书记、局长：黄荣登（壮族）

党组成员、副局长：李　倩（女，壮族）

朱应同

黄鹤翔（壮族）

副局长：吕　渊（挂职）

党组成员、纪检组长：黄武扬（壮族）

【概况】 田林县国土资源局是2002年8月县级机构改革时，将原田林县土地管理局、田林县地矿管理局合并重新组建的县政府职能部门，负责全县土地资源、矿产资源等自然资源的规划、管理、保护与合理利用，以及地质灾害防治工作。设有办公室、计划财务股、规划耕保股、土地利用管理股、地籍管理股、矿产开发管理股、测绘管理股、政策法规与执法监察股地质环境股等10个股室，下设监察执法大队、土地储备交易中心、土地技术服务站、土地开发整理中心、不动产登记中心5个直属机构。2018年，该局在职在编工作人员有42人，其中：党员12名，女职工12名，另有聘用编外人员24人，借调人员8人，内设机构不变。

【建设用地管理】

规划耕地保管理 2018年，田林县国土资源局严格土地利用总体规划和年度计划，对不符合条件的新增建设用地项目，坚决不予通过建设用地预审和报批新增建设用地。严格实行用地指标定额管理，在新增、存量建设用地报批中严格根据项目类型进行用地规模审查，对超标准用地坚决予以核减，坚决贯彻执行“节约集约”用地政策。2018年，田林县六隆镇等6个（乡）镇城乡建设用地增减挂钩试点项目总投资474.83万元，项目实施面积858.88亩，项目于2018年10月15日通过百色市国土资源局竣工验收，复垦后实际新增耕地面积285.5亩，农用地面积323.51亩，项目完成后极大缓解田林县项目用地压力。八桂瑶族乡、六隆镇、百乐乡、旧州镇4个乡镇土地开垦项目于2017年12月获市国土资源局立项批复实施总面积为27767.99亩，投资总额为2668.07万元，为社会资本投资。项目新增耕地面积9149.59亩（其中旱地9063.59亩，水田86亩），年内4个乡镇的土地开垦项目已完工并通过县级初步验收。

项目用地管理 2018年，全县共获得新增建设用地指标1327.76亩，用于保障田林县扶贫移民项目、百矿项目、中福石油液化气等项目用地。年内，有1宗正在组织材料上报区厅，1宗正在组织材料上报市局。

土地供应管理 2018年全县计划收储土地有20宗地块，收储面积1368.13亩，内年收储17宗地块，收储面积1182.1亩，确保田林县城市建设，小城镇建设，工业和其他用地的需求。同时，努力盘活土地，严格按照土地供应政策和土地供应程序，准确把握各类用地内涵，科学编制土地供应方案。2018年3月28日公布田林县2018年度国有建设用地（含住房用地）供应计划，内年田林县2018年批准国有建设用地供应总量为27宗，面积为876.67亩，成交金额总计119.6703万元。其中，招拍挂2宗，面积为3.43亩，成交金额114.5万元；协议出让1宗，面积为0.1亩，成交金额5.17万元；划拨27宗，面积58.209385公顷。

土地征收管理 2018年，全年完成全县各项目征地4183.87亩，拨付各项征地补偿费5082.28万元。一是完成旧州至那腊二级公路项目后续征地645.31亩，拨付补偿费2007.68万元；二是完成万吉山森林公园创建项目2709.5亩，拨付补偿费1274.55万元；三是凡昌至伟好公路96.34亩，拨付补偿费244.29万元；四是完成旧州工业园区项目128.03亩，拨付补偿费359.43万元；五是完成新高中项目105.17亩，拨付补偿费1161.19万元；六是完成启文水库项目152.15亩，拨付补偿费35.13万元；七是完成旧州工业园区大型停车场347.36亩。同时，田林县及时推进征地统一年产值标准更新工作，根据自治区国土资源厅《关于开展征地统一年产值标准更新工作的通知》，田林县及时确定作业单位并按程序召开初审会议、更新成果听证会，征求县直各单位、各（乡）镇人民政府意见，并将听证结果报区自然厅审批。

农村建设用地管理 2018年，田林县国土资源局严格按照《土地管理法》和《广西壮族自治区农村宅基地审批管理办法》规定申报审批农村宅基地，对照各（乡）镇的土地利用总体规划和基本农田保护图，认真审核把关。2018年共报批农村宅基地90多宗，面积9200平方米，维护村民的合法权益，推进社会主义新农村建设。

国土资源政务服务管理 2018年来政务审批窗口累计受理各类行政许可审批事项512件，便民服务事项120件，办结512件，其中10件提交局务会讨论，接受群众咨询服务1000多人次。现场办结率80%，按时办结率100%，群众满意率达100%，实现无差错、无超时、无违纪、群众满意率为100%的工作目标。

【地籍管理】 2018年，上级下发给田林县2017年度遥感监测图斑45个，面积3171.4亩，涉及13个乡镇23个村委员会，内年外业调查数据已得到自然资源部最终确认并使用。同时，完成广西农垦风潞农场土地确权登记工作，田林县国土资源局组织农场周边的乐里镇新宁村分水屯、平中屯、风洞村渭华屯、风洞屯、风老屯的群众代表和村组干进行实地指界测绘工作，截至9月，完成8宗地、2119.05亩的指界测绘公示公告工作，应发证面积2119.05亩，已实发证面积2119.05亩，完成发证任务100%。

【不动产登记】 2018年，田林县通过招投标确定不动产统一登记历史数据整合作业单位，于3月正式开展数据整合及建库工作，于9月29日将成果汇交到自治区国土厅，提前完成工作任务。年内，对不动产登记时间进行提速，实现查封登记、异议登记即时办理，抵押登记平均办结时间压缩到5个工作日，一般登记压缩到10个工作日，登记效率明显提高。截至12月，共办理不动产权属登记发证2121本(份)，其中：不动产权证832本，不动产登记证明1289份；办理查封登记109件，抵押登记741件，抵押金额42249.44万元，查询识别贫困人口不动产信息8.6万人，出具查询证明1065份。

【土地执法监察】 2018年，田林县国土资源局严格执法，遏制违法用地行为。一是全面落实巡查制度，全年共开展动态巡查133次，出动车辆151台次，出动巡查人员670人次。发现违法行为106起(其中：土地违法行为91起，矿产违法行为15起)，下达《责令停止违法行为通知书》91份，立案查处35宗(其中：日常巡查查处26宗，卫片执法查处9宗)。二是完成土地违法案件44件，其中下达行政处罚告知书及行政处罚听证告知书44份，下达行政处罚决定42份、行政处罚决定催告书40份，向法院移交的申请行政处罚决定强制执行案件共39件，其中法院立案庭接收8件。三是规范行政执法行为，提高行政执法质量，加强国土资源执法巡查和土地违法行为的法律责任的培训，开展落实《行政执法公示制度》《重大执法决定法制审核制度》《广西壮族自治区人民政府办公厅关于全面建立行政裁量权基准制度的实施意见》，加强国土资源行政执法监督，促进依法行政，保证执法公开、公正，实现行政裁量依据制度化，行政裁量行为规范化。2018年，国土资源部下发田林县2017年度土地矿山卫片执法遥感监测疑似违法用地图斑45个，遥感监测图斑耕地面积338.04亩，经调查整改，田林县违法新增建设用地面积5.6亩，其中违法新增建设用地占用耕地面积1.61亩，违法占用耕地占新增建设占用耕地比例为0.5%，没有超出15%的问责比例。

【矿产资源管理】 2018年，切实抓好矿产资源管理工作。一是完成辖区内矿山企业资源储量动态监督管理工作。田林县辖区内有效矿山7个，已全部完成矿山储量年报的编制，并报送自治区国土资源厅备案。二是完成2018年度的矿产资源勘查开采信息公示系统的填报工作。三是完成《田林县矿产资源总体规划(2016—2020年)》《田林县砂石资源开发专项规划(2016—2020年)》发布实施通告工作《田林县矿产资源总体规划(2016—2020年)》《田林县砂石资源开发专项规划(2016—2020年)》已经田林县人民政府发布实施通告，并将规划成果上报自治区国土资源厅备案。四是办理采矿权出让及采矿许可证、延续注销手续。完成高龙乡龙显垭口石场、浪平镇香维上屯石场采矿权新立工作，并完成采矿许可证网上配号申请工作，向项目业主颁发采矿许可证，田林县高龙乡联合石灰岩石场、田林县建业红砖厂、田林县乐里忠来页岩砖厂采矿权延续手续正在办理中。五是做好矿产资源监督管理日常检查及安全生产工作。2018年共检查矿山39次，出动人员76人、车辆18部。紧抓安全生产工作，2018年，全县矿山安全生产形势良好，没有发生重大伤亡事故。

【地质灾害防治】 一是建立健全地灾防治工作制度。组织编制《田林县2018年地质灾害防治方案》报田林县人民政府批准后下发到各乡镇及有关单位执行。二是配合自治区国土资源厅广西地质环境监测总站开展田林县1:5万地质灾害详细调查工作,截至8月15日,已完成外业验收工作。三是加强地灾巡查排查核实。因2018年田林县主汛期雨水较往年偏多,灾害也较往年增多,国土资源管理局以购买第三方业务服务的形式与专业技术单位(百色市地质环境监测站)到各灾害点进行排查核实,全年共排查核实112余次。四是加大项目治理力度。推进自治区2016年第一批乐里镇第一小学不稳定斜坡项目及2017年第一批治理项目田林县乐里镇第一小学不稳定斜坡Ⅱ期治理工程的主体完工,并分别于2018年7月6日、9月7日完成县级初步验收工作;督促中央投资田林县城区聚宝苑滑坡泥石流、自治区投资浪平镇平山村上屯不稳定斜坡两个项目加快主体工程量建设,年内完成项目主体工程100%;加强监督百乐乡龙车中心校不稳定斜坡治理工程项目进场施工,并按时时间完成治理。五是完成田林县采石场矿山地质环境调查和规划编制暨采石场专项调查和治理方案编制工作,相关成果于3月13日原则通过百色市国土资源局组织的专家审查会,年内组织材料报百色市国土资源局审批;六是向上一级国土部门申报2018年中央特大型地质灾害治理项目及2019年自治区补助治理项目;七是完成2018年地质灾害防治工作经费发放。

【滑架沟地质灾害】 滑坡位于田林县乐里镇绕城路324国道沿线富裕小区西侧渭架沟,其中心地理位置坐标:北纬24° 17′ 51.63″,东经106° 13′ 43.55″,距离田林县人民政府约1.6千米。2018年6月22日晚至23日晚上11时30分,田林县持续降雨,24日1时25分,田林县人民政府根据实时雨情及监测人员报告,组织县国土资源局、乐里镇人民政府相关人员一起到该滑坡点现场进行巡查,发现滑坡后缘加剧出现变形迹象后,果断组织人员于凌晨1时30分开始对滑坡下方坛布巷、石油公司宿舍一带以及滑坡上方受威胁群众80户、379人及停放于广缘汽车修理厂约15辆车辆进行紧急撤离。6时30分,受威胁群众全部有序撤离。6时50分,该滑坡体发生滑塌,滑塌方量约5万立方米,滑坡造成倒塌或掩埋房屋23栋,被埋公务用车3辆,私家车2辆。地质灾害下方因泥石堵塞形成局部雨水堰塞,导致23户民房积水严重,无人员伤亡,田林县救灾工作有序开展。2018年8月田林县国土资源局配合自治区自然资源厅申报中央特大型地质灾害治理项目送中央送审并获中央同意,于2019年1月7日中央财政下拨治理资金给田林县财政600万元。

【信访维稳】 2018年,田林县国土资源局高度重视群众来信、来访和调处土地各类纠纷工作。全年共接到群众来信10件、已答复9件,正在调查1件;调处土地征地补偿纠纷和地土权属纠纷15起,其中调结14起,1起正在调解中,及时化解社会矛盾,维护社会稳定。

【测绘管理】 一是根据要求做好2000国家大地坐标转换工作,年内通过验收并完成转换,成为全市第

2018年6月24日,田林县绕城路渭架沟发生山体滑坡地质灾害

二个完成转换工作的县份；二是完成“数字田林”地理空间框架项目的立项工作；三是开展“8·29”年测绘法宣传日，引导群众正确使用地图，让更多公民了解测绘、认知测绘。一是完善国土资源“一张图”和综合监管平台，实现“一张图”管地、管矿、管地灾的功能，并做到及时更新。二是强化政务信息网上公开力度，及时公示土地登记公告、矿产资源、土地招拍挂信息以及地质灾害治理信息、预警信息。田林县充分利用新闻媒体、广电网络及在“4·22”世界地球日、“6·25”全国土地日和“8·29”测绘法宣传日开展丰富多样的宣传活动，大力宣传耕地保护、矿产资源管理、测绘地理信息有关知识，切实提高群众保护国土资源意识，营造浓厚的法制氛围。

【土地整治】 一是田林县利周瑶族乡爱善村、平布村耕地提质改造（旱改水）项目获得百色市国土资源局规划设计批复，由田林县财政局投资评审中心进行项目财评。二是完成高标准农田建设统一上图入库工作。2018年田林县承担高标准农田建设任务共收集到33个项目，全部完成项目实施范围上图入库工作。

【干部队伍建设】 一是壮大国土资源干部队伍，2018年度通过考录共招聘3人；二是充分发挥班子成员的主观能动作用，2018年4月将田林县土地管理技术服务站及田林县土地开发整理中心6名自养人员通过开展竞聘录用转入田林县不动产登记中心，切实提高干部的整体素质，形成强大合力。

（黄元康）

民　政

【田林县民政局领导】

局　长：杨秀碧

副局长：黄梅锦（女，壮族）

杨耀基（壮族）

杨新梅

【概况】 2018年，田林县民政局内设办公室、救灾救济股、优抚安置办、民间组织管理股、社会福利和社会事务股、基层政权建设股、计划财务股7个职能股室，行政编制10名。直属事业单位有田林县城市居民最低生活保障中心、田林县扶贫福利基金会、田林县地名办、田林县社会福利中心、田林县低收入家庭经济状况核对中心5个二层机构，事业编制共13名。

【救灾救济】 2018年，田林县境内先后发生洪涝灾害10次、冰雹灾害2次，全县14个乡镇受灾，受灾人口21539人，紧急转移安置2960人；农作物受灾面积1044.7公顷，成灾911.83公顷，绝收660.24公顷；倒塌房屋28户、76间，严重损坏房屋119户、164间，一般损坏268户、392间；造成直接经济损失3565.81万元。全县投入救灾资金30万元，发放救灾粮596万公斤，发放衣被1062件，救助灾民17141人，保障灾民的吃、穿、住、医等基本生活。

【社会救助】

最低生活保障　2018年1月，根据自治区关于提高城乡低保保障标准和补助水平文件规定，田林县提高城乡低保保障标准和补助水平。城市低保保障标准由每人每月518元提高到596元。农村低保保障标准由每人每年3321元提高到3820元。2018年8月起，城市低保补助水平由每人每月360元提高到400元；农村低保补助水平由每人每月均补助190元提高到202元。年底全县共有城市低保人数1405人，全年发放城市低保资金545.17万元；农村低保对象有30984人，发放农村低保资金5883.22万元。

五保供养（特困人员）　2018年，田林县农村五保对象有851人，其中集中供养（入住敬老院）47人。集中供养对象每人每月供养资金775元，分散供养每人每月供养资金450元。

城乡医疗救助　2018年，田林县共救助大病患者4027人，其中农村五保65人，农村低保3193人，城市低保86人，其他贫困对象683人。全年共发放城乡医疗救助资金755.21万元。

城乡临时救助　对因家庭遭遇突发情况而造成家庭生活困难的家庭给予临时救助。2018年，全县共救助1304人，发放临时救助资金160.52万元（其中实物折价107.3万元）。

【优抚双拥安置】

优待抚恤　2018年，田林县发放义务兵家庭优待金122户、151.32万元；各类优抚对象1266人，全年发放各类抚恤补助455.55万元，其中各级别的残疾军人33人、补助金66.01万元，在乡老复员军人16人补助金23.36万元，老年烈士子女16人、补助金7.85万元，参战退役人员178人、补助金141.75万元，60周岁以上农村籍退役人员437人、补助金83.03万元，参战民兵565人、补助金101.98万元，退役精简民警4人、发放定期抚恤1.62万元，“三属”人员11人、发放定期抚恤26.04万元，带病回乡人员6人、发放定期抚恤金3.93万元。

拥军优属拥政爱民 2018年，田林县组织县直有关单位定期开展军民共建活动。春节、八一建军节，县委、县政府组织部门领导走访当地驻军和对重点优抚对象进行慰问，发放慰问金15.56万元。

退伍安置 全年，田林县共接收2017年度退役士兵61人，依照政策为退役士兵发放自主就业经济补助，补助资金由全区统一数额。2018年5月29日通过银行代发的形式，将2017年度退役的61名退役士兵的自主就业一次性经济补助金共60.06万元分别划拨到各个退役士兵的银行卡账户。

烈士陵园管理 田林县革命烈士纪念碑园位于县城万鸡山公园背后山。2018年，投资150万元对碑园的进园道路、路灯、增雕塑、护栏等进行维修，安排有工作人员2人负责纪念碑园的日常清扫；5月，投资15万元对利周乡烈士墓进行维修。清明节期间及烈士公祭日，县委、县政府组织干部群众5000多人到革命烈士纪念碑园开展公祭活动，缅怀革命烈士。

【社会福利和社会事务】

救助和收养登记 2018年，田林县救助流浪乞讨人员28人次，发放食品3500元，发放衣服4套、被子3床、鞋子6双。全县申报收养登记25人，办理登记20人。

慈善事业 2018年，全县发放残疾人5104人的“两项”补贴（困难残疾人生活补贴、重度残疾人护理补贴）资金358万元。救助孤儿112人（其中艾滋病儿童4人），发放孤儿生活保障金87.36万元。

婚姻登记 2018年，全县办理婚姻登记1679对（其中结婚登记1267对、离婚登记412对）。

社会福利服务设施建设与管理 2018年，投入200万元新建成的田林县救助管理站交付使用。2018年5月，投资120万元对田林县福利院进行消防设施改造。2018年8月，投资75万元分别对旧州镇敬老院、八渡瑶族乡敬老院进行维修。社会福利服务工作正常开展。

【基层政权社区建设和区划地名】

基层政权社区建设 2018年，田林县以乐里镇新宁村、风洞村、新建村，利周瑶族乡和平村、百达村，潞城瑶族乡旺吉村、八洞村，旧州镇平满村、徕周村等9个建制村作为第二批农村社区试点建设有序推进。坚持以全面提高农村居民生活质量和文明素质为根本，以便民、利民、助民、安民、富民为出发点，不断提升农村社区建设水平。

区划地名 2018年，继续在全县范围开展第二次全国地名普查资料的补充完善工作。2018年11月8日，田林县报送第二次全国地名普查成果通过国务院第二次全国地名普查办公室全面审核和入库验收。全县地名普查成果数据共5302条，其中行政区域15条，群众自治组织169条，非行政区域571条，居民点1323条，交通运输设施132条，水利电力通信设施35条，纪念地、旅游景点15条，建筑物12条，单位482条，陆地水系111条，陆地地形2437条；地名标志数据285条，各类多媒体文件15293个。

2018年11月15日，田林县民政局局长杨秀碧（左一）在全区社会救助工作会议上作经验介绍

（黄雁容 摄）

【行政界线管理】 2018年,完成对田林县行政区域界线的核实,行政区域界线有7条,总长518.29千米,其中田林—云南省富宁县118千米,田林—贵州省册亨县74千米,田林—右江区75.42千米,田林—凌云县51.95千米,田林—乐业县52.44千米,田林—隆林县86.33千米,田林—西林县60.15千米。2018年8月,按百色市民政局行政区域界线联合检查工作安排,田林县与隆林县开展第三轮行政区域界线联合检查工作,经双方联检人员实地开展行政区域界线联合检查,界线两侧的地貌、地物没有变化,界线实地位置清晰可辨,界线走向与原双方共同勘定和签订的协议书叙述相符。

【民间组织管理】 2018年,田林县民政局开展民间组织登记年检工作。全县各类社会组织参加年检50个,年检合格50个。(黄立芳)

表1 **田林县各类社会组织2018年度年检合格表**

单位:个、人

序号	社会组织名称	业务主管单位	会员数	
			单位	个人
50	总计		36	4088
1	田林县革命老区建设促进会	田林县委办	9	144
2	田林县老科学技术工作者协会	田林县科协	9	41
3	八渡瑶族乡平作屯八渡笋种植协会	八渡瑶族乡人民政府		60
4	田林县路城瑶族乡渭祥村扶贫互助协会	扶贫开发领导小组		82
5	田林县利周瑶族乡凡昌村扶贫互助协会	扶贫开发领导小组		71
6	田林县乐里镇启文村扶贫互助协会	扶贫开发领导小组		125
7	田林县六隆镇百怀村扶贫互助协会	扶贫开发领导小组		58
8	田林县八桂瑶族乡平六村扶贫互助协会	扶贫开发领导小组		54
9	那比乡六音村养殖协会	县畜牧局		52
10	田林县利周瑶族乡清水鸭养殖协会	田林县科协		61
11	田林县百乐乡龙车村老年协会	田林县老龄办		60
12	田林县路城瑶族乡八洞村老年协会	田林县老龄办		53
13	田林县路城瑶族乡旺吉村老年协会	田林县老龄办		50
14	田林县利周瑶族乡亮福村老年协会	田林县老龄办		60
15	田林县利周瑶族乡百达村老年协会	田林县老龄办		60
16	田林县乐里镇新建村老年协会	田林县老龄办		50
17	田林县旧州镇者务村老年协会	田林县老龄办		50
18	田林县六隆镇供央村老年协会	田林县老龄办		53
19	田林县八桂瑶族乡弄瓦村老年协会	田林县老龄办		50
20	田林县定安镇定安村老年协会	田林县老龄办		60
21	利周瑶族乡爱善村扶贫互助协会	扶贫开发领导小组		55
22	定安镇常井村扶贫互助协会	扶贫开发领导小组		50
23	六隆镇供央村扶贫互助协会	扶贫开发领导小组		50
24	八桂瑶族乡弄瓦村扶贫互助协会	扶贫开发领导小组		51

续表

序号	社会组织名称	业务主管单位	会员数	
			单位	个人
25	田林县利周瑶族乡福祥村老年协会	田林县老龄办		144
26	田林县利周瑶族乡凡昌村老年协会	田林县老龄办		150
27	田林县乐里镇田平村老年协会	田林县老龄办		55
28	田林县路城瑶族乡各烟村老年协会	田林县老龄办		64
29	田林县路城瑶族乡丰防村老年协会	田林县老龄办		56
30	田林县路城瑶族乡那帮村老年协会	田林县老龄办		51
31	田林县路城瑶族乡弄光村老年协会	田林县老龄办		57
32	田林县八渡瑶族乡顶孟村老年协会	田林县老龄办		57
33	田林县旧州镇平满村老年协会	田林县老龄办		103
34	田林县八渡瑶族乡那囊村老年协会	田林县老龄办		189
35	田林县足球协会	田林县文体局	6	85
36	田林县利周瑶族乡和平村老年协会	田林县老龄办		120
37	田林县利周瑶族乡老山村老年协会	田林县老龄办		50
38	田林县旧州镇旧州村老年协会	田林县老龄办		210
39	田林县路城瑶族乡营盘村老年协会	田林县老龄办		91
40	田林县路城瑶族乡那马村老年协会	田林县老龄办		90
41	田林县八渡瑶族乡八渡村老年协会	田林县老龄办		93
42	田林县八桂瑶族乡六丹村老年协会	田林县老龄办		173
43	田林县者苗乡百隆村扶贫互助协会	田林县扶贫开发办		54
44	田林县高龙乡渭荣村扶贫互助协会	田林县扶贫开发办		54
45	田林县路城瑶族乡丰防村扶贫互助协会	田林县扶贫开发办		59
46	田林县定安镇渭密村老年协会	田林县老龄办		102
47	田林县八渡瑶族乡福达村老年协会	田林县老龄办		95
48	田林县乐里镇启文村老年协会	田林县老龄办		126
49	田林县旧州镇徕周村老年协会	田林县老龄办		100
50	田林县八渡瑶族乡那利村老年协会	田林县老龄办		55

老龄工作

【田林县老龄工作委员会办公室领导】

主　任:冯俊翰(瑶族)

【概况】 2018年县老龄办机构行政单位保持不变,编制总数1名,行政编制1名,无事业编制,无后勤编制。实有财政供养人数9人,其中:行政在职在编1人,主任1人(正科长级);聘用大学就业见习生1人,政府购买编外人员1人;退休人员6人。

【老年人优待政策落实】 2018年,全县60岁以上老年人33827人,占常住人口的12.65%,年内为全县60周岁以上老年人免费办理老年人优待证,全年办理发放老年人优待证633人。继续实施80周岁以上老年人老年人高龄津贴发放,而且纳入县人民政府2018

年为民办十件实事社保惠民工程项目，全县申请发放80周岁以上高龄津贴人数为4784人，其中：80~89周岁人数4251（发放津贴60元/月·人）；90~99周岁人数521位(发放津贴100元/月·人)；100周岁以上10人(发放津贴300元/月·人)，全县共发放津贴资金368.4万元。贯彻落实《广西壮族自治区实施〈中华人民共和国老年人权益保障法〉办法》，实施全县70周岁以上老年人免费乘坐县内公交车项目，69辆县内运行公交车(包括利周、潞城参照公交车运行车辆)均实行补贴为70周岁以上老年人免费乘车优待政策，创全市新亮点。

2018年10月17日，田林县江夏文化研究会联合举办2018年“九九”重阳表演活动

【老年人活动】 2018年10月16日上午，县委、县人民政府在县灯光球场举行“营造敬老爱老社会氛围　纪念改革开放40周年”文艺联欢表演暨为70周岁以上老年人免费乘坐公交车启动大会，县老龄委主办、县老体协、县老龄办联合组织17个离退休干部团体和社会自发组织的老年人娱乐团体编排《欢乐的壮乡》《茶山小幺妹》等17个表演节目，共有302参加演出，参加活动老年人600余人，县委常委、宣传部部长、县人民政府副县长蒋桂红出席并致辞。

2018年10月17日，利周乡福祥村老年协会、田林江夏文化发展研究会，福祥村“两委”、联合在田林老山泉休闲农庄自筹资金组织举行主题为田林江夏欢庆2018年“九九”重阳佳节，来自贵州、广西等区内外江夏文化研究会嘉宾及群众2000多人相聚在美丽田林利周老山泉休闲农庄举行“庆重阳”文艺慰问演出，祝福老年人们健康长寿，生活美好幸福。

8月至10月“敬老月”活动期间，协调各乡镇各单位开展老年人文化体育及送温暖活动。

【老龄工作】 百色市老龄办开展自治区老年学学会课题调研，同时考察田林县养老服务业。组织撰写医养结合调研论文。

2018年滇、桂、黔三省(区)十一州(市)老龄工作协作(区)第32次会议于11月15日在贵州省遵义市召开，百色市老龄办审议推荐田林县代表百色市老龄系统在会上作“贯彻落实为老年人免费乘坐县内公交车政策让老年人共享改革发展成果”经验交流发言。

广西老年学学会第六届二次会员代表大会暨“广西健康老龄化研究”理论研讨会于2018年11月21日—23日在南宁召开，老龄办主任冯俊翰撰写的《推进医养结合，实现协同共赢》论文，入选广西老年学学会论文评比获三等奖；《田林县养老服务业发展调研报告》获自治区民政厅政策理论研究成果优秀奖。

【百岁老人】 2018田林县年满100周岁以上寿星老人有10人。

表2　　田林县2018年度百岁老人花名册

序号	姓名	性别	民族	年龄	地址
1	严仲莲	女	壮	106	乐里镇那光村新龙湾屯
2	张梅花	女	汉	103	浪平镇西华村吴家寨屯
3	绍桂先	女	汉	103	浪平镇甲朗村弄妹屯

续表

序号	姓名	性别	民族	年龄	地址
4	卢婆双福	女	壮	105	路城瑶族乡红旗村百榄屯
5	吴祖谢	男	汉	107	百乐乡龙车村干榜屯
6	韦婆笋	女	壮	100	平塘乡平塘村平塘屯
7	李四英	女	壮	100	高龙乡者车村平卡屯
8	盘婆妹	女	壮	100	八桂瑶族乡六丹村渭翁屯
9	周婆寒	女	壮	106	那比乡那腊村那坡屯2号
10	林婆日	女	壮	102	那比乡六邦村平同屯2号

（黄小霜　冯俊翰）

扶贫开发

【田林县扶贫开发办公室领导】
党组书记、主任：陈明怀
党组副书记、副主任：张永牟
副主任：黄秀番（女，壮族）
　　王仕明（壮族）
　　王启和（壮族，2018年3月任职）
　　罗绍辉（壮族，2018年3月任职）

【概况】 田林县扶贫开发办公室内设综合股、项目管理股、产业开发股、资金管理股，行政编制数13名。下设两个二层机构，一是田林县社会扶贫管理中心，财政全额拨款事业单位，编制数8名；二是田林县社会信息管理中心，财政全额拨款事业单位，编制数5名。截止2018年底，全办在职人员24人（含两个二层机构）：县扶贫办在编人数行政人员13人，机关工勤人员1人；在编事业人员10人。田林县扶贫开发办公室重点围绕贫困村实施基础设施建设、产业开发、农民实用技术培训、劳动力转移就业培训和大学本科学历补助、小额贴息贷款等扶贫开发工作。2018年摘帽21个贫困村，减贫6022户、25885人，贫困发生率降低至4.79%。

【贫困人口】 2015年底，经过新一轮贫困村贫困户精准识别工作，全县有贫困户13512户，贫困人口54595人，“十三五”贫困村68个，2017年自治区确定深度贫困村69个（其中，34个村既是“十三五”贫困村又是深度贫困村），全县贫困村和深度贫困村共103个，贫困发生率23.6%。2018年年初，全县尚有80个贫困村和深度贫困村未摘帽，有9122户贫困户、36679名贫困人口未脱贫。2018年摘帽21个贫困村，减贫6022户、25885人，贫困发生率降低至5.1%。

【教育扶贫】 2018年春季学期“雨露计划”学历教育补助1538人、237.25万元，秋季学期“雨露计划”学历教育补助2051人、366.95万元，全年共补助3589人，共发放补助金604.2万元。2018年春，学前教育1709人享受免除保教费发放补助资金128.4万元，24633人享受义务教育寄宿生生活补助发放补助资金1372.70万元；发放高中国家助学金172.7万元，受益学生1089人；高中免学费补助116.21万元，受益学生2152人；高中免学杂费93.42万元，受益学生1038人；发放中职国家助学金8万元，资助学生80人；中职学校免学费补助6.83万元，受益学生91人；2018年秋，学前教育1678人享受免除保教费发放补助资金126.25万元，23367人享受义务教育寄宿生生活补助发放补助资金1336.5万元；发放高中国家助学金230.13万元，受益学生1585人；高中免学费补助130.57万元，受益学生2418人；高中免学杂费93.51万元，受益学生1039人；中职学校免学费补助2.55万元，受益学生34人，已完成全年任务。对全县92所农村义务教育学校实施营养改善计划。春季学期，共发放资金995.52万元，受益学生26198人，秋季学期，共发放资金986.88万元，受益学生24672人。

【就业扶贫】 2018年，田林县通过定点培训机构对农村劳动力进行就业技能培训，增强农村劳动力技能水平；促进贫困劳动力转移就业工作，全县2018年农村劳动力新增转移就业4391人，其中建档立卡贫困劳动力1367人。通过就业扶贫车间吸纳农村劳动力就业699人，其中贫困劳动力105人，帮扶贫困户在家门口就业；加强职业技能培训力度，做好职业技能培训和“两后生”职业培训工作；加大就业扶贫政策落实力度，截至2018年年底，全县产业扶持实现12家就业扶贫车间创立，直接吸纳贫困劳动力371人就业；2018年全县开发乡村公益性岗位360个，吸纳建档立卡贫困家庭劳动力就地就近就业。

【基础设施建设】 2018年，全县实施576个项目，投资46369.03万元，用于农村危房改造、巩固提升农村饮水安全、屯级道路硬化、公共基础设施等基础设施建设，进一步改善村民的生产生活条件。截至12月，已完成274个项目。其中，实施通屯道路硬化项目192条814.195千米，已完成120条204.226千米；农村安全饮水项目建设计划开工43个，已竣工14个；公共服务项目建设新建宽带网络14个，年内已经全部完工并投入使用。危房改造230户，已完成111户。公共服务设施64个，已完成24个。村级公共办公设施33个，已动工7个，完成4个。

【扶贫资金投入】 2018年，全县共筹措落实财政专项扶贫资金18452.84万元(其中中央资金9677.84万元，自治区资金8875万元)，截至2018年12月31日，形成支出17843.31万元，支出率96.70%，结余数609.53万元，结余率3.30%。截至年底，涉农整合资金33237.99万元，形成支出31099.85万元，支出率93.57%，结余数2138.14万元，结余率6.43%。田林县继续落实推进扶贫小额信贷工作有关政策精神，引导金融资金投向贫困地区、贫困户，缓解贫困户贷款难、贷款贵、程序繁杂等问题，加快脱贫增收步伐。年内累计发放扶贫小额信贷资金6416户、29508万元，落实风险补偿金3300万元。

【产业开发】 田林县“5+2”个特色产业为杉、油茶、糖料蔗、猪、鸡、笋、杧果。2018年，完成特色农业产业种植8.51万亩，其中糖料蔗种植4.2万亩；完成林业新造林面积7.39万亩，其中杉木4.9万亩、油茶1.5万亩；完成家禽养殖出栏325.5万羽，其中鸡309万羽，牲畜出栏15.59万头(只)，其中生猪出栏10.1万头。截至12月10日，含2014年、2015年退出户在内全县贫困户总数为20323户，有“5+2”特色产业17804户，“5+2”产业覆盖率92.38%。第一批、第二批产业“以奖代补”项目投入3570.35万元，项目覆盖14个乡(镇)惠及10201户、42844贫困人口。完成71期、7261人次产业扶贫培训工作。成立各类农民专业合作社376家，68个贫困村覆盖100%。其中浪平镇寿桃种植农民专业合作社获自治区级示范社，八渡瑶族乡民兴林下生态养鸡专业合作社获市级示范社。

【金融精准扶贫】 印发《田林县金融精准扶贫方案》，持续推进金融精准扶贫工作。执行优惠贷款利率政策，全县金融精准扶贫贷款加权平均利率为5.10%，低于全县贷款加权平均利率1.94个百分点。不断完善农村金融服务，累计设立助农取款服务点168个，助农取款服务点实现行政村全覆盖。截至2018年11月底，建档立卡贫困户贷款余额34112万元，当年新增贷款559万元，增长1.67%，带动服务贫困人口7056人；国家开行广西分行、隆林农业发展银行扶持田林县易地扶贫搬迁项目贷款5.54亿元，同比增加2.47亿元，同比增长58.64%。

【扶贫培训】 2018年，田林县开展“雨露计划”扶贫培训短期技能培训工作，举办汽车维修工培训班3期共计150人，培训合格并取得资格证128人；中式烹饪2期100人，培训完成一期，考试合格并取得证书47人，培训合格的175人已完成报账程序，共拨付52.5万元；为742名贫困群众办理短期技能培训以奖代补，共拨付59.36万元，开展农村实用技术培训，指导全县14个乡镇开展培训37期、2475人，共拨付各项培训和补助资金16.99万元。完成建档立卡贫困劳动力职业技能培训1347人。完成2018年春季学期“两后生”共62人，共拨付17.05万元，秋季学期“两后生”46人。完成71期7261人次产业扶贫培训工作。2018年1至11月共举办职业技能培训班54期，培训人数2489人，其中贫困劳动力1347人。截至2018年12月初，全县累计开展扶贫培训46期，培训干部7091

人次。9月27日，全区脱贫攻坚干部教育培训班暨工作推进座谈会在田林召开。

【世行项目】 2018年下达资金1054万元，主要用于项目村通屯道路硬化和产业道路建设等15个项目。项目村通屯道路硬化5条共12.8千米，总投资642.0万元。其中，定安常井岔路至茅坪混凝土路面5.788千米、投资268.0万元；乐里镇文化村八桂公路至岩荣1.72千米、投资90.0万元；乐里镇文化村八桂公路至八朝1.6千米、投资88.0万元；者苗乡八亨至渭贯2.6千米、投资142.0万元；潞城乡三瑶村通平好屯砼路面1.1千米、投资54.0万元。建设定安镇八来村田平屯有关通往生产基地道路3.1千米，投资46.0万元；定安镇常井村落艾屯油茶基地生产道路4.1千米、投资68.0万元；者苗乡八中村油茶基地生产道路5.6千米、投资87.0万元；投资6.5万元建设八来村738平方油茶晒场；建设八来村油茶仓库厂房50平方米投入7.7万元；投资123万元硬化三瑶村瑶怒、瑶昂屯内道路硬化4.0千米；投资24.2万元建设165平方米者苗志发生态油茶种植专业合作社培训综合楼。 （陈蕾颖）

招商引资

【田林县招商促进局领导】

局　长：罗元玲（女，壮族）

副局长：杨通爱

　　　　零育宏（壮族）

　　　　李海娜（女，彝族）

【概况】 田林县招商促进局是田林县人民政府直属事业单位，负责管理、促进全县招商引资，经济技术协作和根据县人民政府授权管理投资者投资投诉工作。2018年内设办公室、项目招商管理股、综合法规股，事业编制7名，在职人数8人。

【招商活动】 加大招商引资工作力度，做好协调服务工作，组织参加各种重大招商活动，坚持走出去和请进来相结合，创新招商方式，通过小分队招商、以商招商、会展招商、网络招商等多种招商形式，组织开展境内外招商引资工作，招商引资工作取得新成效。一是抓好展会招商。2018年参加了广州博览会、第十五届中国—东盟博览会以及在深圳举办的百色市重点招商项目推介会等会展，充分利用全面推介田林县的招商项目，取得良好的效果。二是小分队招商。由县委、县人民政府主要领导和分

2018年珠江—西江经济带沿线城市联合招商推介会在南宁召开。图为田林县委常委、县人民政府副县长何建华（左一）与中国石化副总经理曹杰（右一）在推介会上洽谈

2018年9月12日，田林县委、县政府主要领导带队参加第15届中国－东盟博览会。图为县长黄慧（前排中）在签约仪式现场与合作方签订协议

管领导带队赴区内外开展招商活动。宣传推介田林招商项目并对拟引进的项目进行实地考察。三是多渠道多方式开展招商。主动邀请到客商来田林县考察洽谈投资事宜,部分项目已签约。

【项目建设】 2018年成功签约引进总投资4.5亿元的浪平风电场项目、总投资8亿元的佛山沃泰田林县熔铸及半深加工项目、总投资6亿元的田林县200兆瓦风电项目。其中浪平风电场项目已开工建设。续建项目东丈水街金辰郡、南安建材市场、金鸿商业广场竣工投入使用;瓦村水电站、御景龙庭、泓湾里、管道天然气正在建设当中;高端营养山茶油项目开工建设,八渡口水电站正在开展前期工作。2018年,招商引资区外到位资金10.19亿元,完成年度任务9亿元的113.22%;区内到位资金21.13亿元,完成年度任务20亿元的105.65%;超额完成市人民政府下达的2018年招商引资目标任务。

民族事务

【田林县民族宗教事务局领导】
党组书记、局长:兰志新(瑶族)
党组副书记:冯春云(瑶族)
副局长:冯春云(瑶族)
　　　　韦　琅(壮族)

【概况】 2018年县民族宗教事务局内设办公室(信息股)、民族政策法规和经济社会发展股、宗教事务股3个机构。核定行政编制5名,后勤服务事业编制1名。设局长1名,副局长2名。

【民族理论民族政策民族宗教法律法规的宣传】 通过采取多形式全方位的办法措施,广泛组织开展丰富多彩的经常性、群众性的宣传教育活动,充分利用和依托春节、“壮族祭瑶王”“壮族祭瑶娘”“壮族三月三”等民族节庆和民俗文化活动,在3月25日至6月25日开展民族团结进步宣传月和宗教政策法规教育活动期间,利用举办2018年“壮族三月三·吼敢”民族文化活动,大力宣传党民族政策和法律法规。全年先后投入宣传经费3万元,在县城、乡镇、村屯、机关学校、企事业单位组织举办10多场(次)的宣传教育活动;累计印发宣传资料3万份(册);组织发动县直单位和乡镇,配合在该单位大门口、县城主要街道、乡镇政府所在地以及交通要道,悬挂壮、汉文字制作双语标语横幅130多条(次),其中县民族宗教局制作悬挂20多条(次);在宣传月期间,编印发放民族政策法规条文和标语,发动安装有电子屏幕的县直机关及企事业单位配合滚动播放宣传,每个单位每天轮换滚动字幕标语内容2条以上,每天播放时间3小时左右,全县累计滚动播放宣传标语至少在1万条(次)以上;制作3版民族政策法律法规的流动专栏板报或展板进行流动展览宣传;组织3个宣讲小分队,结合中心工作,下乡进村入户宣讲10多场(次),有1500多人(次)到场听课;组织资助10多个业余壮剧团编排相关的宣传节目,在举行演出活动时进行配合表演宣传,宣传演出10多场(次);广播电视每天早晚定时专题字幕滚动连续播放宣传30天;编写民族宗教政策法律法规宣传短信30条,通过通讯服务运营商等发送平台以群发方式,向全县13万手机用户发送短信宣传。使党和国家的民族理论民族宗教政策政策法律法规得到广泛的宣传教育,提高广大干部群众的民族宗教法制意识。

2018年6月26日,县民族宗教事务局到平塘乡渭各村开展宗教政策法规宣传　(潘少君　摄)

【民族发展资金项目】 2018年，上级下达田林县少数民族发展资金657万元，其中第一批少数民族发展项目资金397万元(国家级第一批少数民族发展资金330万元、自治区本级少数民族发展资金67万元)，第二批中央财政专项扶贫资金(少数民族发展支出方向)260万元。严格按照上级民委及其有关部门的要求，加强项目资金的使用和管理，结合全县精准脱贫攻坚工作要求，坚持按照贫困程度和轻重缓急原则安排项目资金的实施，重点投入特别贫困村屯的民生项目建设，安排建设六隆镇六隆村至能地至渭密岔路道路硬化、八渡瑶族乡那拉村那读屯至坡血二组屯级道路硬化、利周瑶族乡和平村百六屯饮水工程及乐里镇那光村高坡屯至潞城瑶族乡渭祥村瑶帮屯道路硬化4个项目，这些项目均通过上报县人民政府及脱贫攻坚战指挥部取得批准后实施。所有项目包括从工程设计、项目招投标、施工管理、质量监管等各个环节，均严格按照建设程序和管理要求来实施建设。八渡瑶族乡那拉村那读屯至坡血二组屯级道路硬化项目已经竣工通过验收投入使用，其余项目还在紧张施工建设之中，预计2019年元月底前全部竣工投入使用，惠及当地各族人民群众。

【民族节庆文化活动】 先后出资1万余元分别支持并配合组织潞城瑶族乡三瑶村的田林瑶族铜鼓舞、那帮村“壮族祭瑶王”、弄光村“壮族祭瑶娘”、八桂瑶族乡六丹村文艺会演等10多个村屯(业余剧团)，举办一年一度的民间民俗节庆文化活动和文艺演出活动；配合县委、县政府组织举办2018年“壮族三月三·吼敢”文化活动。

【民族关系状况监测评价和民族联谊沟通】 组织开展对全县民族关系状况进行监测评估，建立健全涉及民族因素突发事件预警机制和应急处置机制。不断充实完善“两个信息资料库”，调整充实“三支队伍”，健全“四项制度”，发挥民族关系监测评价处置机制作用，随时有效掌握全县民族关系状况，防止民族矛盾的发生。年内全县没有发生一起涉及民族矛盾的事件，有效维护全县民族团结和社会和谐稳定。

与此同时，组织开展民族联谊沟通工作，深入利周瑶族乡等地组织召开少数民族知名人士代表座谈会，广泛与全县少数民族知名人士、专家学者、民族工作者加强联谊沟通，共同探讨新常态下民族工作，群策群力推动民族团结进步事业的发展。

【民族团结进步创建活动“五进”示范建设】 重点推进民族团结、宗教法律法规进步创建活动进机关、进社区、进学校、进企业、进乡村、进军营“五进”工作，加强人力、物力、财力的投入和技术指导，继续将县文化馆、新市社区、民族小学、民族中学、广西伟健药业公司等6个单位打造成全县民族团结进步“五进”示范点；同时配合市民宗委将潞城瑶族乡打造成市一级的民族团结进步创建活动示范乡镇，严格建设标准和要求，不断发挥示范建设作用。

【民族调研和政务信息】 按照上级民宗委下达的任务和要求，做好民族政务信息的收集采写上报和民族社会经济文化状况的调研工作。实施民族调研政务信息考评奖惩办法，组织开展民族专题调研活动。为上级党委、政府对涉及民族工作方面决策提供参考。

【城镇民族工作】 按照上级民委的部署要求，组织开展对全县城镇民族关系状况调研活动，掌握田林县城市民族关系发展状况，研究解决新时期城市民族工作的新情况新问题。完成调研报告上报工作，为上级研究制定新时期城市民族工作管理政策提供参考。同时，着手研究做好适合田林县城镇民族管理服务工作，为城镇各民族提供保障服务，维护社会稳定。

【民族乡统计年报】 按照国家和自治区民宗委、统计局关于填报2017年少数民族和民族自治地方国民经济和社会发展统计年报的要求，加强与县统计局联系，安排相关人员下到利周、潞城、八渡、八桂四个瑶族乡指导统计填报工作，按时完成全县四个民族乡统计报表收集上报工作。

住房制度改革

【田林县住房制度改革委员会领导】
主　任：赖国康(壮族)
副主任：蒙　洲

【概况】 田林县住房制度改革办公室成立于1993年9月，是田林县国家机关、企事业单位住房改革和管理的职能部门,2018 年内设经济适用住房发展中心、住房资金管理中心、房改评估事务所 3 个科室,核定编制 7 名,在编 7 人,属于参照公务员管理的事业单位。

【经济适用住房发展中心】 负责组织全县公共租赁住房和经济适用住房、限价商品住房城市棚户区改造等保障性住房建设项目的总协调,认真做好建设项目的计划督查、房源筹集、资格审核、配租和使用的监督管理及政策宣传、业务培训等相关工作。

【新建保障性安居工程项目】 2018 年,市人民政府下达全县保障性住房建设任务主要有:保障性安居工程棚户区改造项目 951 户(套)改造面积 46600 平方米,其中国家责任任务 322 套改造面积 11075 平方米,自治区新增任务 629 户(套)、35525 平方米;中央和自治区财政专项补助资金年度下达 999.86 万元,其中中央财政专项补助资金 789.22 万元,自治区财政专项补助资金 210.64 万元。国家责任任务项目 322 套共涉及 6 个项目:高龙乡棚户区危旧住房改造项目 20 套、百乐乡棚户区危旧住房改造项目 20 套、潞城瑶族乡棚户区危旧住房改造项目 24 套、浪平镇棚户区危旧住宅区改造项目 40 套、县政府大院棚户区改造项目 127 套、县城区单位危旧住房改造 91 套。改造内容是危旧住房拆除重建改造。公共租赁住房全部建成 2712 套,年度分配入住任务 2281 套,截至年底,全县完成市政府年初下达目标任务棚户区改造开工任务 322 套的 100%,实际完成公共租赁住房分配入住 2535 套,完成市政府年初下达目标任务 2281 套的 111%。

全县 2018 年度保障性安居工程开工和分配入住两项年度任务,均按照自治区政府年初提出的任务指标要求,及时并超额完成各个阶段性目标任务。

【续建保障性安居工程项目】 2016 全县棚户区(旧住宅区综合整治)改造任务 1100 套,其中乐里镇城区改造(二期)300 套,旧州镇城区 500 套,潞城瑶族乡城区改造 300 套,改造总面积 6.6 万平方米,计划总投资 4050 万元;改造内容:对房屋主体结构加固、加高、加宽,对部分危旧住房翻建,对房屋建筑主体水、电、通信、防水等老化设施设备进行改建;对不达标的老房屋进行抗震加固;对住宅区公建部分进行水、电改造;进行绿化、景观、道路、照明设施改造;雨水、污水收集系统完善等配套基础设施建设。2017 年市人民政府下达保障性安居工程棚户区改造(含货币化安置)209 户(套)共涉 2 个项目,其中妇幼保健院 12 套、县政府大院棚户区改造一期 197 套,改造面积 12520 平方米,截至 2018 年底,2016 年棚户区改造项目已竣工验收。2017 年棚户区改造项目妇幼保健院 12 套竣工分配入住,县政府大院棚户区改造一期 197 套实施当中。

【2018 年中央财政公共租赁住房配套基础设施项目】 2018 年政府投资公共租赁住房配套基础设施项目共 15 个,其中由县房改办为业主实施 14 个项目:田林县旧州镇中学、定安镇中学、潞城乡板桃中心校、浪平镇平山中学、浪平中学、百乐乡龙车初中、六隆镇供央小学、利周瑶族乡老山小学、利周中学、六隆镇中学、八桂瑶族乡中学、高龙中学、高龙中心校公共租赁住房配套基础设施项目;县住建局为业主实施 1 个项目:八桂坡廉租住房配套基础设施项目。主要项目内容:红线范围内

2018 年 6 月,县房改办负责的田林县棚户区旧州城区改造项目竣工

(黄卫平　摄)

2018 年 6 月，县房改办负责的田林县棚户区旧州城区改造项目竣工
（黄卫平　摄）

道路排水、绿化、路灯、围墙等基础配套设施，红线外道路等基础配套设施。总投资 1105.1 万元，资金来源：中央财政专项补助资金。至 2018 年 12 月底，项目竣工交付使用。

【田林县公有住房档案及公共租赁住房相关管理制度】 年初制定全县 2018 年保障性住房实施方案，年终完成全县全年保障性住房工作总结。继续完善出台田林县公共租赁住房租金价格与廉租房并轨运行等相关管理制度。完成全县 3811 份干部职工政策性住房档案的信息采集录入工作，全面实现与自治区统一的干部职工政策性住房档案信息系统，实现动态管理。

【个人住房信息系统及保障性住房管理信息系统建设管理】 按照自治区、市要求，安排专人负责住房保障信息系统，按月更新建设项目的基本信息，上传工程进度照片，按时完成各类报表的收集、汇总、审核和报送工作，做好保障性住房档案整理和信息公开工作，建立保障对象基本信息档案，台账齐全，把保障性安居工程项目库建设作为一项长期管理机制，不断提升全县住房保障信息化管理水平。

【公有住房售后维修】 2018 年完成 17 个县直单位公有住房维修工作，内容包括化粪池清理、天面补漏、卫生间翻修、外墙维修。维修费用 7.93 万元。

【二级市场交易验审】 贯彻执行自治区、百色市和田林县有关公有住房上市交易细则等文件精神，做好已售公有住房上市交易工作。因不动产登记政策交接，全年无审核审批上市交易住房。

（蒙　洲　黄　艺）

住房公积金管理

【百色市住房公积金中心田林管理部领导】

主　任：明光建

【概况】 2018 年管理部在编人员 3 名，其中 1 名在百色市公积金中心工作，2 名在编人员在县内工作。编外聘请人员 3 名，没有变动。

【公积金归集】 2018 年共归集住房公积金 15226.21 万元，同比增

位于县城 24 米大道的百色市住房公积金中心田林管理部办公地点

加1137.21万元，增长8%，占全年任务的100.2%；新增4个单位建立住房公积金制度，新增缴存职工36人。

【公积金提取】 2018年提取住房公积金3413人，共11960.85万元，同比增加1413万元，增加13.4%，占全年任务的132.9%；全县累计提取住房公积金23284人，共59213.8万元。

【住房公积金贷款】 共发放住房公积金贷款223户，同比减少36户；放贷金额6613.6万元，同比减少695.1万元，减少9.15%；占全年任务的132.27%，个贷率为79.78%，全县住房公积金贷款余额为28050.7万元，贷款回收情况良好。

【政策宣传】 根据百色市住房公积金管理中心工作要求，加大公积金政策宣传力度，重点宣传国务院《住房公积金管理条例》《广西住房公积金业务管理规范》具体政策以及2018年百色市住房公积金新政策等一系列的文件精神，大力宣传住房公积金制度，支持缴存职工解决住房困难问题。

【贷款追收】 规范公积金贷款业务流程，完善贷款各种数据资料，按时逐月导入系统；认真做好逾期贷款追缴工作，保证公积金资金的运行安全，通过上门送达《逾期追缴通知书》、电话通知、与逾期贷款户主交心谈心宣传政策、上诉法院等方式解决逾期贷款回收问题。

【作风建设】 加强干部职工管理，严肃工作纪律，进一步强化服务意识，提高服务质量，把学习政策、开展活动与实际工作结合起来，杜绝"门难进、脸难看、事难办""庸、懒、散、浮"不良作风，树立窗口良好形象。认真整改、总结业务办理中存在的问题和不足；严格按政策规定审核提取材料，杜绝骗提公积金行为。

【其他工作】 进一步加强与县委、县政府以及县财政局的沟通协调，保证公积金财政补贴部分资金及时划拨，使缴存资金按月分配到位；2018年各种档案材料顺利送交市公积金中心管理，完善各种贷款数据资料，并按时逐月导入系统；年度各项工作任务基本完成。 （黄　雷）

移　民

【田林县水库移民局领导】
局　长：陆品东（壮族）
副局长：陆玉明（壮族）
　　　　黄流章（壮族）
　　　　黄文高（壮族）
　　　　闭祖剑（壮族）

【概况】 2018年田林县水库移民工作管理局内设办公室、计划财务股、安置股、后期扶持股、政策法规股等5个股（室）和1个二层机构库区移民服务中心，核定编制16名，其中：行政编制6名，事业编制10名，实有在编人数20人。服务对象涉及库区11个乡（镇）、47个村民委员会、110个村民小组、7513人。2018年3月12日获2017年度全市移民管理机构党风廉政建设工作目标管理先进单位（三等奖）；5月28日瓦村水电站工程下闸蓄水阶段（一期）移民安置验收通过自治区终验，12月25日在瓦村水电站工程建设现场举行瓦村水电站工程竣工庆典仪式。

【移民安置】 2018年全县涉及国家大中型水库有百色水利枢纽、龙滩水电站、洞巴水电站、那比水电站、澄碧河水库、达洪江水库、天生桥一级电站、瓦村水电站等8座电站，安置移民涉及11个乡（镇）、47个村民委员会、110个村民小组。根据国家后期扶持政策，经调查、登记、核实并上报市人民政府，审批核定全县后期扶持人数为5319人，其中登记到户到人的有3798人，登记到村民小组的有1521人（瓦村水电站在建中，不统计）。

2018年重点推进瓦村水电站库区建设及移民搬迁安置工作。5月9日—10日开展瓦村水电站下闸蓄水阶段一期自（初）验工作，通过分类验收方法，对农村移民安置、集镇迁建、专项设施迁（复）建、库底清理、移民资金使用管理和移民档案管理等6大类进行自（初）验。在完成自（初）验基础上，自治区移民局于5月16日—18日在南宁市召开一期终验会议。田林县根据终验会议提出的整改要求，于5月25日全面完成整改。5月28日自治区移民局印发《广西田林瓦村水电站工程下闸蓄水阶段（一期）移民安置验收终验报告》，同意通过一期验收。八囊及标屯两个安置点由于在实施阶段原安

2018年12月26日，县移民局实施的者云屯移民新村项目续建工程竣工。图为者云移民新村屯门（张永祥　摄）

置点场地内有高压线经过且落差过大，以及移民安置意愿发生改变等原因，2018年10月24日百色市移民局同意将八囊移民安置点变更至“囊平”（地名）安置，标屯移民安置点变更至距离旧址约500米的“岩宝”（地名）进行安置。

瓦村水电站库区搬迁人口涉及2个乡、9个村（街、屯），其中八桂瑶族乡2个，八渡瑶族乡7个，移民安置采取集中安置与自行分散安置相结合的方式。截至2018年12月，共搬迁576户、2194人，其中八桂瑶族乡189户、742人（八囊屯61户、223人，者达屯128户、519人）；八渡瑶族乡387户、1452人（平乐屯6户、25人，标屯86户、346人，渭的屯1户、9人，那佰屯62户、275人，洞六屯4户、25人，八渡街1~3组116户、468人，外来户6户、21人，乡直单位及家属91户、208人，福达街15户、75人）。

【后期扶持】

项目扶持　2018年田林县大中（小）型水库移民后期项目共有24个，涉及龙滩水电站、百色水利枢纽、那比水电站、洞巴水电站、龙车水库5个库区，总投资1063万元，受益移民共1073户、4711人。其中：龙滩水电站库区项目10个，投资488万元，受益移民697户、2998人；百色水利枢纽库区项目11个，投资450万元，受益移民286户、1282人；那比水电站库区项目1个，总投资28万元，受益移民30户、160人；洞巴电站库区项目1个，投资72万元，受益移民33户、166人；龙车水库（小型水库）项目1个，投资25万元，受益移民27户、105人。

资金扶持　严格按照《国务院关于完善大中型水库移民后期扶持政策的意见》执行，全县移民后期扶持资金采取直接发放方式，按季度通过“一卡通”兑付。2018年上级下拨后期扶持资金到县财政局移民专用账户共319.14万元，全部在规定时限内下拨到各移民户账户。

【资金管理】　移民资金的管理实行各级人民政府主要领导负责制，按照国家审定的项目及投资包干使用。严格财务管理，坚持单位法人“一支笔”审批制度，重大开支必须经领导集体讨论决定；坚持无计划不付款、无合同不付款、无工程进度报告（表）不付款、

2018年5月16日—18日，自治区移民局在南宁市召开瓦村水电站工程下闸蓄水阶段（一期）验收会议，对瓦村水电站工程下闸蓄水阶段（一期）移民安置各项工作进行终验（吴鸿友　摄）

无竣工验收报告不付款、无领导审批不付款。

移民补偿资金管理 县水利水电工程移民补偿资金严格按照广西壮族自治区财政厅下发的《广西壮族自治区水利水电工程移民补偿资金会计核算办法(试行)》规定执行,设置和使用会计科目,对移民补偿资金和实施管理费及开办费等分别核算,单独设账,单独开户,单独编制会计报表,根据各自会计核算办法进行会计核算。并建立内部审计制度,对会计凭证、会计账簿和会计报表的合法性、真实性、准确性进行审计监督。2018年移民补偿资金到位32226万元,拨付金额33257.03万元,其中库区淹没实物补偿25284.02万元,房屋及附属设施补偿2658.54万元,居民点基础设施建设费115.33万元,搬迁补助费105.75万元,过渡期补助费239.76万元,移民临时搬迁道路维修费0.42万元,搬迁期间保险费8.22万元,八渡中心校学生临时度汛安置费206.47万元,八渡街个体户停业损失补助费69.14万元,八渡卫生院过渡安置费29.75万元,八渡中心校复建2100万元,专业项目补偿费1512.89万元,库底清理费198万元,实施管理费420万元,机构开办费4万元,综合监理费101.58万元,基本预备费3.16万元,有关税费200万元。

项目资金管理 由县财政局按照上级财政部门的资金到位文件及时将项目资金拨付到县水库移民工作管理局专户,县水库移民工作管理局根据上级主管部门批复的项目和核定的资金数额,将资金拨付给项目实施单位。项目资金实行县级报账制,拨付工程款必须由项目实施单位提供相关资料,并逐级上报相关单位和县政府审批后方能拨付。工程进度款按完成工程量价款的85%支付,工程完工验收达到质量要求,结算经审计部门审定后,工程款支付至结算总价的95%(含已支付的),并按工程价款结算总额的5%预留工程质量保修金,待工程质量保修期满后再返还施工单位。2018年上级下达的项目金额487万元,涉及项目12个,2018年期间支出57.07万元,结余资金429.93万元。

【信访维稳】 县水库移民工作管理局健全信访维稳组织机构,成立库区移民信访维稳工作领导小组,制定相关工作制度,畅通移民信访渠道,及时排查调处隐患和问题,主动做好水库移民群众来信来访反映问题的政策宣传和解释工作,及时派出工作组进行调查处理,及时反馈答复信访件,排查库区移民信访案件,建立积案档案记录,落实信访积案县领导和部门领导包案化解工作责任制,明确解决问题时间和人员。对已化解的积案,通过电话或者下访形式进行回访,预防反弹。2018年办理群众来信来访共11件(包含人大提案3件,政协提案1件),比2017年同期减少8件,均能做好信访答复及处理完善。

【移民培训】 结合库区产业特点和移民意愿,采用以理论讲授与现场教学相结合、操作示范和学员练习相结合、室内教学与室外考察相结合,提高学员基本理论、基本技能和转变思想观念为重点。重点培训农村实用技术和就业技能等。2018年在广西百色农校共举办培训班2期,参加培训移民人数35人,其中参加农业实用技术培训20人,就业技术培训15人。参加就业技术培训的移民均能掌握一定的就业技术,并通过考试取得相应的技术资格证书;参加农业实用技术的移民,运用现代农业生产技术,加速库区畜牧业、水产、水果产业等特色产业的发展,形成辐射带动效应,加快

2018年4月23日—28日,田林县移民局依托广西百色农业学校,分两批次对部分库区移民进行农业实用技术和就业技术进行培训,图为开班仪式

(黄考章　摄)

群众致富步伐。

【遗留问题处理】 龙滩水电站淹没田林县百乐、旧州、潞城3个乡(镇)、10个村民委、34个村民小组、1个乡政府驻地和1个畜牧场,淹没各类房屋9.24万平方米、土地827.33公顷,需搬迁1个集镇、4个居民点753户、3089人。龙滩水电站田林库区移民搬迁安置工作于2006年8月开始至2008年基本完成搬迁,大部分移民户已迁入永久性房屋居住,移民生产生活逐步得到恢复,由于当时搬迁任务重、时间紧,一些项目和资金未能按照规划审定的项目和内容实施,存在手续不完善的情况。为加快库区遗留问题处理和做好移民安置竣工验收准备工作,根据自治区有关规定,田林县自2017年2月起开展龙滩水电站项目及资金清理工作,对龙滩库区项目、补偿、资金等三大类进行全面梳理,

由于龙滩库区涉及项目较多、变化大,兑现补偿资金时间跨度长,且人员变动大,部分资料遗失,直至2018年1月才完成清理工作,1月15日将《龙滩水电站建设征地移民安置项目及资金清理工作报告(送审稿)》上报中南院,中南院年内尚未反馈处理意见,该项工作还在进一步协调处理中。

(邹瑞祥)

机关事务管理

【田林县机关事务管理局领导】

局　长:游　春(壮族,2018年3月离任)

陈　恒(2018年3月任职)

副局长:陆少堂(壮族)

覃丽丽(女,壮族)

【概况】 田林县人民政府机关事务管理局成立于1998年2月(2002年3月改为田林县人民政府机关后勤服务中心,2008年12月改回现名称),是田林县人民政府直属事业(参照公务员管理)单位,自2009年始单位内设办公室、综合股、总务股、保卫股、节能股、机关车队等机构,上级核定编制为34名,截至2018年12月实际在编人员28人。

【能耗检测平台建设】 田林县机关事务管理局在田林县政务服务中心安装能耗监测平台并正式投入使用,正常接受市级平台监控。能耗检测平台的建设填补了田林县能耗数据监测的空白,首次实行通过数据采集器将监测数据实时准确传输到能耗分项计量监测系统,实现监管部门对公共机构用能情况实时监控,掌握准确、详细建筑用能的准确数据。

【新能源汽车充电站建设】 田林县机关事务管理局牵头与广西百兔新能源科技有限公司合作,投入202万元资金,将环球旁三角地停车场建设成为田林县首个新能源汽车充电站,并完成全县11个充电桩建设。该项目极大地推动全县新能源汽车发展,成为田林县新能源事业建设的里程碑。

【会务工作】 田林县机关事务管理局围绕服务机关、服务领导、服务经济建设,做好会务工作和重大活动服务工作。一是党代会、人大会、政协会等三大例会的会场布置及服务工作。二是协助做好《百色市2018年主要经济指标“双过半”西北五县片区调度会》《全市人大代表工作经验交流现场会》《全市“党员教育提升年”活动工作推进会》等大型会议的会场布置及会务服务。三是日常会议会务931场(次),为全县各项中心工作的开展和落实提供优质的后勤保障。

【绿化美化亮化】 一是定期或不定期组织全体干部职工对县政府大院内花草进行修剪。二是做好日常保洁工作,按照目标责任制的要求,对两个行政中心内外(县政府机关大院和县人社局办公大楼)、机关住宅区实行“每日三擦三扫”制度,做好领导干部流转楼的保洁工作,同时做好交流领导干部房的清洁卫生工作。三是安排专人对县政府大院内进行卫生检查,特别是大院内的卫生死角,经检查发现问题的,立即进行整治,保障大院内环境洁净。四是组织人员对县政府办公楼、县政法委办公楼进行维修,确保办公用房安全使用。

【食堂管理】 加强县政府两个食堂管理工作,改进餐饮服务质量。一是加强饮食安全,合理搭配膳食结构,切实抓好食堂环境卫生整治,确保食品新鲜、营养、安全、卫生。二是不断提高服务质量,为接待上级领导和就餐的领导同志们提供优质的膳食服务。

【安全保卫】 严格抓好行政办公中心安全保障和车辆出入停放管

2018年6月17日，县机关事务管理局组织人员开展县政府大院卫生清扫活动

理工作。一是进一步加强保卫人员队伍管理，强化保卫值班制度。二是组织保卫股人员深入开展安全隐患排查；三是切实做好重大会议、重大节日的安全保卫工作，协助信访局、调处办等部门做好上访人员、群体性事件的秩序维护工作。同时，安排工作人员在县委、县政府办公楼值守，对来访人员进行登记，维护办公区工作秩序，有效维护机关良好的工作秩序，无任何安全责任事故发生。四是为强化大院安全监管力度，整顿车辆随意停放现象，安装车辆识别系统，进一步规范机关大院的车辆管理。

【财务和物品管理】 2018年，田林县机关事务管理局完善财务管理制度。进一步加强财务管理，提高财务核算，严格控制费用支出，严格遵守财经纪律，确保财务数据及时、准确、完整，努力做好各项经费的开源节流工作。对单位所有需要报销的单据进行认真审核，特别是公务服务中心的支出，一是车辆维修费用，必须由中心安全员进行维修确认；二是司勤人员的差旅，必须有相关派出凭证及个人签字佐证。同时要求单据上有会计和主要领导的签字认可，严格抓好办公室、会议室、礼堂用品的管理工作以及日常办公用品、紧急突发事件物资的购买和管理等工作。

【全县公共机构节能降耗管理工作】 一是对2017年能耗数据重新核实；二是统计上报市局2018年第一季度到第四季度能耗消耗统计报表；三是统计2018年全县公共机构能源资源消耗情况：据汇总统计，2018年全县公共机构用能包括二层机构单位共计269家；办公建筑面积55.01万平方米；用能人数58493人；公务用车307辆。2018年田林县人均综合能耗指标为53.84标准煤/人。全年电消耗量为934.25万千瓦时、汽油55.87万升、柴油10.78万升，用能人数为58493人，人均综合能耗为32.73标准煤/人。2018年田林县单位面积能耗指标为4.18标准煤/人。全年建筑面积为55.01万平方米，单位建筑面积能耗为4.18标准煤/平方米。2018年田林县人均用水指标为14.86吨/人。全年水消耗量为86.93万立方米，人均用水量为14.86吨/人。四是在节能周活动中印制发放节能宣传周、低碳日宣传画册1500张，发送1万余条节能降耗宣传短信，悬挂宣传横额15幅(条)，印有节能宣传标语的环保围裙150条、环保布袋180个，节能倡议书200余份，圆满完成节能周各项工作。

【公务应急用车服务中心管理工作】 一是做好公务应急用车服务中心52台车辆的调度工作，优先保障用车单位处置突发事件和紧急公务。年内，公务应急用车服务中心司勤人员共计出车8569人次。二是做好中心车辆加油、清洁、维护、年检和保险交纳等各项工作。三是做好公务应急用车中心人员管理。四是在全县投入使用“全区一张网”系统，各单位用车统一在系统上申请。

（陈艺婷）

政务服务

【田林县政务服务中心领导】

主　任：熊巧敏（女）

副主任：岑金鸿（女，壮族）

【概况】 田林县政务服务中心于2007年9月挂牌成立。2012年4

月从三十米大道电信大楼一楼整体搬迁到财富商城人社局综合大楼一楼，总面积1100平方米。中心设立管理办公室，负责对纳入中心的县级行政审批工作实施管理、协调、监督和服务。

田林县政务服务中心实现一窗口受理

【“一事通办”3张清单编制及容缺受理工作】 2018年，田林县政务办完成县、乡两级“一次性告知”“最多跑一次”“一次不用跑”3张清单编制工作，梳理出县本级“一次性告知”事项854项，“最多跑一次”事项854项，“一次不用跑”事项15项；乡级“一次性告知”事项1233项，“最多跑一次”事项1233项。县乡两级最多跑一次2087项，占全部事项的99.29%。

建立政务服务“容缺受理”机制。全县已有27个部门开展容缺受理服务，可容缺受理的事项数量475项，其中，县直部门295项，乡镇180项。

【“诚证便民”专项行动】 2018年完成县乡两级各类证明事项和盖章环节的摸底调查及初步审核工作。编制形成《田林县证明事项和盖章环节规范清单》，共取消各项证明材料及盖章环节123乡，清理一批烦扰企业和群众的循环证明、重复证明，进一步解决企业和群众办证难、办事难等问题。

【调整优化政务大厅窗口布局】 2018年，政务服务中心窗口布局重新设置，对窗口功能进行优化再造，将原先的多部门、多工作环节优化为同一个大厅区域内协同流程。推进工商部门和公安部门、税务部门的数据共享工作。推进设立综合服务窗口，综合窗口负责相关事项的受理审核，按责分办、统一出件等办事服务工作，以“前台综合受理，后台分类审批，综合窗口出件”工作模式，实现“一窗口受理”，进一步优化办事流程，使企业和群众由“多个部门来回跑”变为“最多跑一次”。

【互联网+政务服务】 2018年，田林县政务办依托政府门户网站、全区一体化网上政务服务平台，开展网上办事服务，最大限度提升群众办事便捷指数。年内全县83%的政务服务事项可实现网上办理。

（聂苑雅）

中国人民政治协商会议田林县委员会

【政协田林县委员会第九届委员会领导】

主　席：黄　欢（女，壮族）

副主席：韦日娇（女，壮族）

　　　　闭祖进（壮族）

　　　　吴友明（苗族）

　　　　罗胜益（壮族）

秘书长：黄安河（女，壮族）

常务委员：马建辉（回族）

　　　　　甘政虹（女）

　　　　　陈长师

　　　　　陆振雄（壮族）

　　　　　林　军

　　　　　杨　阳（女，苗族）

　　　　　彭　耕（壮族）

　　　　　赖国康（壮族）

办公室主任：黄安河（女，壮族）

副主任：闭祖兴（壮族）

提案和民族宗教法制委员会主任：

　　陆玉珍（女，壮族）

经济人口环保和外事联谊委员会主任：陈长师

教科文卫体和学习委员会主任：

　　黄玉青（女，壮族）

【概况】 田林县政协成立于1984年11月，2018年第九届班子成员6人，分别是主席黄欢和韦日娇、闭祖进、吴友明、罗胜益4位副主席，以及秘书长兼办公室主任黄安河，其中吴友明为农工党，罗胜益为非中共党员。县政协设办公室（下辖二层机构：委员联络办公室）、提案和民族宗教法制委员会、教科文卫体和学习委员会、经济人口环保和联谊外事委员会共“一室三委”。2018年田林县政协人员编制16名，其中行政编制11名，事业编制3名，机关后勤服务编制2名。有机关干部职工17人，县政协机关党支部共有党员22名，其中在职党员干部11名，退休干部党员11名。2018年，常委会团结引领广大政协委员，聚焦“三大战略”“四大攻坚战”“五区建设”等事关全县发展大局的重点工作，履行政治协商、民主监督、参政议政职能，发挥政协优势，围绕重大事项、重大问题，开展调研、视察、协商活动，建言献策，出谋献计，为助推全县经济社会加快发展贡献政协力量。全年共召开常委会议4次、主席会议12次，提出不少意见和建议得到重视和采纳；开展调研、视察、协商、社情民意反映活动12次，撰写专题报告12份报送县委、县政府；深入界别群众，反映界别诉求150多条，开展委员下基层、服务社会活动10余次；收到委员提案41件，经审查立案36件，年内全部办结，委员满意率达96%；组织开展《田林县2018年“壮族三月三吼敢”活动纪实》编纂工作，在《人民政协报》《广西政协报》、百色政协网等报纸杂志及网站上发表310余篇新闻稿件，获自治区报刊新闻宣传先进单位二等奖、百色市第七次人民政协理论与实践研讨先进单位、百色市政协新闻宣传工作单位二等奖等称号。

重要会议

【第九届委员会三次会议】 2018年1月17日—19日，县政协第九届委员会第三次会议在县府小礼堂召开，政协委员119人出席大会，邀请相关县直单位、企业代表列席会议。在开幕大会上，县委书记彭斌高度评价县政协为助推全县经济社会发展做出贡献，提出在新时代新形势下做好政协工作的要求，要求县政协和政协委员围绕中心大局，认真履职尽责，找准切入点和突破口，抓住脱贫攻坚等重要领域和关键环节，开展专题调研和协商议政活动，为县委科学决策提供参考。

会议期间，委员们围绕政协常委会工作报告、提案工作情况报告、政府工作报告等开展讨论，提出意见建议。会议批准黄欢代表政协第九届田林县委员会常务委员会所作的工作报告，批准吴友明代表政协第九届田林县委员会常务委员会所作的提案工作情况的报告。通过中国人民政治协商会议田林县第九届委员会第三次会议关于常务委员会工作报告的决议、中国人民政治协商会议田林县第九届委员会第三次会议关于九届一次会议以来提案工作情况报告的决议和中国人民政治协商会议田林县第九届委员会第三次会议政治决议。全体委员充分运用大会发言协商平台，围绕全县中心工作，精选建言课题，就脱贫攻坚、经济发展、民生改善等内容建言献策。

【九届第九次常委会议】 1月19日，县政协召开第九届委员会第九次常委会议，九届常委会全体成员参加会议，主席黄欢主持。会议听取九届三次会议小组讨论汇报，通过九届三次会议各项决议（草案）、提案审查情况报告，审议通过《田林县政协2018年协商工作计划（草案）》。

【九届第十次常委会议】 4月28日，县政协召开九届第十次常委会议，九届常委会全体成员参加会议，政协机关各委（室）负责人列席，会议由主席黄欢主持。会议传达学习自治区纪委办公厅《关于认真学习贯彻中央纪委副书记徐令义在广西调研督导讲话精神的通知》，县委关于研究部署自治区常委、纪委书记、监委主任房灵敏在百色市调研督导反馈存在问题整改工作，中共百色市委办公室《关于印发〈百色市开展扶贫领域作风问题专项治理工作实施方案〉的通知》等精神，审议通过专题协商“巩固八渡笋产业，助推脱贫攻坚”调研报告。

【九届第十一次常委会议】 8月27日，县政协召开九届第十一次常委会议，九届常委会全体成员参加会议，政协机关各委（室）负责人列席会议，会议由主席黄欢主持。会议表决通过黄玉青任政协田林县教科文卫体和学习委员会主任，传达学习自治区政协领导到百色市开展政协系统党的建设调研座谈会精神、习近平总书记关于加强和改进人民政协工作的重要思想和《中国人民政治协商会议章程（修正案）》等精神，讨论通过《政协田林县委员会开展“乡村振兴委员行”活动实施方案》，审议通过专题协商“通乡公路提级改造的建议”调研报告。

2018年8月27日，田林县政协召开九届第十一次常委会议

【九届第十二次常委会议】 12月29日，县政协召开九届第十二次常委会议，九届常委会全体成员参加会议，政协机关委（室）负责人列席会议，会议由主席黄欢主持。会议强调要着重提高提案办结率，审议《田林县政协2019年协商工作计划（草案）》《田林县政协2019年工作要点（草案）》、提案工作报告草案和常委会工作报告草案，讨论百色市政协非物质文化遗产传承与保护现场会在田林召开有关事宜。

【市政协四届三次会议第135号重点提案督办会】 10月23日，市政协四届三次会议第135号重点提案《关于保护与开发岑王老山生态乡村旅游区的建议》督办座谈会在田林县召开。会上，承办单位和提案人面对面就提案的办理落实进行充分沟通和协商，建议整合利用好岑王老山生态旅游资源，规划完善旅游线路，打造旅游亮点，促进保护和开发岑王老山生态乡村旅游区。

【市政协四届三次会议第171号重点提案督办会】 11月27日，政协四届三次会议第171号重点提案《关于打造隆林各族自治县、田林县、西林县民族文化长廊，促进旅游发展的建议》督办座谈会在田林县召开,会议强调“三林”之间要加强合作,充分利用民资文化资源优势,完善好旅游基础设施,促进“三林”旅游业共同发展。

【政协党组民主生活会】 2月8日,政协党组召开民主生活会,党组成员黄欢、韦日娇、闭祖进、黄安河参加会议,县纪委罗凤玲、组织部凌坚到会指导,县政协副主席吴友明、罗胜益、各委(室)主要负责人列席会议,会议由党组书记黄欢主持。会上,黄欢分别通报政协党组2016年度民主生活会征求意见整改落实情况和2017年度民主生活会征求意见情况,并代表县政协党组班子作对照检查,班子成员开展批评和自我批评。

主要工作

【学习贯彻重要精神】 县政协按照中央、自治区党委、市委和县委的统一部署,以九届委员会三次会议为契机,举办委员学习中共十九大精神专题培训班,邀请市宣讲团成员、市政协研究室原主任谢昌紧为委员授课。以新时代讲习所为依托,利用党组(扩大)会、机关党支部党课和专题学习会,组织领导干部职工学习党的十九大精神、习近平新时代中国特色社会主义思想、习近平总书记关于加强和改进人民政协工作的重要思想。常委会班子以身作则,组织县政协委员深入联系乡镇、村屯及农家开展宣讲活动,让习近平新时代中国特色社会主义思想深入人心、走进千家万户。

【开展深化领导班子建设年活动】 县政协按照市委、县委开展2018年深化领导班子建设年活动的部署,精心组织,召开活动动员会,制定县政协开展深化领导班子建设年活动方案,推动有序开展。在活动中,结合开展“不忘初心,牢记使命”主题教育,在建设“五好”班子的基础上,对照任务清单开展好大兴学习之风、大兴解放思想之风、大兴调研之风、大兴求真务实之风“四个大兴”活动,在规定时间内完成对标对表任务,建设“五个过硬”班子。“四个大兴”活动顺利通过市、县两级的核验。

【乡村振兴委员行“十大行动”】 围绕县委、县人民政府中心工作开展:助力乡村旅游开发,开展“建言旅游”行动;助力乡风文明建设,开展“移风易俗”行动;助力文化繁荣兴盛,开展“文化惠民”行动;助力壮剧创作辅导,开展“文化帮扶”行动;助力宜居乡村建设,开展“帮扶济困”行动;助力教育扶贫工作,开展“控辍保学”行动;助力创业带动增收,开展“结对帮扶”行动;助力贫困户劳动增收,开展“就业帮扶”行动;助力特色产业兴旺,开展“科技帮扶”行动;助力产品品牌打造,开展“品牌富民”行动共“十大行动”,把履职着力点聚焦在田林县乡村建设问题上。2018年开展科技帮扶、控辍保学、文化联谊、文化下乡、壮剧创作辅导、“移风易俗”等活动20余次,参加的各界别政协委员达100多人次。

【提案办理】 全年共收到提案41件,经审查,立案36件,并案2件,最后交办的提案35件,立案率为87.8%。同时,结合实际筛选出《关于做好农村低保类别认定的建议》等5件群众最为关心、迫切需要解决的提案作为重点提案进行督办。截至2018年12月,所有提案均已办复,办复率100%。

【视察调研】 常委会组织专委和委员深入视察调查,先后开展“发展八渡笋产业助推脱贫攻坚”“加大通乡公路提级改造”2个专题议政性常委会议协商;开展“壮剧与民歌传承及发展”“加快瓦村水电站库区移民后续扶持和管理”2个专题协商会协商;开展“加快贫困村集体经济建设”“助推特色村寨建设”2个对口协商会协商;开展“加快新高中建设项目建设”“在县城文化广场建设固定舞台”2个界别协商会协商共8次调研协商工作,并形成调研报告报县委、县人民政府作决策参考。

【民主监督】 县政协重点关注脱贫攻坚战和法制建设领域,深入开展民主监督。2018年,选派委员14人次参加县委、县人民政府开展的扶贫领域腐败和作风问题专项治理等督查工作。选派委员130多人(次)参加田林县2018年教育系统教师招聘面试、田林县2018年事业单位公开招聘工作人员结构化面试监督工作和县检察院“检察开放日”、县人民法院“公众开放日”等活动。

【信息宣传】 县政协做好政协报纸杂志的发行工作,年内征订政协

"两报两刊"(《人民政协报》《中国政协》《广西政协报》《文史春秋》)300多份。做好政协会议和重要活动的宣传报道,2018年在《人民政协报》《广西政协报》《右江日报》、百色政协网等报纸杂志及网站上发表稿件310余篇。

2018年5月8日,人大常委会主任覃纪腾、政协副主席闭祖进到三小项目现场召开工作会议

【文史征集】 县政协弘扬优秀传统文化,组织开展对民族文化进行挖掘、收录、整理,年内完成《田林县2017年"壮族三月三·吼敢"活动纪实》一书编纂工作。动员政协机关及全县政协委员协助完成2018年"壮族三月三·吼敢"活动期间的乡(镇)壮剧片区会演、县城壮剧展演、专题歌会、原生态歌会、社区宴会、特色美食展销等一系列节庆活动,政协委员和县直干部职工自编自演的专题歌会《我们的纺织》登台表演,深受群众好评和称赞。开展《田林县2018年"壮族三月三·吼敢"活动纪实》收录,已收集和整理文字资料近20万字、图片500余张。

【助推重大项目建设】 县政协按照县委安排,领导班子成员分别担任瓦村水电站建设、县光明幼儿园、县第三小学、中医院二期工程、长江天成集团公司高端有机山茶油、田林至凌云二级公路、八桂至那比(架屯至弄瓦段)三级路提级改造等多个重大项目的常任指挥长,经常深入项目现场,协调推进项目建设。

2018年7月12日,田林县政协组织学习党史、国史、国情会议

重要活动

【联谊交流】 县政协加强与自治区、市政协及其他兄弟县沟通联络,全年共有自治区政协"八桂行"采访团、市政协、河池市及巴马县、大化县、都安县、东兰县、南宁市隆安县、崇左市大新县、西林县、德保县等17批次区内政协调研组(采访团)到田林考察,组织政协委员和干部职工表演自导自演的壮剧《婆媳情》、壮族原生态歌舞《我们的纺织》等节目,向外推广田林优秀传统民族文化。年内组成3个课题调研组共20多人次到区内外的贵港、梧州、崇左和云南罗平、贵州望谟、册亨等地考察学习,促进交流联谊。

【精准脱贫攻坚】 县政协组织委员和干部职工共结对帮扶贫困户340多户,完成好各项帮扶工作,并发挥政协企业委员的优势，引导政协企业委员参与脱贫攻坚，据统计，市、县政协企业委员共安置就业岗位447人（建档立卡贫困户50人），帮扶基础设施建设14.5万元，捐资助学55.26万元。县政协领导班子定期深入贫困村调查研究，走访群众，与群众座谈协商，研究解决问题，2018年，围绕“发展特色产业助推脱贫攻坚”“加快贫困村村级集体经济发展”“加大通乡公路提级改造”等方面开展专题协商讨论，共形成脱贫攻坚意见建议23条，其中得到采纳18条。县政协领导班子组织联系乡（镇）的班子领导、村“两委”干部、第一书记和工作队员召开脱贫攻坚工作推进会12次，参与扶贫领域腐败和作风问题专项治理工作大接访活动10多次。

2018年11月6日，自治区政协八桂乡采访团到田林采访，图为表演现场

【集体及个人获奖情况】 2018年度，县政协获得自治区政协报刊新闻宣传工作先进单位二等奖、百色市第七次人民政协理论与实践研讨先进单位、百色市政协新闻宣传工作单位二等奖、田林县脱贫攻坚先进集体。2018年度，县政协办公室副主任闭祖兴获得《广西政协报》优秀通讯员二等奖、百色市政协新闻宣传工作先进个人、百色市第七次人民政协理论与实践研讨优秀论文。 （黄玉青 梁 程）

人民团体

工　会

【田林县总工会领导】
主　席：黎朝兴（壮族，县人大常委会副主任兼）
常务副主席：兰　敏（瑶族）
副主席：黄　元（壮族）

【概况】 2018年田林县总工会内设办公室、综合部，编制3名，实在职4人。下辖工人文化宫，在职人员3人。县总工会机关现有干部职工7名，其中主席1名（由县领导兼任，编制不在总工会），常务副主席1名，副主席1名。县总工会本届为第十二届委员会，设委员21名，常委9名。2018年全县共有工会组织366个，涵盖法人单位769个，其中：党政机关团体工会464个；事业单位工会70个；国有及国有控股企业工会13个；集体企业10个，非公有制企业工会119个；个体经济组织工会89个。全县工会会员26411人，其中女职工会员8430人，农民工会员21155人，女性农民工6000人。

【工会组建】 继续以农民工入会工作为重点之外，加入以货车司机为主的八大群体入会工作。县总工会根据田林县物流行业货车司机队伍发展的实际情况、现实需求、存在问题，发展趋势等开展调研，策划工作，与县道路运输管理所联合，把物流行业货车司机组织起来，吸纳货车司机加入工会，维护好他们的切身利益，引导他们听党话、跟党走，推动物流货运行业健康稳定发展，激励他们为全市经济社会发展建功立业。至年底，县总工会货车入会工作取得良好的成绩，全年共发展货车司机会员2000人，组建货运企业工会2家，达到预期的目标。

【加强基层工会规范化建设】 总工会2018年1月继续在全县企业工会特别是非公有制企业工会中开展“工会组织亮牌子、工会主席亮身份、职工之家亮品牌”（以下简称“三亮”）活动，按照活动要求在单位（公司）公开栏内公布工会主席、委员的姓名、职务、手机号码和工作职责的基础上，逐步深化“三亮”内容，按照开展建设职工之家、“双爱双评”活动的基本要求，建立各项工作制度和民主制度，健全维权机制，逐步提升工作水平。总工会2018年1月继续在全县建设“工会爱心驿站”，全年完成两个爱心驿站建设和完善一个旧的爱心驿站，主要是为主要是为广大从事户外作业的劳动者和环卫工人送去生活上的方便和关爱，在寒冬中有杯热水，在炎夏时有阴凉地，累时可以歇歇脚。同时，通过对广大劳动者和环卫职工的关心和爱护，在全社会营造尊重关爱户外劳动者的良好氛围，保障和改善户外劳动者的生产生活条件，重点解决饮水、休息、饭茶加热、取暖纳凉、手机充电、临时避雨等实际问题。切实把工会的温暖送到每位劳动者和环卫职工的心里，更好为城市文明创建服务，为经济社会发展服务。

【社会化维权】 为进一步强化工会维权窗口，打造工会新的维权品牌，切实维护职工的合法权益，成立田林县职工法律援助服务站，为受援职工提供法律服务；继续认真贯彻落实《中华人民共和国就业促进法》《中华人民共和国劳动合同法》《劳动争议调解仲裁法》和《广西壮族自治区企业职工代表大会工作规范》，不断完善“联席会议”“三方协商”制度，推动全县集体协商提质扩面，全面完成各项指标任务。2018年度市总工会下达的任务是在385个企业建立集体协商机制并签订协议，截至12月底，已签订集体协商合同、工资集体协商合同、劳动安全卫生合同、妇女保障合同各44份(其中企业单独签订26份,区域性签订4份,行业性签订14份),共涉及企业357个,覆盖职工人数3865人。

【困难职工帮扶】 深入基层、调查了解,认真做好困难职工的认定和录入工作。入户调查了解后,今年,年初录入困难职工档案的人数有191人,根据《广西工会困难职工信息管理系统建设项目实施方案》的通知,总工会于年中调整困难职工档案数据库,年后认定并录入困难职工档案的人数有35人。在开展帮扶工作中,做到建好档案才帮扶的原则,解决困难职工生活、医疗、子女上学困难问题。2018年元旦、春节期间,县总工会共筹集资金13.18万元,对190名困难职工进行慰问;在年末县总工会对35名困难职工发放生活求助24.85万元;在慰问参加高考困难职工子女的"考前慰问"活动中,给10名经济困难的考生每人发放1000元慰问金共1万元,并送上温情的考前鼓励;在"金秋助学"活动中共筹集资金4.6万元,对14名学生进行补助。为困难职工和农民工上学的子女提供帮助,圆了困难职工和农民工子女上学的大学梦。对11名因患重大疾病而造成生活困难的职工实施救助,共发放救助金6.05万元。全年共为10名困难职工出具困难证明,共帮助4名困难职工解决住房困难问题,基本实现住有所居。

【医疗互助保障】 2018年,把职工医疗互助保险工作列入本单位的重点工作,加大宣传力度,通过召开基层工会主席会议、在活动中发放宣传单、深入基层工会开专题讲座等多种形式,来发动职工参加职工医疗互助保障。在工作人员努力下,田林县总工会医疗互助保障工作卓有成效。全年共完成职工医疗互助保障5810份,完成市总工会下达任务的107.9%。

【劳动竞赛】 组织开展"安康杯""安全生产月"等劳动竞赛活动。2018年,全县有60个企业参加广西"安康杯"劳动竞赛;6月26日上午,田林县总工会与县直各单位在风雨桥上开展"6·26国际禁毒日"宣传活动,活动以通过发放宣传资料、知识手册和专家答疑等方式,为职工群众提供安全生产、劳动保护、职业健康、应急救援、道路交通和消防安全等方面的咨询服务。9月30日下午,田林县总工会召开货车司机入会工作部署会。会议部署工作人员分组下到各乡镇宣传货车司机入会,让货车司机了解到工会是做什么的,加入工会有什么好处和如何申请成为工会会员。

【文体活动】 2018年5月11日至6月6日,田林县总工会举办了田林县2018年"五一职工杯"篮球赛。本次篮球赛共有22支代表队共220多名职工参加比赛,经过24天、79场比赛的艰苦角逐,男子组教育联队代表队获第一名,党政联队代表队获第二名,乐里镇代表队获第三名。女子组县二幼队代表队获第一名,乐里二小队代表队获第二名。

【劳模管理】 做好劳模的服务工作。落实工作机制,选树全县各条战线上的模范典型,做好各级劳模的推荐评选工作。年内做好2018年全国、广西"五一劳动奖状"、奖章的评选推荐上报工作。经过摸底排查,推荐符合条件的田林农商行县、田林地方税务局为2018年广西"五一劳动奖状"候选单位。推荐符合条件的田林高龙黄金矿业有限公司吴志国、田林县地方税务局和江梅为2018年全国"五一劳动奖章"候选人。推荐符合条件的广西田林和平糖业有限公司的钟世益、田林县国有乐里林场的许涛等2人为2018年广西五一劳动奖章候选人,推荐符合条件的广西田林和平糖业有限公司农务部、田林县地方税务局征收服务股为2018年广西工人先锋号候选单位,并收集好评选材料上报市总工会参加评选活动。2018年4月,广西田林和平糖业有限公司农务部被自治区授予广西工人先锋号称号;5月,田林县地方税务局征收服务股被自治区授予广西工人先锋号称号。在劳模评选过程中严格按照评选的程序和要求,确保评审工作的公开、公正。同时做好劳模服务工作。2018年,共组织那比乡府、高龙乡府、信访局、县医院、中医院、县自来水厂、广西伟健药业有限公司、水利电业有限公司、和平糖业有限公司、田林县高级中学、田林县八渡乡福达中心校等11个单位共11名职工往桂林、防城港、南宁三个地方进行休养活动。

【工会代表大会】 2018年4月13日,田林县总工会在县总工会三楼会议室召开第十二届三次全委会议。会议总结2017年工会工作和部署2018年工会工作，审议田林县2018年会计培训班方案，审议田林县“五一”职工杯篮球比赛活动方案。

2018年6月21日，田林县总工会在环球大酒店1号会议室召开第十二届代票大会第二次会议。会议共有139名代表参加。会议选举出田林县出席百色市总工会第四次代表大会代表14名和百色市总工会第四届委员会委员推荐人选3名。（梁品国）

2018年6月21日，田林县总工会召开第十二届代表大会第二次会议

共青团

【共青团田林县委员会领导】
书　记：姚沁君（女）
副书记：李赞梅（女，壮族）

【概况】 2018年，共青团田林县机关行政编制3名，其中：书记1名，副书记1名，干事1名。实有在岗人员5人，其中在编人员2人，编外人员3人（中央财政转移支付西部计划志愿者2人，购买社会服务预青专职人员1人），空编数1个。全县共有30个基层团委，1个基层团工委，301个团支部，3142个团员，专职团干16名，兼职团干319名，挂职团干部1名。

【团的建设】 全面深化改革，加强团的自身建设。一是2018年6月完成全县14个乡（镇）团委换届。二是扩大团组织覆盖面。2018年6月发展成立中国电信百色分公司田林分公司团支部。三是成立县教育团工委。经与教育部门沟通、协商，2018年9月上旬，田林县教育团工委正式成立，由县教育局办公室卢远兼任教育团工委书记（同时兼任团县委副书记），明确教育团工委主要职责，有力促进田林县中学共青团改革。四是抓好从严治团的宣传工作。拓展学习内容、创新学习方法，坚持理论联系实际，并通过团属微信、微博、QQ等新媒体平台向各级团组织、团干部和团员做好从严治团的宣传工作，建立与青年的日常联系，实现联系青年线上日常有沟通、有互动、有话题。五是推进共青团改革，组织各级团组织建设“智慧团建”系统，完成全县14个乡（镇）及15所中学团委组织建设。六是开展典型树立、表彰先进活动。表彰“五四红旗团委”12个、“五四红旗团支部”9个、优秀共青团干部26名、优秀共青团员39名。

2018年共青团田林县委员会被共青团百色市委员会授予“百色市共青团改革工作先进单位”“百色市‘智慧团建’工作先进单位”“百色市团干部直接联系青年工作先进县”称号。2018年田林县团员获“广西优秀共青团员”区级表彰1名，获“百色市优秀共青团员5名”；获“百色市优秀团干部”2名；获“百色市五四红旗团委”1个；获“百色市五四红旗团支部”2个。3月5日，由共青团田林县委员会报送的《大龄未婚青年调查现状与分析》面对面调研报告获团中央表彰，被评定为：县级优秀调研报告。

2018年田林县共有2个团组织获“百色市优秀志愿服务集体”，7名志愿者获“百色市优秀志愿者”。

【青少年思想道德教育】 培育和践行社会主义核心价值观，坚持以正确先进的思想引领青少年。1月25日，联合县教育局等单位在乐里一小开展田林县2018年“青春自护·平安春节”青少年自护教育活动启动仪式；3月5日，组织学生参与共青团、红领巾学雷锋洁城一条街活动，一起学习、践行、弘扬志愿服务精神；4月4日，联合县文明办、教育局、县关工委等单位共同举行田林县青少年“缅怀革命先烈　传承红色基因”主题活动启动仪式暨清明祭扫活动;5月18日承办首届中学生“无毒青春　健康生活”主题演讲比赛;5月4日开展“奋斗的青春最美丽”入团仪式集中示范活动;5月26日在田林高中开展“轻松备考·12355与你同行”—百色市2018年高考减压辅导讲座(田林高中站);6月1日,到百乐乡龙车中学开展“六一”活动;6月25日—27日,组织乐里镇中心校、利周瑶族乡中心校、平塘乡中心校、八渡乡中心校、百乐乡龙车中心校参加2018“姚基金希望小学篮球季”百色分赛区联赛,利周瑶族乡中心校、平塘乡中心校、八渡乡中心校、百乐乡龙车中心校参赛队晋级“姚基金希望小学篮球季”区级复赛;10月12日,联合县教育局、县关工委举办“争做新时代好队员　集结在星星火炬旗帜下”主题队日活动。

【开展“青年大学习”教育实践】印发《关于广泛开展共青团“青年大学习”网上主题团课的通知》,明确学习内容、学习目标和任务,形成常态化机制。以“习近平总书记‘7·2’重要讲话精神”“团的十八大精神”“习近平总书记在纪念改革开放40周年大会上的讲话”等为主要内容,组织全县团员青年开展“青年大学习”,通过导学、讲学、研学、比学、践学、督学以及线上、线下集中测试等措施,组织引导全县广大青年深入学习宣传贯彻习近平新时代中国特色社会主义思想和中共十九大精神,增强“四个意识”,坚定“四个自信”。5月3日,举办田林共青团干部“青年大学习”行动党性论坛,团县委书记姚沁君做了工作部署;11月6日,开展“青年大学习”线下集中测试。

【推进青年就业创业】注重电商人才培养,引导青年投身创业实践。引导农村青年开展电商创业,扶持行政村设立青年电商创业示范基地,指导创业青年办理“小额贷款”,选树青年致富带头人100人,扶持36名青年获得260万创业贴息贷款。3月7日走访调研田林县陆艺琴行青年创业点,了解其运作、存在困难,帮助解决实际困难。7月26日在利周瑶族乡亮福村开展田林县2018年“青年创业创新沙龙进农村”活动,邀请田林县居仁种植专业合作社沃柑基地负责人分享创业心得与经验,现场通过问答互动的形式,帮助解决创业青年在创业过程中遇到的问题和疑惑,为青年创业提出许多宝贵意见。举办“青年之声·青春大讲堂”。2018年共举办教师招聘考前公益课、公务员考前公益课、事业单位考前公益课、公务员面试公益课、事业单位面试公益课等培训10期,共服务接待学员1000余人次。

【青年志愿者行动】以西部计划大学生志愿者为依托,牵线搭桥,搭建平台,紧紧围绕服务党政中心工作大局,开展志愿服务活动。一是2月5日在田林汽车客运站开展田林县2018年青年志愿者服务春运“暖冬行动”;二是1—2月志愿服务田林县“美丽田林·宜居乡村”晚会;三是2月27日青年志愿者助力2018年田林县文化科技卫生“三下乡”宣传活动;四是3月5日联合县文明办等单位在县双虹桥河堤路段举办“田林县2018年青少年学雷锋志愿服务活动”;五是3月12日,组织志愿者参加田林县2018年义务植树活动;六是清明期间,组织青年志愿者到乐里镇新昌村开展清明期间森林防火宣传。七是5月4日—7日,组织100余人组成的青年志愿者队伍服务田林县2018年“壮族三月三·吼敢”壮剧艺术节;八是5月15日,组织志愿者参与助力2018年社会科学普及宣传周活动;九是5月31日到潞城参与2018年全国科技活动周田林县活动暨创新驱动乡村振兴宣传活动;十是6月15日组织志愿者参与“田林县2018年安全生产月”宣传;十一是组织志愿服务田林县2018年10期公益培训,助力举办1期教师考前公益课培训,4期公务员考前专场公益培训,5期公务员面试专场公益培训,共服务接待学员1000余人次;十二是6月26日,组织青年志愿者到县风雨桥参加“无毒青春　健康生活”禁毒宣传活动;十三是7月13日,百色市红十字会在田林县乐里镇福利院为受灾转移安置的80户发放赈灾物资。为保障物资发放顺利进行,团田林县委响应号召,组织青年志愿者志愿助力赈灾物资发放;十四是7月27日组织30余名2018年暑期“1+1”基层培养计划志愿者走进利周瑶族乡敬老院,开展“送温暖、送关怀、送欢乐”志愿服务活动。为4名孤寡老人送去牛奶、麦片等生活用品,并于当天走进利周瑶族乡亮福村开展志愿清扫活动;十五是9

月 14 日,组织青年志愿者到县文化广场助力全民国防教育日活动;9 月 19 日,组织志愿者到街道发放欢送新兵入伍倡议书以及相关的国防教育资料,活动由迎宾路开始,经迎宾路—河滨路一条线,向沿街各单位、个体工商户以及广大的过往群众发放资料;十六是 9 月 29 日我国第 5 个烈士纪念日,组织 40 余名志愿者到万吉山开展志愿清扫活动。十七是 10 月 15 日联合卫计局、文广局、教育局、县总工会、县妇联举办的 2018 年健康中国行—科学健身主题宣传活动暨健康八桂行宣传活动,组织 10 余名志愿者为启动仪式提供了志愿服务;十八是 10 月 17 组织志愿者赴定安镇敬老院开展敬老爱老活动。

【希望工程圆梦行动】 7 月 27 日联合县妇联组织 30 余名“1+1”基层培养计划志愿者走进利周乡亮福村(儿童家园阵地),走进留守儿童、低保户家庭,倾听农村孩子诉说心声,给他们送爱心、送健康、送关怀,护航他们快乐成长。志愿者老师为农村留守儿童上暑期安全自护、自救教育课,结合生活实例,生动地讲解防溺水、防火、交通安全等预防和紧急自救自护知识,帮助他们树立自我保护意识和提高自控自救能力,当天送去文具盒、彩色笔、作业本等学习用品;10 月 17 日,联合县委统战部、工商联及社会爱心人士到定安镇开展 2018 年扶贫日系列活动,为留守儿童赠送了书包、图书、作业本、篮球、乒乓球、牛奶、手套、袜子等一批价值 10303 元的学习、生活用品;给 7 名建档立卡贫困户留守儿童发放助学金;向渭密村捐赠 700 元为群众维修铁索桥。当天组织开展“青春田林·助力脱贫”扶贫圩日活动;11 月 2 日,经团县委牵线搭桥,乐里镇新建小学和潞城瑶族乡红旗小学两所受资助学校顺利建成“人保寿险希望工程图书室”。该图书室配置内容包括:1021 册图书、2 个书架、1 块捐赠标牌。

【少先队工作】 一是 3 月 5 日通过组织学生参与共青团、红领巾学雷锋洁城一条街活动,积极学习、践行、弘扬志愿服务精神;二是 4 月 4 日举办田林县青少年“缅怀革命先烈 传承红色基因”主题活动启动仪式暨清明祭扫活动,县直团组织、武警部队、县第一幼儿园、县第二幼儿园、财富商城幼儿园、乐里一小、乐里二小、初级中学、田林高中的团员青年和师生代表以及家长共 1000 余人参加活动;三是 10 月 12 日举办“争做新时代好队员 集结在星星火炬旗帜下”主题队日活动。县少工委、县教育局、县关工委等单位领导和乐里一小全体师生参加县级活动。全县 22 个少先队组织先后通过举行“习爷爷教导在心中”国旗下讲话,新少先队员建队仪式和开展“我在队旗下合个影”、“队前教育第一课”、“说说我们的大英雄”故事会、“我是新时代小队员”分享会等形式多样、内容丰富的活动,纪念少先队建队 69 周年;四是 11 月 26 日在人社局六楼会议室举办《中国少年报》少先队基础礼仪培训班。团县委、县教育局领导,县少先队总辅导员,全县各中小学分管少先队工作副校长、少先队辅导员、青年骨干教师 80 余人参加培训;五是推优工作情况。2018 年被授予百色市预防青少年违法犯罪工作先进单位、少先队工作先进单位;田林县少先队 4 个中队组织获全国少工委的表彰,被评为“2017 年度优秀少先队员组织”;在“我向习爷爷说句心里话”广西少年喜迎十九大歌手比赛中,田林县 2 个少先队组织分别获入围奖和优秀奖区级表彰;13 名少先队获“百色市优秀少先队员”,8 名辅导员获“百色市优秀少先队辅导员”,7 个少先队组织获“百色市优秀少先队集体”,2 名少先队工作者获“百色市优秀少先队工作者”市级表彰。

【团干部素质教育】 12 月 6 日—7 日,在县委党校报告厅举办 2018 年田林县农村团干部“青春引擎”暨助力青年脱贫攻坚电子商务创业培训班。团县委书记班子成员、各乡(镇)团委负责人,各行政村(社区)团支部书记共 182 人参加此次培训。 (冯彩连)

妇女联合会

【田林县妇女联合会领导】

主　席:黄秀琴(女,壮族)

副主席:黄玉青(女,壮族,2018 年 3 月离任)

　　　　农小湖(女,壮族,2018 年 4 月任职)

【概况】 2018 年田林县妇女联合会编制 4 名,在编人员 4 人,其中主席 1 人,副主席 1 人,干部 2 人,全县有乡镇妇联 14 个,县直妇委会 53 个,村级妇联 168 个。

【妇女基层组织建设】 开展妇联改革工作,2018年8月底,完成田林县14个乡(镇)妇联组织区域化建设工作,每个乡镇选举产生兼职副主席3名,执委各15名。

11月9日—10日在县委党校举办田林县2018年"巾帼促脱贫"基层妇女干部培训班。各乡(镇)妇联主席(负责人),各村(社区)妇联主席共171人参加培训,培训班内容包括习近平总书记关于精准扶贫和精准脱贫的论述、扶贫领域腐败和作风问题的廉洁教育、"巾帼促脱贫"脱贫攻坚政策及业务培训、农村实用技术培训、妇女维权工作和反家庭暴力法知识、服务惠民项目"儿童之家"的管理培训等。

【关心关爱妇女儿童】

"三八"妇女节纪念活动 开展"贯彻十九大·巾帼促脱贫"广场(健身)舞比赛,各乡镇村、社区及县城的26个代表队共358人参加比赛;表彰三八红旗手(集体)、平安家庭40个;走访慰问贫困妇女15名,送去慰问金和慰问品,慰问物资折币6000元。

"六一"儿童节纪念活动 一是开展关爱困难留守儿童及心理引导活动;二是到龙车中心校、定安中心校、那囊小学开展2018年六一儿童节慰问活动,共为85名贫困留守儿童送去新衣服;三是开展"安全进校园 欢乐庆六一"活动4期,为孩子们宣讲如何预防性侵犯、防溺水、防火、防电、交通等安全知识;"六一"期间给孩子们送去蛋糕、文具、笔盒、篮球、牛奶、饼干等慰问品和慰问金共2.67万元。

【服务妇女儿童脱贫工作】

农村妇女劳动技能宣传和培训 深入村屯开展"产业到家 牵手妈妈"妈妈讲习团宣讲暨扶贫政策宣传活动6期,主要针对十九大精神和习近平新时代中国特色社会主义思想、"三留守"关爱、养种技能、防艾、如何创业就业、如何利用扶贫惠民政策、如何注重家风家教等内容进行宣讲。为农村妇女进行免费培训,提高妇女的劳动技能,举办1期中式烹调和6期育婴师培训班。

农村妇女"两癌"工作 一是贯彻落实《关于全面开展百色市关爱妇女 牵手"健康脱贫"关爱女性"两癌"保险工作推进方案》,到各乡镇、村屯宣传"两癌"保险工作,截至11月,全县参加投保妇女人数为3759人,争取到自治区妇联和中国人寿保险股份有限公司4.13万元"两癌"保险资金,共有826名贫困妇女享受这笔"两癌"爱心款;二是联合卫计局开展农村适龄妇女"两癌"免费检查工作,免费检查11342人次;三是争取"农村贫困妇女两癌救助"项目,关爱两癌患病妇女。为来自浪平镇、潞城瑶族乡、乐里镇共3名"两癌"患病妇女发放救助金各1万元。

妇女小额担保财政贴息贷款工作 开展妇女小额担保财政贴息贷款宣传、推荐工作,共审核办理妇女小额担保贷款4户、26万元,兑现贴息8.365万元。

"儿童之家"工作 田林县2018年创建"儿童之家"任务为22个,10月底按"七个有"标准(有固定场所;有儿童娱乐、锻炼、游戏、学习设施设备;有管理制度;有管理人员;有定期开展儿童主题活动;有标识门牌;有"儿童家园"工作档案)于10月底全部完成22个"儿童之家"的创建,各村"儿童家园"正常开放。组织志愿者到"儿童之家"开展"关爱留守·守护童年"暑假安全知识活动18期,活动主要以开展安全知识讲课、关爱谈心和趣味互动游园等为内容,共服务留守儿童1100多人,捐赠慰问物品价值1.1万元。

2018年6月1日,县委常委、宣传部部长、县人民政府副县长蒋桂红(右二)在龙车中心校给留守儿童发新衣服

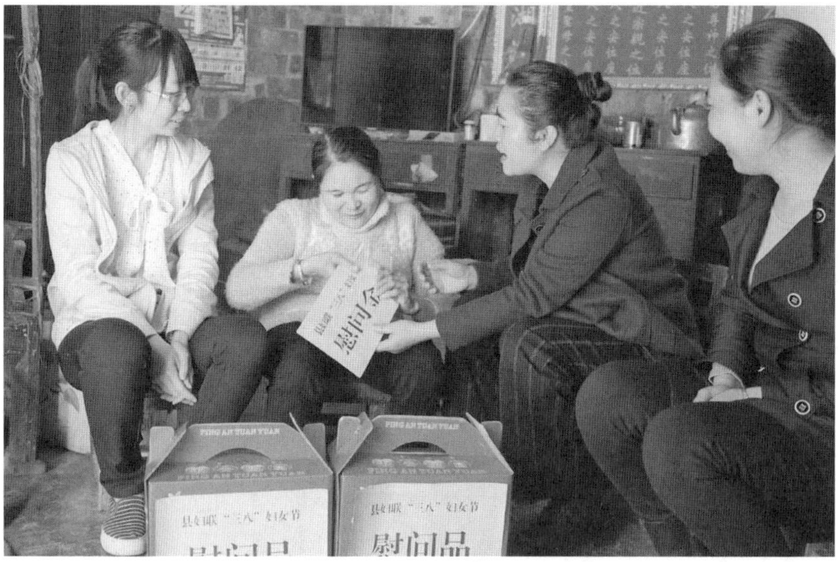

2018年3月8日,县妇联到利周瑶族乡和平村平坤屯慰问贫困妇女廖兰芳
（黄小雪　摄）

建设妇女儿童活动中心项目 田林县妇女儿童活动中心于2017年12月份整合田林县体育中心综合馆建设(第二层),建筑面积约1000平方米,建设内容有:儿童舞蹈室、儿童手工制作室、室内儿童乐园、家庭教育室(亲子活动室)、妇女创业成果展示厅、妇女创业就业培训室(会议室)、妇女健身房、妇女排练厅、妇女儿童活动中心办公室、心理咨询室等。总投资350万元,其中自治区财政补助200万,县配套资金150万元,2018年7月区级财政已经下拨妇女儿童活动中心补助200万到县级财政,2018年底项目进入基础打桩阶段。

【维护妇女儿童权益】 2018年,县级妇联共受理来信来访共9件,其中婚姻家庭类4件次,占44.44%;家暴类3件次,占33.33%,答复及办理9件,办结率100%。以"法制新征程·服务在身边"为主题开展维权周活动,共开展6场次,参加听讲受益群众达780多人。组织公安、卫生、科技等部门到乡镇开展禁毒、防艾、法律、科技等宣传活动。

【寻找"最美家庭"活动】 利用"产业到家　牵手妈妈"妈妈讲习团开展宣讲活动契机,大力宣传寻找"最美家庭"活动,引导广大妇女和家庭成员在参与寻找"最美家庭"活动中接受道德教育、感悟家庭美德、弘扬文明家风。张鸿星家庭获市级最美家庭表彰。

科学技术协会

【田林科学技术协会领导】
主　席:李富宁(壮族)
副主席:罗志平(壮族,2018年3月离任)
李笃韩(2018年3月任职)

【概况】 田林县科学技术协会于1979年6月成立,是县委管理的正科级机构,2002年机构改革核定编制5名,内设办公室、科普股两个职能股室。2018年12月,县科协在职干部4人。主要工作职责是贯彻落实科学技术普及法和全民科学素质计划纲要,普及科学知识,传播科学思想,推动科技成果转化应用,为提高全民科学素质和促进经济社会发展服务。

【科普活动】

建立农村科普e站 2018年完成建立乐里镇新宁村、利周乡福祥村2个科普e站。建立村级科普e站,向周边推送科普信息,实现群众依靠科技发展生产。

提升基地示范作用 指导建立乐里镇新宁村杧果科普示范基地,以辐射带动周边乡镇农户用科学种植护理杧果,提高杧果的增收增效。按照广西科协、广西财政厅2017年"基层科普行动计划"项目实施要求,高效利用基地获中央奖补资金开展科普活动,组织乐里镇新宁村100名党员、村组干部及群众到田阳、百色等地观摩学习。提升利周瑶族乡清水鸭养殖协会,打造支持利周瑶族乡清水鸭养殖协会的各项工作,树典型、抓技术培训、抓管理、抓辐射带动。

成立农村专业技术协会 成立田林县利周老山黑猪生态养殖协会和田林县定安镇渭密村春黄瓜协会。

开展科技进农村活动 一是编印或采购《新世纪科技知识读本》《农村实用技术》《公民基本科学素养读本》(农民篇·未成年人篇·城镇劳动者篇·领导干部和公务员篇之一至之六)《食品安全知识读本》《杧果精准栽培技术》

《黑山羊养殖技术》《养鸡、养鸭实用技术》《科学用水从我做起　珍爱生命之水》《食品安全知识读本》《惠民科普》《生态、资源、能源、环境、健康、安全篇》《防震减灾》《预防一氧化碳中毒》《绿色食品生产技术及应用》一系列科普丛书8000余册赠送广大市民群众。内容涉及科学知识、科学生活、环保节能知识、防灾减灾知识、安全用电知识、健康常识和四季养生知识等，将科普宣传与群众生活紧密联系起来，通俗易懂，内容贴近民生。二是利用文化、科技、卫生“三下乡”，“全国科普日”，“科技活动周”开展科技活动，在活动中为前来咨询和参观的市民和群众宣传科普知识及发放科普读物2500余本。

【科技培训】 2018年分别在那比乡、潞城瑶族乡、八桂瑶族乡、定安镇、利周瑶族乡福祥村、乐里镇新宁村等地举办农村适用技术培训班20期，科普带头人、贫困户、当地村组干部、农村党员、农技协会员、科技示范户、种养专业户等共2000人（次）参加培训。在旧州镇平林村和八渡瑶族乡博峨村、利周瑶族乡福祥村、乐里镇百花寨村等地举办“五个一”农村适用技术培训班5期，科普带头人、贫困户当地村组干部、农村党员、农技协会员、科技示范户、种养专业户等共500人（次）参加培训。邀请专家给参训人员传授八渡笋低产改造与升级、油茶林高位嫁接及低产林改造等技术，油茶、八角、板栗丰产栽培技术及畜禽科学养殖和动物防疫等。

2018年10月19日，县科协组织新宁村杧果种植户到右江区澄碧湖杧果示范区考察培训　（李安宁　摄）

【青少年科技教育活动】

“科普大篷车”进校园巡展活动 2018年12月25日—26日，联合百色市科协到田林一小、三小、乐里镇中心校开展“科普大篷车”进校园巡展活动，把科技活动送到校园，让学生亲手操作学习科技知识，感受科学知识和科学技术带来的快乐和科技展品的魅力，共3200名学生参加此次活动。

参加“第33届广西青少年科技创新大赛”观摩活动 2018年3月23日—25日在广西科技馆举行的“第33届广西青少年科技创新大赛”观摩活动，县科协组织全县优秀学校科技辅导员8人观摩了本次活动。

【项目申报与实施】 申报成立定安镇渭密村春黄瓜协会和利周瑶族乡岑王老乡黑猪养殖协会2个农村专业技术协会，获广西区科协给予每个协会经费1万元，共计2万元。　（罗志平）

文学艺术界联合会

【田林县文学艺术界联合会领导】

主　席：吴鸿村

【概况】 2018年田林县文联在职干部2人，其中主席1人。各协会领导均为兼职。设立有文学、戏剧、民间文艺、音乐、舞蹈、美术、书法、摄影、文艺志愿者9个文艺协会，共有会员245人，其中国家级会员2人，区级会员36人（含调出田林会员），市级会员37人，县级会员170人。

【重要活动】

新春文艺惠民活动 2018年1月29日，首次与市文联联合到利周瑶族乡百逢屯开展“我们的中国梦—文艺进万家”2018年新春文艺惠民活动。活动当日，免费为群众书写和赠送春联、拍摄全家福、文艺演出等新春惠民服务活动，受益群众800多人,通过活动丰富农村群众文化生活,为广大农村和基层群众送去欢乐和文明、传递党的声音和关怀。

文艺创作"金竹"奖评选表彰活动 评选活动于2018年5月3日启动,共征集到参评作品31件,为历届最多。经由百色市资深文艺专家李小华、马元忠、田茂华、向志文、张国荣、黄爽、罗南组成的评选委员会的严格评审,共评选出获奖作品10件,其中:一等奖2件、二等奖3件、三等奖5件。县文联编写出版的《田林民间故事集》获一等奖。

开展2017年度《田林文艺》优秀作品评选工作 共评出2017年度优秀作品9件,其中:优秀小说2件,优秀诗歌2件,优秀散文3件,优秀文艺评论2件。

采风创作活动 3月22日,县文联组织部分摄影协会的骨干到八渡瑶族乡开展"记住乡愁"摄影采风创作活动,对即将被瓦村电站库区淹没的原八渡瑶族乡政府驻地风貌及八渡老街民居风貌开展全方位抢救拍摄。9月15日,县文联组织文艺骨干深入田林县脱贫攻坚一线八桂瑶族乡者达移民村和田林产业扶贫重点带动工程瓦村水电站采风,用手中的笔和镜头记录、见证、讴歌田林精准扶贫所取得的成就和群众生产生活所发生的变化。10月20日,田林县文联组织到定安古镇和西林那劳古镇开展"探访驮娘江流域历史文化"采风活动。

【出版刊物】

重点文学精品集出版 结集出版的重点文学作品集共5本,发行量共5000册。分别是散文集《一条江一个人》《窗前,有鸟儿飞过》《情到深处》,小说集《通红的月亮》《猎鹰行动》。

《田林文艺》刊物 完成《田林文艺》出版2期,发稿30万字,发行量2000册。开展"讴歌十九大唱响新时代"征文活动,并在《田林文艺》第1期设专栏择优刊发部分优秀作品,为党的十九大精神在田林家喻户晓、深入人心作出努力。在第2期推出《浪平作者群作品大展》专号,反响强烈,有力打响了田林的文艺品牌,向改革开放40周年和自治区成立60周年献上一份厚礼。

【队伍建设】 做好会员发展工作,壮大文艺队伍力量。全年共发展会员58人,其中县民间文艺协会14人,县戏剧协会39人,县文学协会5人。

【文艺惠民工程】

引导"文艺村""文艺户"开展活动 全年5个区级"文艺村"共组织开展文艺演出58场,其中壮剧演出55场、瑶族铜鼓舞演出3场,参与戏剧进校园演出14场。

乐里村剧团3名演员与县非遗展演中心演员到南宁参加第十届广西戏剧展演,参演大型音乐壮剧《瑶娘》获铜奖。组织乐里村业余剧团精心排练节目《赞田林新貌》,于12月17日代表田林参加庆祝改革开放40周年、自治区成立60周年百色市文艺村文艺户展演。

免费为群众书写春联活动 2月1日,组织县书法协会8名会员在县文化中心大楼前开展免费为群众书写春联活动,为群众书写春联300余幅。

文艺扶贫志愿服务主题活动 县文联、县文艺志愿者协会在第5个中国文艺志愿者服务日前后,组织文艺志愿者开展一系列"到人民中去"文艺志愿服务主题活动。其中:举办书法辅导培训班2期、壮剧舞蹈辅导培训15次,文艺演出10场,受益群众达2900多人次。

"三下乡"服务活动 3月6日,县文联联合县社科联到八桂瑶族乡开展文化、科技、卫生"三下乡"服务活动。本次活动共向当地群众免费发放《田林文艺》《田林民间故事集》等各类文艺刊物300本、科普宣传资料200多份,现场接受群众咨询100多人次。

【创作成果】 田林县作者全年共在各级刊物上发表文艺作品277篇(首、幅、件),其中在国家级和省级刊物发表作品取得历史性突破,分别发表12件和9件,市级发表70篇(首、幅、件)、县级发表186篇(首、幅、件);出版《田林文艺》2期;出版文学著作5部;共有10件作品获市级以上奖励,其中省级7件,市级3件。

【重要奖项】 2018年田林县非遗展演中心排演的大型音乐壮剧《瑶娘》参加第十届广西戏剧展演获铜奖。杨秀川的书法作品获全区职工书法比赛二等奖。吴鸿村的诗歌《七十多次掌声》获广西群众文学优秀作品评选三等奖。陈道平春联获广西2018(戊戌)年春联征集二等奖。

(曾保华)

工商业联合会

【田林县工商业联合会领导】
主　席:廖劲高(壮族)
党组书记:鄂桂青(女,壮族)
副主席:黄登成(彝族)

【概况】 田林县工商业联合会于1997年6月恢复成立,是中共田林县委领导下的由工商业界代表人士组成的人民团体和民间商会组织,属财政全额拨款正科级行政单位,设驻会专职干部编制4名,2018年在职人员5人。2018年县商会有会员651个,其中企业会员35个。2018年1月18日田林县湖南商会正式挂牌成立,有会员83名。

【参政议政】 2018年,县工商业联合会组织工商业人士积极参政议政,参加政协组织的各项活动,提交书面提案议案6份,参与政协一帮一联活动,为领导层决策提供依据。

【重要会议】 2018年11月2日召开田林县工商联第七届三次执委(扩大)会议,参会执委应到31名,实到19名,列席人员8名,会议总结2018年商会建设工作、百企扶百村工作、社会公益与光彩事业工作,并补选一名副主席。

【理想信念教育】 2018年11月3日组织非公经济人士30人赴田东县开展"不忘创业初心·重走红军路"教育活动,通过瞻仰真良村邓小平故居、重走运枪小道、重温码头会师等活动,体验革命艰苦历程,坚定理想信念。

【社会公益活动】 2018年县工商业联合会引导非公有制经济人士和会员企业参与"百企扶百村"活动,开展公益活动。为贫困户、贫困儿童捐款捐物,资助学生46名,为救灾、捐资助学、扶贫济困等社会公益和光彩事业捐款捐物达50.5万余元。

捐资助学 2018年引导企业家捐助助学,帮助贫困学生或受灾学校。康之源公司总经理黎振宇等人于5月25日到板干小学开展"六一"慰问活动,捐助校服124套以及学习用品、体育用品等物资,价值1.2万元;田林和宇生态农业有限公司罗长建、唐文梦连续三年资助浪平达妹村吴姓学生5000元;田林星达工业公司总经理张义资助板干贫困生每学期3000元,汇客隆百货公司总经理方江兵扶助定安镇八来村孤儿2名入学费用3000元,宝源商贸公司冯朝光资助文化村贫困大学新生2名3000元,八渡商会会长罗正青资助顶孟村3名贫困大学新生4500元,田林县银川水电有限公司莫荣壮资助天等县贫困学生1.2万元。

开展扶贫日活动 2018年10月17日组织汇客隆百货、天天乐购超市、田林县康之源食品配送公司、大众摩托车销售公司、定安镇商会等5家公司(商会)到定安镇渭密小学捐赠40个书包、一批学习用品价值1.3万元,定安镇商会为7名建档立卡贫困户留守儿童捐助700元;田林县大众摩托销售有限公司向渭密村捐赠700元为群众维修铁索桥。

扶贫济困 引导企业和商会到贫困村屯、敬老院等开展慰问活动。2018年2月9日田林县大众摩托车销售有限公司班凤茵总经理到潞城瑶族乡三瑶村、那邦村开展春节慰问贫困户,发放慰问金及山茶油等物资价值1万元;2018年11月3日田林县翠良食府餐饮服务公司、田林环球百货公司、田林县百乡拾味电子商务有限公司、田林县信达商贸有限公司等到八桂乡果卜村慰问贫困群众,发放慰问金、棉被、衣物、食用油等物资价

2018年扶贫日活动

值2万元;2018年6月田林湖南商会到旧州镇广龙村慰问贫困户12户,发放慰问金6000元;2018年10月田林锦龙大酒店捐赠六隆镇列屯村一批村部办公用品,田林县卓尔经营部捐赠百乐乡百华村村部办公用品价值1.8万元;八渡金矿向六林村捐赠太阳能路灯75盏,价值22万元。

百企扶百村 2018年3月安排县内近百家企业结对联系103个贫困村,引导企业民营企业通过资金帮扶、项目拉动、公益帮扶、产业带动和就业帮扶等措施助推贫困村脱贫。田林县广龙水泥公司、翠良食府公司、星达工业公司、林胜油脂厂、长江天成农业投资公司、伟健药业公司等16家企业分别与结对帮扶村进行对接,确定帮扶方式,或者制订帮扶方案;田林县鑫福源山茶油开发有限公司、田林县康益土特产有限公司、田林县富晶山茶油有限公司等企业在三瑶、八中、启文、平布等贫困村建立了山茶油基地,带动120多贫困户增收;康之源食品配送公司、和宇生态农业公司等在旧州徕周村、浪平镇平山村建立生产(或种植)基地,扶持和带动当地32贫困户生产发展;星达工业、炳森木业、晨曦木业、佳邦电子公司等10余家企业安排107名贫困人口就业,被命名为"扶贫车间";长江天成农业公司10月23日在浪平镇举行贫困户养猪培训班1期40多人,免费发放平山村、岩龙村、红星村的贫困户45户、猪仔195头;汇客隆百货公司、壮乡广告公司等多家企业捐赠物资2万元以上,在定安八来、潞城各烟等贫困村协助村民委开办扶贫公益超市;田林县翠良食府公司在根标村成立甘蔗种植合作社,吸收51户入社合作;田林县铭翔养殖公司在潞城瑶族乡弄光村、丰防村、六隆镇渭密屯、等贫困村发展养鸡业,养鸡8万羽,田林和平糖厂在各贫困村发展甘蔗种植,带动群众脱贫。

同心水柜捐资活动 2018年7月自治区党委统战部发出"同心水柜"捐资倡议,县委统战部联合县工商联开展宣传,田林县银川水电有限公司、广西伟健药业有限公司、田林县曾强木业有限公司等捐资13.5万元到自汉区党委统部"同心水柜"专账,帮助贫困农村人饮建设。

其他 2018年6月底田林县受暴雨洪灾影响,房屋倒塌,群众损失惨重,田林县湖南商会捐助纯净水250件,田林星达工业公司、万盛木业、炳森木业公司等企业捐助受灾学校2.2万元,田林县富丽华商贸公司捐助2万元帮助小苗苗幼儿园灾后搬迁重建。

【服务会员】 一是走访企业,帮助解决企业困难与问题。4月,对田林县鑫福源公司反映的民品民贸问题对民族局进行政策咨询,了解政策执行情况,对企业进行解答;7月,对华泰商贸公司新设立采矿权问题,对相关部门进行了解沟通,指导企业完善申报手续,解决设立采矿权受阻问题;8月,对受灾企业进行考察,对田林县鑫福源公司山茶油生产线受塌方损坏情况,向经济、国土、工管委等部门进行政策咨询,为企业争取扶持支持。同时,对田林县炳森木业有限公司技改扩建征地困难问题。二是组织星达工业公司、炳森木业等企业单位5家企业参加"2018年春风行动招聘会"活动。现场报名求职221人,其中建档立卡贫困户48人,实际招聘进厂13人,解决部分企业反映的"用人难"问题。三是组织民营企业召开2次扶贫座谈会。9月16日,组织民营企业40多家参加百企扶百村座谈会,11月2日举办"田林县企业参与扶贫优惠政策解读对接会",邀请8个相关部门到会对近40位会员企业代表解读各项惠企政策,宣传优化营商环境等政策;四是组织执委参加商会各类活动,提升企业家素质与能力。5月,组织黄妙玲、曾成昌等非公经济人士2名参加市商会举办的讲坛活动,学习企业信贷知识;6月22日,组织会员3名开展执委轮值活动,由市法院专家讲授企业合规与刑事风险防控知识。6月5日—8日,组织冯朝光等3名非公企业负责人参加自治区统战部在广西社会主义学院举办的"广西异地商会、各市商协会主要负责人培训班",学习十九大精神与广西经济发展形势分析及商会自身建设等内容。此外,还组织旧州商会何山水、百乐商会黄忠往2位执委参加深圳市工商联6月10日—15日举办的扶贫培训(百色)班,学习扶贫新理念、新思路。

【对外联络】 一是开展联谊交流。7月22日组织5个乡镇商会共16名非公经济人士到乐业县参加商会联谊活动,参观考察乐业县商会建设、顾式有机茶场、昌伦茶场发展情况和先进经验,增进两县商会间感情沟通,促进交

2018 年 1 月 18 日，田林县湖南商会正式成立　（县工商联　提供）

查，2018 年共有 22 名智力、肢体、孤独症等残疾儿童到县残联申请领取精准康复审批表和知情同意书，并到上级医院进行康复抢救性治疗和康复工作；基本康复服务工作，2018 年，由乡镇卫生院为辖区内残疾人提供支持性服务，共为 615 名残疾人提供上门量血压等支持性服务；辅助器具适配和发放，2018 年共为 120 名有需求的各类残疾人发放手动轮椅、电动轮椅、坐便椅、洗浴椅、拐杖、助听器、防褥疮垫等辅助器具，坚持做到精准服务，为残疾人出行和生活提供方便。

流合作。二是推介民营企业 2 家到《右江日报》“红城商会和民营企业风采”栏目，宣传田林县民营企业先进典型，激发企业家干事创业热情。三是与深圳光明新区工商联取得初步联系，建立协作关系。（廖劲高）

残疾人联合会

【田林县残疾人联合会领导】
理事长：冯金冰（瑶族）
副理事长：罗保安（壮族）

【概况】 2018 年，田林县残疾人联合会在职人数 4 人，其中：理事长 1 名，副理事长 1 名，2 名科级干部。2018 年，全县残疾人持证人数 8883 人，其中视力残疾 1366 人，占 15.4%；听力残疾 703 人，占 7.9%；言语残疾 223 人，占 2.5%；肢体残疾 5124 人，占 57.7%；智力残疾 562 人，占 6.3%；精神残疾 309 人，占 3.4%；多重残疾 596 人，占 6.7%。

【残疾人联合会代表大会】 1 月 26 日，在县政府小礼堂召开田林县残疾人联合会第六次代表大会，圆满完成换届选举工作。推举蒋桂红为田林县残疾人联合会第六届主席团主席，刘海英、黄家勤、冯金冰、向天灵、黄平、农富贵为田林县残疾人联合会第六届主席团副主席，聘请县委副书记张国革为田林县残疾人联合会第六次代表大会主席团名誉主席、县人大常委会副主任兰丽色、县政协副主席韦日娇为名誉副主席。选举冯金冰为田林县残联理事长，提名罗保安、黄梅（挂职）为副理事长。配备乡镇残联理事长、专职委员，全县 165 个行政村和 3 个社区均配齐残疾人专职委员。成立肢体残疾人、盲人、聋人、智力、精神等五个协会，完善县、乡（镇）、村（社区）残联组织。

【残疾人康复】 康复救助对象筛

【残疾人扶贫】 阳光助残扶贫基地管理　发挥基地安置残疾人生产劳动、辐射带动、帮扶残疾人脱贫致富的作用。主要扶持发展养殖蜂蜜，通过培训，扶持 100 名残疾人发展养蜂，由基地每年集中安置残疾人就业 2 名以上。2018 年，通过免费发放养蜂种、蜂房的形式辐射带动周边 100 名残疾人发展养殖，每户扶持实物折款 1200 元以上；“党员扶残温暖同行”项目由县残联与组织部、财政局共同组织实施，共投入 17 万元，扶持全县范围内 2018 年建档立卡贫困户中的残疾人户（含跟踪户），有一定劳动能力、有脱贫愿望、有增收快效益好的发展项目的 170 户贫困户残疾人，每户扶持 1000 元；“阳光家园计划”项目。2018 年，为 131 名符合条件的智力、精神和重度残疾人提供居家托养服务，每人每年资助 1500 元；52 名残疾人由田林县博康医院进行集中托养服务，托养对象基本情况成册、托养对象档案资料齐全、与家属签订托养协议，扎实推进残疾人托养服务工作的发展。改善智力、精神和重度肢体残疾人生存发展条件，促进残疾人共享经济社会发展成果。

【残疾人社会保障】 全面贯彻落实《自治区全面建立困难残疾人生活补贴和重度残疾人护理补贴制度实施办法》，田林县残联配合民政部门落实残疾人重度护理补贴和困难残疾人生活补贴。2018年，田林县残联共审核符合残疾人"两项"申请标准的材料1088份，分别为重度护理补贴555份、困难生活补贴533份，并及时转送县民政局，由民政局发放补贴，每人每项每月60元，共发放残疾人困难生活补贴1744人，补贴资金为10.46万元，发放重度残疾人护理补3360人，补贴资金为20.16万元。确保应补尽补，使每个符合享受"两项"补贴的残疾人都能领上补贴。残疾人基本医疗保险补贴，2018年，共为3602名重度残疾人新农合给予全额代缴，确保弱势群体医疗保障无忧；残疾人人身意外保险，为全县持有第二代残疾证的8472名残疾人购买残疾人关爱保险，共缴纳保险金额为25.42万元。保障残疾人日常生产、生活安全，减轻因人身意外伤害而产生的经济负担，切实增强残疾人抵御意外风险的能力。

【残疾人教育】 继续推动做好残疾学生和残疾人子女接受中高等教育资助工作，2018年，共为15名残疾学生和残疾人子女发放教育资助金。其中，本科以上学生每人一次性资助3000元，专科学生每人一次性资助2000元，普通中专、普通高中学生每人一次性资助1500元，做到应助尽助。

【残疾人就业培训】 县残联围绕全县脱贫攻坚工作，通过购买服务方式，为全县73名建档立卡残疾人开展职业技能培训；以创新的培训方式，分期到乡（镇）为218名贫困残疾人开展农村残疾人实用技术培训；残疾人青壮年文盲扫盲行动，扶贫必扶智，为加强对贫困残疾人的帮扶，完成教育脱贫任务，共为8名青壮年残疾人开展文盲扫盲行动，提高农村贫困残疾人整体文化水平，增强就业本领，加快脱贫步伐。通过一系列培训，进一步提高残疾人就业技能，帮助他们发展产业，增加收入，早日脱贫致富。

【慰问活动】 以开展第二十八次"全国助残日"活动为契机，围绕"全面建成小康社会，残疾人一个也不能少"活动主题，开展宣传和慰问等助残各种活动。一是开展上门慰问活动。在助残日期间，县政协副主席韦日娇带领县残联领导到利周、乐里、潞城等乡（镇）走访慰问6户贫困残疾人家庭，为他们送去节日慰问金，每人500元。了解他们的生产生活情况，鼓励残疾人主动创造财富，与健全人一起共享经济社会发展成果。二是开展"助残日"宣传活动。县残工委组织有关成员单位在田林风雨桥开展助残日宣传活动，共发放扶残助残政策宣传资料800多份，免费为残疾人量血压，为建档立卡户残疾人免费适配和发放轮椅、坐便椅、拐杖、助行器、助听器、洗浴椅等共16件。同时，现场为残疾人创业发放扶持资金，鼓励残疾人自主就业创业。

2018年春节期间田林县残联共慰问贫困残疾人51户，每户500元，共发放慰问金2.25万元。在慰问过程中了解他（她）们的生活情况，鼓励残疾人树立生活的信心，帮助残疾人共同走向美好未来。

（罗　玲）

社会科学界联合会

【田林县社会科学联合会领导】

主　席：甘天龙

副主席：黄振凡（壮族）

蒙加丰（壮族，兼任）

黄龙光（壮族，兼任）

【概况】 田林县社会科学界联合会，是县委领导的正科级人民团体机构，为财政全额拨款参公管理正科级事业单位，于2009年10月29日成立。2018年编制4名，设主席1名，副主席1名，兼职副主席2名，工作人员2名，内设机构3个（办公室、学会部、科普部），主要工作职责是围绕党委、政府的中心工作和经济社会发展的重大问题，组织开展课题调研、理论研讨、学术交流、社会科学普及活动，为县委、县政府科学决策提供理论支撑和智力支持。

【主要活动】

社科培训 2018年，县社科联紧扣学习十九大精神主题抓好理论学习活动，邀请市委党校教授到田林开展学习贯彻十九大社科理论培训；结合县委理论宣讲工作部署，先后到乐里、浪平、八渡等8个乡（镇）和县人民法院、初级中学、乐里一小等10多个县直部门开展“学习宣传十九大社科理论知识讲座”，参加社科理论讲座的县直单位领导、干部职工和乡（镇）领导、干部、学校教师、村两委干部、驻村第一书记及扶贫工作队员1500余人次；依托县电视台《社科田林》栏目，对中共十九大精神、乡村振兴战略、精准脱贫攻坚战等内容进行分期解读，第一时间解读社科热点知识、时政要闻，结合时令播报种植、养殖知识，截至2018年年底已播出节目39期，使《社科田林》成为解读惠农政策、传播社科知识、服务人民群众的重要载体。

科普活动 依托广西社科联与田林共建科普基地，每年编印《现代文明礼仪》等多种科普册子1万多册，推进社科普及进乡村、进社区，进校园。协助县委宣传部筹办文化、科技、卫生“三下乡”活动，与团县委在县风雨桥共同承办田林县2018年青少年学雷锋志愿服务活动，与县文联、县图书馆到八桂、利周、旧州、潞城等乡镇和村屯开展科普活动，共现场发放科普宣传资料6000多册。筹办社科普及活动周，在5月15日“科普活动周”启动仪式上，展出“宣传十九大精神”主题板报共16块，现场设立20个科普服务点为群众提供科普咨询服务，相关部门共发放宣传资料5300余份。发挥网络平台普及社科知识，保持《田林社科之窗》栏目更新，逐步推进社科知识电子化、网络化。

《田林社会科学》内刊 在卷首语以及选用稿件方面，注重政治导向，把握引导主流社会思潮，强化《田林社会科学》舆论先导功能，打造社科阵地升级版；注重向县外社科专家约稿，提升稿件站位，把刊物办成广大社科工作者学习时政知识、开展社科普及、进行课题研究、建言献策、培养社科人才的优势平台和与兄弟县区交流、互鉴的有效载体。每年出版4期，每期印刷量1000册，在扩大外界交流的同时，发放到县、乡（镇）、行政村及社区和县内人大代表、政协委员，全面提升《田林社会科学》社会影响力。

调研工作与成果 根据县委2018年务虚会提出的理论研究议题，开展资政课题研究，结合“三年一争当”活动和精准脱贫工作。通过市社科联对接中共百色市委党校课题组，以借助外援方式引领资政课题调研，《田林县村级集体经济现状、问题及对策研究》《如何推进高质量脱贫、巩固脱贫攻坚成果》等资政课题调研工作已于12月下旬形成调研报告。与百色学院对接开展“文化助脱贫、科普乡村行”活动，百色学院科研处副处长、博士刘继辉一行6人于2018年8月8日到田林县开展社会科学普及考察调研，推进高校与县域社科普及合作。组织社科干部参加社科培训，截至12月底共参加各类业务培训会、学术（工作）交流研讨会9次，在全区科普经验交流会作《拓展共建基地功能　创新社科普及工作》典型发言，《加强各民族交往交流交融研究》被“新时代少数民族哲学创新与发展”研讨会结集刊登，《化解生产风险，推进生产扶贫》等5篇论文在第四届“南盘江流域发展论坛”获奖。在县委宣传部指导下策划开展农家书屋综合惠农工作，形成“三围三转”文化扶贫模式得到市委领导肯定性批示，中共百色市委办公室以百办通〔2018〕124号文将“三围三转”文化扶贫模式向各县（市、区）党委转发，《农民日报》《广西日报》《右江日报》等主流媒体进行广泛宣传。根据县委领导布置，县社科联干部积极参与全县脱贫攻坚战等重点工作进行广泛宣传，全年在《人民日报》《新华每日电讯》《人民网》《新华网》《广西日报》《当代广西》《右江日报》主流媒体重点宣传30多篇，策划并联系记者实地采访的产业扶贫于2018年10月14日《人民日报》第9版整版合并宣传。把握政治导向、引导主流社会思潮，增强《田林社会科学》内刊的社会影响力，为干部群众学习新知识、研究新问题、开拓新视野提供有益平台。

“感恩在田林”活动 为贯彻落实十九大精神，弘扬社会主义核心价值观，增强全县各族干部群众知恩感恩、爱党爱国爱家的积极情感和广大群众特别是贫困户的心怀感恩、勤劳致富的传统美德，策划开展“贯彻十九大·感恩在田林”为主题的全民感恩教育活动，以“百场宣讲进百村”“感恩壮戏进百村”“感恩标语进百村”“感恩宣讲进机关”“感恩戏曲进校园”为活动抓手，以主题宣讲、事迹演讲、“板凳圈”、小壮戏、快板、山歌对唱、板报、标语为载体，全面推进“感恩在田林”进乡（镇）、进村屯、进校园、进农家。创作或指导创作《幸福不忘党恩情》感恩教育主题曲、小壮戏《扶贫轶事》、快板《精准脱贫颂党恩》等文艺作品，于7月19日晚举办“精准脱贫颂党恩”

主题晚会,各乡镇根据工作方案组织业余剧团到贫困村开展感恩教育主题活动。

2018年,县社科联工作成效显著,9月17日,县社科联作为全市唯一县(市、区)级社科联代表出席在河北承德召开的全国社科工作会议并再次获2018年度“全国先进社科组织”称号,成为广西受表彰的6个县(市、区)级社科联之一;10月25日,在自治区社科联第八次代表大会上,自治区社科联对田林县社科普及和内刊出版工作给予高度赞誉。

(黄艳初)

田林县社科联获得2018年度全国社科组织“先进单位”牌匾

法　治

政　法

【中国共产党田林县委员会政法委员会领导】

书　记：何琪洸(壮族)

副书记：谢君稳(县人民政府副县长、公安局局长兼任)

黄　柯(壮族)

曾秀洁(女，壮族)

张天成(壮族)

【概况】 政法工作是党和国家工作的重要组成部门，是党领导政法单位依法履行转政职能、管理职能、服务职能的重要方式和途径。党委政法委员会是党委领导和管理政法工作的职能部门，是实现党对政法工作领导的重要组织形式，是协调各方职能、统筹政法工作、建设政法队伍、督促依法履职、创造公正司法环境，带头依法依规办事，保证党的路线方针政策和党中央重大决策部署贯彻落实，保证宪法法律正确统一实施。

【政法队伍建设】 坚持把业务工作和队伍建设相结合，大力推进队伍正规化建设，着力提高基层政法干警素质。2018 年，全县有政法干警 360 人。其中：县委政法委现有在职人员 14 人(行政编制在职人员 10 人，事业编制在职人员 3 人，工勤编制在职人员 1 人)，县综治办、610 办、维稳办、国安办、禁毒办、铁路护路办合署办公，下设流动人口管理办和法学会两个二层机构，政法委内设办公室、政工室、执法监督室 3 个机构。田林县公安系统人员编制 197 名，共有民警 197 名，协警人员 218 人。基层公安派出所 14 个，民警 74 人，协警 55 人。检察系统在编在职人员 27 人，尚有空编 4 个(2018 年新招录公务员 2 名)，机关后勤服务事业编制 2 人，协警、编外人员 14 人。法院系统共有 17 个中层部门，院本部 13 个、乡镇法庭 4 个，员额法官人数 29 人。中央政法专项编制数 82 名，实际用编 72 人，尚有空编 10 个，聘用人员 22 人。司法行政系统实有在编人员 48 人，协警 11 人。

【政法部门服务经济社会发展】 始终坚持党管政法原则，以维护国家安全和社会稳定能力，促进政法工作提质增效、转型升级。主动服务瓦村电站搬迁蓄水、桂黔工业园区 30 万吨铝厂竣工投产、六隆镇者云屯与右江区者仙屯跨界林权证撤销、“三违”整治等重大决策以及新高中建设、体育中心、政务中心和壮剧中心等重大项目风险评估工作，对潜在的各种不稳定可能性制定不同应对方案，全力保障县委、县人民政府中心工作顺利推进。

【维护社会稳定】 把维护社会稳定作为压倒一切的重大政治任务来抓，针对春节、全国“两会”等重大节日，敏感时期群众集体上访和越级上访易发、突发的特点，制定印发《田林县 2018 年春节和全国、全区“两会”期间“三重点信访事项”包案化解、稳控工作方案》《关于做好“两会”期间信访维稳工作的通知》《2018 年下半年“四项重大活动”期间社会面安保维稳工作方案》等文件，对田林县当前存在三类突出问题(涉法涉诉信访案件、移民搬迁、三大纠纷)的化解责任，王可桥等 6 名重点人员的稳控责任、信息情报收集、反馈、处理及责任追究等方面具体明确。同时，安排人员驻京、驻邕值班，2018 年全县无群众集体越级访、无因信访问题引发的极端恶性事件和舆论负面炒作的情况发生。此外，在全国“两会”期间，田林县信访维稳工作成绩突出获广西壮族自治区信访工作联席会议办公室的通报表扬。

【坚守安全底线】 坚持以人为本、责任推动、以点带面和固本强基，切实解决民生问题。一是联系市委维稳办、右江区政法委协商解决王可桥涉法涉诉信访案件，协助富宁县化解李炳义信访案件，组织相关单位重新调查姚荣峥信访事项，协调法院、信访局等部门完成彭货宜信访事项化解；二是牵头组织200多人的执法工作组对自治区重大项目瓦村水电站库区淹没线坝首内的八桂八囊屯17户移民钉子户依法拆迁，同时全力解决移民搬迁“三通”问题，保障移民群众正常生产生活；三是牵头组织政法干警在6月底汛期大暴雨造成县城后背山伟架沟特大山体滑坡泥石流地质灾害中，连夜冒雨拍门强制疏散居民，避免山体滑坡坡倒塌掩埋房屋而引发人员伤亡的重特大事故。

2018年2月11日，田林县召开扫黑除恶专项斗争动员部署会议

【惩治违法犯罪】 田林县各政法机关和有关职能部门履职、通力配合，“三个专项”斗争开展有序、稳步推进，打出声势。公安机关查处毒品刑事案件10起，刑事拘留13人，查处涉毒行政案件29起，抓获38人，强制隔离戒毒22人；查处涉赌案件63起，涉赌行政案件61起，查处违法犯罪人员243人，行政拘留50人(并处20人)，罚款193人。检察机关共受理审查批捕案件128件、210人，受理审查起诉案件209件、275人。审判机关共受理各类案件2036件，与2017年同期相比上升8.89%，结案1543件，平均结案率为75.79%，与去年同期相比上升1.4个百分点；未结493件，与2017年同期相比上升8.3%。

2018年6月26日，县委常委、政法委书记何琪洸参加(右一)“6·26”国际禁毒宣传日活动

【社会治安综合治理】 坚持“高威震慑、高密防控、高效打击”原则，依法严厉惩治黄赌毒、盗抢骗等各类犯罪行为。2018年，全县共受理504起刑事案件和319起治安案件，同比分别下降20.5%、31.5%。通过开展“平安田林”创建活动，提升网格化服务和特殊人群管理质效，全年共办结859件网格事件，同时加强综治中心规范化建设，完成14个乡(镇)“雪亮工程”视联网设备安装调试，深入学习和推广“枫桥经验”，打造“农情乡解”工作升级版，充分发挥人民调解在化解矛盾纠纷第一道防线的作用。2018年，全县各级人民调解组织共排查调处各类矛盾纠纷999件，调处成功960件，调解率100%，成功率96%，有力维护田林县社会长治久安和人民安居乐业。

【基层基础工作】 以扫黑除恶工作为轴心,统筹其他社会稳定工作,全力提升工作成效。重拳打击各类治安突出问题,推动涉黑恶案件快捕快诉,“打伞”“扫黑”同步推进,协调审判机关加大对涉黑恶系列案件的审判力度,先后成功破获涉恶刑事案件7起,抓获各类犯罪嫌疑人49名。深入推动“神剑3号”行动,共打击处理赌博案件25起、111人;破获毒品案件24起,抓涉毒人员60人;破获“盗抢骗”侵财类犯罪27起,抓犯罪分子86人。

【群众满意度调查】 人民群众安全感、对政法工作满意度是一个地方社会治安稳定状况的直接感受和客观反映,它反映的是民心、体现的是民本、蕴含的是民生。2018年度群众安全安全感和政法工作满意度再上新台阶,群众安全感达95.87%,比2017年上升2.98%;政法队伍满意度达90.5%。

(姚 洋)

法治政府建设

【田林县法制办公室领导】
主 任:罗道理
副主任:许永源(壮族)

【概况】 田林县法制办公室是财政全额拨款正科级单位,2018年有行政编制4名,事业编制(行政执法监督局)3名。办领导设主任1名、副主任1名。实有在职在编人员6名(行政编4人、事业编2人,其中事业编1人于2018年10月辞职)。

【贯彻落实法治政府建设工作要求】 一是为贯彻落实党中央、国务院《法治政府建设实施纲要(2015—2020年)》和自治区、百色市《法治政府建设实施方案(2016—2020年)》,由县法制办牵头协调统筹规划、研究制订《田林县法治政府建设实施方案(2016—2020年)》,报县委、县人民政府审定后印发各乡(镇)、各部门,将71项具体工作任务进行分解,明确今后几年全县全面、系统、协调推进法治政府建设的目标任务、责任分工和具体措施,确保到2020年与全国、全区、全市同步基本建成法治政府奠定基础。二是组织印发《2017年全县法治政府建设工作要点》,明确年度法治政府建设具体工作任务,组织协调、督促指导各乡(镇)、各相关部门实施所担任务,行政审批事项改革、编制和优化县乡两级行政权力运行流程、推行部门权力清单和责任清单“两单融合”、行政执法规范等各项工作有序推进并取得初步成效。三是推动领导干部法治教育工作,制定学法计划并组织实施,增强各级领导干部的法治意识,促进依法行政。四是加强法治政府建设宣传工作,通过百色政府法制网、县政府网等媒体宣传田林县依法行政、建设法治政府工作措施及成效。据统计,全县各级各部门在各类媒体发表法治宣传信息200多条,为全县法治政府建设营造良好氛围。

【规范性文件监督管理】 严格规范性文件制定程序,抓好部门、乡镇规范性文件合法性审查,及时纠正错误。做好本级政府规范性文件的审查、报备工作,杜绝漏报、迟报和违法现象。组织开展完成政府规范性文件清理工作,并在田林县政府门户网公布清理结果,保证国家政令畅通,促进全县改革发展稳定。

【政府法律顾问制度建设】 为贯彻落实政府法律顾问制度,做好田林县政府法律顾问聘请工作,由广西思贝律师事务所担任田林县人民政府2018年法律顾问单位,着力发挥在政府重要事项决定、法治政府建设工作中的参谋助手作用,促进科学民主合法决策,实现法律顾问全覆盖。2018年,法律顾问单位参与田林县法治政府建设实施方案审查修改,提出重要修改意见10条;参与《田林县扶贫产业园基础设施(一期)建设PPP项目合同》《田林县与百色农投公司耕地后备资源投资开发协议书》等重大行政合同审查,提出修改意见20多条;参与田林县六隆镇12个村民小组的再审案件、田林县乐里镇新昌村那涯村民小组行政复议案件等6个案件。

【纠纷确权及行政复议、行政应诉】

行政确权 对全县久调未决的案件进行审查,由法制、调处、林业等部门到实地调查了解,核实案情。对案件基本事实清楚、证据比较充分的案件,经县“三大纠纷”调处工作联席会议讨论,报县政府审批后予以下文确权。2018年,共调处解决3起新的林地、山地纠纷,并报县人民政府审批后制作确权决定书。

行政复议 一是推进行政复议规范化建设。贯彻落实自治区、百色市关于加强行政复议工作规范化建设的部署要求，建立健全行政复议案件办理流程、案件归档查阅、重大复杂疑难案件集体讨论、召开听证会等相关配套制度，规范行政复议行为。二是依法受理行政复议申请，采取书面审查与调查取证、现场勘验相结合的方式审理行政复议案件，坚持集体议决和有错必纠的原则，依法、公正作出行政复议决定。全年共接待群众来访40余人次，受理行政复议案件13件，办结13件，法定期限内审结率100%。在审查案件中坚持公开、公平、公正原则，以事实为依据，以法律为准绳，确保当事人的合法权益。

行政应诉 牵头组织开展六隆村民集体诉县政府系列案再审应诉工作，并组织各单位和律师顾问收集好相应的材料；做好案件证据、答辩材料的审核把关，指导相关部门收集、完善材料，拟定答辩状，代理政府出庭应诉。全年共组织办理或指导涉及县人民政府的行政诉讼案44件(次)，代理县人民政府出庭应诉8件(次)。

【行政执法监督】

行政执法案卷评查 为提高行政执法案卷质量，规范行政执法程序，由县全面推进依法行政领导小组牵头组织全县各行政执法部门对2018年已办结的行政处罚、行政许可等行政执法案卷进行评查活动。

行政执法专项监督检查 对国土、住建、林业等重点部门2018年度行政执法工作进行监督检查活动。以自查自评和重点抽查相结合的方式进行。监督检查内容包括建立行政执法公示制度落实情况、行政执法人员在编在岗及持证上岗和行政执法基本规范的情况、行政执法监管措施落实到位情况、行政许可(审批)项目实施情况、对违反行政管理法律法规规章的行为实施行政处罚及采取行政强制措施的情况、行政执法案卷归档情况，并了解当前行政管理、行政执法面临的困难与问题。通过专项监督检查，对执法中存在问题提出整改意见并指导进行整改。

制度机制建设 草拟报审印发法律顾问考核评价制度、规范性文件"三统一"制度、加强行政执法与刑事司法衔接工作的实施细则等推进法治政府建设的制度机制文件，为推进法治政府建设提供制度保障。

【行政执法考试】 组织县直部门和乡(镇)相关人员165人参加全区行政执法人员资格(续职)培训考试，考试合格领证者方可持证开展执法活动。开展部门、乡(镇)相关领导和"四所合一"人员行政执法业务培训，提高执法水平。

【法治教育培训】 制订2018年县政府领导集体学法计划，通过政府常务会和法治讲座开展学法活动9次，共学习8部法规、规章，增强各级领导干部的法治意识。

【综合法律事务】 注重发挥法制机构的法律参谋助手作用，一是审核把关政府及部门文件50多件(次)，提出修改意见120多条；二是审核把关政府及部门签订的合同(协议)10余件(次)；三是为政府及部门处理"三违""三大纠纷"等涉法涉诉案件材料进行法制审核，参与重大矛盾纠纷调查、化解工作，促进矛盾化解，维护稳定；四是为部门、乡(镇)相关法律事务进行指导，为解决相关问题提出建设性意见；五是参与全县信访突出问题化解，审核有关信访事项答复意见10多件(次)。 (苏　倍)

公　安

【田林县公安局领导】

局　长：谢君稳

政　委：黄秀娟(女，壮族)

副局长：罗永忠(壮族)

　　　　黄万生(壮族)

　　　　莫尚松(壮族)

副政委：黄德维(壮族)

局党委委员：

罗栋文(壮族，兼任县纪委驻政法委纪检组长)

黄保元(壮族，兼任政工室主任)

苏靖磊(壮族，兼任交警大队长)

【概况】 田林县公安局于1950年1月成立。2018年，田林县公安局共有3个科室、2个中心和12个大队，下辖14个派出所、1个看守所、1个拘留所；共有民警196人(民警中，大专以上文化程度占100%；民警数占全县26万常住人口的万分之七点五)、事业编干部2人、行政工勤工人4人、辅警271人。

【公安队伍建设】 2018年，田林县公安局贯彻落实中央八项规定，学习领会十九大精神，开展"五查五整顿""三年一争当"、纪律作风整顿等一系列主题教育实践活动，持续推进政治建警、素质强警、从严治警、从优待警、制度管警措施，把握公安队伍发展方向，着力打造忠诚、学习、实干、创新、关爱、廉洁“六型”精锐警队建设。一是政治建警。组织公安民警深入学习贯彻中共十九大、十九届二中、三中全会精神，教育引导广大民警牢固树立“四个意识”，切实做到信赖核心、维护核心、服从核心、认同核心、跟随核心，自觉在思想上政治上行动上同以习近平为核心的党中央保持高度一致。二是开展经常性思想政治工作。落实《全国公安机关思想政治工作规范》以及广西公安机关“五必访”“六必谈”制度和战时思想政治工作机制，采取集中学习、重温入党入警誓词、祭奠英烈、观看主题教育电影、举办传统教育座谈、交流撰写心得、先进事迹宣讲等活动，对民警进行思想政治教育。三是严抓党组织建设工作。严格执行《新形势下党内政治生活若干准则》，引导党员民警严守政治纪律和政治规矩，严肃党内政治生活。以问责机制对各支部进行管理、问责，按照《百色市公安机关内部监督管理细则》实行扣分与绩效奖励挂钩。2018年，对维稳工作不力的八渡派出所进行整改，调整所领导班子，对工作存在不作为、乱作为的民警进行问责。做好党员学习教育培训和党员发展、党费收缴、管理使用工作，对21个支部党组织书记和全体党员进行轮训，有32名民警向党组织递交入党申请书，通过审核并报组织部，有8名民警列为入党对象。6月，与中共中央电视台广西记者站党支部开展党员活动，促成中共中央电视台广西记者站与中共田林县公安局乐里派出所党支部结对共建。四是贯彻落实上级公安机关开展执法勤务警员职务序列和警务技术职务序列改革工作，成立以组织部、公安局、财政局、人社局等单位领导组成的职务序列改革工作领导小组，召开动员部署会和政策培训班，组织16名警务技术民警开展任职资格评定，完成任职资格转换、确认、申报等工作。五是强化辅警队伍管理。落实《百色市公安机关警务辅助人员管理暂行办法》。分3批次增加招聘辅警人员97人。开展2期辅警岗前培训100人次，开展辅警教育训练2期、180余人次。六是全力优化中层领导班子年龄机构。为基层单位配强中层领导班子，派出所负责人年龄结构逐步年轻化，调整交流民警23名，将精干力量向一线办案单位倾斜。七是开展业务知识专门培训。组织专业培训8期，培训民警135人次。组织民警参加晋升训练12期、28人次。八是开展实战技能集中培训。开展6期487人次参加的轮值轮训工作，强化武器警械及实弹射击训练，提升全体民警警务实战技能。九是加强专业人才队伍建设。选送1名教官到新疆开展交流学习，选送优秀教官团队4人次参加市级教官研讨班，1名教官代表百色市参加全区公安大比武，获团体项目第二名。十是加强警营文化环境建设。设立“警营文化”“党建工作”“学习园地”专栏。先后组织羽毛球、篮球、气排球、足球、武装越野、射击等多支警营文化团队80余人参加市级各类竞赛比赛。十一是关爱民警工作生活。落实民警公休假制度、慰问民警工作，分别组织对离休老干部、优秀党员民警、辅警代表等70余人开展春节慰问，推进民警帮扶关怀、生病、生育探望、善后吊唁、走访慰问等常态化。全年累计慰问100余人次，送去慰问金10万余元。十二是公安宣传工作。2018年，在县公安局网页编发公安信息806条，上报公安信息472条、市局采用301条、区厅采用78条；报送公安简报6篇、市局采用4篇；报送调研文章4篇、市局采用2篇。通过报刊、广播电视、网络媒体发表公安工作报道92篇，其中中央级1条，自治区级45条，市级66条。

【指挥调度】 田林公安指挥调度平台设在公安局指挥中心（接处警中心），2011年9月与全县治安视频监控系统平台建设共同建设改造完毕并投入使用。

2017年8月投入1300万元的“天网”工程建设完成并投入使用。2018年，投入30万元，完善“天网”工程视频监控的安装建设，并顺利接入系统使用，基本实现全县各乡镇全覆盖。该综合指挥平台主要实现“110、119、122”三台合一接处警系统与警用地理平台、视频指挥通信系统、GPS卫星定位系统、350兆集群系统、警务综合平台、情报研判平台等系统平台的高度融合对接，建立高效、统一、权威的指挥体系，解决田林县公安机关应对突发事件等级快速响应机制和扁平化、可视化指挥问题，实现集中调度、统一指挥、信息共享、快速反应、全警联动的综合指挥系统。指挥调度中心设指挥调度、110接处警、情报研判、技术保障、机要通信等岗位，配备民警5名，事业编

1人，协警员12名。2018年，110报警服务台共接到报警20556次，其中警情类报警11832次、受理求助667次、提供咨询703次；接警后，处警885次，出动警力3547人次；通过110接处警，破获刑事案件294起，查处治安案件555起，抓获刑事犯罪嫌疑人396人。共签收预警12839个，其中红色预警43个、橙色预警37个、黄色预警768个、蓝色预警11991个，通过预警抓获网上逃犯15名。

【刑事案件侦查】 2018年，田林县公安局刑事侦查工作相继开展扫黑除恶、惩治涉枪涉爆违法犯罪、惩治盗抢骗等多发性侵财犯罪、侦破命案、惩治跨区域违法犯罪、惩治电信网络新型违法犯罪、网上追逃、打拐、“神剑三号”等专项行动。一是严厉惩治命案等暴力犯罪。坚持以侦破命案为抓手，围绕“命案必破”工作要求，先后破获2月5日在田林县平塘乡发生的一起故意杀人案、2月22日在田林县八桂瑶族乡八修村渭业屯发生一起故意杀人案、3月4日在县城泓湾路发生1起故意杀人案、5月4日在田林县浪平镇发生的一起命案，保持新发命案全破，命案无积案工作目标。二是推进扫黑除恶工作。树立“有黑扫黑、无黑除恶、无恶治乱”的工作理念，始终保持对黑恶势力严打高压态势，沉痛惩治黑恶犯罪的嚣张气焰，有效遏制黑恶犯罪发展蔓延势头，切实化解一大批社会矛盾。破获各类涉恶刑事案件19起，共破获涉恶团伙14个，抓获各类犯罪团伙成员91人，刑事拘留87人，逮捕56人，移送起诉54人，追缴涉案赃款22.6万余元。逮捕、直诉69人。三是开展惩治“盗抢骗”等多发性侵财类犯罪工作。强化各项侦查措施，推进惩治侵财类犯罪，共立多发性侵财案件409起，破114起，破案率为27.8%。抓获犯罪嫌疑人92人，刑拘85人，逮捕63人，移送起诉56人。破获侵财犯罪团伙7个。追回被盗摩托25辆，全年挽回群众损失165万余元。四是深入开展惩治涉枪涉爆违法犯罪工作。全年共立涉枪案件8起，破案8起。其中非法持有枪支弹药案3起、非法买卖枪支弹药案3起、非法制造枪支弹药案2起，抓获犯罪嫌疑人8人，缴获火药枪支6支、射钉弹303颗、铅弹129颗以及制造枪支设备、工具一批。五是开展社会信息采集工作。开展电子物流快递单、医院就诊信采集工作，2018年全年共采集电子物流快递单信息4.68万条、医院就诊信息17.4万条。六是开展追逃工作。通过敦促投案、网上查询、组织追捕等工作措施，相继抓获一批长期流窜社会、危害人民群众生命财产安全的在逃人员。2018年共抓获网上在逃人员25人。七是经济案件侦查工作。共受理各类经济案件线索9起，立案侦查5起，破案5起(组织、领导传销活动案2起，虚开增值税专用发票案3起，其中破2018年案件2起、2017年案件1起)，共抓获违法犯罪嫌疑人员4人，其中依法逮捕2人，取保候审2人。2018年共立刑事案件593起，破获刑事案件294起，破案率同比去年上升10.48%；刑事拘留225人，逮捕198人，抓获各类在逃犯罪嫌疑人36名(其中网上在逃人员25人)，起诉296人。

【安全保卫】 以确保全国“两会”、广西壮族自治区成立60周年庆祝活动期间辖区社会政治大局稳定为主线，做好“六个严防”“三个确保”，以实现“三个不发生”总目标，通过抓情报信息收集，“三敏感”(敏感人、敏感事、敏感群体)管控，矛盾纠纷排查化解，反恐各项措施的落实，重大节庆活动的安全保卫等工作，为田林县社会政治大局的持续稳定创造良好的治安环境。收集各类敌社情，涉稳、涉恐、风险隐患等方面情报信息338条。其中预警性96条，整理上报国保支队141条，社情40条，互联网2条。2018年全年共调处化解各类矛盾纠纷702件，将矛盾化解在基层，处理在萌芽状态。通过落实各项安保措施，先后完成“两会”、亚洲论坛、清明节、三月三、田林县“吼敢”壮剧艺术节、中非高峰论坛、金砖会晤、中国—东盟“两会”、广西区成立60周年庆祝活动等各重大、敏感节点、活动的安全保卫工作。全年共投入安保警力4386人次，保障各项重大安保活动的顺利开展。

【治安管理】 2018年，田林县公安局治安部门开展社会治安巡查防控工作，部署各类治安整治清查专项行动，惩治“黄赌毒”，推进校园安全，深化缉枪治爆，严密阵地控制，本着打防结合、标本兼治的原则，全力维护治安大局稳定。一是强化治安要素管控力度。加大矛盾纠纷排查调处力度，配合有关部门疏导、化解各类矛盾纠纷50余件。加强重点人员管控。坚持开展周期性的走访登记，及时更新、维护重点人员数据，按照“一人一策”的要求严格落实稳控措施。2018年全县共排查管控各类治安重点人172名，其中刑释解教人员63人，重性精神病人108名，非访重点人员1人，协助收治、强制收治肇事肇祸精神病人2人次。严管危爆剧毒物品。坚持从严管理全县21家涉爆从业单位、1家剧毒化学物品销售单位、4家烟花爆竹经营企业和12家加油站。2018年共审批危爆物品的相关申请280余批次；组织开展涉爆从业单位检查257家次，烟花爆竹销售点153家次，检查加油站65家次，共发现整改治安隐患28处次。二是全面提升社会管理服务能力。严格各项治安管理措施，切实加强安全防范，及时铲除一批滋生和诱发犯罪的因素。开展时间短、力度大、见效快的集中清查整治行动。对网吧、旅馆业、物流寄递业等行业场所的检查力度，坚持“实名、实情、实数、实时”录入传输，坚决杜绝“一证多人登记上网、住宿”，“借用他人身份证上网、住宿”，“不登记”或“无证”上网、住宿等问题的发生。2018年共开展区域性集中清查整治行动8次，检查清查旅馆、网吧等行业场所354家次，出租屋512间次，物流寄递业126家次，废旧收购业54家次，发现整改隐患31处次。提升阵地控制能力。2018年全县旅馆业治安管理信息系统覆盖率100%、上传率100%。加强对旅馆、物流寄递行业等行业的业务培训，开展日常治安检查，全力推动旅馆业严格执行实名制登记住宿制度和物流寄递业严格落实收寄实名制；完成21家机动车修理业治安管理信息系统的建设；开展电子商务和网购网租、无人机等新行业新事物排查管控工作，加强管理堵塞漏洞。推进“人证同一”工作，实现该系统在田林县旅馆业全覆盖。加大校园周边环境治理工作力度。深入校园开展法治宣传教育课，组织学校开展各类突发事件的应急演练，提升教师、学生的安全防范能力。深入校园及周边开展调查研究，及时掌握涉校涉生矛盾纠纷，严格落实重点人员的动态管控，预防涉校涉生案件发生。2018年共选派法制辅导员14人，开展法治教育28次，指导开展演练14次；共检查中小学校幼儿园180所次，排查整改各类校园安全隐患17处次。做好全县企业事业治安保卫重点单位判定工作。对全县治安保卫重点单位共19家进行严格审定，并全部录入到广西治安保卫重点单位治安管理系统。三是严厉惩治赌博、卖淫嫖娼等违法犯罪活动。发挥公安机关的职能作用，严厉惩治和查处黄赌毒违法犯罪的组织者、经营者、获利者和幕后“保护伞”，强力整治黄赌毒违法犯罪突出的重点地区，坚决打压“黄赌毒”活动生存空间，严防黄赌毒违法犯罪滋生蔓延，遏制黄赌毒警情上升。2018年共办理涉黄涉赌案件24件，其中刑事案件7件，逮捕12人，刑事拘留1人，行政案件17起，处罚97人，收缴赌资8万余元、麻将机3台、麻将牌8副、扑克牌20副。

【户籍管理】 2018年田林县公安户籍工作以开展“一标四实”工作为主抓手，做好户籍管理各项工作，加强信息化建设。一是落实户口登记管理专项清理整治。共清理重复户口63条。二是降低入城门槛，开放农民进城条件。年内从农村迁入城区共935人。三是优化办事流程，提高工作效率。四是统一城乡户口登记实行居住证登记和居住证制度。全年共登记流动人口4128人，采集流动人口信息4128份，完成流动人口信息录入4128人。五是主动融入政府中心工作，解决贫困家庭入户难问题。全年共为贫困户入户无户口人员498人。六是开展居民身份证全国异地受理、挂失申报和丢失招领制度，方便群众。年内共受理全国异地（非田林县）办理身份证236张，广西区内田林县外异地办理身份证786张。七是全力推进“一标四实”基础信息采集工作。共采集实有人口221185人、实有房屋65028间，实有单位1952个，实有物品4461，门牌清理确认率为99.87%，房屋访查率为66.76%，确认标准地址数为73542个。全年共办理居民身份证18950张，临时身份证1452份，签发户口准迁证733份，变更更正户口登记项目312人，补录152人，落户无户口人员共498人，发放居住证共83张。

【出入境管理】 2018年，田林县公安出入境管理部门做好出入境管理各项工作。办理出入境证件3732本，其中办理港澳证2013本，办理普通护照1378本，办理大陆证341本。比2017年办理出入境证件3001本增长24%。2018年办理出入境证件错证率为零。登记到田林县进行考察、交流、技术指导、旅游观光和探亲访友的国（境）外人员共237人（次）；为区内户籍人员在区内就近办理出入境证件 118 人次，区内自助办理往来港澳台旅游签注共 8 人次，为符合条件的外省居民办理出入境证件 13 人次，免费为申请人采集照片 3468 人次，没有出现申请人投诉和其他异常情况。报备的法定不批准出境的单位有 3 个共 36 人，并录入新一代公安出入境管理信息系统。清理在公安出入境部门有备案历史数据的单位共 183 个单位，批量导出的备案国家工作人员共 2708 人，新增报备国家工作人员 870 人，因职务晋升等更新报备国家工作人员共 268 人，共撤控因调离、退休、辞职、死亡等原因不在本单位工作的国家工作人员共 310 人。

【监所管理】 一是保障诉讼服务大局，确保羁押安全；二是推进“六个监管”，强化监所管理；三是落实从优待警，强化警务保障；四是完善在押人员就医制度，推行医疗专业化工作；五是加强看守所对社会开放活动，开展警示教育。2018 年田林县看守所共收押刑事拘留、逮捕人员 206 人，其中刑事拘留 170 人，直捕 28 人，其他 8 人。2017 年遗留 20 人；共出所 177 人，其中投送监狱 37 人，刑满释放 48 人，转取保候审监视居住 50 人，其他 42 人。2018 年共关押在押人员 123 人，其中已决 26 人、未结 97 人，未决犯中公安押送 31 人，检察院押送 29 人，法院押送 37 人。深挖犯罪线索 15 条，协助破获刑事案件 5 起，其中协助破获黄某武、韦某杰等团伙系列盗窃案 5 起，协助抓获犯罪嫌疑人 3 人，协助追缴赃物折合人民币 2.5 万余元。共办理出所就医 6 人次，转病区医院 10 人，没有发生一起在押人员出所就医脱逃事故；家属会见 215 人次，律师会见 152 人次，没有发生一起投诉事件。

【巡警工作】 2018 年，以“案发少、秩序好、社会稳定、群众满意、社会和谐”为工作目标，开展巡逻防范工作，按照县局指挥中心的指令处置各种警情，帮助求助群众和解决各种纠纷，预防制止各类违法犯罪活动。一是加强县城城区巡逻防范。改革巡防模式，将县城城区警务划分为两个片区，发挥县城设立的 3 个治安岗亭、11 个治安卡点以及新招录的 33 名特勤队员的作用，采取动态巡逻与定点设岗相结合、步行巡逻与车辆巡逻相结合、公开巡逻与便衣伏击结合的“三结合”方式，最大限度地把巡防力量摆上街面，有效应对各种突发情况。全年派出巡逻警力 7255 人次，便衣蹲坑伏击 850 人次，查处治安案件 71 起，抓获违法犯罪嫌疑人 42 名，救助群众 263 人。二是开展视频监控巡逻。充分利用“天网”开展视频监控、分析研判、治安防控和惩治违法犯罪。全年共成功利用视频监控破案 31 起，惩治处理各类违法犯罪人员 68 人。三是完善网上动态巡逻。依托网络处置机制和网安队伍，加强网上动态巡查，强化网络舆情引导，严厉惩治网络造谣诽谤，网络诈骗等违法犯罪活动及妥善处置网上舆情。2018 年共发现网上涉警涉稳舆情 31 条，全部由舆情处置办及时妥善处置或转交有关部门处理。

【缉毒工作】 2018 年，田林县公安局禁毒部门开展“禁毒 2018 两打两控”和禁毒严打整治专项行动。一是整合全县各警种查缉力量，开展全辖区、全方位、多通道的毒品查缉工作。禁毒、巡警、派出所等部门密切配合，加强街面和毒品通道的查缉工作。通过公开查缉破获街面零包毒品案件 1 起。二是从情报获取、研判，案件经营、证据固定等多方面与各警种分享。通过情报导侦，为各警种开展侦破毒品案件，精确打击创造条件。三是加强阵地控制和夜场查缉，严查严控新型毒品在娱乐场所中蔓延。与工商、药监等部门协作配合，开展对全县所有娱乐场所进行排查摸底，严格落实经营者禁毒管理责任。加强对娱乐场所从业人员防毒教育，全县没有发生娱乐场所涉毒案件，无涉案从业人员。四是加大打零收戒、戒毒康复、就业安置工作力度，落实吸毒人员动态管控和社会化管控系统。加强与司法、强制隔离戒毒所的衔接配合，深入开展吸毒人员大排查大收戒大管控专项行动，做到“逢嫌必检、应收尽收”。充分利用现有戒毒康复资源，推进戒毒康复基地建设。全年共查破毒品刑事案件 14 起（其中有 2 起重大案件），惩治团伙案件 6 起，团伙案件数占总案件数 42.9%，刑事拘留毒品犯罪嫌疑人 22 名，缴获各类毒品 129.56 克，检察院不批捕案件数 0 起，不批准逮捕 3 人，不起诉案件数和人数均为 0。共完成收戒吸毒人员 20 人，其中强制隔离戒毒 18 人，社区戒毒 2 人。组织开展禁毒宣传活动 15 场次，举办青少年禁毒知识竞赛 1 场，易制毒化学品培训班 1 场次，制作散发禁毒宣传材料1.4万余份。

【交通安全管理】 2018年，田林县公安局交警部门稳步推进道路交通安全各项工作的全面、深入开展。一是加强重要时期道路交通安全管理，保障道路安全畅通；二是开展各项交通违法专项整治行动，净化交通环境；三是利用交通缉查布控系统，稽查各类交通违法行为；四是加强对城区道路管控力度，规范城区道路交通秩序；五是加强农村道路交通管理工作。年内全县机动车新增914辆，驾驶证保有量38800本，全县共有摩托车29957辆、电动车219辆、低速货车414辆。共查纠交通违法行为3931起，其中酒驾103起、公路现场处罚1220起、服务站现场处罚462起、主干违停734起、城市交通其他违法1412起。两站两员基本信息录取16765条、工作动态录入620条；全县交通事故起数2018年(958起)比2017年(802起)上升17.98%、死亡人数(23人)比2017年(12人)上升91.66%，受伤人数(68人)比2017年(148人)下降54.05%，未发生一次死亡3人及以上道路交通事故。

【后勤保障】 2018年，田林县公安局警务保障部门工作，为全局工作顺利开展提供强有力的保障。一是提高公安经费保障能力。2018年，县财政共拨给公安局中央转移业务装备费和办案业务经费618万元及交警补助经费55万元(其中中央转移资金公安局办案业务经费357万元，业务装备经费261万元)，保证基层一线办案单位的经费到位，全力给予开展各项公安业务提供强有力的经费保障。二是抓各项基础设施建设。多次向县委、县人民政府汇报，多方与县直相关部门沟通，落实执法办案中心、戒毒所、警务技能培训基地、警犬训练基地、业务技术用房、拘留所项目用地87.5亩；三是投入资金完成全县14个派出所基层民警休息用房建设任务147套，“实现14个乡镇派出所民警每人一间房，刑侦交警民警每人一张床”的目标；四是投入37万元建设刑事技术物证保管室及相关设备采购并安装通过验收交付使用；五是投入35万元为刑事技术采购激光物证搜索系统并安装通过验收交付使用；六是投入17万元完成公安局大院内建设面积500平方米的室内训练场地并通过验收交付使用；七是投入15万元对定安、潞城、高龙3个派出所办案区、办公用房、宿舍进行立面粉刷及维修改造；八是投入110万元购买5辆执法执勤车及1辆囚车；九是投入资金60万元对局机关办公楼进行节能电路改造、完善排污系统、对局机关护栏、场地及警犬基地等进行维修，及购买枪弹、电脑、打印机、办公桌椅等办案用品。 (黄岑岁)

2018年9月13日，百色市副市长、市公安局局长罗卫东(右二)到田林调研指导公安工作

检　察

【田林县人民检察院领导】
检察长：黄朝忠(壮族)
副检察长：黄仲远(壮族)
黄宝继(壮族)
赖仕娴(女，壮族)

【概况】 2018年1月，田林县人民检察院完成内设机构改革，转隶反贪污贿赂局、反渎职侵权局、职务犯罪预防局3个机构的职能、人员到田林县纪委监委后，田林县人民检察院内设有办公室、政工科、侦查监督科、公诉科、民事行政检察科、控告申诉检察科、监所检察科、法律政策研究室、案件管理办公室、检察技术科、司法警察大队、人民监督员办公室、派驻旧州检察

室、派驻定安检察室、派驻八桂检察室、派驻浪平检察室,共16个内设机构(含派驻机构)。政法专项编制31名,实有在职在编检察人员29人,其中女检察干警11人,入额检察官11人,司法辅助人员14人,司法行政人员4人。中共党员28人。在职机关后勤服务事业编2人。在职政府购买服务书记员13人。在职财政供养编外人员8人。

【刑事侦查监督】 2018年,田林县人民检察院侦查监督部门共受理审查逮捕案件143件、232人,批准逮捕121件、191人,不批准逮捕41人,其中,批捕扶贫领域犯罪案件1件、3人,批捕破坏环境资源犯罪案件5件、7人,批准逮捕涉黑涉恶犯罪案件13件、47人。对涉黑涉恶提前介入侦查6件、32人,审结后认定为涉恶案件4件、13人。全年共立案监督10件、15人,其中,对破坏环境资源犯罪案件立案监督4件。共发出《要求说明不立案理由通知书》9份。发出《要求说明立案理由通知书》1份,纠正公安机关违法行为5件,纠正漏捕4人,追诉遗漏犯罪嫌疑人16人。办理的黄某某滥伐林木案荣获"两个专项监督"活动优秀案件。

【刑事诉讼监督】 2018年,田林县人民检察院公诉部门共受理移送起诉案件239件、238人,审结后提起公诉121件、299人;提出抗诉2件、2人,均获上级检察机关支持。其中,共受理移送审查起诉涉黑涉恶犯罪案件13件、46人,追诉漏犯15人,审结8件、53人,以涉恶案件提起公诉3件、16人;起诉扶贫领域犯罪案件1件、3人;起诉破坏环境资源犯罪案件55件、59人。在办理未成年人犯罪案件时,严格落实非羁押诉讼、法律援助、合适成年人到场、犯罪记录封存等制度。共办理未成年人犯罪案件13件、19人,非羁押诉讼率15.8%,犯罪记录封存11件、14人。

【控告申诉检察】 田林县人民检察院控告申诉检察科聚焦律师参与化解和代理涉法涉诉信访案件,坚持检察长接待日制度,妥善处理群众来信来访,将矛盾化解在基层、消灭于萌芽状态,实现涉检进京赴邕"零"上访。全年共受理来信来访32件,律师参与化解和代理涉法涉诉信访案件1件,息诉罢访1件,发放救助金3.3万元,检察长接待群众来访2件,开展刑事被害人救助3件5人。2018年5月23日,田林县人民检察院党组书记、检察长黄朝忠带队到刑事案件被害人家属的学校,并亲手把10000元救助金交到被害人家属邓某辉手中。邓某辉是初二的一名在校生,15岁,其父亲在2012年的一次交通事故中死亡,当年2月22日晚,其母亲在家中被杀害身亡。邓某辉痛失双亲,生活学习陷入困境。田林县人民检察院依职权主动对邓某辉开展司法救助,及时缓解被害人家属生活。

2018年1月29日,田林县人民检察院综合检务服务中心揭牌。图为田林县人民检察院综合检务服务中心全体工作人员合影

【民事行政诉讼监督】 2018年,田林县人民检察院民事行政检察部门共办理民事行政监督案件8件(含上年度结转2件),向法院发出检察建议6件(其中,立案监督3件、执行监督3件),法院采纳6件,作出不支持监督申请决定2件。全年共发现公益案件线索6件,受理公益诉讼类案件4件,立案4件,发出诉前检察建议4件,行政机关已整改回复4件,追缴回土地出让金200万元。制作微型电影公益诉讼短片1片、公益诉讼板报7板。编印公益诉讼宣传手册500份;召开公益诉讼座谈会4次。对开采石场破坏环境资源进行调查6次。对违法网箱养殖造成水源污染问题开展专项监督,深入开展调查4

次。2018年公益诉讼办案量并列全市第3名。

【监所检察】 2018年，田林县人民检察院监所检察科共办理羁押必要性审查案件12件，变更强制措施建议采纳12件，采纳率100%。纠正刑事执行活动违法6件；开展财产执行专项检察，核查滥伐林木罪犯3人，涉及金额3.9万元；开展判处实刑罪犯未执行刑罚专项活动，清理出未交付执行罪犯5人；对监管场所“三大现场”进行全面细致的安全防范检察，对发现的问题提出口头纠正建议10余次，配合和督促监管场所开展安全防范检察12次；开展纠正社区矫正人员脱管漏管和社区矫正安全防范专项检察活动，提出书面检察建议并监督整改落实8件。

【案件管理】 2018年，田林县人民检察院案件管理部门共受理各类案件341件、444册，扫描制作电子卷宗165件、225册，送案审核案件303件。涉案物品入库管理49件，涉案财物入库管理25.08万元。共受理申请变更或解除强制措施要求数5件，处理申请阅卷33件。对案件进行流程监控，流程监控提示已纠正127件。统计信息管理过程中发现并反馈业务不规范问题9件，纠正数据质量问题11件。重要案件信息发布28件，案件程序性信息公开数253件。

【人民监督员】 年内，田林县人民检察院共组织人民监督员监督评议案件4件，邀请代表考察检察工作25人次。5月30日上午，举行以“关爱祖国未来，擦亮未检品牌”为主题的“检察开放日”活动，邀请人大代表、政协委员、人民监督员、学校师生等各界代表80人参加。

【后勤保障】 当年，田林县人民检察院办公室共收发传真56余份，OA政务外网收文2963余份，检务通OA收文1680余份，机要通道收文200余份。共办会60余次，办理盖印章600余份。全年文件归档1000余份，借阅案件23人次。撰写人大工作报告、阶段性工作情况、年度工作总结等综合材料53篇，一般性文稿68余篇。同时，利用“互联网+”模式，通过检察门户网站、官方微信、微博及时发布工作动态，全年网站更新28条，微信推送97条，微博更新295条，新闻客户端发布97条，扩大检察影响力。总结、宣传报道检察工作成果和典型事迹，全年检察宣传稿件在国家级媒体刊登2篇，在自治区级媒体刊登12篇，在市级媒体刊登28篇，县级媒体刊登35篇。（王凤百）

2018年2月9日，一起合同诈骗案的13名受害人向田林县人民检察院送锦旗

法　　院

【田林县人民法院领导】

院　长：周祺祥（壮族）

副院长：庹正堂

岑　杰（壮族）

【概况】 田林县人民法院于1953年5月成立，内设办公室、政工科、刑事审判庭、民事审判第一庭、民事审判第二庭、行政审判庭、立案庭、审判监督庭、执行局、纪检监察室、司法警察大队、定安人民法庭、旧州人民法庭、浪平人民法庭和八桂人民法庭15个中层机构，管辖14个乡（镇），人口26.74万，区域面积5523.78平方千米，辖区居全区之首。2018年田林法院共有政法专项编制78名（其中不含单列管理，供纪委派驻机构使用的政法专项编制4名），实有在编干警71人。配备一正三副和2名党组成员共6名院班子领导。其中男50人，女21人；研究生6人，大学本科57人，大专学历8人；在编在职党员44人，非党员27人；员额法官26人，司法警察10人，法官助理14人，书记员8人；另有协警10人和聘用书记员20人，大学生见习1人。

【深化司法体制改革】 落实员额法官办案机制。确定田林县人民法院首批法官入额比例为35%，即29名，第二批经调整后入额法官比例确定为37%，即30名，其中截至2018年底已退休4名，现该院员额法官共有26名，分配在一线岗位办案。年内，员额法官共办理各类案件1583件，人均办案为58.63件，结案率为75.78%，同比增长0.31%。

稳妥推进内设机构改革 田林县人民法院院按要求将内设机构由原有13个精简至8个，其中审判业务机构5个，非审判业务机构3个，年底有4个法庭设置保持不变，司法警察大队机构设置暂缓调整。

深化司法体制综合配套改革 在落实法官职务套改工作基础上，完成法官单独职务序列管理、法官助理、书记员职务序列改革。截至2018年年底，该院27名入额法官已经完成法官单独职务序列的确定工作，员额法官、司法辅助人员和司法行政人员工资改革及绩效考核、奖金分配逐步落实到位。

落实院庭长办案机制 田林县人民法院院领导、专职审委、庭长入额后全部都要办理一定数量的案件，并结合专业背景和个人专长办理案件，重点审理重大、疑难、复杂、新类型案件，逐月通报完成情况。一年来，院领导、专职审委、庭长主审各类案件1038件，占全院受理各类案件总量的55.96%。其中，院领导、专职审委主审各类案件119件，庭长主审各类案件919件。

【刑事审判】 充分发挥刑事审判职能，贯彻宽严相济刑事政策，坚持依法惩处犯罪与保障人权并重。全年，县法院受理刑事案件226件、238人，收案数比上一年同期上升6.32%，审结202件，结案率89.38%，依法判处罪犯224人，其中被判处五年到十年有期徒刑的8人，三年以上不满五年的30人，三年以下有期徒刑的186人。一是严厉惩治侵害公民人身权利和多发性侵财犯罪，审结此类案件49件、68人。二是加大对交通肇事、危险驾驶等危害公共安全行为的打击力度，审结此类案件26件、29人。三是严厉惩治滥伐林木等破坏生态环境犯罪，共审结此类案件49件、52人。四是加大贪污受贿、渎职等职务犯罪的惩治力度，审结此类案件3件，判处3人。五是惩治走私、贩卖、运输、制造毒品犯罪28件、32人。

【民商事审判】 全年受理各类民商事案件1248件，同比上一年下降6.05%，审结979件，结案率78.45%，其中，调解355件，调解率44.38%。审结民间借贷、合同纠纷、企业破产等经济案件479件，维护正常的经济秩序；审结婚姻家庭纠纷案件402件，促进家庭和睦；审结交通损害赔偿、工伤事故、追讨农民工工资、医患纠纷等民生案件66件，切实保障群众合法权益，促进社会和谐；处理权属、侵权纠纷案件85件，审结处理劳动争议案件32件。

【行政审判】 推进行政争议实质性化解，支持、监督行政机关依法行政。健全联席会议机制，妥善解决行政争议。加强对非诉行政案件的审查和执行，推进“裁执分离”。全年共受理行政诉讼案件15件，结案11件，结案率73.33%。在行政审判中力推“行政首长”出庭应诉制度，全年行政首长出庭应诉11件，出庭率为100%。

【案件执行】 2018年，田林县法院创新执行方式，强化执行措施，执行工作趋于良性循环。全年共受理执行案件558件，结案434件，结案率77.78%，标的到位额3740.57万元。

强制执行措施 先后开展“春雷行动”“百日风暴”“猎赖行动”等专项执行活动，用足用好强制措施，形成强大执行威慑，围追堵截逃债躲债的“老赖”，对有执行能力拒不执行的5名“老赖”，进行司法拘留，取得“以点带面”的良好效果。2018年共强制执行34余次，对4宗涉案资产进行网拍处置。

上下协同、部门联动，形成强大执行合力 充分利用网络执行查控系统，召开执行联席会议，加强与金融机构、公安机关、不动产登记、车辆管理、工商、财政、人社等部门协调联动，及时查控被执行人下落，及时查询、查封、扣押、冻结、划拨被执行人财产，倾全院之力，形成阵容和合力。

加大惩戒和曝光力度，严厉打击“老赖” 发布《田林县人民法院关于敦促被执行人主动履行生效法律文书确定义务》的公告，公布2018年第一期117名失信人员名单。在电视台、风雨桥电子屏等多处滚动公布失信“老赖”身份信息，通过百色政法、田林微在线、法院官微等微信平台发布“老赖”名单，引起社会强烈反响。

【信息化建设】 2018年加大投入力度，保障硬件设施落实到位。加快科技法庭的建设和使用按照高清技术标准，在院部建成两个高清华夏科技法庭、一个标清华夏科技法庭，四个人民法庭均已建成1个高清柯达牌科技法庭，实现所有开庭审理的案件全程同步录音录像，内外网直播、点播。继续完善执行指挥中心的建设，将显示电视换为个高清屏幕墙，增添1台车载指挥系统和1套单兵执法记录仪，确保外出执行或重大案件办案全程记录，减少音视频录像盲区。实现执行查控系统与国土资源局、房管所的联网，档案数字化工作有序开展。

首次使用远程视频开庭，创新案件审理模式。探索创新案件审理模式，利用远程视频方式对案件进行审理，不断提高办案效率，维护当事人的合法权利。3月23日，该院首次使用远程视频开庭审理一起涉及未成年人犯罪刑事案件，敲响百色法院网络远程开庭的第一槌。

启动全市首家"云上法庭"系统，助力审判智能化。"云上法庭"是由新浪司法频道创新研发的一套完整的智能庭审支撑系统，它不仅能够在庭审公开网上直播庭审，它还能通过智能交互界面将法庭与诉讼参与人之间互联互通。2018年9月，"云上法庭"正式在田林县人民法院运行，该院成为全市率先使用"云上法庭"系统应用的法院。该系统使用频率高，庭审辅助功能在一定程度上减轻法官的庭审压力，为诉讼当事人提供更好更优质的服务。

【法官队伍建设】 坚持抓党建带队建促审判的思路，建设学习型法院。全面贯彻落实十八大和十九大精神，深入贯彻习近平新时代中国特色社会主义思想，创新开展"131"机关党建工作机制，在推进党建品牌示范工作中，着力做好与审判及其他工作的融合，推动法院工作全面发展。2018年10月，田林县法院八桂法庭获自治区第八次民族团结进步模范集体。

2018年12月21日上午，田林县人民法院审理第一起"村霸"涉恶势力犯罪案件

突出队伍建设，精心培育高素质法官队伍。重视干警业务素质的培养，通过集中培训、在职进修、参加上级法院业务培训等方式，提高干警司法能力。全年共参加区、市两级法院各类培训36期57多人次，不断提升法官队伍的法律适用能力、庭审驾驭能力、诉讼调解能力、文书说理能力、判后答疑能力和案件执行能力。当年，田林县人民法院集体获国家级荣誉1项、自治区级荣誉1项，15名干警分别获自治区级、市级、县级先进个人表彰。

（黄涵可）

司法行政

【田林县司法局领导】

党组书记、局长：黄金贵（壮族）

副局长：罗万希（壮族）

李振良（瑶族，2018年3月离任）

周燕格（女，壮族，2018年3月任职）

黄永明（壮族）

【概况】 2018年田林县司法局行政编制45名，地方事业编制5名，其中：中央政法专项编制45人、地方事业编制5人、工勤人员0人。2018年，在职在编人数48人，空编2人。党员34人，研究生1人，大学本科25人，专科18人，专科以下学历4人；在职科级领导4人，改非领导7人。全局下设办公室、法宣股、基层股、社区矫正与安置帮教股、综合股、法律援助中心、公证处7个股室。指导管理14个乡镇基层司法所、1个律师事务所和2个法律服务所。

【司法行政队伍建设】 全县队伍包括司法局机关工作人员、基层司法所司法员、法律援助中心人员、社区矫正协管员、合同聘用人员及公益性岗位人员。2018年全县司法局行政系统在编人员48人，其中局机关在编17人，基层司法所在编29人，法援中心2人。另有社区矫正协管员11人、合同聘用人员3人、公益性岗位2人。

【法治宣传】 组织开展一系列的“法律六进”活动，加强与相关部门的沟通协作，充分利用社会公共资源，创新普法载体，全面开展群众性法治宣传教育。以《中华人民共和国宪法》《中华人民共和国治安管理处罚法》《中华人民共和国劳动合同法》等与群众生产生活密切相关的法律、法规为重点内容，以领导干部、行政执法人员和司法人员、青少年等为重点对象，加强法律宣传。组织普法责任单位开展法治宣传教育，落实“谁执法谁普法 谁主管谁负责”的普法责任制。联合普法责任单位结合“学习雷锋，传承美德”统一行动、定安镇民俗活动“销正月”，文化、科技、卫生“三下乡”，“6·26”国际禁毒日，等节庆日开展普法宣传9次。发挥司法行政法治宣传窗口作用，以开展“精准发力、爱心帮扶、法律服务，打赢脱贫攻坚战”活动为契机，精心组织，周密安排，以局支部党员干部为牵头，律师、公证员和基层法律工作者为主力，司法行政干警为成员，组成20个工作组，配合县乡村精准扶贫工作队员，深入全县各乡镇开展精准扶贫法治宣传活动。打造“互联网+”法律服务平台，通过“田林司法局”微信公众平台不定时发布与群众生产生活相关的法律法规、法律案例，实时宣传法律援助民生工程，2018年，共推送信息39期。升级短信法律服务平台，将短信平台覆盖全县干部职工、各村支书主任，每个月固定发送法律知识短信6000余条，全年共发送短信72556条。

2018年共开展法律政策宣传咨询活动199场次，出动宣传车350（台）次，发放民政宣传、法律援助、征地拆迁、养老保险等系列法律政策宣传读本、宣传单7690册，赠送环保袋3860个，制作法治宣传展板16块。

【人民调解】 一是加强司法所规范化建设。以深入推进公共法律服务体系建设为抓手。投入近10万元资金实施8个基层所的规范化硬件建设，使之达到区司法厅要求的规范化建设标准，计划2019年底全部完成14个基层所规范化建设工作并顺利达标。二是加强各类纠纷调解力度。组织全县各级各类调解组织开展矛盾纠纷大排查大化解活动，把矛盾化解在萌芽状态。据统计，2018年共调解矛盾纠纷1040件，调解成功986件，调解率100%，成功率95%。充分发挥人民调解在化解矛盾纠纷的第一道防线的作用。三是强化业务工作指导。2018年在乐里、利周、平塘、六隆乡（镇）举办人民调解员培训班4期，参训人员443人（次），不断提高全县人民调解员的业务水平，以适应新形势下人民调解工作需要。联合人力资源和社会保障局到14个乡镇开展14期村级综合服务工作台账完善培训会，参会人员182人（次），不断提高全县人民调解员的业务水平，以适应新形势下人民调解工作需要。

【社区矫正和安置帮教】 全面加强社区矫正机构队伍、平台载体建设，全面提升社区矫正工作水平。一是健全机制，强化社区矫正中心建设。司法局社区中心建设定为“2018年自治区司法厅的共建试点”后，司法局按照要求及时制定建设方案，与百色市司法局沟通协调，落实装修事宜，现主体装修已经完工，并购置相关办公设备，已正常投入使用。二是齐抓共管，安帮到位。深入开展“帮助思想教育转化、帮助培训安置就业、帮助解决实际困难”活动，坚定刑释解教人员重新生活的信心，促进服刑人员改过自新。对回籍的刑释解教人员进行全面排查，摸清基本情况，对有重新违法犯罪倾向的刑释解教人员列入重点帮教对象。2018年全县在册接受矫正人员186人，其中假释3人、暂予监外执行2人、缓刑181人，所有社区矫正对象人员都在全县14个基层司法所的日常监管范围内，无脱管漏管、重新犯罪的现象。经过对社区服刑人员重新犯罪可能性的程度评估，所有对象监管级别情况分别是实施严管72人、普管53、宽管61。

【法律援助】 加强法律援助联络员的业务培训，提高其法律综合素质。2018年共开展法律援助联络员培训班2期，发放法律援助宣传小册子700份，现场接受法律咨询

200人(次),受理各类法律援助案件157件,其中刑事案件34件,民事案件123件,共办结法律援助案件95件,已办未结62件。解答法律援助咨询1675人,为45名残疾人、26名老年人、27名未成年人、26名农民工、33名妇女(其中受家暴妇女3人)共157人提供法律援助服务。

【公证服务】 完成本县公证机构体制改革并建立“田林县公证处”为财政全额拨款公益二类事业单位。健全完善公证质量指标体系,规范办证程序,完善监督机制,大力拓展公证业务领域,不断提升公证质量和公信力。2018年,共办理公证182件,其中民事类175件、经济类7件,法律援助案件18件,免费为当事人代写、修改法律文书89余件。

2018年12月全面建成田林县社区矫正中心

【律师事务】 律师事务所2018年办理各类案件476件,其中民事代理案件367件,刑事辩护与代理案件62件,行政诉讼代理14件;法律援助案件33件;共担任企业、行政、事业单位的法律顾问共11家。

【基层法律服务】 2个法律服务所2018年办理各类案件441件,其中代理民事109件,经济案件15件,行政诉讼案件46件,代写法律文书257份,办理法律援助案件14件。 (岑倩群)

军事

人民武装

【政治教育】 田林县人民武装部着力打牢听党指挥、维护核心的思想根基。一是坚持厚实载体、丰富内涵。为每名干部配齐《习近平谈治国理政》《习近平论强军兴军》等必读书籍。4月、6月，同步参加党委中心组带机关中共十九大精神专题学习暨第一期师团职领导干部理论轮训，跟进抓好十九届二中、三中全会和全国“两会”精神的传达学习。狠抓“不忘初心，牢记使命”“传承红色基因、担当强军重任”两项重大主题教育活动落实，全面掀起“学主席讲话，听主席号令”学习热潮。二是坚持融在日常、抓在经常。把干部党员学习讲话与党史、党章捆绑一起，民兵应急队员党员主要灌输基本精神、基本内容和基本观点。结合“来宾会议”精神突出抓好“八个一”促进习主席系列讲话精神的学习贯彻，即：拟订一份方案计划，建设一个学习平台，举办一期理论培训，下发一套学习资料，制定一套规章制度，编写一份授课教案，营造一个学习氛围，记好一本读书笔记。此项工作持续推进。三是坚持紧贴中心、融会贯通。针对干部思想实际，组织开展“进退去留”教育活动，引导全体干部联系习主席的革命实践、丰富阅历和领导新的伟大斗争，充分认清国防和军队改革的重大意义，自觉做拥护支持改革的普通一兵。年内，该部5名干部都能够做到稳心定神、务实有为，面对人少事多的矛盾，都表现出高度的政治自觉。

【党委班子建设】 县人民武装部党委始终秉持民主集中制“十六字方针”。一是强观念，保持“四个一致”。着力增强班子成员的组织意识和集体领导观念。每次党委会召开前，都要事前酝酿并组织学习民主集中制原则，自觉与上级规定与有关政策保持一致，做到依法决策；自觉与党委议事规则保持一致，做到科学决策；自觉在言论上保持一致，对党委形成的决议只有一个声音；自觉在行动上保持一致，执行决议不讲条件、不打折扣，不讲客观、搞变通。在财务大检查、停止有偿服务、征兵等大项工作中，党委决策得到较好的执行，提高党委权威和议事质量。二是讲党性，做到“三个统一”。始终把党性修养融入党委班子建设的方方面面，做到分工负责与工作配合相统一、讲原则与讲团结相统一、民主与监督相统一。班子成员交心通气，交换单位的建设发展以及干部队伍情况的看法，多方听取意见建议，增进相互感情、融洽关系，提高解决问题的能力。

【战备工作】 严格按战备工作条例抓好落实。一是修订完善战备方案预案。年初，修订完善防卫作战、国防动员、非战争军事行动方案预案。按照“三个第一时间”要求，逐个乡镇编实常态应急队伍，抓好训练和各类应急物资器材筹备。全年共组织4次民兵应急连反恐防爆演练，有效检验预案的实用性和可操作性。二是全力推进民兵整组。贯彻落实分区民兵整组任务部署会议精神，3月、4月县武装部两次召开整组推进会，对全县适龄人员进行摸排，真实掌握可编组的潜力底数，按新编制要求圆满完成民兵分队整组任务。三是组织民兵训练。田林县民兵训练主要分为应急、交通运输、保交护路3类，从5月起县武装部分五批依托分区训练基地，从难从严从实战需要锤炼队伍，夯实应急处突基础，提高遂行任务能力。11月初，利用军委国防动员部抽查民兵调整改革落实情况契机，组织县民兵应急连进行点验拉动训练，做到齐装满员。

【部队管理】 按照“依法治军、从严治军”要求,加强部队正规化管理。一是强化条令学习。以纠治“非军事化”倾向和培养“军人精气神”“展示新形象”为重点,开展“正风气树形象”为主要内容的条令条例学习活动。坚持每周五交班学条令制度,干部民兵的条令意识和个人形象有明显好转。二是严格落实制度。对照人武部正规化建设标准,重点整治门卫值班室、机关值班室和办公场所,加强一日生活制度落实,严格落实值班、保密、人员管理、车辆管理、营区出入登记等制度。围绕人武部职能任务,配套营院和办公楼宣传栏,搞好营院绿化美化,增强人武部的战味、军味、兵味。三是加强安全工作。一年来,紧紧围绕“人车枪弹密、油酒黄赌毒、水火电钱网、涉外涉地方”抓安全管理,在坚持日常制度的基础上,突出重要部位、重点时段的安全防范,部党委每月研究分析一次安全形势,翻箱倒柜找问题,盯住问题抓整改,及时消除安全隐患。坚持节日和敏感时期进行临机安全教育,确保特殊时期部队管理不出问题。同时,根据上级的统一安排部署,开展各类安全活动,一季度,开展枪弹清理整顿;二季度,开展保密清查;三季度组织进行安全大检查,9月开始,开展“百日安全”活动。通过这些举措,确保安全工作在末端落实。

【征兵工作】 县人民武装部紧贴“双控”要求,落实“三早一精准”(即早计划、早发动、早部署,深入到每家每户对大学生适龄青年精准动员),广泛开展“八个一”宣传活动(即显眼位置悬挂一批征兵横幅标语、制作一部电视征兵宣传短片、邀请县长进行一次征兵电话讲话、印制一套征兵政策宣传手册、开展一轮征兵宣传进校园活动、组织一次征兵政策咨询会、宣传车每两周下乡进村宣传一个回合、宣扬一批先进典型),营造应征报国浓厚氛围。大力推进征兵“五率”量化考评,2018 年完成适龄青年网上兵役登记,圆满完成上级赋予田林县的新兵征集任务。

【后装保障工作】 一是完成全面停止有偿服务工作。根据上级全面停止有偿服务的要求,于 7 月完成临街门面房和空闲营房的清理核查、做好停止后的补偿工作。正式将围墙外三层小楼房和民兵仓库营院移交至县机关事务局和人防办。二是做好部队保障工作。2018 年,先后 9 次组织民兵分队参加卫星发射火箭残骸回收任务,共疏散群众 10 多万人次,在确保人民群众生命财产安全基础上保证火箭军部队任务执行顺畅。8 月份,某集团军指挥部和机步旅经过田林,县人武部主动与部队联系在一线保障,得到官兵一致好评。事后军部专程派人到该部递交感谢信,并补偿 5 万保障经费,还捐资 20 万元帮助该部对口扶贫的平塘乡完善基础文化设施建设。三是参与地方建设。精心抓好国防教育进校园活动,组织对高中入校新生军训,对高中毕业生进行国防教育,利用田林讲坛宣讲《面对主席强军号令我们怎么办》。帮助建立健全现役军人、退伍军人、兵役登记三个数据库,创新用好挂光荣军属牌、送立功喜报和公共服务场所对军人军属优先优惠等举措,着力提升全县崇军尚武、关爱国防的社会氛围。6月下旬田林连降大雨,县城伟架沟大面积塌方滑坡。接通知后,政委卞于全第一时间组织民兵在一线全天候警戒执勤、疏散群众,树立良好的人民解放军形象。

(周漫江)

武警田林中队

【武警广西总队百色支队执勤一大队田林中队领导】

中队长:黄志专

指导员:莫传平

【概况】 中国人民武警装警察部队百色支队执勤一大队田林中队(以下简称中队)前身是田林县公安队,现隶属于武警广西总队百色支队。主要担负田林县看守所外围武装警戒,参加处置暴乱、骚乱事件、恐怖袭击事件等其他社会突发事件以及抢险救灾任务。中国人民武装警察部队百色支队执勤一大队田林中队前身为田林县公安队,其领导管理机制名称历经 11 次调整变化。1999 年、2007 年、2013 年被武警广西总队评为“基层建设先进中队”。2014 年 9 月由一直驻扎位于乐里镇迎宾路的老营房搬迁至风洞新营区。2018 年 1 月,根据武警部队调整改革命令,番号改为“武警广西总队百色支队执勤一大队田林中队”。

【党组织建设】 坚持以能力建设、先进性和纯洁性建设为主线,以创先争优为抓手,加强党支部建设。

牢固树立党性原则，以党支部为核心组织开展工作。一是加强支部班子建设。学习贯彻《党支部工作条例》，开展“树立正确理念、明辨是非界限”学习讨论，着力纠治思想庸俗、关系庸俗、风气庸俗现象。严格组织生活制度，深化和巩固“好干部”系列教育成果，开展“学法规、学职责、学本事”教育活动。坚持民主集中制，增强党组织功能。坚持支部班子讲团结、讲正气、求务实的良好作风，提高班子“三个能力”建设，充分发挥战斗堡垒作用。二是锤炼纯正党性党风。精心组织“不忘初心、牢记使命”主题教育，切实增强党员的党章意识、党员意识和党性观念。用好批评与自我批评武器，开展积极健康的思想斗争。以全军和武警部队典型案例为反面教材搞好警示教育，让党员干部受警醒、明底线、知敬畏。三是加强“两个群众”组织建设。加强对团支部和军人委员会的领导，做到组织健全、制度落实、活动经常、作用明显。

【思想政治教育】 适应强军目标要求，践行政治工作时代主题，培养有灵魂、有本事、有血性、有品德的新一代革命军人。一是深化创新理论武装。把学习贯彻十九大精神和习主席新时代强军思想作为首要政治任务贯穿全年，强化官兵“四个意识”“两个维护”。二是抓实思想政治教育。以强化使命、坚定信念和弘扬传统为目的抓好基础教育，紧贴官兵成才、消费、交往、婚恋等活思想抓好经常性思想教育，紧跟改革进程和社会热点敏感问题为重点抓好形势政策教育和拥护支持改革教育。三是贴近实际狠抓防范，强化居安思危意识。突出抓好法制教育和预防犯罪警示教育，加大违规开车、打牌赌博、酗酒滋事、乱拉关系等问题的预防，强化官兵对纪律法律的敬畏。把新兵防自杀、士官防激情犯罪、干部防失职渎职、官兵防失泄密问题作为安全预防工作重点，坚决消除重大安全隐患。定期组织对网络、手机、书籍报刊进行清查，及时肃清郭、徐、张、房流毒，坚决查处网上暴露武警身份、违规交友等问题，确保部队纯洁巩固，确保部队内部安全稳定。

【队伍管理】 坚持依法治警、从严治警方针，大力加强部队正规化建设。严格按照条令条例加强部队管理，坚持民主集中制原则，继承和发扬尊干爱兵、官兵一致的优良传统，确保部队的高度稳定和集中统一，针对中队建设基础薄弱的现实，狠抓经常性管理。在抓学习的同时注重抓好日常养成，依照条令条例严格规范中队的一日生活制度，正规中队的“四个秩序”(战备、训练、工作、生活)，确保做到“四个一个样”（即操场上下一个样、营区内外一个样、检查不检查一个样、领导在与不在一个样）。充分发挥“三互”“双四一”等有效载体的作用，抓住“四个”（外出、电话、汇款、会客）控制，加强检查督导，促进管理向全时制、全员额、全方位发展。贯彻落实广西总队依法从严治军“十条铁规”以及广西总队重申八条硬性规定，坚持从严治军铁律，加强科学管理，严明作风纪律，确保部队安全稳定。

【军事训练】 坚持把军事训练作为和平时期提高部队战斗力的主要途径，严格按照《军事训练大纲》科学组训，从难从严从实战需要出发摔打部队，广大官兵牢记职责，苦练军事技能，牢固树立居安思危思想。军事训练坚持以提高执勤和“处突”能力为目的，以“四个贴近”为原则，按纲施训，科技练兵，不断提高官兵军事训练素质；以军官军士为重点，以“五小”练兵为主要辅导形式，从以下方面抓好训练工作落实。

【后勤保障】 后勤保障工作是确保中心任务完成不可缺少的重要环节，年内重点抓如下后勤保障和管理：一是严格制度抓落实。在经费开支上坚持一支笔签字，执行双主官联签审批制度，大数额报支队后勤处审批。在伙食上，按月公布伙食帐目，严格把好采购验收关，确保官兵对伙食满意率达到98%以上。在战备物质准备上，严格落实一日份、三日份熟食和抢险救灾等器材的准备要求，达到随时能保证遂行临时任务的物质准备。二是狠抓农副业生产。从丰富官兵的菜篮子入手，利用有限资源搞好生产场地规划，采取多种类、分梯次种植各种蔬菜，在生产中锤炼官兵作风养成。三是建管并重抓规范。认真落实制度，研究对策，采取库室定人，物品定位的计价挂账模式，认真落实好“三分四定”，每周利用半天对中队的各项设施进行维护检查和保养，有效地管好中队的硬件建设。四是加强卫生防控保健康。严格实行消毒防控等卫生制度，督促炊事人员认真履行职责，预防禽流感、“登革热”等病毒,确保官兵身体健康。

【拥政爱民】 认真贯彻落实习主席精准扶贫重大战略思想,继承和发扬部队的光荣传统,扎实推进部队参与脱贫攻坚工作。在维护社会稳定、保障人民群众安居乐业的同时,开展系列活动,树好人民子弟兵全心全意为人民服务的良好形象:一是与潞城瑶族乡红旗村党支部进行共建,帮助村支部建立红色书柜、赠送红色书籍;二是每月到红旗村开展一次国防教育、阳光助学及军事日活动;三是逢年过节扶助孤寡老人,送上粮、油等生活物资;四是参与义务献血、植树造林、公共卫生清洁等活动。2018年6月,中队派出官兵参加伟架构塌方警戒任务,圆满完成任务。除担负田林县看守所固定勤务外,年内出动兵力50余人次,在“春节”“两会”“清明”“六四”“7·5”“国庆”等重要战备敏感期,协助田林县公安局参加联勤武装巡逻勤务,均无安全事故发生。通过扎实有效的拥政爱民工作,警政警民关系和谐,受到地方政府和人民群众的好评和大力支持。每到节假日各级政府和群众主动到中队慰问,使官兵们深深感受到乡亲父老的深情厚意,筑牢战士们扎根部队建设、安心服役的思想,激发为第二故乡奉献青春的热血信心。

消防管理

【百色市田林县消防救援大队领导】
大队长:娄祥峰
教导员:黄小春
参 谋:刘 捷

【概况】 田林县消防救援大队前身为田林县公安局消防科,1998年消防编制改革,田林县公安局消防科变更为田林县消防大队,为正营职建制,隶属于百色地区消防支队,原办公地址设在田林县新市街5号;百色市消防支队田林中队于2008年9月成立,隶属田林县消防大队管理,为正连职建制。大、中队旧营区占地500平方米,建筑面积450平方米。2014年,大队综合办公楼和食堂顺利落成,2015年2月进驻,营区占地面积11.8876亩,建筑面积2666平方米。2018年10月9日,公安消防部队移交应急管理部,正式退出现役。11月9日,国家综合性消防应急救援队伍授旗仪式在人民大会堂举行,中共中央总书记、国家主席、中央军委主席习近平向应急管理部消防救援队伍授旗并致训词。2018年大队有指战员13人,政府合同制消防队员、消防文员35人。田林消防大队深入贯彻落实习总书记系列重要讲话和训词精神,坚持以人为本、与时俱进、从严治队,全面加强班子能力建设,深化大练兵活动,全面加强社会化消防工作和队伍正规化建设,推进新形势下消防工作的法制化、规范化和现代化进程,坚决预防和遏制各项火灾尤其是重特大火灾事故,推动实现队伍、火灾形势的“两个稳定”。大队被支队评为2018年度先进大队,1人立个人三等功。

【思想政治教育】 发挥基层党组织的先锋模范作用,改进大队党的建设,强化党组织功能,明确责任分工,保证班子团结协作;以党建带动团建,组织开展党团活动,严格落实党员、团员发展的“成熟一个,发展一个”的原则,保证党员、团员的发展质量。2018年,大队有正式党员13名,预备党员3名,入党积极分子2名。消防体制改革期间,严格贯彻落实改革宣传教育,围绕消防救援队伍改革教育这一重点,学习贯彻《关于新形势下党内政治生活的若干准则》《中国共产党纪律处分条例》若干规定,将党风廉政建设作为消防工作和队伍建设的重要内容,开展改革宣贯教育、“大力整治网络赌博问题”专题教育、廉政教育等主题活动;先后开展廉政风险分析排查2次,召开廉政建设和反腐败工作会议4次,党委集中学习12次,主官授课24次,召开党委会议教、议训、议管19次,撰写党员思想汇报66篇,撰写读书心得和调研文章90余篇,组织指战员开展大讨论9次;通过集中和个人学习,深化改革宣贯教育,消除诱发违纪违法问题发生的隐患苗头、纠治队伍内部不稳定因素,确保队伍的高度集中统一。大队将宣贯学习中共十九大和习近平总书记训词精神列入党委中心组学习、经常性思想政治教育重点内容,细化主题教育方案,加强“面对面”教育引导;通过召开座谈会、制作宣传板报、开展诵读党的十九大报告和习总书记训词早读会,开展“践行新思想、履行新使命”“感党恩、知党恩”“我奋斗、我幸福”等大讨论活动。

【训练与消防执勤】 围绕“习总书记训词精神”,立足实战需求,以提升队伍战斗力为中心,强化改革转

田林县消防救援大队在灭火　　　　(2018 年 8 月 28 日摄)

隶期间队伍管理、体能训练和实战化训练，提升队伍实战化水平和攻坚克难能力。大队全年贯彻落实“安全发展”工作，大力开展安全“五无”创建活动暨安全大检查“回头看”活动，强化队伍正规化建设，严格落实“两个经常性工作”制度要求，从严贯彻支队决策部署，大力开展网络赌博问题整治、队伍集中教育整训工作等专项活动，学习宣贯新修订共同条令，做好改革转隶期间队伍管理教育和安全工作，全力维护队伍高度集中统一和安全稳定，规范执勤战备、训练、工作、生活秩序，培养优良的作风和严格的纪律。大队以高标准、高要求落实各项正规化工作建设，每月定期开展经常性管理教育工作及安全教育，分析研判队伍管理问题，着力解决队伍存在安全隐患“苗头”，确保队伍正规有序、高度稳定。大队本着“招之能来，来之能战，战之能胜”的原则，除正课时间和八小时外，体能训练采取队内与班级小型对抗比赛相结合的方法，每天开展 5 个小时的业务技能训练和不少于 2 个小时的体能训练，提升指战员综合业务素质。大力开展夏训和冬训活动，提升“一高、一低、一大、一化”等建筑火灾的扑救能力，磨砺全体指战员的体力、耐力和意志力。2018 年，大队修订数字化预案 30 家，深入辖区重点单位开展实地演练 60 余次，辖区六熟悉 140 余次，组织全体指战员对辖区 93 具市政消火栓进行维护保养；以灭火救援业务管理系统为平台，完善执勤实力、水源管理的基础数据，确保数据信息真实可靠。2018 年，大队共接处警 100 余起，出动消防车 300 余辆次，消防人员 1300 余人次，共抢救被困人员 28 人，疏散人员 267 人，抢救财产价值 830 余万元。在处置“6·24”县城新公路山体滑坡灾害和“6·24”定安镇水域救援中，成功救出 19 人，疏散 185 人，为辖区群众送去 110 余吨生活用水解燃眉之急。

2018 年 7 月 17 日，田林县消防救援大队在开展交通事故救援

【社会化消防工作】 落实消防安全责任制，定期召开消防安全形势分析会，及时传达有关消防工作会议精神，提请县政府先后召开 3 次专门会议安排部署消防工作，与 14 个乡镇签订消防工作责任书，实行点题督办、专项通报；全县 14 个乡镇“网格化”管理基本达标，46 家消防安全重点单位均实现“户籍化”管理；根据“6111 消防示范程”，大队监督干部责任到人，分包负责，主动上门进行指导；全县齐抓共管的消防工作社会化局面逐步

形成。先后开展群租房和“三合一”场所、文物古建筑、娱乐场所清理整治、电气火灾、电动自行车综合治理、大型商业综合体等专项治理活动,保持火灾隐患排查整治高压态势;以推动落实“六加一”措施为抓手,召开派出所监督业务、重点单位、行业部门人员的培训会议,督促实行行业监管,落实主体责任,全力消除辖区火灾隐患。2018年,共检查社会单位2375家,发现整改火灾隐患4236处;建设工程审核3个,验收项目4个,设计备案5个,公众聚集场所营业前消防安全检查3家;强化社会单位“四个能力”建设,在新市、新昌、河南社区,环球商业广场建成消防安全社区和微型消防站建设;通过利用宣传车开展消防宣传,落实网吧、KTV等文化娱乐场所播放消防安全提示,结合派出所推进群租房和“三合一”消防安全检查和宣传;为壮大消防宣传队伍,聘用社区消防宣传大使,多次走进社区组织宣传大使、社区服务人员开展入户、图片、火灾纪实、安全知识的宣传教育,消防工作深入人心;利用安全生产月、“119”宣传月等活动开展消防法律法规宣传教育,增强人民群众的消防法制意识。年内,利用宣传车宣传100余次,开放消防站40余次,开展消防培训演练50次,培训派出所消防监督民警、社会单位消防安全责任人、管理人300余人,发放宣传图册资料9万余份,受教育10万余人。年内,全县共发生火灾12起,无人员伤亡,直接经济损失439655元,火灾形势总体保持稳定。

【勤务保障】 2018年大队经费到位为532.56万元。其中,政府专职消防人员到位经费234.11万元,基本支出到位经费为91万元,专项经费207.45万。大队办公楼及公寓楼取得新突破,年内已完成主体施工建设,并进入装修阶段;投入30余万元对大队后山挡土墙、营区绿化、车库翻新改造等工程进行全面翻新改造,大队营区环境焕然一新,提升大队全体指战员的工作生活热情;开展装备清查并统计执勤所缺器材,投入经费60余万元购买荷马特液压破拆工具组、消防水炮、救生抛投器、万向剪切钳等器材,补充中队器材装备实力。

【拥政爱民】 组织开展为民爱民利民活动,主动为群众做好事、办实事271余次,其中走访慰问留守儿童及敬老院16次,精准扶贫25户,参加美丽乡村活动50余次,送水180余吨;开展篮球、象棋等多项集娱乐性、趣味性、智力性于一体的文体活动,参与县委“不忘初心,牢记使命”十九大精神主题演讲比赛并获优秀奖;参加“坚定改革可期,坚定改革必成”演讲比赛,1人三等奖,2人优秀奖。通过广泛开展系列拥政爱民活动和文体活动,丰富队伍文化生活,深化指战员思想认识,增强职业使命感、荣誉感。严格落实指战员休假、疗养、体检等制度,保障指战员权益。2018年,大队全体指战员都能在保证正常执勤力量的情况下,享受年度探亲休假;同时,为合同制消防员购买人身意外险,协调县人民医院对全体消防指战员、合同制消防员进行体检。 （罗宗函）

农林·水利

农业

【田林县农业局领导】
局　长：林正丰（壮族）
副局长：黄秉辉（壮族）
　　　　张兴魏
　　　　黄梁兵（壮族）
　　　　罗英慧（女，壮族）
总农艺师：明凤恩

【概况】 田林县农业局前身是田林县农牧局，于1951年成立，1962年3月成立田林县农业局。按照田林县人民政府办公室《关于印发田林县农业局（水产畜牧兽医局）主要职责内设机构和人员编制规定的通知》文件，内设一办三股九站和一校一大队二中心（即局办公室、政策法规与农村改革股、市场与经济信息股、计划财务股、农业技术推广站、植保植检站、经济作物指导站、土壤肥料工作站、农业科教站、种子管理站、水果技术指导站、农村合作经济经营管理指导站、农业区划站、农业广播学校、农业行政综合执法大队、农业技术推广中心、农产品质量安全检测中心）。桑蚕生产工作站设在农业局（不设编制）。2018年全局在职干部职工98人，其中公务员（含参公人员）38人，专业技术人员60人（其中：高级职称2人，中级职称19人、初级职称15人，公务员级19人，工勤5人）。35岁以下1人，36~49岁的20人，50以上岁39人，内设机构不变。全县辖区14个乡（镇），165个村民委，3个居民委员会，1624个村民小组，1383个自然屯。2018年农业户数6.09万户，农村人口23.93万人，农村劳动力15.09万人；耕地面积20982公顷。

农业农村工作

【农业农村经济】 全县农业（种植业）经济保持稳定。2018年农业（种植业）完成增加值5.92亿元，同比增长5%，全县农业（种植业）产值达9.1元，同比增长5.4%，完成增加值5.9亿元，同比增长5%。

【农业惠民政策落实】 2018年全县享受耕地地力保护补贴户数46758户，补贴面积6555.1公顷，补贴金额1500万元，8月30日前补贴资金已发放到群众手中。继续实施苗木扶持，群众每株苗木只需承担1元，其余部分财政承担。全年财政补贴群众购买杧果苗木资金400万元。做好柑橘扶持工作，全县2017年至2018年4月间新种植柑橘的农户和贫困户的柑橘面积进行核查，对新种植发展柑橘户，经过核查面积后，非贫困户农户每亩给予扶持奖励资金400元，属贫困户新种植柑橘的每亩给予500元奖励资金。全县核查验收农户868户，核查验收实有面积484公顷，扶持补助总金额299.99万元，其中贫困户种植户数188户，种植面积63.94公顷，补助金额47.95万元，全县扶持励资金由县下拨到各乡镇政府，并全部拨付到农户和贫困户手中，发放率为100%。同时利用技术培训和技术推广等活动，向群众做好各项扶持政策的宣传。

【农民专业合作组织和龙头企业建设】 发展多种形式规模经营，培育新型农业经营主体，2018年有农民专业合作社401家、新增46家，家庭农场92家、新增26家。村（居）民合作社168家，村级集体经济结构形成。市级农业产业化重点龙头企业8家。

【土地承包经营权确权登记颁证工作】 全县土地确权工作范围涉及14个乡（镇）、164个村、1560个村民小组，二轮承包农户数44838户，应确权农户52606户（新增分户 8995 户)。二轮承包耕地面积 1.29 万公顷。国土二调面积 2.1 万公顷。全县 14 个乡(镇)已全面完成摸底调查工作和外业调查工作,完成 12 个乡、138 个村、1206 个村小组共 42535 户的二轮公示,农民签字同意,并且完善承包合同和建立登记簿合同签订完成登记 52545 户(系统数据)完成合同签订确权农户 52178 户,占应确权户的 99。8%,确权登记面积 2.09 万公顷。

【农村土地流转和承包管理】 2018 年全县土地流转总面积 4933.33 公顷,其中出租 4533.33 公顷,互换 133.33 公顷股份合作 66.67 公顷,其他形式 200 公顷。2018 年有农民专业合作社 401 家,市级农业产业化重点龙头企业 8 家。全县农户承包地流转面积 40 公顷,流转土地主要用于林业苗圃、药材种植、甘蔗种植、蔬菜基地、火龙果种植和杉木、桉树等经济作物和经济林种植。

【农业执法】 2018 年共出动执法人员 192 人次,车辆 36 台次,检查本辖区内农资经营企业、个体工商户 83 家,纠正种子经营活动违规行为为 23 起,检查农药品种 265 个,代表数量 70 多吨,纠正农药经营活动违规行为为 39 起,依法立案查处农药案件 1 起,没收违法农药 4.951 公斤,没收违法所得 700 元,罚款 2000。在八桂、六隆、平塘等乡(镇)开展农资下乡进村宣传周活动 3 场次,接待群众咨询 400 余人次,发放宣传资料 2000 份,展示真假对比农资产品 31 个,展销农资产品 0.3 万公斤,金额 0.85 万元。

【农产品质量安全检测】 2018 年全县农产品检测样品 15569 个,合格率达 99.94%,全面完成上级下达的农残检测任务,全年无农产品质量安全事故发生。

【农业法律法规宣传】 2018 年组织执法大队、检测中心、种子管理和植保植检站人员深入者苗、六隆、平塘等乡镇开展“放心农资”下乡进村宣传活动,共接待群众咨询 430 人次,发放宣传资料 4000 多份,同时,结合“3·15”消费者权益日、“6·26”全国禁毒日、“12·4”全国法治宣传活动日等活动,针对性地现场为群众宣传各种法律知识。

【农业行政审批制度改革】 开展部门权力清单和责任清单清理工作,梳理农业行政权力清单 90 项,保留行政权力 62 项。按县人民政府要求进行编制,在田林县人民政府网进行公开,自觉接受社会各界人士监督。按照县依法行政办《关于开展农业行政处罚案件评查活动的通知》,做好农业行政处罚案件评查,开展自查自纠,找出案件处理和卷宗归档中存在问题,共审查案件 10 宗,发现各类问题 21 条。全部纠正整改。

【农业科技推广】 2018 年按照突点、抓线、带面、抓实的要求,以新技术、新品种为农业科技推广,以示范点为带动。全县进行水稻绿色增产增效集成技术示范与推广面积 686.67 公顷,玉米示范与推广面积 946.67 公顷,良种推广应用面积 100%。全县遴选文化素质较高、生产经营条件较好,有创新冒险精神的 221 户农民为科技示范户。2018 年开展农业科技下乡进村培训工作,举办蔬菜、水果、食用菌技术培训班 72 期,培训人数 3380 人,技术咨询 12250 人次,发放技术资料 16860 册。实施整村推进新型职业农民培育特色水果班 2 期 30 天,培训人数 180 人。

【农业植保植检】 实现全年农作物病虫害防治和植物检疫工作常态化,全年发布《病虫情报》20 期,开展统防统治技术培训 6 期,培训机防队员 60 人(次),发放病虫害防治技术资料 1030 份。

【农业土壤肥料】 2018 年全县共推广应用测土配方施肥面积 3.34 万公顷,其中水稻 6340 公顷,玉米 1.03 万公顷,蔬菜(八渡笋)7400 公顷,甘蔗 9333.33 公顷。推广测土配方施肥技术覆盖 165 个村,覆盖率达 100%,涉及农户 41350 户。通过实施测土配方施肥技术,平均公顷节约肥料 19.2 公斤,公顷节本增收 420 元。

【农业信息】 把信息平台开发与农业应用平台维护结合起来,抓好“广西壮族自治区政府信息公开统一平台(农业局)”“田林县农业信息网”“农技宝”“广西高毒农药追潮与监管系统”等信息平台工作的日常管理和维护。完善平台功能与栏目,及时更新信息内容,全年应用平台更新信息 500 条。完善信息采集机制建设,制定《田林县农业信息网采集报送发布管理办法(试行)》,建立健全信息采集制。深入农业农村基层第一线采集信息工作。全年在各类网站和报刊上发布各类信息607条/篇。(其中:田林县人民政府网193条;广西壮族自治区政府信息公开统一平台170条;广西农业信息网208条;《右江日报》刊登7篇;百色新闻网采用1篇;其他网站书刊28条),制作各种宣传板报20期。向县委办、政府办上报党委信息各74条,在“农技宝”发布信息10条,宣传横幅18条,宣传资料3020份。

【农业区划】 2018年农业区划工作重点开展美丽乡村建设工作、农业资源信息系统数据采集、农业资源调查、农业持续高效利用项目工作。做好富硒资源调查、特色农业核心示范区建设等工作,全县推广测土配方施肥技术3.34万公顷。减少农药、化肥使用对人体的伤害,为创建美丽广西宜居乡村工作提供安全保障。主动与有关单位联系做好2018年农业资源信息系统的数据采集,整理和录入工作。

根据田林县宜居乡村建设总体布置,开展“产业富民,服务为民,基础便民”工作,入乡驻村搞好扶贫产业指导。加强特色农业核心示范区建设工作,2018年完成新宁村万亩杧果市级示范建设工作,并通过验收。全年创建县级示范区1个,乡级示范区2个。做好富硒资源采样化验工作,根据自治区区划办要求,对13.33公顷连片土地流转的土地需要进行采样送自治区化验。农业局区划工作人员经过历时两个月选点、采样、晒样、送检。按时完成20个采样送检任务。2018年开展农业资源利用项目申报工作,完成自治区区划农业持续高利用实验项目1个并通过市县级验收。

农业生产

【粮食作物】 2018年全县粮食作物种植面积1.79万公顷,其中早稻1000公顷,中稻3000公顷,晚稻666.67公顷,玉米1.17万公顷,豆类740公顷,薯类400公顷,其他杂粮346.67公顷。粮食总产量8.44万吨,其中早稻0.73万吨,中稻1.81万吨,晚稻0.36万吨,玉米5.27万吨,豆类0.09万吨,薯类0.06万吨,其他杂粮0.12万吨;平均亩产314.21公斤。杂交水稻制种生产特优系列6个品种,制种面积57.2公顷,总产量22.5万公斤。

【种子工程(管理)】 严格种子备案,确保用种安全。通过培训种子生产经营备案者,使其了解备案工作流程,通过手机APP备案方式或PC备案方式进行网络备案,自主完成账号注册、信息填报、材料上传、备案提交等业务操作流程,做到网上备案信息全面、真实、准确。严格种子管理网络监督和管理,对备案不规范的生产经营者要求整改和重新备案,对没有审定的品种不予备案和销售,确保生产用种安全。2018年共有备案代理商5家,零售商80家;备案水稻种子72个,58560公斤;玉米种59个,327214公斤。严格种子市场的监管,与综合执法大队开展市场检查工作和整治行动,共开展种子市场检查21人次,出动63人次,出车21次,整顿市场2次,印发宣传资料1150万份。严格种子生产管理。2018年海南神农大丰种业有限公司广西分公司在百乐乡板干村进行杂交水稻制种生产,共生产特优系列品种6个,制种面积54公顷,总产量23.5万公斤。每逢种子生产关键环节,种子站及时组织相关技术人员深入生产基地进行技术监督和指导,严把种子质量源头关,确保辖区内种子生产质量合格。同时,抓好种子纠纷调解工作,全年成功调解种子问题纠纷2起。

【水果生产】 2018年全县水果总面积1.46万公顷。其中杧果9245公顷,李果2207公顷,桃果1162公顷,蕉类485公顷,柑橘809公顷,柿子177公顷,梨37公顷,葡萄35公顷,百香果21公顷,其他386公顷。当年新种534公顷,投产面积5423.33公顷,水果产量44081吨。水果产值14352.13万元。水果生产上重点发展杧果和柑橘产业。全县始终把杧果生产作为重要特色产业抓落实,加大“优果工程”建设力度,通过引进台农1与金煌杧、红贵妃、红玉、新世纪(即金凤凰)、桂热芒10号、桂热杧果的果实品质。2018年新种杧果面积320公顷,全县杧果投产面积1311.4公顷,产量10802吨,产值3542.6万元,杧果已成为调整山区农业产业结构、增加农民收入的主要产业之一。

2018年田林县利用全县丰富的土地资源和区域优势,拓宽农民增收渠道,大力发展柑橘产业,将利周瑶族乡和平塘乡作为全县柑橘发展的重点区域,建立示范点,以点带面,有效带动群众种植柑橘,2018年全县完成种植柑橘2601亩。为全县调整农业产业结构发展柑橘产业作示范引领,产业技术提升提供良好的示范带头作用。

【食用菌生产】 2018年全县食用菌种植面积125.35万平方米，总产量7803.04吨，总产值6086.37万元。田林县食用苗品种主要有白背乐香菇、灵芝、云耳、茯苓、平菇等，面积分布在全县14个乡（镇）。全县有2个菌种生产厂家，年生产能力达80万袋以上。

【蔬菜生产】 2018年全县完成蔬菜种植面积7366.67公顷，蔬菜总产量22.16吨，总产值3.16亿元。种植秋冬菜面积4666.67公顷，产量14万吨，产值2.94亿元。在定安、旧州、潞城等乡镇发展四季豆和小黄瓜种植33.33公顷，在定安渭密村发展春黄瓜种植100公顷。在旧州、百乐、潞城示范辣椒66.67公顷。在潞城、旧州、百乐、八渡等乡镇发展小南瓜示范基地种植46.67公顷，产品远销云南、四川、贵州、广州等地。

【茶叶生产】 2018年全县茶园面积146.67公顷，品种为杭州龙井茶，2018年投产面积93.33公顷，鲜茶总产量36.58吨，总产值29.54万元。干茶总产量8.13吨，产值41.75万元 （吴再智 覃韦孙）

蔗糖生产

【田林县蔗糖生产办公室领导】
主 任：王志高（壮族）
副主任：韦海琨（壮族）
　　　　罗志兴（壮族）

【概况】 田林县蔗糖生产办公室成立于1995年9月，属于事业单位，事业编制8名，在职人员8人（司勤人员1人）。根据桂公局函〔2011〕158号，田林县蔗糖生产办公室列入参照公务员法管理的事业单位。2018年，人员编制与内设机构不变。主要工作职责是贯彻落实国家、自治区、市有关蔗糖产业发展的方针、政策；研究拟定全县蔗糖生产的发展战略目标、中长期规划、年度计划并组织实施；协调解决蔗区管理中出现的相关问题；负责蔗糖生产方面的统计调查工作，对本县蔗糖生产发展态势、存在问题进行综合分析，并提出意见和建议，为县委、县人民政府决策提供正确的依据；负责全县蔗糖生产过程中的糖料蔗种植、田间管理、砍运压榨等工作，并做好各环节管理的服务和指导；指导全县推广糖料蔗优良品种，改革糖料蔗种植方法，实施科技兴蔗，推进糖料蔗生产产业化经营，提高糖料蔗单产和蔗糖分、提高种蔗效益；会同有关部门协调搞好蔗区交通、水利等基础设施建设；负责指导和协调各乡（镇）糖料蔗生产的业务工作；承担县优质高产高糖糖料蔗基地建设工作领导小组日常工作；承办县人民政府及县人民政府办公室交办的其他事项。

【种植面积】 田林县高度重视蔗糖产业的发展，将“糖料蔗”种植纳入“5+2”特色产业，采取政府补贴、企业扶持等方式，大力发展蔗糖产业。蔗糖产业已成为田林县农村家庭的主要经济来源和脱贫致富的重要支柱产业之一。

2018年，田林县甘蔗种植总面积1.12万公顷，其中宿根蔗面积9320公顷，春植蔗扩种面积1906.67公顷，翻种面积993.33公顷，甘蔗面积同比去年增加1860公顷，增幅率19.85%。甘蔗种植分布在全县14个乡（镇）127个村，其中以八渡瑶族乡、六隆镇、定安镇、八桂瑶族乡为主要糖料蔗生产区，甘蔗产量占全县总产量的73.2%。2018年全县参与种蔗农户12976户，蔗农人口6.49万人，其中贫困户4705户，贫困人口2.35万人；蔗农销售糖料蔗收入2.7亿元，蔗农人均种蔗收入4160，同比2017年增加96元，增长率2.4%。

利周“双高”糖料蔗基地

【糖料蔗产量】 田林县2018—2019年榨季于2018年12月27日开榨，2019年4月21日停榨，整个榨季历时116天，榨季糖料蔗进厂总量为54.04万吨，同比2017年增长17.06万吨，增长率46.13%；累计产糖量6.66万吨，甘蔗平均含糖量13.77%；甘蔗预留蔗种2.5万吨，本榨季糖料蔗总产量56.54万吨。

【产业扶贫】 田林县继续实行糖料蔗新扩种面积每亩补助370元（县财政补助170元、和平糖业公司投入200元）；翻种面积每亩补助400元（县财政补助200元、和平糖业公司投入200元）的直补政策；执行自治区糖料蔗收购首付价定为490元/吨、优良品种加价30元/吨收购政策；实行自治区政策性农业保险扶持政策等。县财政扶持蔗农种植补助金额785.59万元，全县蔗农年内参加政策性糖料蔗保险总面积为10.02万亩县财政保险补贴30%即24.06万元，2018年县财政共扶持蔗农资金809.65万元。

2018年全县共维修蔗区道路1269条2617千米，涉及106个村1.22万亩甘蔗，共投入资金144.5万元。（唐敏莹）

烟叶生产

【田林县烟草生产办公室领导】

主　任：黄龙德（壮族，2018年3月离任）

陆海青（女，壮族，2018年3月任职）

副主任：张邦安

黄永成（壮族）

【概况】 田林县烟草生产办公室（简称县烟办）于2005年5月设立，负责全县烤烟生产的指导、计划、监督、技术培训、管理、协调等工作，主要为全县烟草生产提供服务。属行政事业单位（参公），2018年编制6名，在职人员7人，正科4人，副科1人，科员2人。

【烟叶生产】 2018年全县计划种植烤烟面积266.67公顷，实际种植面积223.4公顷，完成任务83.78%，其中八桂瑶族乡101.33公顷，八渡瑶族乡63.66公顷，高龙乡5公顷，六隆镇15.93公顷，那比乡10.4公顷，者苗乡11.47公顷，平塘乡15.6公顷。

【烟叶收购】 2018年全县收购烟叶5945.9担，其中八桂瑶族乡2597.15担，八渡瑶族乡1739.71担，高龙乡116.13担，六隆镇385.16担，那比乡309.96担，者苗乡407.45担，平塘乡390.42担。收购总金额720.72万元，价外补贴36.88万元，完成烟叶税158.56万元。

【技术指导】 培育优级壮苗，推广大棚漂浮育苗方式。2018年全县有育苗大棚80个；推广轮作，田烟地烟轮作率达100%；探索土壤保护新模式，推广秸秆还田、秸秆覆盖和施用生石灰技术，改善土壤，预防病虫害；全面推广云烟87新品种；推广烟叶优化等级结构、梳式烟夹烘烤和散叶式收购等模式。

【政策扶持】 通过资金扶持、物资补助等形式，鼓励贫困户发展烤烟生产，拓宽贫困户脱贫渠道。2018年凡是建档立卡贫困户种植烤烟每交售1担烟叶补助25元，全县共有64户贫困户种植烤烟43.93公顷，享受补贴2.66万元。

【设施建设】 改善烟区生产条件。2018年建设者苗乡百隆村、六隆镇六功村烟区道路3条，清理八桂乡平六村烤房塌方一处及部分烟区新建烤房、新建编烟棚、编烟棚地板硬化和搭建烤房防雨棚等设施，共投入资金27.38万元。

【烟叶保险】 2018年全县投保烟叶面积223.4公顷，保费26.81万元，其中县烟草公司承保14.74万元，区财政厅承保8.04万元，县财政承保2.68元，烟农承保1.34万元。（罗忠宝）

中草药（田七）生产

【田林县中草药（田七）产业办公室领导】

常务副主任：黄龙德（壮族，2018年3月任职）

副主任：黄榕梅（女，壮族）

韦正雄（壮族）

【概况】 田林县中草药（田七）产业办公室成立于2013年9月，为田林县人民政府管理的财政全额拨款事业单位，事业编制9名，2018年在职人员9人。

【新种面积】 2018年计划新种中草药面积4000亩，截至10月底，全县完成中草药新种面积5401.7亩，品种主要以香砂仁、阳春砂、百部、薏米、水栀子、薏米、橘红、牛大力、鸦胆子、生姜(药用)等为主。

【保有面积】 田林县历年种植保有的中草药面积13278.6多亩,品种有香砂仁、阳春砂、百部、薏米、水栀子、橘红、牛大力、鸦胆子、生姜(药用)等,分布在全县14个乡(镇)。

【苗圃建设】 在潞城瑶族乡完成5.2亩以阳春砂为主的中草药苗圃建设。

【品种引进】 2018年3月底4月初在八渡瑶族乡那囊村完成黑老虎与白芨两个新品种的引进种植。

【示范建设】 引进隆林县经济能人在央牙牧场连片种植561.3亩的林下阳春砂仁示范基地。

(曾露莹)

八渡笋开发

【田林县六隆八渡笋总场领导】

总场场长:覃　农(壮族)

副总场长:向子光

【概况】 田林县六隆八渡笋总场是1997年田林县委、县人民政府执行国家"八七"扶贫攻坚战略、西部大开发而设立,负责百色市扶贫开发及广州市对口帮扶的六隆异地扶贫安置基地项目的实施、管理和服务。基地建设征用土地1.18万公顷,基地内设56个移民点,安置来自百色市的田林、那坡、田阳、田东、德保、隆林、凌云等7个县大石山区、贫困农户3947户19824人,基地项目以种植八渡笋为主导产业开发建设,种植八渡笋面积1.02万公顷,2018年保存笋地面积8466.67公顷,采取"公司+基地+农户"的扶贫开发模式,实行产业化经营,规范化管理。2009年田林县八渡笋产品获得国家质检总局颁发的"原产地标识保护产品"称号,2010年获中国农业特色品牌"八渡笋之乡"称号,2017年获得自治区级出口八渡笋质量安全示范区验收通过。

六隆八渡笋总场下设3个片区、12个分场,隶属于县人民政府直接管理,属事业编制财政全额拨款的县直单位,总场工作人员由县委组织部、人事局从县直和各乡镇筛选有基层工作经验能吃苦耐劳的干部、工人(含合同工人)来抽调配置,2018年在职人员18人,其中:干部12人(正科级干部1人、副科级11人、科员1人),财政全拨款工人3人、合同制工人2人、编外人员1人,总场场长为六隆异地扶贫安置基地所在地的六隆镇党委书记兼任。领导职位设计一正一副即总场场长1名、副总场长1名。

【八渡笋基地工作情况】 六隆总场在管辖1.2万公顷林区范围内抓好森林资源安全防火工作,成立防火工作领导小组,制定森林防火工作方案,落实防火工作责任,对相关责任人员进行责任追踪,协作六隆镇政府做好森林防火工作,确保有效预防和扑救森林火灾,保证人民群众生命财产安全,2018年火灾发生率为零。负责开展对移民8133.33公顷八渡笋竹林的管护、鲜笋采收、笋产品加工等技术的指导工作,以及组织笋农对八渡笋竹林的管护和笋产品加工技术进行培训,提高广大笋农的生产能力和经营能力水平,增强笋农的管理实用技术技能,分别在六隆基地的三个片区和帮扶联系村列屯村举办4期培训班,参加培训群众800人。加强基地笋区内村屯道路维护,筹措30万元资金维修央光村至小六龙移民点11千米水毁道路和涵洞,解决上仁村、周马村村屯道路维修65吨水泥,改善群众生产生活交通基础设施。

【产业经营管理情况】 改革销售模式,推进自主经营,面向市场引进农产品企业,突出区域产业特色。通过龙头企业台湾山弘公司,形成"笋农粗加工,笋企出成品"的产、供、销一条龙销售模式,基地加工主导产品发酵笋片出口国外,实现产品增值、笋农增收。鼓励笋农自主经营,基地内成立田林县"富之帮""达通""兴茂"3个八渡笋种植专业合作社,拓宽地方特色产业的产品销售渠道。

【产业经济效益情况】 2016年总场第一片区和第二片区的105户移民群众将自家产值低的生活地改种八渡笋,户均0.33公顷共35公顷,2018年开始有收成,户均增收2500元。2018年全场1042户移民对产业八渡笋按季节及时管护、科学管理,保持产量产质和经济增长,实现干笋销售675吨、产值3375万元;鲜笋销售14000吨、产值2800万元,总产值6175万元,增长8.81%。

【创建国家级出口八渡笋质量安全示范区】 配合自治区海关进出口检验检疫局和县农业局创建县国

家级出口八渡笋质量安全示范区工作，协助农业局在笋区进行八渡笋质量安全管理、质量达标把关、质量检查验收。配合县人民政府及相关部门成立田林县八渡笋产业示范区培训中心和田林县八渡笋产业示范区管理中心，对移民群众科学管护八渡笋竹林、笋产品加工提质升级进行技术指导，培训笋农掌握新技术，加强为笋农提供产前和产中服务。田林（台湾）山弘公司按照出口农产品质量标准要求，负责对基地的八渡笋进行产品收购、加工、包装和出口销售。2018年六隆基地的管理过程，以农产品质量安全标准化体系，农业化学投入品控制体系，质量安全追溯体系，预警预报与应急体系，企业安全诚信体系，多元化国际市场体系为内容进行运作。（何炳华）

水产畜牧业

【田林县水产畜牧兽医局领导】

局　长：黄　鹏（壮族）

副局长：黄　何（壮族）

杨霞瑛（女，壮族）

韦祖乾（壮族）

【概况】 田林县水产畜牧兽医局是田林县人民政府直属职能部门，主要负责全县畜牧生产指导、养殖技术推广、动物疫病防治、畜禽品种改良、草原饲料管理、兽医卫生监督、畜禽及产品检疫、渔业等工作。人员编制共114名，2018年在职93人。下设县动物卫生监督所、县动物疫病预防控制中心、县水产畜牧技术推广站、县渔政渔港监督管理站、畜禽屠宰管理办公室和14个乡（镇）水产畜牧兽医站。

水产业

【概况】 田林县主要河流有南盘江、驮娘江、西洋江等3江12河（乐里河、利周河、旧州河、板坚河、者苗河、板干河、根标河、长麦河、八桂河、香维河、那桦河和平塘河）。全县水域面积为164.77平方千米，河溪总长约766.3千米，河水长流不断，且水质较好，为鱼类生长、繁衍提供有利条件，依托这些有利资源条件，每年可以为全县提供丰厚的渔业捕捞产量。

2018年，全县大水面库区网箱养殖因环保问题影响而受整治，拆除大部分投饲网箱，只剩一部分生态网箱。全县水产品产量4510吨，其中，养殖产量3060吨，捕捞产量1450吨。产值5412万元，同比下降2.6%。根据全国第三次农普调查核实：全县渔业养殖面积为347公顷，其中大水面生态养殖面积336公顷（包括中小型水库生态放养面积），池塘养殖面积为11公顷。

【资源保护】 2018年3月—6月在田林所有水域实施禁渔期禁渔制度。禁渔期间，张贴宣传标语350张，农业部禁渔公告、市禁渔公告、县禁渔公告共60张，拉挂禁渔宣传横幅30幅，发放禁渔宣传手册600本，设立禁渔标识牌10张，利用LED屏幕播放禁渔公告、发禁渔期禁渔通知和安全措施短信300条。县渔政站与田林县辖区内登记在册的168户渔船主签订禁渔期责任书，明确规定禁渔期渔业船主的各项责任。禁渔期在乐里河投放鱼苗15万尾。

禁渔期间，共开展检查行动13次，出动执法车辆21辆（次），执法快艇7（艘）次，参与执法人员85人（次）。共清除台网25张，地龙网23个；没收违法电鱼竿43根、大型刺网2张并现场销毁；检查渔船共168艘；没收渔获物85余公斤当场放生，并现场劝退违法捕捞渔船3艘。同时，对全县水产品市场、农贸市场、餐馆饭店、渔港码头等水产品经销场进行严格检查，杜绝河鱼上市交易。

【水产养殖】 根据中央环保督察组整改要求，龙滩大水面库区网箱养殖要加大整治力度，迫切要求全县对大水面库区渔业进行产业转移，利用渔业生态技术手段，实现“生态、经济、社会效益”的三统一，以生态优先、环境友好为基点，以改革创新和科技进步为动力，加大调整渔业产业结构，引导网箱养殖户转产上岸，把渔业产业转移到池塘养殖、稻渔综合种养、休闲渔业及庭院特色养殖等多元化方向发展。

稻渔综合种养 2018年，田林县浪平乡香维村以村集体经济合作社形式自发开展稻螺综合种养，利周乡亮伏村藕渔综合种养，成田林县打造稻（藕）渔综合种养的新亮点，全县在稻田中产出的水产品产量约为3吨（其中田螺产量为1.5吨）。

特色渔业养殖 2018年，全县利用庭院养殖龟鳖等水产品特色养殖的养殖户共10户，其中养殖龟鳖类（如黄沙鳖、山瑞鳖、黄喉拟水龟等）8户，养殖娃娃鱼（大鲵）

2户。特色养殖产量为3吨，其中娃娃鱼产量为2吨、龟0.7吨、鳖0.3吨。产值达110万元。

休闲渔业 田林县渔业养殖结构不断调整优化，全县充分利用部分中小型水库资源，发展集垂钓、餐饮、娱乐等一体化形式的养鱼模式，促进本县渔业文化发展，年内全县休闲垂钓及采集业营业额达10万余元，旅游导向型休闲渔业营业额为135万元。

【渔政执法监督管理】 2018年开展非法捕捞专项行动6次，出动执法人员28人(次)，对违法行为高发、违规渔具使用较为集中的水域进行重点清理整治，共清理灯光诱捕抬网8张，地笼网16张，没收违法电渔具3套。

畜牧业

【概况】 畜牧产业种类有猪、牛、羊、家禽、蜂等，其中猪、鸡是田林县的传统产业，发展稳中有增，牛、羊、鸭、鹅、蜂发展相对缓慢。2018年完成肉类总产量完成2.1829万吨，同比增长4.5%，肉鸡出栏230.8万羽，同比增长17.2%；牛出栏1.8万头，同比增长4.7%；羊出栏4.51万只，同比增长3.55%；肉猪出栏19.33万头，同比增长0.28%；水产品产量4510吨，同比下降2.6%。截至2018年12月，新建生猪标准化养殖场12个，累计生猪标准化养殖场68个，年出栏肉猪300头以上规模场新增至41个。新增年出栏肉牛50头以上的规模场(养殖小区)19个，累计规模牛场266户。新增年出栏500只以上养羊场(养殖小区)22个，累计肉羊规模养殖场679个。2018年完成固定资产投资682万元。

【畜禽养殖】 引进推广应用新品种新技术，推动产业转型升级，将传统养殖模式向规模化、标准化及生态化养殖转变，推广应用高架床发酵床生态养殖模式转换。2016—2020年全县计划创建生态养殖场26个，已完成创建并通过认证的生态养殖场26个，其中五星级生态养殖场8个，四星级生态养殖场17个，三星级生态养殖场1个。

【品种引进】 为提升产品质量和效益，引进新品种对当地品种进行杂交改良，2018年，引进努比亚良种公羊32只，牛冻精1000头份，对822头牛采取人工授精，其中黄牛709头、水牛113头；产犊493头，其中黄牛443头、水牛50头。

【技术培训】 为全面推进渔牧业科技进村入户，提高渔牧业生产科技水平，提升农民科学文化素质和饲养管理技能，加快渔牧业科技成果转化应用，增强渔牧业综合生产能力，促进农业增效农民增收，县水产畜牧兽医局决定整合培训资源力量，组织开展2018年渔放业科技培训工作。制订培训方案，成立科技培训领导小组，推广养殖科技培训顺利开展，在养殖业发展较快的8个乡镇举办养殖技术培训班37期，发放资料6000余份，培训养殖群众2973人次，组织有经验的干部进村进行现场指导576人次。培训内容为：林下养鸡技术、畜禽养殖技术、阉割技术、专业合作社管理、兽药GSP知识及村级动物疫病防治员职业技能鉴定培训。开展科技活动3期，受益人数1867人次。

【重大动物疫病防控】 2018年，在全县开展春、秋两季重大动物疫病集中强制免疫工作，对全县14个乡(镇)168个村(社区)、1447个自然屯全部开展动物免疫注射，以屯为单位统计防疫面达100%。全县累计注射O型口蹄疫苗38.77万头；猪瘟疫苗38.65万头；牛免疫O型—亚洲Ⅰ型口蹄疫6.7万头；羊免疫O型—亚洲Ⅰ型口蹄疫15.93万只；家禽免疫禽流感533.18万羽。应免畜禽免疫率达100%，免疫抗体抽检合格率全部超过70%以上，重大动物疫病防控工作绩效考评被市级评为优秀等次。

【非洲猪瘟疫病防控】

疫情简介 2018年8月—12月，全国有21省份相继发生非洲猪瘟疫情，给动物疫病防控工作带来巨大的挑战。党中央、国务院高度重视，习近平总书记、李克强总理作重要指示、批示。农业农村部和自治区农业厅多次召开全国、全区非洲猪瘟等动物疫病防控工作视频会议，对非洲猪瘟防控工作进行部署，要求各地各有关部门要坚决贯彻落实党中央、国务院决策部署，提高思想认识，加强措施落实，明确地方责任，完善多部门联防联控机制，共同打好打赢非洲猪瘟歼灭战，全力保障养殖业生产安全、肉品供应和社会稳定。

疫情排查情况 开展疫情监测排查，重点排查规模养殖场，加强对外来生猪冷冻品验证查物，定点屠宰场产品“两证一章”(产品检疫合格证、肉品品质合格证、胴体检疫检验印章)，督促经营企业完善台账，抓好溯源工作。组织各乡镇水产畜牧兽医站在开展秋防工作的同时，对该辖区内养猪户开展全面排查，不留死角，随时掌握各种疫情动态。根据排查结果，每天填报《非洲猪瘟紧急排查表日报表》向县疫控中心上报，确保一旦出现突发疫情，能够按照“早、快、严、小”的原则及时有效处置，县动物疫病预防控制中心坚持每天向市动物疫病预防控制中心上报《非洲猪瘟紧急排查日报告表》。截至2018年年底累计排查规模养猪场41个、农村散养2561户、屠宰场5个、生猪产品贮存场点12个，共排查生猪2.69万头，排查生猪产品0.71吨，采样送检11份，均未发现疫情。

规范产地、屠宰检疫工作 一是强化产地、屠宰检疫管理。根据非洲猪瘟防控形势要求，田林县从2018年10月22日起暂时关闭全县生猪交易市场，规范实施产地、屠宰检疫，加强对外来生猪的验证查物，严禁屠宰无检疫证明或无免疫标识生猪。二是强化生猪及其产品的调运监管，监督承运人在装载前、卸载后对运输生猪及其产品的车辆进行彻底清洗、消毒，强化生猪运输车辆备案监管，年内备案2辆生猪运输车辆。三是加强餐厨剩余物监管，开展全面排查使用餐厨剩余物饲喂生猪养殖场(户)行动。四是加强执法监督，切实加强生猪养殖、贩运、屠宰等环节的监督执法，及时查处违法违规行为。开展生猪冻品非洲猪瘟病原排查，组织执法人员联合食药监、工商等执法、监测采样、处置人员对全县经营有外来生猪产品的超市、冷冻库等进行拉网式排查，共排查3家超市、11个冷冻库中，食药监部门现场对其中库存有猪鞭、猪喉片、猪粉肠等生猪冻品的5个冷冻库，共147公斤的生猪冻品采取先行登记保存措施，县动物疫病预防控制中心对封存的生猪冻产品进行相应采样。分两批共无害化处理生猪冻品97.5公斤。

【宣传报道】 深入各重点养殖场(户)、活畜交易场所、生猪产品经营户等开展非洲猪瘟防控宣传指导，在养殖小区、行政村部、政府驻地、集贸市场及人员聚集地的显著位置张贴非洲猪瘟防控挂图，并发放防控宣传资料。县、乡两级发放宣传资料、挂图、明白纸等共3万余份，出动人员754人。有效增强生猪养殖从业人员自主防控意识，引导群众科学认识非洲猪瘟，理性消费生猪产品。

【防控培训】 通过现场培训、视频会议等形式，对县级防疫工作人员、乡镇兽医站站员及动物防疫合作社社员开展非洲猪瘟防控知识培训，强化防控意识。同时，充实消毒试剂、防护物资等应急物资储备，防患于未然。

【动物卫生检疫】 2018年全县实施产地检疫生猪28833头，牛654头、羊525只、马骡647匹、禽类1010686羽；屠宰检疫生猪60560头、牛5278头；无害化处理不符合动物防疫要求生猪33头；平均每个乡镇无害化监管达50次以上，共组织申报生猪养殖环节无害化补助288头。全县生猪产地检疫申报受理率、生猪定点屠宰检疫率、生猪定点屠宰厂(场)检疫监管率均达100%。畜禽产地、屠宰检疫申报受理率、监管覆盖面均达到100%。

【动物卫生监督执法】 2018年办理处罚案件12起，其中动物卫生执法案件11起，兽药处罚案件1起，共处罚金额5896元，开展动物卫生监督执法规范年活动、动物卫生监督执法培训会2期。深入开展农资打假、养殖投入品、畜禽屠宰、“瘦肉精”、畜禽规模养殖场5个内容的专项整治行动，完成瘦肉精检测屠宰环节233份，养殖环节267份，肉类组织40份，检测合格率100%；配合市级完成磺胺类检测20份，饲料12份，检测合格率100%。开展肉食品质量安全联合执法等行动8次，检查兽药经营企业71家(次)，饲料经营企业82家(次)，养殖企业115家(次)，屠宰场12家(次)；参与农资打假、食品安全、政务公开日等宣传、咨询活动，发放宣传资料1000余份。

【林下生态建设】 县水产畜牧兽医局组织实施《广西现代生态养殖“十三五”规划》，结合“美丽田林·宜居乡村”活动，充分发挥本县林下生态资源优势，大力推广现代生态养殖技术，突出发展牛羊产业，稳步发展林下养鸡、生猪等产业，因地制宜，重点推广应用符合本县发展实际的“微生物+发酵床”“微生物+高架床+发酵床”和等技术模式，推行畜禽粪污资源化利用，实现养殖产业与林下经济、生态协调发展。年内全县累计创建生态养殖场26家，通过认证为五星级的养殖场8个，四星级的养殖场17个，三星级的养殖场1个。

【产业助推农村发展】 田林县水产畜牧兽医局因地制宜、因村施策在各村发展村集体经济养殖基地，采取“公司+基地+村集体(合作社)+农户(贫困户)”等养殖模式发展养殖业,建立村集体经济养殖基地26个,基地年均收入30万元以上,增加村集体资本经营收益,有效的带动村集体经济的发展和提高贫困户的收入。以“美丽广西·家居乡村”为重要抓手,大力推进农村畜圈改造工程建设(以下称“改圈”工程),完成农村小散养殖户畜圈改造任务323户,有效治理“楼上住人楼下养畜”的人畜混居现象,实现人畜分离,农村生产生活条件明显改善。

【经济效益】 渔牧产业周期短,见效快,是脱贫攻坚中的重要产业,2018年,全县渔牧业总产值6.128亿元,占大农业产值的22%,其中牧业产值5.65亿元,渔业产值0.478亿元。参与养殖的农户38177户,其中参与贫困15367户,参与养殖农户户均增收2万元以上。 (刘一鸣)

水　利

【田林县水利局领导】

局　长:黄文靓(壮族)

副局长:韦建堂(壮族)

韦家祥(壮族)

梁启光(壮族)

总工程师:罗祖安(壮族)

【概况】 田林县水利局位于田林县乐里镇河滨路6号,是主管全县水行政的职能部门,为田林县人民政府工作部门。负责统一管理全县水资源、河道、水库,主管全县防汛抗旱和水土保持工作,负责全县水利发展的前期工作及发展规划,负责全县水利行业的管理。2018年有在职干部职工90人(局机关8人,局内二层机构45人,水库管理所18人,乡镇水利站19人),其中行政编8名,参公编13名,事业编69名。在职干部职工中研究生2人,本科23人,大专41人,中专8人,高中以下16人。工程师7人,助理工程师17人,技术员10人。

2018年,水利局设2个内设机构,办公室(行政审批办公室)和计财股。有行政编制7名,实有在编在职人数8人,超编1名。配备局领导5名,其中局长1名,副局长3名,县人民政府任命总工程师1名(事业编制)。

【水资源】 田林县属低纬度而海拔又较高的中亚热带气候区,雨量适中,河流纵横,水资源丰富,全县多年平均水资源总量25.48亿立方米,其中地表水18.01亿立方米,不重复地下水7.47亿立方米,全县平均产水模数为45.69万立方米/平方千米,水资源分布特点是土山区多,石山区少。田林县地表水与径流,主要靠降雨形成的地面径流和河川基流。全县集雨面积5523.78平方千米,多年平均降雨量166.3毫米。全县大小河流165条,其中水量较大,不易干枯的有24条,其余为季节性河流。多年平均流量57.14立方米/秒,多年平均径流深277毫米,年径流量为18.01亿立方米。

【水利水电固定资产投资完成情况】 2018年,按财务支出法完成固定资产投资9308万元,完成田林县重大办下达本年度投资任务8760万元的106%。

【新建水源工程】 全县共有2个水源工程,分别是2017年2月开工建设的启文水库扩容工程和2016年12月开工建设的万吉水库工程。两个工程总投资17720.96万元,其中,中央投资8884万元,自治区配套2712万元,市县配套6124.96万元。各级资金已全部到位。截至2018年12月,完成启文水库1:2#、3#浇筑至345.0高程;4#、5#浇筑至343.5高程;6#、7#、8#、9#浇筑至345.0高程;10#–13#浇筑至346.5高程。完成大坝混凝土浇筑9.58万立方;完成左右岸坝肩及坝基土方开挖万3.76万立方;石方开挖万7.74万立方,完成钢筋结构制安360吨。完成万吉水库2#坝块混凝土浇至944.7米高程;3#坝块混凝土浇至948.5米高程;4#坝块浇至949.40米高程;5#坝块浇至948.20米高程;6#坝块浇至949.40米高程;7#坝块浇至949.40米高程;8#坝块浇至949.4米高程。累计完成混凝土浇筑2.42万立方米。

【中小河流治理工程】 一是田林县乐里河防洪工程(风潞至百花寨段)。截至2018年12月底止,累计完成土方20.4万立方米,浆砌石1.23万立方米,混凝土0.123万立方米,完成护岸3.3千米,完成投资3823.51万元。二是八中河者苗乡政府至平塘乡政府河段防洪治理工程等7个“328”中小河流治理项目建设。现已完成治理河道15.22千米,堤防建设2.96千米,护岸建设24.989千米,完成投资8553.56万元,占总投资的79.02%。三是实施田林县利周乡政府河段整治工程,项目批复总投资1576.27万元。截至2018年12

月底止,已下达投资940万元,完成防洪堤基础开挖5.937千米,完成土石方开挖2.85万立方米;完成防洪堤基础C15混凝土浇筑5.93千米、堤身C15混凝土浇筑5.81千米;累计完成混凝土浇筑1.973万立方米,完成支出736.65万元。

【中央财政小型农田水利】 田林县2017年中央财政小型农田水利建设项目,第一批投资850万元、第二批投资1390万元、第三批投资490万元。截至2018年12月,项目已完工并完成县级验收,已完成支付85%。田林县2018年高效节水灌溉建设项目,计划总投资3710万元。其中建设高效节水灌溉工程投资1710万元,灌溉面积6330亩;建设小型农田水利渠道灌溉工程资金投入1811.5万元,灌溉面积15944亩,以上两个项目正在加快项目建设,截至2018年12月29日完成支付3243.59万元。

【水土保持综合治理工程】 实施2017年度坡耕地水土流失综合治理工程。下达投资1280万元,其中中央资金1024万元,自治区资金256万元。截至2018年12月,已完成投资1095万元,其中坡改梯建设267公顷,田间道路6.52千米,蓄水池11座,截水沟5.11千米。实施2018年度坡耕地水土流失综合治理工程,下达投资854万元,治理面积180.7公顷,已完成水土流失治理171.6公顷。截至2018年12月,已完成投资705万元。

【历年项目竣工验收工作】 完成2016年第六批中央和自治区财政小型农田水利重点县建设项目、2017年第一批小型农田水利项目的竣工验收工作。

【脱贫攻坚农村饮水安全巩固提升工程】 实施2017年田林县农村饮水安全巩固提升工程,计划投入4351.71万元,截至2018年12月,上级已下达资金1845万元,其中中央资金763万元,自治区补助资金1082万元,已完成投资1250万元。在14个乡(镇)实施农村饮水安全项目144个,解决贫困人口饮水困难问题。中央资金部分建设24个饮水安全项目点已完工。融资项目(120个)部分由县恒昌公司作为业主负责组织招投标工作及施工管理工作,田林县水利局负责提供技术支持,截至2018年12月完工41处,其他项目处于施工阶段。

实施2018年田林县农村饮水安全巩固提升工程,计划投入项目资金4432.74万元,其中中央资金1507万元,涉农整合及融资资金2925.74万元。在14个乡(镇)实施农村饮水安全项目169个,解决3.2888万农村人口饮水困难问题,其中贫困人口7879人。截至2018年12月,中央资金部分建设43个饮水安全项目点已完成主体工程建设,已完成支付1135.94万元;融资部分由恒昌公司作为项目业主实施,正在开展项目招投标工作。

【水行政执法工作】 一是开展3·22世界水日、中国水周宣传活动。通过悬挂宣传横幅14幅、手机群发宣传主题、散发宣传资料1000份、张贴宣传画30张等方式组织开展水法律法规宣传教育活动。二是加强河道管理及河道巡查力度,开展水行政执法巡查48次,立案2件,下达整改通知书6份、责令停止违法行为通知书9份、责令纠正违法行为通知书4份。三是开展规费征收工作,截至2018年12月30日,征收水资源费700万元,水土保持费80万元。

【水资源管理工作】 一是主要江河湖库水功能区水质达标率。下达的目标任务为水质达标率达到88.4%。配合百色市水利局、水文局每个月4日对水功能区进行取水样监测工作,2018年全年检测有三次超标,其余均达标。二、入河排污口标志牌设立工作。一是做好田林县和平糖业有限公司排污口、田林县污水处理厂排污口、广西劲达兴纸业排污口入河排污口标志牌设立工作。二是严格入河排污口监督管理,建立入河排污口管理登记台账。三、严把取水许可审批关。一是按照《建设项目水资源论证管理办法》要求,对新、改、扩建设项目和水力发电扩效增容项目严格实行水资源论证。规范取水许可申请受理、审查、核验、发证等相关管理程序,把好取水许可审批关。严格实施取水许可监督管理,实行办理取水许可“最多跑一次”服务,推进完善取水户“一户一档”管理,全面完成32家取水户2018年取水换证工作。二是实行计划用水,严把取水调控关。上级下达全县年度用水计划总量,按照“总量平衡,微调控制”的原则,向全县各取用水单位下达年度用水指标计划,并作为“红线”控制不可逾越的目标。四、完成水源地保护项目验收工作。2017年六丹水库地表饮用水水源地保护工程项目于2018年6月27日通过自治区水利厅验收,并于11月9日获得通过验收意见书。

【项目前期工作】 一是推进田林县县城供水水源那罕水库及其引水工程,利周乡引水至启文水库。投资概算为11900万元,截至2018年12月已完成可研及初步设计上报。二是推进田林县丰厚水库扩建工程,扩建小型水库一座,总库容1200万立方米。投资概算为15000万元,截至2018年12月正在编制项目建议书、可研报告及水资源论证报告。三是推进田林县者仙河六隆镇政府河段防洪治理工程,新建堤防(护岸)6.73千米。投资概算约1426万元,截至2018年12月正在编制项目初步设计报告书。四是推进田林县定安集镇供水抗旱应急项目,拟从那新电站洞城水库取水,铺设管道约36千米,引至集镇及周边村屯。投资概算为1500万元,截至2018年12月正在开展项目设计工作。

【防汛备汛工作】 一是开展防汛检查。切实抓好防汛隐患整改工作。组织技术员深入到水库及城区防洪工程和在建水利工程施工开展汛前、汛中各类安全大检查,对检查发现存在安全隐患的及时提出整改意见,督促责任单位限期整改。二是组织防汛演练。修订完善预案和规程。组织进行防汛实战演练,检验和提高防汛应急处置能力。三是严格执行汛期值班制度。汛期严格执行24小时值班,领导带班和汛期零报告制度。及时修订、完善《田林县城区防洪应急预案》等应急预案。入汛前期,及时配齐备足各类防汛物资。四是应对"6·24"防汛救灾工作。科学决策,做好决策参谋,抓好应急处置工作,实现"零伤亡"和大灾之后无大疫。

【小型水利体制改革工作】 一是完成14个乡镇权属调查上报工作和涉及公共安全的项目权属证书颁发。二是全面落实涉及公共安全小型水库和农村人饮工程项目管护主体,并完成公共安全的项目颁发权属证书。截至2018年12月31日共完成全县260处引水工程进行权属审批及证书印制工作。三是落实16座小型水库管护人员,其中9座小(1)型水库由田林县财政全额拨款聘请专职管护人员进行工程管护,另7座小(2)型水库工程管护人员采取聘用制人员进行管护;小型水电站工程由水电站权属所有人落实管护责任;小型防洪堤工程由乡镇水利工作人员负责,其他工程交由用水合作协会或各村小组自行管护。四是落实管护人员经费的工程17处(其中小型水库16座,河道管理所一处),落实经费92.67万元;落实维修养护经费的工程17处(其中小型水库16座),落实经费24万元。五是完成八桂瑶族乡八桂村农民用水者协会等4个用水合作组织的组建工作。

【河(湖)长制工作】 一是严格按照《田林县河长制办公室关于印发田林县河长制河长巡河制度(试行)的通知》要求,每月至少巡河一次,并做好巡河记录,同时要求各相关部门单位做好存在问题整改,截至2018年11月7日,田林县县级河长巡河共36次。二是开展清河行动。在全县14个乡镇开展全面的巡河清河治理工作,完成河道垃圾障碍物清除总长21千米。在县城区范围内开展乐里河道疏浚工作,共投入67万元对马店桥至三宝庙河段进行清河疏浚。三是依法查处水事违法行动。组织水政监察大队、水土保持站、水利工程管理站、县国土局及河长办组成联合工作组开展关于瓦村电站非法弃渣联合执法专项行动,查处瓦村电站在驮娘江河道内违法堆放弃砂土23万方行为。2018

启文水库扩容工程2018年12月下旬形象进度图

年5月8日县检察院牵头组织县水利局、县市政局、环保局、乐里镇人民政府开展乐里河非法倒垃圾及其他废弃物联合执法整治行动。2018年6月21日—22日由田林县渔业行政主管部门牵头，联合册亨县渔业局、旧州镇人民政府、百乐乡人民政府，对八渡口水域和龙滩库区水域开展联合执法巡查，惩治非法捕捞行为。四是田林县2018年6月30顺利通过百色市全面推行河长制验收考评。

【“6·24”事件】 2018年6月22日—24日，田林县境内连续出现多年罕见的短时间强降雨，全县14个乡镇降雨量均超过100毫米，其中3个乡镇超过200毫米，最高达229毫米。6月24日凌晨因局部特大暴雨引发地质灾害，造成县城绕城路渭架沟一带倒塌或掩埋房屋23栋、68间(24户)；因泥石堵塞形成局部雨水堰塞，导致23户民房积水严重。因灾撤离群众240户，撤出人员893人(含田林县政府大院内10号、20号楼住户72户、217人)。全县先后出动325人，动用铲车、钩机推土机等车辆386台次，开挖填埋土方3.6万立方米，调用抽水机16台，调集钢管25吨等，为抗灾抢险工作提供人员物资保障。降雨造成全县14个乡镇不同程度受灾，全县受灾群众7980人，紧急转移安置1190人，无人员伤亡。受灾农作物面积达469公顷，绝收面积289公顷。房屋受损91户、169间，其中房屋倒塌23栋、68间(24户)。道路损坏287条、桥梁损坏38座，道路中断131条，水毁造成路面损毁363处、31359平方米，涵洞174道、1199米。水库设施损坏3处，防洪堤工程挡墙冲垮291米，栏杆水毁430米，橡胶坝水泵冲走2台，挡墙闸门水毁1扇，交通桥水毁一座，防汛道路水毁50米，堤防掩埋270米，高效节水灌溉工程管道冲毁60米，三面光渠道冲毁3560米，堰坝挡土墙冲毁120米，饮水工程管道冲毁1.2万米。全县因灾直接经济损失约7930.97万元，其中农业损失741万元、家庭财产损失4059万元(含渭架沟地质灾害点约2600万元)、道路损失2376.37万元、水利设施损失554.6万元、通信、排水等其他损失约200万元。

(赖　娟)

2018年6月12日上午，县防汛抗旱指挥部在旧州镇政府所在地举行田林县2018年防洪抢险应急演练

林　业

【田林县林业局领导】

局长、党组书记：陈文开

党组副书记：

韦永山(壮族，兼任国有乐里林场场长、田林县丰裕经济果木林有限公司经理)

副局长：苏　鲼(壮族，2018年12月离任)

姚茂春

黄维新(壮族)

派驻纪检组长：罗文军(壮族)

党组成员：邓俊标(壮族，2018年3月任职)

岑高军(壮族，2018年3月任职)

总工程师：杨秀忠

【林业概况】 田林县林地面积501373.47公顷，森林面积416046.32公顷，商品林面积375568.52公顷(参照田林县林业局、广西华森设计咨询有限公司2018年9月出台的《田林县林地变更调查报告》)，公益林规划面积125841.02公顷。全县森林覆盖率为80.59%。2018年实现林业产值8.63亿元，林业增加值5.82亿元，同比增长11.06%，占年度林业增加值预计完成工作目标5.46亿元的106.52%，完成林

业固定资产投资 1687 万元。完成世行贷款本金回收 134.48 万元，追缴利息 73.94 万元；还世界银行贷款本金 131.58 万元，利息 37.64 万元，收滞纳金 32.22 万元。

【林业机构】 全县林业系统在职职工 254 人（林业局 89 人，乐里林场 33 人，木材公司 36 人，14 个乡镇林业工作站 96 人），乐里林场改革停薪留职 12 人，内退职工 62 人，退休职工 160 人。其中行政人员 18 人，事业人员 402 人，企业人员 33 人。全体在职人员中，硕士研究生 3 人，大学本科 102 人，大专 138 人，中专、高中及以下学历 210 人。全县专业技术人员 148 人，其中高级工程师 3 人，工程师 48 人，助理工程师 84 人，林业技术员 6 人，小学高级教师 1 人，助理会计员 4 人，会计员 2 人。

2018 年，田林县林业局共有直属单位 30 个，其中行政单位 1 个，参照公务员管理事业单位 4 个，全额事业单位 25 个。设有局办公室、计财股、林政工作管理站、营林工作站、森林防火指挥部办公室、林业科教站、林业种苗站、森林植物检疫站、农村能源办公室、乡镇林业工作总站、生态公益林管护站、世行项目管理办公室、林权管理办公室、油茶产业发展办公室、河口木材检查站、旧州木材检查站、森林消防专业队、林业产业办公室、林业行政执法大队、乐里木材检查组、潞城木材检查组等 21 个股站室。下设 1 个国有乐里林场、1 个木材公司。全县二层机构下设 14 个乡（镇）林业工作站；行政单位设 1 个森林公安局，下辖 1 个乐里镇森林公安派出所。

2018 年实行一年一聘乡镇生态公益林管护员 37 人（含乡镇林业站 16 人），森林专业消防队员 50 人，临时工 7 人，森林公安协警 10 人。

【造林绿化】

采种育苗 2018 年全县建有 19 个苗圃，育苗面积 17.53 公顷，育苗数量 4384 万株，其中：岑软 2、3 号良种油茶嫁接苗 628 万株，嫁接留床苗 195 万株，岑溪软枝油茶种子实生容器苗 841 万株，良种杉木容器苗 190 万株，良种桉树苗 350 万株，普通杉木容器育苗 2295 万株，普通马尾松容器苗 65 万株，板栗大田苗 15 万株。采种 54190 公斤，其中，各苗圃采购油茶种子 52550 公斤，良种杉木种子 55 公斤，普通杉木种子 810 公斤，普通马尾松种子 25 公斤，板栗种子 750 公斤。

植树造林 2018 年推进造林绿化工作，以工程造林项目为抓手，以全民义务植树活动为载体。加快推进全县绿化造林工作，完成造林 6702.4 公顷，占市、县下达任务 5666.67 公顷的 118.3%，造林树种分别是：杉木造林 3249.2 公顷、油茶造林 1350.47 公顷、马尾松造林 30.87 公顷、桉树造林 92.07 公顷、八渡笋 4.93 公顷、珍贵树种 4.47 公顷、其他树种造林 577.73 公顷、桉树萌芽 1392.67 公顷；完成义务植树 90 万株，占市下达任务 90 万株的 100%。2018 年松木、杉木、桉树种植累计面积 14.0 万公顷，其中松木 2.98 万公顷，杉木 7.22 万公顷，桉树 3.80 万公顷。八渡笋 1.70 万公顷，油茶 2.65 万公顷，板栗 9766.67 公顷，核桃 1518.67 公顷，八角 1.18 万公顷，水果 2973.33 公顷。其中当年重点营造项目实施情况如下：

退耕还林 验收退耕还林任务面积 4654.03 公顷，其中 2014 年新一轮退耕还林任务面积 333.33 公顷，兑现补助资金 200 万元，历年退耕还林面积 4320.7 公顷。截至 2018 年 11 月 8 日已兑现合格面积 1611.17 公顷的补助资金 302.09 万元。

珠防林工程 实施珠防林工程任务 1933.33 公顷（2017 年任务 0.9 万亩，2018 年任务 1333.33 公顷），补助资金兑现 1450 万元（2017 年 450 万元，2018 年 1000 万元）。

油茶造林项目 实施油茶新造林 1333.6 公顷，占任务 100.02%；油茶低改项目 2333.33 公顷，占合格任务率 100%。

造林补贴项目 实施中央财政林业改革发展资金造林补贴兑现项目 1333.33 公顷；第二批中央财政林业改革发展资金 335.6 万元，整合用于田林县扶贫领域统筹使用。

森林抚育补贴项目 实施的中央财政林业改革发展资金森林抚育补贴项目 500 万元，第二批下达资金 260 万元，全部整合至田林县扶贫领域统筹使用，提高项目资金使用效益。

森林质量精准提升项目 2018 下达资金 24 万元，纳入支持贫困县开展统筹整合使用财政涉农资金试点的部分，按照统筹整合相关规定执行的规定，用于购买油茶良种苗木，支持村集体经济项目种植业发展。

森林景观改造项目 2018 年下达资金 30 万元，使用该项目资金及部分森林植被恢复费对县城周边可视两面坡单一的桉树、马占相思树和马尾松树人工纯林植被生态效益较低、植被景观效果差的林分实行分期分批改造。年度完成外业调查设计工作,作业设计说明书的编制。

沃土工程项目 上级下达田林县的沃土工程项目资金50万元,统筹整合用于购买油茶苗木赠送对口帮扶村屯贫困户。

农业综合开发项目 2018年农业综合开发项目位于田林县八渡乡福达村,完成油茶新造林22.01公顷,占任务27.5%;建设蓄水池一座103立方米;新建林区道路6千米;砍草未清山20.7公顷。

石漠化治理项目 2018年石漠化综合治理项目林业植被恢复工程197.7公顷,其中高龙小流域种植新砂糖橘33.7公顷,平塘小流域新种植枇杷164公顷。

【林业产业扶贫】 2018年全面实施林业产业助脱贫工作,实现贫困户可持续增收致富。组织258户贫困户实施油茶造林165.47公顷获补助124.1万元;组织146户贫困户实施造林补贴项目面积237.33公顷获补助33.8万元;优先安排484户贫困户林木采伐9.28万立方米,贫困户增加收入5325万元;赠送291.17万株苗木发给1607户贫困户;聘请建档立卡生态护林员2193人,护林员年人均收入7268.58元。

林业产业示范区建设 2018年完成潞城旺吉油茶产业示范区173.33公顷油茶的管护以及水、电、路等基础设施改造提升工作,并于2018年10月经过自治区、市两级联合实地核验认定为县级示范区。自2018年8月起,利用短短3个月时间,投资6485.78万元(其中财政整合资金投资2007.48万元,经营主体投资4478.3万元),建成田林县八渡笋产业(核心)示范区200公顷,完成示范区内各种配套设施建设,并申报自治区级示范区,于2018年11月28日顺利通过自治区考评组实地核验,正式入围自治区级示范区。同时,全年完成创建乡级和村级林业示范园(点)28个,其中千亩以上的油茶示范园区有乐里、浪平、八渡、百乐4个乡(镇)。

【森林资源管理】

木材生产管理 全年年采伐限额采伐蓄积65.81万立方米,共审批签发林木采伐许可证3327份,林木采伐蓄积量65.16万立方米、出材量48.87万立方米,田林县集体年采伐限额采伐蓄积42.8974万立方米(其中发放贫困户485户、林木采伐蓄积9.30万立方米、出材量6.59万立方米),占上级林业主管部门下达给田林县森林采伐限额的87.56%;办理木材运输证29025份,共销售木材28.33万立方米。其中:木材26.92万立方米、薪材1.41万吨,林业行政处罚材426.6立方米。县内木材运输证自2015年1月1日起由各乡(镇)林业站签发。2018年5月在政务大厅林业窗口安装LED电子显示屏,根据林农提交申请林木采伐设计文本的先后顺序进行采伐指标登记编号,并在政务大厅电子显示屏滚动播放,接受证监督。

森林案件查处 紧紧围绕上级工作部署,履行工作职责,推进林业执法工作,严厉惩治破坏森林及野生动植物资源的违法犯罪活动。2018年共受理各类涉林刑事案件42起,破案61起,逮捕7人,起诉62人。收缴野生蛇类70公斤,救助国家二级保护动物猴面鹰1只。超额完成市局下达刑事案件侦破35起、起诉35人的年度目标任务。2018年7月24日全市森林公安和森林生态保护年中工作现场会在田林县召开,经验获全市推广。

国有林地回收 区、市级下达田林县2018年国有林场被侵占林地回收任务面积491.13公顷,其中雅长林场246.67公顷,老山林场59.2公顷,乐里林场185.27公顷。年度实际完成回收面积497.89公顷,占任务的101.38%,其中老山林场完成59.33公顷,完成率100.23%;乐里林场完成186.69公顷,完成率100.77%;雅长林场完成251.87公顷,完成率102.11%。

天然商品林落界核定 全县完成落界核定确定集体和个人所有天然商品林协议停止商业采伐核实面积4.63万公顷,占任务7.38万公顷的62.75%。其中:乐里镇1144.42公顷、利周乡419.49公顷、浪平镇5073.72公顷、潞城乡2866.04公顷、百乐乡4515.17公顷、旧州镇308.7公顷、平塘乡1356.26公顷、定安镇286.82公顷、高龙乡2386.33公顷、者苗乡7337.62公顷、八渡乡1.46万公顷、八桂乡118.15公顷、六隆镇1554.68公顷、那比乡4332.6公顷。

【森林资源保护】

林权改革 全县集体林地林权证查缺补漏纠错1405.51公顷,占调整任务1333.33公顷的105.4%,核发林权证9.1万本、37.8万宗地、38.36万公顷,占全县林改总任务39.08万公顷的98.2%,确权到户面积35.4万公顷,确权到户率90.6%,商品林均山到户率

91.6%，公益林均山到户率87.0%。林权抵押贷款145宗，抵押面积4.263万亩，贷款金额5736万元。林权流转交易123宗，流转林地面积2333.33公顷，交易价值1.04亿元。政策性森林综合保险投保面积12.11万公顷，其中公益林9.58万公顷，商品林2.54万公顷（其中人保财险完成保险面积1.43万公顷，北部湾保险公司完成保险面积1.10万公顷），保险金额12.784亿元，保费322.03万元。林下经济建设任务产值16亿元，其中：发展林下种植3.06万公顷，产值1.77亿元；发展林下养殖2.14万公顷，产值10.52亿元；发展林下产品采集加工3006.67公顷，产值553万元；发展林下旅游2.41万公顷，产值550万元。其中林下养殖野猪项目和林下养殖黄牛项目，并完成项目专项资金补助拨付80万元（每个40万元），使项目达到建设效果和脱贫攻坚工作成效，项目建设产业带动农户87户。全年共审核上报征占用林地项目12项，征占用林地面积141.75公顷，收取森林植被恢复费1866.93万元。

护林防火 始终坚持以森林防火工作为核心，全面贯彻落实“预防为主、积极消灭”的方针，落实行政领导负责制，全民动员，广泛宣传，社会参与，齐抓共管，有效控制火灾发生。2018年田林县森林防火任务面积49.18万公顷，全县全年未发生森林火灾，全县森林资源安全得到有效保障。

森林检疫 全县设有40个自治区级中心测报点，其中监测八角叶甲15个点，油桐尺蠖24个点。全县实施各类苗木产地检疫550亩，苗圃产地检疫率为99%。调运检疫苗木593.4万株，苗木调运检疫率为100%。全年实施木材调运检疫检查检验350420.09立方米，木材调运检疫率为100%。全年松木调入田林县140.5立方米，复检140.5立方米，复检率100%。全县松材线虫病监测调查和防控工作实施监测调查4.48万公顷次，监测覆盖率100%。经调查发现全县松树枯死木共3554株，其中属不明原因枯死14株，环割割脂致死12株，火灾引起3518株，山体滑坡8株，风倒2株。薇甘菊全年监测调查任务面积83.97万公顷，覆盖14个乡镇、1个林场和1个牧场的87个行政村（分场），2018年田林县没发现有薇甘菊分布危害。

名木古树 对全县第二次古树名木挂牌制作2135块和兑现管护资金工作，其中核减岑王老山自然保护区与乐里镇和浪平镇重复调查录入7株。实际全面完成第二次古树名木调查2128株（含岑王老山自然保护区86株，国有雅长林场田县地界20株）认定公示、公告和挂牌保护工作。按古树等级分，一级古树72株，二级古树290株，三级古树1695株，准古树71株。

【林业生态建设】

公益林管护 田林县自治区级以上生态公益林总面积9.58万公顷，涉及14个乡镇、乐里林场、六隆八渡笋总场等16个单位，其中：国家级公益林面积为6.33万公顷（国有860公顷，集体6.24万公顷）；自治区级公益林面积3.25万公顷（国有800公顷，集体3.17万公顷）。森林生态效益补偿补助为2132.75万元，其中：管护补助2108.35万元（国有24.28万元、集体2081.67万元）、公共支出24.4万元。

生态能源建设 2018年在六隆镇六隆村渭密屯建设太阳能路灯30杆，在潞城乡弄读村八合屯建设养殖粪污集中处理项目一个，即农村有机垃圾沼气化处理项目，总容积250立方米，30杆太阳能路灯年节省电量约3500千瓦，户增收节支大约2000元。

【林业科技推广】 2018年田林县林业科学技术支出经费16万元，围绕开展“5+2”特色产业科技加病虫害诊断防治技术培训28场次，受益人数2437人次（不含县林业局举办的林业执法、扶贫业务培训5场次、406人次），分别占任务指标127.3%、111%。制作科普展板12块，印发各种技术资料3200多份（含教材书籍2500多册），接受林农技术咨询1000多人次。开展科技示范林建设面积2420公顷。其中八渡笋低产林综合改造示范1800公顷（其中市级八渡笋核心示范区面积200公顷），油茶新种示范333.33公顷，核桃新种示范面积266.67公顷，老油茶嫁接换冠技术指导管护面积60多个示范点，累计面积100多公顷。全面组织科技厅、林业厅科技特派员25名派驻10个贫困乡（镇）31个贫困村3个龙头企业。

【获得荣誉】 产业扶贫、重点项目建设、国有林地回收等各项工作取得明显成绩，田林县林业局共获得19项自治区级、市级表彰、荣誉称号。

区级奖3项 “田林县八渡笋产业核心示范区”获“广西现代特色农业核心示范区三星级”称号，2018年全区部门统计工作规范化建设示范单位，田林县森林公安局获自治区级集体三等功。

市级奖16项 2018年度百色市植树造林工作先进集体，百色市新一轮退耕还林工作先进集体，百色市百万亩油茶产业基地建设工作先进集体，百色市百万亩良种松杉基地建设工作先进集体，百色市百万亩核桃板栗基地建设工作先进集体，百色市林下经济建设工作先进集体，林政资源管理工作先进集体，百色市现代特色林业示范区创建工作先进集体，百色市木材加工产业园区建设工作先进集体，集体林地林权证发放查缺补漏纠错工作先进集体，百色市森林防火工作先进单位，百色市林业产业扶贫工作先进集体，百色市林业种苗工作先进集体，百色市林权调处工作先进集体，百色市国有林场改革工作先进集体，百色市国有林场被侵占林地综合整治工作先进集体。

【森工企业】 田林县国有森工企业有国有田林县乐里林场和田林县木材公司两家。木材公司2017年进入亏损倒闭行列，2018年工资停发，全县2018年培植扶持木材加工厂78家，从业参加人员2903人，主要生产锯材、单板、建筑模板、生态夹心板、细木工板、家具、木片等10个产品102万立方米，年产值10.13亿元。其中轩鑫、晨曦、聚峰、兴旺、炳森、信林、辰亨、嘉丰、森林源、万盛、曾强、顺鸿、谦泰、鑫雅14家上规企业，年产值5.03万元。

【林下产品】

八渡笋 八渡笋是田林县著名传统特产，种植历史悠久，源远流长，在清朝曾作为岭南山珍进贡朝廷，享有数百年盛誉。八渡笋地理标志产品保护范围为广西壮族自治区田林县现辖行政区域，全县八渡笋面积近1.73万公顷，占全县林业用地总面积的3.40%，全县已有9个乡（镇），近2.5万个农户种植田林八渡笋，主要有六隆镇、八渡瑶族乡两个产区。2018年创建田林县八渡笋产业（核心）示范区位于六隆镇平细村，距离县城55千米，建成核心区面积200公顷、拓展区333.33公顷、辐射区666.67公顷，核心区异地安置贫困山区农户37户、155人，其中贫困户5户、21人。辐射带动周边群众发展八渡笋产业，涉及农户2247户、8866人，其中贫困户172户、653人。完成投资6502.67万元（其中财政整合资金投资2024.37万元，经营主体投资4478.3万元），其中2018年投资1500万元进行示范区的基础设施提升和改造，主要是进行示范区内路网扩建和改造、水利建设、电力改造、村容风貌改造、管理中心建设、标识宣传牌建设以及瞭望阁和停车场等建设。示范区采取“公司(2家)+基地+合作社+农户（贫困户）”的扶贫产业经营管理模式，实行八渡笋标准化生产、产业化经营、规范化管理，形成生产、加工、销售、服务于一体的扶贫产业体系。全县2018年笋干产量5083吨，产值17633万元。去壳鲜笋市场零售价为5~10元/公斤；八渡干笋根据不同部位定价，笋花（笋尖部位）32~50元/公斤，笋丝38~40元/公斤，笋片（小）44~50元/公斤，笋片（大）56~70元/公斤。

灵芝 灵芝又称灵芝草、神芝、芝草、仙草、瑞草，是多孔菌科植物赤芝或紫芝的全株，是中国传统珍稀药材，对于增强人体免疫力，调节血糖，控制血压，辅助肿瘤放化疗，保肝护肝，促进睡眠等方面均具有显著疗效。田林县盛产野生灵芝，主要品种有野生黑灵芝、红灵芝，以及人工仿野生栽植黑灵芝、红灵芝、紫灵芝、花灵芝等。2018年全县灵芝产量约260吨。野生红灵芝市场零售价为110~120元/公斤，野生黑灵芝（小）400~500元/公斤，野生黑灵芝（大）520~540元/公斤；人工栽培红灵芝市场零售价为60~70元/公斤，人工栽培黑灵芝140~160元/公斤。

山茶油 2018年田林县油茶面积将近2.67万公顷。其中2018年度发展油茶造林项目533.33公顷，项目补助兑现400万元，其中涉及贫困户258户，补助面积2482亩，补助金额124.1万元，占项目补助的31%。2018年油茶籽产量9830吨，产值19600万元。县内油茶生产加工企业有百色长江天成投资集团有限公司、田林县鑫富源山油茶开发有限公司、田林县康益土特产有限公司、广西永昌食品发展有限公司。田林山茶油价格逐年走高，2018年市场零售价为70~90元/公斤。

香菇 香菇是田林县土特产之一，香菇中含有多糖类的物质、富含生物碱、香菇嘌呤、麦角甾醇，含有一种干扰素以及多种维生素，香菇具有养血补气、开胃助食和抗肿瘤、抗衰老、降低血中胆固醇、预防流感、麻疹、肝炎等功效，对贫血、佝偻病、肝硬化、食欲不振、肿瘤、口腔溃疡、脚气病、角膜炎、贫血症、夜盲症等病有一定的治疗作用，常食用对于人体有好处，可提高机体的适应力，促进人体代谢。田林县生产香菇、花菇，属于天然干货，口感香气扑鼻，2018年全县香菇、花菇产量约5吨,市场零售价为90~100元/公斤。

云耳 云木耳亦称黑木耳,简称云耳,用作食用和药物,是传统的出口特产。全县各地均有云木耳出产,尤以八桃、渭隆、福达、百六、平封、渭密、小榄、百怀、列屯、下维等村出产量多。全县每年砍伐0.16万~0.2万公顷栎树,每公顷只产云木耳150公斤左右,生产效益低,木材耗量大,至2001年,云木耳干产量达到148000公斤。随着野生云耳资源的逐渐减少,人工栽培成为满足市场需求的主要生产方式。田林县于2010年在利周百六屯、潞城俄外屯、八渡新寨屯建立黑木耳袋料栽培示范2.76万平方米,黑木耳产量10.4吨,产值47.19万元。高龙乡弄南村者后屯宋少华贫困户2018年他通过采摘山上野生云耳在田里试种,云耳种植生长期为半年,种植技术要求不高,投资3万元/亩,按照市场价干云耳120元/公斤进行收购,亩产值可达4万元,亩利润达1万元。2018年全县云木耳产量约4.2吨,野生干云耳市场零售价为120~160元/公斤,人工栽培云耳为70~80元/公斤,毛背耳30~40元/公斤。

旧州山楂糕 田林县旧州山楂糕闻名区内外,山楂糕是一道美味的甜品,取山楂果汁,配以白糖、琼脂,冻结成板。口感爽滑细腻,甜美冰凉可口,山楂所含的黄酮类和维生素,胡萝卜素等物质能阻断并减少自由基的生成,是一种有药用食品。其味甘洌微酸,具有消积,化滞、行瘀的食疗价值,山楂能防治心血管疾病、活血化瘀、孕妇催生、平喘化痰、抑制细菌、治疗腹痛腹泻,产后血瘀腹痛、瘀血停滞肿痛、瘀血阻滞经脉等病症,特别对食滞不消、腹胀腹痛、恶心呕吐、泄泻,对肉食滞效果尤佳。山楂糕加工厂有田林县旧州镇陆氏山楂食品厂,厂址位于田林县旧州镇柳角开发区,于2013年10月21日在田林县工商行政管理局注册成立。山楂主要品种为小果山楂,旧州平保、央白、徕周、板仰等村都有野生和种植。产品主要销往百色市以及附近省市级。2018年田林县生产野山楂鲜果16吨左右,鲜果销售价3~4.2元/公斤,干山楂26~36元/公斤,山楂糕(精装)32~38元/公斤,山楂糕产量6吨左右,2018年山楂加工销售收入30多万元。 (钟 珲)

乐里林场

【田林县国有乐里林场领导】

场　长:韦永山(壮族,兼任田林县林业局党组副书记)

副场长:赵天寿

李梅艳(女,壮族)

张永栋(兼任党支部书记)

黄新荣(女,壮族,兼任工会主席)

【概况】 乐里林场是田林县县级国有林场,内设办公室、资源培育股、资源保护股等3个股室,下辖乐里、太阳盘、定安、八洞、分水岭5个分场,分布于田林县14个乡(镇)中的6个乡(镇)。截至2018年12月31日,林场总面积2.09万公顷,其中国有林地1.88万公顷(其中县人民政府划拨集体使用林地7373.33公顷,林场场内经营林地1.13万公顷,其他国有林地73.33公顷),森林资源总蓄积量105.22万立方米;场外林地2120公顷(其中人工林面积1160公顷),蓄积量14.92万立方米。林场场内经营林地1.13万公顷中,林场自主经营2933.33公顷,合作造林1646.67公顷,公益林600公顷,职工自营地600公顷,被群众侵占4760公顷,非林地733.33公顷,蓄积量76万立方米。共有职工123人,其中在职职工41人(其中在职在编35人,含编制在县林业局2人;参照在职在编人员管理6人),离岗退养职工7人,退休职工75人。

【国有林场改革】 主体改革通过自治区验收,继续完善档案材料,准备迎接国家级验收。继续推进配套改革,完善财政事业经费预算、公益林管护机制、基础设施建设和不良金融债务化解等工作。

【营林生产】 树立"绿水青山就是金山银山"理念,坚持"以林为本"办场方针,坚持育(苗)、造(林)、管(护)并举。

育苗 以自治区定点苗圃"乐里林场良种油茶繁育基地"为依托,完成油茶嫁接苗培育190万株,其中3年大苗20万株,2年大苗50万株,小苗120万株。

造林 完成2017年度采伐迹地更新136.34公顷,其中太阳盘分场人工更新造林3.14公顷,其他分场桉树萌芽更新133.2公顷。造林投资29.87万元。

抚育 加强中幼林管理,完成森林抚育任务483.12公顷,其中中幼林抚育补贴项目265.63公顷,中央财政林业科技推广项目幼林抚育任务40公顷,面上抚育177.49

公顷。施肥172.73公顷，其中桉树134.03公顷，杉木14.5公顷，油茶24.33公顷。扩坑松土28.3公顷，其中油茶24.2公顷、楠木4.1公顷。桉树除萌37.1公顷。西南桦人工林项目补植26.67公顷。抚育总投资169万元。

木材生产 上级下达全年采伐限额65048立方米，办理采伐证32850立方米，办证面积270.46公顷，其中场内皆伐面积111.31公顷。办证总蓄积32850立方米，其中场内蓄积桉树4651立方米，马尾松182立方米。完成木材生产23891立方米，其中场内出材量3873立方米，伐区主要在太阳盘分场、八洞分场和乐里分场。

木材销售 完成木材销售3752立方米，其中太阳盘分场18林班12-1、14-1小班采伐设计面积306.6亩，采伐蓄积2172立方米，设计出材量1759立方米。乐里分场9林班37-1、80-1、84-1、78-1小班，桉树面积446.7亩，采伐蓄积2479立方米，设计出材量1993立方米。

松木采脂 发包松木采脂总株数9.97万株(其中乐里分场1.6万株，分水岭分场3.87万株，定安分场4.5万株)，发包单价6元/株，采脂收入59.82万元。

【森林资源保护与管理】 坚持依法治林和“安全第一、预防为主”的指导思想，遵循“护林防火、积极消灭”的方针以及“打早、打小、打了”的火灾扑救措施，加大森林林地资源保护和管理力度。

森林病虫害防治 年初，太阳盘分场出现轻度虫害，经田林县森林植物检疫站实地勘查诊断后，及时与合作造林单位区直钦廉林场和东门林场制定虫害调查防治工作方案，购买6.5吨无公害药物喷施，有效控制虫害的扩散和漫延。同时组织各分场开展松材线虫病及薇甘菊生长分布情况普查，没有松材线虫病疫情发生和薇甘菊的生长。

森林防火 组织人员深入林区和周边村屯，加大防火宣传力度，抓好火源管理和开展火灾隐患排查，强化生态护林员防火巡逻密度等措施，辖区内无火警、火灾案件发生。

森林资源调查 一是组织全场专业技术人员对本场版图内(18780公顷)的424个林地图斑进行调查核实。2018年5月底，完成县级自检、修正，编制变更调查成果，并逐级向自治区林业厅上报初步成果材料。二是为全面掌握重点生态公益林管护质量，为兑现2018年森林生态效益补偿基金提供依据，根据上级林业主管部门要求，组织13名专业技术人员分成3个小组，自5月27日开始对5个分场各个公益林地块进行实地踏查自检验收，至6月6日完成自检工作，自检结果为602.07公顷重点生态公益林保护完好，无毁林开垦、乱砍滥伐及森林火灾等违法案件发生。

生态公益林管护 9月，田林县林业局将原来乐里林场改革转岗到乡(镇)林业站工作的6名职工调整回到乐里林场，安排到5个分场担任生态护林员，加强生态公益林管护。完成签订公益林管护协议8份，合同面积602.07公顷，其中国家级182.62公顷，省级419.45公顷，年内无毁林开垦、乱砍滥伐及森林火灾等案件发生。

森林资源档案管理 制定《乐里林场森林资源档案管理制度》，在原有森林资源档案基础上，增加造林抚育、生态公益林管护、采伐管理、被侵占林地管理、林地资源年度增减变动等详细工作记录，建立专项工作档案，按时整理归档，规范档案管理。

国有林地被占回收 根据自治区、百色市、田林县人民政府关于国有林场被侵占林地综合整治工作方案精神，主动开展工作，制定切实可行的工作方案，成立3个工作小组，深入周边村屯开展政策宣传和林地退还动员工作。自2018年12月5日起至31日止，共完成被占国有林地回收186.69公顷，占百色市下达年度回收任务185.25公顷的100.78%。

【基础设施建设】 完成公路维修28千米，其中乐里分场5.6千米，分水岭分场(含旧州林区)14.4千米，太阳盘分场2.9千米，定安分场5.1千米，确保各项营林生产和防火护林工作道路畅通。

【经济费用收支情况】 严格实行财经管理制度，做到增收节支。全年经济总收入3516.3万元，其中苗木销售收入34.81万元，松木采脂收入59.82万元，门面及苗圃场地出租收入26.9万元，木材销售收入202.41万元，雪灾赔偿及征地补偿收入1970.36万元，财政拨入资金1222万元(包括项目资金拨款)；经济总支出2692.3万元，其中上缴财政资金1469.92万元，银行自动扣缴贷款利息56.64万元，财政资金支出430.05万元、职工保险费67.66万元，生产性支出666.4万元，上缴2017年度各项税费1.63万元。应缴未缴收入824万元。

(班祖恒)

工　业

经济贸易管理

【田林县经济局领导】

党组书记、局长：陈　彬（瑶族）

副局长：瞿升峰

黄建壮（壮族）

谭天池

【概况】 田林县经济局主要负责协调全县工业经济运行和工业项目投资，以及监督管理企业安全生产、监测工业企业节能降耗等工作。其前身分别为田林县经委、田林县财委、田林县商业局、田林县贸易管理局、田林县乡镇企业管理局。2002年机构改革时，撤销县经委、县财委、县贸易管理局和县乡镇企业管理局，合并组建田林县经济贸易局。田林县于2016年2月组建田林县经济局，为县人民政府调节全县国民经济和社会发展的综合经济管理工作部门，不再保留田林县经济贸易局。2018年内设办公室、综合股、经济运行股、中小企业股等4个职能股室，在编干部职工15人，其中局长1名，副局长3名。

【企业规模】 2018年年末，田林县规模以上工业企业43家。其中：产值达亿元以上的企业22家，分别是广西劲达兴纸业有限公司、田林水利电业有限公司（供电）、田林县顺泓林业产业发展有限公司、田林县轩鑫木业有限责任公司、田林县曾强家具木材加工有限责任公司、田林县和顺木业有限责任公司、田林县信林木业有限公司、田林县晨曦木业有限公司、田林县兴旺木业有限公司、田林县谦泰木业有限责任公司、田林县嘉丰木材有限责任公司、广西田林和平糖业有限公司、田林县康益土特产有限公司、田林县红枫淀粉厂、广西田林大业建材有限公司、田林县润铭混凝土有限责任公司、田林恒展工业有限公司、田林亚兴工贸有限公司、田林捷丰工贸有限公司、田林庆亚工业有县公司、田林星达工业有限公司、广西田林百矿铝业有限公司。产值在亿元以下的企业21家，有山弘（田林）农产品有限公司、广西伟健药业有限公司、田林县水力发电有限公司那比水电站等。

全县工业以造纸、水电、矿产、林业、农副产品加工等为重点。2018年，广西田林百矿铝业有限公司6月上规入统，其煤电铝一体化项目铝水工程电解车间第二段10万吨铝水厂房建设预计2019年初竣工；百色绿兹源环保科技有限公司承租广西劲达兴纸业有限公司，投入3500万元对设备进行技术更新改造，同年10月份试产；炳森技改用地已由国土部门争取到用地指标，通过招拍挂解决用地问题，现企业已着手进行技改、扩建的准备工作；年产2000吨高端山茶油项目用地协调和有机认证稳步推进；广西田林荣安农业发展有限公司第一季度上规投产、广西田林百矿铝业有限公司6月投产上规、田林百矿田田碳素有限公司年产40万吨预焙阳极项目稳步推进。

【工业项目投资】 2018年，田林

表3　　2018年规模以上工业企业各项经济指标完成情况表

单位：亿元

年度	工业总产值	同比增长±%	工业增加值	同比增长±%	主营业务收入	同比增长±%	实现利润	同比增长±%	实现税金	同比增长±%
2018	61.00	20.4%	21.28	17.8	27.79	12.92	0.195	−47.1	0.6411	24.5

县工业投资建设新开工项目有田林百矿田田碳素有限公司40万吨预培阳极碳素项目、田林县隆利气体有限公司氧气、氩气、二氧化碳气体充装站项目，桂黔（田林）经济合作产业园区混凝土搅拌站项目，田林县绿兹源环保科技有限公司技改项目，田林县银川水电有限责任公司年产2万吨金属硅项目，奋飞木业有限公司年产3万立方米生态板建设项目、田林县炳森木业有限公司技改项目。

续建项目有广西亚王水电开发有限公司瓦村水电站项目，百矿集团桂黔（田林）经济合作产业园铝水项目，左右江革命老区电力扶贫项目兴义至百色220千伏输变电工程（二期）田林部项目。全县工业项目完成总投资134020万元，其中技改投资12458万元。

2018年5月18日，百色百矿集团田林275kta电解铝项目正式投产

（田林县工业集中区管理委员会　供稿）

【国有及国有控股企业】 2018年，田林县国有企业1家，为广西田林高龙黄金矿业有限责任公司；国有控股企业6家，分别为田林县水利电业有限公司、广西田林和平糖业有限公司、广西洞巴水电有限公司、田林县那新水力发电有限公司、广西桂水电力股份有限公司田林发电分公司、广西清源电力股份有限公司（原那比水力发电有限公司）。

【非公有制企业】 规模以上非公企业共有37家，分别是广西劲达兴纸业有限公司、田林星达工业有限公司、广西伟健药业有限公司、康益土特产有限公司等。

【节能降耗】 2018年，田林县新增广西田林百矿铝业有限公司重点用能企业，年设计综合能源消费量500000吨标准煤，全县规模以上工业综合能源消费112862.71吨标准煤，单位工业增加值能耗同比增加44.57%。其中重点企业广西田林和平糖业有限公司工业能源消费量为22803.56吨标准煤、田林县星达工业有限公司17752.45吨标准煤。（覃夏颖）

注：2018年国有企业相关信息

2018年，田林县国有企业1家，为广西田林高龙黄金矿业有限责任公司；该企业2018年生产黄金52吨，实现工业总产值2216.66万元，同比减少41.1%；工业增加值843.44万元。

国有控股企业6家，分别为田林县水利电业有限公司、广西田林和平糖业有限公司、广西洞巴水电有限公司、田林县那新水力发电有限公司、广西桂水电力股份有限公司田林发电分公司、广西清源电力股份有限公司。其中田林县水利电业有限公司2018年实现工业总产值12238.2万元，同比增11.8%；工业增加值4235.64万元，同比增11.8%；广西田林和平糖业有限公司2018年产糖44776.19吨，实现工业总产值43500.17万元，同比增2.1%，工业增加值17173.87万元；广西洞巴水电有限公司2018年实现工业总产值8807.29万元，同比增2.4%，工业增加值4076.01万元，同比增2.4%；田林县那新水力发电有限公司2018年实现工业总产值5088.08万元，同比增100%，工业增加值2354.76万元，同比增127.65%；广西桂水电力股份有限公司田林发电分公司2018年实现工业总产值3225.46万元，同比增45.3%，工业增加值1492.74万元，同比增45.32%。广西清源电力股份有限公司2018年实现工业总产值6668.13万元，同比增20.7%，工业增加值3068.01万元，同比增20.74%。

工业企业

制糖业

【广西田林和平糖业有限公司】

董事长：李　政

总经理:钟世益

广西田林和平糖业有限公司是由光明食品(集团)有限公司旗下上海糖烟酒(集团)有限公司下属企业上海东方先导糖酒有限公司在田林注册创立的全资国有企业,2013年12月11日通过司法竞拍方式收购原广西田林富民糖业有限公司糖业生产、经营的整体资产及蔗区投入的资产等,并于2013年12月18日与百色中级人民法院完成交接。田林和平糖业位于广西田林县利周乡和平村,距田林县城8千米,占地面积417亩,有员工289名,公司设有8个管理部室、6个生产车间。日榨甘蔗6000吨,年榨甘蔗72万吨,年产白砂糖9万吨。公司大力发动蔗农种植甘蔗,2014年甘蔗种植面积11.95万亩,甘蔗量达40万吨,2018年总产值达到4.3亿元。

农产品加工业

【山弘(田林)农产品有限公司】
总经理:陈瑞堂

山弘(田林)农产品有限公司成立于1998年10月,属台湾独资企业。公司注册资金为100万美元,主要经营项目为生产、加工、销售八渡笋及农副产品,生产能力为笋干3000吨/年、笋尾5000吨/年、破布果500吨/年,主要产品"发酵笋"全部销往日本、台湾等地。1995至1998年,田林县委、县人民政府实施大石山区贫困农民异地安置工程,先后在田林县八桂、弄瓦、洞弄、能良等乡镇建设八渡笋产业基地近20万亩,安置移民近2万人。为解决竹笋的市场问题,具有生产加工销售农产品80年历史经验的"英属维尔京群岛冠民实业有限公司"应邀到田林创建"山弘(田林)农产品有限公司"。公司实施订单农业,按最低保护价收购竹笋,生产、加工、销售笋干逐年增多。公司于2004年被评为全国扶贫龙头企业及广西区级扶贫龙头企业;2006年及2011年被评为百色市农业产业化龙头企业。由于田林八渡笋纤维细嫩,脆甜可口,味美清香,营养丰富,具有帮助消化、促进食欲、缓解便秘、防腹泻、抑制有害细菌、降低胆固醇、降血压等功效(八渡笋曾为清朝贡品),公司的产品一直供不应求。2018年度八渡笋产值达2425万元,产品销售收入达2305万元。

【广西伟健药业有限公司】
法人代表:陈曦龄(女)
总经理:兰少华

伟健药业有限公司是1992年7月由伟健国际有限公司[维特健灵健康产品有限公司(香港)]投资兴办的外向资企业,是百色首批和田林县首家外资企业,公司拥有固定资产2000多万元,公司位于广西百色市田林县城324国道线旁。1994年按国际药品生产质量管理规范(GMP)设计的制药厂建成,1996年正式投产,2000年12月公司的胶囊剂生产线率先通过国家GMP认证,2013年全厂已通过国家GMP认证,成为广西率先通过国家GMP认证的制药厂家。公司从研发、生产到质检均配置国内外先进的设备和仪器,其中质检中心配置的"高效液相色谱仪""薄层色谱扫描仪"和"紫外分光光度计"均为国外先进的检测仪器。公司主要致力于研究和开发桂西丰富的中草药资源,充分利用滇、黔、桂三省(区)交界处的原始森林盛产的野生灵芝、云芝、首乌等中草药,运用现代医学及先进制剂技术、严格按照GMP要求生产灵芝、云芝、首乌等系列健康产品。公司在极力开发国内市场的同时,通过总公司伟健国际有限公司广大的销售网络,产品销往日本、香港、台湾及东南亚等二十几个国家和地区,深受国内外消费者的欢迎。2018年有职工80余人,产值达5151万元,年利润2413万元。

【广西鑫福源山茶油开发有限公司】
董事长(法人代表):
黄妙玲(女,壮族)
总经理:黄 锋

广西田林县鑫福源山茶油开发有限公司成立于2009年6月,注册资金500万元。公司办公占地面积2000多平方米,厂房占地面积5000多平方米,厂址位于绕城路百花寨大桥附近,总资产4910.97元。长期在职员工58人,少数民族员工有42人,农产品生产加工季节有300多农民就业,油茶基地施工、护理时间段有200多农民就业。公司主导产品为"鑫福源"山茶油及八渡笋系列产品,2015年"鑫意"牌山茶油获得广西著名商标。2016年"鑫福源"品牌获广西著名商标,被国家质检总局获准使用地理标志产品保护专用标志企业。2017年公司获广西先进小微企业荣誉称号。

“鑫福源”公司采取“公司+基地+合作社+农户”的产业化经营模式，以南贵昆经济区为中心，通过“帮扶联营”的方式，整合资源。2013年开始在田林县八桂瑶族乡六丹村建立低产改造示范油茶基地70亩，2016—2017年在者苗乡联营种植了2000亩油茶示范基地已经完成，2017年在八渡瑶族乡福达村斑马屯与农户联营种植3000亩油茶示范基地，已基本建设完成；完成公司帮扶的乐里镇启文村1200亩老油茶林进行低产改造。2018年，投资500万元在乐里镇绕城路武装部仓库对面建成500万株良种油茶苗圃场基地。

公司作为田林县民族贸易企业，2015年公司实施田林县八渡笋开袋即食深加工项目，打造以山茶油和灵芝焖八渡笋零添加开袋即食作为田林县特色品牌。2018年底投资216.8万元建成一次可存储500吨农产品的冷藏库一座。2018年工业总产值达到4730万元。

【田林县康益土特产有限公司】

总经理：王艺鹏

田林县康益土特产有限公司2011年11月成立，主要从事灵芝、八渡笋等田林县土特产加工、销售业务，主打产品“岑灵王”牌灵芝粉系列保健茶。为满足市场需求，公司新建以年产25吨灵芝系列产品等田林县土特产加工、销售于一体的综合加工项目，厂址位于田林县利周乡和平村，占地面积13亩，总建筑面积5150平方米，总投资1122.58万元，其中固定资产投资922.25万元，资金来源全部由企业自筹。项目于2013年2月开工，计划工期8个月。2013年厂房已搭建完毕，开始进入设备安装阶段。项目投产后，年加工灵芝15吨，2018年总产值达到1.5亿元，年销售达到收入1.5亿元。

【田林县荣安农业发展有限公司】

总经理：毛　翔

广西田林荣安农业发展有限公司成立于2014年5月，注册资本5000万元，是一家以农副产品加工为主业，农、工、贸全方位发展的综合型民营企业。公司位于广西壮族自治区百色市田林县旧州镇那度村，着眼于山区农民发展芭蕉芋种植的巨大积极性和芭蕉芋原淀粉巨大的市场需求，采用“公司+基地+农户”的现代产业体系手段，促进山区农村经济发展、农民增收致富，致力于田林县芭蕉芋种植和产业化的快速发展。公司经营范围为农副产品的收购销售和芭蕉芋淀粉的生产、加工和销售。公司占地89亩，有职工40人，专业技术人员12人。公司累计投入3000余万元，建设完成年产1万吨芭蕉芋淀粉的生产线一条，是国内第一条大规模生产芭蕉芋淀粉的专业生产线。同时对应配套环保设备已通过百色市环保局论证通过达到使用标准。经过三年深耕培育，公司已完成1万亩的芭蕉芋种植基地的打造，年供应芭蕉芋原料为14万吨。随着工厂建成投产，将进一步刺激农户种植芭蕉芋的积极性，2017年生产的芭蕉芋种植面积可达3~5万亩。2018年工业总产值达到8181.7万元。

建材业

【田林县广龙水泥有限公司】

总经理：舒必合

田林县广龙水泥有限公司始建于2005年11月，主要从事回转窑水泥熟料粉磨加工、销售，厂址位于田林县利周乡原县水泥厂内。为了贯彻《国务院关于进一步加强淘汰落后产能工作的通知》、工信部《水泥行业准入条件》等有关政策精神，公司把原有一条渍2.4伊7.5米的水泥粉磨机，生产规模为10万吨每年普通硅酸盐水泥，产品单位耗电量为55千瓦时每吨的生产线更新改造为渍3.2伊13米的水泥磨机，使产能达年产65万吨水泥，单位耗电量降为34千瓦时每吨以下的生产线。项目于2013年2月动工，同年11月30日竣工投产试运行。项目总投资5000万元，其中固定资产投资3500万元，流动资金1500万元，资金来源全部由企业自筹。2018年产值4963万元，收入4890万元，新增就业120人。

【田林县润铭混凝土有限责任公司】

总经理：谢　站

田林县润铭混凝土有限责任公司于2017年6月创建，位于田林县旧州镇工业园区内，占地面积约40亩，注册资金3000万元，总固定资产超过2286万元。公司下设综合办公室、财务部、销售部、生产部、试验室共五个部门。公司管理为总经理负责制，总经理下设副总经理1名(分管生产部、生产技术部和车队)，财务总监1名(分管财务部)，综合办公室(分管后勤及公司其他事务)。公司有员工35人，其中：财务室4人、办公室后勤7人、试验室5人、生产部19人。员工中有质检员7人，持证上岗有7人，初、中级技术人员9人，车队驾驶员均持有5年以上B类车驾驶执照。公司使用的生产设备是由珠海仕高玛机械设备有限公司采用意大利技术生产的型 号：MAO 4500/3000 SDYHO-Z主机生产线，设计生产能力为35万立方米/年预拌商品混凝土：中联重科股份有限公司生产的混凝土搅拌运输车8辆：混凝土泵车2台型号为：中联ZLJ5337THB和中联ZLJ5348THB；车载式混凝土泵车1台型号为中联ZLJ5121THB；均配有先进的通讯系统，确保调度准确。可向广大客户单位提供C10-C60各种等级的预拌商品混凝土和有抗渗、抗折、缓凝、早强等特殊要求的特种预拌商品混凝土，广泛适用于道路、桥梁、铁路等基础建设及工民建、水利、电力、化工等工程施工，保证满足客户的需要。公司全面实行标准化、程序化、规范化管理，配有独立开展检测工作的试验室，建立有水、砂、石、外加剂、混凝土、粉煤灰等从原材料进厂到预拌商品混凝土产品出厂质量管理控制度和质量检测标准。公司拥有先进和完善的检测设配，检测手段齐全，配有集料室、标准养护室、试配室、力学室、村料检测室。公司拥有以材料科学、结构设计、建筑工程等专业的技术队伍。2018年工业总产值达到1.1亿元。

【广西田林大业建材有限公司】

总经理：车仁武

广西田林大业建材有限公司是由私营独资经营的预拌混凝土生产企业，成立于2016年12月，公司位于田林县乐里镇风洞村，厂区占地面积13340平方米，建筑面积约10000平方米。注册资金3800万元人民币，主要经营商品混凝土的生产及其运输、泵送、浇灌等业务。公司实行总经理负责制，有员工43人，其中高中以上学历25人，初级以上技术职称10人，工程师1人，会计师1人，助理工程师、助理会计师、技术员6人。搅拌站配备有1套相对独立的搅拌系统，搅拌机容量为$3m^3$(搅拌能力为120m/h)，实行计算机全自动控制；配有搅拌运输车10辆，泵车3台，泵送高度可达130米以上。所有的搅拌运输车都安装空调和车载无线电话，实现对车辆的随机指挥调度，大大提高设备利用率。另外，公司为各部门相关人员及主管配置计算机，基本实现计算机网络化管理。公司建立完善的混凝土试验室，可以完全满足混凝土生产过程对原材料和成品的检验要求。2018年工业总产值达到1.4亿元。

【田林县旺盛商务投资有限责任公司】

总经理：苏健雄

田林县旺盛商务投资有限责任公司于2011年11月创建，位于田林县乐里镇新昌村那涯屯渭卡沟新建一座规模为占地面积15亩、总建筑面积9660平方米。容纳安置本县人口50多名员工。公司采用意大利技术的珠海仕高玛机械设备有限公司生产的型号：MAO 4500/3000 SDYHO-Z主机生产线，设计生产能力为30万立方米/年预拌商品混凝土；中联重科股份有限公司生产的混凝土搅拌运输车10辆；混凝土泵车2台型号为：中联ZLJ5337THB和中联ZLJ5348THB；车载式混凝土泵车1台型号为中联ZLJ5121THB。均配有先进的通讯系统，确保调度准确。可向广大客户单位提供C10-C60各种等级的预拌商品混凝土和有抗渗、抗折、缓凝、早强等特殊要求的特种预拌商品混凝土，广泛适用于道路、桥梁、铁路等基础建设及工民建、水利、电力、化工等工程施工，保证满足客户的需要。项目总投资2586.28万元，其中固定资产投资1750万元，其他237.45万元，预备费99.37万元，流动资金500万元。企业自筹资金2286.82万元，银行贷款300万元。2018年工业总产值达到4914万元。

水电产业

【概况】 田林县境内集雨面积50平方千米以上的河流有16条，分布在驮娘江水系和南盘江水系，水能资源理论蕴藏量为60万千瓦，已探明并可开发利用量的56.46万千瓦。2017年末，全县已建成并网发电的水电站有21座，水电装机容量达47.74万千瓦，设计年均发电量7.55亿千瓦每小时，重点分布在驮娘江和西洋江一带。2018年在建水电项目有装机容量为30万千瓦的八渡口水电站。

【田林县水利电业有限公司】
总经理:马海斐

田林县水利电业有限公司是由广西水利电业集团有限公司(前身为广西水利电业有限公司)与田林县电业公司共同组建的有限责任公司,于2004年1月13日注册成立。公司总资产30180.05万元,注册资金2660.4万元,其中,广西水利电业集团有限公司占63.85%的股份,田林县电业公司占36.15%的股份。田林县水利电业有限公司主要负责田林县行政区域内供电销售、电网建设、变电站运行等业务管理。公司职工240人,下设经理工作部、人力资源管理部、财务部、营销部、生产技术部、建设部、安全监察部、党群工作部等8个职能部室及乐里、潞城、旧州等19个供电营业所(含供电营业点)和18个变电站。其中管辖110千伏变电站2座,35千伏变电站16座,110千伏线路96千米,35千伏线路362.35千米,10千伏线路3909.64千米,10千伏公用配电变压器1429台,2018年工业总产值达到4068万元。

【田林县荣达水电有限公司】
总经理:莫荣壮

田林县荣达水电有限公司(田林县那读水电站)位于田林县境内的八渡瑶族乡百六村那读屯附近,距离县城77千米,电站为引水式电站,设计流量33立方米/秒,设计水头29米,装机容量为3伊2500千瓦,多年平均发电量为4270万千瓦每小时,电站工程主要由拦河坝,进水口,无压引水隧洞,引水渠道,压力前池,压力管,发电厂房,升压变电站及跨河交通桥组成,电站总资产值5820万元。电站于2000年10月27日进行“三通一平”开工仪式,2001年11月正式开工建设。2004年7月19日一号机组发电上网,2号机组、3号机组相续于2005年5月28日并网发电运行。电站员工35人,其中管理人员5人,运行员24人,检修员3人,渠道巡逻员1人,大坝巡逻员1人,司机1人。2018年总产值达到2611万元。

【田林县水力发电有限公司那比水电站】
厂　长:杨春安

那比水电站位于广西百色市田林县境内驮娘江与西洋江汇合口上游16.3千米处的西洋江上,距县城88千米,离百色市区160千米,是以发电为主的水电工程,水库总库容0.58亿立方米,调节库容490万立方米,水库具有日调节性能,电站装机容量48兆瓦,保证出力11.51兆瓦,多年平均发电量17854万千瓦每小时,装机利用小时3720小时。水电站由厂房及升压站组成。厂房布置在挡水坝下游的左岸坡脚处,为引水式厂房,装机3台,每台装机容量16兆瓦。那比水电站主体工程于2009年11月1日开工建设,工程总投资4.8亿元,总装机4.8万千瓦时,3台机组,1#机组于2011年3月投产发电,3#机组6月投产发电。2018年度,那比发电公司发电量为1.7亿千瓦时,产值6668万元,销售收入5696万元,上缴税金179.2万元。

冶炼业

【广西田林百矿铝业有限公司】
总经理:何志鸿

广西田林百矿铝业公司于2017年1月在广西田林县旧州镇旧州大街6号注册成立,注册资本5000万元,由百色百矿集团有限公司出资成立。公司主营业务包括铝水、铝锭、铝棒、铝型材、铝板带箔、铝渣的制造和销售。百色百矿集团有限公司持有广西田林百矿铝业有限公司100%股权。项目于2017年5月14日开工建设,建设规模为年产30万吨铝水,总投资约22亿元,占地面积约800亩。主要建设内容有铝水车间、氧化铝供料及输送系统、配套220千伏开关站、供电整流系统、电解烟气净化系统、综合维修车间等主要生产车间和辅助生产系统。项目电解槽型采用NEUI600KA高能效节能电解槽,设计年耗电量40亿度,达产后平均负荷452兆瓦,主要原料年消耗量氧化铝60万吨,预焙阳极块15万吨,氟化铝5000吨,新水50万吨。项目建设重要性:项目投产后,可实现年产值45亿元,利润2.5亿元,解决就业1000人。项目可充分利用百色氧化铝资源优势、广西能源(电力)及贵州电力优势,对优化广西铝产业结构,完善铝产业链,促进区域经济发展。项目计划总投资约22

亿元。厂址位于广西壮族自治区百色市田林县桂黔(田林)经济合作产业园,工业园地处田林县旧州镇板坚村。2018年工业总产值达到8.4亿元。

【田林县星达工业有限公司】
总经理:张　义

田林星达工业有限公司成立于2004年6月,原工商注册名称为田林嘉华工业有限公司,2007年12月经股东申请变更为现企业名称,厂址位于广西田林县潞城瑶族乡旺吉村俄外屯附近,占地面积40多亩,注册资金500万元,属民营企业,主要产品是工业硅,有职工157人,其中管理人员15人,工程师6人,经济师3人,会计师1人,安排当地农民工就业130多人。公司原有2×8000千伏安矿热电炉生产线,2009年和2014通过总投资4050万元改扩建技术改造后,现拥有矮烟罩半封闭固定式2×12600千伏安矿热电炉生产线,同时配套建设2×400立方米冷却塔,高低压节能补偿器,1500立方米高位水池,1000立方米冷却循环用水水池,30立方米液氧罐集中供气系统,300立方米三级过滤沉淀池以及2×12600千伏安矿热电炉长布袋低压脉冲烟气除尘器等环保设施,并自建110千伏变35千伏容量31500千伏安变电站一座,形成年产1.2万吨工业硅生产能力。近两年来,在县人民政府及有关部门的大力支持和帮助下,尽管国际金属硅产品市场价格均处于低迷状态,公司仍按照县委、县人民政府稳增长的工作要求,克服困难,不断加大生产力度,2014年完成产值1.179亿元,首次突破产值亿元大关;主营业务收入2399.6万元;2018年完成产值2.4亿元,主营业务收入达2.1亿元,分别同比增长16.2%、8.4%。

木材加工业

【田林县曾强家俱木材加工有限责任公司】
总经理:曾　强

田林县曾强家俱木材加工有限责任公司是主营销售建筑模板、单板、方条等产品专业生产加工的公司,于2012年11月8日在百色工商局登记注册,地址位于广西百色市田林县潞城乡林业产业园区内,在职员工100余名,其中管理人员有10名,有十余年丰富的管理加工制作板材经验。公司占地面积约20余亩地,拥有较为宽敞的晒板厂、卷板车间、半成品以及成品厂库、建筑模板生产车间,是加工销售为一体的公司。厂家进购原木进行加工制作出成品,直接销售给建筑工地等需要板材的企业或个人。2018年工业总产值达到2.2亿元。

【田林县和顺木业有限责任公司】
总经理:罗明华

田林县和顺木业有限责任公司木材综合加工厂是一家民营企业。公司由田林县罗明华、陈洪福、皮彩荣、余艳芳、韦佳君、黄小欢、黄茂松7位个体商户投资兴建,于2014年成立建成生产。注册资金600万元。厂址位于田林县潞城乡旺吉村俄外屯旁,国道324线,占地50亩,有工人200人。公司主要经营各类原木,板材、方料、单板、机械炭生产销售,生产出的产品销往各国各地。2018年产值2.3亿元。

【田林县信林木业有限公司】
总经理:农永生

田林县信林木业有限公司前身为田林县荣生木业有限公司,是一家民营企业,公司成立于2005年,2014年8月整合后变更为田林县信林木业有限公司,法人代表:农永生。公司注册资本500万元,经营地址位于田林县工业集中区潞城旺吉片区,经营范围为原木、锯材、细木工并板生产加工、销售为一体。属一般纳税人、2014年培育为规模以上企业。2018年,公司有14条木材加工流水线及各种木材加工设备60台,资产总额1600万元,有员工300人,技术员20人(其中解决贫困户10户、约20人的就业岗位)。公司占地60亩,总建筑面积22000平方米,年产生态并板2.43平方米,锯材3万立方米,2018年年产值超2.4亿元,年纳税535万元。

【百色绿兹源环保科技有限公司】
总经理:农学宝

百色绿兹源环保科技有限公司成立于2017年12月04日,注册资金5000万人民币元,公司坐落于百色市田林县境内,隶属于广东华众集团公司旗下的广州翔鹏投资有限公司的全资子公司,主要经营业务有特种纸的生产及销售、废纸、纸浆、原材料的购销、国内外贸易(国家及自治区禁止的商品除外)、商务贸易信息咨询服务。公司造纸生产设备采用日本三菱公司和美国比洛伊特公司生产的两台高速夹网带门辊施胶纸机生产线,制浆设备采用芬兰美卓造纸机械有限公司生产的制浆生产线,设备及生产工艺国内领先,实现全流程DCS自动化控制及纸机产品在线QCS控制,确保了产品质量优良稳定可靠的生产;主要产品有45~70克的低定量中隔纸、淋膜原纸、信封牛皮纸、高档精品牛卡纸等特种纸,是百色地区最大的特纸生产基地。2018年公司有在职熟练操作人员200余人,专业技术型人才56名。2018年工业总产值达到了4487万元。

工业集中区管理

【田林县工业集中区管理委员会领导】

主　任:黄承新(壮族)

副主任:黄鱼课(壮族)

　　　陈长万

【概况】 田林县工业集中区管理委员会于2012年11月成立,为田林人民政府管理的财政全额拨款事业单位,内设有办公室、财务统计股、建设规划股、企业服务股等机构。上级核定编制8名,其中主任1名,副主任2名,干部职工5名。

【工业集中区建设与管理】 全力推进落地项目建设。2018年,新引入百矿40万吨预焙阳极碳素项目、22万变电站项目、工业固废利用项目、大地木业项目、炳森木业增资扩产项目、年产2000吨高端营养山茶油项目等,规划总投资近25亿元。2018年6月完成百矿铝业275kt/a电解铝项目第一段10万吨产能投产;完成铝水配套项目搅拌站、氧气站建设,并培育成规模以上企业;2018年8月,潞城旺吉工业园区锦森木业公司投产并完成超万立方的产能;全面推进基础设施建设。2018年,完成潞城旺吉工业片区一期主干道建设及园中桥项目建设;完成桂黔(田林)园区1000亩下游产业用地的场平工作,完成园区日处理900立方污水处理站并投入使用;完成临时工业和生活用水5600立方水池、20千米管道铺设等工程;完成百矿400kt/a预焙阳极碳素项目场地平整400亩;坚持“保姆式服务”,全程参与项目立项、环评、证件执照办理、施工报建等环节,2018年共收储土地800亩,取得林地征占用指标1200亩,建设用地指标400亩,完成桂黔(田林)经济产业园二期3000亩规划环评、地质初勘、地灾压矿评估以及园区供水、供电、污水处理等基础设施规划设计工作,并积极探索“全程代办制度”,2018年累计为企业提供服务180余次。

截止2018年12月,田林县工业集中区实现工业总产值57.44亿元,工业增加值完成17.66亿元,基础设施投资完成1.14亿元,新签项目合同投资完成11.4亿元,工业集中区各项经济指标取得历史性突破。(陆文宝)

交通运输·信息产业

交通运输

【田林县交通运输局领导】

党组书记、局长：彭祖明

副局长：罗文富（瑶族）

　　　　黄明忠（壮族）

　　　　龙　兴（壮族）

总工程师：黄利伟（壮族）

【概况】 2018年田林县交通运输局下设公路管理所、港航管理所、地方公路路政执法大队3个二层机构，总编制数47名，在职在编干部40人。领导班子编制设定一正三副，总工程师一名。

【交通基础设施】 2018年全县农村公路通车里程1398.26千米，其中：县道393.55千米，乡道66.49千米，村道938.23千米。全县14个乡（镇）基本都通四级油路，165个行政村都通等级公路。截至年末，全县有165个行政村通沥青（水泥）路，通畅率为100%。

【交通固定资产投资】 2018年，田林县交通项目建设计划总投资68098万元，其中：路网项目40201万元，农村公路建设13897万元，社会交通投资14000万元。1至12月累计完成投资70580万元。

【公路建设项目】 2018年，以交通基础设施建设为重点，推进项目建设。

三级公路工程建设 一是南环路乐里至八桂三级公路№1标（南环路）全长8.8千米，总造价2360.79万元，于2018年10月中旬完工。二是八桂至弄瓦三级公路（弄瓦至架屯段）。八桂至弄瓦三级公路全长34.9千米，总投资14031万元，分两期实施，其中第一期架屯至弄瓦段10.32千米于2016年12月开工建设，合同总造价2435.43万元，截至2018年12月已完成投资2100万元。

脱贫攻坚通屯道路硬化项目 2017—2018年期间组织实施脱贫攻坚通屯道路硬化项目71个507.12千米，合同投资24948.36万元。2017年第一批通屯道路硬化项目26个231.38千米，合同投资11499.52万元，截至2018年12月底，累计完成投资9877.46万元，完成基层218.59千米，路面196.72千米。2017年第二批通屯道路硬化项目45个275.73千米，合同投资13448.85万元，截至2018年12月底，累计完成投资7121.37万元，完成基层231.92千米，路面113.61千米。

农村公路路网结构改造项目 一是窄路基路面加宽工程完成实施岩荣至六隆、供央至能良、洞弄至上仁、八渡至合塘、平合至根标、板桃至弄光公路6个项目共101.6千米，总投资1659.53万元。二是凡昌至浪平公路（凡昌至伟好路口段），项目长9.63千米，合同价1185.93万元，截至12月底，完成投资400万元。

福达至八渡复建路工程项目 建设里程27.39千米（其中含5座大桥总长806.58米），项目合同建安费7427.54万元，分4个标段，截至12月底，完成投资5942.032万元。

福达街中桥及防护工程 桥长28米，桥头引道长158米，防护工程646米，项目建安费640.17万元。截至2018年12月底，完成投资524.94万元。

渡改桥项目 完成香维桥项目建设，桥长80延米，总投资340万元。

凌云至田林二级公路项目 凌云至田林二级公路（田林段），路线总长56.47千米，总投资39839万元，其中田林县境内15.27千米，投资10776万元。项目由百色市交通运输局负责实施，正在进行路基土石方施工，路基主体初步形成。

旧州至那腊二级公路项目 项目总长111千米，计划投资90785万元，由广西新发展集团有限公司作为项目业主，截至2018年12月30日工程形象进度为路基土石方工程量约72%、桥梁约30%、盖板涵约40%、管涵约45%、支挡工程约36%；路面碎石垫层（含找平层）约50%。

开展项目前期工作 一是旧州八渡口大桥及连接线工程。项目工可已获自治区发改委批复，设计单位已经提交初步设计（送审稿），将报送自治区交通运输厅审批。二是潞城至百乐三级公路。项目全长约84千米，其中潞城至弄甲段项目里程37千米（包含小桥8座，324.32米），投资概算1.15亿元，于2018年12月20日开工。三是乐里至香维至百乐（巴掌）三级公路。项目工可已获自治区发改委批复、环评已获自治区环保厅批复、水保已获自治区水利厅批复、选址报告已获县住建局批复，其他专题报告正编制和报批中。四是田林经八桂至定安公路（国道357）。项目工可已获自治区发改委批复，并已开展初设和施工图设计。五是贵州贞丰经册亨至田林高速公路。配合开展项目前期工作，争取与贵州段同步开展、同步建设、同步运营，形成南北纵向的出省出边出海大通道。六是计划开展福达至者苗、马逻经六隆至洞弄公路提级改造项目，为申报上级计划作好项目储备。

【公路养护】 2018年田林县农村公路列入管养护总里程为1311.71千米，其中：县道370.55千米，由县交通运输局公路管理所管养；乡道66.49千米，村道874.68千米，由线路所在辖区乡（镇）管养。田林县在养桥梁为51座，共2054.68延米，由县交通运输局公路管理所负责养护。桥梁全部建立一桥一档，并按相关文件要求，每个月对全县所有在养桥梁进行检查并存档。

2018年全县农村公路经常性养护覆盖率达到100%，绿化率达90%以上；2018年全县农村公路技术状况（MQI）评定里程：1270.31千米（在建设项目或等外路不参与评定），农村公路技术状况（MQI）县道优良路率为45.16%、中等路率及以上为80.04%、差路率为5.8%；乡道优良路率为34.97%、中等路率及以上为75.23%、差等路率为11.5%；村道优良路率为27.12%，中等路率及以上为70.17%、差路率为17.4%。农村公路路面技术状况（PQI）中等路以上比例平均为75.38%，其中县道为84.12%，乡道为77.35%，村道为72.08%。

【水路运输】 田林县辖区内有八渡口、百乐、周马、弄瓦共4个渡口，11艘客渡船420个客位、1艘车渡船2个车位，其中八渡口6艘客渡船230个客位、1艘车渡船2个车位；百乐渡口4艘客渡船140个客位；周马渡口1艘客渡船50个客位；弄瓦渡口无营运船舶；参与营运的12艘船舶均为标准化渡船，均已取得水路运输许可证和营业运输证。年度内加大法律法规的宣传力度，营造合法经营氛围。加强现场监管，坚决打击水路非法营运，开展水上交通有关法律法规的宣传，到各个渡口进行现场宣传36次，发放宣传单400份；3月11日，在旧州镇八渡渡口开展水上交通“渡运安全宣传日”活动，向渡船船主、船员及乘客讲解桂平市“3·11”重大水上交通事故，发放渡运安全宣传单共50份，讲解乘船注意事项、遇险求助自救、常用救生设备使用等知识，在渡口、渡船的醒目位置挂宣传横幅共2幅。7月至9月对田林县辖区内的11艘标准化客渡船及1艘车渡船的人员配备、安全设备、适航情况等进行检验。

【路政管理】 2018年，共清理非公路标志60块，公路堆积物66处451立方米，临时搭棚14处99平方米，疏通人为水沟1460米。检查过往超限运输车辆182台次，立案查处超限运输处罚案件6起，罚款金额9100元。有效制止2例擅自增设公路平行岔口，当事人恢复2处，下达各类案件整改通知书6份，已整改6例。

年内，以流动稽查为主，流动治超等方式在辖区公路开展超限运输治理工作，注重把超限运输的苗头压在萌芽阶段，联合县公安局交警、高速公路路政、县运管所等部门，在田林县范围内开展治超治理工作，共出动人员80人次，执法车辆30台次，检查过往车辆65台次，有效遏制损害公路的违法行为发生，维护公路路产路权。

【交通安全】 一是严格按照“谁主管、谁负责”的原则，强化安全生产监管主体地位，明确安全生产责任，落实安全生产保障措施。二是制定一系列符合交通运输行业实际的安全措施和预案，与各施

2018年12月24日，田西高速控制性工程土黄驮娘江大桥开工仪式

2018年12月24日，举行田西高速控制性工程新寨隧道开工仪式

表4　田林县交通运输主要指标额

指标名称	2018年
公路管养里程（千米）	1311.712
营运载货汽车（辆）	2386
营运载客汽车（辆）	242
民用运输船（艘）	12
公路货运量（万吨）	695
公路客运量（万人次）	326
水路货运量（万吨）	11.5
水路客运量（万人次）	6.5

工单位签订安全责任状的同时，要求监理单位、施工单位以及各标段和施工队层层签订安全合同和农民工工资保障合同，年内，县交通运输局工程建设领域未发生一起安全事故。三是切实做好2018年春运组织管理工作。围绕春运工作重点和目标要求，制定切实可行的春运工作计划及运力调整预案，实行24小时值班制度和领导带班制度，强化管理，确保春运安全有序。经过40天的艰苦奋战，圆满完成此次春运任务，兑现让广大旅客“走得了、走得好、走得安全、走得满意”的承诺。据统计，田林县春运期间共投入运力日均204辆次；共发班10757个班次；共运送旅客94676人（次），客运站营业收入492.3万元，整个春运期间田林县没有发生一起道路旅客运输事故。四是加强宣传、增强群众的出行安全意识，以开展“安全生产月”宣传活动为契机，共发放传单1000余份，组织人员开展应急救援演练，增强群众的出行安全意识。五是加大检查，强化监督，加强重点领域隐患排查。年内，多次开展公路、水运、道路运输、客货运输站场安全生产大检查，确保全县交通运输行业安全、稳定态势。

（罗文富　卢丽霞）

公路管理

【田林县公路管理局领导】

局　长：瞿道坚

党总支书记：农定立

党总支副书记：李　斌

副局长:杨启玉
凌维飞
帅五湖
工会主席:周　安

【概况】 田林县公路管理局是一个以公路养护、公路行业信息管理为主要业务范围的事业单位,承担管养国省干线公路的养护、路政等方面管理工作及养护工作;承担管养国省干线公路安全生产监督管理工作及应急处置工作;承担国省干线公路行业信息收集和服务工作。2018年,有编制135名,实有人员103人。领导职数1正3副(不含党组织设置的领导),局机构设置有:办公室、养护与工程管理科、安全与国有资产科、政工科、财务科、纪检监察室。依据管养里程数随时调整下辖板桃、旧州、定安、平塘、高龙5个养护站,乐里、潞城、福达、八桂4个工作点,1个路面修补及应急抢险组,1个连续式交通观测站和1个间歇式交通观测站。年内管辖公路总里程308.71千米(其中二级公路131.65千米、三级公路9.145千米、四级公路149.2千米、等外公路18.72千米),全是非收费路段。

【公路养护】 2018年田林公路管理局管养总里程为308.708千米,全部为国省干线,评定里程为176.048千米,年计划优良等路为103.139千米,好路率58.59%,实际完成全部路线优良等路103.14千米,好路率58.59%,全面完成广西壮族自治区百色公路管理局下达年度路况指标任务。

养护机制改革 专门召开公路养护工作会议,探讨推行公路养护市场化模式,优先让聘用工承包乡道养护,调动职工的养护积极性。

养护工程和文明建设项目 实际总投资51.82万元,其中完成局机关修建三面光排水沟、沉沙池、2号办公室盖防水铁棚:6.5万元;G324线福州—昆明K1984+700、K2021+080新建挡土墙14.62万元;G324线福州—昆明K1990.05新建圆管涵20万元;G324线福州—昆明K2045+820新建挡土墙10.7万元;完成路面修补15.96万平方米。

公路物资采购 计划外购路料2800立方米,实际完成外购路料2898立方米;计划采购沥青110吨,实际完成沥青110吨。

加强桥梁、涵洞、隧道养护 管养桥梁共50座,1953.25延米,2018年桥梁小修共22项,维护经费共15.44万元。及时检查维修损坏的桥梁栏杆及其构造物,清理桥梁泄水孔及锥坡、桥台的杂草,对桥台跳车全面修复,加强对危桥的整治力度,确保桥梁涵洞安全使用。投入118.39万元完成俄外二桥危桥改建工程并顺利实现通车。

公路路容路貌专项整治 结合"美丽广西·宜居乡村"公路行动活动,配合广西壮族自治区百色公路管理局开展公路路容路貌专项整治工作,重点对路肩、排水设施、支挡构造物进行整治。全年累计投入人力753人次,投入车辆、机械154台,清理堆积物14处/120立方米,累计清理县乡村道水沟41.28千米,清理涵洞501道,拆除非公路标志182块(幅)。

公路应急抢险 成立专门的应急抢险组,加强水毁预防抢修工作。2018年所管养路段出现历年来水毁最严重的一年,特别是国省干线公路因强降雨导致断通14段(处),造成公路水毁塌方151756立方米,路面损毁212平方米,结构物(包含桥涵、挡墙路肩墙)损毁601.5立方米,直接经济损失近598.89万元。灾情发生后,累计共投入水毁抢修资金79.1万元,除X794线K3+600百逢处大塌方还未清理外其余塌方均已清理完毕,及时恢复路况,确保道路畅通。

公路绿化美化 2018年完成路树修剪总长123.91千米。(包含枯树、危树清理)

【路政管理】 重点加强国省干线公路及过境公路的治理工作,有效遏制过境公路"四乱"现象,无"三乱"现象发生,无行政执法复议和诉讼案件发生。全年共清理非公路标志159块(幅),堆积物14处、120立方米,疏通人为堵塞水沟164米长;拆除违法建房1间、违法围墙1处;查获车辆损毁路产案件7起,收取路产补偿费57700元;依法办结路政许可案8起,收取路产补偿费11160元;检查运输车辆1800辆,现场查处超限运输车辆52辆,卸载及转运货物130吨,收取罚没款41700元,其中与交警联合治超查处车辆4台,扣分18分,严厉惩治恶性超限超载运输车辆,确保公路桥梁安全;出动路政宣传车33辆次,工作人员152人次,发放宣传单905份,张贴宣传公告68份,悬挂宣传横幅4条;完成信息采集里程为123.37千米。

【安全生产】 坚持以人为本,明确单位部门主体责任,该局与各科室、养护站签订安全责任状,确保一岗双责,党政同责制度落实到位,切实抓好安全生产管理工作。开展《国省干线公路安全专项整治行动》《安全隐患大排查大检查活动》《道路交通安全隐患大检查大排查大整治工作》《平安公路百日行动》等专项活动,重点检查危险路段、危桥(涵)、危树、路基缺口、高危边坡等易发生安全事故的地方,对检查中发现的隐患,督促管养路段的公路站进行整改,将事故苗子消灭在萌芽状态。通过开展专项检查,有力地促进安全隐患的排查与整治工作。同时大力宣传党和国家的安全生产方针政策,切实加强对安全生产工作的指导,不断推进安全生产工作的力度,引导职工时刻重视安全生产,真正实现领导高度重视、职工参与的全局性行为目标,全年无任何安全责任事故发生。 (刘 慧)

道路运输管理

【田林县道路运输管理所领导】

所 长:莫文涛(壮族)

副所长:陈芊亦(女,壮族,2018年2月任职)

【概况】 田林县道路运输管理所核定编制人员为10名,2018上半年人员共有14人,其中在编9人;下半年人员为11人,在编7人。根据《百色市人民政府关于同意县级道路运输管理机构上收市级道路运输管理机构直接管理实施方案的批复》文件精神,田林县道路运输管理所从2007年6月起由百色市道路运输管理处直接管理,2018年12月下放田林县人民政府管理。

【道路运输】 2018年,田林县拥有营业性运输车辆2681辆,其中:营运货车2386辆、营运客车辆242辆[其中大型客车25辆、中型客车111辆、小型客车(面包车)有106辆]、公共汽车43辆、出租车10辆(2018年下半年已全部转出企业为非营运车辆)。运营客车座位总数4079个(其中大型客车1054个、中型客车2126个、小型客车899个);客运班线共有95条,其中:跨省班线3条[田林至广州1条、田林至贵州安龙1条、田林至深圳(龙岗)1条];跨市3条(田林至南宁2条、田林至钦州1条);跨县14条;县内75条。2018年完成道路客运量326万人次,旅客周转量25059人公里;完成道路货运量695万吨,货物周转量41834万吨/公里,货物运输行业发展较快。全县14个乡镇班车出行率达100%,已完成145个行政村通班线,行政村通车率为87.87%;已完成利周、潞城城乡客运一体化班线改造,推进田林县城乡一体化发展,形成车辆结构、客运线路布局较为合理的客运市场新局面,基本上满足全县城乡居民出行的需要。

【农村客运站场建设】 截至年底,共建成6个农村客运站,分别为利周、六隆、潞城、旧州、高龙、那比客运站,竣工验收并颁发经营许可证的有5个,启用率为83.3%,百乐客运站、福达客运站仍在建设当中。全县农村客运站建设覆盖率43%,平均每天有48辆农村客运班车进站检验报班。已建成新建村、风洞村、央白村、渭密村、那雄村、福祥村、潞城村、旺吉村、福达村、浪平村、百隆村、者苗村、洞弄村、六隆村、八桂坡廉租房、者务村、百榄村、渭山村、爱善村、央白村、大平村路口等56个便民候车亭,有效解决当地群众的出行问题。

【机动车维修市场监管】 2018年主要开展三项工作任务,一是根据各级行业主管部门的部署,推行交通运输部《营运客车安全达标实车核查工作规范》及自治区交通运输厅《道路货运车辆检验检测工作实施细则》,重点指导企业建立汽车维修电子健康档案,通过培训、现场指导等方式,田林县汽车维修市场二级维护和车辆技术档案工作有序推进。二是依照自治区级、市级人民政府及行业部门的指导,取消对机动车维修业的行政许可,转以备案方式取代行政审批。按原许可条件要求,通过材料审查、现场勘查对新开业的企业进行备案。三是对全县39户二类以上机动车维修业户(其中二类8户、三类31户)开展日常安全生产源头检查及行业专项稽查行动,促使机动车维修市场健康、有序发展。

【安全监管】 2018年,加强各道路运输企业的源头安全生产监督检查,对全县4家道路旅客运输企业,全年每个企业平均检查14次以上;机动车驾驶员培训机构4家,全年每个机构平均检查6次以上;三类以上机动车维修企业39家,全年平均检查6次以上;全年总共出动执法人员864人次。通过路检路查,查处道路运输各类违规行为534起,其中:无证从事客运经营16起,暂扣无证从事客运经营面包车16辆;无证从事货物运输经营8起;无证从事培训的教练车5起,不按线路经营4起;使用擅自改装已取得营运证的车辆357起;无从业资格证驾驶道路运输车辆129起;营运证逾期年审9起;其他违规案件6起。通过开展各项安全稽查行动,源头安全管理得到加强,运输企业的安全主体责任得到落实,无证经营、非法营运的势头得到有效遏制,切实维护道路旅客运输市场秩序,确保旅客合法权益不受侵害。

【机动车驾驶员培训监管工作】 2018年,田林县驾校共培训机动车驾驶员2610人,培训合格1400人,培训合格率53.6%。年内重点督促辖区内驾校计时系统"一卡通"的应用以及"先培训后付费"的持续开展。通过行业安全例行检查、一年两次专项整治,督促驾培机构必须按规定使用计时系统进行培训,对于违反规定的企业和当事教练员按规定给予相应处罚,从而确保教学质量。同时,按照自治区运管局的部署,继续推进"先培训后付费"方案,指导驾培机构按照制定的工作方案及付费流程,公示收费标准,大力推广此培训新制度,使学员能够自由选择,增添市场活力,从而促进驾培机构提高教学及服务质量。

【客运企业简介】

田林汽车总站 广西驰程汽车运输有限责任公司田林汽车总站,成立于1956年,前身是田林县汽车站,后于2000年从国有企业改制为内部员工持股的汽车运输有限责任公司,是田林县最大的二级客运运输企业,田林汽车总站下辖有:客运站、永兴公交汽车运输公司、金桂汽车运输公司、二类修理厂、客运快件、林通货物运输公司部6个单位。总站经营范围包括国内道路客运、各类货物运输、运输服务、人身意外保险代理、货物运输保险代理、各类汽车、摩托车施救、修理,汽车、零配件销售等业务。

总站拥有进站发班各类营运客货车242辆,客运以豪华大巴为主,运行客运班线95条,覆盖百色市,辐射广西南宁、隆安、钦州、武鸣等市县;辐射外省广州、东莞、龙岗、中山、小榄、安龙等市县,其中高速及直达客运快班3条,覆盖百色地区、南宁地区、广东广州等区内外各主要地市中心城市,逐渐打造"高质量、高密度"的企业品牌。货运以零担快车,零担运输网络业务和货物快递业务为主。

广西现代宏运田林分公司 广西现代宏运运输有限公司田林分公司始建于2002年7月31日,总公司是广西现代运输集团控股的子公司。公司主要经营班车客运、包车客运、定线(非定线)旅游客运(均含县内、县际、市际、省际),是一家享受二级资质的道路旅客运输企业。年内公司在册客运车辆140辆,座位2186个,是田林县客运车辆最多的企业,其中:中型以上客车共97台,座位1851个,微型小客43台,座位335个。客运班线运行至百色、隆林、乐业、西林、凌云等市县区,并全部覆盖田林县各乡镇和部分村屯。公司共有从业人员184人,其中专职管理人员14人,司乘人员170人,驾驶员全部执有从业资格证,执证率为100%。公司全体员工始终坚持"旅客至上、服务第一"的经营理念,真诚服务社会大众,着力提高运输服务质量,企业形象明显提升,初步形成"安全、优质、舒适、快捷"的客运品牌,为田林的经济社会发展做出贡献。

(陈芊亦)

信息产业

电　信

【中国电信股份有限公司田林分公司领导】

总经理:唐　景

副总经理:陆惠莉

【概况】 中国电信股份有限公司田林分公司(简称中国电信田林分公司),2018年年未在册员工41人。退休人员38人,内退3人。在职党员13人。分公司设置办公室(工会)、销售服务部(内设经分预算、欠费管理、服务质量管理等)、渠道运营中心、营业厅、网络部(内设综合维护班、本地光缆维护班)、政企支局、城市支局和12个农村支局(包括旧州、利周、福达、八桂、潞城、乐里、者苗、定安、浪平、百乐、六隆、平塘支局)。

【业务经营】 2018年,田林分公司完成年度预算的112.99%,排全市第1名。年初,制订不同时段的促销计划,全面整合各商人员组织营销队下乡开展圩日及扫村营销活动;常态化开展劳动竞赛,让业务发展持续保持快速发展的动力。持续抓好校园、智慧酒店、一键式报警、数字电路等业务,围绕新全国不限量套餐、全民升级200M、开展红包卡、扶贫促销等活动。

【通信建设】 2018年,广西区公司、百色分公司及田林分公司非常重视田林县的基础通信网络建设,在ODN建设项目对田林进行投资倾斜,并获得集团公司扶贫专项投资,截至2018年12月,实现田林县行政村光纤宽带通达率由2015年底的19.3%提升到100%、行政村电信手机信号覆盖率由45%提升到100%,解决广大农村通信难问题,提前并超额完成国家对贫困县通信建设指标要求,助推田林县脱贫攻坚工作。

【客户服务】 2018年,中国电信田林分公司始终把服务工作当作企业的"生命线"、"一把手"工程来抓,结合作风建设活动,不断强化"用户至上,用心服务"理念,以窗口服务为重点,以业务流程为主线,以技术手段为保障,采取一系列改善服务的措施,为用户提供多元化、多层次、个性化的服务或"一揽子"解决方案。 (黄 彭)

中国移动公司田林分公司

【中国移动通信集团广西有限公司田林分公司领导】

总经理:姚茂华

副总经理:卢飞林

【概况】 中国移动通信集团广西有限公司田林分公司,2018年年末在册员工52人。在职党员19人。分公司设置综合部、销售部、营销网格(内分乐里网格、潞城网格、定安网格、八桂网格、利周网格)、集团客户中心、工程维护中心。

【业务经营】 2018年,田林分公司指标完成率89.17%,制定不同时段的促销计划,组织各网格人员下乡开展圩日营销活动;常态化开展劳动竞赛,让业务发展持续保持快速发展的动力。坚持新增存量并抓、紧抓终端销售、加快家庭宽带及魔百和业务发展、继续加强提升渠道效能、积极拓展集团重点产品和信息化项目等业务。

【通信建设】 2018年田林分公司在基站建设上4G网络优化提升一阶段、二阶段工程共102个,4G无线网络搬迁项目19个,2018年低成本快速建站项目查勘129个。家宽建设查勘120个小区(主要为乡镇、村屯),开通102个小区,新增5712个端口;完成74个家宽补点建设,新增2948个端口。传输节点机房建设:县城二节点机房已投入正常运行并承载业务,定安镇传输机房已投入正常运行并承载业务。

【客户服务】 2018年,中国移动田林分公司始终把"建网络、稳存量、抓新增、做宽带、拓集团、卖终端、促流量"二十一字工作主线,巩固传统存量市场、持续紧抓新增市场、转型4G客户和流量市场、突破融合营销市场、深挖拓展集客市场,大力推进工程建设维护工作,认真落实和践行"一岗双责""中国共产党廉洁自律准则"等党风廉政建设工作,确保公司平稳持续增长和提升行业竞争力,保持行业主导优势。 (谢春艳)

中国联通田林分公司

【中国联合网络通信有限公司田林县分公司领导】

总经理:黄彦杰(壮族)

【概况】 1999年,中国联合网络通信田林县经营部成立,时有经理1人,营业员2人,机务员1人。2001年成立田林县分公司。截至2018年年末,公司共有员工30人,全部为大专以上学历。公司机下设总经办、综合支撑中心、政企中心、城区及四个乡镇业务发展中心。

【业务经营】 2018年,公司经营范围主要有:固定网本地电话业务(含本地无限环路业务)、公众电报和用户电报业务、国内通信设施服务业务、固定网国内长途电话业务、固定网国际长途电话业务、IP电话业务(限Phone-Phone的电话业务)、900/1800MHZGSM第二代数字蜂窝移动通信业务、WCDMA第三代数字蜂窝移动通信业务、LTE/第四代数字蜂窝移动通信业务(TD—LTE/LTE FDD)、卫星国际专业线业务、因特网数据传送业务、国际数据通信业务、26GHZ无线接入业务;3.5GHZ无线按入业务;国内甚小口径终瑞地球站(VSAT)通信业务、固定网国内数据传送业务、无线数据传送业务、用户驻地网业务、网络托管业务、在线数据处理与交易处理业务、国内因特网虚拟专用网业务、因特网数据中心业务、语音信箱业务、传真存储转发业务、X.400电子邮件业务、因特网接入服务业务和信息服务业务(含固定网电话信息服务业务,互联网信息服务业务和移动网信息服务业务)。经营与通信及信息业务相关的系统集成、设备生产销售、设计施工业务;技术开发、技术服务、技术咨询、技术培训;寻呼机、手机及其配件的销售、维修;电信卡的制作、销售;客户服务;房屋租赁;编辑、出版、发行电话号码薄。年内,净出帐用户数及业务经营收入增长35%,2G用户数3000户、3G用户数8030户、4G用户数9800户、宽带用户2250户。

【网络建设】 截至2018年年末,公司共建设有GSM基站160个,3G基站81个,4G基站65个,年内新增光缆建设500多千米。

【营业网点建设】 2018年,除县城区新市街、新安街、财富商城三个营业厅外,乡镇(村)设有潞城营业厅、旧州营业厅、龙车营业厅、百乐营业厅、定安营业厅、福达营业厅、利周营业厅、浪平营业厅、平山营业厅、八桂营业厅、六隆营业厅、洞弄营业厅,另有15个手机通讯店及村屯小卖部设立业务代理点。

【客户服务】 公司坚持以客户为中心进行产品设计,主要为沃品牌,旗下有沃3G、4G、如意通、流量王、冰激凌、宽带、知慧沃家、沃家庭、亲情1+1、116114、联通10010,满足不同用户群的需求,针对不同的用户推出适合的优惠套餐,真正为用户之所求、达用户之所愿,同时不断增加服务网点,便利用户业务咨询和办理。秉承“以客户为中心,用服务促发展”的服务理念,以为用户提供优质通信服务及促进社会和谐为己任,倾力做到“消费请客户放心,服务让社会满意”。

(江　庭)

住建·环保

城乡建设与管理

【田林县住房和城乡规划建设局领导】

局　长：文　宝（壮族）

副局长：李仲辉（壮族）

林军东

蔡杲朵（壮族，2018年3月任职）

【概况】 田林县住房和城乡规划建设局是主管城市建设、规划、村镇建设、工程建设、建筑业和勘察设计咨询业的部门，属田林县人民政府序列部门，授权行使有关行政管理职能。内设办公室、城市规划管理股、城市市政管理股、计划财务股、政策法规与综合管理股（村镇建设管理股挂综合管理股）、建设工程管理股（增挂行政审批办公室牌子）6个股（室）。辖县房地产管理所、建设工程质量安全监督站、建筑工程设计室、城乡建设规划监察大队4个二层机构。2018年，全局总人数48人，其中实有在岗正式干部职工27人，聘用人员21人（含二层机构）；正式干部职工27人中，行政人员9人（局长1人，副局长3人，总工程师1人，其他行政人员4人），直属事业单位（含参公人员）18人。

【城市道路与桥梁建设】 全年城市基础设施建设总投入7315万元，主要建设项目有以下几项：

百花寨河堤路项目 从水厂至百花寨路度1040米，路度12米。2018年完成全线路基工程、挡墙工程、主要排水工程，约完成总工程量的50%，完成约投资465万元。

体育中心项目 项目共分三期建设。2018年，一期工程的主体育馆及地下主排水系统，完成屋面钢结构架设、馆内水电安装完成90%、消防工程安全完成80%，完成投资5050万元，占85.04%；地下主排水系统管道铺设960米，占总工程量80%。二期标准运动场，10月看台建筑主体结构验收，完成看台抹灰、足球场塑料草皮铺装，完成投资1800万元，占总投资88.67%。三期综合馆及总平配套设施，11月24日正式动工，完成桩基础12根。

【住房租赁补贴】 2018年上级下达田林县城镇低收入家庭住房保障租赁补贴100户，年内完成116户（含2017年部分指标）租赁补贴申请、审核、公示及发放。

【农村危房改造】 2018年自治区分两批下达田林县农村危改任务230户，为落实2019年全县危改存量（103户），全县提前实施含2018年度共计333户，危改指标全部提前落实到户达100%。列入2018年任务的230户全面开工，竣工141户（含年内计划内建档立卡贫困户46户），竣工率61.3%。

【村镇建设】 2018年“美丽广西·宜居乡村”活动中落实“基础便民”农村厨房改造、厕所改造各4000户，自治区级补助改厨户均350元，补助改厕户均600元；改厨开工3442户，开工率86.05%，竣工3147户，竣工率78.68%，改厕开工3715户，开工率92.88%，竣工3556户，竣工率88.9%。推进田林县六隆八渡笋产业（核心）示范区建设，负责示范区3个屯风貌及休闲观光改造，立面改造76户，总投资221.61万元，年内完成88户（增加完成12户）。

【建设规划管理】 2018年办理建设项目选址意见书9份，选址用地规模633.8825万平方米；办理个人建设用地规划许可证32份，规划用地规模0.314万平方米；个人建设工程规划许可证30份，建筑规模1.58万平方米；办理单位建设用地规划许可证16份，规划用地规模16.9816万平方米；单位建设工程规划许可证14份，建筑面积13.74万平方米。

田林县体育中心主体育馆工程进度　（2018年10月15日摄）

【建设工程管理】 2018年，共受理工程项目报建52项，建筑面积31.71万平方米，总计划投资9.19亿元；核发施工许可证39项，建筑面积19.61万平方米，总投资3.16亿元；受理各类工程勘察备案49项；实施工程施工招标项目40项，总投资4.429亿元；处理投诉问题2起；开展农民工工资“保支治欠”监管工作，落实实名制、工资保证金、银行代发等制度；加强建筑建设抗震设防、消防安全、绿色建筑和无障碍的设计、施工、验收监管工作。

【建筑工程安全生产】 2018年受理报监工程项目32项，建筑面积17.48万平方米，造价34124.44万元。监督竣工验收31项，建筑面积6.27万平方米，造价9701.66万元，一次性验收合格率100%。开展专项质量安全专项大检查10次，对全县报监建设项目进行质量安全检查、巡查、监督共200余项次；下达《建筑工程质量安全隐患整改通知书》25份，下达《建筑工程质量安全隐患停工整改通知书》2份；执行《工程质量安全生产动态扣分》，扣分通知书11份，动态扣分6家企业，扣分人员10人次，累计扣分149分值。

【房地产业务管理】 2018年审核房地产业销售备案合同430宗，建筑面积5.6万平方米，交易金额2.19亿元；核发《商品房预售许可证》6宗，建筑面积8.1万平方米；白蚁防治新建房屋4宗，预防建筑面积2.7万平方米；筹备建设三个廉租住房小区的基础设施工程。

建设中田林县体育中心项目标准运动场　（2018年10月13日摄）

【建筑墙体改革】 开展“十三五”县城“限粘”乡镇农村“禁实”宣传工作，发放宣传手册100余份；推行资源能源消耗低且经济适用、安全可靠、节能环保的绿色建材；推进墙材革新，深化墙体自保温技术体系，提高自保温墙体材料的生产质量和热工性能，推广应用蒸压加气混凝土砌块、节能型烧结页岩空心砌块薄砌法施工工艺；开展2018年度新型墙体材料产品质量抽查工作，对全县4家取得新型墙材认定砖厂进行抽样检测，联合抽查1个在建工程现场建材。

【城建规划监察】 落实《田林县开展城市建成态违法建设专项治理五年行动方案》，处置“两违”，依法拆除违法建筑13处，拆除违法建筑面积1719平方米;对原"三违"处置中未按规定取得建房合法手续擅自抢建的违建户但符合规划的立案37宗,处罚8宗,处罚金额11.51万元;完善2016年"三违"处置过程中未履行完行政处罚罚款的追缴工作,完成40户,追缴罚款约43.22万元。 (农勋明)

市政管理

【田林县市政管理局领导】

局　长:罗绍壮(壮族)

副局长:倪元海

苏治平(壮族)

李　同(壮族,2018年4月任职)

【概况】 田林县市政管理局成立于2012年11月26日,为县人民政府直属正科级全额拨款事业单位,2013年11月27日为参公事业单位,内设有办公室、计划财务股、工程管理股、公用事业股和法制监察股5个股室,下设园林绿化管理所、公共路灯管理所、城建管理监察队、环境卫生管理站和燃气管理站5个二层机构,归口管理县自来水厂。2018年,田林县市政系统共有干部职工217人,其中局机关10人(核定编制10名,在编10人),园林所22人(核定编制12名,在编10人,合同制聘用人员12名),路灯所9人(核定编制6名,在编6人,合同制聘用人员3名),城建监察队28人(核定编制17名,在编17人,合同制聘用人员11名),环卫站145人(核定编制34名,在编29人,合同制聘用人员116名),燃气站3人(核定编制3名,在编3人)。

【市政基础设施建设】 2018年,田林县市政管理局共投入资金1509.9万元,完成如下便民市政项目工程:

市民小公园项目A广场工程 建设面积约3000平方米,其中新建花岗石板铺砖2326.78平方米,新建116米多孔砖围墙,新建2座中式亭子,单座亭子建筑面积29.36平方米,种植乔木49株、绿化丛400.23平方米,新建花池、花架、带椅树池、41套3米高路灯,安装LED显示屏。2018年10月开工,12月底完工,项目总投资203万元。

百花寨易地扶贫移民安置点污水主管网工程 项目总长2010米,项目总投资450万元。2018年

新建成的乐里大桥头休闲小区 (2018年10月25日摄)

2018年12月28日,新建成的市民小广场

10 月开工，12 月底完工。

八桂坡路口片区整治提升工程 该项目是对八桂坡路口铁路桥下至廉租房片区从道路的照明、绿化环境等进行整体改造，并通过合理、规整、易管理的植物配置，起到减尘降噪、美化环境的作用。路段白改黑 1324 平方米，铺设排水沟及水沟盖板铺设 740 米，安装波形护栏 717 米及道路照明、绿化等，项目总投资 145 万元，2018 年 11 月底开工，2018 年 12 月底竣工。

乐里桥头两侧移动公厕采购项目 为解决乐里桥周边入厕难的问题，还广大人民群众清洁、美丽的休闲娱乐环境，在乐里桥头两侧绿化地上建设两座移动公厕。项目总投资 29.9 万元。2018 年 6 月签订合同，2018 年 7 月完成安装后正常使用。自治区下达公厕任务指标为 1 座，超额完成 1 座公厕。

村屯公共照明建设项目 在田林县各乡(镇)18 个村屯安装太阳能，项目于 2018 年 10 月开工，11 月底竣工验收，除完成自治区下达 18 个村屯照明建设任务外，超额完成 3 个建设点。项目总投资 81 万元，共安装太阳能路灯 328 杆。

背街小巷道路硬化、亮化及排水工程、硬化 老干局旁、富源小区、富裕小区下方、坛仙巷、乐里三组等道路约 9570 平方米。在富源小区、平么加油站至八渡笋厂、河南片四队居民区、医院对面弄涯屯居民区、财富商城司法局后面小巷、东丈小区等共安装路灯约 436 杆。新建排污排水管 2200 米。项目总投资 335 万元。

【卫生清扫保洁】 田林县环境卫

2018 年 12 月 28 日，新建成的乐里老街牌坊

正在施工中的背街小巷道路硬化、亮化及排水工程、硬化
(2018 年 12 月 10 日摄)

2018 年 7 月 5 日，新安装的移动公厕

新安装太阳能路灯
(2018 年 7 月 5 日摄)

生管理站对城区主次干道、大街小巷进行不间断的保洁,对重点路段进行强化保洁,坚持每天18小时保洁(凌晨4时至22时),及时清除人行道上的杂草、杂物,每日按时对全城4000多户住户的生活垃圾进行上门收集,并对部分单位的垃圾进行每日清理,确保生活垃圾达到日产日清的效果。对重大节日及县城重大活动环卫工人都按照上级要求进行清扫保洁,确保活动场地干净、整洁。2018年全年共清理卫生死角107处,建筑垃圾等90余吨,共清理垃圾16624吨,县城生活垃圾无害化处理率达100%。

【城建管理监察】 田林县城建管理监察队共清除"牛皮癣"570余处共7000余张;出动执法人员132余人次,规范各类违章经营摊点100余次、店外经营500余次;整治中小学周边环境30余次;劝离车辆乱停乱摆行为2000余次、拖离乱停乱摆车辆(含摩托车)170余辆;清理各类广告条幅840余处,清理破损广告牌、匾、栏26处。同时,还通过联合交警、工商、环保消防等各部门多次开展全面整治,成效明显,确保县城区市容环境卫生整洁、交通有序。建筑渣土整治。共查处违章运载散体运载车辆46辆;乱倒建筑垃圾7起。城区乱搭乱盖整治。拆除田林县食品公司屠宰场周围(靠铁路一侧)4家乱搭建的木棚进行拆除;10月份针对高速路连接线和帝王房地产周边的乱搭乱盖进行排查摸底,对27家乱搭乱盖的户主发放限期整改通知书。

【城市园林绿化】 田林县园林绿化管理所春节期间布置各鲜花24万余盆,分别摆放于万吉山公园、县文化广场、县政府门前等处;悬挂灯笼2.06万个,营造县城节日氛围。做好古树名木保护工作,共计巡查古树7株,修剪古树3株,治理病虫害2株。做好树木修剪工作及补种工作,对新市街、进城大道、南堤路、环昌路等主要干道进行修剪,全年共计修剪乔木类2667株,对县城教育路和进程大道主干道的绿化带和行道树进行补植,共计补植86株。全年累计投入资金70万元。

【路灯设施管理】 田林县公共路灯管理所完成主干道及背街小巷路灯维护工作:改造新型光源LED路灯共计93盏,其中新州巷10盏、新安街7盏、新龙巷15盏、南堤路8盏、民俗风貌街8盏、进城道20盏、旧石油公司背后小巷25盏;完成新市街、河滨路、南堤路等等主干道的路灯维护工作,共计维修受损路灯805盏;完成乐里河沿河两岸景观灯维护工作,累计更换受损景观灯150盏;完成泓湾桥至风雨桥两岸路灯改造工作;完成新昌村路灯新装工作,累计新装射灯10盏;完成那来村路灯新装工作,累计新装射灯30盏。完成受损电缆更换维护工作:更换东丈桥受损电缆470米;更换万吉山公园山底变压器至山顶电缆1000米;更换电业门口景观灯受损电缆800米;更换八桂坡廉租房脚下公路受损电缆300米;更换30米大道受损电缆800米。完成城东商贸城路灯改造工作,累计更换受损电缆1920米,更换受损灯头112个。全年累计投入资金210万元。

【燃气经营管理】 田林县燃气管理站开展燃气安全生产宣传,发放安全生产、预防非职业性一氧化碳中毒宣传资料3000余份、版报3张、横幅17条。开展燃气安全生产检查7次,累计出动督查人员21人次,检查燃气企业、经营站点65家次,排查、整改安全隐患6条,发出整改通知书3份,组织消防应急演练4场,全年没有发生燃气安全生产事故。

(黄伟庆　黄　莉)

供　水

【田林县自来水厂领导】

厂　长:黄耀文(壮族)

副厂长:李　华(瑶族)

【概况】 2018年全厂在职职工64人(含田林县污水处理厂),设领导2人(一正一副);田林县自来水厂自1967年元月建厂,经过51年的发展,拥有小(一)型水库1座(总库容153万立方米,有效库容90万立方米),净水厂2个,供水管网总长60千米(DN75毫米以上),污水处理厂1个,污水管网总长25.64千米。自来水厂固定资产原值3746.31万元。供水人口4.5万人,供水能力2万立方米/日。

【生产经营】 2018年供水量400万立方米,销售水量355.94万立方米,销售收入843.76万元。

【供水设施建设】 3月,乐里河三宝大桥河段上游5米处安装螺旋钢管DN200毫米过河供水管,长

49米。6月,绕城路滑架沟塌方,铸铁管DN200毫米供水管道损坏260米,改安镀锌管DN100毫米供水管道长120米。同6月,河坝大桥处洪水冲断PE管DN315毫米供水管道,改安镀锌管DN300毫米~DN150毫米供水管道长125米。2018年6月,田平桥处洪水冲断供水管道,改安螺旋钢管DN200毫米、DN225毫米PE管长240米。2018年8月,投资8万元,在珠海智通信息技术有限公司设立微信公众服务号,用水户交纳水费实现微信收费。11月,投资11万元将南堤路环球大酒店至双虹桥段公路桥下人行道的PE管DN225毫米供水管道更换为镀锌管DN200毫米长263米。同月,百花寨安置地通水工程,投资35万元,安装镀锌管DN100毫米长580米。

【污水处理】 田林县污水处理厂全年完成处理污水量为338.9万立方米,负荷率92.81%,进水浓度COD119.17毫克/升、氨氮21.44毫克/升,出水浓度COD19.18毫克/升、氨氮0.62毫克/升,污水处理率达96.88%。

(苏光林)

环境保护

【田林县环境保护局领导】

局长、党组书记:姚茂贤

副局长、党组成员:李　杨(壮族)

副局长:岑莉蓉(女,壮族)

总工程师、党组成员:

韦晓訸(女,壮族)

【概况】 2018年,田林县环境保护局内设办公室、监督管理与自然生态保护股、污染防治与科技标准规划股3个职能股室,下辖田林县环境监察大队、田林县环境监测站2个直属单位。县环境保护局行政编制5名,实有7人,其中党组书记、局长1人,副局长2人,总工程师1人,改任非领导职务人员3人。县环境监察大队人员编制2名,实有3人,环境监测站人员编制3名,实有4人。田林县环境保护局全面贯彻落实科学发展观,以污染减排、建设“生态乡村、美丽田林”为主线,依法推动各项工作,辖区空气环境、地表水环境质量保持稳定,总体良好。

【环境质量】

水环境质量监测 以委托的形式开展监测工作,2018年1月—3月委托南宁市龙翔环境监测有限公司,4—12月委托广电计量检测(南宁)有限公司。一是县城水质量监测点。以县城饮用水取水点(启文水库)和县区交接断面(汪甸交接断面)两个点进行监测水环境质量监测,其中县城饮用水取水点(启文水库)监测频次为每季度一次,县区交接断面(汪甸交接断面)监测频次为每月一次,监测项目均有化学需氧量、总磷、氨氮等25项。根据监测结果,2018年县城饮用水取水点及县区域交接断面水环境各项指标均达标,其中县城饮用水取水点水质保持GB3838-2002《地表水环境质量标准》的Ⅱ类标准,河流交接断面(即乐里河)水质保持GB3838-2002《地表水环境质量标准》Ⅲ类标准。二是农村水环境质量监测。监测频次为每季度一次,福祥屯、央村屯、香维屯、平细屯、八新屯的饮用水水质均达到国家Ⅱ类标准;那雄屯、弄瓦屯地表水水质均达到国家Ⅲ类标准;丰厚水库水质达到国家Ⅲ类标准,完成市下达任务的100%。

空气环境质量监测 一是县城空气质量监测。田林县自动空气监测站设在县人社局办公室楼顶,进行全天候自动监测。根据监测结果显示,2018年365天中,县空气质量优良天气357天,空气质量优良率97.8%。可吸入颗粒物(PM10)均值为54微克/立方米,完成市下达任务的100%。细颗粒物(PM2.5)均值为31微克/立方米,超额完成市下达的32微克指标。二是农村空气环境质量监测。监测频次为每季度一次,福祥屯、央村屯、香维屯、平细屯、八新屯的空气质量均达到国家Ⅱ类标准。

【中央环境督察整改】 年内,根据《关于印发田林县迎接中央环境保护督察回头看工作方案的通知》要求,梳理全县环保存在问题,明确部门职责。贯彻落实《关于开展中央环保督察“回头看”督导工作的通知》精神,县四家班子领导挂点负责各乡(镇)中央环保督察“回头看”督导工作。

贯彻落实2016年中央环境保护督察反馈意见整改“回头看”工作。根据《中共百色市委办公室、百色市人民政府办公室关于进一步落实中央环境保护督察反馈意见整改工作的通知》要求,对中央环保督察反馈的环境问题治理工作进行“回头看”,田林县涉及中央第六环境保护督察组反馈意见的问题共有五个问题,需实施整改关键步骤五个方面13项，至2018年年底全部完成整改，完成百色市下达任务的100%。

6月7日中央环保督察组进驻广西以来，田林县收到其交办的信访件共14件，其中1件属实，11件部分属实，2件不属实，已完成材料上报14件，向社会公开14件。截至2018年年底已完成整改10件，尚有4件正在整改中。

【水污染防治】 为切实做好水污染防治工作，通过县政府办制定印发《田林县人民政府办公室关于印发〈田林县水污染防治行动2018年度工作计划〉的通知》，加强水环境治理，确保水环境安全。

乐里河水环境质量监测 对县城内河(乐里河)进行水环境质量监测，监测频次为每月一次，监测项目为均有化学需氧量、总磷、氨氮等25项。根据监测结果，2018年乐里河水环境各项指标均达标，水质保持GB3838-2002《地表水环境质量标准》Ⅲ类标准。

启文水库集中式饮用水水源地水质环境监测 一是开展专项执法检查工作。经排查，水源地保护区内已进行设置标志、隔离烂、警示牌，无与供水和保护水源无关的建设项目或设施，无排污口，无网箱养殖。二是开展水质环境监测工作。根据监测结果，2018年启文水库集中式饮用水水源地水质类别达到Ⅱ类标准。

畜禽养殖管理 对新建、改建、扩建规模化畜禽养殖场(小区)，实施雨污分流、粪便污水资源化利用，鼓励扶持种植企业和养殖企业开展有机肥还田合作。

农村环境综合整治 完成定安镇定安村、旧州镇旧州村、六隆镇供央村、者苗乡渭龙村、潞城瑶族乡潞城村、浪平镇浪平村、平塘乡平塘村7个村污水垃圾处理站项目的建设工作，切实增强农村水污染源的处理能力和水平。

【大气污染防治】 2018年，通过县政府办制定印发《田林县人民政府办公室关于印发〈田林县大气污染防治2018年度实施计划〉的通知》，开展各项大气污染综合治理工作，加强生态环境保护，切实保障田林县空气环境质量，预防雾霾天气的产生。

环境污染源专项排查综合整治行动 田林县印发《关于印发田林县2018年环境污染源专项排查综合整治行动实施方案的通知》，对田林的环境保护工作确立以县政府领导划片包干的制度，在全县范围内深入开展环境污染源专项排查综合整治行动；印发《关于开展环境污染整治督查工作的通知》，组成6个督查组赴各乡镇开展环境污染整治督查工作。年内开展排查整治行动出动245人次，排查98家企业，其中机制炭厂16家、木材加工企业33家、其他环境污染源企业49家，约谈企业66家，下达整改通知书46家，行政处罚13家，查封企业15家。

燃煤小锅炉整治 加强对城区内燃煤小锅炉的监管力度，由县质监局牵头，开展燃煤小锅炉的摸底调查、整治工作，确保达到《锅炉大气污染物排放标准》要求。经排查，田林县县城建成区内无燃煤小锅炉。

城市扬尘整治 通过县政府办制定印发《关于印发田林县2018年环境空气质量整治实施方案的通知》。成立以县长为组长的扬尘专项整治联合执法工作领导小组，成立联合执法组，分组按片区进行巡查，开展晨查、夜查，对县城周边企业进行查处。一是开展施工扬尘、道路扬尘、企业堆场扬尘等防治工作；二是开展城区内无证露天砂石场整治活动；三是加强扬尘整治信息共享。

垃圾及秸秆禁燃工作 通过县政府办制定印发《田林县人民政府办公室关于印发田林县2017—2018年垃圾及秸秆禁燃工作方案的通知》，在全县范围内开展秋冬季垃圾及秸秆禁燃工作，通过日常巡查和现场检查形式，及时发现并制止焚烧秸秆现象，确保大气环境质量保持优良。

实时在线监测污染源 田林县使用37万元购买第三方服务通过大气颗粒物激光雷达对田林县城建成区内污染源进行实时在线监测，快速查清无组织、异常排放源，提出科学性、针对性的数据分析报告及改善管控措施。2018年已抽取招投标代理机构，下一步将开展招投标工作。

【土壤污染防治】 通过县政府办制定印发《田林县人民政府办公室关于印发〈田林县土壤污染防治行动计划工作方案〉的通知》，强化土壤污染管控和修复，切实做好土壤环境保护工作。

土壤污染防治与修复规划编制 做好土壤环境保护工作，强化土壤污染管控和修复工作力度，配合上级部门开展土壤污染防治与修复规划编制工作，推行绿色生产，让老百姓“吃得放心、住得安心”。

固体废物、危险废物风险管控 严厉惩治固体废物非法转移和违规倾倒处置等违法犯罪行为，经排查，田林县无危险废物企业、无固体废物非法转移和违规倾倒处置等行为。

土壤污染状况详查 全面掌握辖区重点行业企业用地中污染地块及其环境风险，监管督促各企业合法、安全和有效地处理固体废物及危险废物。

【建设项目管理】 严格执行国务院《建设项目环境保护管理条例》和《建设项目环境保护分类管理名录》规定，严把环评审批、验收关，确保环评和"三同时"制度的落实。2018年共审批、备案建设项目环境影响评价文件20件，项目办结率100%，满意率100%，未发生任何投诉和上访事件。

【企业自行监测工作与环境信息公示】 按自治区环保厅的工作布置，县环保局监督县内4个重点污染源企业（广西劲达兴纸业有限公司、田林县污水处理厂、广西田林红枫淀粉厂、广西田林和平糖业有限公司）落实自行监测措施，开展企业自行监测，并向社会主动公开企业执行的环境保护标准与产排污监测情况，4个企业分别在厂区内建公示牌，向社会公示环境信息。同时，委托开展自行监测，每月向自治区、市环保部门报送每月自行监测情况，接受社会与环保部门的监督。

【环境监察执法】 2018年田林县加大环境执法力度，严厉打击环境违法行为，对环境违法行为进行严厉查处，收缴罚金60.4万元，比2017年27.8万元增加117%。

日常环境监管 加强造纸、淀粉、制糖等重点排污企业的监管，每月进行不少于1次的执法检查，包括检查企业环保处理设施运转情况等；每季度对矿山企业、砖厂、养殖场等非重点企业进行至少1次以上的执法检查。

铝土矿山与建材企业"回头看"整治 年内整治行动共出动人员25人次，经调查田林县辖区内没有尾矿库和铝土矿山，建材企业在册28家，其中有15家企业已不存在，2家企业已停止生产。检查的11家企业中存在环保设备脱硫脱硝问题2家，下达整改通知书2家，已完成整改2家。

核与辐射安全检查 经查，辖区内有核技术利用企业2个（广西劲达兴纸业有限公司、广西田林和平糖业有限公司），使用射线装置单位2个（田林县人民医院、乐里镇卫生院）。核与辐射环境风险的4个单位均基本完善相关制度与档案，现场有警示标志。

工业污染源全面达标排放 继续开展工业污染源全面达标排放，加大超标排放整治力度，不断强化环境监管执法，规范和加强在线监控的运行和监管，全面推进信息公开，实施超标排污联合惩戒，强化环境服务业技术支持。

砖瓦行业专项执法检查 年内对县辖区内的德春红砖厂、建业红砖厂、乐里忠来页岩砖厂、潞城惠光建材厂共4家砖瓦企业进行排查、整治，其中潞城惠光建材厂存在脱硫设施正在检修，烟气未能进行脱硫处理问题，环保部门下达整改通知书，已完成整改。

强化自然保护区监管执法 深刻汲取祁连山自然保护区生态破坏问题教训，开展自然保护区专项执法检查、"绿盾2018"国家级自然保护区监督检查等专项行动，加大岑王老山自然保护区违法违规问题排查整治。经查，岑王老山自然保护区画定有边界，边界没有被侵占、保护区内未发现破坏和被违法开发项目侵占等使保护区面积减少的行为。经实地调查核实，《遥感监测报告》发现保护区内新增2条普通道路，分别为2015年8月和2015年9月保护区内群众集资修建的2条简易生产便道。因岑王老山自然保护区属市林业局岑王老山自然保护区管理局管理，核查组对违建行为进行调查后，将核查材料交由该局森林公安进行后续处理，处理结果为要求行为人限期恢复原状。2018年已全面完成整改，并进行问题销号。

【环境信访】 在加大执法力度的同时，及时处理、限时办结各类信访件，全年共受理环境投诉件25件，已办结25件，处结率100%。辖区内没有发生重特大环境污染事故，维护社会稳定。

【生态管理与保护】

创建生态村 2018年田林县共完成11个行政村的生态村材料整理上报工作。根据《百色市环境保护局关于命名2018年百色市市级生态村的通告》，授予田林县定安镇的那门村、八新村、渭密村、定安村、那雄村、平塘乡的平塘村、龙歪村、茅坡田村、同祥村、旧州镇的那度村、者念村等11个村“市级生态村”称号。

生态环境质量评估上报 县环保局联合县直各相关部门开展田林县2018年水源涵养生态功能区中央财政转移支付资金的评估上报工作,印发《田林县2019年国家重点生态功能区县域生态环境质量监测、评价与考核工作实施方案》,并按要求完成生态环境质量评估资料汇编上报工作。

“山水林田湖草”生态保护与修复工程 自治区于2017年12月下达田林县2017年重点生态保护修复治理专项资金2613万元。2018年田林县政府多次组织环保、财政、水利、市政等相关部门召开专题讨论会,研究落实山水林田湖草的申报项目。已申报使用奖补资金的项目是田林县启文水库饮用水源地生态环境综合治理工程。截至2018年年底,项目正在开展前期工作。

【第二次全国污染源普查】 2018年田林县制订印发《田林县第二次全国污染源普查工作实施方案》,成立第二次国污染源普查领导小组,抽调污染普查指导员,落实工作经费150万元,完成设备采购、数据清查入库、入户调查工作。经调查,田林县污染源包括工业源70家,畜禽类22家,农业源100家,农村生活源165家。调查数据已完成录入全国污染源普查专网,全面完成市下达的工作任务。

【城市声环境功能区划分】 田林县制定印发《田林县人民政府办公室关于印发田林县城市声环境功能区划分方案的通知》,划分范围为田林县区规划区范围,总面积8.55平方千米。其中以居民住宅、医疗卫生、文化教育、科研设计、行政办公为主要功能,需保持安静的1类区域0.83平方千米;以商业金融、集市贸易为主要功能,或者居住、商业、工业混杂,需要维护住宅安静的2类区域6.09平方千米;以工业生产、仓储物流为主要功能,需要防止工业噪声对周围环境产生严重影响的3类区域0.26平方千米;以交通干线两侧区域,包括规划内的高速公路、二级路,建成和规划的城市主干道和次干道两侧范围的4a类区域1.186平方千米;以铁交通干线两侧区域,包括规划区内的高铁站以及高铁线路两侧范围的4b类区域0.18平方千米。全面完成市里下达的工作要求。

【环境能力建设】 田林县在进城大道中石油加油站旁新建环境监测站业务用房,截至2018年底,已完成主体建设,并组织进行实验室设备采购安装和室外挡土墙、防护围栏设计等前期工作。

【环境保护宣传】

秸秆禁烧宣传活动 以春耕季节为契机,开展秸秆禁烧宣传活动,采取田间走访、入户宣传等形式向广大农户宣传秸秆粉碎还田、秸秆堆肥、草制品编织等多种措施进行秸秆综合利用。

“6·5”世界环境日宣传活动 田林县环保局会同县农业局、水利局、林业局等12个部门及辖区6个重点企业在人群集中区的风雨桥上共同开展“6·5”世界环境日现场宣传活动。通过悬挂宣传标语,制作宣传板报,设立宣传咨询台,发放生态环境、绿色低碳生活及新环保法知识问答等宣传资料,现场开展环保法律法规和政策咨询活动,同时在辖区主干道、乡镇主要路段悬挂宣传横幅等多种形式开展宣传。

【环境突发事件】 2018年全县无较大及以上级别的突发环境事件发生。 (黄　芬)

“美丽田林”乡村建设

【田林县乡村办公室领导】

主　任:黄万映(壮族)

副主任:李志强

【概况】 县乡村建设办公室于2015年11月正式成立,为县人民政府管理的财政全额拨款事业单位,承担乡村建设领导小组的日常工作,核定事业编制6名,其中设主任1名,副主任2名,工作人员3名;2018年有主任1名、副主任1名和2名正式工作人员。2018年,田林县认真贯彻落实自治区党委、自治区人民政府开展“美丽广西”乡村建设活动的重大决策部署,全面完成“美丽田林·宜居乡村”产业富民、服务惠民、基础便民专项活动。巩固提升“清洁乡村”及“生态乡村”活动成果。

【“产业富民”活动】 全县165个行政村全部完成村级经济发展计划制定工作,全部完成5000元以上村集体经济收入,完成率100%;

全部完成现代农业生产示范基地建设,完成率100%;全部完成培育1个带动农户增收的新型农业经营主体建设,完成率100%;全部完成165个农村电子商务服务点建设,完成率100%。

【"服务惠民"活动】 建成165个村级综合服务中心,落实165名村级劳动保障协理员,开展村级就业、社保、教育、卫生、文体、法律等六项惠民服务,拉通宽带,安排电脑和液晶电视机,可登录广西公共就业服务信息平台开展相关服务活动,确保群众办事不出村。

【基础便民工程】

"三改"工程 改厨开工4000户,开工率100%,竣工4000户,竣工率100%;改厕开工4000户,开工率100%,竣工4000户,竣工率100%;改圈开工277户,开工率100%,竣工277户,竣工率100%。

"六提"工程 农村垃圾治理水平提升工程,8个乡镇片区处理中心和10个村级垃圾处理设施全部竣工并投入试运行;农村道路通行水平提升工程,贫困村20户以下通屯道路建设完成36个,完成4.7千米农村道路安防;农村饮水安全巩固提升工程,24座农村饮水安全保障工程全面完成,3个新建镇级污水处理厂建设完成;村屯特色水平提升工程,完成2个村屯特色建设水平提升示范工程一期工程;农村住房安全水平提升工程,完成异地扶贫搬迁入住9232户,农村危房改造竣工261户。

"三增"工程 增强农村供电能力工程,新建与改造变电站、新增及更换配电变压器、新建及改造输电线路和一户一表改造全部竣工。增强农村通信能力工程,165个行政村通宽带或升级开工率100%,竣工率100%;增强农村公共照明能力工程,36个公共照明设施建设试点已完工。

【"清洁乡村"建设】 2018年通过政府采购3辆垃圾清运车、7150个垃圾桶,共80万元;落实财政补贴农村保洁员1459名,合计350.16万元;投入48万元持续推进"村收镇运县处理""村收镇运镇处理""村收村运村处理"的日常垃圾处理模式,农村垃圾处理率达95.7%。持续推进清洁乡村活动每周统一行动和村级党组织第一书记每周带动群众开展义务劳动。潞城瑶族乡潞城村五组许顺英等4名保洁员获2018年自治区模范保洁员称号。

【"生态乡村"建设】 2018年潞城瑶族乡丰防村获得自治区"美丽广西"乡村建设示范村;潞城瑶族乡马逻村弄涯屯、利周瑶族乡老山村那罕屯、旧州镇徕周村徕周屯、八渡瑶族乡博峨村博峨屯等4个屯获得自治区"美丽广西"乡村建设"绿色村屯"荣誉称号。

商 务

第三产业

【田林县商务局领导】
局　长:王炳忠(壮族)
副局长:谭永升(壮族)

【概况】 田林县商务局于2012年7月成立,属县人民政府直属管理的财政全额拨款事业单位,2013年11月定为参照公务员管理单位。人员编制原核定5名,2017年增到8名,2018年在职人员7人。机构设办公室和行政财务股、市场建设和运行股、商贸服务管理股。

【第三产业增加值】 2018年全县第三产业增加值完成21.57亿元,同比增长8.7%。其中:批发业销售额3.96亿元,同比增长23.06%;零售业销售额17.51亿元,同比增长10.27%;住宿业营业额0.29亿元,增长4.74%;餐饮业营业额1.96亿元,增长10.02%。

【社会消费品零售总额】 2018年社会消费品零售总额完成13.16亿元,同比增长8.45%。

【进出口贸易】 2018年全县进出口贸易总额市下任务为5000万元,完成4961.62万元,完成99.23%。其中进口0万元,出口4961.62万元。

【限上企业培育】 2018年新培育入统8家,其中限额以上零售业企业6家,餐饮业2家。至2018年12月止,全县共有商贸流通领域限上企业72家,其中批发业5家,零售业45家,服务业11家,住餐业11家。

【生猪活体储备】 田林县商务局会同县财政局、畜牧局联合,与5家储备养猪场签订生猪活体储备合同。全年完成三批生猪活体储备,每批储备900头,全年共2700头。

【成品油市场监管】 强化成品油市场监管工作,年内会同田林县消防大队、安监局等部门对全县20家加油站进行安全生产大检查及年检工作,监管面达100%。

【扶持政策】 根据田林县人民政府工作安排,牵头组织统计、人社、等部门开展田林县2017年度第三产业限上(规上)企业扶持考评工作。给予田林县满昌商贸有限公司等21家限上(规上)企业“首次列入限额以上企业扶持”;给予田林县岑灵王科技有限公司等43家限上(规上)企业“年度强优企业扶持”;给予田林县汇客隆百货有限责任公司等56家限上(规上)企业每家企业统计人员补贴3000元。2018年共扶持资金321.8万元。

【开展“百企扶百村”活动】 2018年10月17日,田林县县商务局组织县辖区内的田林县八桂加油站、定安大顺加油站、福达加油站、高龙加油站、旧州加油站、利周加油站、百昂加油站、板干加油站等8家企业主到八桂中心校开展捐助活动,共捐款1.26万元,帮扶该校解决校舍建设资金不足问题。2018年11月3日,发动组织县内商贸流通企业到八桂乡果卜村开展“送温暖”活动。全县60多家商贸流通企业参与活动,各企业共捐款人民币9万多元及价值近1万元的棉被、食用油、大米等物资。

【重要商贸企业】

大中型超市 2018年全县大中型超市有田林环球百货有限公司、田林县汇客隆百货有限责任公司、田林县利达徕民族商贸有限公司、田林县康阳电子销售有限责任公司、天天乐购超市田林店等。

大中型酒店、宾馆 2018年全县大中型酒店、宾馆有田林环球

电商企业——田林县宏世农业开发有限公司电商展厅

大酒店、田林锦龙大酒店、田林翠良食府餐饮服务有限公司、田林新天地大酒店等。

物流快递公司 2018年全县物流公司有：恒通物流、民鑫物流、德邦物流、安能物流、百世快运、壹米滴答、圣天物流、先飞达物流、南天物流、文顺达物流、百色仔物流、百色妹物流、方东物流、东鑫物流、成迅物流、极速配送、富达物流、百通物流、路路旺物流等。快递公司有：中通快递、顺丰快递、申通快递、圆通快递、韵达快递、天天快递、百世快递、国通快递、安能快递、优速快递、宅急送快递、邮政速度、芝麻开门快递、京东快递、品骏快递、唯品会快递等。

汽车、摩托车销售企业 2018年全县汽车销售企业有：田林县和成汽车服务有限公司、田林县和永汽车营业服务有限公司等。摩托车销售企业有田林县顺达摩托车营业有限公司、田林县大众摩托车营业有限公司、田林县信达摩托车营业有限公司等。

电商企业 2018年全县电商企业有：田林企通宝科技有限公司、田林巨西科技有限公司、田林县百乡拾味电子商务有限公司、广西天人农业发展有限公司等4家。

（甘建良）

供销合作社

【田林县供销合作社联合社领导】

理事会主任：

游　春（壮族，2018年4月任职）

明光建（2018年4月离任）

理事会副主任：冼克奇

监事会主任：林振清（壮族）

监事会副主任：黄泽安

【概况】 田林县供销合作社联合社是财政全额拨款的事业单位，定编10名，实有人员12人；内设办公室、财会审计股、合作指导股、综合业务股四个股室。2014年12月，县机构编制委员会同意恢复设立县供销联社理事会和监事会机构，设理事会主任（正科长级）1名，副主任（副科长级）1名；监事会主任（正科长级）1名，副主任（副科长级）1名。县供销社工作职责是对基层社和直属公司负责“管理、协调、指导、监督”，推进全系统综合改革，同时承担县党委政府下达的各项中心工作。县联社下辖潞城、利周、旧州、浪平、八桂、八渡、定安、那比、百乐、板桃、者苗、平塘等12个基层社和土产公司、农资公司、果品公司、贸易公司、储运公司等5个直属公司。2018年年末全系统在职职工为174人，内设机构不变。

【各项经济指标完成情况】 2018年，全系统商品购进总额28122万元，完成计划101.45%，同比增长16.68%；其中，农副产品购进3880万元，完成计划102.11%，同比增长21.55%；销售总额37028万元，完成计划107.20%，同比增长23.71%；日用消费品销售25117万元，完成计划100.39%，同比增长19.54%；农资商品销售6080万元，完成计划104.11%，同比增长13.58%；烟花爆竹销售129万元，同比增长2.4%；实现利润65万元，完成计划110%，同比增长12%。

【资产经营管理】 深入贯彻落实《中共广西壮族自治区委员会广西壮族自治区人民政府关于深化供销合作社综合改革的实施意见》，县委、县人民政府《关于印发田林县供销合作社联合社综合改革实施方案的通知》文件精神，成立综合改革工作领导小组，将工作任务分工落实到分管领导和职工个人。2018年，田林县供销社综合改革工作顺利通过百色市绩效办考核验收并获得全市供销合作社综合业绩考核二等奖。全系统新建综合服务站3个；创办农民专业合作社8个；新建农民专业合作社联合社3个；新建村级综合服务社15

个;开展农业社会化服务土地托管3600亩;创建标杆基层社1个;建立社会化服务社属企业2个。

“县基合一”资产管理模式,抓好社有企业资产管理 2018年,田林县供销社对全系统12个基层供销社进行全面摸排,对闲置资产实地丈量,提出管理、整合、开发社有资产的指导意见,对田林县社直属公司及基层供销社改制后的剩余资产,行使所有权和管理权,将各个基层社的土地证、房产证资料、印章等统一收归县联社进行管理,确保社有资产的安全。

基层社网点项目建设工作,盘活社有资产 2018年,按上级要求按时拆迁八渡供销社经营用店面和房产,对新址重新规划重建,补偿款回收县社管理,每笔资金都经八渡供销社职代会表决通过。同时对利周、板桃、旧州、者苗等供销社资产进行规划,为完成年度基层社改造任务夯实基础。

安全管理工作 2018年,田林县供销社安全生产以主要领导亲自抓,分管领导具体负责,综合业务股具体负责的责任落实机制,在年末和雨季来临之前,都要进行安全大检查,发现问题及时下达整改通知书。年初,与下属单位签订安全责任状,确保安全工作任务落实到个人,确保全年无安全事故发生。 (赵文双)

粮食商业

【田林县粮食局领导】

局　长:罗孙莹(壮族)

副局长:陆罗贤(壮族)

邓有金(瑶族)

黄志鸿(壮族)

【概况】 田林县粮食局是在县发展和改革局挂牌、统一管理全县粮食工作的行政职能部门。主要职能是宏观调控辖区内粮食市场,监督和管理本辖区内粮食行业执行国家粮食政策情况,促进粮食市场有序流通,保障全县粮食购销基本平衡和全县粮食安全。县粮食局下辖两个独立核算国有粮食企事业单位即县储备粮管理中心和县粮食购销中心(含14个乡镇粮所)。田林县粮食局机构、人员独立,工作职能不变,实体化运作。内设办公室、调控股(流通与科技发展股)、监督检查股等3个股室,行政编制为8名,其中:局长1名,副局长3名。2017年划转编制2名到县纪委,调整后县粮食局行政编制为6名。2018年田林县粮食局实有干部职工8人,其中局长1名,副局长3名,副主任科员1名,科员3名,退休人员13名;县储备粮管理中心在职7名,退休人员3名;县粮食购销中心在职37名(含14个乡镇粮所工作人员),退休人员56名;改制撤销企业离岗退养人员和退休人员共计51名。全县系统总共在职人员52人,离岗退养人员和退休人员计123人。

【粮食销售】 2018年田林县粮食总产量84210吨(原粮,下同),主要粮食品种稻谷和玉米分别占35.62%和62.49%;年内粮食消费95440吨,分别为城镇人口口粮7211吨(人均120公斤)、农村人口口粮24035吨(人均158公斤,农村有剩饭喂养家禽的习惯,故人均口粮有些偏高)、饲料用粮60763吨、工业等其他用粮3431吨;需求量大于可供量,粮食缺口(净调入)9798吨,其中小麦975吨、稻谷3193吨、玉米4785吨、大豆680吨、杂粮165吨。

【食油购销】 2018年田林县油料产量为:油茶籽9830吨、油菜籽650吨、花生果51吨,用于压榨加工的油料总量7403吨,可供社会消费食油2032吨;社会食油消费2078吨(不含动物油),分别为:城镇人口口油732吨(人均12.2公斤)、农村人口口油777吨(人均5.1公斤,)、餐饮业及集体食堂使用量499吨、食品和饲料等工

表5　田林县2018年粮油供需情况表

	该年供给				该年需求									
	合计	本年产量	从自治区外购进	从自治区内县外购进	合计	小计	城镇人口口粮(油)	农村人口口粮(油)	餐饮业及集体食堂用油	饲料用粮(油)	工业用粮(油)	种子用粮(油)	销往自治区外	销往自治区内县外
折原粮(吨)	101103	84321		16893	102535	95440	7211	24035		60763	2660	771	1500	5595
折食油(吨)	3054	2032		1022	3197	2078	732	777	499	15	55			119

业用量70吨,食油消费比例分别为:城镇35.23%、农村37.39%、其他27.38%;食油产消大致平衡,本地产油茶籽或茶籽油深受外地市场喜欢,不少消费者则倾向于花生油、大豆油等外地食油,故食油流通量大,分别为调入1022吨,调出1119吨。

【储备粮管理】 2018年计划轮换(销售)2015年度入库的早籼稻谷1668364公斤县级储备粮,由于粮食市场疲软,价格低迷,企业粮商和个体粮食经营者手中粮源充裕,购买粮食积极性大大降低,田林县制定的储备粮最低销售价高于市场价,2018年度县级储备粮轮换任务未能完成。

【县粮食储备库"粮安工程"仓储智能化升级改造项目建设】 中央和自治区财政总出资110万元,投入田林县粮食储备库仓储智能化升级改造项目建设,历经6个月的施工阶段,于2018年12月28日顺利通过由业主单位(田林县储备粮管理中心)、监理单位(北京易柯森特科技有限公司)、承建单位(广西金普威信息系统有限公司)等三家联合权威的部门专家张兴华(广西右江民族学院高级讲师)、熊振君(百色学院副主任)、陈剑(百色市财政局高级工程师)、覃茂峰(百色市粮食局科技与发展科科长)组成的验收委员会进行项目竣工验收合格并正常投入使用。"粮安工程"项目建设,立足于粮库日常安全管理和突发事件应急的需要,综合集成安防监控、应急指挥、业务数据分析研判等系统于一体,运用计算机网络、多媒体、视音频交换传输、现代通信、电子运用和控制等技术手段。通过机房控制中心数据汇总,利用智能气象子系统实时获取存储粮库户外的天气信息;利用温湿监控制系统对粮仓内表面和内温度进行数据分析;利用智能化通风系统通过粮情数据变化开启、关闭通风设备;利用智能监控系统对库内粮食表面虫害以及对库区人员、车辆进出监控提供依据,确保库区安全稳定。

【政策性用粮供应】 2018年2月份开始,田林县政策性粮食供应不再以实物形式发放,粮食购销职能作用已基本消失。根据田林县人民政府《专题研究粮食购销中心(含各乡镇粮所、粮站)工作人员转岗有关事宜会议纪要》要求,为优化人力资源,调动人员工作积极性,助力各乡(镇)脱贫攻坚工作,从2018年5月份起,各乡(镇)粮所、粮站工作人员共24名转岗到所在乡(镇)政府工作。转岗人员实行双重管理,即工作安排、平时管理、年度考核等由所在乡镇人民政府管理,工资由田林县粮食购销中心统一发放管理。

【粮食监督检查】 2018年,开展各类检查13次,共有36人次参加,对38(个次)被检查对象进行检查。全年无行政处罚及行政上诉案件。

全县粮食库存检查 2018年6月11日—20日为期10天,开展全县粮食库存检查工作。在检查中,检查执法人员深入到各储粮单位仓库,运用科学的检测仪器,检测粮食水分和杂质含量,对发现超过国家质量标准的粮食,责成存粮者及时处理。抽查存粮库点一个,检查存粮仓库4间(即潞城营盘库区4间),通过"测量计算法"等方式,检查库存粮食实际数为4700吨,与保管账库存实物数相符。通过检查,摸清全县粮食库存的品种、实物数量、质量和储存状况。

夏、秋粮食收购检查 田林县粮食局2018年9月20日至10月31日专门开展夏秋粮食收购检查工作。一是坚持原则,维护农户利益。在检查中,严格对照"五要五不准"的粮食收购守则(即要敞开收购、随到随收,不准折腾农民;要依质论价、优质优价,不准坑害农民;要公平定等、准确计量),不准克扣农民;要现款结算、不打白条,不准算计农民;要优质服务、排忧解难,不准怠慢农民要求,由分管局领导亲自挂帅,率领全体检查执法工作人员深入粮食收购市场一线,对全县粮食收购点进行拉网式检查。检查对象有粮食经营类2家、粮食加工类1家、粮食市场个体经营者随机检查。二是加强巡查工作。田林县粮食行政执法大队是这项工作的具体承担者,人员明确分工,把握工作关键环节,采用点面结合的办法,开展各项工作,重点查处经营者在粮食收购中发生的向售粮农户"打白条"现象。三是建立部门执法联动机制。与田林县工商局联系,联合执法,维护粮食流通秩序。

粮食企业(单位)信用评价及分类监管体系工作 根据《广西壮族自治区粮食局关于做好全区粮食行业社会信用体系建设工作的通知》精神,开展对全县粮食企业(单位)信用评价及分类监管体系工作。全县粮食企业经评定有

2个国有企业,2个私营企业获A级信用等级。

与全国粮食流通"12325"热线监管平台对接工作　3月28日,田林县粮食局与全国粮食流通"12325"热线监管平台成功对接,为田林县粮食流通监管规范化工作融入国家监管机制打下良好基础。"12325"热线网络平台设置国家、省、市、县四级管理员账户。其主要是通过热线电话和网络受理涉粮问题举报和对案件处理工作的投诉。受理涉粮问题范围有:粮食收购、粮食储存、粮食销售、储备粮管理、补贴管理、储粮贷款、安全生产、储粮安全、其他等九类问题。社会群众需要反映涉粮问题,只需在法定工作日上班时间拨打"12325",如实举报,就能得到满意答复和解决。

(王霄曲　许志臣　陆广林　周祖繁　李新德)

烟草专卖营销

【田林县烟草专卖局领导】

局长(经理):

凤路发(2018年10月离任)

姚　彬(2018年11月任职)

副局长:农光耀(壮族)

副经理:韦延根(壮族)

林万胜(壮族,2018年5月离任)

李苏琛(壮族,2018年6月任职)

【概况】　田林县烟草专卖局(营销部)成立于1988年7月1日,隶属百色市烟草专卖局(公司),实行"统一领导、垂直管理、专卖专营"的管理体制,辖管14个乡(镇)烟草专卖制品的生产和经营;依据国家法律行使烟草专卖行政执法、经营烟叶生产收购和卷烟销售业务。2018年,在岗职工59人,设有6个职能部门(综合管理办公室、专卖管理股、内管派驻监督管理组、客服办、烟叶股、卷烟物流中转站)、1个专卖执法中队、3个专卖管理所(专卖一所、专卖二所、专卖三所)和八桂、平塘、八渡3个烟叶收购点。

【卷烟销售】　深掘市场潜力,调状态,提结构,开展专销零"三位一体"(即:专卖、营销、零售户)建设工作,提高终端建设水平。2018年,累计销售卷烟7746箱,完成年度任务7600箱的101.9%,比2017年增加146箱,增幅2.39%。销售额为18000.68万元,完成年度计划17556万元的102.5%,比2017年增长1506.75万元,增幅9.14%;创造税利1045.35多万元。

【专卖管理】　田林县烟草专卖行政管理部门按照《中华人民共和国行政许可法》《中华人民共和国烟草专卖法》及其实施条例、《烟草专卖许可证管理办法》《烟草专卖许可证申请与办理程序规定》等法律法规严格执法,协同公安、工商、交通等部门开展"国门利剑""惊雷""打击散支烟(白皮烟)""春雷"等专项整治行动,严厉惩治无证运输和制售"假、非、私"烟非法行为,全力净化"两烟"市场。2018年共查处涉烟案件24起,查获各类违法卷烟100.912万支,判刑2人;查处影响区内市场万元以上案件13起,完成年度任务的162.5%;查获影响区内市场假非私烟30.93万支,完成年度任务的110.47%,查获非影响区内市场假非私烟69.98万支,完成年度任务的583.1%。

【烟叶生产】　推进"抓队伍、精管理、控规模、提质量、增效益"五项工作要求,以"增香"为核心,以"对标东利"为主线,通过深耕冬翻晒土、土壤改良、推广施用麸肥和农家肥、起高大垄深移栽、推广水肥"一体化"、加强病虫害统防统治和狠抓绿色防控、做好防灾减灾、全面推行"专分散收工作"及全面推进"组组对标"等工作。2018年共有7个乡镇338户烟农种植烤烟,签订烤烟种植合同3351亩,收购烟叶5945.997担,完成全县收购任务6000担的99.1%,收购总金额720.72万元,49户贫困烟农全部达到脱贫摘帽标准。

(胡　鑫)

个体工商业

【概况】　2018年,商事制度改革推进有力。一是贯彻落实上级"压缩企业开办时间"的决策部署,在实行各项改革措施的基础上,规范登记服务流程,降低准入门槛,推动商事制度创新突破,降低投资创业的制度性成本,顺应群众改革期盼,推行"最多跑一次",窗口服务更加人性化、有温度。二是继续履行"双告知、一承诺"制度。将企业注册登记信息及时抄告相关部门,方便各部门认领,同时告知申请人需要申请审批的经营项目和审批部门,并由申请人作出书面承诺，有效解决“先照后证”后产生的监管“盲区”和办照容易、办证难的问题。

截至2018年12月31日，田林县个体工商户总户数10645户，注册资本62315万元，从业人数17974人；其中2018年新设立个体工商户2151户，注册资本20284.78万元，从业人数4268人。

【个体服务业】 截至2018年12月31日，田林县从事个体服务业的个体工商户总户数为880户，注册资金5532.56万元，从业人员1863人。其中，信息传输、软件和信息技术服务业个体工商户59户，注册资本450.63万元，从业人数93人；租赁和商务服务业个体工商户22户，注册资金173.6万元，从业人数40人；科学研究和技术服务业个体工商户11户，注册资金80.5万元，从业人数24人；居民服务和其他服务业的个体工商户788户，注册资金4827.83万元，从业人数1706人。 （黄艳萍）

旅　游

【田林县旅游局领导】

局　长：陆炳西（壮族）

副局长：罗绍辉（壮族，2018年3月离任）

许花密（壮族，2018年3月任职）

【概况】 根据《关于成立田林县旅游局的通知》文件，田林县旅游局于2002年5月成立，属财政全额拨款的参公单位，人员编制3名。2018年，在编3名，其中局长1名，副局长1名，1名工作人员从2008年开始长期借调到县接待办，编外人员2名。主要职责：县旅游局是田林县主管旅游行业的行政管理机构，对辖区内经营旅游业务的单位（旅行社、旅游公司、旅游涉外饭店、旅游运输车船公司、旅游景区景点、旅游度假村、旅游学校等）及其从业人员进行监督和管理，并负责指导全县旅游资源景区（点）的规划、开发和利用。至年末，全县旅游人数达到113.36万人次，比上年增长30.49%；旅游总消费为11.47亿元，比上年增长34%，旅游业总体处于持续向好水平。

【旅游资源】 田林县人杰地灵，有丰富的自然景观和人文景观，旅游资源丰富。生态自然景观有桂西第一高峰、广西第四高峰、被誉为“桂西屋脊”的岑王老山生态康体养生旅游，平宜水库生态旅游，丰厚水库生态旅游，三川洞漂流探险游，“南国竹海”生态旅游观光等；乡村民族风情有利周瑶族乡凡昌村伟好屯、潞城瑶族乡三瑶村民族风情游；人文景观、文化名胜有“西林教案”遗址红色旅游基地；民族节庆有壮剧文化艺术节、潞城瑶族乡弄光村壮族祭瑶娘活动、那帮村瑶族盘王节等。2018年完成万吉山森林公园、八桂瑶族乡那榄易地扶贫搬迁安置点、利周瑶族乡百达村坛昔屯、老山村那罕屯旅游厕所的建设工作，提升田林县旅游硬件设施和服务水准。

【旅游项目】 一是加强与林业局、水利局等相关部门的沟通协调，推进万吉山森林公园创建提升工程项目建设。由县旅游局负责的景观、亮化、旅游工程控制价为920万元，2018年12月进入施工阶段。二是由县旅游局投入10万元，利周瑶族乡负责实施，完成利周瑶族乡那罕屯民族文化交易场所的建设。

【旅游扶贫工作】 一是做好利周瑶族乡和平村、老山村，浪平镇香维村，定安镇常井村等4个贫困村旅游扶贫规划评审上报工作。二是县旅游局下设的田林县壮美文化旅游开发有限责任公司，专门负责旅游扶贫项目融资等工作。壮美公司从2016年起负责者苗乡、八渡瑶族乡、平塘乡等乡镇贫困户贷款融资工作，融资量达1134万元。2018年11月30日完成第一笔旅游扶贫小额信贷红利113.48万元，受益贫困户228户。三是组织农家乐、旅游贫困村第一书记、村“两委”、农村致富带头人等到深圳、田阳、凌云、柳州、靖西等区内外参加旅游扶贫培训宣传推进活动，宣传田林县八渡笋、山茶油、灵芝等特色旅游产品，学习外地先进的旅游扶贫模式，借鉴外地旅游扶贫的先进经验和做法，为田林县发展乡村旅游扶贫工作提供发展思路。

【旅游星级体系建设】 2018年，田林县推进旅游星级体系建设，抓好星级旅游厕所建设，年内完成改建1座2A级、新建3座2A级旅游厕所建设任务。

【旅游宣传】 2018年，田林县旅游局先后参加在深圳举行的“壮族三月三·相约旅游广西”旅游区宣传推介会、“5·19”中国旅游日百色市旅游主题宣传、柳州乡村旅游扶贫、粤桂乡村旅游扶贫协作培训、靖西旅游电商、百色首届“十佳评选”等活动，同时利用“吼敢”壮剧文化节活动，成功举办以“美食美味，尽在田林”为主题的田林县特色美食展示展销活动，极大推进田林旅游产品的宣传推广。

【旅游安全】 田林县旅游局与消防、安监、公安、工商、食药监等职能部门组织元旦、春节、壮剧文化艺术周、“五一”、端午、中秋和“十一”黄金周等节前旅游安全生产大检查并针对存在问题进行整改。全年没有发生一起旅游安全生产事故和旅游投诉事件。

（陈雨婵）

市场开发服务

【田林县市场开发服务中心领导】

主　任：朱良滚

【概况】 根据《关于设立田林县市场开发服务中心的通知》文件精神，2007 年 10 月 22 日成立田林县市场开发服务中心。2018 年，田林县市场开发服务中心内设办公室、财务股、物业管理股 3 个股室，下设乐里、潞城、旧州、定安、浪平、八桂、八渡 7 个乡镇市场服务管理所和 1 个保安队，在职职工人数 47 人，其中在编人员 37 人，编外聘用人员 10 人。

2018 年 5 月 18 日，乐里市场服务管理所开展消防安全大检查

【市场开发】 2018 年，市场开发服务中心加强市场设施养护维修、改善市场硬件、软件设施。对乐里、浪平、旧州等市场的基础设施进行改造维修；拆除潞城农贸市场屠宰场，扩建潞城农贸市场；拆除那比农贸市场危房，消除市场安全隐患，确保市场安全生产经营。2018 年 12 月 21 日搬迁八桂农贸市场，并做好新农贸市场的划行归市工作。

【市场服务】

市场卫生管理　以创建自治区文明城市为契机，推进农贸市场规范化管理。加强日常监督管理，禁止市场内占道经营、乱堆乱放乱扔垃圾现象；加大保洁力度，坚持全天候保洁。乐里市场购买高压清洗机定期对市场地板进行冲洗，确保市场环境卫生清洁。

市场消防安全　制订《田林县市场开发服务中心消防应急预案》，成立安全生产领导小组，确保各项消防工作顺利开展。2018 年 5 月 18 日至 22 日，中心主要领导带队对全县辖区内农贸市场的电气线路、安全疏散通道、消防设施设备等进行消防安全大检查，及时排查安全隐患，并做好检查台账，严防事故的发生。同时，利用市场 LED 显示屏滚动播放消防安全常识，对经营户发放消防安全宣传单，使消防安全知识深入经营者及广大市民心中。

（杨　梅）

金　融

人民银行

【中国人民银行田林县支行领导】
行　长:梁和平
副行长:闭祖豪(壮族)
　　　班正康

【概况】 中国人民银行田林县支行是中国人民银行的派驻机构,依照《中国人民银行法》在田林辖区履行中国人民银行职责:贯彻执行国家货币政策、金融管理、征信管理、金融支付结算、人民币流通管理、反洗钱、经理国家金库,及其他金融服务。2018年,支行内设办公室、综合业务股和会计国库股。

全行干部职工25人,其中在职干部职工23人(其中聘用制员工1人;借调人民银行百色市中心支行3人),离退休2人。设行长1人,副行长2人。在职人员中,本科学历16人,大专学历5人,中专(高中)2人,中级职称11人,初级职称11人,不评职称1人。支行设有党组、党支部、纪检组,有中共党员19人,非党员6人;设立工会组织、女工委员会等组织;内部职能部门有办公室、营业室。

【金融机构】 金融机构设置方面,田林辖区有监管类金融机构,银行业金融机构,保险业金融机构。

监管类金融机构

金融业监管机构。田林辖区内设有金融业务监管机构1家,即中国人民银行田林县支行,其作为中央银行的派出机构,负责在田林辖区履行中央银行金融业务监管职责。

银行业监管机构。田林辖区内设有银行业监管机构1家,即中国银行业监督管理委员会百色监管分局田林监管办事处,其办公地址搬至百色监管分局。

银行业金融机构 田林县设有中国工商银行股份有限公司田林县支行、中国农业银行股份有限公司田林县支行、中国邮政储蓄银行股份有限公司田林县支行、广西田林农村商业银行股份有限公司4家银行业分支机构和地方法人机构。全辖银行业营业网点33个,其中乡镇营业网点16个,从业人员317人。

保险业金融机构 田林辖区有注册保险业金融机构3家,分别是:中国人民财产保险股份有限公司田林县支公司、中国人寿保险股份有限公司田林县支公司和中国人民人寿保险股份有限公司田林县支公司。

【存款业务】 2018年,田林县金融机构人民币各项存款余额68.68亿元,同比增长4.58%,余额比2017年末增加3.01亿元。

居民储蓄存款 2018年,田林县金融机构住户存款余额43.74亿元,余额比2017年增加5.06亿元,增长13.08%。其中,住户活期存款余额29.28亿元,增长9.38%;住户定期及其他存款余额14.46亿元,增长21.41%。

单位存款 2018年,田林县非金融企业存款余额4.98亿元,与2017年持平。其中非金融企业活期存款余额4.9亿元;非金融企业定期及其他存款余额0.08亿元。

广义政府存款 2018年,田林县广义政府存款余额19.96亿元,同比下降9.27%,余额比2017年减少2.04亿元。其中机关团体存款余额19.53亿元,同比下降9.63%;财政性存款存款余额0.43亿元,同比增长10.26%。

【贷款业务】 2018年,田林县金融机构人民币各项贷款余额47.42亿元,同比增长5.8%,余额比2017年初增加2.6亿元。

住户贷款 2018年,田林县住户贷款余额21.03亿元,同比增长9.82%,余额比2017年初增加1.88

亿元。其中短期贷款余额2.84亿元，同比下降1.06%；中长期贷款余额18.22亿元，同比增长11.71%。

非金融企业及机关团体贷款 2018年，田林县非金融企业及机关团体贷款余额26.39亿元，同比增长2.81%，余额比2017年初增加0.72亿元。其中短期贷款余额5.06亿元，同比下降41.30%；中长期贷款余额21.32亿元，同比增长25.04%。

农户贷款 2018年，田林县金融机构涉农贷款余额41.21亿元，增长3.21%，涉农贷款占比86.90%；农户贷款余额14.57亿元，增长7.29%。

【中间业务】 2018年，田林县银行业金融机构中间业务收入为1040万元，比2017年减少70万元，下降6.31%。

【保险业务】 2018年，田林县保险业金融机构全年保费收入为8581万元，同比增加1524万元，增长21.59%。其中，财产险2957万元，同比增长20.44%；人寿险5624万元，同比增长22.21%。理赔支出2366万元，同比增加15万元，增长0.61%。其中，财产险理赔支出1358万元，同比下降11.72%；人寿险理赔支出1007万元，同比增长23.95%。

农业银行

【中国农业银行田林县支行领导】
党委书记、行长：黄兵荣（壮族）
副行长：罗　珺（壮族）
向子阳（壮族）
汪泽义（壮族，2018年10月任职）
张红卫
张广华

【概况】 中国农业银行股份有限公司田林县支行（以下简称农行田林县支行）是中国农业银行股份制有限公司的分支机构，属于国有控股的股份制商业银行，总行设在北京。农行田林县支行设立党委，下设有支行机关等五个党支部；内设综合管理部、公司业务部、个人金融部、风险管理部四个职能部门。下辖支行营业室、河滨分理和新市支行三个营业网点；离行式自助银行有财富商城自助银行、河南片三十米大道自助银行、迎宾路自助银行、旧河滨自助银行、环球警银亭自助银行、旧州金融便利店6个离行式自助银行。2018年有职工84人，其中在职职工59人，退休职工25人，中共党员42人。农行田林县支行本着“立足县域，服务三农”的发展理念，紧紧围绕“服务三农”主题，做大做强农业产业、龙头企业、农村基础设施建设、特色旅游资源开发、市政建设等领域的金融服务力度，介入县招商引资项目的金融支持工作，在支持县域“三农”经济发展中起到主流银行的作用。

【经营利润】 拨备前利润4654万元，同比增加665万元；拨备后利润4885万元，同比增加1731万元。

【存款业务】 2018年年末各项存款余额189055万元，比年初下降11040万元，同比减少40553万元，完成年度增量计划9500万元的–116.21%，其中：储蓄存款余额75207万元，比年初增5957万元，同比增加2500万元，完成年度增量计划5500万元的108.31%；对公存款余额113847万元，比年初下降16998万元，增量同比下降43054万元，完成年度增量计划4000万元的–424.95%。

【贷款业务】 2018年年末各项贷款余额94397万元，比年初增9287万元，完成年度增量计划10470万元的88.70%。法人类贷款余额66811万元，比年初增7761万元，完成年度增量计划8000万元的97.01%。个人贷款余额27586万元，比年初增加1526万元，完成年度增量计划1750万元的87.20%。

全年累计投放贷款17700万元，其中：法人类贷款9137.8万元，个人类贷款8562.2万元；全年累计收回贷款9182.52万元，其中：法人类贷款1377万元，个人类贷款7805.52万元。

【中间业务】 2018年，中间业务收入537万元，同比减少335万元，完成年度计划689万元的77.93%。

【资产质量】 2018年年末不良贷款余额128万元，比年初下降76万元，不良贷款率为0.16%，比年初下降0.17个百分点。法人贷款保持不良贷款为零；个人类不良资产余额128万元，比年初下降76万元，比不良控制计划200万元多完成72万元，其中：非三农不良贷款余额42万元，与年初下降7万元，三农不良贷款余额85万元，比年初下降85万元，个人类不良贷款率为0.53%；信用卡不良余额22万元，比年初下降54万元，不良率为0.58%。

【电子银行业务】 2018年，掌银活跃户完成5622户，完成年度计划106%，惠农e通平台商户完成1656户，完成年度计划1600户的104%，网络金融业务全面发展。“惠农e贷”130户，贷款余额848万元，累计投放965万元；“惠农e通”1656户，交易额1111.39万元。

【电子化建设】 营业网点全部按标准化、规范化设计，营业场所宽敞明亮，并实行电子化操作办理各项业务，现有业务终端机20套，超级柜员机4台，办公用电脑52套，ATM自动取款机4台，自动存取款机18台，自助转账终端机4台，设立“惠农通”金穗“惠农卡”服务点25个。业务操作全部实行单人临柜全程监控。 （吴秀忠）

农村商业银行

【广西田林农村商业银行股份有限公司领导】

董事长：吴德广

行　长：刘　涵

监事长：刘　成（壮族）

副行长：刘文正

黄　艳（女，壮族）

【概况】 广西田林农村商业银行股份有限公司于2017年8月23日正式挂牌成立，实现由农村信用联社过渡为农村商业银行。2018年田林农商行总行设立党委，下设总行机关第一至第五党支部、营业部党支部等11个党支部。内设党委办公室、总行办公室、市场开发部、计划信贷部、财务会计部等19个部室（中心），下设22个分支机构（不含营业部）。全辖23个营业网点，有16个经营信贷业务，覆盖全县14个乡镇，在职从业人员208人。作为地方金融机构，田林农商银行始终坚守“根植县域，服务三农，传承背包精神”的初心和使命，发挥支农惠农职能作用，主动作为，为贫困村和贫困户“输血”治贫，为田林县精准脱贫攻坚助力。

【经营利润】 2018年，经营利润实现10937万元。其中账面盈余4810万元，增提拨备6127万元。财务总收入为21965万元，同比增加1710万元。全年上缴各项税费共计2123万元，是田林县的纳税大户。

【存款业务】 2018年年末各项存款余额为408642万元。占全社会市场份额的59.5%，其中对公存款余额为109316万元；储蓄存款余额为299326万元。

【贷款业务】 2018年年末各项贷款余额为329072万元，占全社会市场份额的69.5%，比年初增长28546万元，同比增加3589万元。增幅9.5%。截至2018年12月31日，累计发放178472万元贷款支持县域经济发展，重点投放领域是扶贫贷款2625万元、农户生产经营贷款25088万元、按揭类贷款12169万元、小微企业贷款72984万元、公职人员贷款6346万元、个体工商户贷款8508万元，调整贷款结构趋于更加合理，确保合理流动性资金需求，信贷投放创造经济和社效益。

【电子银行业务】 2018年发行桂盛卡22.69万张，公务卡3522张，累计发行授信总额1.62亿元。手机银行有效用户33172户。电子银行替代率为90.89%。

【普惠金融建设】 布设自助设备总数达37台，实现为100%乡镇提供自助科技服务，在覆盖全县100%行政村的145个惠农支付便民服务点中，其中5个已升级为农村金融综合服务站。创建全县首批3个“信用乡”、48个“信用村”。

【履行社会责任】 2018年累计代发粮食直补、农村危房改造补助、退耕还林工程补助、低保、城乡居民基本养老保险等各类财政奖补资金2.3亿元。田林农商银行利用民俗节庆开展“金融消费者权益日”“反洗钱”“反假币”“扫黑除恶”“反网络诈骗”“守住钱袋子”“安全生产月”等主题宣传活动，提升人民群众的金融知识素养，增强人民群众的风险防范意识、责任意识、诚信意识和依法维权意识。

【助力精准扶贫】 在融资方面，田林农商银行优化服务脱贫，贷款资金倾斜贫困户。对全县在册13512户贫困户金额58413万元评级授信，实现贫困户建立信用档案和评级授信“两个全覆盖”。截至2018年12月31日,全县扶贫贷款存量为7199户、34014万元,贫困户获得贷款占已评级授信比例84.48%。给予利息优惠1695多万元,无扶贫小额贷款资金滞留在账上情况。

田林农商银行与县财政局共同签订《田林县农民工创业担保贷款委托协议》,向具备烹饪、美发、电子等多个职业工种技能和本领的农民工发放贷款,他们可享受单户最高贷款额度10万元,创业担保贷款最长期限为2年。2018年,田林农商银行共发放农民工创业贷款38笔、380万元,下岗失业人员再就业小额担保贷款11笔88万元。同时,与县人社局联合,在全市范围内率先开启政银联动、上门服务的新模式,发放5407张城乡居民社会保障卡。

(杨正赞　黄夏艳)

中国邮政储蓄银行田林县支行

【中国邮政储蓄银行股份有限公司广西壮族自治区田林县财富商城支行领导】

行　长:黄　晶

运营主管:韦彩萍

【概况】 中国邮政储蓄银行股份有限公司广西壮族自治区田林县财富商城支行(以下简称“邮储银行田林支行”)成立于2012年3月23日,是中国邮政储蓄银行百色市分行辖属二级分支机构,在当地唯一一家邮储银行自营网点机构,服务连接“三农”的大型国有零售商业银行。邮储银行田林支行自成立伊始就充分发挥优势,自觉承担“普之城乡,惠之于民”的社会责任,坚持服务“三农”、服务中小企业、服务社区的市场定位,积极探索“普惠金融”的发展道路,积极填补田林县金融服务空白、扶持弱势群体发展,为城乡居民提供了全方位、多层次的金融服务。2018年,邮储银行田林支行内设个人金融部、三农金融事业部2个部门,在岗人员6人。主要业务范围包括:负债业务如人民币储蓄、外币储蓄等;资产业务如小额贷款、个人商务贷款、个人消费贷款、小企业贷款、流动资金贷款、项目贷款等;中间业务如支付结算、代收代付、人民币理财业务、代销基金业务、代理保险业务、贵金属业务、代销国债、电子银行业务等。

【存款贷款规模】 2018年各项存款余额2651万元,比年初增加–307万元;各项贷款余额2370万元元,本年净增187万元。

【支持地方经济建设】 2018年邮储银行田林支行坚持创新发展、转型发展,充分发挥自身优势,不断提高金融服务能力,助力地方经济发展。一是信贷业务取得新突破。个商小水电贷款、医保POS流水贷业务、转期贷、个商E捷贷、小额E捷贷、邮享贷、邮薪贷、优享贷、汽车电商专属贷等多种贷款新产品实现突破。其中:邮薪贷取得良好发展局面,荣获中国邮政储蓄银行广西网贷优秀推广支行,全县个人消费类贷款业务放款162笔,金额1036万元。二是大力支持中小微企业发展。积极与第三方担保公司合作,解决小微企业融资难的问题;继续贯彻落实小微企业续贷、展期政策,有效缓解小微企业融资压力;执行利率差别化政策及落实差异化授信政策,积极为小微企业提供综合金融服务,助推当地经济发展。2018年投放两笔当地木材加工行业贷款各100万元,金额合计200万元。

【强化风险合规管理】 充分发挥风险与内控管理职责,不断加快推进全面风险管理体系建设;全面做好风险监测及预警工作;组织开展市场乱象、“三违反”“四不当”“十风险”等系列专项治理工作;加大监督检查及整改问责工作力度;加强邮政金融反洗钱工作管理,保障反洗钱工作稳健运行;积极组织、推进达标化网点建设;落实做好“平安邮储”工作,2018年内无案件和重大责任事故发生。

【加强企业文化建设】 邮储银行田林支行坚持文化引领发展,坚持培育富有邮储特色、体现时代精神的企业文化,不断传递释放推动转型发展的正能量。组织开展乒乓球比赛、健步行、秋游等多项工会活动,丰富员工业余生活;开展“一日捐”献爱心活动,走访慰问先进、困难和退休职工,组织开展员工体检。

(杨秋凤)

中国工商银行田林县支行

【中国工商银行田林县支行领导】

行　长:苏中伟(壮族,2018年7月

离任）
唐振兴(2018年7月任职)
副行长:廖国志

【概况】 中国工商银行田林县支行是2012年5月恢复成立的支行,2018年末有营业网点1个,员工14人。2018年支行紧紧围绕效益和质量两大核心任务,积极营销新产品、开拓新业务、狠抓服务质量,积极支持产业转型和基础设施建设、水电、普惠金融(小企业)发展,支持居民投资创业、消费升级等。

【信贷业务】 2018年年末各贷款余额48339万元,其中:一般法人贷款余额40400万元,比年初增加20600万元;小企业贷款余额950万元,比年初增加160万元。个人住房贷款余额6604万元,比年初增加906万元。2018年年末支行不良贷款余额为0,信贷资产质量优良。

【存款业务】 2018年年末各项存款余额34723万元,比年初增加15730万元。

【中间业务】 2018年全行中间业务收入408万元,完成全中间业务任务的173.53%。

【电子化建设】 2018年支行业务已实现高度电子化,已安装有ATM自动取款机6台,自助终端设备2台,业务实现高度智能化。同年已开展有网上电子银行、工银E支付、融e借、融e联、融e行、工银e生活、云闪付等电子银行业务。

中国人民保险田林支公司

【中国人民财产保险股份有限公司田林支公司领导】
经　理:潘祖文(壮族)

【概况】 中国人民财产保险股份有限公司田林支公司是隶属中国人民财产保险股份有限公司的三级分支机构,是田林县唯一一家在县、乡(镇)、村级行政区域内设有分支机构或服务网点的财产保险公司。2018年,在职员工16人,保险个人代理人20人。主要开办机动车辆保险、财产保险、意外健康保险、责任信用保险、船舶货运保险、农业保险等保险业务。年内公司市场占有率为59.76%,居全县财产保险公司之首,对促进本地经济发展和社会稳定发挥重要作用。

【承保】 2018年,公司实现保费收入1959.22万元,同比增长13.78%。其中,车险保费收入941.75万元,同比增长14.99%;商业非车险实现保费收入446.6万元,同比增长-4.90%;农业险保费收入570.87万元,同比增长31.71%。

【理赔】 2018年,全年处理常规业务各类赔案3253件,支付各类赔款总支出988.92万元。其中农房赔案45件,赔款66.25万元,种、养类农业保险赔案21件,赔款277.87万元。

【服务】 2018年,共为2.3万辆机动车、53138户农村居民住房提供保障,保障责任高达9.56亿元。巩固和发挥农险平台优势,提升公司综合金融服务能力。全年缴纳各种税费190.95万元。（黄惠华）

中国人民人寿保险股份有限公司田林支公司

【中国人民人寿保险股份有限公司田林支公司领导】
经　理:滕佩珍(女)

【概况】 2018年,中国人民人寿保险股份有限公司田林县支公司(以下简称“田林县支公司”)下设银保部、收展部、团体部、个人代理部、产寿互动部5大业务部门,共有员工58人。

【经营情况】 田林县支公司秉承“人民保险　服务人民”宗旨,始终坚持“以客户为中心”,努力做“服务最好的寿险公司”,努力做“人民信赖的卓越品牌”。2018年,保费总收入2020.8万元。

【业务范围】 人保寿险主要经营的保险业务包括:人寿保险、健康保险和人身意外伤害保险等业务。公司以不忘初心,牢记使命,坚持以人民为中心,积极参与国家健康养老产业、基础设施和民生工程建设。为客户提供重疾轻症险、医疗、意外险、指定场所意外险、女性特癌(6种)疾病等多款保险产品服务。公司建立了科学的集中管控体系与强大的销售支持平台,通过个人保险、银行代理、法人客户、电子商务等多种营销渠道，向广大客户提供咨询、出单、承保、核保、查勘、理赔等全面、便捷、高效的服务，严格控制承保质量，自觉遵守行业秩序，逐步还原规范健康的保险市场。

【理赔服务】 公司以满足客户最迫切的需求为目标，以快速理赔服务为切入点，通过 4008895518 客户专线、线上自助理赔、短信平台、门户网站、电子商务、客户服务门店、保单服务人员等多渠道服务网络体系。24 小时全天候服务，在实现便利、快速、规范的专业化基本理赔服务，坚持不懈地致力于满足每个客户的个性化需求。2018 年，处理赔案 328 件，累计已核赔款金额 86.50 万元。

【公益活动】 田林县支公司不忘社会责任，积极投身社会公益事业，积极参与各类公益活动。2018 年在潞城红旗小学、乐里新建小学开展捐建“希望工程图书室”活动，丰富学生图书种类。2018 年 6 月，为田林绕城路渭架沟房屋倒塌受灾群众捐赠物资一批，价值约 2000 元。

【荣誉】 2018 年获中国人民人寿保险股份有限公司广西壮族自治区分公司“先进单位”称号。

（农　文）

经济监督与管理

发展和改革

【田林县发展和改革局领导】

局　长:杨圣富

副局长:吴　炳(壮族)

冯以光

周　青(女,壮族)

医改办主任:王宇宁(壮族)

【概况】 县发展和改革局是综合研究拟订全县国民经济和社会发展规划、政策,进行总量平衡和投资,指导全县经济体制改革的宏观经济调节部门,为县人民政府工作部门,挂县物价局、粮食局牌子。2018年内设办公室、发展规划股、国民经济综合股、固定资产投资股(基础设施科)、地区经济股(县西部开发办公室)、重大项目建设股(县重大项目稽查特派员办公室)、农村经济股、产业发展股、社会发展股、资源节约和环境保护股(能源股)、价格综合管理股(县物价局行政审批办公室)等11个股室,县国防动员委员会国民经济动员办公室,县重大项目统筹协调领导小组办公室、县深化医药卫生体制改革工作领导小组办公室、县域经济办公室(临时机构)设在县发展和改革局。在职在编行政编制12名,行政后勤编制1名;事业编制7名,在职在编6名,空编1名。局班子设局长1名,副局长3名。党组领导职位按有关规定设置,2018年党组成员5名。

【计划制度改革】 制定《2018年县委督查工作计划》《每月固定定资产投资分解任务表》《2018年固定资产投资考核实施方案》,推动县人民政府先后出台《田林县重大项目会商会议制度》《田林投资和重大项目推进工作问责办法(试行)》《田林县重大项目推进管理暂行规定》《田林县政府投资项目公告公示制度》。

【编制规划】 2018年,田林县发展和改革局立足宏观经济和项目工作综合管理职能,围绕"十三五"规划经济社会发展目标任务,统筹编制完成《田林县县域经济发展三年行动计划(2018—2020年)》《县域经济基础设施和公共服务三年行动计划项目》《田林县2017年国民经济和社会发展计划执行情况》《田林县2018年国民经济和社会发展计划报告》。做好规划编制和项目谋划申报,完成编报《2019年以工代赈项目中央预算内投资计划》《田林县2018年度石漠化综合治理项目计划》《田林县2018年易地扶贫搬迁项目计划》《田林县2018年旅游基础设施和公共服务设施建设增补项目中央预算内投资计划》。

【固定资产投资管理】 田林县2018年全县固定资产投资完成29.85亿元,同比增长17.9%,比全市投资增速高34.3个百分点(全市增长-16.4%),排全市第三名。重点项目新开工39个、竣工15个,新增入库39个。2018年,一批亿元以上重大项目先后实现开竣工:田林至西林(滇桂界)高速公路、田田碳素60万吨预焙阳极碳素项目、田林县普通高中迁建项目先后开工,田林瓦村水电站、田林县2017年易地扶贫搬迁工程项目等项目也在年内实现竣工。

【项目资金下达】 2018年田林县通过发改渠道申报争取到中央下达资金4474万元,涉及义务教育、体育设施、社区服务等领域中央投资项目共6项。

【民生项目建设】 2018年实现自治区下达田林县"十三五"易地扶贫搬迁任务"双百""两超额"目标:完成搬迁入住2283户、9793人,实现搬迁入住率100%;完成自治区下达搬迁任务9764人的100.30%;完成投资2.58亿元,实现投资完成率100%;全县完成4个拆旧复垦试点共69户,超额完成区下达拆旧复垦试点2个试点任务的100%。

2018年以工代赈示范项目完成道路硬化路项目2个,共12千米,总投资582万元,受益群众154户、640人;以工代赈项目完成道路硬化路项目1个,共3.21千米,投资149万元,受益群众63户254人。

【改革工作】 田林县深化"放管服"改革工作,提升行政便利化水平。深化商事制度改革,推进"多证合一""一照一码"登记制度,全面推进"证照分离",实行"先照后证",减少前置审批,降低市场准入门槛,简化和完善企业注销流程;简政放权,加大行政审批事项清理规范力度,分11批共取消行政审批事项220项,调整232项,下放行政审批事项23项,清理中介服务77项;建立在线审批监管互联网网站和在线并联审批系统,审批流程得到优化,实行"一窗受理、集成服务"。深化医药卫生体制改革经验,完成医改(2015—2020年)中期评估;开展经济体制改革专项自查,查找制约改革阻力,不断完善重点领域和关键环节改革制度机制。全面推进田林县企事业单位公务用车制度改革工作,县本级直属单位已基本完成部门所属事业单位公务用车制度改革实施方案的编写,涉改车辆已封存停驶待处置。

【节能减排】 2018年度重点对机关事务局、农业、经济、工业企业节能降碳指标的统计、监测、考核,严格执行项目节能审查,围绕2018年"节能降耗 保卫蓝天"宣传主题和"提升气候变化意识,强化低碳行动力度"低碳日活动主题,开展节能宣传教育活动,组织全县完成百色市2017年节能目标责任评价考核,获市政府表彰列入2017年县级人民政府节能目标责任评价考核结果"超额完成"等级。2018年能源消费总量39.18万吨标准煤/万元;单位地区生产总值能耗为0.7372吨标准煤/万元;单位工业增加值能耗1.1086吨标准煤/万元。

2018年8月20日,田林新高中开工建设

【招商引资】 2018年度启动全县优化营商环境大行动,出台《田林县优化营商招商环境工作组方案》《田林县优化营商环境大行动工作方案》《关于进一步深化改革创新优化田林营商环境的实施意见》《关于开展优化营商环境"三评"活动的通知》,全县深化改革优化营商环境大会顺利召开,全面开展优化营商环境大整治、巩固深化投资环境整治成果,为加大招商稳定投资奠定基础。2018年完成清洁能源(网电)项目招商签订协议1家。完成浪平、高龙风电场项目材料报自治区、市发改委,获批浪平风电场项目列入自治区2018年风电开发建设方案候选项目,并于2018年6月获得自治区核准5万千瓦指标批复。 (罗素雪)

物价管理

【田林县物价局领导】

局　长:王宝明(壮族)

【概况】 物价局具体担负着"监督、管理、监测、服务"的职能,所属二层机构有价格监督检查分局、价格成本调查监审分局2个,在职人员8人。2018年,田林县物价局围绕全县的经济社会发展、改革开放、民生问题等全县性的重大工作,对价格形势进行的分析和预测,做好稳定市场价格总体水平工作,把居民消费价格指数涨幅控制在上级下达的指标范围内,全面加强价格监管工作,有效地维护田林

县价格稳定。

【价格管理】

民生价格兜底 落实社会救助和保障标准与物价上涨挂钩联动机制，确保按时启动、及时足额发放价格临时补贴，保障困难群众基本生活水平不因物价上涨而降低。2018年2月县物价局及时启动社会救助和保障标准与物价上涨挂钩联动机制，向50984名困难群众发放价格临时补贴56.34万元。

电力体制改革 落实全区电力体制改革，减轻用电企业的成本和负担。根据(桂政发〔2018〕18号)文件精神，2018年田林县水利电业有限公司执行涉及田林县的10项政策，其中一般工商业用户电费退补金额944257.38元；对农产品冷链物流低谷时段用电企业执行优惠电价，减少企业用电成本5712.51元；提高居民生活用电阶梯电量分档标准，优惠电量4059千瓦时，优惠金额811.81元；减免新装、增容用户67户，电表损毁更换用户102户，减免费用81700元。

价格改革政策 一是为缓解小水电企业经营压力，提高部分小水电上网电价和富余电量最低保护价，自2018年1月1日上网电量起，田林县小水电企业上网电价低于0.25元/千瓦时统一上调至0.25元/千瓦时。二是按照"放开两头、管住中间"的原则。自2018年5月1日起田林县居民配气价格，取消现行的两部制价格，实行单一的计量气价，同时放开燃气小区工程安装费，由原来的政府定价管理改为实行市场调节价。

依法依规制定价格 一是出台田林县定安镇、旧州镇、六隆镇污水处理费收费标准：居民0.85元/立方米，非居民为1.2元/立方米；二是制定《金辰郡住宅小区电梯运行维护费收费标准》，明确各楼层的收费标准；三是调整田林县预防接种服务费，规定从2018年2月26日起田林县预防接种服务费调整为22元/剂次收取，含预检、接种、耗材、观察等费用。

【收费管理】 严格执行宏观价格干预措施，执行上级有关收费管理政策，在规定时限内办结和通知相关单位贯彻执行，确保各项收费政策政令畅通，按相关程序上报核定田林县安通机动车检测有限公司摩托车安全技术检验收费标准，县人民政府同意从2018年6月7日起，田林县安通机动车检测有限公司摩托车安全技术检验收费标准为每车次50元，试行一年。根据自治区物价局、住房和城乡建设厅《关于印发广西壮族自治区住房小区物业服务收费管理办法(试行)的通知》有关规定，结合田林县实际，制定《金辰郡住宅小区电梯运行维护费收费标准》，明确各楼各层的收费标准。根据广西壮族自治区物价局、财政厅《关于第二类疫苗预防接种服务费收费等问题的复函》规定，调整狂犬疫苗接种收费标准，规定从2018年2月26日起田林县预防接种服务费调整为22元/剂次收取，含预检、接种、耗材、观察等费用。开展清费减负工作，清理规范涉企收费。自2018年5月27日起，降低六项免收一项涉企特种设备检验检测收费。全面清理规范行政事业性收费，自2018年4月1日起，停征首次申领的身份证工本费；自2018年7月1日起，取消公路路产补偿费中的增设道口费和超限运输车辆行驶公路费两个收费项目。

【价格监测】 一是在春耕和夏播来临之前，定期对市场的化肥、农药、农膜、种子等农业生产资料价格进行重点监测，稳定农资市场价格；二是加强粮、油、肉、禽、蛋、水产品、主要蔬菜等居民生活必需品和部分重要商品价格的监测，特别针对2018上半年价格浮动较大的猪肉进行重点监测，及时了解和掌握市场物价动态，每月向市物价局汇报价格变动情况；三是关注石油、液化气、钢材等重要商品价格变化，及时向市物价局报告价格运行情况；四是针对六月份暴雨受灾特殊时期，组织人员对县城市场生活必需品进行重点价格监测和报告，及时掌握因灾可能出现价格波动，为有效应对物价可能上涨提供可靠信息依据；五是针对扶贫产业所涉及八渡笋、茶油、玉米等种植产品及猪、羊等产品价格重点监测，为全县脱贫攻坚战提供稳定的市场价格及数据服务。2018年田林县居民消费价格指数与全市一致，保持在3.5%以内，完成调控任务。

【价格认证】 坚持"以价格鉴定为基础，以价格事务为依托，以价格认证为拓展"，履行"服务司法、服务社会、服务政府、服务系统"价格认证职能，依法为司法、行政执法机关提供高质量的价格鉴定服务，维护司法公正，树立价格认证中心的权威性。2018年受理各类价

2018年6月11日，田林县物价局工作人员正在县自来水厂检查降低水价实行情况

格鉴证业务156宗，总认定价值达446万元。其中刑事案件认证136宗，认证金额50万元；应税物价格认证20宗，认定金额396万元。

【价格执法】 田林县物价局联合县房改办开展商品房销售价格行为和物业管理服务收费价格执法检查工作，规范田林县商品房销售价格行为，强化物业收费管理。田林县价格监督检查分局把做好价格举报工作作为联系群众的一项民心工程和为民办实事的重要工程，保证24小时电话畅通，随时做好“12358”价格举报电话的受理工作，做到有报必接、有查必果。

【价格监督】 一是深入潞城、利周等乡（镇）和市场、超市开展市场价格监督检查工作，维护市场价格秩序；二是在元旦、春节、中秋、国庆等重要节假日期间，进行商品价格专项监督检查，稳定敏感时节全县物价；三是根据自治区、市物价部门全面开展电力价格专项检查工作，配合自治区、百色市物价部门工作人员在田林县开展电力价格专项检查工作，督促县水利电业公司按上级文件要求收取电价。

（闭祖耀）

审　计

【田林县审计局领导】

党组书记、局长：唐子纯

党组副书记、副局长：韦　进（壮族）

副局长：卢　欢（壮族，2018年3月任职）

总审计师：许云燕（女，壮族，2018年3月离任）

李秀娥（女，壮族，2018年3月任职）

【概况】 2018年，田林县审计局人员编制20名（行政编制8名，事业编制11名，机关后勤编1名），实有18人（行政编制7人，事业编制10人，机关后勤编1人）。内设有办公室、行政事业和财政金融审计股、经济责任和企业审计股、固定资产投资审计股、政府投资审计中心、经济责任审计中心6个职能股室。

【审计成果】 2018年，田林审计局完成审计项目11个，审计发现非金额问题6个，查出主要问题金额32780.02万元，其中：应上缴财政10.92万元，应归还原渠道资金31464.26万元，应调账处理金额337.39万元，管理不规范金额；已上缴财政4.97万元，已归还原渠道资金4320.37万元。向县委、县政府提交审计工作报告、信息6篇，被党委信息采用5篇。

【财政审计】 2018年，完成县本级财政预算执行情况审计、田林县丰裕经济果木林扶贫开发有限公司2016年至2017年度财务收支审计。查出主要问题金额32542.12万元，其中：查出违规金额4.97万元，管理不规范金额32537.15万元，已整改4305.71万元。在项目实施过程中，延伸审计者苗乡2017面预算执行情况及《广西壮族自治区2018年上半年重大政策措施落实情况跟踪审计工作方案的通知》《百色市审计局关于印发百色市2018年下半年重大政策措施落实情况跟踪审计实施方案的通知》中确定的审计内容，具体包括2017年保障性安居工程、2017年新增债券资金使用情况、重大项目推进及前期工作经费使用情况、防范化解债务风险的落实情况。审计发现税费减免政策落实不到位;部分不符合条件家庭违规享受农村危房改造住房保障待遇,涉及金额0.8万元;2017年新增债券资金使用中部分项目支付进度较慢、2017年新增债券用于非资本性支出;部分重大项目资金支付率较低等问题,审计督促各相关单位整改,年内基本整改完毕。

【固定资产投资审计】 2018年,对县住建局的双虹桥改建工程项目、县教育局的田林县高中3#学生宿舍楼及食堂建设工程项目和县扶贫办的田林县2016年易地扶贫搬迁项目进行审计调查,核减投资额91万元。同时审计发现部分项目验收不规范不严谨、虚列工程量等问题,已将这些问题作为相关单位慢作为、乱作为等作风问题,向县纪委监委报送5条问题线索。

【经济责任审计】 县委组织部委托审计乐里镇党委书记付小文、高龙乡党委书记黎敏基、那比乡党委书记卢磊、扶贫开发办公室主任陈明怀、发展和改革局局长杨圣富、疾病预防控制中心主任汤小规6名党政主要领导经济责任审计。由于审计力量不足,2018年安排乐里镇、那比乡、发改局三个经济责任审计项目,同时开展乐里镇自然资源资产管理审计。审计查出违规金额5.95万元,管理不规范金额231.95万元,非金额计量问题4个,已整改9.81万元。

【专项资金审计(调查)】 一是配合百色市审计组对田林县粤桂扶贫协作资金开展审计,审计发现12个问题,田林县审计局指导各相关单位进行整改,审计发现问题已全部整改完毕;二是受县纪委监委的安排,对定安镇、平塘乡两个乡镇2016年至2017年扶贫资金开展专项审计,审计共发现8个问题,已向县纪委监委报送2个问题线索。

(韦晓飞)

统　计

【田林县统计局领导】
局　长:班丽芳(女,壮族)
党组书记:黄　丹(女,壮族)
副局长:马立坚(壮族)
总统计师:罗　林(女,壮族)

【概况】 田林县统计局是负责全县统计和国民经济核算工作的职能部门,2018年内设4个职能股,即农业统计股,工交、投资、能源统计股,贸易、人口、社会与科技统计股,综合股。二层机构为田林县普查中心和田林县统计数据管理中心,内设机构为田林县统计执法监督局和田林县乡镇统计工作管理办公室。全局人员核定编制18名,其中行政编制7名,机关后勤服务编制1名,参公编制5名,事业编制5名。领导职数4名,分别为1正2副1总统计师。

【统计报表】 严格按照国家及自治区统计局统计报表制度开展工作,主要完成农业、工业、能源、固定资产投资、基本单位、服务业、贸易、社科等专业调查工作,按时上报各种月、季、年度定期统计报表。综合财政、金融等相关部门指标,进行GDP季度核算。各专业明确审核重点,加大审核力度统计数据的完整性、时效性和准确性,全面反映全县发展实际。

【统计管理体制改革】 2018年田林县作为广西深化统计管理体制改革试点县之一,田林县委、县政府高度重视,成立由常务副县长亲自抓的改革领导小组,制定出台《田林县深化统计管理体制改革提高统计数据真实性的实施意见》《田林县深化统计管理体制改革试点工作总体实施方案》《关于进一步加强统计工作的通知》等各项改革配套文件。成立田林县统计局数据管理中心和田林县统计执法监督局,并在田林县统计局数据管理中心和各乡(镇)经济发展办公室加挂乡(镇)统计工作办公室牌子。设独立办公场所,开通专线网络,通过增加事业编制和向社会购买服务人员配齐人力,不断完善软硬件设施,为深化统计管理体制改革试点工作提供必要保障。

【统计调查】 依法依规开展统计调查工作,贯彻执行国家统计调查制度和经批准的上级统计调查制度,贯彻落实国家和自治区《统计质量保证框架管理体系》,建立数据质量追溯机制,实现统计调查全流程制度化、程序化、规范化。2018年,根据《国家统计局关于印发〈地方统计局与国家调查队部分业务分工调整优化方案〉的通知》文件精神,田林县统计局从国家统计局田林调查队承接规模以下工业抽样调查、规模以下服务业抽样调查、小微企业固定资产投资抽样调查、规模以下企业创新抽样调查和以全国为总体的限额以下批发零售住宿餐饮行业抽样调查等5项调查工作。田林县统计局严格落实专业负责制，明确领导小组办公室、各专业组、保障组的职责，推进各项分工调整优化改革工作，为今后更好统计分析田林县规模以下各行业的经营发展情况打下坚实基础。

【统计执法和服务】 组织实施全县统计工作的监督检查和统计执法"双随机"抽查，会同有关部门建立对统计造假、弄虚作假的联合惩戒机制；受理、督办统计违法举报，依法查处重大统计违法行为；建立完善统计信用制度；指导监督各乡（镇）统计执法检查工作；组织开展统计普法宣传；承办统计行政复议、应诉和其他法律性事务。围绕经济工作中心和经济运行的热点和难点问题开展调查分析，编写2018年季度、年度全县经济运行分析，编辑出版月度《统计月报》12册、撰写《统计分析》20篇等统计信息资料。

【统计信息化建设】 通过购买现代信息服务，开通乡（镇）统计专用传输网络和村级数据联网直报系统平台，保障县乡统计信息网络传输，推进统计数据与政务信息共享平台建设，落实统计网络专线"乡乡通""村村通"，实现统计调查数据采集报送、质量控制、交换处理、共享利用的网络化、智能化。

【贸易抽样调查】 2018年统计局对乐里、定安、平塘、浪平、八渡和那比等6个乡（镇）的11个限下批发零售企业以及30个限下批发零售、住宿餐饮个体户样本开展抽样调查。完成抽样调查样本销售额、零售额、营业额等经营信息的收集、整理、上报工作。为真实反映田林县限额以下批零住餐业单位发展状况提供统计保障。

【人口变动抽样调查】 2018年全国人口变动抽样调查工作以2015年1%人口抽样调查的小区边界图和调查小区图为样本信息核实基础，按照原划定地域范围和名称代码，精心计划，统筹安排，机构组建、人员选调、业务培训、地图绘制、摸底调查、入户登记、复查、网上直报等各环节紧密相扣，加强技术指导，落实调查经费，充分调动统计调查员的积极性，有效发挥县直有关部门的作用，提供户籍、社保等资料，攻坚克难，全力推进全县人口变动情况抽样调查顺利进行。

【经济普查】 2018年，成立1个县级14个乡（镇）级168个村级经济普查领导小组，选聘50名指导员273名普查员，不断壮大经济普查队伍。通过群发短信、制作板报、电视台播放、LED投放、悬挂横幅和流动宣传车等多种宣传形式，营造浓厚的普查氛围。年内，完成普查小区划分和单位清查工作，全县共划分197个普查小区，绘制197张小区图，在册法人企业1727家，事业单位265家，机关单位65家，个体经营户6545户。

【农业普查】 田林县统计局高度重视农业普查数据的衔接工作，深刻认识做好农普数据核定修订工作的重要意义，集中力量对全县2016年度至2018年度农业年报、产值、中间消耗及农业基层报表各个指标进行科学修正工作，完成农业普查数据与常规统计数据的衔接工作。同时，做好田林县第三次全国农业普查资料的综合开发利用工作，完成第三次全国农业普查公报工作，并及时向社会公布普查结果，公布内容包括农业农村农民基本情况、农业生产经营人员和农业设施、农民生活水平、农村基础设施建设和基本社会服务。

【检查监督】 贯彻落实中央《关于深化统计管理体制改革提高统计数据真实性的意见》《中华人民共和国统计法实施条例》等上级统一部署精神，防范统计造假、弄虚作假，切实提高统计数据真实性，根据《自治区统计局办公室关于深入贯彻中华人民共和国统计法实施条例开展全区统计数据质量大检查的通知》《百色市统计局办公室关于开展全县统计数据质量大检查的通知》要求，高度重视、精心部署，制订《全县统计数据质量大检查工作方案》，成立统计数据质量抽查检查工作领导小组及"工业和建设领域、批零住餐业和服务业"两个检查小组，奔赴各乡镇，对全县"四上"企业和固定资产投资项目进行全面检查，并重点核实2017年1月至12月和2018年1月至6月企业（投资项目）的真实性、专业指标数据来源的合法性、指标数据的准确性，通过数据质量大检查，查摆存在问题，并制定整改方案，对检查中发现的问题，及时纠正，严肃整改，从事前事中事后各个统计环节有针对性地制定切实有效的改进措施，完善统计数据质量评估和控制体系，确保整改落实到位,全面提高统计数据的真实性和准确性。

（罗　林　王素晶）

田林统计调查

【国家统计局田林调查队领导】

队　长:李进旺(瑶族)

副队长:班明礼(壮族)

纪检监察员:黄宝树(壮族)

【概况】 国家统计局田林调查队,前身是田林县农村社会经济调查队,于1984年成立,2007年2月改建国家统计局田林调查队,内设综合法规股、农业调查股、专项调查股、住户调查股。核定编制8名,2018年实际在职人员12人,其中编制8人,聘用4人。

国家统计局田林调查队既是政府统计调查机构,也是统计执法机构,依法独立行使统计调查、统计监督的职权,独立向国家统计局和国家统计局广西调查总队上报调查结果,并对上报的调查资料的真实性负责。同时,承担地方政府委托的各项统计调查任务。2018年,田林调查队严格执行统计抽样调查制度,完成各项统计调查任务,为各级党政领导科学决策提供真实、准确的调查数据。

【城乡一体化住户调查】 加强培训,提高辅助调查员的调查能力和调查户的记账能力。根据业务工作需要及调查制度要求,田林队每季度对辅助调查员及记账户进行一次集中记账培训。日常工作中针对记账存在的不足和薄弱环节,及时采取现场解说方式进行培训,提高辅助调查员的调查能力和调查户的记账能力。

开展自查自纠工作,及时发现问题并进行改正,确保无篡改数据现象,调查户有修改现象的必有调查户签字确认。

【农业调查】 按要求完成7个农产调查点的播意向调查、播种植面积调查和粮食产量调查。切实做好调查数据的收集、整理和上报,并及时向总队农业处反馈工作情况。在农产品生产者价格及农作物中间消耗调查过程中,调查员均下到调查点收集台账,查看出售价格情况,掌握农产品价格及农作物农药化肥使用情况,客观反映农产品生产者价格水平和变动情况,准确反映农作物种植消耗情况,为各级政府制定农业生产与农产品流通政策提供决策依据。每期报表都按调查户台账和提供的数据如实上报,严格把关不搞弄虚作假,遵守调查规章制度。

【畜禽调查】 为更好地把畜禽调查工作做好、做细,队领导每季度开展调查工作前,召开辅助调查员培训例会,以下乡工作指导和邀请到单位培训相结合,要求辅助调查员下到农户家登记要注意礼貌,交谈记账要有技巧和耐心,存栏、自繁、出售等情况要记录,了解畜禽价格变动。主要畜禽监测调查严格按照调查方案执行,每季度定期下点记账收表,切实做到不迟报、不重报、不漏报。

【专项调查】 做好规模以下工业抽样调查、限额以下批发零售住宿餐饮行业抽样调查、小微企业固定资产投资工作的交接工作。按时完成个体经营户跟踪调查及农村党员培训调查等调查任务。开展对企业统计人员和辅助调查员的培训力度,加强与企业的沟通联系,对企业报送的报表认真审核,发现问题及时征询企业,提高统计报表数据质量。

【劳动力调查】 年内,按照国家统计局的工作安排和要求,参照全国劳动力调查住户底册和抽样框的做法,精心组织,统筹安排开展工作。劳动力调查队伍人员稳定,业务能力逐渐增强,基本实现“两个100%”目标。

（李昌鸿）

工商行政管理

【田林县工商行政管理局领导】

局　长:杨保学(壮族)

副局长:尹有程(壮族)

　　　　岑道祖(壮族)

　　　　梁志伟(壮族)

【概况】 田林县工商行政管理局成立于1976年,设8个内设机构:办公室、法制股(行政审批办公室)、消费者权益保护股(“12315”消费者投诉举报中心)、市场规范管理股、企业注册与个体私营经济监督管理股(非公有制经济组织党建工作股)、商标广告监督管理股、人事与行政监察室、财务股;设立1个直属机构:田林县工商行政管理局经济检查大队;设立乐里、潞城、旧州、定安、八桂、六隆、福达、浪平、利周工商所共9个派出机构。田林县工商行政管理局局机关核定行政编制13名,机关后勤服务聘用人员控制数4名,基层工商所行政编制35名。2018年,全局共有在职在编人员45名,其中公务员43名,工勤人员2名。

【非公有制经济】 登记制度改革把好市场准入,提供优质服务,畅通准入通道。一是全面落实首问负责制、承诺服务制、一次性告知,限时办结制,开辟“绿色通道”。在登记注册方面推行容缺的服务新举措,缩短承诺办结时限,本年度企业登记已经实行3个工作日办结、个体工商户即时办结,打造优质文明服务,缩短企业办证时间。二是深入施行“先照后证”“三证合一、一照一码”“多证合一”注册登记制度改革,针对改革内容实行降门槛、多引导、重监管的服务举措。三是创新服务,政务大厅工商窗口于2018年7月新购置一部叫号机,为群众办事提供叫号服务,提高办证效率。

截至年底,田林县工商行政管理局共发展新个体执照1825户、新发展企业395户、农民专业合作社46户、家庭农场24户;办理执照变更1241户次;核准字号名称2007个;换发新版执照618份;名称查询、业务咨询和档案查询超过14268户次。

【市场监管】 坚持专项整治与常态化管理相结合,结合田林县实际情况,对辖区内进行市场强化监管。

市场专项整治 开展流通领域成品油质量抽查检验工作2次,抽检品种为车用柴油、柴机油2大类5个样品,共出动执法人员38人次,发放宣传资料200份,检验结果全部合格;开展汽车市场专项整治1次,出动执法人员10人次,抽查经营户8户;开展“地条钢”专项整治行动,共出去执法人员26次人,抽查个体经营户33户,未发现有生产和经营“地条钢”;开展粮食市场监管专项整治2次,共出动车辆23台次、执法人员85人次,检查粮食经营35户,没有存在无照经营违法行为。

合同格式条款专项整治 一是开展合同格式条款专项整治工作,共出动执法车辆7辆次,执法人次38人次,抽查企业8家,约谈企业3次,收集各类合同10余份,检查合同下发行政建议书1份,下发责令整改通知书2份,纠正涉嫌违法违规格式条款6条,合同纠纷行政调解1件,为消费者索回合同款2万元;查处“涉嫌发布违法广告和擅自改变登记事项采用格式条款订立合同免除自己违约责任案件”1例,依法罚没金额13450元。二是开展“守合同重信用”企业公示活动宣传工作,共发放宣传资料350份,有7家企业申报区级“守合同重信用”公示活动。三是开展动产抵押登记备案工作,引导企业盘活资金594万元,帮助企业经营者融资320万元。四是对商品展销会和拍卖会进行监管,全年共监拍拍卖会3场次,拍卖金额2000.63万元。

【消费者权益保护】

“12315”消费者申诉举报平台 一是“12315”指挥中心设专人实行数据分析,发现问题,进行点对点指导,促进日常工作的提升。2018年,“12315”指挥中心共受理消费来电364件,其中:咨询334件,投诉28件,举报7件,移送其他部门处理4件,为消费者挽回经济损失5.76万元。二是对消费热点、难点进行专项分析,以季度为单位形成数据分析报告并在县政府网站公开,为消费维权工作提供参考。

2018年“3·15”国际消费者权益日宣传活动 围绕“品质消费 美好生活”年主题开展现场宣传活动,组织普法活动5场次,组织各类会议7场次,开展咨询活动12场次,播放公益广告78条,印发各类宣传资料1200册(份),消费者参与活动数量2400人次,经营者参与数量622户次。活动期间共接到消费者咨询、投诉及举报2件,其中“12315”热线受理来电1件,“3·15”活动现场受理1件,举报10件,为消费者挽回经济损失0.7万元。

消费教育和消费引导 一是开展《广西消费者权益保护条例》系列宣传贯彻活动;二是开展消费知识进校园讲座宣传活动;三是在基层维权一线开展农村消费知识讲座,答复消费者咨询近百条;四是在“3·15”消费宣传活动期间,对敏感行业举行约谈活动2次,参加人数达400人次;五是在老年人教育基地开展老年消费知识讲座,通过案例、知识抢答、现场提问等多种形式宣传消费知识,解答老年人消费疑惑;六是开展“品质消费乡村行”宣传活动。通过文艺、小品等多种形式宣传农村消费知识,现场参加群众达300多人。

流通领域商品质量监管 加强商品抽检，促进流通领域商品质量监管，年内共完成产品质量抽检6类商品共22个批次，其中合格5个批次，不合格17个批次，共立案6起，罚款6050元，收缴不合格产品一批。开展流通领域珠宝玉石饰品商品质量专项整治，共出动执法人员18人次，执法车辆4车次，检查经营者共6户，没有发现有违法经营行为。

创建“诚信经营 放心消费”示范户 在田林县60多家经营电商中精心挑选出“田林县旺宝电子商务有限公司”作为电商示范户，鼓励经营者文明经营、诚信经营。以“12315”消费维权服务站为切入点，推进“诚信经营 放心消费”创建工作由中心城区向乡镇延伸，2018年在2017年基础上再创建45户示范户，并培育田林县第一交易市场作为“诚信经营”示范街区。

【打击传销】 一是开展创建“无传销社区(村)”活动，截至2018年12月31日，田林县168个行政村(社区)已全部完成“无传销社区”创建工作。二是开展网络传销线索摸排活动，主要排查以网络形式进行的以“消费返利”“资金互助”“虚拟货币”“投资理财”“网络游戏”等为幌子的；假借“慈善”“扶贫”“创新”“均富”“一带一路”“军民融合”等名义，故意歪曲国家有关政策的；侵害学生、低保人员、残疾人员等弱势群体的；跨境操纵实施的传销行为。

【农资市场监管】 年内开展3次“2018红盾护农保春耕、护夏种”农资打假专项整治行动，共出动执法人员89人次，对辖区内14个乡镇的86户农资肥料经营户和5户农民专业合作社进行抽查。查处农资案件1例，没收违法所得和罚款2500元上缴国库。做好流通领域农资质量抽查检验工作，对辖区内在国道线上的经营场所并销售量较大的13家农资商店的农资经营产品按批次进行登记，共抽查检验8个样品5个品种，未发现不合格农资产品。

【注册商标保护】

指导商标注册 加强对经营业主申请商标注册指导，引导市场主体在优质特色产品上注册商标，全力培育发展优势主导产业。至年底，田林县共有91个有效注册商标。共接受涉农商标注册咨询13起，指导申请注册的商标有“利周大米”“菊团胜业”“城鑫丰农”“瑶家良”“琊八土”“凡昌牛尖”“达角牛尖”“大田牛尖”“富路”“瑶姐百草堂”“绿兹源”“瑶乡壮笋”共12个。

开展专项行动 一是开展惩治侵犯知识产权和制售假冒伪劣商品专项行动；二是开展“百色杧果”“凌云白毫”地理标志商标重点保护工作专项整治行动；三是开展打击使用未注册商标违反商标法禁用条款行为“净化”专项行动；四是开展“浪伏”“壮乡河谷”等重点注册商标保护专项整治执法行动；五是开展田林县工商局推进商标品牌战略和商标保护工作专项行动；六是开展惩治商标侵权溯源专项行动。

【广告管理】 一是开展医疗广告和以健康名义发布虚假违法广告专项整治行动，排查对象主要为田林县电视台、广播电台、报纸、互联网等5家媒体，共出动执法人员12人次，未发现违法广告行为。二是开展广告导向监管工作专项行动。从10月起，对广告中出现使用或变相使用党和国家领导人、老一辈无产阶级革命家等伟人名义、形象的行为进行排查处理，及时制止违法违规行为，责令停止广告发布，依法严肃查处。三是开展互联网广告专项整治行动。整治工作重点为(一)涉及导向性问题、敏感性问题、损害国家利益的违法互联网广告；(二)危害人民群众人身安全、身体健康的食品、保健食品、医疗、药品、医疗器械等虚假违法互联网广告；(三)含有欺骗误导消费者内容、损害人民群众财产利益的金融投资、招商、收藏品、房地产等虚假违法互联网广告；(四)妨碍社会公共秩序、违背社会良好风尚、造成恶劣社会影响、损害未成年人身心健康的虚假违法互联网广告；(五)社会公众反映强烈的其他虚假违法互联网广告等。四是开展调查处理涉嫌虚假违法广告专项行动，责令中国电信田林分公司、中国移动田林分公司和中国联通田林分公司限期停止发布含有“流量不限量”等内容的涉嫌虚假违法广告。

【经济合同管理】

法规宣传 以“七五普法”为核心开展法治宣传教育活动，利用“3·15”国际消费者权益保护日、电子显示屏以及消费安全“进校园”下乡镇等多种形式开展法制宣传活动，共出动执法宣传车20车次，执法人员30人次，向群众发放宣传资料 1000 份，接受群众咨询 200 余人次。

执法监督 一是抽取 10 个个体档案和企业登记档案，查看行政许可事项材料是否齐全。二是查看各股、室、所查办案件的办结、案件质量情况。另外深入企业对 2017 年各执法单位所办的案件进行有针对性的回访，通过回访实现零投诉。

案件核审 对事实不清、证据不足或程序不合法的案件进行核审，并驳回办案机构重新补正。年内查处各类违法违章案件 20 件，其中立案查处 19 件，终止调查 1 件，罚没金额 48415 元，所办理案件未发生一例行政复议和行政诉讼案件。

【监管数据联网】 国家企业信用信息公示系统（广西）提供广西企业、农民专业合作社、个体工商户等市场主体信用信息的填报、公示和查询服务。公示内容包括：市场主体的注册登记、许可审批、年度报告、行政处罚、抽查结果、经营异常状态等信息。企业可查询的信息有登记信息、备案信息、行政处罚信息及商事主体公示信息。

市场主体信用监管系统 开展监督检查结果公示，结合“双随机一公开”工作，将抽查结果、专项检查结果、重点检查结果通过企业信用信息公示系统进行公示。开展市场主体经营异常名录公示，市场主体未依照《企业信息公示暂行条例》相关规定，通过“国家企业信用信息公示系统（广西）”报送上一年度年度报告，未依法履行其公示义务的，或者公示信息隐瞒真实情况、弄虚作假的，将该企业列入经营异常名录，并予以公示。开展行政处罚信息公示，将适用一般程序作出行政处罚决定（包括吊销执照）的相关信息，自该行政处罚决定的信息产生之日起 7 个工作日内，通过企业信用信息公示系统向社会公示，公示信息主要包括行政处罚决定书和行政处罚信息摘要。

（黄艳萍）

质量技术监督

【田林县质量技术监督局领导】

党组书记、局长：莫蝉榕

副局长：黄美芬（女，壮族）

韦树平（壮族）

韦世新（壮族）

【概况】 2018 年，田林县质量技术监督局内设办公室、法规管理股（稽查局）、综合管理股、特种设备监察股，行政编制 9 名，事业编制 1 名；直属事业技术机构两个所：计量检定测试所和产品质量检验所，事业编制 13 名。2018 年，计划目标完成率 98.9%，行政服务工作及时率 99.4%，行政服务工作差错率 0.3%，行政执法结案率 100%，行政行为在行政复议或诉讼中的撤销、变更为 0，顾客满意率 99%。

【实施质量强县战略】 一是根据自治区质量强桂战略总体目标和百色市实施质量强市战略工作要求制定 2018 年度工作目标，部署和落实质量强县有关工作。召开 3 次田林县实施质量强县领导小组成员单位联席会议，定期分析“质量强县”工作的形势，查找问题和不足，及时制定整改措施，把各项工作落到实处；二是 2018 年 7 月 18 日开展第三届县长质量奖评审工作。

【产品质量监管工作】 一是对田林县获生产许可证企业开展证后监督管理工作，田林县质量技术监督局组成工作小组到田林县广龙水泥厂开展证后监督管理工作，并进行不定时督查；二是组织相关股室工作人员对田林县广福机动车检测有限公司开展专项检查，督促检验机构对存在问题进行限期整改，加大整治力度；三是开展地理标志产品专项监督检查工作。不断加强监督检查、抽查力度，向企业宣传和贯彻地理标志产品相关法律、规范，增强企业使用国家地理标志保护产品专用标志意识。

【标准化工作】 一是《地理标志产品八渡笋》标准被列为 2018 年第一批广西地方标准修订项目计划，组织相关人员开会修订，修订材料年内提交到自治区质量技术监督局。二是申报田林灵芝国家地理标志产品保护，经田林县人民政府向百色市质量技术监督局发函申请，百色市质量技术监督局于 8 月 27 日复函，同意田林县申报田林灵芝国家地理标志产品保护。三是田林县晚熟杧果标准化示范区项目通过自治区质量技术监督局审查，成功申报为 2018 年第二批自治区级农业标准化示范项目。四是为充分发挥国家铝金属产品质量监督检验中心服务平台作用，使企业集中精力，专营生产、降低成本，提高产品质量和技术含量，增强市场竞争能力，促进田林县铝产业加快结构调整和转型升级，田林县质量技术监督局联同百色市质量技术监督局共建质量技术服务站，为铝企业在质量、计量、标准、检验检测、认证认可、特种设备安全、品牌创建、产品研发、技术创新、质量体系建设和人员培训等方面提供“众包一站式”服务和全方位的质量技术支持。

【行政执法】 根据2018年广西质监工作要点，结合田林县实际，从源头加强产品质量监督管理，不断加大查处违法行为的力度，继续深化农资、建材、车用油、液化石油气、絮用纤维制品、3C认证产品等打假工作。截至2018年12月31日，共出动执法检查人员86人次，检查企业、个体户等主体39家次，立案查处违法案件3起；生产领域工业产品进行定期监督检查，共抽查12个批次产品，其中抽取水泥产品2个批次、液化石油气1个批次、天然气1批次，烧结多孔砖8个批次，全部合格；流通领域抽检5个批次，其中抽取化肥5个批次，5个批次合格，合格率100%。

【特种设备监管】 2018年，共出动特种设备安全执法监察人员235人次，现场监察特种设备生产使用单位132家，检查各类特种设备486台；另检查场（厂）内专用机动车辆15台、各类气瓶6630只，压力管道5900米。发现隐患15处，发出《特种设备安全监察指令书》15份，下达责令整改意见42条，消除存在隐患的设备45台，确保田林县安全生产企业主体责任有效落实。特种设备安全生产态势平稳向好，2018年未发生任何特种设备安全生产事故。

【计量管理及计量检定】 一是组织执法人员开展计量器具法制量值传递情况专项监督检查工作，共出动36人次，检查相关单位16个；二是大力开展各类宣传活动。参与“5·20”世界计量日宣传活动，共制作宣传展板2幅，印制各类宣传材料715份，接受群众咨询376人次；三是加强重点民生计量器具监管、六类重点民生计量器具检定率。田林县质量技术监督局计量所实际强制检定工作计量器具数量为：衡器1053台，数字指示秤340台，非自动衡器95台，电子汽车衡33台，电子装料秤28台，集贸市场用秤149台，各类固定摊点、超市用秤138台；燃油加油机312台、634枪；一般压力表966块；医用血压计95台；天平72台。四是加强对超市商品量、定量包装生产企业、贸易市场的专项检查，主要集中与老百姓生活密切相关的大米、米粉、食用植物油、煤气罐等的定量包装商品计量监管。

（岑元继）

安全生产

【田林县安全生产监督管理局领导】

局　长：张鸿高

副局长：罗永震（壮族）

彭　耕（壮族）

黄鹤翔（壮族，2018年5月离任）

黄　夏（女，壮族，2018年5月任职）

【概况】 2018年田林县安全生产监督管理局核定编制8名，实有13人（含编外2人），其中：局长1人，副局长3人，各股室9人。下设办公室、非煤矿山监管股、危险化学品和烟花爆竹监管股、职业健康监管股，作为县安全生产监督管理局二层机构的县安全生产执法大队核定编制5名，实有5人。2017年12月设立县安全生产应急救援指挥中心，作为县安全生产监督管理局管理的财政全额拨款事业单位，核定编制2名，2018年没有人员到位。

【安全监管体制】 按照“管行业必须管安全、管业务必须管安全、管生产经营必须管安全”和“谁主管谁负责”的要求。一是明确党委和政府领导安全生产责任，完善安全生产责任体系。根据领导工作变动及时调整县安委会成员，县安委会主任由政府主要负责人担任，成员由县党委和政府及相关部门负责人组成。二是明确部门监管责任。厘清安全生产综合监管与行业监管的关系，明确各有关部门安全生产工作职责，并落实到部门工作职责规定中。三是明确工业园区安全生产主管部门，落实工业园区安全生产监管责任。四是明确坚持管安全生产必须管职业健康，建立安全生产和职业健康一体化监管执法体制。五是健全责任考核机制，落实安全生产“一票否决”制度。年初县委、县政府主要领导与乡（镇）党委、政府和各部门签订《安全生产责任书》。

【专项整治】 全年开展3次专项治理行动，出动执法人员63人次。

非煤矿山方面：以消除无证开采和超层越界非法开采为重点，开展对矿山企业是否存在无证开采，是否存在以采代探、以采代建，是否存在越层越界开采等内容的监督检查。共检查正常生产非煤矿企业3家，探矿企业2家，发现安全隐患1处，下达停工整改指令1份。填封矿洞2个，拆除电动机1台、临时工棚7间，遣返非法开采矿产资源大型挖掘机1台、铲车5台、民工46人。危险化学品方面：以是否取得危险化学品经营许可证，擅自从事成品油经营、危险化学品经营许可证是否在有效期内、危险化学品经营许可证是否正确合规等12项内容，对辖区所有加油站开展专项检查，排查出并责令限期整改安全隐患2处。烟花爆竹方面：重点抓好春节期间销售旺季和汛期期间的安全监管，组织开展烟花爆竹批发企业“六严禁”，零售点“两关闭”“三严禁”，排查出烟花爆竹企业安全隐患3处，查处非法销售烟花爆竹行为5起，罚款2万元，没收非法生产烟花爆竹制品138件(袋)。

【行政执法】 集中开展安全生产“强监管、严执法”行动。将近年来发生过生产安全责任事故和问题危险较多企业列为重点监管、严管对象，强化安全生产职责制、危险排查治理、安全教育培训、现场作业安全管理、应急管理、作业卫生防护等方面的法律查看，以到达“除危险、防事端”的作业方针。对法律查看发现的危险和违法行为依法施行行政处罚。对存在严峻违法行为、拒不整改严重事端危险的企业，归纳运用约谈、通报、曝光等手法，促进企业执行安全生产主体职责。年内对违反《中华人民共和国安全生产法》的广西地博公司那比渭寒金矿和违反《烟花爆竹安全管理条例》的宏达烟花爆竹公司进行行政处罚，罚款6.07万元。

【企业主体责任】 开展企业落实主体责任“回头看”自查自纠和重点企业安全生产公开承诺。对企业主要负责人安全生产责任、企业内部安全生产责任制和企业安全生产条件的落实，以及重点企业安全生产公开承诺进行“回头看”检查。在检查中发现有敷衍了事或假落实等隐患和问题企业，作出严肃处理，对安全环保问题整改达不到要求的拿木湾石场依法进行关闭。

【安全生产月】 2018年6月，县安委会各成员单位围绕“生命至上、安全发展”的活动主题，开展“主题宣讲进企业”“致企业安全生产一封信”“事故警示教育”“企业安全风险公告”和“隐患排查治理”等活动。6月15日，县安委办、经贸局、总工会、人社局、安监局、国土局、工商局、交通局、住建局、农机局、卫生局、教育局、市政局、旅游局、气象局、质监局、环保局、食品药监局、水利局、公安交警大队、公安消防大队、疾控中心、水利电业公司、妇联、乐里镇人民政府等23个县安委会成员单位和部分重点企业在县城风雨桥开展咨询日活动，向广大社会群众全面宣传安全生产方针政策、法律法规、安全常识等，现场向市民发放安全生产宣传资料8500余份。

【安全隐患排查治理】 对辖区公路、非煤矿山、危险化学品、烟花爆竹、建筑工程、工贸行业、公共安全领域生产环节存在的隐患进行排查，确定县级重点隐患项目10项，确定乡(镇)、村级安全隐患项目20项。对列为重点重大安全隐患做到“治理的目标和任务，采取的方法和措施，经费和物资，负责治理的机构和人员，治理的时限和要

2018年9月29日，百色市应急管理局副局长兰海固(左三)到田林检查工作

求，安全措施和应急预案”的“六落实”进行整改。截至12月20日，30项重点隐患整改项目全部完成整改验收销号。

【生产安全事故】 2018年，全县共发生生产安全事故2起，死亡2人，与上年同期发生事故3起，死亡4人相比，分别下降33.33%和50%。矿山、危险化学品、烟花爆竹、人员密集场所、水上交通、农机、教育、特种设备等行业领域没有发生人员死亡事故。

【受表彰情况】 田林县委、县人民政府被百色市委、市人民政府评为2018年度安全生产工作优秀等次。

（韦朝明）

食品药品监督管理

【田林县食品药品监督管理局领导】

局　长：韦　黎（壮族）

副局长：黄家东（壮族）

　　　　方二原（壮族）

　　　　林翔鸿

【概况】 2018年，田林县食品药品监督管理局由县食品药品监督管理局、直属二层机构食品药品稽查大队、食品药品检验所以及稽查大队的派出机构即14个乡（镇）监督所组成。内设7个职能机构：办公室（财务规划股）、综合协调股（应急管理股）、食品生产流通监管股、药品流通和医疗器械监管股、餐饮服务食品安全监管股、保健食品化妆品监管股和稽查股（政策法规和行政审批股）；主要职能是对全县食品药品、医疗器械、保健食品、化妆品和餐饮服务食品安全进行监督管理。2018年10月24日，田林县盐业监管职能业务交接仪式在田林县食品药品监督管理局五楼会议室举行，百色市盐务管理局与田林县食品药品监督管理局签订《百色市食盐质量安全监管职能和工作档案移交书》。食盐监管职能划入县经济局和食药监局，县食药监管局负责承担食盐质量安全管理、市场监管与盐政执法职责。2018年，全县食药监人员编制数为112名（其中局编制数12名，稽查大队17名，检验所15名，14个派出机构68名），实际在编102人，其中抽调至其他单位工作5人，派驻乡镇第一书记2人，美丽乡村工作队员5人。

田林县食品药品监督管理局在2018年百色市食品药品稽查系统实战演练中，获行政处罚案卷质量奖一等奖；获2018年全市化妆品不良反应监测报告工作名列第二；2018年全市药品不良反应监测工作名列第三；2018年全市可疑疗医器械不良事件监测工作名列第三；2018年全市流通领域食品安全监管先进单位；2018年全市餐饮服务领域食品安全监管先进单位；2018年度药品生产监管工作突出单位；2018年度药品流通监管工作突出单位；百色市2018年度化妆品监管工作突出单位；2018年百色市餐饮服务食品安全监管工作会议上作典型发言（农村集体聚餐食品安全监管）；在2018年全市药品生产与医疗器械监管工作会议上做《可疑疗医器械不良事件监测工》作典型发言；获全市食品药品监管新闻宣传先进单位；获2018年药品不良反应监测先进集体；获2018年度医疗器械综合监管工作先进单位；方二原获全区食品药品监督管理系统记二等功个人表彰。

【食品生产流通监管】

食品生产企业专项检查 使用日常监管系统对辖区内共有25家生产企业开展检查，共检查食品生产企业34家次（其中停业6家），覆盖率达100%。其中，对辖区内4家生产企业纯净水进行专项检查，下达责令改正通知书4份，限期整改，并在规定时间内开展复查，结果均为合格；利用2个月时间，开展食品生产加工小作坊专项整治工作，共出动执法人员106人次，检查小作坊126家次，整改25家。规范食品加工小作坊生产经营秩序，惩治制售不合格及有毒有害食品的违法行为；对辖区内2家月饼生产企业开展月饼生产质量安全专项检查，共出动执法人员6人次，执法车辆2车次；落实辖区内食用植物油塑化剂专项检查，检查辖区内3家食用植物油生产企业。出动执法人员86人次，检查小油坊52家，开展小油坊专项抽检3个批次，均合格。

重大节日市场专项执法检查 元旦、春节期间共派出检查人员668人次，执法车辆76车次，检查经营户474家，下责令改正通知书17份；开展2018年“吼敢”艺术节食品安全专项检查，共出动执法人员863人次，检查食品流通经营户303户次，检查批发市场、集贸市场等各类市场3个。其中35家食品流通经营户索证索票不规范，均已限期整改。

学校及周边食品经营专项整治 田林县辖区内学校及学校周边的食品经营店共172家，均不存在无证经营情况。重点整治未履行进货查验、索证索票手续，销售无生产厂家、无生产日期、无保质期、无食品生产许可、无食品标签的"五无"食品，全面净化校园及其周边食品安全消费环境。

食盐质量安全专项整治 8月2日至10月15日开展食盐质量安全专项整治活动，共出动车辆30车次、人员140人次，检查食盐零售网点95家，食盐终端用户14家，媒体宣传报道1次，并建立全县食盐经营户监管台账，广泛宣传国家关于盐业管理的法律法规，未发现食盐质量安全违法行为等情况。

网络市场监管专项行动 开展网络食品销售经营专项摸底调查工作，田林县辖区内有网络食品销售经营户11家，已取得食品经营许可证。其中：9家网络销售食品经营户在淘宝网交易平台交易，1家在阿里巴巴交易平台交易，1家自建网站交易。主要经营的食品品种有：预包装食品（不含冷藏冷冻食品）销售、散装食品（不含冷藏冷冻食品）销售、保健食品、其他婴幼儿配方食品、白酒销售、啤酒销售、其他酒销售。

电子监管系统监管 2018年继续启动电子监管系统，对食品经营户进行日常监管检查，把辖区内食品销售经营户数按每个季度的任务数分配给各基层所，并于每个季度末把电子监管日常监督检查登记表上交田林县食品药品监督管理局流通股。截至12月，使用电子系统检查覆盖1078家，覆盖率66.91%。

食用农产品快速检测监测系统建设 2018年田林县食品药品监督管理局购买14套设备，并完成对接，完成3家农贸市场快检室建设，完成96条数据录入，上传186条快检记录。

【药品和医疗器械监管】

专项检查和日常监督检查 开展无菌和植入性医疗器械专项检查、避孕套质量安全管理专项检查、经营装饰性彩色平光隐形眼镜行为专项检查、医疗器械"带病"运行专项检查、特殊管理药品专项检查、疫苗质量专项检查、城乡接合部和农村地区药店诊所药品质量安全集中整治工作、惩治非法回收药品专项整治等，及时查处上级文件通知各种涉嫌假劣药品、医疗器械。2018年，共出动人员986人次，对全县26家医疗机构，75家农村医疗卫生室，15家诊所，1家药品生产企业，73家药品经营企业，4家医疗器械经营企业进行监督检查。年内未出现重大的社会事件和影响，未出现重大药品、医疗器械质量事故。

药品生产、经营企业质量管理监督 在年初与1家药品生产、1家药品批发企业、72家药品经营企业、25家医疗机构签订药品质量安全责任书，极大地增强企业的药品质量安全意识和规范经营自律意识。

药品不良反应和医疗器械不良事件监测上报工作 完成本辖区2018年度药品不良反应和医疗器械不良事件监测上报工作，至10月31日已完成药品不良反应98例，占市局下达任务95例的103.16%，其中新的、严重的43例，占总数43.88%。已完成医疗器械不良事件27例，占市局下达任务28例的96.43%，其中严重的18例，占总数66.67%。

【食品餐饮监管】

学校整顿 全面检查学校及其周边的食品安全，对辖区学校食堂监督覆盖率达100%。共检查260所次学校（含托管机构）食堂、校园小卖部123家次、学校周边的食品经营店267家次。现场检查267家次，发现违法违规52家，违法违规问题数量15个，共打印《食品生产经营日常监督检查结果记录表》《责令改正通知书》等执法文书390份，使用餐饮服务移动执法终端检查全县餐饮服务单位全覆盖100%。

重大活动食品安全监管 做好传统节日、重大节假日、"两会"、"高考"期间食品安全保障工作和农村集体聚餐备案工作，确保无食品安全事故发生。全年农村50人（含）以上聚餐就报告并备案868起；完成69次重大活动食品安全保障，确保重大活动期间19963人次的就餐饮食安全。

"明厨亮灶"评定 完成辖区内持证量化分级管理动态评定及"明厨亮灶"工作任务。全县有餐饮服务单位831家，应参加动态评定单位总数796家，已动态评定796家，评定率为100%；实施"明厨亮灶"377家，占餐饮单位总数的45.4%。

【保健食品和化妆品监管】

保健食品化妆品经营监督检查 开展元旦、春节期间安全检查、保健食品欺诈和虚假宣传整治、防范食品保健食品欺诈和虚假宣传整治、开展“五进”科普宣传、流通领域保健食品标签标识和宣传专项整治、化妆品市场安全治理专项整治、网络销售化妆品安全专项检查等。截至12月31日共出动执法检查1323人次，对辖区内保健食品、化妆品经营企业及使用单位开展日常监督检查和专项整治检查，其中对保健食品经营企业检查出动681人次，检查480家次，对化妆品经营企业及使用检查出动642人次，检查445家次，立案查处保健食品违法案件1起，涉案金额570元，化妆品违法案件29起，罚款7735元。对检查中发现问题并要求整改的企业28家，有效净化田林县保健食品、化妆品市场秩序。在全市2018年度化妆品监管工作评比中成绩突出，名列全市第二，获通报表彰。

化妆品不良反应监测 加强全县23个化妆品不良反应哨点管理，完成上报化妆品不良反应监测53例，完成年任务32例的165.63%，完成率排全市第二名。

【食品药品抽检】

食品生产流通环节监督抽检和快检 截至12月底，有240个批次检验报告，其中检验合格234批次，不合格6批次，合格率达97.5%，不合格品后处理已程序完成；快速检测535批次，所有批次全部合格。对食用农产品监督抽检结果公示8次。

餐饮食品环节监督抽检和快检 餐饮食品环节监督抽检和快检：快速检测食品有食用油、淡水鱼、蔬菜、肉类等样本量为842个，检测项目有农药残留、地沟油、瘦肉精、甲醇等842个；全年监督抽检19个批次，结果合格17个批次，不合格2个批次，不合格品后处理已程序完成。

药品监督抽检 对7个单位进行抽样检查，抽样检验14个批次，其中药品流通、使用环节日常监督快筛抽检12个批次，生产企业监督抽检2个批次，合格率达100%。

保化品监督抽检 保健食品抽样共5个批次，其中有一个批次检验结果为不合格，已依法立案查处并结案；化妆品抽样共17个批次，检验结果全部合格。完成全年抽样任务的100%。

【稽查办案】 2018年共出动执法人员870人次，开展稽查工作检查各类食品生产企业65家次、食品经营户3840家次、餐饮服务1430家次、药品生产企业6家次、药品经营单位150家次、医疗机构80家次、保化品经营单位165家次，共立案查处75件一般程序案件，涉案金额98.67万元，没收违法所得0.066万元，收缴罚没款共计10.96万元。其中，查处食品生产经营单位违法案件30件，化妆品经营单位违法违规行为30件，保健食品经营单位违法违规行为1件，查处药品经营单位违法违规行为12件，查处医疗器械经营单位违法违规行为1件，职能部门移交1件，责令整改74份。健全案件信息常态化公布机制，落实行政处罚案件信息公开主体责任，行政处罚决定作出之日起7个工作日内在田林县人民政府网进行公开。

【行政审批】

网上行政审批 田林县食品药品监督管理局行政审批事项全部纳入田林县政务服务大厅统一受理，行政审批事项按要求统一使用“政务服务业务通用软件V4.0”办理行政审批。推进“最多跑一次”改革，打通制度建设的“最后一公里”。推出网上办理“一站通”服务，乡镇街道辐射，推行简单事项“网上跑”、便民事项“统筹跑”、复杂事项“中心跑”，多方借力打通便民通道，换取办事群众和企业少跑路，不跑冤枉路，甚至“零上门”。清理中介服务事项和行政审批事项，禁止变相审批，实施审批事项动态化管理。

行政审批受理办结 全年网上行政审批受理办结1800件，其中食品（含保健食品）经营许可证核发受理办结1000件；食品生产受理办结2件；小作坊登记受理办结19件；小餐饮登记受理办结122件；食品摊贩受理办结13件；行政审批事项按时办结率达100%，行政审批全年零差错、零超时、零投诉、满意率100%。

【宣传与社会共治】

各类宣传媒介和平台宣传 充分利用“3·15”消费者权益日、食品药品安全宣传周、“12331”投诉举报宣传日、全国“安全用药月”、电子显示屏等，结合部门日常监管业务及扶贫攻坚进村入户开展形式多样的宣传食药安全宣传活动。全年共发放宣传资料、宣传袋35000份，制作宣传板报28版次，拉挂横幅45条。加强“一服务两公开”工作，强化信息公开，在田林县政府门户网站、电视台、微信等媒体宣传食药监管部门工作信息200条。其中，在百色市食品药品监督管理局门户网发布50篇工作信息；在广西食药监管杂志、微信公众号发布8篇工作信息，在《当代广西》微信公众号发布1篇，在百色新闻网和右江日报发布7篇。

“一基地两站”建成 在田林县食品药品监督管理局院内打造食品药品安全科普宣传基地，在田林县乐里镇风洞村（初级中学）和田林县利周乡和平村（田林县康益土特产公司）建设食品药品安全科普宣传站。2018年11月1日广西壮族自治区食品药品监督管理局评估核验通过。宣传基地设有两个长廊、一个展示厅和一个快检室；宣传站内设有食品药品安全科普知识宣传区、宣传资料阅读区和影像播放区三大功能区。科普知识宣传区主要就是针对“四品一械”常用知识进行解说。食品快速检测室主要向社会公众展示相关检验检测手段。

【投诉举报与应急处置】 2018年共受理并办结43件“12331”投诉举报，其中食品37件，药品6件。每件投诉举报按时办结反馈，做到人员到位、联络畅通，确保发生紧急情况，迅速反应，及时处置。成立应急管理工作领导小组，建立健全应急管理体系，明确应急处置的责任分工，包括应急值班制度、检查制度在内的应急管理制度体系，严格执行突发事件信息报告制度。遇有突发事件时快速反应、有效处置。加强应急救援队伍建设，各预案明确救援小组，人员分工，主要人员发生变动时及时进行调整，保证应急救援队伍的稳定性和执行力。全年无重大食品药品安全事故发生。

（冯瑞萍）

财政·税务

财　　政

【田林县财政局领导】
局　长：罗凤英（女，壮族）
党组书记：谭保忠（壮族）
党组成员、副局长：
　　杨　林
　　黄炳锐（壮族，2018年5月任职）
总会计师：
　　谢　丹（女，壮族，2018年4月任职）

【概况】 2018年，田林县财政局内设办公室、综合股、预算股、国库及债务管理股，行政政法、教科文及经济建设股，社会保障股、农业股、企业及统计评价股、会计管理股和监督检查股和农村财政与财务管理股等13个行政股室；局属二层机构有民族经济发展资金管理所、政府采购办、预算外资金管理所、预算编审服务中心、国库支付中心、国有资产管理所、财政稽查办公室、票据管理中心、财政信息化管理办公室、财政投资评审中心和中华函授站等11个事业单位；下辖14个乡（镇）财政所。核定编制130名，设有局长1人、党组书记1人、副局长2人、总会计师1人，年内实际在编121人，退休3人。

财政预算

【一般公共预算收支及平衡情况】 2018年，田林县本级一般公共预算收入24288万元；各种税收返还收入3357万元；体制补助收入、均衡性转移支付补助、县级基本财力保障机制奖补资金收入、重点生态功能区转移支付收入、民族地区转移支付补助、固定补助以及教育、社保等其他各项一般性转移支付补助收入144449万元；专项转移支付补助收入58003万元；债券转贷收入15120万元（其中：新增债券11600万元、置换债券3520万元）；上年结余5501万元；调入资金186万元（政府性基金调入186万元）；收入总计250904万元。

全年一般公共预算支出241258万元；上解支出573万元；债务还本支出3520万元；支出总计245351万元。收支相抵，年终滚存结余5553万元，全部结转使用，当年无净结余，无赤字。

【政府性基金预算收支及平衡情况】 2018年，政府性基金收入3629万元；上级基金补助收入2049万元；专项债券收入10000万元；上年基金结余650万元；基金收入总计16328万元；当年基金支出15946万元，调出资金186万元；基金支出总计16132万元。收支相抵，政府性基金年终滚存结余196万元，结转下年使用。

政府性基金收入执行情况 田林县全年政府性基金收入累计完成3629万元，占年初预算4600万元的78.9%，同比减收1892万元，下降34.3%，主要减收原因是该年度大宗地块拍卖出让减少，土地出让金收入完成3273万元，完成年初预算4025万元的81.3%，同比减收1728万元。其他收入主要有：

城市基础设施配套费收入完成25万元，同比减收108万元；污水处理费收入完成331万元，同比增收10万元。

政府性基金执行情况 基金支出累计完成15946万元，完成年度调整指标16142万元的98.8%，同比增支8700万元，增长120.1%。基金支出分科目情况如下：

1. 社会保障和就业支出完成705万元，同比减支44万元，下降5.9%。

2. 城乡社区事务支出完成13877万元，同比增支8320万元，增长149.7%。其中：国有土地使用权出让收入安排各项土地开发支出仅为13173万元,同比增支8179万元;城市基础设施配套费安排的支出完成45万元,同比减支100万元;污水处理费安排支出完成619万元,同比增支381万元。

3. 农林水事务支出完成147万元,同比增支79万元,增长116.2%。

4. 商业服务业等事务支出完成70万元,同比增支70万元。

5. 其他支出完成1047万元,同比增支234万元,增幅28.8%。

【社会保险基金收支情况及平衡情况】 2018年,全县社会保险基金预算收入合计49213万元,全县社会保险基金预算支出合计46184万元,收支相抵,全县社会保险基金预算当年收支结余3029万元,年终滚存结余22573万元。

财政收入

【财政总收入】 2018年,田林县全年财政总收入全年累计完成41583万元,完成年初预算数40030万元的103.9%,完成市政府下达调整任务数41500万元的100.2%,与上年同比增收4523万元,增长12.2%,收入进度排全市第七,收入增幅排全市第四。

收入按级次分 上划中央收入累计完成12974万元,同比增收2038万元,增长18.6%;上划自治区"四税"收入累计完成4321万元,同比增收709万,增加19.6%;县级一般公共预算收入累计完成24288万元,同比增收1776万元,增长7.9%。

收入按部门分 国税部门累计完成22013万元,占年初预算20210万元的108.9%,同比增收3613万元,增长19.6%;地税部门累计完成11897万元,占年初预算12900万元的92.2%,同比减收357万元,下降2.9%;财政部门累计完成7673万元,占年初预算6920万元的110.9%,同比增收1267万,增长19.8%。

收入按税种分 税收收入累计完成33383万元,同比增收3212万元,增长10.6%;非税收入累计完成8200万元,同比增收1311万元,增长19.0%,非税收入占地方一般公共预算收入33.76%,同比上升3.16个百分点。

【增值税(不含"营改增")】 2018年,全县累计完成8942万元,同比增收1040万元,增长13.16%,完成年初预算8460万元的105.7%,对田林县财政收入增收拉动作用巨大。年内电力行业增值税收入累计入库4074万元,同比增收654万元,同比增幅16.94%。其中:水利电业公司累计入库510万元,同比增收188万元;龙滩电站累计入库1870万元,同比增收147万元;洞巴电站累计入库553万元,同比增收68万元;右江水利枢纽累计入库98万元,同比增收87万元;银川水电公司累计入库65万元;那新水力发电站累计入库55万元。

商业行业增值税收入累计入库1870万元,同比减收75万元,减幅3.89%。其中:烟草公司累计入库770万元,同比减收57万元;中石化加油站累计入库137万元,同比减收76万元;旧州上下线加油站累计入库35万元;广兴加油站累计入库30万元;新华书店累计入库36万元。

改征增值税 累计完成9240万元,同比增收1960万元,增长26.92%,完成年初预算6515万元的116.08%;主要是建筑行业入库5824万元,同比增收1223万元。

企业所得税 累计完成收入4103万元,同比增收711万元,增幅20.95%,完成年初预算4000万元的102.58%。其中:金辰置业累计入库280万元,同比基本持平;龙滩电站累计入库912万元,同比减收22万元;信用社累计入库1141万元,同比减收130万元;那比水电站累计入库354万元,同比增收140万元;伟健药业累计入库141万元,同比增收49万元。

个人所得税 累计完成2360万元,同比增收205万元,完成年初预算2480万元的95.16%。主要增收原因为各单位年终绩效奖个人所得税入库以及个人工资提高后缴纳个人所得税较上年增加。

耕地占用税 累计完成5455万元,同比减收884万元,下降13.9%,完成年初预算5500万元的99.2%。其中:一是广西亚王电力开发有限公司入库税款1150万元,同比增收209万元;二是本年同期土地储备交易中心入库税款4304万元,同比减收1082万元。

城建税、土地增值税、契税等其他税收 合计完成3283万元,同比增收196万元,增长6.35%。其中:城建税收入累计完成599万元,与去年同期持平;房产税收入累计完成252万元,同比减收29万元;土地增值税收入完成497万元,同比减收186万元,主要原因是上一年有房地产公司清算入库的土地增值税,2018年没有;契税收入累计完成1033万元,同比增收335万元,主要是2018年同期有大笔土地使用权交易,其中:广西田林百矿铝业有限公司入库税款及滞纳金149万元,田林县恒昌开发投资有限公司入库国有土地使用权出让契税131万元,莫荣壮入库土地使用权转让契税79万元。

全年非税收入 累计完成8200万元,完成年初预算7620万元的107.61%,同比增收1311万,增长19.0%。非税收入占地方一般公共预算收入33.76%,同比上升3.16个百分点。主要非税收入项目如下:

专项收入累计完成1051万元,同比增收61万元,增幅6.2%。其中:教育费附加和地方教育附加收入共完成830万元,同比增收73万元;残疾人就业保障金收入完成120万元,同比减收41万元;森林植被恢复费收入完成64万元,同比增收58万元;水利建设基金收入完成32万元,同比减收27万元。

行政事业性收费累计完成843万元,同比增收119万元,增幅16.4%,其中:公安收入累计83万元,同比减收15万元,主要是公安交警上缴驾驶许可考试费收入及机动车驾驶证工本费收入较少;法院诉讼费收入累计完成112万元,同比增收42万元;计生部门上缴社会抚养费收入累计20万元,同比减收23万元;建设行政事业性收费收入累计完成170万元,同比减收92万元,主要是上年有房改办有超面积补差价收入76万元;人防办收入完成409万元,同比增收221万元,主要是防空地下室易地建设费增收。

罚没收入累计完成1001万元,同比增收550万元,增幅82.0%,其中:公安罚没收入累计完成300万元,同比减收71万元,主要是交警罚没减少;法院罚没收入累计完成94万元,同比增收62万元;其他罚没收入累计完成572万元,同比增收471万元,主要是林业公安罚没款增加了459万元。

国有资本经营收入4万元,与去年同期持平。

国有资源(资产)有偿使用收入累计完成1703万元,同比增收683万元,增长67.0%,其中:利息收入累计297万元,同比减收268万元;房租等非经营性国有资产收入133万元,同比减收11万元;矿产资源专项收入累计完成0万元,同比减收52万元;其他水资源费累计完成428万元,同比增收178万元;其他国有资源(资产)有偿使用收入累计完成845万元,同比增收836万元,主要是本年国有乐里林场改制,有林地补偿收入845万元。

捐赠收入累计完成2311万元,同比减收511万元。

政府住房基金收入48万元,同比增收3万元。

其他收入累计完成1239万元,同比增收506万元,增长69.0%,主要是本年有瓦村房屋淹没补偿款810万。

财政支出

【一般公共预算支出】 2018年田林县一般公共预算支出累计支出241258万元,完成全年支出预算指标的97.9%,同比增支1354万元,增长0.6%。

一般公共服务支出 累计完成31892万元,完成预算指标100%,同比增支10805万元,增幅51.2%。增支主要原因:一是工资性增支,包含绩效基数提高、实行公车改革交通补贴、通讯补贴、伙食补助及机关事业单位提资;二是深入开展各项为民办实事项目,安排乡村建设、基层政权建设及扶贫攻坚项目等各项经费较多;三是上年脱贫攻坚基础设施建设项目支出较大。

公共安全支出 累计完成11353万元,完成预算指标99.9%,同比增支937万元,增长9.0%。增支主要原因:一是补发2016年11月至2018年4月公安执勤岗位补贴363万元;二是本年同期安排网络侦控管理经费支出683万元。

教育支出 累计49632万元,完成预算指标100%,同比增支552万元,增长1.1%;主要原因是本年同期安排义务教育学校仪器图书采购资金980万元。

社会保障和就业类支出 累计完成33309万元,完成预算指标100%,同比增支3857万元,增长13.1%;主要是安排行政事业单位离退休支出11899万元,同比增支3691万元。

医疗卫生类 累计支出32225万元,完成预算指标100%,同比增支3985万元,增长14.1%。其中:公立医院支出2195万元,同比增支933万元;公共卫生支出3198万元,同比增支222万元;医疗救助支出2991万元,同比增支1698万元;财政对基本医疗保险基金支出12018万元,同比增值421万元。

医疗卫生类支出变化主要原因:一是工资性支出增支;二是本年度基层医疗机构项目经费支出增加。

节能环保支出 累计完成4217万元,完成预算指标100%,同比增支462万元,增长12.3%;主要原因是本年同期安排旧州、定安、六隆三个镇级污水处理厂MBR一体化设备费项目支出541万元。

城乡社区支出 累计完成10239万元,完成预算指标100%,同比增支5098万元,增长99.2%。主要增支原因:一是安排耕地占用税同比增支2990万元;二是本年同期乡村振兴建设项目补助资金740万元,上年同期没有相关安排;三是支付农发行到期贷款本金1088万元。

农林水事务支出 累计完成53180万元,完成预算指标93.3%,同比减支4562万元,减少7.9%。其中:农业支出1319万元,同比减支6010万元;林业支出8362万元,同比增支807万元;水利支出6631万元,同比减支428万元;扶贫支出232112万元,同比增支2193万元;农村综合改革支出3208万元,同比减支2161万元。

交通运输支出 累计完成3523万元,完成全年预算指标的90.7%,同比减支4061万元,下降53.5%,主要减支原因是上年同期安排车辆购置税收入补助地方资金和自治区公路建设专项资金3988万元。

住房保障支出 累计3225万元,完成预算指标90.0%,同比减支7130万元,减少68.9%。减支主要原因:一是农村危房改造同比减支3436万元;二是住房公积金财政负担部分同比减支4310万元。

国防、科技、文化体育与传媒、资源勘探信息、商业服务业、金融监管、国土海洋气象和粮油事务等其他支出 累计完成8463万元,占总支出3.5%,同比增支8589万元,下降50.6%。其中:科技支出1181万元,同比增支482万元;文化体育与传媒支出934万元,同比减支2392万元;资源勘探信息等事务支出3720万元,同比增支3135万元;商业服务业支出31万元,同比减支862万元;国土海洋气象等支出534万元,同比减支7928万元;粮油物资储备事务支出10万元,同比减支1396万元;债务付息支出2038万元,同比增支682万元。

【重要支出指标】

工资性支出 累计完成58053万元,占总支出的24.1%,同比增支5445万元,增幅10.35%。主要变动原因:一是安排就业见习生、扶贫信息员、扶贫专干等各类编外人员工资支出增支2288万元;二是本年发放通讯补贴219万元、提资部分686万元。

民生支出 累计完成192240万元,占总支出的79.68%,同比减支13895万元,下降6.74%。其中:教育类增长1.1%、社保就业类增长13.1%、医疗卫生类增长14.1%、城乡社区类增长99.2%、农林水类下降7.9%、交通类下降53.5%、住房保障类下降68.9%。政府按照有保有压、民生优先、保障重点的原则,切实调整优化支出结构。

"八项支出" 累计完成174048万元,占总支出的72.14%,同比增支26178万元,增长17.7%,为全县GDP稳定增长提供保障。

【当年上级专款及转移支付执行情况】

上级追加专款执行情况 全县2018年上级追加专款指标累计58002万元,比上年减少15619万元,下降21.2%,其中:一般公共服务支出类72万元;公共安全类142万元;教育类728万元;文化体育与传媒类356万元;社保与就业类11533万元;医疗卫生与计生类7368万元;节能环保类3199万元;城乡社区类1257万元;农林水类22855万元;交通类6126万元;住房保障类3140万元。2018年已完成专款支出53977万元,兑现率93.1%,完成上级专款进度达90%的任务目标,年内专款结余4025万元。专款指标结余主要原因是部分项目未实施或未达到进度,按照项目资金管理要求无法支付项目专款。结余专款主要有:农业项目资金590万元;水利项目资金782万元;农业综合开发补助资金300万元;普惠金融发展补助资金835万元万元;地质灾害防治专项补助资金600万元;农村危房改造补助资金360万元。

上级转移支付补助执行情况 全县2018年上级下达财力性转移支付补助累计144449万元,同比上年增加16450万元,增长12.85%。转移支付增加主要原因:一是上级对田林县转移支付政策性倾斜;二是财政厅根据转移支付政策进一步增加一般性转移支付,减少专项转移支付资金。其中:本年度下达均衡性转移支付资金58046万元,同比增加899万元;重点生态功能区转移支付5227万元，同比减少118万元；民族地区转移支付4273万元，同比增加204万元；固定补助收入9636万元，同比增加708万元，增加部分为艰苦边远地区津贴标准新增补助资金；县级财力保障机制奖补转移支付资金6365万元，同比增加1587万元，主要是新增保障支出需求补助额2266万元；一般结算补助收入1670万元，同比减少2102万元；其他一般性转移支付收入7754万元，同比增加6826万元；基层公检法司、教育、社保、医疗、一事一议等指定用途的转移支付资金51478万元，同比增加8310万元。

其他财政事务

【财政改革】 2018年，财政局全面深入贯彻落实财税体制改革精神，继续深化国库管理制度改革。结合工作实际，从加强预算管理和完善税收制度入手，着力构建体系规范、公开透明、约束有力的现代预算制度，加快建立有利于科学发展、社会公平、市场统一的税收制度体系，实现财税体制改革工作的平稳推进。

【预算执行管理】 田林县财政局制定《田林县本级财政预算执行动态监控预警规则》，设置五类17条预警规则，建立起预警高效、反馈迅速、纠偏及时、控制有力的预算执行动态监控体系，将国库集中改革支付资金全部纳入监控范围，其中红色预警支付均需要经过财政部门审批。2018年，系统预警支付20153笔，共224357万元，其中：系统或人工核实通过预警支付20148笔，共223965万元；纠正违规支付5笔，共392万元。

【地方政府债务管理】 2018年，田林县申请获得自治区财政厅批准下达置换债券资金320万元，主要用于置换田林县生活垃圾无害化处理场项目2标段工程款余额320万元，已完成置换320万元，置换率100%。做好新增债券资金分配方案，加快新增债券资金支出进度。2018年田林县向区财政厅争取地方政府债券21600万元（其中：5233.8万元要用于扶贫支出、10000万元用于土地储备专项项目）。根据新增债券资金需安排用于公益性项目支出的要求，重点投向民生领域，特别是扶贫领域以及基础设施建设的支出。

【政府采购】 2018年度共办结政府采购业务401笔，其中包含委托代理机构招投标的项目249笔、单位自行询价采购方式的152笔；合计申报的政府采购预算总金额为62215.53万元，实际采购金额为61633.46万元，节约资金582.07万元，节约率为0.94%。

【国有资产管理】 2018年，财政局受理行政事业单位各项处置固定资产等38项，涉及资产金额共计370.82万元，对单位申请不符合处置的资产予以否决退回，确保国有资产安全完整和有效使用。一是圆满完成2017年全县行政事业单位资产管理信息系统报告编报工作。经过系统编报工作，2017年，全县行政事业单位账面资产总额为195783.33万元，负债总额为36927.4万元，净资产总额158855.94万元，其中固定资产总额64883.22万元。二是继续扎实落实全县事业单位产权登记以及年检工作。年末，全县新增登记12个单位，按照文件精神，给予82个单位进行产权年检工作，通过甄别、理顺，全县共有94个事业单位完成产权登记。

【会计事务】 组织全县96个行政事业单位开展行政事业单位内部

2018年10月21日，县长黄慧（中）、常务副县长何建华到财政局指导财政工作

控制报告编报工作，按时完成上级下达的任务指标。对全县96家行政事业单位开展2017年度内部控制报告编制质量“回头看”自评情况阶段的检查和2017年度内部控制报告编制质量“回头看”检查审核工作。组织新政府会计制度集中培训。为确保新旧会计制度顺利衔接、平稳过渡，使田林县各级行政事业单位财务会计人员尽快掌握新政府会计制度，于2018年10月25日—26日在田林县初级中学综合楼五楼多媒体教室举办新政府会计制度集中培训。做好2019会计初级、中级考试报名、资格审查工作。2018年中级通过考试成绩合格2人，初级合格领证9人。（董祖烨）

税　务

【田林县国家税务局领导】

党组副书记、副局长：

杨志盛（2018年7月离任）

党组成员、副局长：

刘德铭（壮族，2018年7月离任）

潘承增（壮族，2018年7月离任）

黄　耀（壮族，2018年7月离任）

方　念（2018年7月离任）

纪检组长：吴世乐（2018年7月离任）

【田林县地方税务局领导】

党组书记、局长：

黄宏浪（壮族，2018年7月离任）

党组成员、副局长：

潘祖守（壮族，2018年7月离任）

陈旸宇（壮族，2018年7月离任）

纪检组长：唐华将（壮族，2018年7月离任）

【国家税务总局田林县税务局领导】

党委书记、局长：

黄宏浪（壮族，2018年7月任职）

党委委员、副局长：

杨志盛（2018年7月任职）

刘德铭（壮族，2018年7月任职）

潘祖守（壮族，2018年7月任职）

潘承增（壮族，2018年7月任职）

黄　耀（壮族，2018年7月任职）

方　念（2018年7月任职）

陈旸宇（壮族，2018年7月任职）

唐华将（壮族，2018年7月任职）

纪检组长：吴世乐（2018年7月任职）

【机构】 合并前，田林县国家税务局设有行政股室9个（即办公室、政策法规股、征收管理股、收入核算股、纳税服务股、人事教育股、监察室、机关党委办公室、财务管理股）；直属机构1个，即稽查局；事业单位1个，即信息中心；设有3个税务分局，即乐里税务分局、旧州税务分局、定安税务分局。公务员66人，事业干部1人，合计67人。

田林县地方税务局内设机构有办公室、收入规划核算和财务管理股、人事股、监察室、征管和科技发展股、法规税政股、征收服务股7个。派出机构有乐里分局、旧州分局、定安分局、潞城分局、八桂分局、那比分局6个。公务员39人，参照公务员法管理1人，机关工人2人，后勤聘用控制数4人，助征员11人，合计57人。

根据国税地税征管体制改革工作部署，田林县国家税务局、田林县地方税务局于2018年7月20日正式合并，挂牌成立国家税务总局田林县税务局。国家税务总局田林县税务局内设机构有办公室、法制股、税政股、社会保险费和非税收入股、收入核算股、纳税服务股、征收管理股、风险管理股、税源管理股、财务管理股、人事教育股等10个。另设机构1个，即机关党委。党和纪检监察机构1个，即纪检组。派出机构有第一税务分局、第二税务分局、乐里税务分局、潞城税务分局、旧州税务分局、定安税务分局、六隆税务分局等7个。事业单位1个，即信息中心。公务员116人、事业人员2人、机关工人2人、后勤聘用控制数3人、助征员10人，合计133人。

【机构改革】 按照上级工作要求，编制本局改革事项工作台账，对标对表有序推进各项改革。一是完成合署办公、办税厅整合、财务整合、制度修订、信息系统优化、核心征管系统调整等74项具体任务；二是全局4名股级干部“由正转副”、113多名干部定岗定责、20名干部奔赴乡镇税务分局；三是完成全县费源摸底调查、分两批次完成165411条数据清洗、升级税费征管系统、搭建信息共享平台,年内完成3次联调测试。

【管户情况】 合并前,田林县国家税务局管辖纳税户数5058户,其中:企业1550户(一般纳税人358户,小规模纳税人1192户)。报验户380户,个体工商业户3477户。田林县地方税务局管户包括:单位纳税人2114户,行政事业单位251户,个体工商户3044户。合并后,2018年国家税务总局田林县税务局管辖纳税户数7154户,其中:企业2539户(一般纳税人440户,小规模纳税人2099户)、个体工商业户3477户、行政事业单位907户。

【重点税源分布情况】 合并前,田林县国家税务局管辖的235户一般纳税人,主要分布在乐里镇、潞城瑶族乡、那比乡和高龙乡。年纳税在一百万元以上的企业是龙滩水电开发有限公司、广西田林农村商业银行股份有限公司、广西洞巴水电有限公司、田林县水利电业有限公司、广西百色市烟草公司田林营销部、中石化田林石油分公司等企业。田林县地方税务局列为总局监控的重点税源企业共有7户,涉及五个行业,其中金融业1户:广西田林农村商业银行股份有限公司。制糖业1户:田林县和平糖业有限公司。房地产业1户:广西金辰置业投资有限公司田林分公司。水电行业3户:田林县那比水力发电有限公司、广西洞巴水电有限公司、田林县水利电业有限公司。交通运输业1户:田林县恒通物流运输有限责任公司。

【税收收入】 2018年1月—6月,田林县国家税务局组织田林县人民政府考核口径税收收入11336万元,同比增长32.71%,增收2794万元。完成县人民政府下达年度任务20586万元的55.06%;田林县地方税务局组织田林县人民政府考核口径收入(不含国税代征)6109万元,同比减收548万元,降幅8%,其中,税收收入入库5931万元,同比减收534万元,降幅8%;其他收入(教育费附加+罚没收入)合计178万元,同比减收14万元,降幅7%;国家税务总局田林县税务局组织税务总局口径税收收入34483万元,同比增收3436万元,增长11.07%;组织自治区人民政府考核口径税收收入33911万元,同比增收3257万元,增长10.62%,完成田林县人民政府下达年度收入任务33800万元的100.33%。

【税源管理】 完成风险管理全流程38户,发现有问题2户,风险管理组织入库税款180.2万元,风险分析识别命中率100%。没有新增欠税发生,欠税变动率为0。抓好第三方涉税信息应用工作。通过提取电业部门第三方涉税信息,对木材加工行业实行“以电控税”征收税款,入库增值税1358万元,同比增收549万元,增长67.86%,第三方涉税信息成效所占比重达4.62%。

【税收执法】 严格落实税收执法责任制。深化税务行政审批改革,规范税收执法行为。涉税大要案件、涉税投诉事件零发生,无重大执法违法事件和与税务机关责任有关的重大涉税案件发生,未发生税务行政复议和税务行政诉讼。处罚违章户417户次,处罚金额10.28万元,税务行政处罚率100%。

【纳税服务】 深化“放管服”改革,推行税收优惠备案、税收申报证明开具等五大类105个办税事项“最多跑一次”,推行284个二维码一次性告知图标一键查询。向纳税人实时更新《办税事项“最多跑一次”清单》最新内容,推进办税云平台服务,宣传普及纳税人1000余人,实现纳税人疑难解答互动120余次。取消税务行政审批和前置性审核事项,精简纳税人资料报送,受理多证合一开业信息补录107户次,推行“双随机、一公开”监管。推行“一次办”“网上办”“马上办”“就近办”“一站办”5个便民办税清单,明确407个涉税事项服务标准,提升办税便利性。推行综合业务“一窗式”办理,实现“前台一窗受理、后台分别处理、限时办结反馈”的服务模式。设置9个“一窗通办”窗口,实现“一人一窗一机双系统”模式办税,纳税人进一个厅,在一个窗口,提一次申请、报一套资料,就能一次性办结税务登记、申报纳税、发票代开等涉税业务。简化办税业务11项、压缩办税环节16个,减少涉税资料9种,涉税资料报送量减少25%,报送环节压缩30%以上,办税时间缩减50%以上。

【税务稽查】 对金融、木材加工、农副产品加工等行业开展重点稽查,稽查查补税收收入入库193.80万元。已查处发票违章案件3件,罚款0.42万元,补缴税款7.30万元、滞纳金2.66万元,协助市局稽查局对2户涉嫌虚开增值税专用发票企业进行立案,于2018年7

月移送公安部门。

【税收宣传】 制作横幅12张，将小微企业税收优惠政策宣传资料制成板报8块、在办税大厅通过电视屏幕滚动播放营改增内容263条，下各乡镇张贴宣传册685份，整理最新税收政策印刷成册568本。通过“税企电子邮箱”将895条税收最新政策、税收优惠政策、纳税服务措施等内容向一般纳税人发送。借力田林县“吼敢”壮剧节，围绕“放管服”“诚信纳税”等内容开展宣传活动，发放税收宣传资料196余份，解答纳税人咨询86余人次。 （文　博）

2018年11月29日，国家税务总局田林县税务局挂牌成立后召开第一次党员大会

文化·体育·广电

文化体育

【田林县文化和体育局广电局领导】

局　长:黄　涵(壮族)

副局长:吕立亮(壮族)

李　杰(壮族)

陈镜舟(女,彝族)

李彩应(女,壮族)

【概况】 田林县文化和体育广电局核定行政编制6名,其中,局长1名,副局长4名。机关后勤事业编制1名。

隶属管理的二层机构有9个,分别是:田林县文化市场综合执法大队,属财政全额拨款副科级单位,编制12名(含原广电局6个参公编),为参公编制,核定领导职数2名;田林县图书馆,属财政全额拨款事业单位,编制4名,核定领导职数2名;田林县文化馆,属财政全额拨款事业单位,编制9名,核定领导职数3名;田林县博物馆,属财政全额拨款事业单位,编制2名,核定领导职数1名;田林县非物质文化遗产传承保护展演中心,属财政全额拨款事业单位,编制22名,核定领导职数3名;田林县广播站,属财政全额拨款副科级事业单位,编制6名,核定领导职数2名;田林县有线电视站,属财政全额拨款事业单位,编制10名,核定领导职数2名;田林县电影公司,属自收自支的事业单位企业化管理单位,编制20名,核定领导职数2名;县业余体校,属财政全额拨款事业单位,编制3名为事业管理岗位,核定领导职数1名。

2018年全局在编人数70人,编外聘用人员24人,全县有14个乡(镇)文化广播站,专兼职人员25人。

【文体基础设施】 田林县壮剧中心、政务中心"两中心"项目作为2017年政府重点项目工程,壮剧中心项目正开展第一期工程项目顶棚框架焊接工作;政务中心项目待防洪堤建设完成后,再进一步开展地基夯实工作。

村级公共服务中心建设项目 自治区下达田林县村级公共服务中心建设任务21个,总投资840万元(含设计、监理等费用),其中自治区补助资金525万元,县配套资金315万元已全部落实。年内,21个建设点全部开工,其中浪平镇弄陀村、利周乡瑶族平布村、百乐乡三帮村、平塘乡茅坡田村、潞城瑶族乡弄读村、六隆镇平细村、能良村、六隆村等8个村完成篮球场建设,六隆镇平细村、能良村、利周乡平布村、者苗乡者化村等4个村综合楼建设已竣工,其余项目正在建设中。

为民办实事工程项目 2018年实施为民办实事工程项目共33个。其中篮球场30个、戏台3个,总投资415万元(含设计、监理等费用)。年内,旧州镇示甫村示甫屯、平林村小平塘屯、潞城瑶族乡渭祥村瑶帮屯、旺吉村百昂屯、马逻村弄涯屯、者苗乡八中村渭额屯、八渡瑶族乡那拉村那拉屯、弄当村弄当屯8个屯级篮球场已竣工。

脱贫攻坚项目 2018年,在23个贫困村实施文体设施项目共10个,总投资228万元。项目已全部开工建设,其中者苗乡八来村、者苗乡八亨村、旧州镇平保村等4个篮球场建设项目已竣工,其余正在建设中。

数字电影院项目 田林县数字电影院由深圳米高梅(中国)影业进行承包,年内正在装修。

同时,文广局还多方筹措资金,投入258万元为各乡镇文化站、全县168个行政村(社区)配备办公设备、文体器材。

【文化工作】 2018年4月23日至5月7日,成功举办"三月三·吼敢"壮剧节活动,共表(展)演、展出的各项活动128场(次),参加活动的演职人员达4000多人，现场观众累计约30万人次。其中片区壮剧展演及县城展演共组织86支业余剧团参加演出106场。其中，壮族专题歌会《我们的纺织》；国家扶持基金项目壮剧精品《瑶娘》；壮剧节闭幕式暨校园戏曲展演，由乐里二小等10所中小学校表演的铜鼓舞《歌飞舞起》、壮剧春牛舞《插秧女》、壮话小品《懒汉脱贫》等节目进一步传承、弘扬优秀民族文化，推动本地戏剧曲艺文化遗产的保护、传承和发展；民族原生态民歌展演，邀请田林县126位民间山歌歌手以及云南省富宁县6位民间山歌歌手同台竞。

【民俗活动】

“壮族祭瑶娘”活动 2018年农历正月二十五，“壮族祭瑶娘”活动在潞城瑶族乡弄光村弄光屯开展。

“瑶族民间风俗”活动 正月初二，组织那拉村妇女开展“百名盘瑶绣娘刺绣技艺比赛”活动。

“蓝靛瑶抛沙包”活动 正月初四，组织配合潞城瑶族乡各烟村举行戏台开台庆典活动。

瑶族铜鼓舞活动 正月初三至初六，组织指导潞城瑶族乡瑶怒屯和平山乡的瑶族铜鼓舞表演队举行铜鼓舞表演活动。

春节期间，组织开展2018年免费送春联活动，免费送春联400多副；开展迎新春元宵猜灯谜展猜活动1场，挂谜近1000多条；开展征诗征联作品比赛200多副（首）；指导壮族祭瑶王、定安壮族“销正月”等民俗活动。

演出活动 春节联欢文艺晚会在春节前，组织非遗中心会同乐业、凌云、西林、隆林等县同台开展“百色市西北五县春节联欢文艺晚会巡回演出”活动，共演出5场，田林县活动会场观众约3000人。

壮剧巡演活动 春节期间，资助文化活动经费，组织利周、乐里、潞城等农村业余壮剧团到临近乡镇、村屯开展壮剧巡演活动，拉动全县104个农村业余壮剧团在各地开展壮剧演出活动。

《瑶娘》剧组获得“桂花铜奖” 县非遗中心排练的国家艺术基金项剧目《瑶娘》剧组从2018年4月—8月到云南富宁县、广西民族大学、百色学院、田阳县等地开展巡回公演活动共40场/次。2018年8月26日，壮剧《瑶娘》剧组代表百色市参加第十届广西戏剧大型剧目展演活动，获得“桂花铜奖”。

壮剧村村演活动 元月起，组织各剧团开展村村演活动，共完成一村一场文艺演出478场/次，完成全县165个行政村的289.7%。

“扶心扶志扶智”戏曲进乡村演出活动 11月10日至12月9日，组织非遗中心和7个优秀业余壮剧团到23个预脱贫村开展“扶心扶志扶智”戏曲进乡村演出活动45场。其中县非遗中心文艺团队演出10场、业余剧团演出35场。演出活动以快板、小戏、山歌、传统壮剧剧目、歌舞表演等形式宣传中共十九大精神和脱贫攻坚工作。

年内开展“田林县2018年喜迎改革开放40周年和自治区成立60周年文体活动”，包括摄影展、广场舞展示、篮球比赛、民族文化巡游展示四大项活动；完成“田林县参加百色市第五届文艺会演活动”和田林县参加“千姿百色·多彩壮乡”民族文化巡游展示活动等演出工作。

艺术创作 新编壮剧《婆媳情》、历史壮剧《黄永贵》、山歌表演唱《廉政花开遍壮乡》、壮族八仙鼓《农情乡解得民心》、山歌表演《民生保障惠壮乡》等剧目。其中：选送的山歌表演节目——《民生保障惠壮乡》参加自治区卫计文艺会演获第一名，壮剧《婆媳情》参加百色市第五届“多彩金秋”系列文化活动喜获戏曲展演赛集体一等奖。

文化遗产保护 一是做好田林北路壮剧传承人申报工作。其中，黄志元、罗会优、骆进详3人获区级代表性传承人；黄方声、黄景润、黄德深3人获市级代表性传承人。二是顺利申报第七批区级文化遗产保护项目工作，将“定安销正月”和“田林瑶绣”2个项目进行申报，其中“田林瑶绣”入选区级代表性保护项目名录。三是在文化馆一楼的国家级非遗展厅播放非物质文化遗产申报项目视频活动，并制作宣传图片进行展示，印制《广西非物质文化遗产保护条例》1000余份进行发放宣传。四是出版《广西地名灯谜集》《聪明书屋联语》两本内部资料。

文化培训 开展《广西尼的呀》传唱和舞蹈培训工作，组织各乡（镇）文化站和村级广场舞表演骨干以及县城各广场舞业务骨干和爱好者参加，同时还到田林老年大学、田林高中对老师进行培训，培训人数达200多人；借助县直属工委组织县直机关党员在县委党校培训之机，对培训班党员培训歌曲《广西尼的呀》，培训共举办2期，培训学员近400人；举办少儿

《广西尼的呀》舞蹈培训班，参训小朋友共50人。二是邀请文艺专家、老艺人、传承人对全县文艺骨干、文艺爱好者开展文化艺术培训，培训内容包括山歌、舞蹈、壮剧器乐等，组织以黄志元、陆军、汤可英、曾少维、苏慧娟等18名文化骨干组成的辅导团分赴全县14个乡（镇）对104个业余剧团进行壮剧编剧、壮剧表导演、化妆等培训辅导工作，参加辅导培训人数达897人次，受益剧团演员近3000人次。三是举办田林县2018年党员编剧能人、乐手能人大培训活动2期，历时9天，培训党员能人160多人。

【组建配备公共文化专管员队伍】 2018年，文广局组建配备168个村（社区）公共文化专管员。

【文化市场】 重点抓好文化市场经营场所设立准入审批、文化市场执法监管和“扫黄打非”工作。2018年，文化市场行政审批受理7家，其中经营出版物3家、网吧2家，歌舞娱乐场所2家。负责监管全县互联网上网服务场所18家、歌舞娱乐场所8家、“三印”企业13家、出版物经营单位7家。加强文化市场日常监管，做好“春节”“两会”“清明节”“壮族三月三”“五一”“国庆”“寒暑假”等重大节假日期间文化市场大整治工作。对互联网上网服务营业场所检查共114家（次），出动检查334人次，发送“关于网络安全教育致家长朋友的一封信”和“对青少年远离网吧的倡议书”各4000余份，接受群众举报5起，实际受理5起，受理率达100%，立案查处文化市场违法违规经营案件11个，行政处罚金额14500元；对歌舞娱乐场所检查70家（次），出动检查210人（次），接受群众受理举报2起，实际受理2起，取缔违法经营歌舞娱乐场所1家；对新闻出版市场的检查出动371人（次），检查摊点127家（次），没收盗版书籍1000余本（册），没收盗版光碟600多张，下达《当场处罚决定书》6份，完成“扫黄打非”简易案件6起，发放“扫黄打非”宣传画报1000余张、手册2000余份、制作宣传板报2版；做好文化经营场所防艾宣传工作，发放防艾宣传画报1000余张、手册2600余份。开展安全生产和消防安全大检查、大整治专项行动8次，出动人员120人（次），责令整改的文化经营场所5家。开展惩治非法生产销售安装使用卫星电视接收设施专项整治工作，悬挂宣传横幅14条，通过电视播放宣传标语2条，播放28次，同时协同相关部门开展集中整治清理行动。

【“西林教案”历史事件宣传】 对该遗址全貌进行录制，分《教案前夜》《教案始末》《教案影响》三个部分汇制成影视宣传片，把田林县定安镇的“西林教案”遗址的静态宣传转变为动态宣传，同时制作17块长达20多米可移动的宣传展板和精选该遗址的文物图片109张，从2018年7月始，分别深入到八桂中学、龙车中学、潞城中学、旧州中心校、六隆中心校、浪平中心校等14所中学、23所中心校进行影视播放宣传、板报展示宣传、文物图案展示宣传和现场讲解宣传“西林教案”发生的历史事件。截至11月30日，在全县37所中小学校开展宣传活动，共有30364名师生参观展览。

【文博管理】 协助自治区文物考古研究所完成者达、那忙、红汪、地楼、百榄、百劳8处新旧石器遗址发掘，遗址发掘出土有大量的砍砸器、手镐、手斧毛坯、磨光石器、研磨器、双平肩石锛、双斜肩石锛等器物共4000多件。共悬挂消防安全宣传条幅，为遗址附近群众宣传用火、用电、用煤气等冬季消防安全常识等，倡导居民自觉不购买、不燃放烟花爆竹，保护定安老街和遗址古建筑文物安全。开展庆祝2018年“5·18”国际博物馆日活动，在县城主要街道悬挂宣传条幅。完成“西林教案”遗址、岑氏宗祠古建筑文物红、蓝线测绘等工作。完成“西林教案”遗址、岑氏宗祠第八批国家级文物保护单位申报文字材料收集工作。

【图书管理】

免费开放 每天向读者开放综合阅览室、图书外借室、少儿阅览室、电子阅览室等服务。年内，读者流通总量为79079人次，其中电子阅览室接待读者量2195人次；读者办证201人；借阅读者量50711人次，借阅图书量72118册次，读者参考咨询800多条。县电视台先后报道县图书馆活动10次，获百色市电视台选播2次。投稿县人民政府网站部门动态栏目宣传20篇，馆网站更新信息近100条，并组建图书馆服务QQ群宣传。同时，在政府网站法律法规栏目、图书馆网站发布宣传公共图书馆法。

业务建设 为丰富馆藏量，满足读者日益增长的文化需求，2018年，县图书馆新入藏图书2376册，类别以少儿读物为主；开通田林县移动图书馆，年更新电子图书、期刊5000余册；征订报纸33份、期刊179种；新收藏地方文献210册，收集16个单位政府信息公开731条，为免费开放工作奠定文献信息量。以网站为平台，开展《凝聚业界共识 引领行业发展—图书馆法宣传》《腹有读文气自华—中华传统文学经典作品阅读推荐展》等2期图文展，举办两次新书新书展。同时，设计县图书馆的标志LOGO，树立单位文化形象。

阅读推广活动 举办第二届“少儿阅读之星”评选评奖、“寻找朗读者”沙龙、经典诗文诵读、“学前儿童经典诵读”、“同读书、共成长”主题亲子经典诗文诵读、“小小朗读者沙龙”、少儿成语接龙竞赛、少儿“喜迎国庆”手抄报比赛等活动，并与县教育局联合开展2018年“我的书屋 我的梦”为主题的农家书屋征文活动，共收集到征文103篇，选送24篇报送市文新广电局。

阅读进乡村进校园活动 在图书馆服务宣传周期间，把阅读推广活动触角延伸至边远山村，精选近1000册图书，发挥流动图书车作用，到旧州镇板坚村小学开展阅读服务进校园活动。

世界读书日宣传活动 倡导全民阅读好习惯，发放读书倡议书500份，赠发公共图书馆法学习读本200册，赠送读者文学、科技、少儿读物类图书200册、科技信息资料2000份，图书馆资源宣传单、文化惠民政策宣传袋等各300份等。

科学科技下乡服务 结合农村发展需求，精心选购科技书，精选摘选种植养殖科技、养生保健延年益寿信息资料进行第二次加工编印，先后到利周、定安等5个乡镇免费发放给村民，并为村民提供科技信息咨询服务。共赠送农业科技书为主的各类书籍1000册，种植养殖科技、养生保健延年益等资料6000份，解答咨询200多条，2000多人受益。

免费公益讲座、培训 举办《少儿主持人培训班》《少儿硬笔书法培训班》《老年人计算机应用基础知识培训班》《2018年公务员事业单位考试公益性讲座》培训各1期，《小学作文系列技法培训班》2期，参加培训人员达300余人。

推行均等服务 精选适合老年人需要的图书213册，送到老干部活动中心图书室，为老年人提供服务上门，丰富老年人文化生活；深入村级小学开展“推进均等服务，关爱留守、贫困儿童”阅读推广活动，慰问留守、贫困儿童63人，赠送留守、建档立卡贫困生赠送书包30个，普通生作业本、笔盒等学习用具760本(件)，让特殊群体感受来自公益文化的温暖。

科学技术推广服务 以“资源共享、协调发展”为目标，开展网络资源共享服务，为城乡居民提供电子文献信息和文化娱乐休闲服务。年接待读者2216人次，其中未成年人读者2195人次，成年人读者21人次。

农家书屋出版物补充更新 如期完成168个行政村(含社区)农家书屋《习近平新时代中国特色社会主义思想三十讲》全覆盖配送，按时按质完成上级下达2018年农家书屋出版物补充更新配送任务的10个乡镇、124个点的农家书屋出版物补充更新配送和分类上架及贴类标工作。

【体育工作】 春节期间举办乒乓球、三人制篮球、足球赛、气排球、羽毛球、登山等群众性体育活动，共有50队、600多人参加；成功举办2018年“体彩公益行·走进田林县”公开销售活动，彩票销量720万元；举办“三八”拔河比赛和健美操比赛、“五一”“职工杯”篮球赛、庆祝中国共产党成立97周年“不忘初心 牢记使命”杯气排球赛、“大拇指杯”气排球联赛、“百矿杯”篮球联赛、“全民健身 健康田林”千人健步走活动、“宏陶陶瓷·六谷林杯”气排球邀请赛等活动赛事；举办1期三级社会体育指导员暨太极拳、八段锦培训班和1期三级社会体育指导员暨气排球裁判员培训班，100多人参加培训；开展8岁至15岁青少年儿童2018年暑期青少年篮球免费培训班，共160多人参加培训；参加百色市第五届运动会，田林县运动员150多人，共夺得金牌6枚，银牌11枚，铜牌3枚，第四名2个，第五名2个，第六名6个，第七名1个，团体总分184分；参加市、县(区)组织的体育赛事，获那坡县2018年壮族三月三那坡风流街“德富杯”气排球邀请赛女子组第六名，获百色市首届运动绣球比赛总决赛县区组第五名，获第五届广西万村篮球赛(百色市赛区)男子篮球第五名，男子

3人运球投篮往返接力团体总分第一名，男子2分钟定点投篮团体总分第一名，男子个人2分钟定点投篮，1个第一名，1个第二名，获2018年首届滇、桂、黔三省（区）接接壤羽毛球邀请赛暨百色市西北五县第五届羽毛球赛获第二名。

田林县2018年“三区”文化人才（党员壮剧乐手）能力提升培训班汇报

（2018年9月12日摄）

广播电视

【广播电视户户通】 2018年自治区新闻出版广电局下达田林县广播电视户户通工程建设任务数7570户，县文广局设备信息录入、发放定位安装及解锁农户7570户，占安装总任务100%。科技股技术人员每月按时到14个乡（镇）台站开展设备维护，检查设备的正常运转、安全播出和台站管理的情况，确保全县乡镇台站安全播出。2018年，技术员到各乡（镇）台站检查维护共30天，维护设备130次；到11个村级服务中心应急广播设备试点进行维护设备26次；完成群众送修广播电视户户通设备1356次。

【新闻宣传】 2018年共制播《田林新闻》312期，播发稿件1896条。其中，田林县电视台记者采写的新闻1483条，通讯员来稿423条；制播《壮语新闻》68期，播发稿件458条，上送《县区新闻展播》309期。加强新闻报送工作，上送《百色新闻》214条，被百色台采用新闻稿件172条，广西台采用20条，中央台采用2条。完成宣传专题的制作和播出，严把商业广告关，做好商业广告及公益广告的宣传。完成《扶贫路上》12集电视系列片拍摄、制作任务，并于每周二晚上在田林电视台《田林新闻》播出结束后的黄金时段进行循环播出。抓好日常安全生产和安全播出工作、敏感时期加强安全防范工作，做好施工生产安全以及防火防盗工作，保证广播电视安全生产和安全播出。全年没有发生任何安全责任事故。

国家扶持基金项目壮剧精品《瑶娘》演出现场（2018年5月5日摄）

【公益电影放映】 2018年农村公益电影放映工作为区、市、县为民办实事项目，把农村电影放映任务落实到每个放映队。全年7个放映队下乡放映84次，放映电影1980场（次），观众104230人次。

（卢正刚）

科技·教育

科学技术

【田林县科技局领导】
局　长：杨　药（女）
副局长：黄贵东（壮族）
　　　　余强友（壮族）

【概况】 田林县科学技术局（知识产权局）行政单位行政编制3名，下属二层机构事业编制5名。配局长1名，副局长2名。内设办公室、计划项目科普管理科、科技综合管理股3个职能股室。2018年，全县科技工作围绕“十三五”科技创新驱动发展和技术升级、脱贫攻坚科技扶贫目标任务，选派39名贫困村科技特派员，其中区、市驻田林县特派员12人，县科技特派员27人，制订《田林县2018—2020年电视科技培训方案》，助推田林县贫困村产业发展和脱贫攻坚工作。

【科技队伍】 2018年田林县在职专业技术人才3240人，占事业编制干部总数的62.02%. 其中：高级专业技术人才111人（教育系列84人，卫生系列22人，农林牧渔系列5人）；中级专业技术人才1334人（教育系列1050人，卫生系列183人，农林牧渔系列19人，其他系列82人）；初级专业技术人才1795人（教育系列865人，卫生系列595人，农林牧渔系列33人，其他系列302人）。中级以上职称专业技术人才1445人，占专业技术人才总数44.6%；女性专业技术人才1557人，占专业技术人员总数的48.06%；少数民族专业技术员2435人，占专业技术人员总数的75.15%。专业技术人才学历分布情况：研究生学历8人，大学本科学历1416人，大学专科学历1516人，中专学历292人，高中及以下学历8人；专业技术人才年龄结构分布情况：35岁以下1004人，36岁～40岁482人，41岁～45岁632人，46岁～50岁520人，51岁以上602人。

【科技经费】 2018年，全县科学技术支出经费1181万元，其中：科学技术管理事务支出124万元，技术研究与开发439万元，社会科学研究机构支出93万元，科学技术普及494万元，其他支出21万元。

【科学研究项目与经费】

项目经费　全年实施《田林八渡笋产业升级与示范应用》项目经费320.00万元（项目年限：2014.06—2018.10）、《田林县贫困村科技特派员服务创业基地及科技能力建设示范》项目经费185.00万元（项目年限：2017.01—2019.12）、《甜脆金橘新品种引进与标准化生产技术示范》项目经费10.00万元（项目年限：2017.01—2019.12）4个科技项目。

科技项目申报　围绕2018年广西科技计划项目申报指南，组织企业参加自治区科技厅和市科技局举办的科技项目申报培训班，听取专家对项目申报指南的解读；邀请市科技局专家到田林相关企业、专业合作社开展实地调研，与企业负责人、科技人员座谈，点对点的进行项目申报指导，帮助申报单位解决在线注册、与科研院所合作、找中介机构代理编写材料、项目查新等难点问题；加强与上级科技管理部门的对接、咨询，实时解决项目申报中遇到的困难。共完成《林下特色经济昆虫胡蜂养殖加工关键技术研究与示范》《桐油加工副产物基质肥料化关键技术研究与示范》《田林县壮、汉、瑶族人群G-6PD酶缺乏情况分析》《百色市田林县知识产权试点县建设及八渡笋产业导航应用示范》4个项目上报工作。

“星创天地”创建　按照国家、自治区关于推进大力推进大众创业万众创新的有关精神，确定安镇真品养殖合作社为试点，以其山羊及蜜蜂养基地为基础，依托高校、科研院所和科技特派员技术力量，按照“星创天地”应具备的功能条件，采取“能人投资、农户参与、公司运营、订单生产”的新型经营模式，建立起为创业者提供种源繁育销售、养殖生产、技术服务、产品销售等服务的星创天地，2018年组织田林县城农牧种养专业合作社、广西林子马蜂科技养殖有限公司申请广西星创天地项目，年内，田林县城农牧种养专业合作社的星创天地项目通过自治区科技厅公示认定。项目认定后，企业将充分发挥星创天地在乡村振兴、精准扶贫和农业农村科技创新创业中的重要作用。

“科技服务小院”示范 以乐里镇那光村林子马蜂养殖公司为试点，组建由区、市、县6名各类技专业术人才组成的贫困村科技特派员服务团队入驻该公司，开展农业科技创新、科技示范推广和乡土人才培养，以促进贫困村产业发展。

【科技普及与宣传】 开展广西科技活动周、全国科技活动周、全国知识产权宣传周田林县活动。组织开展科技下乡活动6次，展出各类展板21块，发放各类科普资料2万余份，书籍4500余册，接待各类咨询3000余人次，义诊300余人。举办各类实用技术培训班18期，包括油茶、八渡笋种植、低产林改造、林下套种食用菌、杧果、砂糖橘等技术培训，培训乡土人才、农村经纪人、农民等929人次。

【科技成果】 根据《田林县科技成果转化实施方案(2017—2020年)》，2018年通过科技局牵引，促成广西田林县鑫福源山茶油开发有限公司与广西南宁新创之友知识产权代理有限公司完成一项科技成果转化，即广西田林县鑫福源山茶油开发有限公司向广西南宁新创之友知识产权代理有限公司完成购买一项专利，专利名称为“一种用笋蔸制作笋糜保健面包的方法”（专利号：201210151695.4）。

【知识产权管理】 一是根据《田林县发明专利双倍增计划(2017—2020年)》，明确全县年度知识产权工作的目标和任务；二是开展知识产权宣传工作。利用“4·26”知识产权宣传周、全国科技活动周、科技培训、科技下乡等活动，采取多种宣传形式，扩大对知识产权工作宣传的力度、广度和深度；三是开展专利知识培训工作。邀请百色市知识产权科、新创天地新知识产权代理有限公司有关专家到田林县举办知识产权知识、专利申请等培训，培训农、林、牧、科技、医院、工商、食品药品、企业等科技人员等30人；四是组织参加第八届广西发明专利交易展览会。即一种山楂醋及其制备方法、一种茶枯皂及其制备方法、一种蜂胶皂及其制备方法、一种养肤皂及其制备方法等，发放宣传资料3000余份。五是全年完成专利申请12件，其中发明专利8件，实用新型专利4件，专利授权量4件。由于2017年专利资助资金未兑现，所以2018年专利申请量出现塌方式下滑。

（唐小平）

防震减灾

【田林县地震局领导】
局　长：刘　心（壮族）

【概况】 田林县地震局是田林县人民政府负责管理全县防震减灾工作的职能部门，为县政府直属事业单位，参照公务员管理，机构级别为副科级，由县财政全额拨款，定编3名，其中设领导职位1名。2018年，田林县地震局扎实开展防震减灾各项工作，进一步推进全县防震减灾事业发展。

【抗震技术服务】 加强行政审批工作，严格按照法律、法规要求做好抗震设防管理服务工作，按要求办理建设工程抗震设防要求确定行政许可。

【防震宣传】 利用“吼敢”壮剧节、“5·12”防灾减灾活动周、社会科学普及活动周、政务公开日、技活动周、“7·28”唐山地震纪念日等有利时机，通过设立宣传点现场解答、宣传板报、知识手册、发布短信、播放宣传片等多种形式进行宣传，使广大群众对地震科普、防震抗震、应急避震、自救互救等知识有更加深入的了解和认识；发动各中小学校开展地震应急演练活动，使学校师生掌握应急避震的正确方法，提高学校地震应急处置能力；通过县电视台栏目滚动播放《什么是地震》《应对地震灾害—公众自救互救常识》等防震减灾宣传片，提高群众的防震减

学校组织学生开展地震应急演练

灾意识;通过防震减灾科普教育基地向学校师生进行地震科普知识宣传,使学生对地震有更多了解,提高应对地震风险技能。2018年宣传活动累计发放各种防震减灾宣传品共13000多份,向社会各界发送防震减灾内容宣传短信36000条。

【地震监测】 加强对八渡、旧州、定安、潞城、浪平、利周6个地震烈度速报与预警台站地日常维护管理,确保台站正常运行,使台站能够准确测定地震对台站附近场地的峰值加速度,为全区地震烈度速报与预警服务。 (韦罗浩)

气象事业

【田林县气象局领导】

局　长:赵建吉

副局长:马树青(女,壮族,2018年6月离任)

柳林秀(女,壮族)

李宏景(2018年6月任职)

【概况】 田林县气象局建于1958年,属中直事业单位,受百色市气象局和地方党委、政府双重领导的职能工作部门,财政体制属双轨制。设2个内设机构,分别为综合办公室和防灾减灾科;设2个直属业务机构,分别为田林县气象台(田林国家一般气象站)、田林县气象服务与防雷中心,其中田林县气象台(田林国家一般气象站)机构规格为副科级。2018年全局在职职工10人,外聘职工5人,单位职工大专及以上学历14人,工程师7人。2018年度获中国气象局颁发的2018年重大气象服务先进集体荣誉称号。

【气象服务】

天气预报预警服务 一是做好重大过程气象服务,2018年发布预警信息138次;发布重大气象专报4次;启动暴雨、台风灾害应急响应3次;启动低温、雨雪、冰冻灾害应急响应1次;发布重要天气过程气象服务信息34次;发布重要天气服务信息31次;提供重大活动气象保障服务9次;发布气象旬、月报、农业气象月报、夏收下种、秋收秋种等气象服务信息64期(次);调查和报告灾情累计6次;免费为农业大户发送气象短信26万多条(次)。建立新型农业主体信息库3000多户,确立"直通式"服务558户,通过手机、互联网等手段发送各类信息、材料累计约4万多人次。二是做好田林县2018年"美丽田林·宜居乡村"文艺宣传晚会、春运春节、"三月三·吼敢"壮剧艺术节、"两考"等重大活动气象保障服务并做总结;三是及时发布预警信息,全年无漏发、迟发现象。四是落实广西突发事件预警信息发布平台推广应用,为县应急、公安、国土等9部门开展广西突发事件预警信息发布系统应用培训。

气象防灾减灾人工影响天气:一是开展人工增雨防雹和森林防火工作。全年共出动26车次96人次,成功作业7次,发射36枚炮弹,地面火焰播撒式作业4次,点燃焰条40条。为夺取抗旱胜利和预防减轻冰雹灾害及森林防火做出贡献。二是在八渡瑶族乡福达、八桂瑶族乡平六人影作业站分别配套一套全自动中兵人影火箭架,为田林县西北部增雨消雹布局发挥作用。"三农"专项工作:做好全县14个乡镇共70个区域气象自动观测站汛期前的巡检保养和全年及时维修工作,为气象观测和气象预警预报提供关键的气象要素数据。四是全力做好全县14个乡镇、148个行政村、148套气象预警大喇叭的上线维护维修管理保障工作,五是配合县纪委、县委宣传部、武装部做好全县"小广播工程",完成78次的宣传广播任务。安全生产工作:一是健全人影安全责任制,部署工作前为作业人员进行岗前培训并签订人影安全责任书;二是与各部门各相关人员签订安全生产责任书;三是作为县安委会成员单位,配合县安委会的工作安排,抓好易燃易爆和公共安全场所的防雷安全督查工作,到划分负责的区域进行政府性安全督查工作;四是对各乡镇气象灾害易发点进行安全隐患排查。五是开展消防讲座及演练。

气象宣传 一是在"3·23"、"5·12"、党风廉政宣传月、安全生产月开展宣传活动。活动期间,共发放宣传材料1000余份,气象宣传手册500本,向广大群众宣传气象灾害等热点问题和气象科普知识。二是主动向相关网站投稿,南国早报录用1篇、广西天气咨询网采用4次、中国气象高清图片4篇、广西政务信息2次、县人政府网录用8篇。三是做好手机、电视、网站、大喇叭等气象信息发布。

【气象设施设备】 2018年田林县气象设施设备有:县级综合气象业务平台,广西天气预报服务集约化业务系统,农业气象服务业务系统,广西突发事件预警信息发布系统,视频会商系统(大屏幕);地面综合观测业务系统;回南天观测系统;气象服务多媒体显示屏;农田小气候观测站;气象观测仪器设备:温湿度传感器、气压传感器、地温传感器、草温传感器、风向风速传感器、降水现象传感器、雨量传感器、能见度传感器、数据采集器、综合集成硬件控制器、自动日照传感器、土壤水分探测器、大气电场监测仪。全县建有71个自动气象站,其中:1个国家级自动站,43个单雨量自动站,13个温雨自动站,1个四要素自动站;1个五要素自动站;12个六要素自动站;气象预警大喇叭148套;人工影响天气作业站7个,其中:1个暂定式固定作业站、1个地面焰条播撒作业站、1个车载移动作业点、4个标准化固定作业站。（黄桂艳）

2018年9月17日,县长黄慧(左四)莅临气象局检查指导台风"山竹"防御工作

水文事业

【田林县中心水文站领导】

站　长:邓克万(壮族)

副站长:杨玉元(女)

　　　　李　彬(壮族)

【概况】 田林县中心水文站于2016年10月成立,田林县中心水文站隶属自治区水文水资源局和田林县人民政府双重管理,其中设站长1名(正科级),副站长2名(副科级),内设有3个职能股室(综合股、巡测股、水情资料股),下辖瓦村、定安2个国家重要水文站,田林1个国家基本水文站,启文、粉屯、者苗3个中小河流水文站,百乐、洞弄、潞城、丰厚水库、旧州、利周6个水位站,7个水质监测站,109个遥测雨量站(2012年4月新建92个遥测雨量站)。其中,2个国家重要水文站中有1个泥沙站、1个蒸发站。主要承担田林县辖区内江河湖库的水文测验、水文情报预报、水文分析计算、水质监测、水资源调查评价等工作。2018年在编人员5人,聘用人员3人(不含托办雨量站观测员)。

【基层水文改革】 按照自治区水文水资源局的统一部署,组织职工修订完善《水文测报一体化工作方案》,并推进基层水文改革工作,按照“转职能、强服务”的要求,及时调整工作思路,主动适应“预测-预警-预报”工作新模式,打造县级水文机构信息枢纽、会商平台、服务桥头堡功能,解决水文服务能力不足以及不接“地气”问题,转变基层水文站传统“哨兵”卫士身份,拓展并延伸水文部门“侦察兵”的情报服务职能,推动水文服务向基层延伸。

2018年8月8日,田林县驮娘江瓦村水文站出现建站以来的最高洪水位。图为瓦村水文站受淹场景

【水文测验和资料在站整编】

汛前准备及汛后测量 根据自治区水文水资源局、百色市水文水资源局2018年汛前水文测报准备工作的通知精神,为做好水文业务工作,充分发挥“中心”的作用,派出汛前准备工作组到各站开展汛前准备工作,由于及早准备,此项工作通过上级检查组、督查组的检查,存在的问题及时进行整改。

按照百色市水文局要求,对田林县境内中小河流及基本站开展汛后测量工作。对三个基本站的大断面、水尺零点高程进行复测;对中小河流站(三个水文站、六个水位站)大断面、水尺零点高程进行复测,成果符合规定要求。

水文测验 按照百色市水文局和田林县中心水文站《2018年巡测方案》,开展巡测工作,时刻做好测报大洪水准备,并成立应急小组,按测站“四随”工作要求,完成测站任务书规定的测报工作任务。年内共完成瓦村、定安、田林水文站降水、水位数据采集,应急施测流量共9站次83份,常态监测共施测流量12站次238份。

资料在站整编 及时采集降水量、水位数据,输入点绘流量测点,较对测量成果,及时处理泥沙样品等,年内水文资料成果出站合格。

【参与当地防汛抗旱工作】 按照“水文测报一体化”的要求,田林县中心水文站加密观测分析,及时统计雨水情信息,并以“一键式”短信和“一张纸”专报方式,第一时间报送当地政府、防汛部门及成员单位,使水文情报及时有效,为当地政府领导科学决策提供宝贵的依据,发挥水文在防汛抗旱减灾中的尖兵和耳目作用。全年共启动应急响应4次、发布《洪水蓝色预警》3期、《洪水黄色预警》1期、《洪水橙色预警》1期、《水情快报》3期、《水情专报》14期、《水情月报》12期、《水情信息专报》6期、水情短信4168条,全年共拍发水文情报1052份。年内,田林县中心水文站还参加百色市水文局2018年应急监测演练和田林县防洪抢险应急演练,配合各级各部门全年采、送水样共67(站)次,配合田林县政府开展的河长制各项工作。

(李 彬)

教育工作

【田林县教育局领导】

局长、党组书记、工委书记:

赖国康(壮族,2018年3月离任)

黄启发(壮族,2018年4月任职)

副局长、党组副书记:刘正强

副局长:黄丽芳(女,壮族)

盘 彬(瑶族)

【概况】 2018年,全县有各级各类学校共187所,其中职业中专1所,普通高中1所,初中13所,九年一贯制学校1所,中心校19所,县城小学3所,村完小14所,教学点57个,幼儿园78所(其中私立73所),特殊学校1所(附设在乐里一小，开设一个班，师资由一小教师兼任）。全县在校学生总数49120名，其中小学生21838人，初中生13875人，高中生3521人，职业中专生91人，幼儿园9873人（公立1285人，私立8588人），特殊学生13人。全县共有教职工3512人，小学教职工1388人，初中教职工1075人，高中教职工223人，特教教职工6人。田林县教育局是县人民政府直属的教育行政部门。设有局长1名，副局长3名。内设办公室、工委办、工会、计财股、核算中心、督导室、人事股、绩效办、均衡办、教研室、资助办、项目办、基教股、安稳办、招生办、电教站、审计室、校外活动中心18个股室。全局干部职工103人，实际在编66人，年内退休职工4人。

【学前教育】 田林县共有幼儿园78所，按性质划分，公办5所，民办73所；按地域划分，县城区幼儿园17所，乡镇和村级幼儿园61所；按层次划分，创自治区级示范园1所，市级示范园1所，市二级示范园1所。在园在班幼儿9873人，其中公办园1285人，民办园8588万人，学前三年毛入园率85.86%。

田林县县城第三所全日制公办幼儿园（光明幼儿园）于2018年9月份开园招生。

【九年义务教育】 全县共有义务教育学校107所，其中普通初中13所，九年一贯制学校1所，县直小学3所，乡镇中心校19所，村完小14所，小学教学点57个。2018年秋季学期，全县有义务教育教学班836个，在校学生35713人，其中初中260个教学班13875人，小学576个教学班21838人；全县义务教育阶段公办学校教职工2463人，其中小学阶段1420人，专任教师1303人；初中阶段1043人，专任教师959人。年内，小学阶段适龄儿童入学率为99.74%，初中阶段适龄少年入学率为98.69%，九年义务教育巩固率分别为93.08%。残疾儿童少年入学率为98.85%。小学辍学率为0.00%，辍学率均控制在1%以内，初中辍学率为0.23%，辍学率均控制在3%以内。全县劝返辍学学生280人。

【普通高中教育】 全县只有一所高中。2018年秋季学期，高中教职工223人，其中专任教师195人，专任教师当中，研究生学历12人，本科学历183人，本科以上学历占专任教师总人数的100%；中学高级教师35人，中学一级教师71人，中学二级教师71人，三级教师1人，未定职17人。

学生3521人，其中男生1482人，女生2036人。寄宿学校学生3183人，共有教学班59个。其中，高中一年级20个教学班，学生1244人；高中二年级20个教学班，学生1122人；高中三年级19个教学班，学生1155人。

2018年，上级下达招生任务数1200个，完成一年级招生任务数1252个，招生完成率104.33%，高中阶段毛入学率90.65%。

【职业教育】 田林县有职业技术学校一所，由于田林县义务教育均衡发展布局调整，县城小学迫切需要扩容，县职业技术学校校址于2017年11月改建成田林县第三小学，留下办公楼一栋963平方米，教室2间265平方米，作为县职业技术学校使用，全日制中职学生划转到市直学校就读，在田林县职业技术学校校本部只开展非全日制学历教育教学、短期职业技能培训和全日制送生。教职工41人，其中专业教师33人，经教育厅认定的双师型教师4人，非全日制在校学生711人。

全年中等职业教育市内全日制送生665人，完成任务600人的110.83%，非全日制招生252人，完成任务250人的100.8%。

非全日制学生的教育教学工作和短期职业技能培训工作，在非全日制招生中优先录取建档立卡贫困户家庭人员，录取的252名非全日制学历生中有174名是建档立卡贫困户家庭成员，占录取总人数的69.05%；由扶贫办牵头，开展短期职业技能培训，2018年完成对建档立卡贫困户家庭人员短期技能培训104名，都考取职业资格证书，有效解决贫困户家庭劳动力就业无技能、无技术问题，就业水平得到提升。

【特殊教育】 全县特殊学校1所，专职教师6人，在校学生13人。

【农民工子女教育】 继续实施“以流入地政府管理为主，以全日制公办学校接收为主”、以居住证为主要依据的随迁子女入学政策，将农民工随迁子女义务教育纳入地方教育发展规划和公共教育服务体系。将随迁子女与常住户口居民子女混合编班和统一管理，享受同等待遇。

2018年,全县共接收进城农民工随迁子女就读600人(小学418人,初中182人)。

【义务教育均衡发展】 2018年,全县新建、改建教学楼、宿舍楼71个,总建筑面积13.6万平方米;重新装修87栋教学楼(宿舍楼);投入7489.29万元采购仪器图书装备,确保学校仪器图书配备达标;全年通过公招、双选、特岗招聘等方式招聘教师558人。

2018年,全县小学校舍总面积265284.6平方米,生均校舍12.15平方米;初中校舍总面积184946平方米,生均面积13.33平方米。

2018年9月,田林县义务教育均衡发展工作顺利通过市级验收。

【教育经费】 教育经费总收入53104万元,比上年增加2843万元,增加5.66%。其中:财政拨款收入52279万元,比上年增加2624万元,增加5.28%;预算外资金收入824万元,比上年增加218万元,增加35.97%。农村税费专项转移支付资金收入582.4万元;教育费附加收入537万元。

2018年,田林县教育经费总支出53104万元,比上年增加2843万元,增加5.66%。其中:财政拨款支出52279万元,比上年增加2624万元,增加5.28%;预算外资金支出824万元,比上年增加218万元,增加35.97%。农村税费专项转移支付资金支出582.4万元;教育费附加支537万元。总支出中,人员经费支出28105万元,公用经费支出10965万元,基本建设支出300.6万元。

【教育项目建设】 教育专项资金项目共投资5909万元,其中中央资金3491万元,自治区资金702万元,县级配套资金1716万元。规划土建工程项目31个,新建校舍22304平方米,运动场面积4000平方米,及6个围墙、挡土墙等项目建设。年内完工项目21个,完成项目投资4346万元,完成投资73.5%。

2018年县自筹资金2.82亿元,新建38个校舍项目70163平方米,新建(改扩建)运动场项目41个123700平方米,维修改造45所学校145栋楼。

2018年义教均衡仪器图书装备采购共投入资金7861.23万元,其中县级自筹资金为6411.23万元,投入2822.6万元、采购50所义教学校311套学科教学仪器和器材;投入2096.16万元装备多媒体教室387间,计算机教室5间、255台电脑,为13所学校配备床架3720套,课桌10980套,图书764277册。同时组织30所学校建设齐备的功能室。

【招生考试】 全县参加小学会考人数为5040人。语文均分76.86分,及格率86.63%,优秀率53.37%。数学均分65.74分,及格率63.06%,优秀率39.56%。小考总分180分以上有787人,比去年多145人。

全县参加中考人数3027人,总分获得A+人数162人,比去年增加54人,其中县初级中学144人、田林高中(初中部)6人、潞城中学1人、浪平初中3人、平山中学1人、平塘中学1人、定安中学1人、福达中学1人、那比九年一贯制学校1人。语文A+221人、数学A+167人、英语A+167人、物理A+162人、化学A+233人、政治A+22人、历史A+321人、地理A+197人、生物A+147人。田林县初级中学获城区类学校二等奖;八桂中学、那比九年一贯制获乡(镇)类学校一等奖;浪平中学、平塘中学、平山中学获乡(镇)类学校二等奖;六隆中学、福达中学、潞城中学获乡(镇)类学校三等奖。

全县高中参考人数为992,其中三年前中考成绩为A+等次的学生共5人。参加单招生为194人,实际参加高考人数798人,本科上线人数312,本科上线率为39.1%。其中:一本上线人数为10人,上线率为1.26%;二本上线人数为302人,文科156人,理科146人。

办理自学考试和成人高考报名工作,全年共进行2次自学考试名,受理考生7人,成年高考采取网上报名。共有791到县招生办现场采集相片确认。

【教师队伍建设】 2018年,田林

表6　2018年招聘情况表

类别	公开招考		特岗计划		双选会		定向培养		同工同酬	
	计划招聘	实招人数	计划招聘	实招人数	计划招聘	实招人数	计划招聘	实招人数	计划招聘	实招人数
2018年	266	83	80	80	30	9	42	42	346	344

县共有254名教师申报职称(含副高、中级及初级职称)。组织推荐市级先进集体3个、市级“三优”教师46人,推荐百色市“我最喜爱的老师”2人。组织评选县级“三优”教师175人。组织校长、教师参国培、区培、市培、县本级和校级培训等培训2753人次;完成新招80名特岗教师岗前培训工作;完成乡镇公立幼儿教师岗前培训198人次;完成深圳光明新区交流活动169人次;完成全县教师转岗培训181人次。完成自治区安排的“三区”人才支教、走教计划任务15人,从县城学校选派5名骨干教师到乡下中小学支教;从乡镇学校派69名紧缺专业教师到其他乡镇学校或村小学校走教,退休教师支教2人。

【学校德育工作】 围绕“听从党的话,永远跟党走”为主题的第25届新时代好少年读书教育活动,开展征文比赛、讲故事和演讲比赛活动,加强学生爱国主义教育;组织中学1100人生参加春苗网络知识竞赛活动;评选出田林县“美德少年”100名;评选出4所学校参加百色市首届文明校园评比活动;组织材料参加全市“树良好家风,共筑和谐校园”青少年书画作品活动,共报送作品600幅。

【资助惠民政策】 2018年,发放学前教育免除保教费补助资金251.85万元、义务教育寄宿生生活补助资金2705.48万元、高中国家助学金399.25万元、高中免学费补助237.6万元、高中免学杂费196.24万元、发放中职国家助学金8万元、中职学校免学费补助9.3万元,已完成全年任务。

2018年,有726名大学新生享受入学补助,补助资金共计37.9万元;办理生源地助学贷款2816人,发放贷款金额2061.3万元;对全县92所农村义务教育学校实施营养改善计划,共发放资金1982.4万元,受益学生26198人。

【教学科研】 抓好课题申报及课题结题工作,组织中小学校申报市级教育科学“十三五”规划、2018年度课题共20个,其中中学9个,小学11个;教研室黄帮龙申报区级课题1个。教研员主持研究或参与研究的市级课题结题4个,其中肖明1个,赵姗1个,苏志业2个。

抓好教育教学研究工作,教研员在深入学校指导教学工作的同时,加强对学科开展教育教学研究,撰写研究论文发表在省级以上的刊物共有5篇,其中陆海燕撰写的《农村小学有效课堂教学浅析》7月份发表在国家级刊物《教育教学论坛》;苏志业撰写的《小组合作学习法在初中语文课堂教学中的运用》3月份发表在省级刊物《读写算》,《初中语文课堂提问策略探究》4月份发表在省级刊物《读写算》,《农村初中汉语拼音教学探究》5月份发表在全国首批中文核心期刊《语文教学与研究》,《浅析初中语文传统文化教育——以初中古诗文教学为例》8月份发表在国家级刊物《教育现代化》。

举办全县中小学教师课堂教学比赛,组织开展全县小学语文、数学、英语新教师课堂教学决赛活动。全县有53位老师参加全县课堂教学决赛活动,其中获一等奖21名,二等奖22名,三等奖10名。有近800名老师参加此次决赛的观摩活动。2018年10月17日—31日,在县初级中学举办2018年全县初中语文、数学、英语优质课教学比赛,此次活动共评出一等奖9名,二等奖15名,三等奖24名,优秀组织奖3所学校。有405位老师参加观摩活动。

组织教师参加全市实验课说课比赛活动,2018年5月2日—4日,组织小学科学、初中化学、初中生物、高中物理、高中化学教师选手参加百色市中小学实验教学说课比赛,利周中心校黄慧、县初级中学张义然获一等奖;乐里一小马新革、二小黄春飞、县初级中学姚彩丽、田林高中李彩玉、黄莺获三等奖。

组织教师参加2018年全市小学有效课堂教学比赛活动,田林县的乐里一小曾彩云、罗翠柳,乐里二小李琳美获二等奖。

【电化教育】 为加快全县义教均衡发展教学仪器图书装备采购进程,从2017年11月开始,规划、制定、组织实施采购50所义教均衡必检学校的教学仪器图书装备,共投入资金7593.93万元。2018年12月底教学仪器图书装备完成进校入室上柜工作。

为提高全县教师信息技术应用水平,结合以前的全员信息技术培训和学校新配置的各种信息化教学设备,进行专门指导,使一线教师掌握全新的现代教育技术手段,提高学校的信息技术管理水平和解决应用中出现问题的能力。

配合教研室组织全县教师参加2018年百色市中小学实验教学

说课活动，并取得2个一等奖，5个三等奖的好成绩。11月5日—8日，田林高中5位教师，参加“百色市2018信息技术与学科深度融合优秀课例观摩赛”中，获得1个一等奖和4个三等奖。

配合市电教站推进全市“中国知网”数字教育资源的推广使用；组织6所学校教师参加“机器人竞赛”和“创客竞赛”的培训和参加市里组织的比赛；组织中小学教师参加2018年全国中小学教师信息化教学设计能手大赛（“华渔杯”）；组织中小学教师参加“书香百色”“书香校园·阅读圆梦”系列活动。

【学校安全稳定管理】 田林县紧扣社会发展趋势，全面实施学校安全管理，以“标准建设为目标，以隐患排查为纽带，以考核评价为保障”的建设构想，出台《田林县学校安全管理绩效考核办法》等学校安全管理标准化标准体系的“田林县学校安全管理标准化建设实施细则”。对重要设施、重点部位实现视频监控、消控、报警等全覆盖，做到“有隐患能及时发现，有苗头能及时掌握，有事故能及时处置”。开展全国中小学安全教育日、全国消防安全日、全国防灾减灾日、全国交通安全日、禁毒日等安全教育活动。落实安全课课堂教学和安全教育家校互动工作。制订安全课教学计划，上好每月两节安全课，确保课时、师资、内容的落实。开展学校与家庭、学生与家长安全教育和安全提示互动活动，持续增强学生自我保护、家长安全监护意识，形成学生、学校、家庭共同防范安全事（件）故的合力。针对季节性和节假日特点开展安全教育专题活动，重点加强防溺水、防火灾、防踩踏、防地震、防交通事故、防煤气中毒、防意外伤害、防暴力袭击、防网络诈骗和防范校园欺凌事件等安全教育。

田林县部分学校简介

【田林县高级中学】 田林县高级中学（简称“田林高中”）位于田林县城乐里河畔教育路，校园占地面积64559.99m^2，约96亩。校舍建筑总面积44010.73平方米，教学建筑面积25956.44平方米，学生宿舍使用面积8861.48平方米。2018年在校学生为3521人，有59个教学班级。教职工223人，其中专任教师195人，研究生学历9人，本科学历186人，本科及其以上学历的专任教师所占比例达100%；高级教师35人，一级教师71人，二级教师71人，三级教师1人，未评级17人。年内，学校先后获自治区“文明单位”“中小学德育工作先进集体”“军训先进单位”“文明庭院”“优秀卫生学校”“和谐校园”、百色市“党建示范校”“教育先进集体”“文明校园”等多项荣誉称号。

基础设施设备 田林高中校内完成全部硬化、绿化、美化、亮化，修建相应的教育教学设施，办学条件明显改善。拥有7幢学生公寓楼，1幢综合教学大楼，1栋实验大楼，1栋学生食堂，1个300米塑胶跑道运动场，1个足球场，2个排球场，2个篮球场，1个升旗台，1个室外文艺舞台；有印刷图书156520册，生均印刷图书54.6本，电子图书20万册，图书阅览室1740平方米，语音实验室2个，通用技术教室2间，艺术特长训练专用室11间；专用教室60间，每个教室安装先进的多媒体设备；4间学生电脑室，配置计算机233台，为各学科教师办公室及处室（部门）配置计算机371台；建设完备的校园网，有进出宽带420兆。

资助工作 贫困生资助项目有国家助学金、广西区免学费项目、广西区免杂费项目、天成助学项目、李伟波助学项目、“两特”群体助学项目、深圳市光明新区资助项目等7类项目。所有在校高中生均免交学费；所有建档立卡户贫困生除免交学杂费之外，还享受一等国家助学金；一般家庭困难的学生获得二等国家助学金、天成助学金、李伟波助学金这三项助学金的其中一项。

教学成绩 学校加强师资队伍建设和校风、教风、学风建设，全面推行素质教育，加大教学常规管理，深入开展教研活动，加大课堂教学实效性研究的力度，教学效果显著。2018年高考一本一线人数达10人，创本校高考一本上线人数新高。

【田林县初级中学】 田林县初级中学（简称田林初中）前身为“田林县壮文学校”，创建于1956年8月。2000年，县人民政府将原田林县民族中学、田林县教师进修学校初中部、田林高中初中部整合组建田林县初级中学。2010年，原田林县乐里镇中学并入。2015年4月11日，学校从县城区旧校址整体搬迁到现校址，是田林县唯一一所县直寄宿制初中。

学校占地面积93213平方米。学校有86个教学班，在校学生4778人，其中少数民族学生3388人，占71%；教职工354人，其中专任教师313人，有百色市优秀学科带头人4人，自治区优秀班主任2人，广西优秀学科教师5人。专任教师中本科及以上学历237人，专科学历76人，高级职称25人，中级职称134人。

学校有综合楼1栋、教学楼3栋、图书艺术楼1栋、学生食堂2栋、学生公寓楼4栋、教师公租房8栋，有配置齐全的各种功能室87间，校舍建筑总面积65516平方米，其中教学及教学辅助用房面积22234平方米。有300米环形塑胶跑道、9个篮球场、1个足球场等体育运动场地，体育运动场地总面积为20459平方米。有图书202050册，生均42.3册。

近年来，学校深化改革、求真务实，各项工作均取得优异的成绩，学校教育教学质量逐年稳步提升，每年均获百色市城区学校教育教学质量奖；学校先后获全国国防教育特色示范学校、自治区卫生先进单位、百色市关心下一代先进集体、百色市教育工作先进集体、百色市有效课堂教学先进集体、百色市实施《国家学生体质健康标准》工作先进集体、百色市义务教育常规管理一级示范校等称号。

【田林县职业技术学校】 学校创建于1968年，前身为田林县农业学校、田林县职业高中、田林县中等职业技术学校。2000年，田林县教师进修学校并入该校，实行“一个机构，两块牌子”的管理模式。学校占地面积595亩，其中学校教学区25亩，实习基地570亩。2017年11月，因田林县第三小学建设需要，教学区除留下一栋办公楼963平方米，教室2间265平方米，做为县职业技术学校使用外，其余场地和建筑转给三小有教职工38人，其中中级以上职称31人。学校集学历教育、非全日制成人教育、中小学教师继续教育、短期职业技能培训于一体的多功能学校。

近年来，获广西职业教育先进单位、广西法制宣传工作先进单位、田林县社会治安综合治理目标管理先进单位、全区农业系统“十佳”劳动力转移培训基地、百色市中等职业学校学生专业技能比赛团体二等奖、百色市职业教育先进单位、自治区中等职业学校招生工作先进单位、全区职业教育攻坚进步奖、全区中职招生工作进步奖。

【田林县第一小学】 始建于1911年（宣统三年），其前身是“新明初级小学堂”，民国5年（1916年）增设高小，更名为“凌云县第三小学”，1924年更名为“乐里中心国民基础学校”。新中国成立后更名为“乐里小学”，1978年改称“乐里第一小学”，1993年附设田林县第一所特殊教育学校，2018年正式称为“田林县第一小学”。

学校有57个教学班，在校生2974名。学校占地面积33391平方米，校舍建筑面积11588.4平方米，教学及教学辅助用房建筑总面积10959.4平方米，生均3.69平方米，体育运动场地7890平方米。学校配有电脑室、仪器室、图书室、体育室、少先队活动室、多媒体教室、心理咨询室、文印室等24间功能室，其中仪器装备小学科学174个品种5848件；小学数学66个品种2768件；体育41个品种752件；卫生21个品种154件；音乐17个品种36件；美术24个品种298件；图书95601册，生均32.1册，2018年新增图书892.2册；信息技术装备计算机112台，生机比26.6∶1，配有多媒体教学设备的班级57个班，配备率100%。有教职工157人，教职工与学生比为1∶18.9；其中专任教师148人，具备教师资格148人，本科81人，大专67人，获高级职称3人，已聘3人，获中级职称80人，已聘80人，教师学历达标率100%。自治区特级教师1人，自治区优秀班主任1人，田林县拔尖人才1人，田林县教学名师1人，田林县教学能手3人。

学校先后获自治区文明庭院、卫生先进单位、环境教育先进单位、文明学校、文明单位、德育先进集体、广西小学数学目标管理实验先进单位、贯彻《学校两个条例》先进单位、“爱科学”先进集体；百色市电化教育先进单位、“推标”先进单位、科技教育示范学校、中小学德育工作先进集体、“爱科学月活动”先进集体等60多项称号。

【田林县第二小学】 田林县乐里第二小学座落在县城城区东南部，前身是乐里镇新昌村小学，创办于1966年，1978年更名为乐里第二小学（简称乐里二小），属县直小学。2018年正式称为“田林县第二小学”。

学校有47个教学班，在校学生2600人。教职工121人，其中专任教师106人。专任教师中，具有教师资格99人，其中研究生学历1人，本科学历64人，大专学历41人，学历达标率100%。

校园占地面积8478平方米，生均占地面积3.26平方米；校舍总建筑面积7225平方米，生均建筑面积2.8平方米，其中教学及教学辅助用房4596平方米，生均教学及教学辅助用房1.77平方米。有体育运动场地2692多平方米。配有科学数学仪器室、计算机教室、文印档案室、传达保安室、总务仓库室等5个功能室。数学仪器42种1253件，科学仪器68种2930件，体育运动器材28种178件，卫生器材8种68件，音乐器材9种81件，美术器材10种197件，图书78000册，计算机98台。

教育教学质量一直保持全县同类学校的前列。学校先后被评为县、市、区的"先进学校""先进集体""优秀学校""先进单位""文明单位""文明庭院"。

2018年8月28日，田林县第三小学项目竣工仪式

【田林县第三小学】 田林县第三小学创建于2018年9月，学校占地面积27600平方米(约41.4亩)，建筑面积8498平方米，其中教学及教学辅助用房总面积为4355平方米，生均3.8平方米；体育运动场面积8991平方米，生均7.8平方米。学校配有多功能会议室、录播教室、计算机教室、音乐教室、美术教室、科学实验室、图书阅览室等功能室。学校建有环形跑道运动场、五人制足球场、塑胶篮球场等，校园布局科学，动静分开，环境优美，是育人的理想摇篮。

学校2018年春季学期设有26个教学班，学生1142人，学生最大班额49人；教职工77人，其中专任教师59人，专任教师本科学历30人，占51%，专科学历29人，占49%，学历合格率100%；高级教师3人，一级教师23人，中级以上教师占教职工比为44%。自治区骨干教师5人，市、县干教师各6人。

学校以"让学生享受成长的快乐，让学校充满教育的智慧"为办学目标，遵循"厚德明理，和谐向上"的校训、"求实，求善，求真，求美"的校风，促进教师形成"善导有格，润物无声"的教风，培养学生养成"学与点滴，美在言行"的学风，从个性出发，因材施教，使学生德、智、体、美、劳等全面发展，造就新时代的建设人才，办出特色的学校，办成人民满意的教育！

【田林县第一幼儿园】 田林县第一幼儿园是田林县第一所公立幼儿园，创建于1956年，位于田林县乐里镇河滨路5号。全园占地面积2361平方米，建筑面积1414平方米，有教师35人，教职员共43人，学历达标率100%，专业培训合格率100%。

贯彻党的教育方针，以《幼儿园工作规程》《3~6岁儿童学习发展指南》为指导，全面实施幼儿素质教育；坚持保教结合、保教并重的原则，"以人为本，和谐发展"为办园宗旨；以"用心启迪智慧，用爱润泽心灵"为办园理念；以"立足高品质、力求有特色、力争创一流"为办园目标；以"融壮族民间游戏促进幼儿发展"为办园特色；促进幼儿身心全面、可持续发展。

近年来，先后获得绿色幼儿园、卫生保健合格幼儿园、文明单位、十佳巾帼文明示范岗、百色市语言文字规范化示范校等荣誉称号。被评为百色市示范幼儿园，顺利通过市级示范幼儿园复查评估验收。教师参加自治区、百色市举办教师风采大赛、教育教学论文评比等活动中多次获得一、二、三等奖和优秀奖；部分教师获得市、县优秀教师、优秀教育工作者。组织幼儿参加县级举办的幼儿运动会、文艺会演、科技活动、绘画、手工制作等比赛成绩斐然。

【田林县第二幼儿园】 田林县第二幼儿园创建于2014年元月，占地面积3130平方米，园舍建筑面积2684平方米，园内绿化面积786平方米。现有在园幼儿363人，开设9个教学班，小班3个班，中班3个班，大班3个班。户外活动场地安全、舒适，具备足够的大型玩具。每班集活动室、寝室、储藏室、盥洗室为一体，班班装备：木地板、办公电脑、教学电脑、钢琴、55寸智能触控一体机、饮水机、录音机、消毒柜、空调、标准桌椅、玩具柜、图书柜、足量的玩具和幼儿图书等设施齐全。室内布置美观、宽敞，是孩子们理想的学习活动场所。幼儿园配有11台多媒体设备，有音响、校园广播、监控系统各一套，班级教师全部实现电脑备课，能满足教学活动的需要。2018年，有教职工46人，其中正副园长3人，行政人员6人，专任教师18人，保育员9人，保健医生1人，后勤人员6人，门卫3人。全部达到国家规定专业合格学历，教师大专以上学历占100%，全园有高级教师4人。先后获得自治区卫生先进单位、自治区示范学校食堂、自治区示范幼儿园、田林县巾帼文明示范岗、教育系统安全稳定工作先进集体等荣誉称号。

【田林县光明幼儿园】 田林县光明幼儿园始建于2017年元月，是县城第三所全日制公办幼儿园。总投资1393.56万元，其中中央资金500万元，深圳光明新区资金500万元，田林县整合资金393.58万元。幼儿园占地5151.6平方米，建筑面积5019平方米，户外活动场地面积3630平方米。规划设置21个教学班，2018年9月，开始招生办园。田林县光明幼儿园是一所按照自治区示范幼儿园标准打造的现代化公办幼儿园，多功能室11个，还有丰富的户外活动场地和体育器械；教师均为学前教育专业毕业，班级按示范园标准配备3位专任教师。

根据田林县委、县政府的要求，田林县光明幼儿园专门招收易地扶贫搬迁乐里镇百花寨安置点的贫困户幼儿以及建档立卡贫困户进城务工人员随迁子女。2018年秋季学期，幼儿园按照“随父母在县城扶贫搬迁异地安置点安置的建档立卡贫困户适龄幼儿以及建档立卡贫困户进城务工人员随迁子女”要做到“应纳尽纳”原则，要求就读光明幼儿园的建档立卡贫困户幼儿45名，全部招收入园就读。秋季学期在园就读的建档立卡贫困户幼儿增加到51名，其中百花寨移民安置点的建档立卡贫困户幼儿16名。根据相关政策，这51名幼儿已享受免保教费（每人每年1600元）入学的待遇。

共有教职工61人，其中在职在编9人，同工同酬合同制教师28人，财政供养学校安全协管员3人，自聘教职工9人。专任教师45人，男教师4人，平均年龄30岁。大学本科学历11人，大学专科学历33人。

2018年有15个教学班（小班10个班、中班3个班、大班2个班），470名幼儿。 （王立贞）

卫生·计生

卫　生

【田林县卫生和计划生育局领导】

局长兼党组书记、工委书记:周国标

副局长:张明泽(壮族)

黄　梅(女,壮族)

岑秀忠(壮族)

工委副书记:陆忠诚(瑶族)

县爱卫办专职副主任:

黄思颖(女,壮族)

【概况】 田林县卫计局是主管全县医疗卫生的人民政府工作部门,属财政全额拨款行政部门,设编制20名,其中局长1名、副局长3名、工委副书记1名、县爱国卫生运动委员会办公室专职副主任(副科长级)1名,在职在编22人。全县在岗工作人员总数1550人,其中卫生专业技术人员1110人;在职在编工作人员613人,编外聘用人员937人(含控制数)。根据田林县卫生和计划生育职责,内设机构共7个股室,分办公室、规划信息与人事宣教科技股、法制督查与监察室、医政股、疾控妇幼股、计划生育综合股、县爱国卫生运动委员会办公室。负责起草卫生和计划生育、中医药民族医药事业发展的地方性法规和规章草案,拟定全县卫生和计划生育规划和政策措施,制订地方标准和技术规范。配合推进全县医药卫生体制改革,负责统筹规划全县卫生和计划生育服务资源配置,负责区域卫生和计划生育规划的编制和实施;负责制订全县疾病预防控制规划、免疫规划、严重危害人民健康的公共卫生问题的干预措施并组织落实等卫生计生工作。

【卫生行政】 辖公立医疗卫生机构175个,其中县直医疗卫生单位5个,分别为县人民医院、县妇幼保健院、县中医院、县疾病预防控制中心和县卫生监督所,中心卫生院4个,普通乡镇卫生院16个,村卫生室150个。县乡两级实际开放病床1025张,每千人拥有病床3.82张。全县共有乡村医生158人,有医学专业学历109人(本科学历1人,大专学历7人,中专学历101人),无学历49人,具有执业医师资格村医1名,具有执业助理医师资格5名,具有乡村医生资格152名。实施标准化建设项目,县直医疗卫生单位均按等级类别标准设置科室,20家乡镇卫生院标准化建设达标,150个村卫生室按标准化村卫生室设置。

【医疗保障制度】

落实五项制度建设—预约诊疗服务 县级3家公立医院开展电话预约、网络预约、微信预约、医联体内基层机构预约、院住院床位预约等多种方式的预约诊疗服务,并实行分时预约服务,对预约转诊患者实行优先就诊、优先检查、优先住院,引导基层首诊、双向转诊。县人民医院产科、妇科门诊预约患者分时段就诊率达51.2%,口腔科门诊预约患者分时段就诊率达预约率30.5%;儿科门诊预约患者分时段就诊率达预约率35.3%,内、外、中医、皮肤、五官科门诊预约患者分时段就诊率达预约率26.6%。

落实五项制度建设—远程医疗服务与智慧医院建设 年内县人民医院建成“县县通”远程会诊系统,实现与百色市人民医院、暨南大学附属第一医院、右江民族医学院附属医院远程会诊,提供包括远程会诊、远程影像、远程查房、远程培训等业务。内一科的心电遥测监护系统可进行远程心电及远程呼吸睡眠监测、监护。推动构建“互联网+健康医疗”服务新模式。以电子病历为核心,加强医院信息化建设,利用网络、微信、APP等信息化方式提供诊疗信息、费用结算、信息查询、检查检验结果打印、信息推送等服务，逐步实现患者“便捷、安全、有效、明白”就医的目标。

落实五项制度建设—实施临床路径管理 县医院和县中医医院开展临床路径管理工作，年内实施临床路径公立病种28种，临床路径管理病例1267例，入组率91.2%，完成率60.3%，全年开展临床路径病例数占出院总病例数的6.69%，同时将药学服务、检查、检验服务等纳入临床路径管理，实现临床路径“医、护、患”一体化。

落实五项制度建设—落实检查检验结果互认制度 在医学检验、医学影像、病理等实行同级别医疗机构内检查检验结果互认。县人民医院制订田林县人民医院临床检查结果互认制度并落实。

落实五项制度建设—开展“志愿服务在医院”活动 县级3家医院均设立医务社工岗位，有志愿者29人，负责协助开展医患沟通，提供诊疗、生活、援助等患者支持服务，未配备专职医务社工。

【卫生经费】 2018年，卫生计生经费主要来源有中央和自治区专项财政补助资金以及县财政经费共计16508.11万元。其中：卫生基建经费共计1477.45万元，分别用于潞城、利周、八渡、板桃、定安、高龙、者苗、六隆、百乐、龙车、平山卫生院业务楼及县疾控中心综合实验楼等建设；公共卫生服务补助经费共1366.94万元，其中基本公共卫生服务、重大公共卫生服务项目，公共卫生服务补助经费1310.31万元，中医药壮瑶医能力建设及疾病应急救助补助56.63万元；医改补助经费535.74万元，用于实施公立医院改革及国家基本药物补助项目；乡镇卫生院能力建设经费660万元，用于部分乡镇卫生院标准化建设设备采购；公立医院补助3213.34万元，用于人员工资、养老金补助、公积金补助及其他支出；疾病预防机构支出588.42万元，用于疾病预防机构各项支出；卫生监督机构补助252.49万元；妇幼保健机构补助1297.43万元，用于妇幼机构人员资、妇幼专项；医疗补助支出729.6万元；健康扶贫补助支出382.2万元；年内，县财政投入的其他卫生计生经费4637.56万元，用于艾滋病防治县级配套资金、乡村医生养老生活补助及卫生计生奖励扶助等工作。

【医疗服务】

医疗服务质量 2018年，全年总诊疗人数57.11万人次，门急诊人次数52.24万人次，急诊病死率0.02%，入院人数47252人次，出院人数48659人次，出院病人病死率0.04316%，病床使用率86.52%，医师人均每日担负诊疗5.16人次，门诊医疗总收入4056.97万元，住院医疗总收入9101.96万元。完成住院病人手2581术例，其中三、四级手术1329例，三、四级手术占比为51.5%。

学科建设和开展新技术、新项目 县人民医院开展腹腔镜下输尿管上段结石切开取石术、腹腔镜下行肾盂切开取石术、阴茎癌根治术、经皮肾镜碎石取石术、经尿道前列腺剜除术、复杂输尿管镜技术、腹腔镜下胆囊切除术，腹腔镜下小儿疝高位结扎术，腹腔镜下成人疝修补术，骨髓炎灌洗术，腹腔镜下全子宫切除术、脑室腹腔引流术、无痛人流术等新项目、新技术13项，其中腹腔镜下儿童疝修补术、腹膜外腹腔镜下成人疝修补术、腹腔镜下胆囊切除术、胃癌根治术、多发性肋骨骨折切开复位内固定术、手外伤皮肤软组织缺损带蒂皮瓣移植术均为田林县首例治疗，填补田林县在多技术领域的空白。

便民惠民服务 优化医院门急诊环境和流程。县人民医院实施医院信息化电子病历、电子处方和电子叫号系统，简化门急诊和入出院服务流程，缩短等候时间。各种医疗检查，做到大型设备检查项目当天出具报告，检验、心电图、普通影像、超声常规检查项目随到随做，及时提供诊断报告；为解决群众看病难问题，开展全天候诊服务，保障双休日和节假日病人就诊。各医疗机构均设置科室分布示意图、楼层科室标识系统、医护人员及服务内容简介等服务信息，方便患者就诊。危险、易燃、易爆、有毒有害物品和放射源等，设置有醒目的安全警示。保持就诊区域环境卫生整洁、安全、舒适。开展控烟工作，设有明显禁烟标志，县人民医院设立室外吸烟区。各医疗机构均为患者提供饮水、应急电话、纸、笔等便民设施。县人民医院普通门诊内、外、中医科安排具有副主任医师专业技术职务任职资格的专家坐诊。合理安排检验检查设备和人力资源，缩短检查等候时间和出具检查报告时间。县120做好急诊与院前急救的医疗信息共享与医疗服务衔接，不推诿、拒诊急诊患者。根据急诊需求变化规律，合理调配急诊力量，在急诊量大的季节合理配备急诊力量和班次。落实疾病应急救助制度,对于需要紧急救治,但无法查明身份或身份明确无力缴费的患者给予及时救治。实行急诊患者按病情轻重分级分类处置,对急性心脑血管疾病、严重创伤、急危重孕产妇、急危重老年患者、急危重儿科患者,开通绿色通道,先救治、后缴费。发挥信息技术优势,改善患者就医体验,县人民医院启用自助查询系统,利用数据信息库为患者提供诊疗信息、费用结算、信息查询等服务。2018年,门诊患者满意度为94.14%,住院患者满意度为91.25%,出院患者满意度为90.4%。

中医民族医 继续推动以县中医医院为优势龙头、乡镇卫生院为枢纽、村卫生室为服务网底的中医药健康服务体系能力建设,推进公立中医医院综合改革,落实差异化政策措施。加强中医医院壮瑶医重点专科建设,制订3个瑶医科优势病种诊疗方案和开展5个中医护理技术项目,推广使用10项壮瑶医适宜技术,开展针灸(针刺、艾灸、穴位注射、埋线、电针、火针)、推拿、点穴、理疗、牵引、火罐(推罐、定罐、闪罐、刺络拔罐)、中药熏蒸、中药烫疗、火疗、药罐疗法、手法正骨、刮痧等民族医技术。继续加强20个乡镇卫生院中医民族医科建设,将中医健康服务纳入公共卫生服务项目提供中医药健康管理,年内扩大65岁以上老人和0~3岁儿童中医药健康管理目标人群覆盖率,开展基本公共卫生中医药服务培训,实施监测数据月报制度,65岁以上老人和0~3岁儿童中医药健康管理目标人群覆盖率分别达48%、56%。实施中医中药中国行项目,项目资金投入10万元,利用项目举办乡、村医生中医适宜技术培训班2期,参加培训人员186人次;开展“中医药服务下基层”活动,组织人员深入乡村开展24场次中医药适宜技术推广义诊活动。2018年,自治区下达田林县中医馆建设项目2个,每个项目资金20万元,项目实施单位为旧州中心卫生院及龙车卫生院,项目年内竣工投入使用。

遴选1名基层老中医药专家为指导老师,选派1名继承人员参加2018年县级中医临床技术传承骨干培训,作为县级临床技术骨干培养对象,培训时间从2018年1月—12月,分为强化理论培训、临床跟师学习和考核总结三个阶段。

田林县中医医院壮瑶医科是自治区重点专科,在坚持发挥中医治未病的优势方面,遵循“未病先防,既病防复”的未病治疗原则,以中医阴阳五行理论为施治基础,针对不同人群,不同体质进行辨证施治,设有普通针刺、穴位贴敷、梅花针、拔罐、耳压、刺血疗法、头疗、穴位注射、中风康复以及各种疗法等,2018年,收治住院病人920人次,门诊病人3765人次,总收入达402.3万元,其中中医项目治疗费195.84万元,占总收入的48.7%,收入较上一年同期增幅25%。

2018年,自治区补助中医药民族医药十大工程补助田林县中医医院专项资金10万元。由田林县中医医院承办的“2018年田林县中医药民族医药适宜技术培训”班于2018年11月14日—15日在田林县城举行,邀请广西国际壮医院明秀分院专家授课,全县共有174名卫生院骨干及村医参与培训,为乡镇卫生院发展和医护人员能力素质提升注入生机活力。

开展中医义诊服务 2018年,田林县中医医院开展“弘扬中医国粹,服务百姓,首诊看中医”到全县各乡镇巡回义诊30余次,服务群众上万人,发放6500多张张宣传单页。2018年1月5日到者苗乡八亨村开展“精准扶贫在行动、送医送药暖人心”健康义诊活动,将义诊与精准扶贫相结合,免费八亨村100多名村民进行健康检查,发放各类健康手册、宣传资料、药品、生活用品200余份。

护理 县卫计局贯彻落实《全国护理事业发展规划(2016—2020年)》,组织开展优质护理服务评价,加强护士队伍建设,年内护理岗位人员521人,其中执业护士422人,临床护理岗位护士占95.1%,普通病房实际床护比1∶0.42,新生儿监护病房护患比为1∶1.5~1.8。年内开展护理知识培训6期次,参加培训人员361人次,参加市级护理技能比武1期次,获优胜奖2人。县人民医院在病区开展优质护理服务的基础上,门急诊、手术室等也开展优质护理服务,开展优护病区、病房覆盖率达100%。实施“以病人为中心”的责任制整体护理,定期开展工休会,听取患者及其家属多方的意见和建议。开展出院病人的延伸服务,1—12月病区完成出院病人电话回访率达92.6%,护理满意度测评平均满意度为91.1%。

【医政管理】

推进分级诊疗制度建设—优化医疗资源配置 依据县人民政府印发的《田林县医疗卫生服务体

系规划(2016—2020)》精神,做好全县医疗卫生资源配置,促进社会办医有序发展,优化社会办医政策环境,鼓励社会办医,在医保定点医院、学术地位、职称晋升、职业技能鉴定、专业技术和职业技能培训等方面与公立医院享有同等待遇。2018年,新设置民营医疗机构4个,全县社会办医疗机构31个,占全县医疗卫生机构13.4%,其中医院2家,开设床位50张,占全县总床位数3.9%。将符合条件的民营医疗机构纳入医保定点机构,田林博康医院以精神科为重点科室,市卫计委明确博康医院作为田林县精神卫生指导机构,承担田林县精神卫生业务指导和重性精神病患者收治康复工作,已纳入城乡居民医疗保险定点机构,年内收治精神病住院患者138人。

推进分级诊疗制度建设—医联体建设 按照《田林县加快推进县域医疗共同体建设和发展实施方案(试行)》推动县域医共体建设,明确以县人民医院牵头,会同县中医医院、县妇幼保健院、乡镇卫生院、村卫生室组建县域医疗共同体。截至2018年12月,参与县域医共体建设的乡镇卫生院有乐里、者苗、浪平、利周、八桂、弄瓦、洞弄、平山、平塘、福达10个乡镇卫生院,参与率50%,其中乐里、利周等2个卫生院为紧密型医共体,其余为松散型医共体,试点单位已增挂县人民医院分院牌子并签订协议书。继续推进三级、二级医院医疗联合体建设,参与组建三二医联体的三级医疗机构为百色市人民医院,参与组建医联体的县级医疗机构数2家,分别为县人民医院和县中医医院。百色市人民医院共派出4批、8人次驻县人民医院开展业务指导和重点科室建设,县人民医院派出6人次到市医院进修学习,县医院开展新技术数5项,增加新诊疗科目数2项开展三四级手术占比43.9%。百色市人民医院与县人民医院通过“县县通”项目建设建成远程医疗服务平台。2018年9月11日,百色市人民医院与县中医医院签订医联体协议书,市医院派出2名人员分别进驻脾胃科和壮瑶医科指导,县中医医院派出4人(急诊1人、超声1人、急诊护理1人、壮瑶医科护理1人)到市人民医院进行学习。

推进分级诊疗制度建设—分级诊疗制度运行 按照《田林县推进分级诊疗工作实施方案》,落实县、乡、村三级医疗卫生服务体系不同层级医疗机构诊疗服务功能定位,规范转诊程序和工作流程,实行医疗资源共享,落实同级医疗机构间医学检查、影像检查结果互认制度,加强分级诊疗转诊接诊管理,实施分级诊疗医保差异化支付,对不按分级诊疗审批程序就诊的,基本医疗保险报销比例降低10%。持续开展县级医疗卫生机构对口支援乡镇卫生院,具体安排为:定安中心卫生院由百色市妇幼保健院对口支援,县人民医院对口支援八渡瑶族乡卫生院,县疾控中心对口支援六隆镇洞弄卫生院,县中医医院对口支援平塘乡卫生院,县妇幼保健院对口支援潞城瑶族乡板桃卫生院,县卫生监督所对口支援田林县百乐乡龙车卫生院。通过对口支援,促进优质医疗资源下沉,提高基层服务能力,逐步形成基层首诊、双向转诊、急慢分治、上下联动的分级诊疗模式,促进田林县分级诊疗制度进一步落实完善,至2018年12月,医共体内双向转诊人数为512人次,县域内就诊率93.86%,较上年同期增加1.28%,医共体内基层医疗卫生机构门急诊人次较上年同期提高1.33%。

医疗服务行业监管 县卫计局深化落实“放管服”改革,全县所有医疗机构、医师、护士全面实施电子化注册管理。落实医院评审办法和标准。做好医疗机构设置审批,严格医疗机构命名,完善诊疗科目、执业范围和科室建设。引导社会办医疗机构差异化发展,与公立医疗机构形成优势互补。年内依法审批医疗机构设置登记审批4个,完成医疗机构年度校验224个,开展医疗机构不良执业行为记分管理,依法做好医师资格准入工作,完成医师执业注册67人次,做好2018年医师资格考试报名、考务工作,规范医师多点执业管理。做好2018年医师定期考核管理。加强临床药品和医疗器械临床安全使用管理,做好医疗安全事件的监测与报告工作。全面加强医院感染控制工作,切实加强手术室、重症监护室、供应室、血透室、产房、新生儿病房和口腔科、感染性疾病科、医疗废物暂存室等重点科室、重点部门和重点环节管理。规范医院垃圾分类管理,年内与医疗废物集中处置机构签订医疗废物处置协议49个。认真贯彻落实《献血法》,加强无偿献血宣传教育,提升人民群众无偿献血知晓率和参与度,加强临床用血管理,开展临床用血安全的评价。

重大传染病和突发公共卫生事件的医疗救治 重点加强感染性疾病门诊、发热门诊和定点医院建设,加强对呼吸道、肠道传染病等医疗救治能力培训,提高季节性传染病和重大传染病医疗救治水平。加强对交通事故、安全事件等突发公共卫生事件的医疗救治工作,做好信息报送工作。年内开展培训4期次,参加培训人员246人次。

开展“平安医院”创建 开展严厉惩治涉医违法犯罪专项行动,保持对涉医违法犯罪行为严厉惩治的高压态势,着力维护医疗正常秩序,保障医患双方人身安全。进一步完善医疗机构安全防范系统,推进县级综合医院警务室建设,提高涉医突发事件应急处置能力。深入推进医患纠纷人民调解体制机制创新,不断提升调解水平和工作效率;继续推进以医疗责任保险为主体,医疗意外险为补充的医疗风险分担机制建设,二级及以上医疗机构及乡镇卫生院医疗责任保险参保率达到100%。年内医疗纠纷人民调解4例,调解成功4例。

【药政管理】 公立医疗机构全面实施国家基本药物制度,实行“零差率”销售。落实《国务院办公厅关于完善公立医院药品集中采购工作的指导意见》和自治区对县级公立医院药品集中采购工作的要求,统一在自治区药械集中采购平台实行“阳光”采购。实施新一轮药品集中采购管理工作,制订县级公立医院药品集中采购目录和乡镇卫生院药品集中采购目录,完成采购目录品种议价工作。县级公立医院优先配备和使用基本药物(含国家基本药物和广西增补的非目录药物)。全县纳入药械集中采购的医疗卫生单位182个,包括县级3家公立医院、县疾控中心、乡镇卫生院20家和158个村卫生室。根据自治区、市药械采购管理要求,明确每家县级公立医院药品配送企业6家,乡镇卫生院药品配送企业2家,县人民医院配送企业为:国药控股百色有限公司、广西百色柳药药业有限公司、田林县医药公司、广西太华医药有限责任公司、广西桂康医药有限责任公司、南宁华御堂医药有限责任公司;县中医医院配送企业为:田林县医药公司、百色柳药药业、广西桂康医药有限责任公司、广西玉林民众医药有限公司、广西梧州市杰迅医药有限公司、华润广西医药有限公司;妇保院配送企业为:广西绿城医药有限公司、广西太华医药有限责任公司、南宁华御堂医药有限责任公司、田林县医药公司;全县基层医疗机构配送企业数控制在2家,分别为:百色桂康医药公司、田林医药公司。按要求按照百色市“两票制”实施试点工作要求,全县3家县级公立医院、20个乡镇卫生院药品采购中均已推行“两票制”。

【卫生基础设施建设】

村卫生室标准化建设 全县165个村,有15个行政村为乡镇卫生院所在地不再设置村卫生室,全县共建有150个村卫生室,153名村医,全部持有乡村医生执业证书。其中纳入一体化管理的村卫生室132个,同步实施国家基本药物制度及新农合门诊统筹工作的村卫生室132个。2018年,根据田林县村卫生室标准化建设脱贫攻坚三年行动(2018—2020年)计划,需要完成11个村卫生室的新建和27个村卫生室的修缮工作,购买部分医疗设备和信息化办公设备充实到村卫生室。截至12月底,新建村卫生室4个,修缮10个已全部完工。

卫生基础设施建设新开工项目 2017年,自治区财政专项投资基层医疗卫生机构能力提升项目:定安镇中心卫生院门诊综合楼总投资375万元,建筑面积1628.98平方米,2018年3月开工,至年底,项目装修施工,预计2019年5月底竣工并投入使用;六隆镇卫生院门诊综合楼总投资375万元,建筑面积1531.63平方米,2018年3月开工,至年底,项目装修施工,预计2019年5月底竣工并投入使用;浪平镇平山卫生院门诊综合楼总投资275万元,建筑面积1128.46平方米,2018年3月开工,至年底,项目装修施工,预计2019年5月底竣工并投入使用。

2018年,自治区财政专项投资基层医疗卫生机构能力提升项目:浪平镇中心卫生院门诊综合楼总投资325万元,建筑面积1418.85平方米,2018年12月开工,预计2019年10月底竣工并投入使用;八桂瑶族乡卫生院门诊综合楼总投资375万元,建筑面积1584.46平方米,2018年12月开工,预计2019年10月底竣工并投入使用;平塘乡卫生院门诊综合楼总投资325万元,建筑面积1418.85平方米,2018年12月开工,预计2019年11月底竣工并投入使用;六隆镇洞弄卫生院门诊综合楼总投资375万元,建筑面积1541.66平方米,2018年12月开工,预计2019年11月底竣工并投入使用。

卫生基础设施建设完工项目 2017年,自治区成立60周年大庆中央预算内投资项目：潞城瑶族乡中心卫生院门诊综合楼总投资250万元，建筑面积1070.89平方米，2018年6月底竣工并投入使用；利周瑶族乡卫生院门诊综合楼总投资175万元，建筑面积738.94平方米，2018年9月底竣工并投入使用；潞城瑶族乡板桃卫生院门诊综合楼总投资275万元，建筑面积1150.22平方米，2018年12月底竣工并投入使用；八渡瑶族乡卫生院门诊综合楼总投资350万元，建筑面积1531.63平方米，2018年12月底竣工并投入使用。

2017年，自治区财政专项投资基础医疗卫生机构能力提升项目：百乐乡卫生院门诊综合楼总投资162.5万元，建筑面积668.33平方米，2018年11月底竣工并投入使用。

那比、高龙、百乐、八渡和浪平5个乡镇卫生院设备采购项目总投资660万元，分别给以上卫生院采购DR、彩色B超、全自动生化分析仪和全自动血球计数仪等设备一套，至2018年12月，完成采购集安装并投入使用。

卫生基础设施建设续建项目 2017年，自治区财政专项投资基础医疗卫生机构能力提升项目：百乐乡龙车卫生院门诊综合楼总投资175万元，建筑面积712.56平方米，项目于2017年12月开工，预计2019年1底竣工并投入使用；者苗乡卫生院门诊综合楼总投资187.5万元，建筑面积759.92平方米，项目于2017年12月开工，预计2019年6底竣工并投入使用；高龙乡卫生院门诊综合楼总投资175万元，建筑面积741.9平方米，项目于2017年12月开工，预计2019年6底竣工并投入使用；深圳帮扶田林县八渡瑶族乡卫生院建设项目，项目总投资560万元，建公共卫生服务和功能楼建筑面积2320平方米，至年底，项目主体施工，预计2019年10月底全部竣工并投入使用。

公共卫生基础设施建设预备项目 田林县人民医院医技综合大楼建设项目申请总投资7473万元，建筑面积14172平方米，年内完成立项批复、施工图设计及预算等前期工作，预计2019年6月开工。

【疾病预防控制】

传染病和地方病防治 根据全县14个乡(镇)上报疫情年报表统计，2018年1月1日零时至2018年12月31日24时全县共收到法定染病报告卡2271张、报告病种13种，与2017年同期报告病例数下降17.92%；报告死亡5例，比2017年上升66.67%；无甲类传染病；乙类传染病：报告7种757张，比2017年下降8.13%，死亡4例(艾滋病)，与2017年同期上升33.3%；丙类传染病：报告病例6种1460例、死亡1例，与2017年同期下降22.22%，报告的乙、丙类传染病发病排在前五位：手足口病、其他性感染性腹泻、肺结核、病毒性肝炎、淋病分别占病例报告的38.61%，22.55%，14.75%，14.66%，2.17%。

2018年5月28日至6月1日采集乐里镇、潞城瑶族乡、八渡瑶族乡、利周瑶族乡、八桂瑶族乡5个乡镇、20个行政村居民302份食用盐进行监测，合格295份，合格率为97.7%，不合格7份，不合格率为2.3%，未发现甲状腺肿大病例。

计划免疫 2018年，完成每月一次的冷链运转，出生儿童建卡2919人，出生上卡率为：11.22‰。一类疫苗单苗接种率均达90%以上，含麻类达95%以上，乙肝首针及时接种2146人，接种率为88.49%。

15岁以下儿童乙肝发病2例，发病率0.76/10万，甲肝0例，腮腺炎20例，发病率7.62/10万。其他免疫规划针对疾病监测无病例报告。

儿童疫苗针对疾病报告乙肝1例，结核病2例，腮腺炎20例。

结核病防治 2018年，非结防机构网络报告本辖区疑似肺结核患者749例，转诊749例，总体到位738，总体到位率98.6%；新发结核病306例，治疗管理306例，管理率100%，县医院治病活动性肺结核病人77例，新涂阳70例，涂阳病人治愈90.3%，对纳入系统管理的病人均已免费提供抗结核药品，并实行全程督导；以“3·24”世界防治结核病日为契机，县直医疗单位开展大型宣传一系列活动，走向街头、集市向群众发放宣传资料1千多份，发动宣传车1辆，悬挂横幅3条。全县20个乡镇卫生院和部分村卫生所按照活动要求，进入村屯、学校等人口集聚地开展宣传活动，累计发放结核病宣传资料1万多份，制作横幅20条，现场解答结核病疑问1000多人次。

鼠疫监测 选与隆林县交界的旧州镇为固定监测点，与西林县和云南省文山州相交界的高龙乡、流动人口频繁的乐里镇为流动监测点进行布笼监测。全年共在室内布笼1350个笼次,捕获鼠88只,鼠密度检测结果为6.52%;取鼠血清76份进行鼠疫间接血凝实验,结果全为阴性。

寄生虫病防治 2018年,全县进行"三热病人"血检441人次,血检率1.66%,未检出疟原虫阳性病人;复检乡镇卫生院100张,合格100%。结果无阳性,开展1期防治技术培训,培训人数43人。

手足口病防控 2018年,全县共报告手足口病856例,比去年同期下降25.81%,无重症死亡病例。

艾滋病防治工作 全县落实防艾经费102.13万元。2018年,发现报告36例感染者和病人,死亡3例。至年底,全县艾滋病感染者和病人共存活158位,历年累计死亡38人。性、毒品传播艾滋病阻断工作:全县共开展惩治卖淫嫖娼、吸毒贩毒专项行动7次,抓获25名吸毒人员并进行艾滋病检测。感染者和病人管理:年内共随访和CD4检测114人,配偶和性伴侣监测检测33人。抗病毒治疗:县人民医院抗病毒治疗点共收治85名感染者和病人,降低体内病毒量,提高生存质量,延长寿命。艾滋病社会救助:全县共对符合救助的139名成人感染者和病人发放低保金33.44万元。对6名儿童感染者发放基本生活费4.68万元。

【突发公共卫生事件】 落实突发公共卫生事件的监测与报告工作,配备二十余台直报专用电脑和网络设备,建成以县疾控中心为龙头、县乡医疗单位为依托、覆盖全县的传染病监测报告网络;设立应急值班电话,实行24小时值班;建立应急上报与响应制度,所有应急处理领导小组,专业小组成员,必须保持24小时通信畅通。

县乡医疗单位均设立发热门诊、肠道门诊,各医疗卫生单位门诊医务人员对就诊病人进行门诊登记和可疑病人筛查,确保发现各种突发公共卫生事件都能及时上报;及时调整突发公共卫生事件应急处置机动队,设立医疗救援组、疾病控制组、卫生监督组,分工负责相应的应急工作。在县疾控中心建立应急物资库,贮备消毒液、漂白精粉、漂白精片、喷雾器、应急包、红外线测温仪、B级防护服、N95口罩等应急物资。

2018年4月至5月各报1起儿童水豆聚集性疫情,在各相关单位调查处置下,2举疫情均得到有效控制,无重症及死亡病例,无疫情扩散蔓延。

【妇幼卫生保健】

孕产期保健服务和儿童保健服务项目 2018年,田林县活产数2855人,产妇人数2850人,住院分娩活产数2850人,住院分娩率为99.82%;产后访视人数2795人,产后访视率98.07%;孕产妇系统管理人数2736人,孕产妇系统管理率96.00%;孕产妇死亡0人,孕产妇死亡率为0;新生儿破伤风发生0人,新生儿破伤风发生率为0‰;新生儿死亡10人,死亡率3.50‰,婴儿死亡16人,死亡率5.60‰;5岁以下儿童死亡21人,死亡率7.36‰,全县各机构围产儿数2886人,出生缺陷人数37人,出生缺陷率1.28%。

免费婚前医学检查和孕前优生健康检查项目 2018年,婚姻登记1444对,婚检1419对,婚检率达98.26%;孕前优生健康检查628对,目标任务数为600对,任务完成率为104.67%,《桂妇儿健康服务信息管理系统》录入率100%。

产前筛查和新生儿疾病筛查项目 年内,应产筛产妇2258人,产前筛查2015例,产前筛查率89.24%;2018年1月至12月活产数2855人,新生儿疾病筛查2769人,新生儿疾病筛查率96.99%;1月至12月活产2855人,新生儿听力筛查2743人,新生儿听力筛查率为96.08%。

增补叶酸预防神经管缺陷项目 2018年,新增应服用人数2675人,新增服用人数2535人,叶酸使用率达94.77%,《桂妇儿健康服务信息管理系统》录入率100%。

预防艾滋病、梅毒和乙肝母婴传播项目 2018年,婚前保健中,接受婚前保健人数2838人,接受HIV咨询及抗体检测2838人,检测率100%,HIV检测阳性3人。

住院分娩产妇数及非住院分娩产妇数2404人,接受艾滋病抗体检测2404人,检测率达100%;HIV阳性产妇1例,阳性产妇所生婴儿1例,产妇用药率0%,婴儿用药率100%,婴儿早期诊断1例,早期诊断率100%,婴儿早期诊断阳性1例;已满18个月婴儿1人,HIV感染产妇所娩儿童18月龄HIV检测1人,检测率为100%。

梅毒检测人数2850人,检测率100%,梅毒阳性产妇5人,梅毒感染孕产妇接受规范诊疗服务4人,梅毒感染孕产妇接受规范诊疗服务比例为80%;梅毒阳性产妇所生婴儿5人,梅毒感染孕产妇所生儿童接受规范诊疗服务3人,梅毒感染孕产妇所生儿童接受规范诊疗服务比例为60%。

乙肝表面抗原检测人数2850人,乙肝表面抗原检测率100%,乙肝表面抗原阳性产妇数146人,乙肝表面抗原阳性产妇所生活产数146人,注射乙肝免疫球蛋白的儿童146人,乙肝免疫球蛋白质注射率100%。

地中海贫血防控项目 对地中海贫血筛查双阳夫妇进行地贫基因诊断补助;对需要进行产前诊断的地贫同型夫妇进行产前诊断补助。建卡孕妇数2683人,地贫筛查2645人,地中海贫血筛查率为98.58%,阳性孕妇730人,阳性孕妇的丈夫地贫筛查数为676人,地贫初筛阳性孕妇的丈夫筛查率为92.60%;地贫初筛双阳对数298对,基因诊断269对,地贫双阳夫妇基因诊断率为90.27%,基因诊断补助率100%;地贫基因诊断双方基因同型数74对,其中需要进行产前诊断夫妇数为74对,实际产前诊断数为71例,产前诊断率为95.94%,产前诊断补助率为100%;诊断地贫中重型胎儿7例,医学干预7例,干预率达100%。

农村妇女"两癌"筛查项目 2018年,任务数各为5800人,乳腺癌项目完成6510人,完成率为112.24%;宫颈癌项目完成率为6060人,完成率为104.48%。

贫困地区儿童营养改善项目 根据自治区《关于做好2018年贫困地区儿童营养改善项目工作的通知》,全县于2018年5月与中标厂家签订《采购合同书》,做好相关前期工作,如营养包储存库房、6~23个月儿童发放对象的摸底建册、宣传等。2018年,全县免费发放儿童营养包人数为5063人,共发放6087盒。

出生医学证明管理 2018年,使用发放《生医学证明》软件发放证明的机构2家,分别为县医院、县妇幼保健院,2018年,全县出生人数2855人,共发放出生医学证明2648(包括机构外发放5本)本,当年出生发放2126本,历年出生发放491本,换发2本,补发24本,废证4本,废证率0.15%。

托幼机构管理 继续加强对托幼机构的卫生保健管理,提高托幼机构的卫生保健质量。主动与教育部门协调,加强托幼机构的卫生保健管理,对保教人员和幼儿进行健康检查,为托幼机构开展创建合格单位评审打好基础。

【卫生监督执法】

卫生许可 2018年,全县受理各项卫生行政审批事项116件次,按时办结116件次,准于许可116件,按时办结率100%,服务对象评议率100%,服务窗口群众满意度100%。

打击非法行医专项行动 贯彻落实国家卫计委整顿医疗秩序严厉惩治非法行医专项行动工作部署,组织执法力量开展辖区惩治非法行医整治活动,在专项整治中成立田林县惩治非法行医专项行动领导小组,实行卫计、公安、工商、食药监等部门联合执法;建立巡回督查机制,严厉查处非法行医行为,逐步规范医疗服务市场秩序;全县共出动行政执法人员124人次,执法车辆36辆次开展专项检查行动。检查医疗机构、药店54家,对12家医疗机构下达整改意见书。查处"两非"案件1件,孕情消失案例14例,罚款人民币一万元。

生活饮用水监督 重点加强城乡集中式供水和学校供水的日常卫生监督管理,派出卫生监督员深入县水厂、乡镇供水站、学校进行卫生安全隐患排查和督促整改,指导被监督单位完善卫生管理制度,健全饮水卫生设施。开展2018年,生活饮用水专项监督整治和检查,共检查城乡集中式供水单位20个、44次,学校36所、72次,对被监督单位下达卫生监督整改意见书95份,对县水厂开展水质检测106项,合格106份,合格率100%。

消毒产品与消毒服务机构监管 对经营和使用消毒产品的超市、商店、眼镜店等公共场所开展专项检查,重点强化卫生巾、卫生护垫、尿裤、尿布、浴巾、纸巾、隐形眼镜护理用品等日常卫生用品的监督管理,发现不合格产品一律下架,没收统一处理。对餐饮具集中消毒单位加强日常监督检查,做好卫生监督抽检。严禁不符合卫生的餐具上桌使用。全年开展消毒产品与消毒服务机构监督专项检查2次,检查经营使用消毒产品单位50家次。检查餐饮具集中消毒机构2店次,抽检餐饮具样品75份,合格75份,合格率100%,下达监督意见书4份,对餐饮具集中消毒机构存在的问题及时限期整改。

公共场所卫生监督 以住宿业、美容美发店为监管重点,继续推行量化管理制度,以控烟和传染病防控为重点,推进公共场所卫生监管。加强公共场所现场监督检查和督促卫生设施整改,严格从业人员执证上岗,加强公共卫生用品监测。全县公共场所经营单位223家,持卫生许可证223家,持证率100%;从业人员447人,持健康证440人,持证率98%。全年日常监督检查公共场所经营单位480店次,下达卫生监督意见书70份。抽检公共用品用具样品32份,合格32份,合格率100%。全县公共场所卫生监督量化分级管理率100%。

学校卫生监督 为抓好学校卫生监督工作,会同县教育局,加强学校卫生监督管理。田林县围绕春秋季入学卫生监督和高、中考期间卫生监督安全保障工作,重点开展县乡学校饮用水卫生、传染病防控、生活设施卫生监督检查,督促学校建立健全饮用水卫生管理制度及传染病疫情报告制度,落实饮用水卫生管理措施和传染病防控措施,督促学校加强校舍、教学设施、生活设施、卫生保健室等基础设施建设。按时开展学校卫生专项监督检查,重点对农村寄宿制学校自建设施供水、教学环境卫生进行检查,开展学校卫生综合监督评价。2018年,累计派出卫生监督员150人次,检查中小学校37所次,下达卫生监督意见书51份,开展学校卫生综合监督综合评价8所,评定结果合格8所。

放射卫生监督 组织开展辖区放射卫生专项检查,重点检查医疗机构放射诊疗防护,放射工作人员健康管理等工作,对存在安全隐患的单位责令限期整改。年内共检查开展放射诊疗医疗机构10家、18次,持有放射诊疗许可证1个,开展设备性能检测5个,配备个人防护用品齐全7个;下达卫生监督整改意见书5份。

传染病防治监督 执行《传染病防治日常卫生监督工作规范》,加强对县、乡、村医疗机构开展手足口病、麻疹、登革热等传染病各项防控措施进行监督,重点检查感染控制管理、发热门诊预检分诊、疫情报告制度、消毒隔离防护、医疗废弃物处理等。做好艾滋病防治卫生监督执法工作,组织开展艾滋病防治卫生监督专项检查,监督和指导医疗机构、公共场所、学校进一步落实艾滋病防治职责,加大宣传力度。共检查医疗机构80家次,下达监督整改意见12份。对医疗保健机构、公共场所、学校、疾控机构开展艾滋病防治进行专项监督执法。

卫生监督协管 制订年度全县卫生监督协管工作实施方案,明确工作目标、落实工作职责。抓好业务培训和工作指导,建立健全工作制度,规范档案管理。开展日常巡查,做好信息报告。全县设置卫生监督协管站20个,全部开展卫生监督协管工作。每个乡镇卫生院聘任3名以上监督协管员,每个村卫生室指定1名村医生为卫生监督协管信息员。全县共有卫生监督协管员64名,卫生监督协管信息员154名。2018年,举办一期卫生监督协管员业务培训,培训协管员64名,各协管站均完成信息员培训工作。年内,计划生育相关信息报告事件为0件,查处0件;饮用水卫生安全巡查事件0起,报告0起;学校卫生服务巡查事件0起,报告0起;非法行医巡查事件0起,报告0起。未出现迟报、漏报现象。

重大活动卫生安全监督保障工作 组织开展大型会议接待、“壮族三月三·吼敢”传统民间风俗活动卫生安全监督检查工作,对县城、乡镇展演区KTV、宾馆、旅社等公共场所开展卫生大检查,重点检查公共场所45家,出动卫生监督员135人次,对存在卫生安全隐患的公共场所下达整改意见书15份。

【公共卫生】

项目组织管理 县级组织开展12项目技能培训1期,单个项目5期,各乡镇卫生院开展4次以上的村医生项目技能培训,提高项目服务技术水平;按时完成上半年和年终2次督导考核任务。

项目资金管理 2018年,人均基本公共卫生服务经费补助标准从50元提高至55元。及时将到账的1250.02万元全部拨付到项目实施单位,未发现挪用,贪污,拖欠,克扣现象。

公共卫生完成情况 建立居民电子210268份,建档率91.26%,动态使用超过50%;全县更换宣传栏内容410期次;开展主题日宣传活动279次,参加人员20820人次;举办健康教育讲座341期,参加人员9732人次;发放宣传单、小册子、宣传画、折页12种172780份等健康教育活动;老年人健康管理。全县65岁及以上21426人,年内管理14688人,管理率68.55%;慢性病管理。全县2018年高血压和糖尿病健康管理分别为12896人、2534人,规范化管理率分别是80.33%和85.32;重性精神疾病管理,全县2018年登记在册确诊重性精神疾病患者1090人,检出率

4.7‰，年内规范管理994人，规范管理率91.19%；中医药健康管理服务。65岁及以上中医药健康管理服务11060人，老年人中医药健康管理率51.62%，0~36个月儿童中医药健康管理服务6113人，中医药健康管理服务率62.66%。

【医疗对口帮扶】

对口帮扶情况 深圳市光明新区人民医院于2018年3月19日至6月15日派出第三批专家外科主任医师章振保及妇科主治医师缪文斌到田林县人民医院开展医疗技术帮扶活动。两位专家派驻帮扶期间共收到锦旗6面，进行科室内技术讲座18次；临时性上门就诊及下乡义诊2次；指导教学查房共30次，诊治患者774人次，开展手术共136台次。其中，指导开展新项目、新技术11项：腹腔镜下肾切除手术及腹腔镜下输尿管、肾盂切开取石术、经皮肾镜碎石取石术、经尿道前列腺剜除术、腹腔镜下全子宫切除术，腹腔镜联合宫腔镜探查术等，这些操作手术填补田林县该领域的空白。7—10月，光明新区中国科学院大学深圳医院选派妇科、产科、麻醉科3位优秀技术骨干到田林县妇幼保健院开展医疗技术帮扶活动。其间，计开展手术101台，开展教学查房50次，全员性学术讲座2场次，科内技术讲座14次；下乡义诊2次，义诊时共接诊群众355多人次，收到良好的社会效应。同时，指导开展新项目、新技术1项，即无痛人流技术，此操作手术填补本院该领域的空白。年内，田林县妇幼保健院派出2名护士、1名医师到光明新区中国科学院大学深圳医院妇产科、B超科进修学习，提高医务人员医疗技术水平和服务能力。

【创建卫生城市】

开展健康巡讲 县卫计局利用“12·1”世界艾滋病日、“3·24”结核病宣传日、“4·25”计划免疫宣传日、“4·26”全国疟疾日、“5·15”全国碘缺乏病宣传日、“7·28”世界肝炎日、“9·1”全民健康生活方式日等卫生日开展专题宣传活动。2018年9月15日—20日到田林县乐里镇、利周瑶族乡、潞城瑶族乡、旧州镇、八桂瑶族乡、浪平镇6个乡镇开展健康巡讲活动，覆盖人数约330人次，发放宣传材料5种，约330余份。2018年，向广大群众发放结核病健康教育宣传资料13000份。

乡村卫生创建 2018年新创建的卫生乡镇利周瑶族乡、卫生村和平村平坤屯均通过考核。复审的卫生乡镇是乐里镇百乐乡等4个乡镇，卫生单位是田林县财政局等7个单位，卫生村是乐里镇新宁村分水屯等11个村屯。

农村改厕 2018年，完成改厕项目技术指导4000户。

病媒生物防制 2018年6月，邀请南宁市卫康生物科技有限公司在全县范围内集中开展专业消杀，足额投放灭鼠灭蟑药品，四害滋生地200余处，投放鼠药40000公斤，投放灭蟑药100公斤，灭蟑饵剂200公斤，灭蟑胶饵1000支，灭蚊烟片5000盒。年内共投入20万元用于灭四害工作，预防和减少病媒传播的发生和蔓延。

城乡环境整治 全年生活垃圾无害化处理率达到51%。新增垃圾处理池1246个，新增垃圾桶（箱）26800个，在全县范围内采取“村收镇运县处理”“村收镇运镇处理”“村收村运村处理”和“就地焚烧或填埋处理”4种垃圾日常处理模式，全县165个行政村全部实现垃圾资源化、减量化和无害化处理，垃圾处理率达到100%。生治理和农村环境卫生综合整治活动，城乡环境卫生良好。

【卫生行风】 执行“三线”（党政线、部门线、卫生计生线）考核制度不变，签订党政、部门、卫生计生“三线”责任书，把落实卫生计生责任情况作为衡量各级领导干部政绩和选拔、任免、奖惩的重要依据，促进卫生计生工作健康顺利发展；把卫生计生工作纳入重大事项的督查范围，不定期地对各乡（镇）进行专题调查和重点检查；年内县卫生和计划生育局召开扶贫领域相关会议13次，重点针对数据精准度、资金衔接、扶贫项目推进和脱贫成效等关键环节，在卫计系统开展排查，针对突出问题进行整治；制定干部职工请销假制度、考勤制度等干部管理制度，及时更新工作人员去向告知栏信息；深入开展政风行风评议，实施阳光政务，规范政务公开，开展医德医风教育、医疗质量管理，征集服务对象的意见、建议，抓好卫生行风建设。

【医疗改革】

健康扶贫工作 为保障农村贫困人口享有基本医疗保障服务，提升建档立卡贫困群众的获得感和满意度，田林县从2017年起构建多层次的医疗保障服务体系，扎实推进健康扶贫工作，有效遏制因病致贫、因病返贫，助力脱贫攻坚。2018年，全县贫困人口14206户共57571人，100%参加当年基本医疗保险（含大病保险或同类型保险），都能享受参保费用（个人缴费部分）的财政补贴政策，农村居民参保率98.01%。农村贫困患者住院14767人次，报销比例91.04%；29种特殊慢病患者门诊370人次，实际报销比例80.02%。

实行大病慢病救治政策 按照健康扶贫工程“五个一行动”要求和“医疗救助精准脱贫一批”的脱贫路径，突出重点地区、重点人群，加强统筹协调和资源整合，采取有效措施，全面提高农村贫困人口健康水平指数，为农村贫困人口与全县人民一道迈入全面小康社会提供健康保障。对核实核准患有国家规定的9种大病（儿童急性淋巴细胞白血病、儿童急性早幼粒细胞白血病、儿童先天性心脏房间隔缺损、儿童先天性心脏室间隔缺损、食道癌、胃癌、结肠癌、直肠癌、终末期肾病）、白内障和2018年自治区新增的宫颈癌、乳腺癌、肺癌、尘肺，以及各类恶性肿瘤、肾病综合征、慢性肾功能不全等29种城乡居民基本医保门诊特殊慢性病建档立卡贫困患者开展分类救治，同步开展其他病种救治工作，根据实际情况，适当扩大救治病种范围。明确田林县人民医院为县级定点救治医院，由县人民医院制定9种大病诊疗方案和临床路径，并实行单病种收费政策。大病、门诊特殊慢性病贫困患者按照诊疗方案接受住院或门诊治疗比例达到90%以上。至2018年年底，田林县9种大病及白内障、宫颈癌、乳腺癌、肺癌、尘肺确诊患病人数117人，住院救治93人，签约随访救治33人，救治率100%；全县白内障人数52人，其中建档立卡贫困户30人，已经进行手术治疗24人，全县宫颈癌、乳腺癌、尘肺患病人数为13人，全部获得集中救治。

开展家庭医生签约服务 由卫计局牵头，组建以卫生院医护人员、村医生组成的签约服务团队，通过广泛宣传，在群众知情自愿的前提签订服务协议，明确基本医疗服务和公共卫生服务内容，以老年人、孕产妇、儿童、残疾人、建档立卡贫困人口和计划生育特殊家庭等人群和高血压、糖尿病、结核病等慢性疾病和严重精神障碍等疾病人群为重点服务对象，优先签约、优先服务。2018年，在巩固上年签约率基础上，重点加强签约服务质量，以群众健康需求为导向，立足基本公共卫生服务和基本医疗服务相结合、中西医并重推动家庭医生签约服务工作实施。至2018年年底，全县建立家庭医生签约服务团队168个，参与家庭签约的医护人员共326人，签约服务人口数131908人，建档立卡贫困人口57709人，签约57709人，签约率达100%，并按要求建立农村贫困人口电子健康档案，建立工作台账。为建档立卡农村贫困户家庭成员建立健康档案11739人，“按一人一策”为建档立卡农村贫困户患者制订健康教育处方3589人，预防保健覆盖率100%。

2018年，全县开展高血压、糖尿病、重性精神病、结核病等4种慢病签约、随访、转诊等管理服务。至年底，管理高血压患者10854人，签约服务6927人，签约率63.82%；管理糖尿病患者2461人，签约服务1922人，签约率78.10%；管理重性精神病患者1087人，签约服务945人，签约率86.94%；管理结核病患者253人，签约服务205人，签约率81.03%。

落实贫困人口“先诊疗后付费”和“一站式”报销结算服务政策 全面推行农村贫困人口住院“先诊疗后付费”服务模式，农村贫困患者住院无须缴纳押金，与医疗单位签订“先诊疗后付费”协议即可住院治疗。各公立医院开通就诊“绿色通道”，设置“绿色病房”，最大程度方便农村贫困群众就医，确保贫困患者得到及时、安全、规范、有效的治疗。7月开始，在县卫计局、民政局、社保局、平安保险公司、财产保险公司、县级三家公立医院和所有乡镇卫生院中统一运行“一站式”报销结算系统，县内住院的贫困患者在自付10%以内的住院费用后即可出院，由各医院先行垫付90%的费用，各医院按时将贫困户住院信息及报销材料上传至“一站式”报销系统，各部门只需在规定的时间内进行审核，即可把应报销的资金拨付至医院账户。同时，在社保局医保中心建立“一站式”报销结算窗口，设立医疗结算周转金，用于县域外的住院患者回县内报销时，医保中心收到住院材料审核通过，三个工作日内先用医疗结算周转金用于支付贫困患者90%的费用，再把患者住院信息和报销材料上传“一站式”报销系统，各部门审核后即可把应赔付的报销费用回拨到医疗结算周转金账户中。基本实现贫困户县域内住院报销“0押金、0跑腿”，县域外住院报销“只跑一次”的目标。

县级三家公立医院于2018年7月3日开始运行“一站式”报销结算系统，20家乡镇卫生院于8月份起开始进行“一站式”系统安装、调试及培训工作，于9月11日起开始使用“一站式”报销结算系统。截至2018年12月30日，贫困患者县域内住院3247人/次，住院总费用1082.98万元，县内医疗机构已垫付实际报销费用986.10万元，实际报销比例已超过90%（91.05%），贫困户自付金额为108.30万元，自付比例达到10%以内。以上贫困患者住院时无须交纳押金，出院时只需提交报销相关材料，在医院贫困人口“一站式”报销结算窗口交纳住院总费用10%以内的个人自付费用即可出院。实施“先诊疗后付费”和“一站式”服务，切实解决农村贫困患者“看病贵、报销难”问题。

人口和计划生育

【**概况**】 田林县人口和计划生育局下辖14个乡（镇）人口和计划生育办公室、14个计划生育服务所，一个社团组织（田林县计划生育协会）。

【**全面两孩政策实施**】 依法实施“全面两孩”生育政策，做好生育服务证办理工作。2018年，全县符合全面两孩生育二孩对象共13121对，办理生育证件472人，已生育211人。

【**生育服务证制度改革**】 全面贯彻落实上级关于进一步规范生育服务证办理工作的通知精神，出台《关于生育服务证办理工作规范的实施方案》。从2016年1月15日起，14个乡（镇）全面停止取消二孩生育证的办理及发放，实施一孩和二孩生育登记，发放《计划生育服务手册》，实施再生育申请审批，发放再生育证，登记和再生育申请审批全面实行网上办证。把生育服务证的办理权限简化到乡镇；精简和规范生育服务证的办理程序，减少证明材料，着力解决群众“办证难问题”。2018年，全县办理《计划生育服务手册》2074本，再生育证74本。

【**计划生育技术服务**】 开展免费计划生育技术服务工作，至2018年年底，共开展对农村育龄妇女开展生殖健康检查5017例、查环1例、放环529例、取环179例。

【**人口和计划生育目标管理**】

人口出生情况 全县人口26.43万人，其中已婚育龄妇女5.18万人。年内全县出生人口2974人，同比2017年减少370人，全县人口自然增长率为5.41‰，比市下达指标（9‰以内）低3.59个千分点。

计划生育情况 年内全县出生人口2974人，同比2017年减少370人，出生政策符合率96.64%，比市下达任务（96%以上）高0.64个百分点；出生人口性别比为109.14，比市下达指标（112以下）低2.86个点。

计划生育节育手术完成情况 全年完成计生四种手术919例。

【**人口和计划生育宣传教育**】 2018年，共开展大型主题宣传活动20次，发放宣传资料4.2万余份，避孕药具1400份，免费康检0.65万人次，接受群众咨询服务0.6万多人次，宣传品入户率达92%以上。在户外LED屏幕滚动播放卫生计生宣传内容25项。全年在人口计生类刊物、各级报刊、网络媒体等发表正面宣传文章200余篇。

开展“婚育新风进万家”宣传教育活动 开展各种形式的婚育新风进万家宣传咨询等活动，利用传统节日、世界人口日等有利时机，组织文艺队开展形式多样的群众通俗易懂的计生宣传活动，让广大群众在愉悦的气氛中受教育；充分发挥基层计划生育技术服务网络作用，结合康检为育龄妇女开展生殖保健服务，加强优生优育、母婴保健、生殖健康的宣传。利用标语、宣传册、广告牌、宣传栏等传统媒介，进村入户，到社区，进闹市，营造环境氛围，强化群众婚育新风尚意识。全县城乡主要交通要道，集贸市场等人口密集地，公共场所和社区的醒目位置，均有婚育新风公益广告、每年共刷新及书写固定标语80多条；县、乡、村都设有人口计生宣传栏进行宣传；计生文化长廊、文化大院、文化书屋逐年增加且内容丰富并不断更新。

年内共开展人口计生宣传服务活动33次，发送宣传品5万件、避孕药膜1200盒，免费康检2.502万人；接受群众政策咨询1850人次，宣传品入户率达95%以上。

开展计生“三下乡”宣传活动 将人口与计划生育宣传教育列入“三下乡”活动计划，协调报刊、广播、电视、网站等新闻媒体，开展人口与计划生育的社会公益性宣传；由县人口计生局、计划生育协会牵头、联合共青团田林县委、县教育局、县妇女联合会开展关爱女孩、关爱留守儿童活动；民政部门在开展社会福利、社会保障和社区服务工作中，优先照顾和扶持实行计划生育的家庭；田林县非物质文化遗产展演中心扶持村计生文艺队创作并演出一大批贴近生活、寓教于乐、乡土气息浓郁的婚育新风宣传文艺节目，如《苦果》《多子不多福》《独生子女合家欢》《儿媳的孝心》《合家欢》《婆媳情深》等节目；卫生部门参与计划生育和生殖保健宣传、咨询工作，做好预防出生缺陷、性病、艾滋病的宣传，提高群众生殖保健能力；县、乡镇人口计生部门更是把开展婚育新风进万家活动和推动实施关爱女孩行动作为人口计生工作的基础工作和首要任务。

开展"关爱女孩"行动 全县兑现全国农村部分计划生育家庭奖励903人，兑现金额130.03万元，兑现国家特别扶助53人，兑现金额61.12万元。兑现广西农村部分计划生育家庭奖励扶助464人，兑现金额33.41万元；兑现广西农村计划生育家庭奖励扶助42人，兑现金额5.1万元。

开展"5·29""7·11"宣传活动等宣传活动 将"5·29"协会会员活动日、壮剧文化艺术节、"7·11"世界人口日等主题宣传活动相结合，通过各种宣传展板、文图资料及宣传用品，将"关爱女孩""男女平等""生男生女都一样""女孩也是传后人""女孩也是社会的栋梁"等新型生育观念深入人心，营造关爱女孩的浓厚氛围。5月29日，县卫计局、县计生协会到田林县潞城乡开展2016年"5·29"关爱慰问活动，为10名小朋友送上新书包、学习用具和生活用品，并勉励他们好好学习、全面发展，创建有利于女孩成长的良好环境，在全社会营造男女平等、共建和谐的社会氛围。

【政策法规】

惩治"两非"综合治理 落实出生实名登记信息化管理，实施有奖举报制度，建立举报热线24小时服务和举报快速反应机制。凡举报"两非"行为或提供案件线索并经查证属实的，一次性给予1000~5000元奖励。进一步拓宽工作视野，把惩治"两非"工作放到区域协作大格局中来谋划，主动与兄弟县(市、区)搭建协作平台，建立联防、联治工作机制，杜绝"两非"行为发生。党政领导牵头组织对县、乡两级医疗保健机构，私人药店、私人诊所进行"两非"工作督查，严保惩治"两非"高压态势。年内共开展专项督查4次，查办孕情消失案件16起，超额完成市下达查处任务(2起)，完成"两非"典型案件1起，罚款金额0万元，没收非法所得0万元。

奖励扶助政策 加大财政投入力度，兑现国家、区、市和本县相关奖励扶助政策。兑现国家农村部分计划生育家庭奖励扶助903人，兑现资金130.032万元，兑现计划生育特别扶助53人，兑现资金61.12万元；兑现广西农村部分计生家庭奖励扶助464人，兑现资金33.41万元；兑现广西农村计生家庭奖励扶助42人，兑现资金5.1万元；继续实施《田林县特殊计划生育家庭养老扶助实施办法(试行)》，全面实施爱心救助工程，2018年，共兑现全县特殊计生家庭44户，兑现资金23.6万元(其中一次性补助12万元，全年生活补助11.6万元)；兑现农村及下岗职工独生子女保健费787人，兑现资金9.44万元；落实117名农村独生子女和双女结扎户家庭子女的考生在中考中享受加分政策。

诚信计生村民自治 推进诚信计生村民自治工作，全面修订完善村规民约和诚信计生双向协议合同的签订，推动诚信计生与扶贫开发、奖励扶助等工作有机结合。全县168个行政村(含社区)全面开展并基本实现诚信计生；群众自发组建了2355个诚信计生小组，有32386对已婚育龄妇女参加诚信计生，依法生育育龄妇女参与率达80%。

【流动人口计划生育管理】 2018年，全县流动人口总数28058人，其中流出人口25613人，流入人口24455人；育龄人口总数24882人，其中流入育龄人口数1636人，流出育龄人口数23246人；成年育龄妇女人数9753人，其中流入成年育龄人口数618人，流出成年育龄人口数9135人；已婚育龄妇女总数7924人，其中流入已婚育龄妇女562人，流出已婚育龄妇女7362人，查验流动人口婚育证573人，查验率达92.72%，当年发放流动人口婚育证355本，流动人口出生政策符合率达88.98%，已婚育龄妇女免费健康检查770人次，提交平台717例，提交协查率达98%，协查反馈率达99%，享受免费技术服务率达100%，发放避孕药具531人次，获取避孕药具免费率达

100%，经费投入20.73万元。开展流动人口专题宣传服务活动“把健康带回家”和“流动人口计划生育家庭三留守”宣传服务活动等两次大型流动人口的专题服务活动；部门配合，齐抓共管，年内召开两次部门联席会议。

【计划生育协会】 在全面实施农村计划生育小额贴息贷款和爱心保险的同时，开展计划生育家庭关爱保险项目。2018年自治区下达农村计划生育家庭爱心保险任务为2795户，实际办理爱心保险2795户，保费13.98万元，投保率100%；自治区下达农村计划生育家庭关爱保险任务为9945份，实际办理关爱保险17639份，保费52.98万元，投保率177.37%；自治区下达农村计生家庭小额贷款贴息项目任务为37户，已完成52户，发放户贴息资金7.89万元。

【医疗机构简介】

田林县人民医院 田林县人民医院建于1945年，是一所集医疗、教学、科研、预防、保健、技术指导中心为一体的二级乙等综合性医院。占地面积20062平方米，业务用房面积20938.45平方米。在岗干部职工445人（在编157人，医改控制数120人，单位自聘168人），其中卫生技术人员353人（高级职称14人，中级职称107人，初级职称208人，未取得执业资格证24人）。核定床位300张，实际开放床位380张。开设临床科室16个：内一科（含神经内科、心血管内科、风湿免疫科）、内二科（含呼吸内科、消化内科、肾内科、内分泌科）、外一科（含普通外科、神经外科、泌尿外科、烧伤外科）、外二科（含骨科、胸外科、矫形科）、妇科、产科（分产前、产后2个病区）、儿科、新生儿病区、重症医学科、感染性疾病科、急诊科、耳鼻咽喉科、口腔科、血液净化室、皮肤科、中医科；医技科室(8个)：手术麻醉科、放射科、功能检查科、胃肠镜室、检验科、输血科、药剂科、消毒供应室。

田林县疾病预防控制中心 田林县疾病预防控制中心成立于2006年10月，前身为田林县卫生防疫站，核定编制37名，2018年在职职工34人，其中大学本科学历9人，大专学历19人，中专以下学历6人。其中副主任医师1人，中级职称10人，初级13人，其他10人，中心设有办公室、财务室、疾控科、结核病防制科、艾滋病防制科、免疫规划管理科、公共卫生科、检验科、质量管理科、预防接种门诊部等10个职能科室，主要承担全县疾病预防控制、突发公共卫生事件应急预警处置，疫情信息收集报告、监测检验评价、健康教育与促进等公共卫生职能，负责全县疾病预防控制体系的技术指导和业务培训等工作。2018年中心综合实验大楼落成。

田林县妇幼保健院 田林县妇幼保健院创建于1957年7月，现有业务用房面积达到3238.81平方米，核定编制190名，2018年实有职工124人（在编41人、聘用34人、控制数49人）。其中卫生专业技术人员93人；在职在编工作人员41人，编外聘用人员34人。共有医学专业学历89人（本科学历15人，大专学历64人，中专学历10人），具有高级职称1名，中级职称27名，初级职称21名。门诊设有妇女保健、儿童保健、孕产保健、妇科、儿科、急诊科、药剂科、检验科、B超室、心电图室、放射科等业务科室；住院部分妇产科、儿科病房，其中儿科病房于2018年6月启用。共设有病床46张。配备全自动血细胞分析仪、全自动血凝仪、全自动生化仪、全自动化学发光分析仪、进口尿十项分析仪、母婴中央监护系统、四维彩超、DR、新生儿抢救台、阴道镜、利普刀等多种诊疗设备满足妇女、婴幼儿多种检查治疗需要。2018年妇幼保健院实施免费婚前医学检查和孕前优生健康检查、免费增补叶酸预防神经管缺陷、免费“艾滋病、梅毒、乙肝”检测、产前筛查补助、城乡双阳夫妇地贫基因诊断补助、城乡同型夫妇地贫产前诊断补助等妇幼健康重大项目。

田林县中医医院 田林县中医医院成立于1990年，原位于田林县乐里镇新市街61号，占地面积100平方米，建筑面积500平方米。2011年县人民政府在离原地址3千米地方即田林县和谐大道平么小区内划拨10亩土地为县中医医院新址建设用地，占地面积2011.32平方米，建筑总面积13880.28平方米，编制床位138张，开房床位167张。编制200名，其中：1990年成立时暂定20名事业编，2016年增加的180个编制控制数(医改编)。2018年，在岗干部职工134人，其中卫生专业技术人员102人；在编71人(20人事业编、51人医改编)、聘用64人。本科学历40人，高级职称3人、中级8人，初级74人。院内设急诊科、内科、儿科、妇科、口腔科、针灸推拿科、壮医科、瑶医科、放射科、检验科、功能检查科(B超室、心电图室)、病案统计室、药剂科、办公室、医务科、护理部、感控科、信息科、财务科等。医疗设备:飞利浦彩色B超机一台,DR机一台,全自动生化仪一台,全进口全自动血球分析仪一台等。

田林县卫生计生监督所 田林县卫生计生监督所成立于2005年11月,定为副科级事业单位,经费来源由县财政全额拨款,根据《田林县机构编制委员会印发关于将"田林县卫生监督所"更名为"田林县卫生计生监督所"的通知》文件精神,于2018年3月正式更名为田林县卫生计生监督所。内设编制9名,2018年在职在编9人。田林县卫生计生监督所业务办公楼位于田林县乐里镇和谐大道,于2013年10月建设2014年10月完成竣工验收,其中中央投入资金160万,自治区补助资金32万,县级配套资金8万,单位业务办公楼总建筑面积1000平方米,内设办公室、监督一科、监督二科、监督三科、财务室、信息科6个科室。担负全县公共场所卫生、学校卫生、放射卫生、生活饮用水卫生、消毒产品及消毒服务机构监督、传染病防治监督、医疗服务市场监督、卫生监督协管等监督管理职责。

(黄艳英)

乡镇

乐里镇

【中共乐里镇委员会领导】

书　记：付小文

副书记：农正海（壮族）

　　　　李忠志（壮族）

纪委书记：姚淑膑（女）

组织委员：严思静（女，壮族，2018年9月离任）

　　　　　周诚婕（女，壮族，2018年9月任职）

宣传统战委员：岑秀莲（女，壮族）

工作队分队长：甘　鑫（男，壮族，2018年4月任职）

武装部长：黄永固（壮族）

【乐里镇人大主席团领导】

主　席：李忠志（壮族）

副主席：程春友（壮族）

【乐里镇人民政府领导】

镇　长：农正海（壮族）

副镇长：罗　靖（壮族）

　　　　王如雾（壮族）

　　　　蔡村旺

　　　　黄　宇（女）

【概况】 乐里镇位于田林县东南部。东邻利周瑶族乡，东南与右江区汪甸瑶族乡接壤，西接八桂瑶族乡，西南为潞城瑶族乡，北邻浪平镇，土地总面积30423.4公顷，耕地面积为784.2公顷，其中水田为268公顷。有林面积18550.3公顷，森林覆盖率89.75%，生态环境优美。镇政府驻地为县人民政府所在地，南昆铁路、国道324线和隆百高速公路自东南向西北从境域中部穿过，为大西南出海交通要道。下辖新建、新昌、乐里、新宁、风洞、弄平、田平、那色、文化、启文、那光、百花寨12个行政村和新昌、新市、河南3个社区、82个自然屯、91个村民小组，民族以壮、汉、瑶族为主。主要农作物产物有稻谷、玉米、蔬菜、水果，兼有八角、油桐、油茶、木耳、香菇等土特产品。2018年全镇总户数为10716户、33725人，其中农业人口17132人。人口自然增长率为17‰。

【经济发展】 2018年，乐里镇农业和农村经济得到持续健康稳定发展。全镇国内生产总值完成8196万元，同比增长12%。

粮食产业 完成粮食播种面积897.3公顷，总产量4099.03吨，两年内发放耕地地力保护补贴资金61.81万元，补贴面积4050.87，惠及全镇农户2327户，有力提升农户种粮积极性。

杧果产业 通过新宁万亩杧果示范基地辐射带动周边村屯发展杧果种植，利用世行项目资金

2018年11月18日，全市党员提升年活动在田林召开。图为与会人员到乐里镇新宁村杧果基地参观学习

在文化村再造一个万亩杧果示范基地，年内种植杧果4000亩。全镇杧果面积近3万亩，挂果面积8000多亩，产值达3500万元。大力发展优质新兴果品。通过“公司+支部+合作社+农户”模式，引进农户在风洞村、启文村规划种植沃柑350亩，并配套建设水肥一体灌溉设施、园区道路、宣传栏等。

贫困村集体经济　通过“带资入股”及发展村集体经济产业，带动投资入股、村集体固定资产投资出租项目发展、杧果种植等长短结合，2018年贫困村村集体经济收入达4万元以上；完成12个村村民合作社的设立并完善相关配套设施。坚持发展林下养鸡产业，年出栏肉鸡20.21万羽。年内肉猪出栏1.44万头，年出栏肉牛940头、肉羊1560只。“绿满田林”工程继续推进，完成山上绿化6000亩，完成工业原料林等其他造林4000亩，完成油茶新造2000亩。统筹抓好森林防火、林业整治、公益林管护、退耕还林等工作。

【社会发展】

帮扶责任工作　做好全镇505脱贫户、2071人跟踪帮扶和48贫困户、172人脱贫帮扶工作，科学分解脱贫任务，从村、屯、户三个层面入手，执行“31261”（3个主要领导包片区、12个班子领导包村屯、61位干部结对帮扶）结对帮扶举措，逐级分配，责任到人，主攻4个贫困村及48户贫困户各项指标完成情况，认真开展2014、2015年退出户相关工作，实施“以奖代补”政策，共计发放150.2万元。

贫困村基础设施建设　推进中国电信集团公司帮扶那光村、深圳市援建启文村整村推进项目7条通屯道路硬化、6个人饮安全工程竣工投入使用，完成56户贫困户易地搬迁安置、8个贫困户危房改造。

档案管理工作　严格按照贫困村“十一有一低于”脱贫摘帽、贫困户“八有一超”脱贫出列标准，对村、户脱贫核验档案进行整理归档。

民政救济工作　发放农村低保金21989人、427.158万元、城镇低保金14135人、498.4532万元、临时救助资金186户、186.56万元，为333名高龄老人发放生活补贴23.39万元，做好困难群众、弱势群众救济救助工作。

就业和城乡养老保险　劳动力转移就业405人，其中农村劳动力转移316人，包括贫困户65人，贫困户下广东26人；城市劳动力转移89人。城乡居民社会养老保险参保率97.94%，发放养老金2088人26.10万元。

文教事业　成功举办“壮族三月三·吼敢”壮剧活动乐里片区壮剧会演及原生态山歌会演，承办3个社区千人百家宴活动，配全12个村3个社区农家书屋；落实好“两免一补”、农村义务教育学生营养改善计划和家庭经济困难寄宿生生活补助等教育惠民政策，全镇适龄学生入学率为100%，学校办学水平明显提升。

卫计服务工作　加大乡村卫生服务一体化管理，新农合参合率达128%；出生人口符合政策生育率为97.21%。

2018年10月26日，乐里镇扶贫工作队第一书记开展工作成效交流学习活动

【城镇化建设】

项目征地工作　扎实推进新高中、万吉山公园提级改造、启文水库扩容、长江天成山茶油等项目征地工作，完成征地720亩，为项目建设提供保障。加快推进“一山二水三中心、四校五路六节点”21个重点城建项目建设征地工作，确保项目顺利建设。

村（社区）基础设施　村级公共服务场所提升改建，建造完成启文村部和文化村部，维修改造田平村部。建立完善社区“一站式”服务，进一步争取项目完善社区基础设施建设，为群众提供便捷的服务。

【生态乡村建设】 深入推进“美丽乐里·宜居乡村”活动，建立“干部引导、群众主导”工作机制，按照“强领导、明职责、重宣传、严整治、抓示范、保长效”的总体要求，加强村镇环境整治工作，年内开展清洁乡村统一行动85余次，干群参加人数6200多人次，打造那色大平、新建平旺、新宁分水、田平新寨4个综合示范屯，共组建15支党员义务保洁队，聘请保洁员92名。定期派出干部为群众清运生产生活垃圾累计达670余吨。

【维稳与安全】

应急管理 出台应对洪涝灾害、干旱、暴雨、霜冻、高温等气候灾害救助应急预案，成立应急救灾队伍，开展各类应急演练和实战救灾。6月24日乐里村伟架沟受强降雨影响，发生重大地质灾害。事发前接到地质灾点检测员报告，镇党委、政府迅速组织周边人员及伟架沟下方群众撤离，灾情发生后无人员伤亡。

安全生产 层层落实责任，强力推进“打非治违”“安全生产月”“道路三盯”等专项整治活动，全面出动200余人次开展各类专项检查30次，确保非煤矿山、道路交通、危险化学品、烟花爆竹、消防、建筑施工、食品药品等重点领域重大安全零事故。

信访维稳 继续深化“农情乡解”工作，搭建诉求平台，主动做好理顺情绪、化解矛盾的工作，妥善协调处理各类案件39件，调处率100%，成功率94.8%；抓好各种重大节庆、会议活动的信访维稳工作，社会总体保持平稳态势。

【党建工作】

领导班子建设年活动 2018年，乐里镇以大兴学习之风、大兴解放思想之风、大兴调查研究之风、大兴求真务实之风的“四个大兴”为抓手，深化领导班子建设年活动，打造信念过硬、政治过硬、责任过硬、能力过硬、作风过硬的“五个过硬”领导班子，争当营造风清气正政治生态排头兵。通过对全镇25个党支部、6个党总支、815名党员开展专题学习教育活动，认真学习领悟习近平总书记十九大报告精神，各党组织的凝聚力、向心力、号召力进一步得到提升。认真查摆整改领导班子存在问题，着力建设“五好”领导班子，推动风清气正政治生态建设。结合“红色家园”创建风洞村脱贫攻坚干部教育培训基地、新宁万亩杧果党员教育示范基地，学用基地极大的提高党员教育的实效性，新宁村党员教育学用示范基地作为11月8日召开的全市“党员教育提升年”活动工作推进会及12月27日召开的全区“党员教育提升年”活动推进会现场观摩点。开展脱贫攻坚先锋行、“乡村振兴·争创五旗”、党支部“对标定级·整体提升”等工作，为决战贫困决胜小康提供了坚强的组织保证。

党风廉政建设 压实“两个责任”，运用“四种形态”，强化执纪震慑，以转变“四风”为主线，注重纠正不正之风，突出违纪违法案件的查处；贯彻落实“整治建设六项重点任务”，认真开展中央八项规定“回头看”和扶贫领域监督执纪问责工作，重视党性、党风、党纪教育和监督检查制度的建设。年内，全镇共收到信访和转办案件15件，初核15件，立案8件，涉及8人，其中扶贫领域案件7件，办结8件，给予党纪处分8人。

【各村简介】

新建村 位于乐里镇东南部，距离县城9千米，全村土地总面积3.4万亩，辖有平旺、河口、赶依、六桑、六妹、东关、六毫等7个自然屯(11个村民小组)。居住有壮、瑶两个民族共420户，总人口数1718人。全村耕地面积2885亩，其中水田568亩，旱地2317亩，人均耕地面积1.7亩。各类经济林、农作物分别为：蕉类地150亩，木薯地200亩，甘蔗地580亩，柿子25亩，李果90亩，杧果210亩，油茶1552亩，八角271亩，板栗508亩，杉木林1220亩，松林2402亩，桉树林3206亩。群众以种植蔬菜、生姜、油茶、甘蔗、板栗、杉木、松木、木薯等为主要收入来源。新建村“3+1”特色产业为杉木、甘蔗、油茶、板栗，贫困户产业覆盖率97%。其中杉木1220亩，油茶1552亩，甘蔗580亩，板栗508亩；有村民合作社和村级劳务服务公司。2015年精准识别建档立卡贫困户是55户、216人。2018年脱贫3户、6人。未脱贫10户、40人，贫困发生率为2.4%。村党支部书记兼村民委主任黄仕其。

新昌村 典型的城中村。村委会驻地弄涯屯，建有通村水泥路，距镇政府0.5千米，交通便利，下辖弄涯(一组、二组、三组)、那涯、马店、平雄(一组、二组)4个自然屯(7个村民小组)，共302户、1255人。全村耕地面积136亩，其中水田60亩，旱地76亩。主要发展杧果、油茶、蔬菜产业，其中有杧果1200亩,茶油85亩,蔬菜120亩。由于城镇化项目征地,本村可利用土地少,增收途径转移到发展第三产业上,主要有饮食业、交通运输业等。全村除平雄屯外,其他弄涯屯、马店屯、那涯屯群众每家每户在县城范围内都有固定的房屋或者门面出租收入,群众生活富裕。村党支部书记兼村民委主任滕树园。

乐里村 地处县城所在地,辖4个村民小组,共277户、1517人,其中壮族1285人,汉族232人,劳动力640人,2015年精准识别建档立卡贫困人口21户、79人。近几年因城镇建设用地等基础设施建设,所有耕地已全部被征用。全村有杉木727亩,油茶71多亩,板栗34亩;存栏肉猪500头,母猪20头,肉鸡存栏1.5万羽。乐里村受自身条件限制,无耕地,林地面积缺乏,在这种情况下,充分利用地处县城所在地优势,将闲置资产,采取租赁等形式进行盘活,增强村集体收入。村集体经济项目主要有:一栋三层的新街旅社、一栋四层的坛仙巷旅社及集体土地出租收入共11.04万元,年收入达到5万元以上。村“两委”班子成员共8名,平均年龄43岁,男5名、女3名;村设党支部一个,支部委员3名,正式党员32名,4个小组均有党员分布。村党支部书记鄂建肃、村民委主任甘桂兴。

百花寨村 位于乐里镇西北部,距镇政府驻地1千米,辖3个村民小组,共有203户、831人,居住着壮、汉、瑶族3个民族,其中壮族占95%。全村林地面积6609.9亩,其中杉木1320亩,松木2348亩,油茶310亩,杧果206.7亩,板栗2230亩、杂木179亩、桉树16.2亩。耕地面积106亩,其中水田面积71亩,旱地35亩,农业主要种植玉米、水稻及蔬菜等,经济作物主要种植杉木、油茶、板栗、马尾松等。养殖方面,全村存栏肉猪768头,母猪4头,肉鸡存栏2365羽。群众主要以外出务工和发展小规模种养殖为主要收入来源。百花寨村2015年精准识别建档立卡贫困人口110户、491人,贫困发生率32%。2016年脱贫82户、354人,2017年脱贫0户、0人。2018年动态调整后,全村的贫困人口是81户、352人,其中1户、2人列为2019年预脱贫户,贫困发生率为0.24%。百花寨村村“两委班子”成员共8名,平均年龄47岁,男7名、女1名;村设党支部一个,支部委员3名,正式党员40名(其中女党员13人),分布在百花寨屯三个村民小组。村党支部书记卢海基,村民委主任王永林。

新宁村 位于乐里镇西北部,距镇政府驻地6千米,村部驻地在分水屯,下辖分水、平忠、平么、伟咀、龙安平五个自然屯,六个村民小组,共271户、1112人,2018年尚有8户贫困户。全村耕地面积1082亩,其中水田面积186亩,主要种植玉米、蔬菜等。旱地896亩,经济林地13722亩,主要种植杧果、油茶、杉木、板栗等。桉树联营种植5200亩,主要分布在平忠和伟咀两个自然屯;油茶约有302亩,板栗约有350亩,杉木约750亩,主要分布在伟咀和龙安平两个自然屯。群众以种植杧果、油茶、杉木、板栗等为主要收入来源,“3+1”特色产业主要是:油茶、杉、生猪,全村贫困户特色产业覆盖率为100%。2018年全村杧果面积约1.2万亩,主要种植台农一号、金煌芒、贵妃、红玉、新世纪(同名金凤凰)、桂七等杧果品种,2016年荣获自治区县级现代特色农业示范园。村党支部书记鄂应春,村民委主任韦家星。

风洞村 位于乐里镇西部,村部距离镇政府8千米。辖风洞、风老、渭华、渭额、岩嫩、百市、百中、常界和岩站9个自然屯(13个村民小组),全村共有625户、2669人,居住着壮、汉、瑶等3个民族,是乐里镇人口最多的一个行政村。全村总面积39.02平方千米,其中耕地面积3911亩(水田697亩,旱地3214亩),林地面积35100亩(已种植杉木2738亩,松树4456亩,桉树151亩,油桐225亩,杧果4500亩,八角1149亩,板栗1498亩,油茶3019亩,李果46亩,核桃10亩)。农民以种植养殖为支柱产业,村民收入主要来源于种养殖和外出务工及土地流转,种植以种杉木、油茶、板栗、板栗、杧果为主;养殖以散养生猪、养鸡、养鸭为主。2018年贫困发生率为0.72%。全村共有党员55名。全村有残疾人80人,孤儿户2户,五保户4户,退役军人17人,低保户77户、289人,3名带头致富人,1个村民合作社。村党支部书记罗国宏,村民委主任韦富康。

启文村 位于田林县北部,距离县城11千米,辖华屯、立屯、腰代田、坡花、伟为、洋喜平、那昔、渭林、渭香、平三七、伟伍、渭麦、下寨、渭江等14个自然屯14个小组,居住着壮、汉、瑶三个民族。全村土地面积39.09平方千米,其中耕地面积4783亩,水田面积975

亩,旱地面积3808亩,林地面积24400亩。全村主打产业以种植油茶、杉木、饲养生猪为主,人口522户、2288人。2015年建档立卡贫困户人口84户、326人,通过精准扶贫,2016年脱贫76户、298人,2017年整村脱贫摘帽,2018年还有5户、18人未脱贫,其中3户、13人为2018年动态调整返贫的贫困人口,贫困发生率为0.8%。全村正式党员56人,其中女党员12人男党员44人,60岁以上老党员10人,村干部党员6人,有预备党员1人,积极分子党员5人。加大村集体经济情况:2017年集体经济收入入股公司分红,加百香果收入得5万元,2018年收入以入股公司分红,加杧果收入得5万余元。村党支部书记邓秀英,村民委主任潘祖呼。

文化村 地处乐里镇西南部,辖有渭显、平康、仲章、岩塘、岩荣、马乐、渭谷、八朝、渭志9个自然屯(9个村民小组),全村共有壮、瑶两个民族316户、1422人。全村总面积31.18平方千米,耕地面积8020亩,经济作物面积20500亩,其中种植油茶4200亩、杉木6000亩、杧果5800亩、板栗4500亩。全村共修通公路9条,总长45千米。村党支部书记兼村民委主任杨顺德。

弄平村 位于乐里镇东北部土坡山区,村部距县城5千米,辖有平纳、六寨、六良、弄平(一组、二组)4个自然屯(5个村民小组),居住有壮、瑶两个民族共112户,总人口473人,其中壮族398人,瑶族72人,汉族3人。2018年全村建档立卡贫困人口13户、54人,未脱贫2户、8人,贫困发生率为1.68%。全村耕地面积660亩,其中水田240亩,旱地420亩。经济林6135亩,其中杉木2570亩、松木700亩、桉树1230亩、油茶林700亩,板栗580亩、杧果145、油桐130、柑橘80亩。群众主要以种植杉木、板栗、油茶、松木、桉树和外出务工为主要收入来源。村党支部书记兼村民委主任周山林。

田平村 位于县城南部的一个少数民族村,全村6个自然屯6个小组,128户,总人口574人。其中:田平、岩吉、伟育、新寨、伟郎5个为瑶族屯;伟华1个壮族屯(伟华现已自行搬迁到县城分散在田林火车站铁路上面一带)。全村正式中共党员43人(男党员36人,女党员7人)预备党员2人。全村辖区面积15.3平方千米,耕地面积:水田186亩;旱地5685亩;林地23300亩。2018年种植杧果总面102亩;甘蔗种植总面积160亩,主要经济产业有:八角、板栗、生姜,茶果和少量木薯;经济林木有杉木,松木和少量桉树。全村列入贫困建档立卡12户,其中2014年列入退出贫困4户;2015年退出贫困2户;2016年脱贫摘帽5户;2017年退出贫困户1户。全村享受农村低保5户、20人。田平村“3+1”特色产业为:杉木、油茶、鸡和板栗。全村128户中有126户住房为砖混结构(楼房),2户为砖互结构(平房),年内无危房现象,无有五保户。村级道路硬化10千米在(三桥至村部);村部至田平屯级道路硬化4.2千米;新寨屯级道路硬化1千米(村级路至新寨);伟郎屯级泥砂路4千米(村级路至伟郎);伟育屯级泥砂路6千米(平雄至伟育)。全村除伟华屯搬迁到县城范围内以外,其余5个屯全部屯内道路硬化。村党支部书记兼村民委主任冯文保。

那光村 位于乐里北部,全村辖有16个自然屯11个村民小组,行政村内户籍共349户,人口数1499人,住着汉、瑶、壮等三个民族。村部所在地距镇政府约15千米,全村耕地面积4076亩,其中旱地3705亩。水田:371亩。主导产业以种植杉木4860亩、八角7620亩、油茶4400亩、板栗1140亩、杧果1200亩。甘蔗、玉米、稻谷等种植业共计4406亩,饲养肉猪749头,家禽17500羽。有养猪大户两户年出栏400头,有种植大户三户种植杧果300多亩。村集体经济主要来源为流转风洞村林地、贷款入股医药公司、百矿集团、门面管理、和天虎网站(那光村强民土特产网上直锁店)。通过实施通村、通屯水泥路、饮水工程、民房改造、移动通信基站建设等一系列惠民工程,全村16个自然屯已通屯级硬化公路,全部通水通电通广播电视。现有建档立卡户50户、195人,不含14、15年退出户,其中:2016年贫困户49户、190人;2017年应纳尽纳贫困户1户,5人;2018年贫0人。全村共有党38人,女性党员3人。村“两委”共有村干部8人。那光村以林业为主,种植业为补的生产模式,抽调剩余劳动力外出务工,农民工回家创业等。村党支部书记江秀敏,村民委主任李正光。

那色村 位于乐里镇西南部土坡山区,村部距县城24千米,辖有六依、巴塘、那色(一组、二组)、六中、平母、大平、六苗7个自然屯(8个村民小组),居住有壮、汉、瑶三个民族共310户,总人口1358人。全村有土地面积61794.7亩,耕地面积2468亩，其中水田637亩，旱地1423亩。人均耕地面积不足1.7亩，人均有土地面积49亩，经济林32175亩，其中桐油林296亩，油茶林5000亩，八角林18565亩，杉木7693亩，板栗621亩，人均收入5160元。全村有贫困户33户、140人，其中：2014年、2015年退出户9户、44人；2016、2017年、2018年退出户21户、81人；2019年预脱贫户1户、2人；2020年脱贫户2户、13人；贫困发生率为0.11%。7个自然屯全部实现通路、通电、通水。村党支部书记黄忠华，村民委主任黄正满。

新市社区 位于县城北面，共有10个居民小组，1902户、5335人。南以乐里河为界，东以乐里大桥头至粮所为界，西以红泥坡至农机校为界，北以富源小区、富裕小平台下为界。属县城老城区，是县城政治、经济、文化中心，驻社区单位有县委、县人民政府、县人民武装部等35个单位。2018年居民可支配收入27241元。社区成立于2002年12月，党支部于2003年9月成立。年内共有党员92名，第一支部共有党员47名，第二支部共有党员45名。社区具有独特的地位优势，农贸市场在社区内，新市街、新安街铺面林立，居民以经商为主。社区党支部书记兼居民委主任李泽波。

河南社区 位于田林县城乐里镇正南面，地处县城经济开发区，河南社区居民委员会成立于2002年11月，管辖范围以乐里河为界，上至百花寨大桥以下的金辰郡居民区到百花寨移民点，下至马店大桥头的火车站贮货场，县城环卫站的垃圾处理场，以宽阔净洁的人民文化广场为中心，以笔直的三十米大道为重要标志，是乐里镇经济、文化、通信建设的中心。本辖区划分为7个小区，社区居民1658户、4787人，党员53名，社区“两委”班子成员6人。2018年第四季度全社区享受最低生活保障有101户、164人。比2017年的169户、220人，减困58户、66人。2018年居民可支配收入已达2万元。辖区内驻扎有市、县直属机关单位有地税、国税、财政局、交通警察、电信运营公司，还有人寿保险、财产保险、国土资源、医疗、卫生等31个部门行业，河南社区地处县城新开发区，具有得天独厚的区位优势，道路广，交通便利，服务设施齐全，有医疗卫生，有幼儿园，有贸易商场，居民多数从事商业销售，形成以经商为主，农业、手工业为补的经济格局。居民生活水平逐年提高，2008年年初河南社区居民享受国家救助的最低生活保障共372户，截至第三季度下降到101户。社区党支部书记兼居民委主任刘治顺。

新昌社区 位于田林县城东北面，辖区范围从乐里桥头法院往下至纸厂，转盘往绕城路至平么小学，面积2.5平方千米，划分为10个居民小组，共有居民2860户、6830人。2018年居民可支配收入已达2万元。2002年新昌社区第一届居民委员会依法选举产生，新昌社区成立。有社区“两委”班子6人。新昌社区现有党员94名，分设两个党支部，第一党支部44名党员，第二党支部50名党员。2018年参加“乡村振兴·争创五旗”活动活动，获中共百色市委、百色市人民政府颁发的“生活富裕红旗村”称号。辖区范围内驻扎有法院、公安局、县医院、市政局、农业局、林业局、政务大厅等34个部门行业。新昌社区地理位置优越，地处县城新开发区，道路宽广，交通便利，服务设施齐全，有医疗卫生，有幼儿园，有贸易商场，居民多数从事商业销售，形成以经商为主，农业、手工业为补的经济发展局面。社区党支部书记兼居民委主任黄柳云。

（王仕向）

旧州镇

【中共旧州镇委员会领导】

书　记：李昌善

副书记：黄大照（壮族）

文纯标（挂职）

纪委书记：罗德君（壮族，2018年9月离任）

王国交（壮族，2018年9月任职）

组织委员：吴美燕（女）

宣传统战委员：

覃映楠（女，壮族，2018年9月离任）

蒋宗龙（2018年9月任职）

武装部长：黄作斌（壮族）

【旧州镇人大主席团领导】

主　席：王承赞

副主席：农勋吉（壮族）

【旧州镇人民政府领导】

镇　长：黄大照（壮族）

副镇长：吴光敏

黄保锋（壮族）

姚晶晶（女）

蒋宗龙（2018年9月离任）

【概况】 旧州镇位于田林县西北部,东邻潞城瑶族乡,南接平塘乡,西界隆林县沙梨乡,北与贵州省册亨县隔南盘江相望。南昆铁路、国道线324、隆百高速公路贯穿境内,镇政府所在地距县城59千米。行政区域面积497平方千米,辖旧州、板坚、平满、那度、南合、板仰、平保、央白、者务、示甫、徕周、者念、平林、广龙14个行政村和1个临时管委会红河移民点、72个(含红河移民点4个)自然屯、150个(含红河移民点4个)村民小组,居住壮、汉、瑶、苗4个民族。当地群众有植树造林、种植经济作物、养殖牲畜的传统习惯。民族文化风情浓厚,是国家非物质文化遗产北路壮剧的发祥地。矿产源丰富,现已探明的矿产有铝、锑、银、石油、天然气、铜、沙金、硫铁、汞等,其中锑矿资源较多。主产水稻、玉米、西瓜、果蔗、糖蔗、生姜。辖区内有石头林、八架两座水库,旅游资源有北路壮剧的发祥地那度村,徕周村的梅花山景点、板仰村的老鹰岩溶洞和"神州第一桥"南盘江铁路大桥等。2018年,14个行政村全部通公路、通自来水、通宽带互联网、通有线电视。村村实现生活垃圾集中处理。

【经济发展】 2018年,全镇国内生产总值完成42389万元,同比增长12%;农村经济总收入16481万元,同比增长10%;城乡居民人均可支配收入31378元,同比增长13%;农民人均纯收入8538元,同比增长13%。推进沿国道线果蔗、西瓜、大肉姜等"短平快"产业和沿南盘江杧果、糖料蔗等产业扩量升级,加强技术指导,拓宽促农增收渠道。年内,全镇14个行政村均有2万~7万元的村集体经济收入,部分村还建立扶贫产业示范基地,开启村集体经济发展新路子。旧州镇角柳杧果示范园被评为第二批现代特色农业乡级示范园;示甫村珍珠李、徕周村茶叶、平满村砂糖橘、那度村杧果被评为第二批现代特色农业村级示范点。2018年,全镇没有发生重大动物疫情。进一步扶持推动旧州万成牛场、旧州显光牛场、旧州羊大美羊场三个规范化养殖示范点建设,带动全镇养殖肉牛存栏1828头、羊存栏3802只。

【社会发展】

社会救助工作 2018年,全镇共发放冬令春荒灾民救助款76万元,优抚对象补助金54万元,城乡低保救助款430万元,五保救助款17万元。

文化、教育、卫生、社会保障 举办田林县2018年吼敢歌圩壮剧展演旧州片区会演活动、庆祝中国共产党成立96周年文艺晚会、庆祝改革开放40周年和广西壮族自治区成立60周年,"舞动幸福路、携手共建文明镇"广场舞大赛等文艺活动。新农合应参保人数20309人,完成征收1991人,占总任务数的98.43%。完成35周岁至64周岁妇女乳腺癌检查450人,为全镇1080户贫困户建立健康扶贫档案并发放家庭签约医生服务手册,不定期为贫困户做健康检查。同时做好防治艾滋病工作的宣传教育,喷刷防艾标语100条;做好新生婴儿防疫及人员密集场所传染病监控,2018年辖区内没有发生大面积疾病感染案例。全镇人口计生工作严格按照控制人口合理增长,提高人口素质的方针,全面贯彻落实两孩政策,各项指标圆满完成。其间,新生儿265人,男孩136人,女孩129人,性别比为105(县指标为112),其中一孩出生95人,二孩出生134人,多孩出生36人。人口出生政策符合率96.98%(县指标96%以上)。加强育龄妇女孕前优生健康检查,完成健康检查47对夫妇(全年目标78对)。

养老保险和就业 2018年,全镇养老保险参保率达92.6%;全镇符合发放养老金人数是2445人,已按要求全部兑现;2018年,共完成劳动就业培训100人、农村劳动力就业转移新增280人、城镇新增就业人数17人。

【党建工作】 依托"三会一课"、新时代讲习所、"乡村夜话""讲习小广播"、壮剧文艺演出等载体和平台,以村党组织第一书记、村"两委"班子、农村党员为重点对象,组织开展"不忘初心、牢记使命"主题教育,开展党建促脱贫农村党员大培训工作。全年共投入学习教育培训经费近5万元,组织干部职工及各基层党组织开展集中学习或培训48次以上,各类宣讲活动达30场以上。组织14个村党支部书记、致富带头人参加区、市、县各类培训110多人次。2018年共组织驻村工作队参加市、县两级培训3次,镇级培训5次。全年共投入2万多元为驻村队员改善驻村条件。全镇38名工作队员(除分队长吃住在镇)均在村内安排有固定食宿地点,生活用品、电器配备齐全。完善好2018年4个预脱贫村材料和其他贫困村、非贫困村的相关基层党组织材料。组建易地扶贫搬迁旧州文角置点党组织，增强“两个覆盖”。旧州镇易地扶贫搬迁文角安置点共有100户、390人搬迁入住，其中有贫困党员5人。根据围绕易地扶贫搬迁安置点6+N的工作要求，该安置点于今年10月底成立党支部，通过严格程序、公开选举方式，配齐配强支部班子成员。强化党组织示范创建带动。坚持以党建促脱贫攻坚为核心，以创业就业技能等为主要内容，通过党性教育与技能培训相结合，全面提高党员致富本领。通过村“两委”结对帮扶、党员结对互促、打造党员创业示范基地等方式，带领困难群众脱贫致富。全镇有145名党员致富带头人结对帮扶280户困难群众走上脱贫致富道路。开展基层特色产业党建示范带创建活动。结合全镇实际，开展“杧果两带补，油茶一带连”创建活动，即：以沿国道324线的平满、旧州、板坚，沿南盘江的者念、平林、广龙、江河等打造杧果两带示范产业，以者务、央白、平保、那度、南合、板仰、示甫、徕周为贫困村打造油茶产业带。全镇共种植杧果近万亩，油茶3.1万余亩。同时，抓好两新党组织党建工作，实现党员培训教育全覆盖、党内组织生活全覆盖、管理与服务全覆盖。2018年，组建跨省区联合党总支部，整合旧州镇旧州村、贵州省册亨县八渡镇八渡村党建资源，广泛开展“支部联建、扶贫联抓、产业联姻、治安联防、纠纷联调、江河联治、文化联推”等活动，拓宽合作领域，延伸为群众服务工作的触角，助推区域经济发展和脱贫攻坚工作，促进民族地区和谐稳定。年内，旧州镇党委与八渡镇党委共召开党建促脱贫工作座谈会2次，各联合党总支组织开展互派学习20余次，共打造桂黔跨区域支部联建杧果、油茶等五大基地产业示范带建设6000多亩。通过发展两区域种、养产业，2018年实现省区接壤部农民人均增收450元。2018年在各级新闻媒体刊登各类新闻67篇，其中：右江日报5篇，百色新闻网1篇，田林政府网61篇，田林电视台25篇，其他各类网站1篇，营造全镇浓厚舆论氛围。2018年，全镇无网络舆情。抓好讲习所学习活动，开展“集中讲习”“乡村夜话”等讲习活动，更直观的在基层干群中传播学习习近平新时代中国特色社会主义思想；实施“讲习小广播”工程，组建一支村级广播员队伍，运用本地方言在群众农闲时，广播宣传相关理论知识、惠农政策、时政新闻等；开展“戏曲进校园”活动，提高学生戏曲艺术修养和文化素养，弘扬社会主义核心价值观，进一步增强青少年的文化自信和文化自觉；开展壮语壮戏“板凳圈”活动，就如何学习贯彻落实党的十九大精神进行宣讲。通过开展多主题多形式的宣讲活动，把高大上的理论知识转化为群众听得懂、易接受的本土授课和山歌戏剧，将理论武装真正延伸到基层群众，巩固了全镇干部群众对正确政治立场的思想认同，推动全镇讲习所活动纵深发展。抓好社会主义核心价值观“五进”活动。把社会主义核心价值观纳入干部职工年度政治学习的主要内容。组织党员和干部职工以各类文明创建活动为契机，继续抓好“四德”教育。开展“我评议我推荐身边好人”“最美基层医生”和“最美乡村干部”等评选活动。把社会主义核心价值观融入群众文化活动中。发挥村级公共文化活动场所作用，开展红旗维护点建设工作，利用节假日组织开展文艺演出。深入开展文明村屯创建和“十星级文明户”活动，同时在各村建有“我们的价值观”善行义举榜，倡导爱国守法、勤劳致富、尊老爱幼、团结和睦等社会主义新风尚，促进农村精神文明建设，年内旧州镇徕周村、者务村、平满村被评为百色市“生态宜居红旗村”，示甫村被评为2018年度“文明村”。加强作风建设，落实中央“八项规定”。印发《旧州镇开展整治懒政怠政工作方案》，加大整治懒政怠政力度，按要求通报全县懒政怠政整治情况。加强违纪案件查办力度，2018年全镇共查处各类违纪案件5件，其中扶贫领域问题3件，处分5人，办结群众信访7件，协助县纪委办案2件。年内开展2次扶贫领域腐败和作风问题专项治理工作大接访活动，设置举报信箱，畅通纪检监察举报渠道，组织学习扶贫领域监督执纪问责典型案例通报，观看警示教育片，逐步形成全镇党员干部“不敢腐、不能腐、不想腐”的有效机制。采取谈话提醒方式推进“四种形态”工作，约谈干部职工、村组干部150余人次。在年内开展的2次大接访活动中，共接访人员96人次，发放宣传资料500余份，其中扶贫领域26件，其他领域70件，当场解答群众咨询问题200余个。组织开展纪检监察干部“大蹲点、大巡访”活动，走访农户80余户，收集涉及民政、扶贫、项目等民生问题80余条。2018年3月，为探索村级工作站建设试点工作，旧州镇成立全县首个村级专项治理工作站，即：那度村扶贫领域腐败和作风问题专项治理工作站，年内工作站共接待群众来信来访83人(次)，巡访18次，暗访群众92人次，督查各村民小组公益林补助、水利建设等项目5个，参与村集体研究决定的重点决策3项，核查村“两委”财务收支3次，排查线索6条，其中扶贫领域腐败和作风问题线索2条，宣传覆盖率100%，专项治理工作站取得明显成效，获得群众肯定。该站因工作突出被选为全县2018年上半年党风廉政建设暨扶贫领域腐败和作风问题专项治理工作会议现场参观点。

【脱贫攻坚】 按照2018年贫困村“十一有一低于”和贫困户“八有一超”的脱贫摘帽标准，年内要实现546户、2242人脱贫，徕周村、示甫村、央白村摘帽出列，平保村作为预选村准备，以及者务村作为2016年脱贫的巩固村等一系列艰巨任务目标，旧州镇克服攻坚，勇往直前。至年底，徕周村、示甫村、央白村如期摘帽出列，全镇2018年预脱贫户均达到“八有一超”脱贫摘帽标准，顺利通过自治区核验，年内实际摘帽580户、2399人，比预期摘帽人口多157人。同时完成巩固2016年已脱贫摘帽的者务村及2016年—2017年已脱贫的168户723名贫困人口脱贫摘帽成果。截至2018年底，央白村贫困发生率为0.56%，者务村贫困发生率为0.83%，徕周村贫困发生率为1.54%，示甫村贫困发生率为1.13%，全镇贫困发生率由2017年底的16.95%降至5.83%，贫困发生率降幅为11.12%。2018年共计完成以奖代补产业补助资金307.876万元的发放工作，通过公司+合作社+基地+农户的模式，大力发展油茶、珍珠李、山黄瓜、中草药、茶叶等产业，共带动119户贫困户实现人均收入增加2000元以上。着重落实医疗、教育、住房保障。一是加强建档立卡贫困户健康扶贫工作宣传力度，确保全镇建档立卡贫困户住院报销达90%以上，门诊治疗报销80%以上。全镇新农合参保率达到98.43%，贫困村达到98%以上，建档立卡贫困人口参合人数为4339人参合率达100%，贫困人口。二是认真贯彻落实上级义务教育控辍保学专项行动精神，全部完成21名辍学劝返工作并及时跟进在校情况。另外，全镇共有97名贫困生获得2018年春季学期“雨露计划”职业学历教育(共三批)补助资金15万元；143名贫困生获得秋季学期“雨露计划”职业学历教育(共三批)24.75万元；5个村的10名贫困生获得2018年春季“两后生”获补助2.75万元，2个村的4名贫困生获得2018年秋季“两后生”获补助1.1万元；3个村的86名贫困人口获得短期技能培训以奖代补项目6.88万元。极大程度上解决贫困生的生活问题。三是严格确定田林县百花寨安置点23户、旧州文角安置点100户搬迁对象，同时通过危房改造等相关政策，解决一批贫困户无住房保障的问题。

【各村简介】

旧州村 位于旧州镇中部，村部所在地旧州屯，位于镇政府所在地。辖旧州、弄江、尾打、八渡口4个自然屯、18个村民小组，共739户、2719人(2018年6月底实际人口数)，居住着壮、汉、苗、瑶4个民族，全村总面积46.95平方千米，耕地2371亩，林地面积12860亩。农业主要以种植果蔗、油茶果、李果、板栗、桉树为主要收入来源。村党支部书记何山水，村民委员会主任杨森。

平满村 位于田林县旧州镇东南部，距镇政府所在地3千米，324国道线和隆百高速公路穿境而过，交通便利。辖平满、谭合、石头林、者树、伟求、平角6个自然屯、9个村民小组、共374户、1502人。全村总面积84.3平方千米，林地面积42000亩，耕地面积2131亩，其中水田630亩，旱地1080亩，村特色产业为杉、油茶、猪、果蔗。村党支部书记兼村民委主任黄海清。

板坚村 位于旧州镇西北部，距镇政府驻地5千米，辖大屯、中屯、小屯、者雅、委寒、坝平、伟歪7个自然屯、13个村民小组，共508户、2102人(2018年11月底实际人口数)，居住着壮、汉、瑶、苗4个民族。全村总面积36.21平方千米，耕地面积2809亩，其中水田面积800亩，旱地面积2009亩。经济林主要有2700多亩的杉木2400多亩的油茶树1500多亩板栗。种植有210多亩的水稻及零星玉米、芭蕉芋等农作物。群众以种植玉米、生姜、油茶、杉木、板栗、速生桉、马尾松等经济作物和经济林为主要收入来源。村党支部书记黄选，村民委主任黄显辉。

者念村 位于旧州镇西部，村部所在地者念屯，距镇政府所在地12千米，辖者念、八旦、伟力、碰里、南又5个自然屯、9个村民小组，居住着壮、汉、瑶等民族，全村共有350户、1423人，其中壮族占全村总人口95%。全村辖区总面积61.07平方千米，耕地面积3310亩，其中水田450亩，旱地2860亩。粮食作物播种面积2200亩。林地面积68793亩，其中用材林39658亩，经济林13128亩，公益林10215亩。村党支部书记罗炳忠，村民委主任黄家东。

那度村 位于旧州镇中部，村部所在地为那度屯，距镇政府所在地5千米。辖那度、扶屯、平那、江洞、百怀、委架6个自然屯、11个村民小组，居住着壮、汉族共2个民族。全村共有359户、1434人。全村总面积25平方千米，耕地面积2320亩，其中水田1062亩，旱地1258亩。主要产业有杉木、松木、油茶、芭蕉芋、大肉姜种植和肉猪养殖，“3+1”产业为杉木、油茶、猪和芭蕉芋。村党支部书记杨立忠，村民委主任李星华。

南合村 位于旧州镇南部，村部所在地南角屯，距镇政府所在地13千米。辖弄合、上屯、谭乐、南角、南华5个自然屯、11个村民小组，共406户、1558人(2018年10月底实际人口数)，居住着壮、汉族共2个民族，其中壮族1548人，占总全村人口99.4%。全村总面积21.95平方千米，耕地面积2069亩，其中水田652亩，人均耕地面积1.32亩，林地面积20000亩，退耕还林面积11000亩。群众以种植杉木、油茶、芭蕉芋、生姜和甘蔗为主要收入来源。村党支部书记何炳高，村民委主任何元达。

板仰村 位于旧州镇中南部，距镇政府驻地10.8千米，辖下屯、上屯、祥林、伟红、半腊5个自然屯、17个村民小组，共354户、1536人(2018年6月底实际人口数)，居住着壮、汉2个民族，其中壮族1530人，占总全村人口99%。全村总面积25.2平方千米，有耕地2170亩，人均耕地面积1.41亩，林地面积12695亩，退耕还林面积820亩。群众以种植杉木、油茶、珍珠李、生姜、玉米为主要收入来源。村党支部书记兼村民委主任黄尚敏。

示甫村 位于旧州镇西部，村部所在地示甫大屯，距镇政府所在地23千米。辖大屯、小屯2个自然屯、12个村民小组，居住着壮、汉、瑶族3个民族，全村共有280户、1282人，总面积10.34平方千米，耕地面积2433亩，其中水田660亩，旱地1773亩。主要产业有杉木、松木、油茶、芭蕉芋、大肉姜、珍珠李和肉猪养殖。村党支部书记黄世敏。

徕周村 位于旧州镇西南部海拔1409米的梅花山(又称三台山)脚下，村部所在地海拔1100米，离镇政府24千米，辖1个自然屯、12个村民小组，共有336户、1568人。全村主要种植有水稻、玉米、油茶、杉木、生姜、八角、茶叶、珍珠李等，主要养殖有马、驴、猪、家禽，现有老品种油茶林7000亩，杉木3000亩，珍珠李480亩、茶叶120亩。村党支部书记何青，村民委主任韦孝林。

者务村 位于旧州镇东南部，距镇政府驻地8千米，辖者务、孔兰、百改、平桑、平乃5个自然屯、6个村民小组，共205户、846人，居住着壮、汉2个民族，其中壮族818人，占总全村人口96.7%。全村总面积24.44平方千米，林地面积33796亩，耕地面积1538亩，其中水田408亩，旱地1130亩。群众以种植油茶、杉木、桉树、姜、生猪为主要收入来源。村党支部书记兼村民委主任何丽婷。

央白村 位于旧州镇中南部，村部所在地央白中屯，距镇政府所在地13千米。辖上屯、中屯、下屯、平维4个自然屯、7个村民小组，居民以壮族为主，全村共有229户、862人，总面积22.7平方千米，耕地面积1710亩，其中水田630亩，旱地1080亩。主要产业有油茶、杉木、板栗、大肉姜等。村党支部书记韦杰明，村民委主任黄建华。

平保村 位于旧州镇西南部，距镇政府所驻地11千米，辖平保、百六、平东、尾利及委涯5个自然屯、6个村民小组，共209户、837人(2018年6月底实际人口数)，居住着壮、汉2个民族。全村总面积14.33平方千米(21495亩)，耕地面积921亩，其中水田339亩，旱地面积582亩，林地面积18300亩(其中公益林6000多亩)。群众以种植油茶、杉木、生姜、玉米、甘蔗为主要收入来源。村党支部书记骆进祥，村民委主任刘振辉。

平林村 位于旧州镇东北部，距镇政府驻地25千米，辖平林、小平塘、伟厚、伟腊、伟棒、达华、渭雅、渭蛮8个自然屯、13个村民小组，共417户、1563人(2018年11月底实际人口数)，居住着壮、汉、布依3个民族，其中壮族1295人，占总全村人口82.85%。全村总面积60平方千米，有耕地2692亩，人均耕地面积1.69亩，水田面积692亩，旱地2000亩，林地面积8.1万亩。群众以种植玉米、生姜、油茶、甘蔗、杉木、速生桉、马尾松等林业为主要收入来源。村党支部书记黄志平，村民委主任廖志荣。

广龙村 位于旧州镇东北部，村部所在地为广龙屯，距镇政府所在地27千米。辖共4个自然屯(广龙屯、板存屯、那香屯、板学屯)，2015年精准识别时将红河临时管委会纳入广龙行政村，共5个村民小组349户、1150人。居住着壮、汉、瑶、苗、布依等民族。全村总面积37.8平方千米，耕地面积2510亩，林地53917亩。村党支部书记岑建合，村民委主任岑文杰。 (王锦平)

定安镇

【中共定安镇委员会领导】

书　记：黄欣明(壮族)
副书记：戴成贤(壮族)
　　　　朱　俊(壮族)
纪委书记：吴林芳(女)
组织委员：莫智福(壮族)
宣传统战委员：黄　洁(女，壮族)
武装部长：黄绍荣(壮族)

【定安镇人大主席团领导】

主　席：朱　俊(壮族)
副主席：罗永荣(壮族)

【定安镇人民政府领导】

镇　长：戴成贤(壮族)
副镇长：李定肃(壮族)
　　　　邹忠应
　　　　闭祖瑛(壮族)
　　　　闭遗昆(壮族)

【概况】 定安镇位于田林县西部，地处风光旖旎的驮娘江与清水河的交汇处，距离县城93千米，东邻八渡瑶族乡，西与西林县那劳镇、隆林县的介廷乡接壤。南接高龙乡，北与者苗乡毗邻。全镇总面积299平方千米，森林覆盖率78.8%，耕地面积20297亩，其中水田8110亩，旱地12187亩(比2016年增加121亩)。辖定安、渭密、八新、那雄、那门、央荣、八来、常井8个行政村、59个自然屯、104个村民小组，共3459户、13404人，聚居着壮、汉、瑶、苗、彝5个民族。多年来，定安镇街圩为每五日一圩日。定安镇行政编制有28名，在编人数22人；事业编制有18名，在编人数13人。

定安镇自然条件得天独厚。全镇属亚热带季风气候，年平均气温21℃，平均降雨量约1306毫米。物产丰富。麻蛋、油团、油灯饼、牛耳朵饼、糯米饭、水豆腐等特色美食远近闻名；主要农副产品及土特产有豆腐乳、辣骨、香菇、云(木)耳、蜂蜜、灵芝、铁皮石斛、油桐、油茶、八角等；主要水果有柑橘、月柿、李果等；主要中草药材有黄精、首乌、金银花、鸡血藤、五蓓花、三叶青等；木材储量丰富。主打农业产业特色有春黄瓜、杧果、甘蔗、茯苓、三叶青、田七。畜牧养殖有肉牛、山羊、肉猪、林下养鸡、鸭等。

【文化历史】 定安镇历史文化悠久，是中国近代史上有名的历史文化名镇。清康熙四年至民国时期共286年为西林县县治，第二次鸦片战争的导火索、震惊中外的“马神甫事件”(史称“西林教案”)和太平军屠城的“庚申事件”就在这里发生。现有西林教案遗址、常井天主教堂、岑氏宗祠三个自治区、县级文物保护单位，是爱国主义教育的典型范例。以西林教案遗址为抓手，定安镇将培育打造成具有深远爱国主义教育意义的旅游基地，培育成以休闲旅游相契合的历史重镇、文化名镇、特色小镇。定安镇现有定安剧团、平些剧团、渭密剧团等3支农村业余壮剧团，广场舞小分队17支。定安镇于每年正月的最后一天都会举行“销正月”活动，3月17日举行2018年度销正月活动，吸引外来游客2000多人。

2018年11月13日，中央文化部和旅游部《扶贫路上》调研组一行到定安镇调研

【经济发展】 2018年完成粮食种植2.1万亩,超额完成县下达任务;粮食总产量0.71万公斤;全镇2018年肉类总产量达0.18万吨,水产品总产量达436吨,出栏肉鸡1.5万羽、肉猪1.56万头、肉牛3790头、肉羊2910只;全镇新种和翻种甘蔗面积9081.55亩,占县级下达5300亩年度任务指标的171.35%;2018年着力发展特色种养殖业,种植生姜1910亩、柑橘1160亩,养殖蜜蜂580箱;春黄瓜连片种植1820亩、叶菜类1100亩、其他蔬菜类900亩。

【基础设施建设】 一是八来至半坡硬化道路建设,该项目于2018年11月份动工;二是推进半坡—平马乐—那桑—央胡、平些至那单、八新至那六、常井至毛坪、渭腊至落艾村屯道路硬化项目;三是全镇人饮工程建设,2018年全镇人饮工程项目共涉及11个自然屯,项目投资323万元;四是贫困村网络宽带项目,推进常井村、央荣村实现宽带网络覆盖;五是旧州至那腊二级公路定安段等项目进入实质性施工阶段,预计2019年实现通车;六是完成那收屯、那免屯、渭密屯三座铁索桥维修工作,24条水毁道路124.4千米已全部完成维修工作;七是危改工作,2018年全镇危房改造指标为11户,竣工11户,全部验收合格并拨付危改资金35.38万元。八是"改厨、改圈、改厕"工作。2018年全镇改厕改厨改圈任务数分别为:234户,234户,34户。改厕开工220户,竣工196户;改厨开工223户,竣工198户;改圈任务已全部竣工。

【脱贫攻坚】

脱贫摘帽任务完成情况 定安镇共8个行政村,其中,八新、八来、常井、央荣4个村为"十三五"贫困村。2018年全镇有362户、1439人贫困人口达到"八有一超"脱贫出列标准,实现八来村整村脱贫摘帽,完成对贫困户开展脱贫摘帽"双认定"工作,顺利通过自治区、市、县级验收,圆满完成定安镇2018年年度脱贫摘帽任务。

扶贫基础设施建设方面 一是完成那收屯、那免屯、渭密屯三座铁索桥维修工作,完成24条水毁道路124.4千米维修工作,八新、八来、常井、央荣4个贫困村受益。二是推进半坡—平马乐—那桑—央胡、平些至那单、八新至那六、常井至毛坪、渭腊至落艾村屯道路硬化项目;三是全镇人饮工程建设,2018年全镇人饮工程项目共涉及11个自然屯,项目投资323万元;四是贫困村网络宽带项目,推进常井村、央荣村实现宽带网络覆盖;五是旧州至那腊二级公路定安段等项目进入实质性施工阶段,预计2019年底全面实现通车。

产业发展方面 一是甘蔗种植工作取得新突破,全镇新种和翻种甘蔗面积9081.55亩,占县级下达5300亩的年度任务指标的171.35%;二是2018年着力发展特色种养殖业,种植生姜1910亩、柑橘1160亩,养殖蜜蜂580箱。三是以"建基地,抓大户,带万户"为发展思路,培育养猪大户8户、养牛大户2户、养羊大户14户、养鸭大户1户、养蜜蜂大户1户。四是采取"菜—稻—菜"或"瓜—稻—菜"和"协会+基地+农户"等生产经营模式,完成春黄瓜连片种植1820亩、叶菜类1100亩、其他蔬菜类900亩。五是巩固阳光助残扶贫项目,采取"专业合作社+残疾贫困户+公司"的经营模式,有效推动蜜蜂养殖业发展,带动残疾贫困户96户共386人。六是打造澳洲坚果基地,以"公司+易安户"的形式进行经营,由公司负责租赁集体土地,出资金、技术、肥料、种苗,易安户负责投工投劳,年内,该基地已种植澳洲坚果2150亩,推动30户易安户就近务工,有效解决易安户就近就业问题。

惠民政策方面 一是2018年春季学期共有80名在校生办理"雨露计划"补助,共计发放补助12万元。秋季学期共有96名在校生成功办理"雨露计划"补助,补助金额共计16.5万元。二是产业奖补,2018年上半年,县脱贫攻坚战指挥部下达第一批产业扶持"以奖代补"任务数为210户,全镇210户补助金全部发放到位。2018下半年,脱贫攻坚战指挥部下达第一批产业扶持"以奖代补"任务数为474户,全镇符合申请"以奖代补"政策共480户,共拨付奖补资金165.04万元。

易地扶贫搬迁政策 2018年全镇搬迁总目标任务:157户、658人,已入住156户、656人,入住率99.7%。其中那钱利集中安置点147户、618人,已完成安置任务,入住率达100%;搬迁至百花寨集中安置点8户、30人,已入住7户、28人,入住率88%;分散安置1户、5人,已实现入住;百色深圳小镇1户、5人,已搬迁入住1户、5人。

村集体经济方面 2018年8个行政村均已成立村民合作社。采取"资金入股公司企业""购买铺面出租”“产业发展奖励”等方式探索村级集体经济发展模式，全镇4个贫困村实现村级集体经济收入超3万元，4个非贫困村收入超2万元。

【人大工作】

人大例会 召开定安镇第十三届人大四次、五次会议，为圆满完成年初、年中人大例会的召开，早计划、早部署、早安排，严格程序，严把材料关，充分准备各项工作，按时、按质完成两次例会的召开，2018年人大稿件采用量500篇。

人大履职情况 在镇第十三届人民代表大会第四次会议上，代表提交的建议6件；在镇第十三届人民代表大会第五次会议上，代表提交的建议5件。镇人大通过整理汇总后，分别在大会结束时转交镇人民政府分期办理。在镇人民政府和各有关部门的共同努力下，已办理完7件，有4件上报立项，有1项不属于镇政府职责范围内的已提交上级有关部门。督促派出所、司法所等部门加大对社会治安的整治力度，开展“三无”（无黄、无赌、无毒）宣传教育活动，惩治不法分子，做好民间“三大纠纷”调解工作。

【生态乡村建设】 一是美丽乡村建设稳步推进。镇级污水处理厂于2018年6月日投入使用，投入资金约1130万元；调整全镇各村屯保洁员95名，环境卫生整治工作步入常态化，全镇人居环境进一步优化提升。二是全面落实河长制，党政主要领导为总河长，全镇29条河流3个小水库均由一名镇政府领导担任河长，河流所流经的村由相应的村干担任村河长。三是村屯亮化、硬化工程全面推进，全镇安装巷道路灯有11个自然屯共374盏，惠及1025户、3908人；完成通屯道路硬化4个自然屯，里程长度5.41千米，硬化面积20420平方米，惠及群众793户、2844人；完成屯内道路硬化15个自然屯，里程长度13.5千米，硬化面积20250平方米；全镇建有垃圾处理中心有1处、垃圾池8处、垃圾车2部、三轮车10辆、收集垃圾箱55个，缓解乡村生活垃圾清运能力不足的问题，进一步提升人居环境。

【安全维稳工作】 一是针对涉访重点人员、吸毒、精神病患者和社区服刑人员等进行有效管控，有效排除影响社会稳定的隐患，及时化解各种社会矛盾。提升群众安全感、社会满意度。二是不断完善领导干部公开接访、带案下访、包案调处工作机制。2018年，全镇共受理调解各类纠纷案件54起，调结52起，接待来访群众170人次，出庭为当事人进行民事诉讼代理12件，有效地维护社会稳定。

【社会事业】

教育事业 2018年全镇学校共6所，其中中学1所，学校占地21000平方米，小学5所，定安镇中心校占地面积16675平方米。中小学在校生共1923人，其中中学在校生510人，小学在校生1413人；小学在职教师共108人，中学在职教师31名（其中大学本科24人，专科7人，具有中学高级教师1人，中学一级教师12人，中学二级教师11人，特岗教师5人），小学教师77名。2018年，中考、初考取得较好成绩，其中全镇中考成绩中获得A+类1名、A类5名；初考成绩中5名同学排名全县前200名的好成绩。

计划生育 一是人口出生情况，从2017年10月1日至2018年9月30日，全镇常住总人口数为13306人，已婚育龄妇女2495人，出生人口138人，计划外出生5人，人口出生符合政策生育率为96.37%（其中一孩出生34人，计划内34人，一孩符合政策生育率为100%，二孩出生75人，计划内74人，二孩符合政策生育率为98.67%，多孩出生29人，计划内4人，多孩符合政策生育率为86.20%）。出生婴儿男婴72人，女婴66人，人口出生性别109∶100。

二是约束性指标完成情况，2018年，出生政策符合率指标96%，完成96.37%；政策外多孩率指标3%，完成2.89%；产前筛查应筛查130对，已筛查106对，筛查率为81.5%；生育登记服务目标人群覆盖率指标80%，完成89.7%；流动人口服务管理指标100%，完成100%；计划生育奖励扶助政策兑现率指标100%，应兑现各种奖励扶助人数90人，已兑现90人，兑现率100%（其中享受国家奖扶60人，广西计生家庭奖扶29人，特殊家庭1人）。全员数据库信息准确率指标95%，完成97.78%，全员数据库信息变更及时指标95%，完成99.30%。

公共卫生服务 加强公共卫生管理、医疗服务管理、城乡居民医疗保险管理等各项工作，创造性地将基本公共卫生管理工作与健康扶贫工作有机结合，院内家庭医生签约团队在下村开展基本公共卫生服务的同时，同步开展健康扶贫管理工作。辖区内健康扶贫工程“五个一行动”家庭签约贫困户共922户、3619人，签约率达100%，全镇人口家庭医生签约人数5187人，签约率45%，辖区贫困人口享受先诊疗后付费政策。住院实际费用经城乡居民基本医疗保险、大病保险、民政救助、健康保险、政府兜底等报销后个人自付部分控制在10%以内。

民政和社会保障 一是低保工作，2018年，全镇依法依规确定符合享受城乡最低生活保障331户、1081人，其中A类25户、60人，B类46户、133人，C类260户、888人，累计发放低保金245.48万元。二是居民基本医疗保险工作，年内，全镇人口参合人数10331人，参合率达96.36%（其中贫困人口参合人数3655人，参合率达100.99%，且贫困人口住院治疗报销比例达90%以上）。三是城乡居民养老保险工作，全镇参保人数6918，参保率92.52%（其中贫困人口参保人数3369人，参保率达100%）。

文化建设 做好村级公共服务中心、村级篮球场、农家书室建设；加强镇文化活动建设，配齐配全各种设备；着力发展农村业余壮剧团，辖区内有定安剧团、平些剧团、渭密剧团等3支农村业余壮剧团，广场舞小分队17支。2018年成功举办“古镇风韵”旗袍秀和“销正月”“回娘家”等民俗活动，进一步提高定安镇的文化品牌、旅游品牌，获得社会各界好评。

【基层党建】 定安镇党委下辖11个党支部，其中有9个农村党支部，1个镇直联合党支部，1个镇政府党支部。共有393名党员（正式党员380名，预备党员13名），其中农村党员336名，男党员共346名，女党员共47名。

“三会一课”制度落实情况 把党支部“三会一课”、组织生活会、民主评议党员落实并融入“两学一做”学习教育中。全镇11个党支部、393名党员全部参加“两学一做”学习教育常态化工作，每季度按时开展“三会一课”。

农村党员管理 以村党支部为单位，按照村干部党员、普通党员、老弱病残党员、流动党员等不同岗位党员类型，分别制定不同评分标准，对每位党员履行党员义务、完成党组织分配的工作任务、参加党内活动、遵纪守法等情况进行量化积分，并根据不同积分情况采取相应的激励约束措施，充分激发党员自我净化和提升。

发展党员工作 遵循“控制总量、优化结构、提高质量、发挥作用”的总要求，重点从返乡创业大学生、致富能手、村组干部、复员退伍军人中发展党员，年内共发展党员6名，培养入党积极分子11名。

基层党建管理平台建设 每个支部落实3~5党员为平台管理员，负责党员信息录入工作，制定录入管理制度，进一步完善和维护党员基本信息，发展党员、党员组织关系转接等工作实现网络化管理。

“红旗村”活动 全镇有3个村共获5面“红旗村”，其中八新村同时被命名为“产业兴旺”“生态宜居”“乡风文明”红旗村；渭密村、那雄村同时被命名为“产业兴旺”红旗村。

驻村干部管理 加强对8位驻村第一书记和12位脱贫攻坚“乡村振兴”工作队员的管理，严格执行工作日期间签到制度。

【党风廉政】 一是落实责任。制定《定安镇2018年党风廉政建设和反腐败工作实施方案》《定安镇2018年约谈实施方案》等方案，将工作任务进行分解落实，并与镇里各站所负责人、各村支书签订《党风廉政建设责任状》，形成党委抓、书记抓、一级抓一级的工作格局。二是营造廉政文化氛围。结合党委学习中心组学习制度以开展“两学一做”为契机，组织开展专题学习活动，学习《中国共产党廉洁自律准则》《中国共产党纪律处分条例》《习近平关于党风廉政建设和反腐败斗争的论述摘编》《党员干部要带头守规矩、讲纪律》等党纪党规，将廉政概念渗透至干部职工的工作和生活中，提升党员干部廉洁自律意识。三是严查违纪案件。配合县级对信访举报工作场所的规范化建设，安排两间办公室用于信访接待室规范化建设，纪检干部入驻正常办公。对违法乱纪行为发现一个查处一个，决不姑息手软，坚持党纪、法律面前人人平等。年内立案4件，结案1件，移送审理三件。2件信访件在核。

【意识形态】 一是抓紧理论学习工作，开展党委中心组学习12次，每位中心组成员撰写心得体会或调研文章1篇以上；开展道德讲堂宣讲活动4次。二是深入传达学习贯彻党的十九大会议精神，及时召开党委扩大会议、全体干部职工会议进行传达学习，各村也召集党员进行传达学习，制作宣传板报大型宣传牌、横幅等在各村屯和重要路段进行广泛宣传，营造浓厚的宣传十九大精神氛围。三是稳妥处理网络舆情，传递正能量，新闻宣传工作成效显著，新闻稿件被市级采用量排在全县各乡镇前列。

【武装、统战】 进一步加强基层民兵组织建设，2018年新入伍士兵5人，圆满完成武装征兵工作。进一步做好定安镇天主教规范化管理，确保信教群众在法定范围内开展各项合法宗教活动，全年无不稳定因素存在，有效维护社会稳定。

【各村简介】

定安村 位于定安镇南部，村部所在地定安屯，也是镇政府所在地、集市聚集地。辖红新、东新、立新、廷立、岩怀等5个自然屯，主要居住着壮、汉2个民族，全村共有758户、2699人。总面积3.26平方千米，耕地面积3119亩，其中水田2118亩，旱地1003亩。主要经济收入分别由农业、交通运输业、商业、餐饮业、旅游业等构成，其中农业产业主要以水稻、甘蔗、杧果、养鸡、养猪、养牛为主。交通便利商贸繁华，群众普遍经商，成立有定安镇商会。主要土特产有豆腐乳、辣辣椒骨、腊肉、香菇、野生灵芝等，特色小吃有油团、土麻蛋、米豆腐、水豆腐、耳朵饼、五色糯米饭等。2018年该村农民人均纯收入10287元。2018年脱贫51户、202人，未脱贫14户、19人。全村共有党员53名。村党支部书记李忠胜，村民委主任刘斌。

渭密村 位于定安镇东部，村部所在地渭密屯，距镇政府所在地4千米。辖南甲、平些、洞洋、渭密、那免、那收等6个自然屯，居住着壮、汉族2个民族，全村共542户、2063人。总面积3.1平方千米，耕地面积3140亩，其中水田1151亩，旱地1989亩，主导产业以水稻、生姜、蔬菜、甘蔗、养鸡、竹子为主，特色产业有春黄瓜(示范基地821亩)、反季节蔬菜、果蔗等。2018年农民人均纯收入11035元。2018年脱贫33户、123人，未脱贫17户、49人。全村共有党员44名，村党支部书记李可成，村民委主任黄乃革。

八新村 位于定安镇西部，村部驻八新屯，距离镇政府3千米。辖八新、孔孝、那单、那六、三台坡、运斗、新寨、那来、平木、八轮等10个自然屯，居住着壮、汉、瑶3个民族，共386户、1506人。总面积3.44平方千米，耕地面积2512亩，其中水田990亩，旱地1522亩。八新村是一个山地多水田少的自然村，村民主要以种植杉木、油茶、生姜、甘蔗、杧果等为主要经济收入来源，农民人均纯收入12020元。八新村是2018年脱贫摘帽出列贫困村，2018年脱贫6户、22人，未脱贫3户、9人。村部有1栋二层办公楼，1个卫生室，1个篮球场，1个戏台。全村20户以上村屯已建好砂石路，全村10个自然屯基本解决人畜饮水。全村共有党员38名，村党支部书记兼村民委主任王建坡。

那雄村 位于定安镇西部，村部所在地那雄屯，距镇政府所在地12千米。辖那古、那雄、那别、河口、八干、平外、弄合、大平、八兰、三湾、那朋等11个自然屯，居住着壮族、汉族、瑶族、苗族4个民族，全村共有370户、1441人。总面积3.33平方千米，耕地面积2494亩，其中水田1064亩，旱地1430亩，主导产业以水稻、甘蔗、油茶、养羊、杧果为主。那雄村现有水库一座。那雄村标准杧果基地1个，该基地于2015年创建，杧果种植面积达2000亩，2018年农民人均纯收入11089元。2018年脱贫13户、44人，未脱贫12户、46人。全村共有党员43名，其中预备党员2名。时任村党支部书记兼村民委主任黄志鸿。

那门村 位于定安镇西北部，村部所在地那门屯，距镇政府所在地8千米。辖那门、那弄、洞城、巴品、八伦山、八角山等6个自然屯，居住着壮、汉2个民族，全村共有484户、1970人。总面积3.6平方千米，耕地面积2780亩，其中水田1057亩，旱地1723亩，主导产业以水稻、玉米、花生、油菜、油茶为主。那新水田站坝首建于那门村洞城屯，水电资源非常丰富。2018年脱贫35户、135人，未脱贫21户、51人。全村农民人均纯收入11050元。全村共有党员40名，其中预备党员1名。村党支部书记黄堂光，村民委主任许振昌。

央荣村 位于定安镇北部，邻接西林县，村部所在地央荣屯，距镇政府所在地16.5千米。辖央荣、八贯、上央灯、下央灯、百家寨、平丰等6个自然屯，居住着壮、汉2个民族，全村共有323户、1282人。总面积3.1平方千米，耕地面积1951亩，其中水田524亩，旱地1427亩，主导产业以水稻、玉米、旱稻、油茶、油桐为主，经济收入主要是玉米、生姜、桐果、茶果和劳务输出。央荣村属县贫困村，经济发展相对滞后，农民人均纯收入10859元。2018年脱贫97户、400人,未脱贫21户、71人。旧州至那腊定安段二级路已全面动工,预计2019年底将实现全面通车。全村共有党员39名。村党支部书记梁荣干,村民委主任吴政宏。

八来村 位于定安镇北部,村部所在地八来屯,距镇政府所在地10千米。辖八来、下甲、香六、田平、半坡、平马乐、那桑、央胡等8个自然屯,居住着壮、汉2个民族,全村共有341户、1377人。总面积3.74平方千米,耕地面积2109亩,其中水田735亩,旱地1374亩,主导产业以水稻、玉米、生姜、杉木、松木、山羊为主,2018年农民人均纯收入11080元。八来村是2018年脱贫摘帽出列贫困村,脱贫88户、350人,未脱贫8户、22人。全村共有党员37名,其中预备党员2名。村党支部书记兼村民委主任班建文。

常井村 位于定安镇北部,与者苗、平塘乡交界,村部所在地常井屯,距镇政府所在地16.5千米。辖上甲、毛坪、常井、者良、渭妹、落艾、渭腊7个自然屯,居住着壮、汉、彝3个民族,全村共有255户、1066人。总面积2.95平方千米,耕地面积2012亩,其中水田471亩,旱地1541亩,主导产业以水稻、玉米、油茶、油桐、杉木、生姜为主,经济收入主要玉米,桐果、茶果、生姜和劳务输出,2018年农民人均纯收入11280元。村有县级文物保护单位常井天主教堂,全村信教群众300多人。常井村属县贫困村,2018年脱贫39户、165人,未脱贫43户、188人。全村共有党员35名,其中预备党员1名。村党支部书记兼村民委主任杨政兴。 (李玲霖)

六隆镇

【中共六隆镇委员会领导】

书　记:覃　农(壮族)

副书记:张义国

　　罗正德(壮族)

纪委书记:苏光志(壮族)

党委委员:农胜军(壮族)

组织委员:

　　周诚婕(女,壮族,2018年9月离任)

　　岑一彰(壮族,2018年9月任职)

宣传委员:梁蕊蕊(女,壮族)

武装部长:黄永华(壮族)

【六隆镇人大主席团领导】

主　席:罗正德(壮族)

副主席:吴鸿恒

【六隆镇人民政府领导】

镇　长:张义国

副镇长:农胜军(壮族)

　　林　军

　　岑一彰(壮族,2018年9月离任)

　　董长征(2018年9月任职)

【概况】 六隆镇是1999年3月经自治区人民政府批准而成立的建制镇,位于田林县南部,东与百色市右江区阳圩镇、汪甸乡相连,南和云南省富宁县的剥隘镇交界,西北接八桂瑶族乡,北邻乐里镇,处于两省三县交界处,镇人民政府驻地供央村,距田林县城30千米。全镇总面积415平方千米,森林覆盖率72.7%,平均气温19℃至22℃,年降雨量1200毫米至1400毫米。海拔400至1200米,属亚热带气候。辖18个行政村、126个自然屯、156个村民小组,居住着壮、汉、瑶、苗四个民族。2018年,总户数为4792户,总人口为19557人,是全区最大的扶贫异地安置基地,移民分别来自田东县、田阳县、隆林县、那坡县、德保县、凌云县及本县浪平镇、平塘乡等贫困山区。全镇耕地面积为42460亩,其中水田面积为8725亩,主要粮食作物有水稻、玉米、甘蔗、木薯等,盛产八渡笋、八角、木材、油茶、烤烟等经济作物。八渡笋是六隆镇的主导特色产业之一,因此被誉为"广西八渡笋之乡"。

【经济发展】 2018年,全镇农民人均纯收入7632元;粮食生产面积1.94万亩,产量0.62万吨,超额完成上级下达的粮食生产任务量,完成耕地地力保护补贴资金发放236万元,发放率100%。饲养生猪1.35万余头,饲养牛0.15万头,新增出栏量50头牛以上养牛场1户,饲养羊0.22万只,饲养家禽38.12万羽;其中完成林下养鸡出栏量22.35万羽,水产品总产量460吨,2018年全镇牲口免疫度密度均为100%;免疫抗体抽检合格率100%。全镇甘蔗种植面积3.24万亩,翻种4475.67亩,新种甘蔗2449.18亩;种植烤烟426亩,完成烟叶收购975担;砂糖橘2413.13亩,其中新种1036亩;杧果7564亩,其中新种125亩。

【社会发展】 2018年,全镇征缴参保7595人,征收缴费金额51.4万元,发放养老金2402人23.7万元，办理养老保险待遇手续9313人，完成全镇领取养老待遇资格认证工作；全年农村劳动力转移就业337人，城镇劳动力转移就业34人，超额完成上级业务部门下达的任务。

【基础设施建设】 建设村级公共服务中心3个，已竣工1个，维修村级公共服务中心4个。同时向上级争取得到三项惠民工程，惠民资金达420万元，其中包括板图村渭英屯3.7千米通屯道路硬化、门屯村门屯屯内及平塘移民点通屯道路硬化、中屯村中屯屯内硬化。

【林业工作】 全镇共完成造林面积3850亩，其中中央财政造林补贴1000亩、珠防林造林工程2000亩、油茶新造林350亩，2017年任务2018年实施新一轮退耕500亩，实施油茶低产林改造100亩。

【安全生产】 以狠抓落实为主题，坚持"以人为本"和"安全第一、预防为主、综合治理"2018年开展安全生产大检查18次，镇主要领导带队6次，共出动检查人员88人次，对地质灾害点、建筑施工、道路交通和石场矿山等重点行业进行全面的排查整治58次；大力宣传普及安全生产法律法规和安全生产常识，开展"安全生产月"活动，在逢圩日举办现场咨询活动和宣传安全图片展览4次，张贴安全标语123张，刷写永久性标语10幅，悬挂横幅14幅，组织各村(社区)、驻镇单位安全协管员培训4次，培训人数达63人次。

【维护社会稳定】 加大矛盾纠纷精准排查和精细化解力度，抓好源头工作，严格实行周报制度，年内集中开展矛盾纠纷排查活动40余次，发动近2500人参加，共排查矛盾纠纷44起，调处44起，调处成功40起；开展大接访活动，受理信访案(事)件75起，现场答复30余起，发放宣传材料400多份；通过"信访积案化解集中行动月"活动，排查梳理案件30起，成功化解26起。

【脱贫攻坚】 2018年全镇预脱贫对象282户、1559人，平细、六隆、中屯、粉屯为预脱贫村，识别出贫困户9户、37人。经入户核实、评议，识别出疑似漏评户3户、14人，剔除疑似错评户2户、6人，剔除家庭成员1人；建档立卡单独老人户8户、13人、3户、4人与贫困子女进行并户管理、6户、7人与非贫困子女户重新识别后作人员减少(含死亡等自然减少)。对具有产业的贫困户发放以奖代补项目补贴270户，每户最高补助3500元；向上级争取惠民工程资金420万元，对板图村渭英屯3.7千米通屯道路硬化、门屯村门屯屯内及平塘移民点通屯道路硬化、中屯村中屯屯内硬化。

【科教文卫】 2018年，全镇共2087名学生，其中初中生573名，小学生1514名，教师共106名，实施农村中小学生营养改善计划、寄宿生生活补助等惠民项目，坚持优先发展教育，深入推进教育体制改革，加强教师队伍建设，大力实施素质教育，努力办好农村寄宿学校。抓好人口服务管理工作，为流动人口提供免费技术服务，服务率达100%，发放扶助金额惠及209人共计30.192万元，生奖励扶助政策落实率达100%。实行全镇餐饮店、食药品店、学校食品安全检查全覆盖，全镇10所学校食堂(含幼儿园)，春秋学期检查覆盖率均达100%；街道餐饮服务经营11家，检查覆盖率为100%。食品销售96家，完成电子检查覆盖率74%；开展村级卫生室监管专项检查及药店诊所药品质量安全集中专项整治行动，年内出动执法人次70余人次，药品零售企业2家共计20余次，检查药械使用单位20家共计50次。

【党建工作】 抓实常规工作以民主集中制为核心，开好班子民主生活会和党员的组织生活会，深化党务公开，规范公开程序，提高工作透明度；加强党员管理，做好党员发展工作，吸收优秀积极分子充实党的队伍，2018年发展党员15人；做好党员统计和党费收缴管理工作，督促党员按时足额缴纳党费并上交，全镇党员658名，其中女党员94名，共收缴党费24083.4元；建立党员档案管理、加强组织培训，充分发挥党员的带头作用和先锋模范作用，年内召开镇级培训会4次，共计培训党员870人次；创建基层党建特色产业示范带，推进供央、能良、平细、粉屯四个村示范点建设，形成以点带面的良好带动作用。

【各村简介】

供央村 位于六隆镇北部，村部所在地供央屯是镇政府所在地。供央村逢"2""7"为圩日，量3000人。"水、电、路"全通。辖供央、岩格、渭轰、八母等4个自然屯、6个村民小组，居住着壮、汉、瑶三个民族，全村共有292户、1206人。移民征用土地2668.4亩。全村所辖总面积23平方千米，拥有耕地面积3342亩，其中水田616亩，旱地2726亩。主要粮食作物有玉米、水稻，主要经济作物有甘蔗、八角。全村甘蔗种植面积1071亩，八角约2350多亩。2018年农民人均纯收入6978元。全村共有党员41名，其中女党员10名。村“两委”班子成员7人，其中村党支部成员3名，村民委成员6名。村党支部书记凌安元，村民委主任岑世军。

能良村　位于六隆镇西北部，村部所在地能良屯，距镇政府所在地3.6千米。能良村逢“4”“9”为圩日，能良街位于能良屯，该街历史较久，设立于1960年，街圩面积300平方米，人流量4000人。“水、电、路”已全通。辖能良、晚江、供立、六挂、岩桃、平孟6个自然屯、12个村民小组，居住着壮、汉、瑶、苗等四个民族，全村共有317户、1338人。能良村移民户口现有210人，实际居住移民225人，移民征用土地4519.1亩。全村所辖土地总面积18.2平方千米，耕地面积2170亩，其中水田815亩，旱地1355亩。主要粮食作物有水稻、玉米，主要经济作物有甘蔗、八渡笋、八角。全村甘蔗种植面积约计1028亩(其中双高基地800亩)，八渡笋面积约2480亩，八角面积约750亩。2018年农民人均纯收入5150元。全村共有党员35名，其中女党员8名。村“两委”班子成员7人，其中村党支部成员3名，村民委成员6名。村党支部书记罗志阳，村民委主任李金贵。

太阳村　位于六隆镇东部，村部所在地太阳屯，距镇政府所在地10千米，总面积21平方千米。“水、电、路”全通。辖太阳、内洋、平干、田七、坡怀、六楼6个自然屯、11个村民小组，居住着壮、汉、瑶三个民族，全村共有309户、1241人。耕地面积1250亩，其中水田480亩，旱地770亩。人均耕地1亩，人均水田0.4亩，经济林12300亩，生态林2812亩，农民收入主要依靠种养植和劳务输出。主要粮食作物有水稻、玉米，主要经济作物有甘蔗、八渡笋、木薯。全村甘蔗种植面积1186亩，八渡笋种植面积1025亩。2018年农民人均纯收入7000元。全村共有党员23名，其中女党员7名。村“两委”班子成员7人，其中村党支部成员3名，村民委成员7名。村党支部书记兼村民委主任潘祖茂。

央光村　位于六隆镇东南部，村部所在地央光屯，距镇政府所在地15千米。“水、电、路”已全通。辖央光、那灯、六龙、洞江、那高、马牙、六龙新屯、马牙新屯、央光点9个自然屯、14个村民小组，居住着壮、汉、苗三个民族，全村共有300户、1119人。移民户口现有100人，实际居住移民146人，移民征用土地8369.8亩。全村所辖总面积23平方千米，耕地面积2293亩，其中水田642亩，旱地1651亩。主要粮食作物有水稻、玉米，主要经济作物有甘蔗、八渡笋、木薯。全村甘蔗种植面积2106亩，八渡笋种植面积3260亩，木薯种植面积750亩。2018年农民人均纯收入6900元。全村共有党员37名，其中女党员8名。村“两委”班子成员7人，其中村党支部成员3名，村民委成员7名。村党支部书记为兼村民委主任罗正辉。

百怀村　位于六隆镇东南部，村部所在地百怀屯，距镇政府所在地20千米。“水、电、路”全通。辖百怀、六仆、六甘、百雄、六中5个自然屯、7个村民小组，居住着壮、汉两个民族，全村共有253户、1131人。其中移民48人，移民征用土地7100亩。百怀村总面积20.1平方千米，耕地面积4118亩，其中水田549亩，旱地3569亩。主要粮食作物有水稻、玉米，主要经济作物有八渡笋、甘蔗、杧果。全村甘蔗种植面积2043亩、八渡笋种植面积2073亩，杧果种植面积314亩。2018年农民人均纯收入6950.5元。全村共有党员23名，其中女党员3名，入党积极分子2名，预备党员2名。村“两委”班子成员7人，其中村党支部成员3名，村民委成员6名。村党支部书记班永雄，村民委主任黄克军。

粉屯村　位于六隆镇西南部，村部所在地粉屯屯，距镇政府所在地20千米。“水、电、路”全通。辖粉屯、洞三、渭轰上、渭轰中、渭轰下5个自然屯、5个村民小组，居住着壮族、汉族两个民族，全村共有141户、586人。全村所辖总面积19.3平方千米，耕地面积1729亩，其中水田229亩，旱地1500亩。主要粮食作物有水稻、玉米，主要经济作物有甘蔗、八渡笋。全村甘蔗种植面积1000亩，八渡笋种植面积1800亩。2018年农民人均纯收入6857.6元。全村共有党员31名，其中女党员4名。村“两委”班子成员6人，其中村党支部成员3名，村民委成员6名。村党支部书记兼村民委主任李炳仁。

中屯村　位于六隆镇中部，村部所在地中屯，距镇政府所在地8

千米。“水、电、路”全通。辖中屯、八寒、八三、平寨、平寨移民点、那门、那门移民点7个自然屯、7个村民小组，居住着壮、汉、瑶三个民族，全村共有224户、867人，总面积11.2平方千米，耕地面积2170亩，其中水田409亩，旱地1761亩。主要粮食作物有水稻、玉米，主要经济作物有甘蔗、八渡笋。全村甘蔗种植面积815亩，八渡笋种植面积1290亩。杉木1125亩、油茶406亩。2018年农民人均纯收入7012.1元。全村共有党员33名，其中女党员6名。村“两委”班子成员8人，其中村党支部成员3名，村民委成员5名。村党支部书记黄生道，村民委主任周世业。

门屯村 位于六隆镇西南部，村部所在地门屯，距镇政府所在地12千米。“水、电、路”全通。辖门屯、果甫、平塘、平竹、大沟5个自然屯、8个村民小组，居住着壮、汉、瑶三个民族，全村共有181户、746人，总面积12平方千米，耕地面积1249亩，林地面积13667亩。主要粮食作物有水稻、玉米，主要经济作物有八渡笋、甘蔗。全村甘蔗种植面积1420亩，八渡笋种植面积7600亩。全村共有党员37名，女党员5人，村“两委”班子成员8人，其中村支部委员4名，村民委成员4名。村党支部书记林志念，村民委主任罗绍杰。

小榄村 位于六隆镇中部，距离镇政府所在地16千米，总面积24.5平方千米，辖小榄、大榄、怀屯、八务、怀屯新村、八务新村6个自然屯、7个村民小组，共有343户、1459人。小榄村耕地面积1054亩，其中水田626亩，旱地428亩。全村主要以种植八渡笋、杧果、甘蔗、杉木、油茶以及养殖生猪、黄牛为主要经济来源，其中种植八渡笋6000亩、杧果400亩、甘蔗1500亩、杉木12000亩、油茶2500亩、生猪600头、黄牛22头。村两委班子成员8名，其中村支部委员3名，村民委成员6名。全村正式党员27名，女党员2名，党员覆盖5个自然屯。小榄村党支部2018年被自治区组织部评为三星级党支部，村党支部书记兼村民委主任罗日贵。

下维村 位于六隆镇西北部，村部所在地下维屯，距镇政府所在地24千米。“水、电、路”全通。辖下维、那农、平良、伟西、上维、那同、平浪7个自然屯、7个村民小组，居住着壮、汉、瑶三个民族，全村共有203户、768人，总面积14.2平方千米，耕地面积2147亩，其中水田268亩，旱地1879亩。主要粮食作物有水稻、玉米，主要经济作物有八渡笋、甘蔗、杉木。全村甘蔗种植面积580亩，八渡笋种植面积13200亩，杉木种植面积8500亩。2018年农民人均纯收入6920.3元。全村共有党员25名，其中女党员3名。“两委”班子成员7人，其中村党支部成员3名，村民委成员7名。村党支部书记兼村民委主任黄成强。

平细村 位于六隆镇西北部，村部所在地那茂屯，距镇政府所在地20千米。平细村是1999年由八桂瑶族乡平合屯、洞弄乡平细屯、那来屯、渭宁屯和浪平异地安置那茂屯、渭六沟屯组成。“水、电、路”全通。现全村辖平细、那来、伟宁、平合、那茂、渭六6个自然屯、6个村民小组，居住着壮、汉、瑶三个民族，全村共有206户、757人，总面积9.5平方千米，耕地面积3406亩，其中水田276亩，旱地3130亩。主要粮食作物有水稻、玉米，主要经济作物有甘蔗、八渡笋、烤烟。全村甘蔗种植面积1063亩，八渡笋种植面积10800亩，烤烟种植面积300亩，柑橘种植面积400亩。2018年农民人均纯收入7399.6元。全村共有党员29名，其中女党员3名。村“两委”班子成员7人，其中村党支部成员3名，村民委成员7名。村党支部书记兼村民委主任邓云龙。

周马村 位于六隆镇西南部，村部所在地周马屯，距镇政府所在地55千米。“水、电、路”全通。辖周马、平林、岭屯、八忙、梅林、陇接、八栋、三弄、平马、渭查9个自然屯、13个村民小组，居住着壮、汉、瑶三个民族，全村共有279户、1111人，总面积20.4平方千米，耕地面积2657亩，其中水田242亩，旱地2415亩。主要粮食作物有水稻、玉米，主要经济作物有甘蔗、八渡笋、砂糖橘。全村甘蔗种植面积3919亩，八渡笋种植面积3000亩，砂糖橘种植面积2000亩。2018年农民人均纯收入6920元。全村共有党员39名，其中女党员3名。村“两委”班子成员7人，其中村党支部成员3名，村民委成员6名。村党支部书记冯顺风，村民委主任韦伟豪。

六隆村 位于六隆镇西部，村部所在地大列屯，距镇政府所在地38千米。“水、电、路”全通。辖六隆、能地、伟密、赖屯、岩亨、定荷、坡英、大烈8个自然屯、14个村民小组，居住着壮、汉、瑶三个民族，全村共有363户、1523人，总面积23.3平方千米，耕地面积3082亩，其中水田511亩，旱地2571亩。六隆村是一个山地多水田少的自然村，村民主要收入来源为种植业，主要粮食作物有水稻、玉米等，经济作物有八渡笋、甘蔗、油茶、杉木等。全村甘蔗种植面积4456亩，八渡笋种植面积7800亩。2018年农民人均纯收入6918元。全村共有党员41名，其中女党员3名。村“两委”班子成员7人，其中村党支部成员3名，村民委成员6名。村党支部书记张树旗，村民委主任潘胜光。

板图村 位于六隆镇西北部，村部所在地板图屯，距镇政府所在地25千米。“水、电、路”全通。辖板图、平六、渭英3个自然屯、4个村民小组，居住着壮、汉、瑶等三个民族，全村共有141户、650人，总面积13.5平方千米，耕地面积1265亩，其中水田223亩，旱地1042亩。主要粮食作物有水稻、玉米，经济作物有八渡笋、甘蔗、茶油、八角。全村甘蔗种植面积388亩，八渡笋种植面积2000亩，油茶种植面积800亩，八角种植面积1200亩。2018年农民人均纯收入6875元。全村共有党员23名，其中女党员1名。村“两委”班子成员5人，其中村党支部成员3名，村民委成员7名。村党支部书记兼村民委主任李宗林。

六功村 位于六隆镇北部，村部所在地六功屯，距镇政府所在地25千米。“水、电、路”全通。辖六功、渭华、六功点、那桃4个自然屯、5个村民小组，居住着壮族、汉族、瑶族等3个民族，全村共有145户、586人，总面积12.3平方千米，耕地面积2147亩，其中水田268亩，旱地1879亩。主要种植作物有水稻玉米，主要经济作物有烤烟、杉木、甘蔗。全村甘蔗种植面积70亩，烤烟种植面积200亩。天然林面积283亩。2018年农民人均纯收入6823.6元。全村共有党员25名，其中女党员2名。村“两委”班子成员7人，其中村党支部成员3名，村民委成员7名。村党支部书记兼村民委主任黄祖善。

洞弄村 位于六隆镇西南部，村部所在地洞弄屯，距镇政府所在地28千米。“水、电、路”全通。洞弄村逢“3”“8”为圩日，辖洞坚、伟阳、洞弄上屯、洞弄下屯、者桑、伟斋、新寨、能比、平估9个自然屯、18个村民小组，居住着壮、汉、瑶、布依族四个民族，全村共有567户、2585人，总面积63.6平方千米，耕地面积2048亩，其中水田979亩，旱地1069亩。主要粮食作物有水稻、玉米，主要经济作物有八渡笋、甘蔗、杧果。全村甘蔗种植面积3476亩，八渡笋种植面积6万亩，杧果种植1000亩。2018年农民人均纯收入6973.5元。全村共有党员61名，其中女党员15名。村两委班子成员8人，其中村党支部成员3名，村民委成员8名。村党支部书记卢良军，村民委主任黄家益。

列屯村 位于六隆镇东南部，村部所在地六路屯，距镇政府所在地38千米。“水、电、路”全通。辖列屯、六路、弄后、者云、者俄、百界、那亭、洞丰8个自然屯、8个村民小组，居住着壮族、汉族两个民族，全村共有338户、1477人。总面积35.6平方千米，耕地面积1851亩，其中水田628亩，旱地1223亩。主要粮食作物有水稻、玉米，主要经济作物有八渡笋、甘蔗。全村甘蔗种植面积2103亩，八渡笋种植面积4800亩。2018年农民人均纯收入6942元。全村共有党员35名，其中女党员6名。村“两委”班子成员7人，其中村党支部成员3名，村民委成员6名。村党支部书记龙云康，村民委主任王甫生。

上仁村 位于六隆镇西南部，村部所在地上仁屯，距镇政府所在地42千米。“水、电、路”全通。辖上仁、下仁、洞帮、平坡、六言、洞岩、六色7个自然屯、7个村民小组，居住着壮、汉、瑶三个民族，全村共有345户、1521人，总面积51平方千米，耕地面积2603亩，其中水田537亩，旱地2066亩。主要粮食作物有水稻、玉米，主要经济作物有八渡笋、甘蔗。全村甘蔗种植面积5214亩，八渡笋种植面积2000亩。2018年农民人均纯收入6830元。全村共有党员48名，其中女党员4名，入党积极分子3名。村“两委”班子成员7人，其中村党支部成员3名，村民委成员6名。村党支部书记覃海军，村民委主任黄志才。 （吴承局）

浪平镇

【中共浪平镇委员会领导】

书　记：蒋正波
副书记：郭重希
　　　　黄开红
　　　　罗　雨（2018年4月挂职）
纪委书记：李凌玥（女，壮族）
组织委员：罗小江
宣统委员：黄秀芳（女，壮族）
武装部长：杨长雨

【浪平镇人大主席团领导】

主　席：黄开红
副主席：黄文辉

【浪平镇人民政府领导】
镇　长:郭重希
副镇长:邓　杰(瑶族)
　　　王碧云(女,彝族)
　　　张光沁
　　　皮功顺

【概况】 浪平镇位于田林县城东北,地处凌云、乐业交界,镇政府驻地距田林县城63千米,距乐业县城53千米,全镇总面积459.99平方千米,辖浪平、塘合、江垌、弄陀、委贵、小坳、央村、弄阳、西华、甲朗、达妹、弄坝、八号、弄鞋、坳停、岩龙、平山、红星、香维、大保20个行政村、278个村民小组、309个自然屯,聚集着汉、壮、瑶等民族,总人口3.2万人。保有耕地3099公顷,其中水田605公顷,林地面积25580公顷,其中可用林地11652公顷,主要农产品为玉米、水稻、蜜桃、核桃、寿桃、八角、油茶、油菜等。2017年9月由乡建制改为镇建制。浪平镇有浪平街圩和平山街圩,每逢五日一圩,主要交流土特产、农副产品和日用百货等。浪平镇现有中学2所,中心小学2所,村级小学11所,在职中小学教师191人,在校学生2826人。全镇设有浪平和平山2个中心卫生院,医务人员共有69人,18个村都建有卫生室并配备医务人员。

【经济发展】 集体经济产业发展按照短中长相结合,落实每个村入股1个实体企业,每个村租赁1个集体商铺,每个村拥有一个100亩以上的产业基地,抱团发展1个特色产业基地。2018年18个贫困村的集体经济收入都达到3万元以上。各村入股实体企业分红及商铺租赁资金产生集体经济收入85.2万元。新种植油茶、李果集体经济基地3110亩,新种植桑蚕基地250亩,塘合、香维、江洞、弄陀四个村共同发展集体经济猕猴桃80亩。争取县产业统筹发展资金80万元,在塘合村整合土地,浪平、委贵、小坳、央村、弄阳、西华、甲朗、达妹、弄坝、八号、弄鞋、坳停、岩龙、平山、红星、大保等16个村抱团发展猕猴桃项目80亩,每个村可占有5亩的猕猴桃产业基地。特色产业的发展。将“三桃一菌”产业确定为浪平镇特色产业,长期发展。核桃产业。在原有老品种1.2万亩的基础上,新发展核桃面积9500亩,涉及贫困户1839户、7773人,贫困户覆盖率为80.3%。年内挂果为1.2万亩,预计每亩可为贫困户增加收入3253元。寿桃产业。在稳定3500亩面积的基础上,注重浪平寿桃品牌的打造,着力发挥区级农民合作社示范社的示范带动作用,不断吸收发展新社员,引导种植户依靠合作社来实现护理、销售等方面的突破,实现由合作社统一品种、统一技术指导、统一销售的目标。可覆盖浪平村、江洞村52户贫困户。猕猴桃产业。通过创建百色市农民合作社示范社,采取“党支部+公司+基地+农户”模式,壮大猕猴桃种植规模,同时加大对猕猴桃种植的扶持力度,建成核心示范区500亩,拓展区800亩,辐射区1000亩,可覆盖塘合村、西华村38户贫困户。食用菌产业。结合浪平镇良好的气候条件,在大力发展传统蔬菜种植的同时,引进公司,采取“合作社+公司+农户”订单保价回收模式发展种植食用菌。已搭建菌棚共53个,预计产值260万元,可覆盖浪平村、塘合村50户贫困户,产生15万元集体经济。

【民生保障】
教育事业 全镇共落实雨露计划补助832人。2018年年初,浪平镇共有32名义务教育阶段学生辍学,截至2018年底,共劝返31名学生,还有1名学生因家人无法联系未能返校。社会保险。全年

2018年6月13日,百色市人大常委会副主任阙建林(中)在浪平镇安置点开展调研

应参保人数16359人，实际参保人数达17452人，完成率达106.68%，缴费人数13152人，缴费率达109.06%，实际发放4300人，共代扣养老保险12240人，代扣率达101.50%，其中贫困户参保10740，参保率100%。基本医疗保障。全镇应参合30270人，其中贫困人口13344人，截至12月，浪平镇已参合29736人，参合率98.23%，其中贫困人口13344人全部参合，参合率100%。住房保障。一是通过危房改造落实稳固住房。脱贫攻坚工作开展以来共落实847户：其中2016年落实299户、1355人；2017落实473户、1935人；2018年落实75户、293人。二是通过地方财政兜底落实稳固住房。落实85户，305人。三是通过易地扶贫搬迁落实稳固住房。共落实567户、2534人：其中百色深圳小镇安置点181户，761人；田林百花寨安置点162户，796人；浪平镇安置点224户、977人。

【社会稳定】

社会治安 2018年，社会治安整治2018年共接警209件，出警209件。立为刑事案件20起，破案17起（其中：盗窃案6起，伤害案件5起，涉枪案件1起，诈骗案1起，抢劫案1起，容留吸毒1起其他案件2起），逮捕6人，起诉8人，立为治安案件35起，查处15起，调解纠纷案件18起。追回被盗现金、存款2万元，摩托车1辆（价值7500元），收缴枪支2支，查处交通违法违章车辆20人/次，上交罚没2000元。破获毒品案件1起，缴获冰毒50.4克。

信访维稳 将综治工作任务分解，加大案件排查和调处力度，抓好重点时期、重点涉访人员的监控，并做好其思想稳控工作。县委县府信访局转来信访件13件，已结案13件；受理网上信访件1件，办结1件，提高诉求办结率。纠纷调解。2018年全镇受理矛盾纠纷案件88起，调查调解100起次（包括历年未获解决的纠纷），调解成功50起，向县人民政府转案10起；开展人民调解培训1次，培训率100%；社区矫正帮教工作，全镇社区矫正共计接收社区矫正人员35人，在矫对象24人，其中11人通过帮教按期解决，其他再教人员无重新违法犯罪现象，刑满释放安置帮教对象8人，已落实帮教人员也无重新违法犯罪现象，法律援助受理案件14起，办结14起；下各村屯开展法律进村屯宣传活动2次，发放宣传手册5000分，出版法制宣传板报5期，到中小学法治宣传活动2次。校园及周边治安环境专项整治。浪平镇不定期地对学校周边的各种场所常规检查6次，突击检查2次，学校及周边各类群体性事件得到有效控制，突出的社会治安问题得到明显改观。

反邪教工作 调整补充“防邪”工作领导小组，加强正面宣传教育，发放各种“防邪”宣传资料500份，广泛动员和发动群众5次，推动反邪教各项工作的深入开展。

专项整治 在全镇范围内开展“扫黑除恶”“黄赌毒”专项整治行动，依法惩治涉黑涉恶势力、打架斗殴等严重影响群众安全感的违法犯罪活动。

【社会事业】

文化体育工作 一是开展文化体育活动：春节期间，各个行政村的群众进行山歌对唱等民间传统文化活动和体育活动；开展“三八”妇女节文艺表演和茶话会、游园活动；业余壮剧团参加《田林县2018年“壮族三月三·吼敢”壮剧节》展演大型活动；开展“五一”劳动节篮球比赛共有16支队伍参赛，其中，男队9支，女队7支，共打比赛20多场；开展一年一

2018年11月28日，自治区政协副主席、百色市委书记彭晓春（中）到浪平镇视察脱贫攻坚工作

度的“七一”建党节游园活动，用实际行动纪念建党97周年；开展浪平镇庆祝改革开放40周年和自治区成立60周年文艺会演活动。二是文化体育基础设施建设，这一年，浪平第1个标准塑胶足球场在浪平中学建成使用，有5个村级戏台和25个村级篮球场。

民政工作 严格落实低保动态调整制度，2018年3月组织各村开展评议工作，重新确定农村低保户，实现应纳尽纳、应保尽保。全年，共发放城镇低保、农村低保金845.71万元，发放特困户106人发放救助金70.29万元、特困户护理补贴25人13.50万元，对因灾、因病困难家庭的16户、48人发放临时救济金9.57万元；发放医疗救助230人次，累计发放金额67.68万元；发放残疾人两项补贴675人，累计发放金额37.73万元。

林业工作 一是落实责任制，镇村两级层层建立责任制。制订完善《浪平镇2018年森林防火工作实施方案》，与各村签订《森林防火工作责任状》。二是森林防火宣传教育工作，在做好林业法律法规宣传的同时，结合浪平镇实际，充分利用宣传车、标语、印发宣传单等形式深入宣传，全镇共拉120幅横幅，120张固定标语，通告5000份，宣传材料3000余份。三是火源管理，严格野外用火，以村为单位划分森林防火责任区，在每块责任区均落实责任领导及包干责任人。2018年森林防火期间，无森林火灾发生。四是组建镇级以林业站工作人员为主，各包村工作组干部为辅的上下联动的森林防火宣传、巡逻摩托车队；组建村级20支以村组干为主，建档立卡贫困户生态护林员为辅的森林防火宣传、巡逻队。五是顺利开展2018年营造林、退耕还林、林地变更调查、集体和个人所有天然商品林协议停止商业性采伐、公益林管护等各项工作。

安全生产管理 一是安全生产检查，每季度联合执法部门对浪平镇重点企业、矿山、道路交通、烟花爆竹、地质滑坡隐患点等进行多次隐患排查，登记造册。到街道开展安全生产宣传活动，发放宣传单2000份，悬挂横幅36条，在固定路标张贴宣传报版2张。二是食品药品安全监督责任。宣传食品药品安全的相关知识，重点开展春秋学期学校食堂及周边餐饮店、食品店专项检查；重大节日期间开展食品联合大检查、肉及肉制品专项检查；食品生产加工小作坊专项整治；乳制品专项检查；含特殊药品复方制剂经营管理；等专项检查。2018年共组织出动检查车辆80余次，执法人员160人次，分别对辖区内的17所学校、5家幼儿园、18家餐饮机构、135家食品流通店面、2家卫生院、2家诊所、19家村卫生室及3家药店进行全面监督检查。对不符合食品药品安全标准的勒令限期整改或监督其现场销毁，杜绝食品药品安全事故发生。三是农用车辆上路检查。四所合一站配合派出所、交警等对无证经营车辆进行惩治和取缔。四是做好防汛工作。汛期严格执行24小时值班制度，接到气象信息及时传递到各村，做好防御工作，收到灾情及时汇报。对地质灾害点做到重点区域责任明确，防范措施到位。

武装工作 一是开展民兵整组工作，制定民兵整组工作方案，在村、镇建立普通民兵组织的基础上，重点抓好基干民兵队伍建设。调整后全镇有村普通民兵连20个，编民兵应急排1支33人。二是完成夏秋季征兵工作。充分利用广播、张贴宣传提纲、标语、板报等各种形势进行广泛的宣传，提高适龄青年的报名率。全镇街头宣传2次，宣传车在各村来回宣传20天，横幅4条，张贴宣传提纲350份，小标语1250份，板报2期。全镇共有55名青年应征报名，完成上级下达9人征兵任务。

“宜居乡村”工作 2018年浪平镇建有11个小型垃圾焚烧炉，镇级中型垃圾焚烧炉处理中心和村级垃圾中心各一个。在各村屯建有14个露天垃圾池。基本上解决垃圾处理问题。聘请村级保洁员263人、镇级垃圾处理中心1人，保持村庄卫生，同时给各村屯发放垃圾桶，改善村屯卫生。2018年，全镇共悬挂横幅标语25条，喷写固定标语158条，固定宣传栏21版，张贴宣传标语120条，宣传覆盖率达99%，营造宣传氛围。

【基础设施】 一是道路基础设施建设，实现“村村通水泥路”及通屯道路硬化建设及水毁道路维修，年内完成通屯道路硬化40余条100多千米，维修通屯道路500多千米；二是完成县水利局建设饮水工程和农田水利工程建设，群众缺水问题得到有效缓解。三是电网、通讯等建设得到加强。推进光缆入村、网络入户，实现宽带信息网络全覆盖，构建多元化信息服务平台。四是村级组织服务场所得到加强，新建甲朗、江洞、塘合、坳停、浪平等村级组织服务场所，其余村获得2019年新建或维修指标。

【脱贫攻坚】 一是开展短期技能培训。组织每户易搬户有种植产业户的劳动力参加如：核桃、寿桃、油茶短期技术培训。通过培训，增强贫困户的种植技能，提高产量，增加收入，2018年来共举办3期，培训贫困户241人。二是开展中期技能培训。组织每户易搬户参加如钢筋工、泥水工、砌工等中期培训，并与建筑企业、深圳帮扶单位对接，引导劳务输出，年内共举办4期，培训贫困户183人。三是举办就业扶贫专场招聘会。一是参加县举办的专场招聘会，浪平镇共组织63名贫困户参加，签约有就业意向18人。二是邀请广西长江天成农业集团有限公司举办浪平镇就业扶贫专场招聘会。提供岗位近500个岗位，当天签就业意向220人。通过培训及多渠道引导就业，2018年实现全镇农村劳动力转移就业10366人，通过劳务输出，为全镇增收3628万元，其中实现贫困劳动力转移就业4841人，贫困户人均增收1678元。

2018年，全镇脱贫攻坚实现坳停、江洞两个贫困村摘帽出列，全镇实现1632户、7447人脱贫摘帽，巩固提升2016年、2017年脱贫村香维村和750户3295摘帽出列的脱贫成果，完成2014和2015年退出户674户、2999人的跟踪服务工作。这一年，是浪平镇脱贫攻坚工作取得显著成效的一年，在全县脱贫攻坚成效考核中排名乡镇第一。

【各村简介】

浪平村 村部位于浪平镇浪平街上，浪平镇人民政府驻地，辖八告、场坝、付家、那英、弄怀、弄江、瞿家寨、唐家、下洞、岩科、姚家、宝莲、广东寨、枯木洞14个自然屯、18个村民小组，共801户、2751人(其中农业人口601户、2382人，非农业人口204户、369人)，主要居住民族为汉族。全村有耕地面积2297.5亩，其中水田1072亩，旱地1225.5亩，林地2500多亩。群众主要种植玉米、水稻等农作物，由生姜、油茶、八角、杉木、冬菜、寿桃种植等经济作物，大部分群众以经商、运输、外出务工等为主要经济来源。

浪平村2015年精准识别建档立卡贫困人口128户、547人，贫困发生率为18.61%。年内全村建档立卡贫困户135户、587人，未脱贫19户、67人，贫困发生率为2.28%。全村计划于2019年底实现脱贫摘帽。

浪平村“两委班子”成员共9名，平均年龄44岁，男7名、女2名，全村有正式党员44名，村党支部书记陈明权，村民委主任吴再坤。

坳停村 位于浪平镇东北部，村部所在地老寨屯，距镇政府所在地35千米，辖白岩脚、大田、底塘、甲谭、老寨、牛垌、弄么、排坡、石家垌、巫家垌、小林、岩垌子12个自然屯、14个村民小组，共475户、1924人(2018年10月底实际人口数)，居住着壮、汉、瑶3个民族。全村总面积23平方千米，耕地面积1635亩，林地面积29509.95亩，人均耕地面积0.85亩(其中水田703亩，人均面积0.37亩，旱地932亩，人均面积0.49亩)，人均林地面积15.42亩。群众以种植玉米、水稻、油茶、杉木为主要收入来源。坳停村2015年精准识别建档立卡贫困人口194户、819人，贫困发生率为42.78%。2018年脱贫154户、672人。全村建档立卡贫困户183户、795人，未脱贫7户、25人，贫困发生率为1.31%。

坳停村“两委班子”成员共7名，平均年龄40岁，男6名、女1名；全村有正式党员40名，村党支部

2018年浪平镇浪平村村部办公楼

书记兼村民委主任梁昌銮。

江洞村 位于浪平镇东部，距镇政府所在地10千米，新村部所在地龙凤屯。辖甘垌子、关龙、过棍、何家垌、江洞、龙凤、龙水、龙旺、马龙、毛拜陀、那盘、上火曹、下火曹、小洞子、小弄阳15个村民小组、21个自然屯，共343户、1321人(2018年10月底实际人口数)，主要居住民族为汉族，全村总面积21.6平方千米，耕地面积1707亩，林地面积12007.35亩，人均耕地面积1.3亩(其中水田147亩，人均面积0.11亩，旱地1560亩，1.19亩)，人均林地面积9.20亩。群众以种植玉米、杉木、核桃和外出务工为主要收入来源。江洞村2015年精准识别建档立卡贫困人口105户、424人，贫困发生率为32.07%。全村建档立卡贫困户104户、427人，未脱贫7户、27人，贫困发生率为2.04%。全村已于2018年底实现脱贫摘帽。

江洞村"两委班子"成员共7名，平均年龄47岁，男5名、女2名，全村有正式党员28名，15个村民小组均有党员分布，村党支部书记朱四月，村民委主任唐思厚。

香维村 位于浪平镇西部，村部所在地下寨屯距离镇政府52千米，为全县2017年13个整村脱贫贫困村之一。辖巴朝、巴央、上寨、委信、下寨5个自然屯、9个村民小组，共224户、934人，(2018年10月底实际人口数)，主要居住民族为壮族。全村辖区总面积46平方千米，耕地面积751亩，人均耕地面积0.78亩(其中水田287亩，人均面积0.30亩，旱地464亩，人均面积0.48亩)。群众以种植玉米、水稻、杉木和外出务工为主要收入来源。

香维村2015年精准识别建档立卡贫困户41户、170人，贫困发生率17.60%。全村建档立卡贫困人口44户、183人未脱贫人口2户、9人，贫困发生率0.93%。全村于2017年实现脱贫摘帽。

香维村"两委班子"成员共7名，平均年龄35岁，男5名、女2名；全村有正式党员30名，村党支部书记罗生健，村民委主任陆杏开。

塘合村 位于浪平镇西南部，村部所在地达告屯，距镇政府所在地12千米。辖达告一组、达告二组、达告三组、达告四组、达告五组、达告六组、甲洞口、九凤上寨、九凤下寨、九凤中寨、平息、上马兰、下马兰、瓦厂、外纳8个自然屯、15个村民小组，共385户、1605人(2018年10月底实际人口数)，主要居住民族为汉族，全村总面积23.5平方千米，耕地面积2899亩，人均耕地面积1.77亩(其中水田418亩，人均面积0.26亩，旱地2481亩，人均面积1.51亩)。群众以种植玉米、猕猴桃、核桃和外出务工为主要收入来源。

塘合村2015年精准识别建档立卡贫困户131户、508人，贫困发生率为31.07%。2018年计划脱贫15户、66人。年内全村建档立卡贫困户为132户、536人，未脱贫18户、64人，贫困发生率为3.91%。

塘合村"两委班子"成员共7名，平均年龄44岁，男6名、女1名，全村有正式党员22名，村党支部书记姚源根，村民委主任杨顺秋。

八号村 位于浪平镇西南方，村部所在地高坎子屯，距镇政府驻地28千米。辖坳上、必卖、陈家、当门曹、二垌、高坎子、甲拉、甲米曹、刘家坪、罗家垌、马家垌、弄妹、芹菜坨、上一垌、水湾、唐家坳、土仁寨、下一垌、岩上、姚家湾、周家等21个自然屯、21个村民小组，共556户、2224人(2018年10月底实际人口数)。全村耕地面积为2239亩，人均耕地面积1亩(其中水田539亩，人均面积0.24亩，旱地1700亩，人均面积0.76亩)。2017年底全村共534户、2239人，群众以种植玉米、核桃和外出务工为主要收入来源。

八号村2015年精准识别建档立卡贫困户267户、1170人，贫困发生率为52.25%。2018年新增识别贫困户3户、15人，返贫1户、6人，2018年脱贫211户、1005人。年内全村建档立卡贫困户为263户、1218人，未脱贫45户、181人，贫困发生率为8.08%。

八号村"两委班子"成员共8名，平均年龄45岁，男7名、女1名，全村有正式党员30名，村党支部书记罗显清，村民委主任罗仕标。

央村村 位于浪平镇东南部，村部所在地河坝屯，距镇政府所在地13千米。辖河坝一组、河坝二组、河坝三组、河坝四组、九洞坪、龙湾、弄力、什良一组、什良二组、央村、指家湾屯11个村民小组，共315户、1271人(2018年10月底实际人口数)，主要居住民族为汉族。全村总面积22.6平方千米，耕地面积2786亩，人均耕地面积2.16亩(其中水田386亩，人均面积0.30亩，旱地2400亩，人均面积1.86亩)。群众以种植水稻、玉米、油茶和外出务工为主要收入来源。

央村村2015年精准识别建档立卡贫困人口117户、504人，贫困发生率为39.01%。2018年返贫2户、12人，2018年脱贫36户、167人。至年底全村建档立卡贫困户117户、525人，未脱贫12户、46人，贫困发生率为3.56%。

央村村“两委班子”成员共7名，平均年龄40岁，男5名、女2名，全村有正式党员34名，村党支部书记向子现，村民委主任杨胜全。

委贵村　位于浪平镇西南部，村部所在地委贵屯，距镇政府所在地16千米，辖半坡、茶垌、崔家、垌湾、花棚、老茶垌、麻阳、木林、鸟山、牛棚、弄干、弄老、弄平、弄桑、田坝、委贵16个自然屯、25个村民小组，共617户、2499人(2018年10月底实际人口数)，主要居住民族为汉族。全村总面积26.3平方千米，耕地面积4018亩，人均耕地面积1.64亩(其中水田854亩，人均面积0.35亩，旱地3164亩，人居面积1.29)。群众以种植玉米、杉木、油茶、八角和外出务工为主要收入来源。

委贵村2015年精准识别建档立卡贫困人口282户、1223人，贫困发生率为50.06%。2018年脱贫167户、755人。至年底全村建档立卡贫困户282户、1292人，未脱贫101户、469人，贫困发生率为19.20%。

委贵村“两委班子”成员共8名，平均年龄40岁，男7名、女1名，正式党员44名，村党支部书记莫代兴，村民委主任吴正峰。

小坳村　位于浪平南部，村部所在地新寨屯，距镇政府所在地13千米。辖甘垌、弄咩、弄乱、杀羊、那顺、二台坪、笨么、台子上、新寨、伟长、上排11个自然屯、13个村民小组，共有416户、1918人(2018年10月底实际人口数)，主要居住民族为汉族、瑶族。全村总面积23.5平方千米，耕地面积4018亩，人均面积2.2亩(其中水田641亩，人均面积0.35亩，旱地3377亩，人均面积1.85亩)，群众以种植玉米、水稻、油茶、生姜和外出务工为主要收入来源。

小坳村2015年精准识别建档立卡贫困户212户、925人，贫困发生率50.68%。2018年脱贫88户、419人。至年底全村建档立卡贫困人口224户、1033人，未脱贫人口56户、234人，贫困发生率12.82%。

小坳村“两委班子”成员共7名，平均年龄43岁，男6名、女1名，正式党员37名，村党支部书记兼村民委主任熊庭稳。

岩龙村　位于浪平镇西北部，村部所在地老龙山屯，距镇政府所在地35千米。辖大敏、大土、老龙山、刘家坡、弄相、青岗林、委代、岩龙8个自然屯、9个村民小组，共有273户、1196人(2018年10月底实际人口数)，主要居住民族为汉族、壮族。全村总面积19.6平方千米，耕地面积1224亩，人居耕地面积1.02亩(其中水田327亩，人均面积0.27亩，旱地897亩，人均面积0.78亩)，林地面积33030亩。群众以种植八角、油茶、杉木，养猪和外出务工为主要收入来源。

岩龙村2015年精准识别建档立卡贫困户83户、361人，贫困发生率28.94%。2018年计划脱贫53户、251人。年底全村建档立卡贫困人口81户、368人，未脱贫20户、79人，贫困发生率6.34%。

岩龙村“两委班子”成员共7名，平均年龄51岁，男4名、女3名，全村有正式党员22名，村党支部书记熊星云，村民委主任张永杰。

平山村　位于浪平镇北部，村部所在地平山屯，距乡政府所在地27千米。辖花棚、甲梭、老寨、南花、弄銮、平山、上坝、下坝、新寨9个自然屯、14个村民小组，共560户、2073人(其中农业人口455户、1840人，非农业人口105户、233人)，全村居住着汉族、壮族、瑶族。全村总面积23.5平方千米，耕地面积2680亩，人均耕地面积1.25亩(其中水田654亩，人均面积0.31亩，旱地2026亩，人均面积0.94亩)。群众主要种植玉米、水稻等农作物，有油茶、杉木、冬菜、核桃等经济作物，大部分群众以经商、运输、外出务工等为主要经济来源。

平山村2015年精准识别建档立卡贫困人口163户、675人，贫困发生率为31.44%。2018年脱贫19户、88人。年底全村建档立卡贫困户160户、669人，未脱贫32户、116人，贫困发生率为5.40%。

平山村两委班子成员共7名，平均年龄40岁，男6名、女1名，全村有正式党员37名，9个自然屯均有党员分布，村党支部书记黄明平，村民委主任帅四海。

弄坝村　位于浪平镇北部，村部所在地弄坝江屯，距镇政府所在地16千米，辖半湾、三湾、簸所、打倒、打丫、甲堕、毛拜垌、南龙坳、弄坝江、弄西安、弄燕、炮木垌、下赖、长垌等14个自然屯、18个村民小组，共521户、2096人(2018年10月底实际人口数)，主要居住民族为汉族。全村总面积25平方千米，耕地面积2170亩，人均耕地面积1.03亩，其中水田432亩，人均面积0.21亩，旱地1738亩，人均面积0.82亩。群众以种植核桃、油茶和外出务工为主要收入来源。

弄坝村2015年精准识别建档立卡贫困人口207户、896人，贫困发生率为44.37%。2018年脱贫122户、572人。年底全村建档立卡贫困户207户、932人，未脱贫67户、279人，贫困发生率为13.23%。

弄坝村"两委班子"成员共7名，平均年龄40岁，男6名、女1名，全村有正式党员39名，14个自然屯均有党员分布，村党支部书记李仕忠，村民委主任吴林好。

弄陀村 位于浪平镇中部，村部所在地上弄陀屯距镇政府所在地12千米。辖下弄坨、上弄坨、弄坪、苏麻垌、弄汉、弄丫、小弄丫、弄西、上长垌、长垌、下长垌、弄边、弄欢、团垌子、甘垌子、玉家陀、老鹰垌、弄背18个自然屯、17个村民小组，共有418户、1669人(2018年10月底实际人口数)，村民主要为汉族。弄陀村总面积22.3平方千米，林地面积836.8公顷，耕地面积976亩，人均耕地面积0.58亩(其中水田291亩，人均面积0.17亩，旱地685亩，人均面积0.41亩)。群众收入以种养和外出务工为主。

弄陀村2015年精准识别建档立卡贫困户190户、741人，贫困发生率43.87%。2018年脱贫143户、635人。全村建档立卡贫困人口165户、721人，未脱贫人口8户、26人，贫困发生率1.54%。

弄陀村"两委班子"成员共7名，平均年龄48岁，男5名、女2名，全村有正式党员33名，村党支部书记兼村民委主任伍玉常。

弄鞋村 位于浪平镇东部，村部所在地弄鞋屯，距镇政府所在地40千米。辖大格闹、大龙江、道角、反背、弄度、弄令、弄南、弄绍、弄鞋、上弄歌、上弄沙、上寨、水垌、下洞、下弄歌、下寨、小龙江、中寨18个自然屯，共有565户、2253人，主要居住民族为汉族。全村总面积26平方千米，耕地面积1491亩，人均耕地面积0.68亩，(其中水田351亩，人均面积0.16亩，旱地1140亩，人均面积0.52亩)，群众以种植核桃、养殖肉猪和外出务工为主要收入来源。

弄鞋村2015年精准识别建档立卡贫困户226户、974人，贫困发生率44.60%。2018年错评剔除5户、21人，新识别贫困户1户、6人，2018年脱贫144户、670人。年底全村建档立卡贫困人口219户、987人，未脱贫人口65户、269人，贫困发生率12.32%。

弄鞋村"两委班子"成员共8名，平均年龄43岁，男6名、女2名，全村有正式党员29名，村党支部书记董泽帽，村民委主任杨顺明。

红星村 位于浪平镇北部，村部所在地和平屯，距镇政府所在地43千米，辖丁家湾、和平、龙灯、罗盘、弄歪、上坝群、下坝群、夭电、瑶基9个自然屯、12个村民小组，共406户、1622人(2018年10月底实际人口数)，主要居住民族为汉族。全村总面积22.2平方千米，耕地面积3727亩，人均耕地面积2.28亩(其中水田556亩，人均0.34亩，旱地3171亩，人均1.94亩)；群众以种植玉米、桐果、油茶和外出务工为主要收入来源。

红星村2015年精准识别建档立卡贫困人口166户、712人，贫困发生率为43.55%。2018年新识别贫困户1户、6人，返贫1户、6人，剔除错评户2户、10人，2018年脱贫52户、243人。年底全村建档立卡贫困户164户、712人，未脱贫46户、188人，贫困发生率为11.50%。

红星村"两委班子"成员共7名，平均年龄40岁，男6名、女1名，全村有正式党员28名，村党支部书记姚元斌，村民委主任杨顺维。

甲朗村 位于浪平镇东部，村部所在地甲朗屯，距镇政府所在地10千米，辖达里、高古、甲报、甲朗、弄妹、弄吓、弄央、谭坡、小格当、张湾、赵垌屯20个自然屯、11个村民小组，共291户、1083人(2018年10月底实际人口数)，主要居住民族为女汉族。全村耕地面积1930亩，人均耕地面积1.71亩(其中水田60亩，人均面积0.05亩，旱地1870亩，人均面积1.65亩)。群众以种植核桃、杉木和外出务工为主要收入来源。

甲朗村2015年精准识别建档立卡贫困人口127户、571人，贫困发生率为49.18%。2018年脱贫117户、520人。年底全村建档立卡贫困户141户、613人，未脱贫16户、60人，贫困发生率为5.17%。

甲朗村"两委班子"成员共7名，平均年龄47岁，男4名、女3名，全村有正式党员40名，村党支部书记兼村民委主任姚茂炳。

西华村 位于浪平镇东部，村部所在地上香里屯，距镇政府所在地12千米。辖上香里、贾家垌、肖家、下香里、甲满、巫家垌、甲道、吴家寨、曾家坨、彭家垌、上小号、下小号、垌干、大垌子、新垌子、湾头、谭家垌、曾家垌、弄告、弄然、大坪、弄沙、利刚、弄坳、水井湾、上弄风、下弄凤、尹家、弄晓、麻佑30个自然屯、20个村民小组,共370户、1315人(2018年10月底实际人口数),主要居住民族为汉族。全村总面积25.3平方千米,耕地面积1360亩,人均耕地面积1.01亩(其中水田185亩,人均面积0.14亩,旱地1175亩,人均面积0.87亩)。群众以种植核桃、油茶和外出务工为主要收入来源。

西华村2015年精准识别建档立卡贫困人口199户、791人,贫困发生率为58.63%。2018年脱贫114户、511人。年底全村建档立卡贫困户182户、763人,未脱贫61户、219人,贫困发生率为16.23%。

西华村两委成员共7名,平均年龄50岁,男6名、女1名,全村有正式党员22名,村党支部书记朱应常,村民委主任李泽效。

达妹村　位于浪平镇西北部,距镇驻地22千米,辖达桂、达课、达妹一组、达妹二组、打甲、南杀一组、南杀二组、弄诺、上弄马、下弄马、深垌10个自然屯、11个村民小组,共431户、1649人(2018年10月底实际人口数),主要居住民族为汉族。2017年在那亮屯建新村部称“新达妹”,与原来旧村部相距20千米。全村总面积23.09平方千米,耕地面积1801亩,群众以种植玉米、水稻等农作物为主,发展有核桃、油茶、板栗、杉木等经济林。

达妹村2015年精准识别建档立卡贫困人口131户、569人,贫困发生率为34.46%。2018年脱贫81户、377人。年底全村建档立卡贫困户130户、585人,未脱贫44户、187人,贫困发生率为11.33%。

达妹村村“两委班子”成员共7名,平均年龄41.5岁,男4名、女3名,全村有正式党员33名,村党支部书记姚茂申,村民委主任余贤清。

大保村　位于浪平镇西部,距镇政府驻地43千米,为浪平镇非贫困村,辖那合、三川洞、沙维、茅草坪、芭领、云盘、兴龙坪、保上、小毛燕、弄敖、敖支垌11个自然屯、11个村民小组,共325户、1247人(2018年11月底实际人口数),主要居住民族为汉族。全村总面积38979亩,有耕地2422亩,人均耕地面积1.94亩,林地面积44737亩,退耕还林面积128.7亩。群众以外出务工,养殖猪、鸡、牛和种植玉米、油茶、甘蔗、杉木为主要收入来源。

大保村2015年精准识别建档立卡贫困人口60户、227人,贫困发生率18.09%。2018年返贫2户、9人;2018年脱贫28户、116人。年底全村建档立卡贫困人口63户、235人,未脱贫17户、48人,贫困发生率为3.82%。

大保村村“两委班子”成员共7名,平均年龄38岁,男6名、女1名,全村有正式党员37名,村党支部书记兼村民委主任吴大清。

弄阳村　位于浪平镇东部,距浪平镇政府驻地8千米,为浪平镇非贫困村,辖排坡、苦竹洞、牛塘、烂沟、马得、水源头、水井边7个自然屯、5个村民小组,共166户、692人,主要居住民族为汉族。全村总面积25950亩,有耕地586.15亩,人均耕地面积0.84亩,林地面积3098.7亩,退耕还林面积29亩。群众以外出务工,养殖猪、鸡、牛和种植玉米、田林寿桃、油茶、八角、杉木为主要收入来源。

弄阳村2015年精准识别建档立卡贫困人口24户、110人,贫困发生率15.80%。2018年脱贫14户、58人。年底全村建档立卡贫困人口34户、150人,未脱贫2户、7人,贫困发生率为1.01%。弄阳村村“两委班子”成员共8名,平均年龄46岁,男7名、女1名,全村有正式党员26名,村党支部书记兼村民委主任杨秀权。　（韦　良）

潞城瑶族乡

【中共潞城瑶族乡委员会领导】

书　记:李桂芳(女,壮族)

副书记:邓云华(瑶族)

林宗富(壮族)

郭　华(壮族,挂职,2018年4月任职)

纪委书记:农卫斌(壮族)

组织委员:李孟豪

宣传委员:唐秋根(女,瑶族,2018年5月离任)

严东庆(女,壮族,2018年9月任职)

武装部长:李慕荣(壮族)

【潞城瑶族乡人大主席团领导】

主　席:林宗富(壮族)

副主席:严东庆(女,壮族,2018年9月离任)

覃金龙(壮族,2018年9月任职)

【潞城瑶族乡人民政府领导】

乡　长:邓云华(瑶族)

副乡长:冯　雄(壮族)

戴游高(壮族)

王秋蝶(女,壮族)

施　郑(壮族)

【概况】 潞城瑶族乡位于田林县中部，东南接乐里镇，南与八桂瑶族乡交界，西靠者苗乡，西南与八渡瑶族乡接壤，西接旧州镇，北连百乐乡，西北与贵州省隔江相望。乡政府驻地潞城村，距田林县城22千米。行政区域面积777平方千米，辖潞城、红旗、旺吉、营盘、马逻、八洞、丰厚、渭祥、平合、三瑶、各烟、弄读、丰防、那马、那帮、平板、弄光、东力、央郎19个行政村、116个自然屯、161个村民小组，居住着壮、汉、瑶、布依、满、苗等六个民族，2018年底农村居民总户数为7337户，总人口为28228人，其中瑶族人口5556人。交通便利，国道324线、隆百高速路、南昆铁路、省道321线、县道百乐公路以及将要开工建设的西林高速路纵贯其间；全乡95%的自然屯通水泥路。

潞城瑶族乡属亚热带气候，平均气温16至21摄氏度，年降雨量为1200毫米至1400毫米。海拔400至1200米。全乡以发展农、林、牧业为主，盛产水稻、生姜、玉米、糖料蔗、香蕉、李果、杧果等。有丰厚、八洞、平宜、板桃、马逻5座中小型水库。森林覆盖率75.6%，生态环境优良。林业资源主要有油茶、油桐、八角、桉树、杉木、松木等；矿产资源主要有铜、锰、锑、铅、黄金、石油等。

【经济发展】

工业产业 工业经济健康发展，形成以“旺吉工业园区为核心工业区，南山三千米—潞城村、丰厚—八洞、营盘—马逻为辐射区”的木材加工业大格局，木材加工企业达47家。辖区内另有活性炭加工厂3家，桐油厂2家，砖厂1家，冶炼厂1家，淀粉加工厂1家。

农牧林业生产 走“一乡一业，一村一品”的路子，以旺吉、红旗、潞城、营盘、八洞、丰厚、马逻等村为中心的324国道沿线村屯发展杧果、柑橘、林业苗圃产业，两边山村屯(那帮、三瑶、丰防等村为主)发展油茶、林下养殖等特色产业，重点培育一批种养殖基地、大户，以点带面，辐射带动广大群众参与特色优势产业发展，增加收入。年内完成杧果种植800亩，完成柑橘350亩，完成糖料蔗种植2250亩，完成油茶种植2000亩。土地确权工作有序推进，19个村161个村民小组6223户，已完成合同签订和登记申请工作，正在进行农户地块查缺补漏和推进办证工作，可颁证率达到99%。

2018年4月1日，自治区党委常委、自治区纪委书记、自治区监委主任房灵敏(中)到田林县开展扶贫领域腐败和作风问题专项治理工作调研督导活动。图为领导到潞城瑶族乡各烟村岩才屯贫困户走访慰问

【社会发展】

群众文体活动 组织开展“壮族祭瑶娘”“祭瑶王”“吼敢”壮剧艺术节比赛及庆“五一”篮球赛、“七一”气排球赛等活动，丰富干部群众文娱活动。

新农保和农合工作 2018年度新农合参合率达到97.03%，其中贫困户(包括2014、2015年退出户)参合率达100%；年内建档立卡贫困户住院报销均达到90%以上，29种慢性病门诊报销达80%以上；年内新型农村社会养老保险和城乡居民养老保险征收工作，参保人数14707人，参保完成率100.72%，缴费人数11604人，缴费率100.91%；领取待遇人数3103人，全部完成认证，待遇发放率达100%；贫困户(包括2014年、2015年退出户)国家代缴养老参保率达100%。劳动力转移人数为5921人，完成全年劳动力转移任务目标，完成一、二、三、四季度系统数据更新，并协助6家企业完成扶贫车间材料申报，6家企业已完成挂牌工作。

民生保障 结合脱贫攻坚工作，对全乡在册享受农村低保的对象共1440户、4981人进行核查，完成危房改造指标75户。

宜居乡村建设 一是着力做

好国道沿线环境综合整治提升工作，通过增加人员及设备，制定整治提升方案，对国道沿线的环境卫生开展整治提升。二是继续抓好示范点建设。巩固提升马逻村弄涯屯宜居乡村示范点及八洞村八洞屯宜居乡村提级改造成果。三是充分利用乡镇片区垃圾处理中心及村级垃圾处理中心建设，确保全乡垃圾处理水平得到提升。四是结合乡村振兴发展战略，在全乡范围内开展"乡村振兴·争创五旗"活动，组织各行政村开展"红旗村"评比活动，确保每个行政村都能评上一类旗。2018年8月，丰防村获得市委、市人民政府授予"产业兴旺红旗村、生态宜居红旗村、治理有效红旗村、乡风文明红旗村"四面旗，各烟村获得市委、市人民政府授予"乡风文明红旗村"。

【基础设施建设】 民族乡项目顺利推进，潞城集镇排水排污项目已经完工；以全乡13个贫困村为重点，精准安排项目，确保两个预脱贫村交通顺畅、饮水安全、户户通电、讯网完善、村级公共服务中心设施完善，按期高质量、高标准脱贫摘帽。截至12月初，三瑶村渭已屯至浪平镇香维村，东力村八康屯至央使屯、板桃分水岭至那马村那昔屯至者苗村八中屯、平板村渭拉屯至八洞村杉树坪、那帮村平红屯至岩楼屯、乐里镇那光村高坡屯岔路至渭祥村瑶帮屯、国道G324线至红旗村各柳屯、各烟村那额屯至渭社屯等道路硬化工程均已完工；深圳光明新区帮扶实施的三瑶村瑶怒屯内道路硬化、平好通屯道路硬化工程已竣工；实施的潞城、营盘、弄读、那帮、那马等村级公共服务中心项目均已基本完工；弄读村、那帮村等卫生室建设均已完工；自治区纪委帮扶的各烟村岩才、南那道路硬化和各烟村各屯亮化、"三改"均已完工。深圳光明新区帮扶实施的田林县锦瑶服饰厂（扶贫车间）和三瑶村铜鼓舞文化广场，营盘易安点拦沙坝和进出口道路硬化工程，各烟村地灾安置点三通一平工程，潞城河过河桥梁及水漫桥工程，潞城河防洪堤亮化工程正在有序推进。同时，自治区纪委帮扶实施的丰防村整村推进项目以及潞城河集镇4座跨河水漫桥工程、潞城集镇防洪堤人行道亮化工程、平板村戏台项目，预计明年1月份全部竣工。

【生产、维稳工作】 做好治安防控、矛盾纠纷排查调处、安全生产、环境保护等重点工作，营造平安和谐氛围。一是深化走访服务和矛盾纠纷排查调处工作。坚持网格化走访，掌握社情民意，及时上报社会不稳定因素，年内共排查出矛盾纠纷68起，调结61起；接待来访52起，调结45起；来信12件，核结10件。同时，开展反邪教宣传，群防群治等活动，有效维护一方稳定。二是加大安全生产监管力度。认真开展"两节"期间的火灾隐患排查和春季安全生产大检查；定期向辖区内餐饮店宣传使用罐装液化气的安全知识，同时开展摸排和隐患上报工作；不定期走访木材加工厂、企业，开展安全生产宣传和检查。年内共开展安全生产大排查活动8次，排查出安全隐患点12个，并进行排除和监测。三是认真落实环保督查问题的整改。对辖区工厂、企业环保问题全面摸排，落实有效整改措施。年内，检查68家企业，发出整改通知33家，协助封停生产的制碳产业13家。四是做好应急工作。制定乡应急方案及防汛抗旱应急预案等，加强应急和防汛值守工作。一方面成立乡村领导机构，形成乡、村、村民小组三级管理；明确干部包保责任分工，建立包保责任体系，明确责任单位和责任人，形成有力抓手。另一方面强化值班和巡查，森林防火期间，成立防火巡逻组，加强火险季节的日常巡逻，实行全天候驻守、24小时不间断巡查和值班制度；防汛期间，扎实做好防汛值班、隐患排查等工作，确保出现险情，立刻抢险。2018年全乡火灾过火面积和受灾面积均控制在上级指标内，年内，未发生一起因汛期引起的伤亡事故。五是深入开展"打黑除恶"专项斗争，严厉惩治各类违法犯罪活动，扫除黄、毒、赌等社会丑恶现象。六是继续做好群众安全感满意度调查工作。集中开展针对性宣传发动，使广大群众知晓"12340"专线电话，并配合调查。着力在集中重点宣传发动、开展扫黑除恶专项斗争等方面下功夫，千方百计做好群众安全感满意率提升工作，力争实现在全县群众安全感满意度调查中的进位争先。

【脱贫攻坚】 2018年全乡计划脱贫746户、3104人，预脱贫村为弄读村、那帮村，截至年底，全乡贫困发生率将降至6.79%，11月中旬已顺利完成全乡746户、3104人的"双认定"核验工作。年内多次召开专题业务培训会，重点对第一书记、驻村工作队员、帮扶联系人、村

2018年11月28日，自治区政协副主席、百色市委书记、百色市人大常委会主任彭晓春到田林县潞城瑶族乡调研脱贫攻坚工作。图为领导到贫困户家走访

两委干部开展自治区、市、县各项脱贫攻坚政策以及2018年度帮扶手册填写培训，做到统一版本，不留模糊。截止11月底，开展培训10场，培训人员达700人次。以村为单位，采取“5+1”管理模式即各村由1名包村领导总负责，第一书记、工作队员、包村工作组长、村级信息员和村干等5人组成的脱贫工作队，分战区网格化管理，具体负责开展脱贫攻坚工作。同时，预脱贫村安排乡三家班子主要领导亲自挂点联系，确保全乡脱贫攻坚工作落实到位。对全乡预脱贫的746户、3104人按村实行清单管理，把“八有一超”细化到户到人。2018年初，以平板村和丰防村为示范，研究探索村集体经济发展路子，在“一村一品”上下功夫，抓好各村“3+1”特色产业，按照贫困户实现100%产业覆盖率和全村农户实现60%特色产业覆盖率的标准，各村通过开展摸底，确定本村的“3+1”特色产业，并统计全村特色产业覆盖率情况及贫困户产业发展细化表，确保户户有产业，人人有事做，保障贫困户早日脱贫。另一方面，进一步巩固已脱贫村的集体经济，着力打造预脱贫村的集体经济，一是加大对丰防、平板、弄光三个已脱贫村集体经济的监管，进一步规范化、制度化，确保村集体经济收入实现可持续性；二是重点打造预脱贫村的村集体经济，推进那帮村的肉牛养殖项目进度及弄读村的高架床生态肉猪养殖项目进度，确保实现村集体经济收入，为年底顺利脱贫摘帽提供保障。三是打造全乡贫困村集体实体经济。一是重点抓好预脱贫村集体实体经济发展。预脱贫村弄读村以“公司+村集体+农户专业合作社”模式发展高架床生态肉猪养殖等项目，养殖场占地面积1000平方米，场地、设施由农户专业合作社自筹自建，村集体联系厂家（田林美哲公司）提供种苗、技术、药品、饲料和成品保价回收，农户直接参与日常饲养，村集体以资金入股方式与专业合作社签订合同。年出栏肉猪800多头，村集体经济收入3.5万元左右。预脱贫村那帮村2016年成立村级合作社，通过向信用社贷款，融入县人民政府平台公司，按照平台动作模式，确定每年可实现投资成本的10%为既得利润，即每年有4万元的利润收入；通过采取“公司+基地+合作社+致富能人+农户（贫困户）”的经营模式发展肉牛养殖产业，养殖场建设包括标准化牛场、管护房、草饲料间、三级化粪池、污水处理池、消毒间等配套基础设施建设面积约为850平方米。项目建成后，每批可出栏肉牛约100头，预计一年出栏2批可收益利润60万元，村集体经济收入可达5万元/年以上。二是抓好已脱贫村的村集体实体经济发展。丰防村村民合作社与致富能人合作发展砂仁种植，年内完成种植100亩。平板村采取“公司+村民合作社+致富能人+贫困户”的模式，发展第二代野猪养殖，该项目于2017年9月竣工，10月正式实现养殖200头，2018年1月底已实现出售肉猪。弄光村入资5万元与谷牧养殖场合作养殖肉猪（村民合作社出资，养殖场负责管理和销售），每批次养殖200头，每年养殖2批次共400头，2018年1月底实现出售肉猪；村民合作社贷款10万元入股县平台公司，每年获红利1万元；村民合作社贷款20万元入股国企瓦村电站，每年分得红利2万元；同时将县政府扶持的20万元与致富能人和贫困户合作发展养鸡产业，3个鸡舍已投6000多羽鸡苗，10月份出栏第

一批肉鸡。六是打造贫困村爱心公益超市。2018年5月30日，各烟村爱心公益超市正式投入运行，“爱心公益超市”是由政府主导，社会各界捐款捐物，以激励广大群众参与脱贫攻坚和乡村治理为目的而开设的非营利性商店。通过打造“爱心公益超市”，创新扶贫模式，将以往单纯走访贫困户赠送慰问品转变为农户“以劳积分、以分换物”的模式，把思想引导和物质奖励结合起来。年内该项目共投入建设资金4万元，其中乡政府财政投入1.2万元，辖区各大超市、企业、爱心人士等社会各界共捐助2.2万元。七是打造就业扶贫车间。2018年9月完成星达工业、辉腾木业、晨曦木业、万盛木业、炳森木业、兴旺木业等6家企业的就业扶贫车间材料申报工作，其中星达工业、晨曦木业、万盛木业等3家企业已完成认定并授牌，辉腾木业、炳森木业、兴旺木业等三家企业正在申报中。截至12月30日，6家企业的就业扶贫车间已完成挂牌工作，共解决贫困户就业66人。

【科教文卫工作】

教育工作 统筹推进辖区内的中小学校开展义务教育均衡发展各项准备工作，重点督促校舍建设、仪器图书装备等评估内容和标准，另一方面强力开展“控辍保学”工作，通过制定工作方案，组成劝返工作组进村入户开展劝返工作，加大宣传教育，原有辍学生28名，截至9月1日已全部成功劝返。

卫计工作 就优化指标、完善业务、性别比综合治理、社会抚养费征收、免费孕前优生健康检查等方面加大工作力度，明确责任到人，全面夯实基础工作，着力提升优质服务，群众满意度得到大幅度提升。同时，抓好重大疾病防控工作，重点做好艾滋病、手足口病、麻疹等防控工作，加大对禽流感等疾病的检测及监控力度。

【党建工作】 不断加强党建和党风廉政建设工作。一是加强班子思想建设。坚持每月开展一次党委中心组理论学习，深入学习习近平新时代中国特色社会主义思想及党章党规，有效提高班子成员的思想政治素质和科学发展能力。二是推进基层党组织标准化建设。坚持每月召开党支部书记工作例会，并以以会代训的方式加强支部党务工作培训，增强党支部做好“三会一课”、完善工作实录的能力，健全完善党支部民主生活会制度、党支部组织生活会制度、“三会一课”制度、民主集中制度、党员管理教育制度，规范村级活动场所管理。三是开展“党员活动日”。坚持每月开展“党员活动日”活动，发动各党支部结合实际，突出特色组织开展，取得良好的社会成效。四是推进党风廉政建设。始终把党风廉政建设责任制摆在重要议事日程，按照“一把手”负总责、一级抓一级、层层抓落实的工作机制，实行党政齐抓共管，“一岗双责”，确保党风廉政建设工作落实到位，完成签订党风廉政建设责任状31份，召开党风廉政建设和反腐败工作研究部署等会议3次。巩固“中央八项规定”精神和查处“四风”工作，全面完善公务接待、公车管理、财务管理等制度，不断将“八项规定”和查处“四风”工作具体化、制度化，促进党风政风作风建设规范化、常态化。紧紧围绕脱贫攻坚重心，坚持狠抓廉政、服务大局、惩防并举、注重预防的工作思路，以高度的政治自觉把扶贫领域腐败和作风问题专项治理工作作为党风廉政建设“一号工程”全力推进，完成线索排查8件，立案6件，结案1件。五是打造党建亮点，推进班子建设。以“乡村振兴·争创五旗”活动为契机，打造旺吉村的村企联建示范点，充分利用旺吉村辖区内的工业园区优势，鼓励农村党员干部与企业多打交道。企业借鉴联建村抓党建优势，加强对职工的管理，发展党员、培养业务骨干，党员模范带头作用能够充分发挥，通过村企联建活动，实现提高村庄、企业党组织的战斗力、凝聚力的目标。

【各村简介】

潞城村 潞城村离县城20千米，国道324线和南昆铁路穿境而过，是潞城瑶族乡政治、文化中心，有优越的区位优势和资源优势。辖10个村民小组，329户、1409人，全村共有党员36名(其中流动党员2名)，村“两委”班子7人，村党支部书记罗群深，村民委主任谢维益；建档立卡贫困户45户、159人，2018年脱贫17户、55人。耕地面积1756亩，农民人均纯收入6775元。主导产业有林果种植、苗木培育和个体私营经济。2018年，全村已实现水、电、路、电视“四通”，屯内道路硬化率达100%；村级文体活动丰富，潞城村壮剧团连续多年获得全县壮剧展演一等奖。

八洞村 八洞村位于田林县潞城瑶族乡西南部，距乡府所在地

15千米，距离县城37千米。辖八洞、板帮、赖家坪、平桥、香草坪、渭盘、马塘、杉树坪、刘家坪、央王、八洞移民点11个自然屯、12个村民小组，居住有壮、汉、瑶3个民族，共418户、1582人，村党支部书记黄继文，村民委主任金存英。建档立卡贫困户81户、302人，2018年脱贫33户、129人。全村总面积47.17平方千米，耕地面积2453亩，人均耕地面积1.55亩；林地面积4400亩，人均林地2.78亩。群众以种植桉树、杉木、松木、油茶、油桐等为主要收入来源。2018年人均纯收入7579元。

东力村 东力村位于潞城瑶族乡西部，村部所在地距乡政府37千米。辖岩后、央务、根力、平东、八康、央使、根陇、岩达8个自然屯、8个村民小组，居住着壮、汉两个民族，共有269户、1060人。全村共有党员44名(其中流动党员4名)，村“两委”班子7人，村党支部书记黄梁，村民委主任周云生；贫困人口72户、260人，2018年脱贫42户167人。全村总面积39.13平方千米，耕地面积2449亩，其中水田298亩，旱地2151亩。主导产业是农业(种植业)，主要种植有油桐、油茶、杉树等作物，部分群众依托当地气候、土地资源种植中草药(三叶青)等。全村已实现水、电、路、电视“四通”，但板桃至东力路段路况较差，制约当地农产品的销售和经济发展。2018年人均纯收入为6410元。

丰防村 丰防村位于潞城瑶族乡东南部，村部所在地渭谷屯，距乡政府所在地20千米，辖丰防、渭谷、渭腊、渭风等4个自然屯、7个村民小组，共有119户、515人，其中瑶族人口475人，占全村总人口92.2%，村党支部书记兼村民委主任梁少生。全村总面积16.8平方千米，耕地面积2363亩，人均耕地面积4.6亩，林地面积2.16万亩，人均林地41.9亩，群众以种植玉米、生姜、油茶、杉木、养殖肉鸡和外出务工为主要收入来源，2018年人均收入7570元。

丰厚村 丰厚村位于潞城瑶族乡西部，村部所在地距乡府驻地5千米，辖丰厚、六乜、弄楼、渭力、移民点、那来等6个自然屯、9个村民小组，居住着壮、汉、瑶三个民族，338户、1254人。全村面积28.07平方千米，耕地面积899亩，其中水田面积358亩，全村党员共28名，贫困人口39户、138人，2018年脱贫15户、61人；村“两委”班子7人，村党支部书记韦世成，村民委主任赖锦国。主导产业是农业(种植业)，主要种植有油茶、杉树、生姜等作物。近年来，在上级党委、政府的领导下，村“两委”班子解放思想，理清经济发展思路，引导群众调整产业结构，坚持种养结合，着力发展养鸡、特色养殖、杧果种植等产业，走可持续农业发展之路。全村已实现水、电、路、电视“四通”，但大部分屯级道路路况较差，制约当地农产品的销售和经济发展。2018年人均纯收入6406元。

各烟村 各烟村位于潞城瑶族乡中南部。村部所在地距乡政府驻地12千米。东与本乡的丰防村、南与本乡的弄读村和八桂乡、西与本乡的平板村和丰厚村、北与本乡潞城村和旺吉村接壤。辖各烟、岩才、那额、渭社、南那5个自然屯、10个村民小组，共268户、1158人，其中瑶族1154人，占总人口的99.6%。村“两委班子”成员共8名，村正式党员30名，村党支部书记潘志光，村民委主任李贵明。全村总面积34590亩，有耕地3648亩，人均耕地面积3.15亩。林地面积13694亩，退耕还林面积1739亩。群众以种植玉米、生姜、油茶、甘蔗、杉木为主要收入来源。2018年人均纯收入8151元。2018年，全村脱贫84户、391人。

红旗村 红旗村位于潞城瑶族乡东南部，距乡府所在地8千米。辖红旗、百榄、移民点、各柳、平晚等5个自然屯、9个村民小组，338户、1580人，居住着壮、汉、瑶、苗等四个民族。村“两委”干部7人，党员42人，村党支部书记兼村民委主任黄宁康。全村有贫困人口92户、374人，2018年脱贫30户、112人。南昆铁路、隆百高速公路、国道324线贯穿境内，交通条件便利。全村总面积28平方千米，耕地面积1139亩，其中水田671亩，旱地468亩。林业资源以杉木、松木、油茶等为主。2018年人均纯收入6753元。

近年来，红旗村“两委”班子大胆解放思想，拓宽视野，进一步理清经济发展思路、发展晚熟杧果、软枝油茶、育苗等高产值产业；同时，依托便利交通及县城“后花园”区位优势，大力发展小番茄、黄瓜、草莓等果蔬种植，逐渐发展成为县城菜篮子无公害果蔬基地，使外出务工人员逐步减少，群众经济收入人均逐年增加。红旗村还着力打造“蓝天、青瓦、绿树、碧水”的新农村风格。

马逻村 马逻村地处潞城瑶族乡西北部，盘百公路、南昆铁路、隆百高速公路穿境而过,交通十分便利。辖板桃、马逻、弄涯、那社、移民点(有大平、平里、务红、岩东、大平移民等5个点)6个自然7个村民小组,居住壮、汉两个民族,388户、1616人,全村共有党员49名(其中流动党员11名),村“两委”班子7人,村党支部书记农乐珠,村民委主任黄明飞;贫困人口65户、267人,2018年脱贫29户、118人。全村总面积53平方千米,耕地面积2250亩,水田面积243亩,旱地面积1143亩。马逻村辖区内有板桃水库、马逻水库,有成文油脂厂及多个木材加工厂。全村经济作物主要有八角、油桐、板栗、李果、油茶等。2018年人均纯收入6581元。

那帮村 那帮村地处潞城瑶族乡西北部,距乡政府所在地20千米,全村有8个村民小组,辖那帮、那合、那下、弄维、渭仙、渭满、岩楼、平红等8个自然屯、8个村民小组,居住壮、汉、瑶三个民族,共300户、1310人,认定为2018脱贫村。2018年脱贫60户、248人。2018年全村人均纯收入7941元。全村共有党员31名(其中流动党员4名),村“两委”班子7人,村党支部书记李文国,村民委主任王春寿。全村共有耕地面积3263亩,其中水田503亩,旱地2760亩,人均耕地面积0.4亩;林地面积3563亩,人均林地面积0.4亩。主导产业为种植业,主要种植有油茶、油桐、八角、松树、杉木等经济林木。

全村已实现水、电、路、电视“四通”,水泥路已通至村部(那合屯)、弄维屯、渭满屯、平红屯,有2个屯(渭仙、岩楼)未通水泥路,已实现屯内全硬化4个(那帮、那下、弄维、岩楼),硬化一半2个屯(那合、平红),未硬化2个屯(渭仙、渭满)。

那马村 那马村位于潞城瑶族乡西北部,村部所在地距乡政府驻地41千米。辖那昔、马界、达买、顶仁4个自然屯、9个村民小组,居住着壮、汉两个民族,全村共有446户、1987人,全村共有党员43名(其中流动党员12名),村“两委”班子7人,村党支部书记黄智活,村民委主任黄智生;贫困人口113户、461人,2018年脱贫68户、302人。全村总面积50.57平方千米,耕地面积3730亩,其中水田846亩,旱地2884亩。主导产业是农业(种植业),种植有油桐、油茶、生姜、杉树等经济作物,2018年人均纯收入6433元。全村实现水、电、路、电视“四通”。

弄读村 弄读村位于潞城瑶族乡西南部,村部所在地距乡府驻地24千米。辖弄读、八合、六里、平赖、平来5个自然屯、7个村民小组,居住壮、瑶等民族,共有227户、850人。全村共有党员27名(其中流动党员6名),村“两委”班子7人,村党支部书记黄永关,村民委主任熊师;贫困人口28户、107人,2018年脱贫25户、104人,贫困发生率0.73%,对照贫困村脱贫摘帽标准,弄读整村达到“十一有一低于”的脱贫标准,认定为2018脱贫村。耕地面积2271亩,其中水田471亩,旱地1782亩。主导产业是农业(种植业),主要种植有油桐、松木、杉树等作物。2018年人均纯收入6554元。全村已实现水、电、路、电视“四通”。

弄光村 弄光村位于潞城瑶族乡西北部,距乡府所在地约45千米,全村总面积35.38平方千米,辖弄光、渭等、岩下3个自然屯、5个村民小组,居住着壮、汉、苗、瑶4个民族,全村共有221户、947人,村党支部书记岑生道,村民委主任王浩。全村耕地总面积1801亩,其中水田210亩,旱地1591亩,主导产业是农业(种植业),主要种植有小麦、油茶、杉树等作物,部分群众利用丰富的林地资源发展养羊业等。全村实现水、电、路、电视“四通”。2018年人均纯收入7828元。每年正月二十五开展壮族祭瑶娘民俗活动,该民俗活动于2010年被列入自治区级非物质文化遗产保护名录。

平合村 平合村位于潞城瑶族乡的西北部,距离县城46千米,村部距乡府所在地13千米。辖那浪、那固、弄忙、渭卡、平合、西来、定务7个自然屯、7个村民小组,226户、867人。全村党员共33名,村“两委”班子7人,村党支部书记兼村民委主任黄少宽,贫困人口40户、150人,2018年脱贫26户、106人。耕地面积1998亩,其中水田面积300亩,旱地1698亩。主导产业是农业,主要种植松木、水果、杉木等经济林木。2018年人均纯收入6477元。

三瑶村 三瑶村地处潞城瑶族乡东北部,距离乡府20千米,因瑶怒、瑶昂、瑶告三个自然屯而得名。辖瑶怒、瑶昂、陈家山、刘家堡、瑶告、达架、渭克提、渭拉、那桑、平好、渭已11个自然屯、11个村民小组,453户、1964人。三瑶村为多民族聚集村,其中瑶族人口837人,占全村总人口42.6%。汉族708人,占全村人口36%,壮族414

人，占全村人口21%，村党支部书记陆富章，村民委主任杨再成。全村总面积5.6万亩(其中用材林林地3.9万亩，经济林林地1.4万亩，耕地2556亩)，户均土地面积超过120亩，人均土地面积超过28亩，群众以种植杉木、油茶、八角为主要经济来源。2018年人均纯收入7422元。富有传奇色彩的“灯草塘”宝地镶嵌于该村东部。三瑶村民族文化底蕴深厚，瑶怒屯的瑶族铜鼓舞民俗活动，已被列入非物质文化遗产保护名录。三瑶村建档立卡贫困户163户、624人，2018年脱贫70户、269人。

旺吉村 旺吉村位于潞城瑶族乡东南部，距县城18千米，距乡政府所在地2千米。辖百昂、俄外、百站、百站移民点，俄外电站移民点5个自然屯、14个村民小组，562户、2082人，居住有壮、汉、苗3个民族，村“两委”干部8人，村党支部书记杨长斌，村民委主任韦万忠，党支部共有党员53人；全村贫困人口88户、351人，2018年脱贫28户、111人。全村土地总面积3.6万多亩，耕地面积4234亩，其中水田893亩，旱地3434亩；林业资源以杉木、松木、油茶等为主。2018年人均纯收入6747元。旺吉村发展苗木培育、油茶种植、养猪、养鸡等产业，建成3000亩绿色环保高产油茶基地，苗圃面积超过60亩，养猪存栏1000头以上。

渭祥村 渭祥村位于田林县潞城瑶族乡东南部，距乡府所在地15千米，辖渭俄、渭祥、瑶帮、平浪、那达、渭善、南晚等7个自然屯、9个村民小组，居住着壮、汉、瑶等三个民族。全村共有225户、906人，有党员26人，村党支部书记兼村民委主任盘武帝，贫困人口101户、376人，2018年脱贫52户、207人。全村总面积28平方千米，耕地面积2080亩，其中水田257亩，旱地1823亩。渭祥群众以种植八角、桐果、油茶、杉木为主，以养殖业为辅。村党支部书记盘武帝带头养殖“快大三黄鸡”获得成功，并带动群众发展养鸡产业。2018年人均纯收入6602元。

央郎村 央郎村位于潞城瑶族乡西部，村部所在地马郎屯距乡政府所在地35千米。辖马郎、央边、六岗移民点3个自然屯、9个村民小组，居住着壮、汉等2个民族，全村共有522户、2116人，全村党员共63名，村“两委”班子8人，村党支部书记黄建宗，村民委主任许泽连，贫困人口125户、523人，2018年脱贫64户、284人。总面积58.44平方千米，耕地面积2449亩，其中水田298亩，旱地2151亩。主导产业是农业(种植业)，种植有油桐、油茶、生姜、杉树等经济作物。2018年人均纯收入6432元。全村屯屯实现水、电、路、电视“四通”，自然屯屯内道路硬化率100%。

营盘村 营盘村位于田林县潞城瑶族乡西北部，距乡府所在地3千米，地处“三林”岔路口，南昆铁路和国道324线、隆百高速公路穿境而过，交通便利，区位优势突出。全村总面积55.61平方千米，辖营盘、平吉、平宜、平桂、八维、岩龙6个自然屯、7个村民小组，627户、2551人，居住着壮、汉、瑶三个民族。村“两委”班子8人，村党支部书记游干，村民委主任兰树磊，党员61人，全村有贫困人口164户、661人，2018年脱贫102户、410人。全村耕地面积3452亩，其中水田958亩，旱地2494亩。辖区有红枫淀粉厂、十二桐业油脂厂、营盘砖厂等企业。该村林地面积较广，种植有松木、油桐、油茶、板栗、李果等经济林木。2018年人均纯收入6528元。全村屯屯实现“四通”(即水、电、路、电视)。营盘、平吉等屯已完成道路硬化。有宋代古营盘战场遗址。

平板村 平板村位于潞城瑶族乡西南部，村部所在地六香屯，距乡政府所在地25千米，辖平板、六香、渭拉3个自然屯、6个村民小组，居住着盘古瑶、蓝靛瑶、壮族等少数民族共145户、714人，其中瑶族700人，占全村总人口的98.03%，村党支部书记兼村民委主任冯文荣，全村总面积12.7平方千米，耕地面积1919亩，其中水田228亩，旱地1691亩，人均耕地面积2.7亩，林地面积2.43万亩，人均林地面积34亩。群众以种植甘蔗、生姜、玉米、杉木、油茶、八角，养殖猪、鸡以及外出务工为主要收入来源，全村已实现水、电、路、电视“四通”。2018年人均纯收入7078元。

(黄鹏飞)

利周瑶族乡

【中共利周瑶族乡委员会领导】

书　记：黄斯胜(壮族)

副书记：陆富双(瑶族)

　　　　姚玉万

纪委书记：廖　雯(女，壮族)

组织委员：覃文俊(壮族)

宣传统战委员：蒙代祥(壮族)

武装部部长：岑绍礼(壮族)

【利周瑶族乡人大主席团领导】

主　席：姚玉万

副主席：兰美灵（女，壮族）

【利周瑶族乡人民政府领导】

乡　长：陆富双（瑶族）

副乡长：何保平（壮族，2018年3月离任）

蒋凤玲（女，壮族）

岑远景（壮族）

陆秀兰（女，壮族）

潘世连（壮族，2018年3月任职）

【概况】 利周瑶族乡位于田林县境东部。壮语叫“拜丽”，意为畲地多的地方。东与凌云县朝里瑶族乡交界、南与百色市右江区汪甸瑶族乡相邻，西与乐里镇接壤、北与浪平镇毗邻，田林至乐业二级公路穿境而过，田林至凌云二级公路正在建设中，乡人民政府驻利周街，距县城19.8千米。全乡辖和平、平布、亮福、百达、爱善、福祥、囊老、老山、凡昌9个行政村、75个自然屯、115个村民小组。2018年利周瑶族乡总户数4054户，总人口17693人，2018年脱贫355户、1455人，囊老村脱贫出列。主要居住有壮、汉、瑶三个民族，其中瑶族为5346人，占总人口30.6%。2018年全乡人均纯收入6880元。全乡党员444名，其中女性党员96名。利周瑶族乡府行政编制29名，其中，班子领导乡三家班子共12人，其他行政干部共17人，少数民族21人，妇女11人；事业编制19名，其中少数民族13人，女干部4人。

全乡行政区域面积262.38平方千米，耕地总面积19603亩，其中水田8097亩，旱地11506亩，耕地主要种植水稻，素有“利周好白米”之称。地势自北向南倾斜，属土山区，林地面积为22.15万亩，森林覆盖率为89.4%。经济林有油桐2695亩、油茶9452亩、八角12740亩、杉木5571亩、松木13191亩，其中盛产的茶油、八角远近闻名；经济作物有甘蔗、生姜、木薯、芋头；水果有板栗、柿子、梨、李；野生药材有灵芝、首乌、天冬、金银花、砂仁。“清水鸭”“岑王老山土鸡”养殖是利周瑶族乡的特色项目，养殖数量居全县之首。

境内有田林县和平糖厂、田林县广龙水泥厂、田林康益土特产有限公司、利周加油站、岑皇冰泉等企业。广西岑王老山国家级自然保护区管理局在该乡境内，保护区方圆50平方千米，原始森林茂密，古树参天，气候宜人，年平均气温在18.6℃左右，野生动物有娃娃鱼、黑颈长尾雉、蟒蛇、果子狸、飞虎等。利周瑶族乡有1个集贸市场，每5天一个圩日。

【经济发展】 2018年，全乡生产总值1.46亿元，社会消费品零售总额1720万元，人均纯收入7230元。打造广西现代特色农业示范区建设县、乡级各1个，村级示范点3个，其中：亮福丰永、居仁660亩沃柑为县级广西现代特色农业示范区示、利周百达300亩“双高”糖料蔗基地为乡级广西现代特色农业示范园，亮福富丽合作社150亩沃柑、老山村可麻片区150亩八角、囊老村伟言屯100亩杧果为村级示范点。示范区建设共带动农户500余户2000余人（其中贫困户144户、413人），共流转土地1000多亩，群众每年获得土地租金200多万元。完善提升特色水果采摘园6个，采摘园年内共接待游客3万多人次，产值超过70万元。清水鸭养殖户400余户，规模养殖户25户，年出栏清水鸭近10万羽，产值超1000万元。2018年全乡粮食种植任务1.96万亩，其中完成种植水稻1.3万亩、玉米0.63万亩、蔬菜6915亩，杧果265亩、甘蔗1101.261亩（其中新种414.021亩，翻种687.24亩），沃柑265.5亩，农业稳步有升。充分发挥自然生态资源优势，打造提升盘古部落、老山泉等2家农家乐。同时，投入250万元以党员户、贫困户为中心点，完成打造老山村那罕屯乡土特色村寨，那罕屯2018年被评为自治区“绿色村屯”。2018年完成那罕屯、坛昔屯生态星级厕所建设，为乡村旅游发展提供公共基础服务设施。年内，老山泉和盘古部落共接待游客25.7万人次，产值超过140万元。利周瑶族乡沃柑产业示范区获自治区县级农业（核心）示范区，并承办党建现场会。

【社会发展】

基础设施 一是抓好集镇基础设施建设。2018年5月完成旧街道白改黑、排水和美化、亮化、绿化工程，文化广场至河堤路网扩建项目顺利推进；其中大街小巷路灯亮化已于春节前完成；乡府所在地总体规划调整初稿已出炉。二是抓好农村“四改”建设。完成2018—2019年17个指标危房改造任务；分别完成改厨、改厕、改圈任务281个、281个、11个。三是抓好村屯路灯亮化建设。通过争取土地增减挂项目，积极联系有关部门和企业支持全乡9

个村建设路灯亮化工程,共获企业赞助支持700余盏太阳能路灯,年内已竣工投入使用,农村人居环境面貌大改善。

社会事业 一是做好卫生健康工作。加大城乡基本医疗保险和城乡基本养老保险征缴工作力度。2018年全乡参加城乡基本医疗保险(含大病保险或同类型保险)15804人,参保率99.12%,其中贫困人口参保4732人,参保率100%。抓好卫生防疫工作,逐步完善居民健康档案,开展预防艾滋病、结核病、手足口病防治工作。对老年人、慢性病、艾滋病等重点人员及疾病进行管理并跟踪服务,办理慢性病卡23人。二是稳步做好计生管理服务工作。2017年10月至2018年9月,全乡(区间内)共出生188人,计划内出生181人,出生政策符合率96.2%。三是共发放农村低保资金325.19万元,城镇低保24.73万元,特困救助资金42.14万元。年内全乡参加城乡基本养老保险8628人,参保率94.8%,其中贫困人口参保3267人,参保率100%,已领取待遇2233人,符合领取待遇人员百分百领取待遇。按时发放80周岁以上老年人高龄补助22.60万元。四是教育事业工作得到发展。辖区有利周中学、利周中心校、老山小学、凡昌小学,共4所学校,2018年11月通过市级评估核验。春季学期有辍学学生20人,劝返19人;秋季学期辍学学生5人,劝返3人,休学1人,全乡义务教育巩固率99.9%。协助抓好利周公办幼儿园的选地、征地工作。五是年内开展各类文艺演出70场次,乡内外壮剧交流11场次。如:6月百达村坛昔屯举办“回娘家”活动、9月百达村举办首届农民丰收节、10月亮福村举办首届“敬老节”,十九大精神壮语壮戏板凳圈文艺晚会、“七一”晚会和庆祝自治区成立60周年和改革开放40周年暨扶贫“扶心扶志扶智”文艺晚会等活动。

【生态乡村】 新增村收乡运垃圾车1辆,垃圾箱6个,垃圾桶300个,共投入50万元用于清洁乡村建设工作;坚持超负荷维持运行垃圾中转站,全乡环境卫生保洁工作得到上级领导肯定。2018年,全市乡村建设年中现场会在盘古部落召开,福祥村那平屯保洁员获“美丽广西”乡村建设模范保洁员荣誉称号,老山村那罕屯入选广西“绿色村屯”名单。

【维稳工作】 一是全力抓好道路交通、防汛抗灾、食品卫生、公共安全、地质灾害等安全生产监管,深入开展“安全生产月”、每季度“安全生产大检查”等活动。与各村“两委”、乡直各单位签订安全生产责任状,压实安全生产责任。年内全乡未发生重特大安全生产事故,社会和谐稳定,获自治区民族团结乡镇荣誉称号。二是全乡民族团结进步创建活动深入开展。信访、调处、统计、绩效管理、应急、消防、宗教、保密、气象、档案、妇女儿童等工作取得新进展。

【脱贫攻坚】 2018年,利周瑶族乡严格按照自治区“二上二下一微调”年度脱贫计划工作步骤,顺利完成本乡的“一上”和“二上”和“一微调”工作,最终确定并顺利实现2018年脱贫计划355户、1455人,全乡贫困发生率降至3.54%。并实现囊老村整村脱贫摘帽。一是建立完善由乡级扶贫办、村级第一书记、工作队员、扶贫专干、信息员5支队伍组成的扶贫力量,为脱贫工作开展提供队伍保障。二是完善结对帮扶工作机制。除贫困户结对帮扶全覆盖外,制定完善主要领导片区责任制、副职领导专区责任制、村级主要责任人班长责任制,逐级压实工作责任。创新网上审核“一册一卡”“2211”审核机制,有效破解“一册一卡”填写质量差的老大难问题。三是扎实推进基础设施和易地扶贫移民搬迁工作。配合县扶贫办、交通局等有关部门,完成那罕至平爱、那伏至伟王、那罕至凡屯桥梁及两端道路硬化等道路项目;加快推进伟红山至田家湾道路建设,不断完善贫困村基础设施。建立乡级、村级扶贫项目库,提高项目建设的精准度和科学性。抓好易地扶贫移民搬迁工作。完成乡内两个易地扶贫安置点建设,全部实现搬迁入住,因地制宜制定易地扶贫搬迁群众后续产业扶持方案,产业扶持计划覆盖率达100%。百达安置点成为全县16个安置点中第一个举行升旗仪式和办公综合楼启用仪式的安置点,“十个一”的建设标准成为全县示范点。四是全面落实各项惠农政策。共发放小额信贷11户50万元;完成2018春季学期享受雨露计划扶贫培训职业学历教育补助81人共计12.25万元。举办八角低产改造、油茶种植技术培训班2期,培训贫困户253人,完成县级下达150个指标的169%。落实健康扶贫政策,全乡建档立卡贫困户参加农村基本医疗保险率达100%，贫困户均享受60%的参保费补贴和90%的住院医疗报销。五是切实加强产业扶贫工作。完成516个以奖代补指标，全乡建档立卡贫困户产业覆盖率95%。切实加强村集体经济建设，4个贫困村村集体经济收入均达到4万元以上，5个非贫困村实现收入2万元；在落实上级政策确保村集体经济收入达标的同时，整合各类资金，谋划村集体经济发展自主产业。六是完成贫困人口动态调整工作。全乡新增贫困户4户、18人，退出户返贫2户、6人，剔除2户、9人。同时对全乡16户、24人老人户进行动态管理。七是完成建档立卡贫困人口生态护林员选聘工作。年内全乡完成选聘建档立卡贫困人口生态护林员165人，并做好日常管理和年底考核工作。

【党建工作】

基层组织建设　一是聚焦“主体”，推进责任意识整体提升。定期召开党委班子会议研究基层党建工作，配备专职组织干事，落实村级党组织党建指导联络员。认真制定工作问题清单、任务清单、责任清单“三个清单”。年内开展党建督查工作6次，查摆问题15件，落实整改15件。二是聚焦“常态”，推进支部功能整体提升。将“两学一做”学习教育融入支部日常活动，深入学习贯彻习近平新时代中国特色社会主义思想和党的十九大精神。稳步推进农村党员积分管理、软弱涣散村党组织整改及信息化平台维护等工作。2018年共收缴党费1.2万元。共培养农村后备人才及致富带头人共100余名。完成2个村村级公共服务中心改扩建项目建设，投入资金120多万元。三是聚焦“重点”，推进堡垒作用整体提升。培育李永东等一批各类脱贫攻坚先锋近80人。实现“生态旅游党建示范带”创建全覆盖，扎实开展“乡村振兴·争创五旗”争创活动，按时完成对标评比工作，年内发展党员8名。年内发放上级下拨驻村工作补助40万元，并由本乡投入6万余元，解决22名脱贫攻坚（乡村振兴）工作队员工作生活困难。多渠道发展村集体经济产业，村集体经济总收入突破35万元大关，各村村集体经济收入平均达3.8万元以上，全部消灭“空壳村”。四是聚焦“品牌”，推进党建水平整体提升。构建“1+4”模式，通过服务平台、乡村旅游、特色产业、民俗文化四个载体，做好党建品牌文章，推动脱贫攻坚助力乡村振兴。采取村村、企村、能人等互助机制，大力发展清水鸭养殖，全乡年出栏清水鸭近10万羽，产值超1000万元。发挥资源优势打造提升7家农家乐集群（其中4家负责人是党员），2018年共接待游客25.7万人次，产值超过140万元。结合现代特色农业示范区建设，打造千亩沃柑党员教育示范基地，12月自治区党员远程教育现场会到利周沃柑基地召开。建立业余剧团协会党支部，主导乡村文化主阵地带火民俗文化，年内共举办各类民俗文化活动70余场（次），提升利周对外知名度和影响力。五是抓好“关键”，推进班子整体素质提升。全面推进深化领导班子建设年活动，坚持目标导向的基础上，突出“五个强化”，全力打造“五个过硬”的领导班子，为脱贫攻坚战提供坚强组织保障。乡三家班子领导主动下访和定期开展来访接访活动，全年共走访接待来访群众300余人次，解决群众困难问题40余件，为群众办好事办实事共60余件。

党风廉政建设　一是强化责任意识，认真落实党风廉政建设责任制。制定印发《工作方案》《工作要点》等文件，将党风廉政建设列入乡党委政府的重要议事日程，建立和完善党风廉政建设责任制，将日常检查与年度考核一并纳入绩效考核予以奖惩，整顿干部作风。2018共组织督查15次，编印、转发各级各类典型案例通报7批23起，二是“四强化”推进扶贫领域腐败和作风问题专项治理工作。三是狠抓作风建设，严格落实中央八项规定精神。四是践行“四种形态”，运用纪律审查。加大信访举报件核查力度，及时报结各类信访案件，2018年共收到群众来信来访及上级转办信访件19件，初核7件，立案5件，结案5件。加大警示教育力度，组织全乡干部职工、村“两委”干部以及党员共160人次观看《广西三起县级扶贫办主任严重违纪案件警示录》，强化约谈提醒。四是保持惩腐高压态势，重点问责查处党员干部廉洁从政、作风建设、扶贫领域等方面存在的突出问题。

意识形态工作　2018年共开展理论中心组集中学习10次（其中按照中心组理论学习方案内容6次，纪委专题学习2次，组委专题学习2次）。按照“六有六化”标准打造提升新时代讲习所8个

(其中乡级1个、村级5个,休闲旅游山庄2个),并在福祥村建立田林县十九大报告展厅。年内开展讲习活动31期,讲习“小广播”播出68期,参与人数达7000人次。其中福祥村新时代讲习所迎来台湾、四川等考察团参观考察学习,并与百色学院马克思主义学院、干部学院合作共建老山泉山庄新时代讲习所教学实践基地。在6个基地共开展6期技能培训,贫困户参与技能学习培训260人次。此外打造农家书屋助力脱贫攻坚智力支撑。9个村配备文化协管员,在福祥村打造农家书屋、科普书籍专列柜试点,按照“三围三转”即配书围着产业转,服务围着需求转,干部围着群众转的模式,配备书籍4500册。全乡18个业余壮剧团纳入文艺宣传队伍建设,村干部黄彩桂、李爱莲、黄大吉3人被县里推荐为政策壮语宣讲员,2018年在县、乡级文艺活动上共出演节目8次。开展践行社会主义核心价值观系列评选活动。今年来共获评县级“身边好人”2名、“美德少年”5名、“星级文明户”7户、“文明家庭”1户、“文明村”1个。2018年利周瑶族乡荣获自治区民族团结模范乡镇,凡昌小学教师赵龙京9月荣登中国敬业奉献好人榜,成为广西4人荣登9月“中国好人榜”之一。全面铺开社会主义核心价值观活动。年内共开展道德讲堂开讲11次,打造各村“我们的价值观善行义举榜”,在机关单位、行政村树立核心价值观24字及榜样标兵。

【各村简介】

百达村 位于利周瑶族乡中部,系乡政府和街圩所在地,是利周政治、经济和文化中心,距县城20千米。辖坛达、坛昔、百谷、平阳4个自然屯、14个村民小组。2018年,全村总户数591户,总人口2437人。其中壮族2184人,瑶族253人。以农业、林业、商业、种养业、劳务输出等为主要经济支柱,共有个体工商户90多户,国土面积16.09平方千米,耕地面积2179亩,其中水田1160亩,旱地面积1019亩。种有经济林3500多亩,其中八角1280亩,板栗960亩,李果620亩,松木850亩。利周街每五日一街,2018年人均纯收入7020元。第一书记为乡计生卫生办下派工作人员向玉荣,2018年脱贫52户、195人。百达福些易地扶贫搬迁42户、167人。全村文化体育事业蓬勃发展,共4个业余剧团,坛达剧团、坛昔剧团、百谷剧团、迎春剧团(2018年新增)、3支舞狮队,平阳盘王舞蹈队等,经常受邀到乡内和田林县乐里、八渡、六隆、潞城等乡镇、凌云县朝里瑶族乡、右江区汪甸瑶族乡等演出,2016年百达村获广西“千村万户”文艺村称号,2017年坛达剧团黄光合户获文艺户荣誉称号;全村四个自然屯都有较为标准的水泥灯光篮球场,2018年县文旅局为坛昔屯建立旅游厕所1座、小广场1处。2018年在文化广场举办“壮族三月三·八桂嘉年”吼敢壮剧节利周片区会演,来自利周各村剧团18个和24名业余山歌手参与演出。2018年9月22日,百达村举办田林县首届“农民丰收节”。村党支部书记黄光合,村民委主任吴克。

和平村 位于利周瑶族乡南部,是利周的“南大门”。村部所在地平坤屯距乡政府3千米,距离县城15千米。辖百六、百蓬、六里、六为、六支、平坤、平令、青龙、伟红、伟七,共10个自然屯、16个村民小组,居住着壮、瑶两个民族,2018年共512户、2085人,其中瑶族58户、262人。是十三五贫困村,全村区域面积35.16平方千米,其中耕地面积2343亩(其中水田1303亩,旱地1040亩),林地面积20708亩。全村以劳务输出和种养业作为主要经济来源,以种植水稻、蔬菜瓜果、糖蔗、养鸭为支柱产业,年养清水鸭量约3万羽,是利周瑶族乡有名的菜篮子基地。经济林主要有板栗4300亩,李果250亩,八角850亩。有业余剧团3个,分别为平坤剧团、百逢剧团1队和百逢剧团2对,均参与了利周片区吼敢壮剧节演出。2017年实现整村脱贫。2018年,第一书记为县委办下派工作人员黄品红,2018年脱贫3户、13人。完成二级路至六支屯道路硬化项目;百六屯、百逢屯过水河堤路项目;平坤屯屯内太阳能路灯一事一议项目等。2018年9月中共田林县委宣传部在平坤屯打造“国旗工程示范点”为223户挂上国旗。村党支部书记李永东,村民委主任黄彩桂。

平布村 位于利周瑶族乡的东部,村部距乡政府所在地8.2千米,距县城30.2千米。辖平布、伟央、牛场坡、伟赖、伟龙、岩乐、过厂、冷屯、伟落、伟苗、包屯、伟扛、包三、巴彬、过龙、平安,共16个自然屯、14个村民小组,全村国土面积34.57平方千米,耕地面积3024亩,其中水田808亩,旱地2216亩。当地村民的主要经济支柱产业为种植业和劳务输出。全村种植经济果林2887亩,其中松林850亩、竹子115亩、桐油262亩、八角370亩、板栗525亩。2018年人均纯收入6000元。2018年全村总户数420户,总人口1888人,其中壮族584人,汉族605人,瑶族699人。是十三五期间贫困村,第一书记为市司法局下派工作人员黄浩,2018年脱贫77户、318人,贫困发生率降至8.76%,村集体经济收入4.6万元,获得县文旅广局在村部完成戏台建设1座和1个篮球场,获得中国电信扶贫资金84.8万元将旧村完小修缮为新村部,亮化路灯134盏,田凌(利周—朝里)二级公路正在建中。村党支部书记龚仁伟,村民委主任邓志高。

亮福村 地处利周瑶族乡中部,村部距乡政府所在地1.5千米,距县城23.5千米。辖坛亮、坛伏、伟镇3个自然屯、13个村民小组。全村总面积为12.45平方千米,耕地面积为2109亩,其中水田为1001亩,旱地为1108亩。2018年总户数484户,总人口1785人,其中壮族1605人,汉族3人,瑶族157人。主要经济支柱产业为种养业、劳务输出等,是"利周好白米"的主要产地之一,水稻种植面积为2582亩,年产量920吨以上,2018年人均纯收入6630元。2018年第一书记为5—7月为乡计生助理韩艳林,7—12月为县委统战部下派工作人员黄艳钦,2018年脱贫69户、283人。2018年3月田林富丽沃柑种植合作社在亮福村种植沃柑达150亩,申请并通过广西现代特色农业村级示范点,辖区有坛亮剧团一队、坛亮剧团二队、坛伏剧团3个业余壮剧团,伟镇瑶族表演队,2018年,3月坛亮举办白帝庙会。10月22日举办亮福村"敬老节"。村党支部书记兼村民委主任黄聪。

爱善村 东南与百达村接壤,东北与老山村相邻,西北与乐里镇相邻。村部所在地海拔490米,距乡府所在地3千米。辖那善、六爱、当后、可立、囊许、囊混、平凉、六恩、那才、伟仇等10个自然屯、14个村民小组。2018年全村总户数388户,总人口1755人。全村国土面积26.37平方千米,耕地面积3224亩,其中水田1242亩,旱地面积1982亩。地理位置优越,海拔800~1300米,年平均气温17℃,降雨较为丰富,气候、海拔、土质等条件非常适合田七、何首乌等药材的生长,2018年人均纯收入6920元。文化底蕴深厚,有着38年历史(截至2018年)的爱善业余壮剧团。爱善村是十二五期贫困村,2012—2015年历任村第一书记均为自治区信用联社刘启兴、孙航,2018年第一书记为乡综治办副主任岑学安。2018年,脱贫33户、122人,以村支书为姚志华代表的致富带头人,开始发展种桑养蚕产业,通过以点带面,增加群众收入。村党支部书记姚志华,村民委主任韦生献。

福祥村 位于利周瑶族乡中东部,村部所在地原那伏屯距乡府所在地3千米,新村部所在地那平屯距乡政府4千米,田林至乐业二级公路穿村而过,交通便利。辖那伏、祥杏、那平3个自然屯、7个村民小组,2018年共393户、1680人,是壮族聚居的一个村,90年代初全村"水、电、路"全通。全村区域面积13.02平方千米,耕地面积1827亩,拥有经济果林2920亩,其中板栗1370亩、八角350亩、松木1050亩,葡萄基地50亩、蔬菜100余亩种植基地,年养殖清水鸭2万多羽。有利众清水鸭养殖合作社、瑞祥中草药合作社和占地15亩年出栏500头的鸿发生猪立体生态养殖场等。常年在外地打工人数达250多人,劳务收入达200多万元,2018年农民人均纯收入达6980元。2018年第一书记为乡妇联主席冉秀勤,脱贫45户、182人,那伏屯通过土地增减挂项目获得140盏路灯,并完成安装。村党支部书记卢国庆,村民委主任黄万宝。

囊老村 位于利周瑶族乡东部,村部距乡政府所在地18千米,2018年全村255户、1081人,辖囊老、田坝、伟言、新田、伟龙、伟王、瑶闭等7个自然屯、10个村民小组,聚居汉、壮、瑶3个民族;全村土地面积20.02平方千米,耕地面积1485亩,经济林面积4620亩,用材林面积5570亩,主要农林产品为八角、杉木、油茶、甘蔗、生姜等,其中八角、杉木这两项人均3亩以上。主要养殖为猪、鸡、鸭等常规家畜禽养殖。收入主要来源是农林产品销售和生猪养殖、外出务工收入,2018年全村人均纯收入6524元。囊老村是十三五期间贫困村,2015年10月来历任村第一书记为县财政局黄炳锐、梁国立,2018年第一书记为县财政局下派工作人员娄应良,2018脱贫25户、102人,贫困发生率降低至0.72%顺利实现脱贫摘帽,村集体经济收入6.0224万元,获得扶贫路灯85盏和土地增减挂项目65盏路灯,实现7个屯的亮化工程,投入扶贫资金46万元改善村完小成作为新村部综合办公楼。村党支部书记

2018 年 9 月 20 日,田林县首届“中国农民丰收节”庆祝大会在利周瑶族乡隆重举行

兼村民委主任兰礼田,村民委副主任吴良田。

老山村 位于利周瑶族乡东北部,村部所在地距县城 31 千米,距乡府所在地 7 千米。辖凡屯、那罕、平爱、陈家坡、可麻、猫皮良、田家湾、伟刷、伟红山和伟环等 10 个自然屯、13 个村民小组。2018 年,全村总户数 399 户,总人口 1786 人,居住有壮汉瑶三个民族。全村主要经济林有八角 5800 亩,桐果 800 亩,板栗 1200 亩,松杉木 2100 亩,凡屯、那罕群众常年养鸭 10000 羽,是利周清水鸭的主要产地之一,常年外出务工人数达,500 人,2018 年脱贫 2018 年老山村人均纯收入 6950 元。教育有老山小学,文化有凡屯剧团、平爱荣光剧团等。是十三五期间贫困村,2016 年列入全国旅游扶贫村,2017 年实现整村脱贫。2015 年来历任村第一书记为县农业局黄龙光、刘骐宁、罗远新。2018 年第一书记为县农业局下派工作人员黎艳梅,脱贫 6 户、25 人,贫困发生率降至 0.98%,村集体经济收入 9 万元,2017 年田家弯至猫皮梁硬化项目建设中,完成凡屯至陈家坡道路硬化建设。村党支部书记李进金,村民委主任李会刚。

凡昌村 位于利周瑶族乡东北部,村部所在地距乡政府 9 千米。辖伟亮、伟干、那敢、长垄、伟朗、达角、平降、伟么、田棚、毛大牛、伟好、伟后 12 个自然屯、17 个村民小组,2018 年全村总户数 489 户,总人口 2327 人,其中瑶族人口 2268 人,占全村总人口 97.5%,是个典型的瑶族村寨。全村总面积 34.01 平方千米,耕地面积 2026 亩,其中水田 901 亩,旱地 1125 亩。主要经济收入来源是八角种植业和劳务输出,全村有经济林 6230 亩,其中八角林 4880 亩,茶果林 767 亩,桐果林 274 亩,其他林果 309 亩。2018 年凡昌村农民人均纯收入 6543 元。属“十二五”贫困村,2012—2017 年 3 月历任村第一书记为自治区信用联社段志刚、廖式俊,2018 年第一书记为乡人民政府下派工作人员杨秀理,脱贫 45 户、217 人,村集体经济收入 2.7 万元,2018 年启动凡昌至浪平二级路建设,处于建设中。村党支部书记赵春才,村民委主任赵金周。

(蒙代祥　卢凤轻)

平塘乡

【中共平塘乡委员会领导】

书　记:贝维军(瑶族)
副书记:黎华贵(壮族)
陈　恒(2018 年 3 月离任)
何保平(壮族,2018 年 3 月任职)
纪委书记:岑凤花(女,壮族)
组织委员:李世鹏(苗族)
宣传统战委员:林　珊(女,壮族)
武装部长:许继文(壮族)

【平塘乡人大主席团领导】

主　席:陈　恒(2018 年 3 月离任)
何保平(壮族,2018 年 3 月任职)
副主席:李海慧(女,壮族)

【平塘乡人民政府领导】

乡　长:黎华贵(壮族)
副乡长:倪元斌
韦光成(壮族)
闭祖茂(壮族)
苏承蒂(壮族)

【概况】 平塘乡,1986 年之前称平塘公社,因属下最大的自然村平塘村得名。新中国成立前,平塘乡分别隶属田西县南角乡和西林县者苗乡。新中国成立后分属第三区和第七区(1958 年后称旧州公社和定安公社）管辖。1961年将定安公社属下的渭洛、渭各，旧州属下的平塘、同祥、六克、徕的等大队划出成立平塘公社。1962年撤社并入旧州区，1969年复分置平塘公社。1986年，撤社建乡。

平塘乡位于田林县西北部，东面与者苗乡相连，南面与定安镇相邻，西面与隆林县隆或、介廷两乡交界，北面与旧州镇接壤。全乡属半石山区，东南半部为土山，约占总面积的60%，西北半部呈岩石溶峰丛地貌，约占总面积的40%。乡府所在地距县城98千米，田那二级公路正在修建中，预计2019年底竣工通车，乡内公路交通便利可通达隆林县、旧州镇、者苗乡。

全乡辖10个村民委员会、88个自然屯、07个村民小组，行政区域面积194平方千米，主要聚居汉、壮、苗三个民族。2018年全乡总户数3529户，总人口14370人，其中汉族8532人、壮族5261人，苗族510人，其他民族67人。2018年全乡耕地面积14738亩，其中水田4659亩，旱地10079亩。全乡最近的同祥村距乡政府所在地0.6千米，最远的茅坡田村距乡政府所在地18千米。境内“水、电、路”已全通。

平塘乡属亚热带气候，年平均气温17.4℃，海拔800~1100米，最高点是与隆林县交界的云盘山，海拔1477米。全乡森林面积22.8万亩，森林覆盖率69.59%。境内矿产资源丰富，主要矿产有石灰石、方解石、铁矿、铝矿、金矿等。全乡林地作物主要以杉木、油茶种植为主，粮食作物以种植玉米和水稻为主，经济作物有八角、香菇、木耳、烤烟、桃果、李果等。

【经济发展】

农业生产　2018年完成烤烟种植496亩，总产量80吨，总产值721906元；完成水稻种植4066.5亩、总产量1591.8吨；玉米种植9937.5亩、总产量2983吨。2018年底全乡种植砂糖橘面积达2600亩，参与种植砂糖橘的群众达486户，其中贫困户96户，已挂果砂糖橘面积80亩，实现收入60万元；新种植油茶（岑软3号）种植1200多亩，投入资金80万元，涉及农户59户，其中贫困户22户、330亩。2018年新种植枇杷2460亩，总种植面积达3940亩，且配套的水、路等基础设施项目已基本完工，受益群众达158户、568人，其中贫困户68户、234人。

林业生产　2018年完成造林绿化工程7207.3亩，占任务的101.5%，其中杉木、桉树3581.5亩，椿树10.9亩，核桃10亩，枇杷1500亩，砂糖橘104.9亩，油茶2000亩；完成油茶低产林改造1700亩，占任务的100%；至年末，平塘乡人民政府与天然商品林所有者签订停伐协议421份，涉及10个村、65个自然屯，合计面积17363.8亩，落实兑现停伐补助资金25.61万元；完成自治区级以上公益林的管护和年度检查验收81090.3亩，并及时兑现2018年公益林补偿基金99.63万元；2018年全乡退耕还林合格面积2268.2亩，共兑现补助资金58.36元。

畜牧生产　2018年末，生猪存栏4060头、出栏1.45万头；土鸡存栏37280羽、出栏肉鸡20.32万羽；山羊存栏994只、出栏4037只；肉牛存栏1890头、出栏1783头。2018年肉类总产量139.21万吨，其中猪肉产量为46.20吨，牛肉产量为38.77吨，羊肉产量为31.65吨，禽类和其他肉产量为22.58吨，完成年肉类总产量131万吨的任务；全乡共开展防疫10个村、142个自然屯，实行消毒灭源工作2310平方米，实行动物免疫：猪瘟苗23244头，猪口蹄疫苗23244头，牛口蹄疫苗3851头，羊口蹄疫苗7012只，鸡新城疫疫苗67070羽，鸡禽流感苗67070羽，鸭禽流感苗5895羽，鹅禽流感苗3990羽，羊三联四防苗767头；免疫数占应免数分别为：猪瘟苗100%，猪口蹄疫苗100，猪蓝耳病苗100%，牛口蹄疫苗100%，羊口蹄疫苗100%，鸡新城疫苗100%，鸡禽流感苗100%，鸭禽流感苗100%，鹅禽流感苗100%，羊三联四防苗15.5%。全乡疫情稳定，没有发生重大疫情。

工业生产　2018年规上工业企业1个，总产值2005.4万元。

【社会发展】

教育事业　全乡有1所中学，1所中心小学，2所村完小，附设1个中心幼儿园。2018年，中学共有在校生1300人，中心小学总共在校生1466人，村完小在校生149人，适龄儿童入学率、升学率、完成率均为100%。年内获尖子生培养贡献一等奖、中考综合评价奖三等奖；义务教育阶段辍学学生13人，劝返13人。新建成中心小学学生宿舍楼1栋。

医疗事业　2018年新农合缴费任务12751人，其中免缴人数2363人，缴费人数10492人，参合率98.4%，贫困户参合3101人，参合率100%；城乡居民养老保险参保率103.3%。成立防治艾滋病宣传教育工作领导小组,在10个村各安排一名艾滋病防治宣传员。2018年,区间内出生186人,符合政策出生179人,出生符合政策率96.24%,放环14例,孕优检查33对,参加孕前优生健康检查33对夫妇。

社会保障 贯彻落实民政低保政策,2018年发放临时救助金1.24万元,灾民安置资金6.44万元,冬春生活救助款4.78万元,五保户生活补助26.39万元,农村低保金137.32万元。

文化事业 全乡新建文化戏台3个,篮球场3个,年内开展党委中心组学习6次、讲习集中学习12次,借助板凳圈活动开展夜话活动10场、4次道德讲堂活动,10个行政村完成一约四会工作。结合壮族传统节日开展三月三文艺活动,组织6个戏团参加"吼敢·文化艺术节"壮剧展演并取得较好名次。开展纪念中国共产党成立97周年"庆七一不忘初心·牢记使命"杯篮球、气排球比赛等系列活动,丰富人民群众的业余文体生活,促进全乡干部职工团结合作精神。

社会安全与稳定 严格实行矛盾纠纷"三级"调处机制,将纠纷调处责任落实到三家班子领导、包村工作组及村"两委"干部身上。年内共排查出重点矛盾纠纷34起,调处34起,调结28件。设立信访室,按照"谁接待、谁负责"的要求,2018年共接待群众来访13人次,为群众答复、解决问题16个。实行班子领导约访、下访制度,年内三家班子领导成员"下访"、"约访"群众276人次,重点解决同祥村和平塘街排水等群众关切的问题183个。联合派出所、林业站、民政办、农业服务中心、综治办、司法所等多个部门举办安全生产咨询日活动,发放宣传资料600份,咨询人数达100多人次。组织食药监所、国土规建环保安监农机站、兽医站、卫生院等相关职能部门对辖区内的食品、药品经营企业进行安全检查。在平塘中心校、平塘中学等开展消防演练和防震逃生演练活动;在茅坡田村供港屯地质灾害点组织开展应急预案演练活动。大力开展"非洲猪瘟"疫情防控工作,2018年没有发生"非洲猪瘟"疫情。

人居环境 2018年持续开展"美丽平塘·宜居乡村"活动,重点解决与群众生产、生活联系紧密的环境卫生、房前屋后垃圾、门前乱停乱放、黑臭水沟等方面问题,投入28.6万元,配备保洁员78名、发放垃圾桶40个,年内开展大扫除、大清理活动13次,清理垃圾2600吨。持续绿化造林,与产业发展相结合,发展大石山枇杷产业,培植壮大砂糖橘种植产业,做大做强油茶种植产业,结合石漠化治理工程完成枇杷种植1500亩,油茶种植200亩,投入资金131.5万元,实现绿化造林达3500亩。

森林防火 平塘乡拥有1支15人森林防火半专业队,年内发放防火通知书2600份;张贴防火宣传单900份;悬挂防火横幅10张;2018年全乡无火警、火灾发生。

【基础设施建设】 2018年,全乡修缮茅坡田、六池村村部;新建茅草坪村村部。投入65.4万元建设龙歪、茅坡田、茅草坪3个村的文化宣传栏、篮球场项目;实施茅坡田、龙果怀、茅草坪等村通屯道路硬化35千米。完成平塘、六池、渭各等村共6条水毁道路维修;在茅草坪村实施农村安全饮水项目10个,解决部分贫困人口饮水困难问题;在枇杷基地建设灌溉水池32座,道路硬化5千米,安装生产用电,水、路、电等基础设施建设得到逐步完善;至年底完成危房改造6户。

【脱贫攻坚】 2018年底完成龙歪村、茅坡田村脱贫出列,229户、1000人实现脱贫摘帽,同甲安置点搬迁入住84户、385人,县城百花寨安置点9户、42人,完成易地扶贫搬迁安置点入住工作;年内分两批发放产业扶持以奖代补资金共计509户、175.2万元;发放砂糖橘苗木补助32.2万元,成功打造3个百亩以上的砂糖橘种植示范基地,开展砂糖橘种植技术培训5期,培训果农1100人次,发放培训补助2万多元。2018年,同祥、龙歪、茅坡田3个村村级集体经济收入均达6万元以上;茅草坪、渭各、龙果怀3个村村集体经济收入均达3万元以上;平塘、兴六、平吉、六池4个非贫困村村集体经济收入均达2万元以上。开展农村无职党员"先锋携手·互助发展"结对帮扶活动,全乡205名党员落实结对帮扶205户贫困户;开展党员"双培"工程,把致富能手培养成党员5人,把党员培养成致富能手10人;开展贫困村致富带头人培训教育工作,年内共培育农村致富带头人30人,发挥党员先锋模范带头作用,以党建为引领推动脱贫攻坚工作;引导富余劳力向外输出,实现脱贫致富目标。

【党建工作】 2018年全乡共有1个党委，1个党总支部，11个党支部，党员共446名，农村党员402名。全年发展党员11名，培养入党积极分子20名。

【各村简介】

平塘村 位于平塘乡中西部，因村边有一个水塘得名，村部所在地平塘屯，距乡政府所在地1千米。“水、电、路”已全通。辖平塘、高徕、高坡、六好、那爱、坝务、小地坝、安公、营盘9个自然屯、16个村民小组，居住着壮、汉族，全村共有413户、1693人，耕地面积2302亩，其中水田863亩，旱地1439亩，主导产业以农业、林业为主。全村共有正式党员45名，其中女党员6名。村“两委”班子成员7人，村扶贫专干1名，扶贫信息员1名。村党支部书记李盛品，村民委主任梁波。

兴六村 位于平塘乡北部，以村内自然村兴六得名，村部所在地尾音屯，距乡政府所在地6千米。“水、电、路”已全通。辖尾音、兴六、老吴、良子上、徕的上、徕的下、平上、坝关、岩右、拉弄10个自然屯、12个村民小组，居住着壮、汉族，全村共有369户、1536人，耕地面积953亩，其中水田369亩，旱地584亩，主导产业以农业、林业为主。全村共有正式党员57名，其中女党员6名，少数民族党员47名。村“两委”班子成员7人，村扶贫专干1名，扶贫信息员1名。村党支部书记卢世青，村民委主任农世建。

龙果怀村 位于平塘乡北部，因原龙果怀大队驻地而得名、后改为龙果怀村，村部所在地大九屯，距乡政府所在地10千米。“水、电、路”已全部实现。辖龙果朝、下坝、大九队、小九队、龙弄朝、五队、六队、八队8个自然屯、8个村民小组，居住着汉族，全村共有235户、1005人，耕地面积924亩，其中水田174亩，旱地750亩，主导产业以农业、林业为主。全村共有正式党员43名，其中女党员9名。村“两委”班子成员7人，村扶贫专干1名，扶贫信息员1名。村党支部书记兼村民委主任冉俊强。

平吉村 位于平塘乡东北部，该村建在“洪吉”潭边的地坪上，因此得名。村部所在地同花屯，距乡政府所在地11千米。“水、电、路”已全部实现。辖倮倮、平吉、百林、同花、百马、克场6个自然屯6个村民小组，居住着壮族，全村共有325户、1241人，耕地面积2205亩，其中水田518亩，旱地1687亩，主导产业以农业、林业为主。全村共有正式党员32名，其中女党员6名。村“两委”班子成员7人，村扶贫专干1名，扶贫信息员1名。村党支部书记兼村民委主任骆文忠。

同祥村 位于平塘乡中部，村部所在地同祥屯，距乡政府所在地0.6千米。“水、电、路”已通。辖同祥、小冲、党雄、达连地、石灰窑、拉翁、新寨、牛厂8个自然屯、11个村民小组，居住着壮族、汉族，全村共有409户、1704人，耕地面积1640亩，其中水田630亩，旱地1010亩，主导产业以农业、林业为主。全村共有正式党员39名，其中女党员6名，少数民族党员17名。村“两委”班子成员7人，村扶贫专干1名，扶贫信息员1名。村党支部书记张再高，村民委主任刘国平。

茅草坪村 位于平塘乡西部，村部所在地茅草坪屯，距乡政府所在地6千米。“水、电、路”已全部实现三通。辖茅草坪、道蒙、石板井、布楼、大等、大石告、后龙山、瑶寨、小屯、洞口、龙桥、渭洛12个自然屯、15个村民小组，居住着汉族，全村共有447户、1837人，耕地面积1517亩，其中水田417亩，旱地1100亩，主导产业以农业、林业为主。全村共有正式党员52名，其中女党员7名。村“两委”班子成员7人，村扶贫专干1人，村扶贫信息员1人。村党支部书记谢太忠，村民委主任舒庭学。

龙歪村 位于平塘乡西南部，村部所在地龙歪屯，距乡政府所在地10千米。“水、电、路”已全通。辖坡脚、龙歪、弄山、韦家沟、保上、保下、苗湾、瓦厂、冲头、麻窝、弄坡11个自然屯、11个村民小组，居住着汉族，全村共有305户、1240人，耕地面积1574亩，其中水田409亩，旱地1165亩，主导产业以农业、林业为主。全村共有正式党员34名，其中女党员5名。村“两委”班子成员7人，村扶贫专干1名，扶贫信息员1名。村党支部书记兼村民委主任陈艳群(女，2018年7月任职)、周学成(2018年4月辞职)。

茅坡田村 位于平塘乡西南部，村部所在地茅坡田屯，距乡政府所在地18千米。“水、电、路”已全通。辖伟峰、伟利、尾燕、大坝田、茅坡田、伟昔、平座、葫芦田、供港9个自然屯、9个村民小组，居住着汉族，全村共有247户、938人，耕地面积1306亩，其中水田293亩，旱地1013亩，主导产业以农业、林业为主。全村共有正式党员31名，其中女党员3名。村“两委”班子成员7人，村扶贫专干1名,扶贫信息员1名。村党支部书记刘朝宣,村民委主任蒋正乾。

渭各村 位于平塘乡南部,村部所在地经堂屯,距乡政府所在地12千米。“水、电、路”已全通。辖保上、金堂、曾家佗、渭海山、龙海山、洛弄、岩洛、竹林寨、青岗林、大元、渭各向11个自然屯、11个村民小组,居住着汉族,全村共有316户、1302人,耕地面积1520亩,其中水田475亩,旱地1045亩,主导产业以农业、林业为主。全村共有正式党员41名,其中女党员6名,少数民族党员5名。村“两委”班子成员7人,村扶贫专干1名,扶贫信息员1名。村党支部书记丰玉良,村民委主任王规荣。

六池村 位于平塘乡东部,村部所在地六池上屯,距乡政府所在地12千米。“水、电、路”已全通。辖六池上、六池下、达东、弄生4个自然屯、4个村民小组,居住着壮族,全村共有357户、1361人,耕地面积797亩,其中水田511亩,旱地286亩,主导产业以农业、林业为主。全村共有正式党员34名,其中女党员6名,少数民族党员34名。村“两委”班子成员7人,村扶贫专干1名,扶贫信息员1名。村党支部书记兼村民委主任韦保荣。 (李金妹)

百乐乡

【中共百乐乡委员会领导】

书　记:潘基毅(壮族)
副书记:黄龙光(壮族)
　　　汤运芝
　　　黄鹤翔(壮族,2018年4月挂职)
纪委书记:黄天杰(壮族)
组织委员:罗　铸(壮族)
宣传统战委员:王桂香(女,壮族)
武装部长:刘　威(壮族)

【百乐乡人大主席团领导】

主　席:汤运芝
副主席:罗晓琼(女,壮族)

【百乐乡人民政府领导】

乡　长:黄龙光(壮族)
副乡长:韦　剑(壮族)
　　　黄祖荣(壮族)
　　　周明辉
　　　李春憬(女,壮族)

【概况】 百乐乡位于田林县西北部,地处黔桂两省交界,东与浪平镇、乐业县雅长林场相连,南与潞城乡相依,西与潞城、旧州接壤,北与贵州省册亨县隔南盘江相望,乡政府所在地距县城79千米。2005年原龙车乡并入组成新百乐乡,合并后全乡行政区域面积532平方千米,林地面积为51万亩,森林覆盖率68.8%,耕地面积2.96万亩(其中水田5793亩),辖7个行政村、59个自然屯、90个村民小组3134户、12510人,聚居壮、汉、瑶3个民族。百乐乡主产水稻、玉米,特产蜜桃、核桃、茶油、生姜、中草药等,黄牛养殖、中草药产业为优势产业。主要发展水稻制种、黄牛养殖、水产养殖,主要农特产品有百乐干鱼、板干米酒、牛干巴、核桃、茶油。主要矿藏有锑矿、金矿、黄铁矿、水晶、硫黄、汞等。

【经济发展】 2018年,实现生产总值9928.67万元,同比增长8.6%;农业生产总值3095.11万元,同比增长9.8%,农村居民人均纯收入6935元,同比增长3.5%。年内完成水稻插秧0.57万亩,玉米种植1.2万亩,蔬菜0.63万亩,各类经济作物0.3万亩;水稻制种700亩;豆类种植200亩、葛根486亩、油茶种植2500亩、柑橘种植300亩、核桃种植1475亩,甘蔗种植1063.51亩,杧果种植688.75亩。牛存栏5754头、羊存栏6457只、猪存栏18026头、鸡存栏12368羽、鸭存栏6220羽。完成10882.7亩营造林面积、2500亩国家惠民林业项目申报及验收、3778亩国有林场被侵占林地回收工作;落实67727亩集体和个人所有天然商品林协议停止商业性采伐工作,协议签订率89.01%、资金兑付率89%。有百乐村杧果现代特色农业乡级示范园一个、百乐村杧果和百华村油茶等现代特色农业村级示范点两个。

【社会发展】 民政救济工作有序开展。2018年,821户、3224人享受农村低保待遇,7户、7人享受城镇低保待遇,落实五保户65户、69人精准帮扶及救济物资发放工作,城乡居民基本医疗保险参合率98.65%、城乡居民基本养老保险参保率99.3%。抓好文教卫生工作。年内出生人口131人,人口出生符合政策生育率98.47%、人口出生性别138∶100。控辍保学工作成效高,23名辍学学生均已返校,劝返率100%。百乐中心校适龄入学儿童514人,龙车中心校477人,龙车中学593人。推进百华村村部维修和新建根标村、龙车村村部等项目建设。抓好新农合和新农保工作。新农合参合率98.78%，新农保参保率101.84%。认真做好2018年农资综合直补农户信息更新、农机购置补贴等工作，全乡发放农用机械15台，受益农户15户、65人，发放农机购置补贴0.8万元，完成率66.7%。

【基础设施建设】 做好2018年“四改”工作，完成厨改、厕改各197户，圈改12个、危房改造9户的任务指标。完成百华村平安寨屯通屯道路硬化“一事一议”财政奖补项目、看牛坪篮球场项目建设，龙车原乡政府危旧房拆除项目、九坤林区道路建设项目、三帮村核桃基地浇灌工程项目、板干村伟灭屯屯内道路硬化、新集易安点道路硬化、根标村赖轰屯平面桥建设、弄甲屯太阳能路灯亮化工程等已全部竣工。

【生态乡村建设】 深入开展“美丽田林·宜居乡村”建设，2018年8月，在百色市委启动的“乡村振兴·争创五旗”活动中，百乐乡百乐村获得“生态宜居红旗村”荣誉称号，百乐乡八洞村获得“治理有效红旗村”荣誉称号。完成造林面积：10882.7亩，其中工业原料林6801.9亩，其他树种1476.4亩，油茶新造林2604.4亩，完成率达117.02%。珠江防护林2300亩，兑现补助金额115万元；中央财政补助项目2000亩，兑现补助金额20万元；油茶新造林项目550亩，兑现补助金额27.5万元；油茶低产林改造500亩，兑现补助金额10万元。健全完善河长制管理制度，落实河道保护责任。落实启动中小河道整治52条，强化河道水体日常养护管理，实现乡级、村级河道养护全覆盖，共计清除河面垃圾100立方米，完成河道巡查及整改360余处。

【土地确权工作】 稳步推进农村土地承包经营权确权登记颁证工作，2018年，全乡应确权户数2651户，已确权户数2642户，确权面积15632.87亩，颁证率达99.66%。

【社会稳定工作】 2018年，百乐乡受理纠纷案件26起，调处21起，调处率80%，并针对重点信访人员多次进京上访的情况，召开专题研讨会并制定工作预案，成立接劝返工作领导小组，实行每日监控制度，做到“一日一联系，一天一见面”，及时掌握动态。根据派出所提供的统计数据，全乡共立刑事案件9起，破案3起；行政案件15起，处理2起，群众对社会治安满意率稳步提高。年内共接待群众来信来访268人次，提供法律咨询153人次，排查矛盾纠纷80起，受理80起，调解成功60起，调处率100%。全年没有发生因调解不及时而出现的激化事件，也没有因调解不当而发生民转刑案件和非正常死亡事件，为百乐经济发展创造良好的社会环境，有效维护百乐社会稳定。通过社会治安综合治理民意调查问卷显示，群众满意率达96%。

【应急保障工作】 做好防火防灾应急宣传工作，组建3支、45人森林防火半专业队，成立1个乡级火灾应急分队和59个屯火灾应急分队，发放高音喇叭及其配套设备7套加强森林防火宣传教育工作，在做好林业法律法规宣传的同时，结合百乐乡实际，充分利用宣传车、标语、印发宣传单等形式，对全乡广大群众进行广泛深入的宣传，年内全乡共拉横幅38幅，180张固定标语，通告3000份，宣传材料5000余份，营造森林防火浓厚的宣传氛围。出台防汛抗洪、防震救灾、食品卫生、公共安全、抗旱防灾、群体性突发事件、地质灾害、中考应急等8个应急工作方案，并成立相应的领导小组，逐步加快推进基层应急规范化建设。

百乐乡新吉安置点全景图　（罗　倩　摄）

成立突发事件应急管理委员会和专项应急指挥机构，落实责任，包片负责，制定全乡突发公共事件总体应急预案，完善应急工作各项制度，加强应急知识宣传、应急队伍建设和演练。

【脱贫攻坚】 2018年百乐乡动态调整后建档立卡贫困户861户、3637人（含已脱贫人口）。计划脱贫284户、1252人，板干村、根标村脱贫摘帽出列，全乡贫困发生率降至2.3%左右。7个行政村全部成立脱贫攻坚作战室，动态监测各村贫困户“八有一超”达标情况。百乐乡把农村党员能人培养选拔担任党组织书记岗位，全乡7名村党组织书记中有4名是致富能手，此外，每个村还配备扶贫信息员、扶贫专干。年内，百乐乡新吉安置点已经抽签分房85套，实际搬迁入住有85户、372人；龙车安置点已经抽签分房24套，实际入住24户、107人；百色小镇安置点有3户、13人。落实2018年干部结对帮扶工作，严格按照文件精神科级干部帮扶最多不超过5户，一般干部帮扶最多不超过3户的要求，参与百乐乡结对帮扶的干部有292人。组织扶贫办业务精通干部开展“一户一册一卡”培训工作，讲解“一户一册一卡”实际填写操作中容易错误的具体细节等问题。采取“人盯人”措施，全乡43名干部对292名帮扶干部进行盯人措施，对联系百乐乡的县直帮扶干部进行一对一入户监督及指导。百乐乡大力发展“杉、油茶、糖料蔗、猪、鸡＋笋、杧果”等“5+2”特色产业，建档立卡户共有1247户（含14、15年退出户），其中种植杉木476户，油茶651户，糖料蔗163户，养猪671户，养鸡337户，杧果种植48户，1056户有“5+2”特色产业，占总建档立卡户的84.46%。引导村民合作社整合好发展资金，结合自身实际，通过发展特色产业、入股企业获取分红、盘活县直门获取受益等方式，发展壮大村集体经济。年内各村集体经济收入大部分已达到3万元以上，其中板干村6.53万元、根标村7.57万元、三帮村4.16万元、百乐村5.89万元、龙车村3.97万元、百华村4.47万元、八洞村3万元。

【党建工作】 强化责任担当，坚持民主集中制、党委会议议事制度和“三重一大”决策制度；年初与各党（总）支部签订党建工作目标管理责任状；建立百乐乡三家班子领导成员党建责任联系点制度和“一岗双责”工作制度，班子成员每季度到联系村和分管领域指导党建工作、上党课；全面落实基层党组织书记抓基层党建工作问题清单、任务清单和责任清单；全面落实六个层级联动机制构建“质量党建”；每季度开展党建工作督查。

一是学习贯彻习近平新时代中国特色社会主义思想，推进“两学一做”学习教育常态化制度化，严格执行“三会一课”、双重组织生活会、民主生活会等制度。推进示范带动。打造板干村长麦杧果示范园和沃柑种植示范基地等一批党建带产业示范基地和生态旅游党建示范带。深化班子建设。制订实施方案，班子成员深入基层“换位沉底”做调研，开展“面对面”谈话交心活动、思想对标大检查活动。夯实党建基础。开展软弱涣散基层党组织的整顿工作。全年党费收缴1.32万元。开展建党97周年系列活动，7个村集体经济收入共35.62万元，对60位村“两委”干部进行资格联审。打造工作亮点。打造百乐村与贵州省册亨县百口乡坝或村跨省域党支部联建工作。二是廉政建设工作，履行主体职责。专题研究廉政建设工作6次，对管党治党问题批示20件，解决难点问题6个。督促班子其他成员落实“一岗双责”，班子成员对联系村和部门开展检查3次，约谈干部136人（次）。与11个党支部负责人签订责任状，年内开展专项督查6次，通报7个单位，约谈单位负责人12人次。开展集体约谈18人次，谈话提醒136人次。开展“四抓四查”“三重一改”等系列监督保障行动，开展“两个维护”及中央有关精神执行情况检查2次。通报10起违反规定的典型问题，就“四风”问题出动人员10批次，检查单位13家，查处违规问题1起。召开6次党委会研究推进各级反馈问题整改工作，亲自督促完成反馈问题整改30个，约谈10余人，立案2起，对违纪党员进行处分2人。整治基层腐败。6次召开乡村专项治理工作会，印发宣传资料9600余份，悬挂横幅106条，营造浓厚氛围。开展县、乡、村三级领导大接访活动12次。组织党员干部50人入户巡访群众380余户。成立乡专项办和村专项治理工作站，排查线索9条，立案7件，其中，扶贫领域案件5件，处理7人，结案率100%。三是意识形态工作。强化政治意识，把意识形态工作纳入重要议事日程，组织召开分析研判会2次，乡党委通报意识形态领域情况1次。完善讲习所、中心组制度，组织中心组专题学习6次，开展集中讲习20次、讲习夜话8场、播出“讲习小广播”40多期，“扶心扶志扶智”“乡村振兴 娃娃同行”等7场“板凳圈”宣讲活动。紧扣脱贫攻坚主题，在县级以上媒体发布稿件193篇，其国家级媒体1篇，建立网络舆情监控制度，全年无重大舆情事件发生。文明创建选。1人获县“最美乡村干部”称号、1户获“文明家庭”称号、2个村获“文明村镇”称号。完善“一约四会”制度，将获“全国示范农家书屋”和百色市“生态宜居”红旗村荣誉称号的百乐村作为乡风文明示范村屯来打造。在该村开展“最美脱贫户”“好家风”等评选，获得荣誉的家庭取得一定积分，凭借积分到爱心超市兑换物品。在乡、村开设道德讲堂，按照“七个一”环节开展道德讲堂4期。

【获得荣誉】 获田林县2017年度人大工作先进单位；获田林县2017年度征兵工作先进单位；获田林县2017年度脱贫摘帽表扬。

【各村简介】

百乐村 位于百乐乡北部，村部所在地百乐屯（即移民新村那掌坡），距乡政府所在地9千米。交通便利，辖百乐、平合、路劳、百地4个自然屯、12个村民小组，共482户、2070人。总面积23.94平方千米，耕地面积4237亩（其中水田108亩，旱地4129亩），林地面积9.83万亩，主导产业以养殖业为主。全村新种植杉木320亩，甘

2018年8月13日，百乐村黄牛养殖产业 （王桂香 摄）

蔗新扩种650亩，进厂原料蔗0.27万吨；养殖存栏猪7538头、羊2564只、黄牛1248头，家禽7856羽。百乐村通过集体生态公益林补助、入股田林县医药公司、盘活县直门面、入股百色市工业投资有限公司、养鹅等方式，获得村级集体经济收入5.9万元。村党支部书记黄云龙、村民委主任王业良。

板干村 位于百乐乡北部，村部所在地板干屯，距乡政府所在地1千米。辖板干、板劳、长麦、巴掌、百木、九坤、青龙上、青龙下、新寨、伟也、伟灭11个自然屯、22个村民小组，居住着壮、汉、瑶三个民族，共886户、3801人。耕地面积5784亩（其中水田1685亩，旱地4007亩），林地面积64819.5亩，主导产业以种植、养殖业为主。全村11个自然屯均通屯级道路、通电话，安装有电视接收设备。2018年，147户、635人脱贫摘帽，未脱贫人口21户、75人，新识别贫困户2户、11人，剔除错评户2户、9人。完成板干—青龙下—青龙上—青龙新寨道路建设10.5千米，九坤林区道路建设项目、九坤屯5个水柜、板干屯7个水柜。全村新种植杉木180.1亩，甘蔗新扩种267.69亩，种植水稻制种560亩、芭蕉芋800亩。年内板干村“两委”与田阳县辉林农业科技开发有限公司签订协议，一次性买断该公司在板干村长麦屯种植的杧果基地130亩进行发展，利用村集体经济建设发展资金种植25亩水稻制种，入股百色市工业投资有限公司、盘活门面、甘蔗种植奖励等方式，全年村级集体经济收入6.53万元。村党支部书记黄喜新，村民委主任王正荣。

八洞村 位于百乐乡东北部，村部所在地百乐乡新吉街，位于乡政府所在地。辖八洞、水里、益来、凤凰岛4个自然屯、6个村民小组，居住民族为壮族，全村共有206户、853人，总面积91.16平方千米，耕地面积2445亩（其中水田615亩，旱地1830亩），林地面积18.9亩，主导产业以养殖业、种植业为主。全村4个自然屯都通屯级水泥道路、通电话，安

2018年5月8日，八洞村水里屯“十里瓜廊”硕果累累

（王桂香 摄）

装有电视接收设备。2018年，9户、29人脱贫摘帽，未脱贫人口5户、21人。种植西瓜、黄瓜、辣椒等作物200亩，养殖存栏猪1750头、羊1000只、黄牛1850头、水牛100头，家禽390余羽。八洞村通过盘活门面、甘蔗种植奖励等方式，全年村级集体经济收入3万元。村党支部书记兼村民委主任黄玲珍。

根标村 位于百乐乡西部，村部所在地根标屯距乡政府所在地38千米，是百乐乡最偏远的自然村之一。辖根标、赖轰、达买、弄甲、那少、百址6个自然屯、8个村民小组，共402户、1402人，总面积100.81平方千米，耕地面积4100亩(其中水田819亩，旱地2329亩)，林地面积137848.5亩，主导产业以养殖业、种植业为主。全村6个自然屯都通屯级道路、通电话，安装有电视接收设备。2018年，56户、251人脱贫摘帽，未脱贫人口3户、13人，剔除错评户1户、4人。全村新种植杉木2800亩，重点打造300多亩油茶种植示范基地，甘蔗新扩种330亩。养猪存栏2690头，家禽3000余只，羊存栏890只，牛存栏384头。2018年完成根标到路劳道路硬化10千米，太阳能路灯根标屯34盏、弄甲屯30盏、那少屯10盏。根标村通过入股百色市工业投资有限公司、盘活县直门面、甘蔗种植奖励与黄牛养殖大户联营的方式，全年村级集体经济收入7.57万元。村党支部书记兼村民委主任陆振学。

百华村 位于百乐乡南部，村部所在地百华屯，距乡政府所在地18千米。辖百华、冷家坪、那烟、平安寨、红星、渭落、那未、板江、油菜托、看牛坪、岜油11个自然屯、14个村民小组，聚居壮、汉、瑶等3个民族，全村共有484户、2073人，总面积69.86平方千米，耕地面积5809亩(其中水田565亩，旱地5252亩)，林地面积63015亩。主导产业以种植、养殖业为主。主要经济作物有生姜、玉米、八角等，养殖业主要有山羊、牛等。全村11个自然屯都通屯级道路、通电话，安装有电视接收设备。2018年，19户、92人脱贫摘帽，未脱贫人口23户、74人，应纳尽纳1户、4人，返贫户1户、4人。全村新种植杉木800亩、油茶500亩、甘蔗新扩种160亩。养殖存栏猪1335头、羊334只、黄牛633头，家禽7800余羽。完成百华村平安寨屯通屯道路硬化“一事一议”财政奖补项目、看牛坪篮球场项目建设。百华村通过甘蔗种植奖励、入股百色市工业投资有限公司、盘活县直门面、古树名木管护费等方式，全年村级集体经济收入4.48万元。村党支部书记吴胜云，村民委主任蔡世稳。

龙车村 位于百乐乡东南部，村部所在地龙车屯，距乡政府所在地30千米。交通便利，辖龙浪平、龙车、水洞、岩脚、龙油、干榜、油炸房、渭雄、茶洞、陇安、渭泵、兴龙寨、场地、田坎上、麻力山、上伟西、各龙、上西来、打访、陇夜20个自然屯、22个村民小组，共507户、2082人。耕地面积5469亩(其中，水田935亩，旱地4534亩)。主导产业以杉木、油茶、八角为主。全村20个自然屯均通屯级道路、通电话，安装有电视接收设备。2018年，20户、73人脱贫摘帽，未脱贫14户、48人，剔除错评贫困户1户、3人。完成龙车屯、兴龙寨屯防洪渠建设3.3千米，干榜屯通屯道路硬化0.8千米，田坎上屯通屯道路硬化0.3千米。2018年，正在建设龙车村村部新大楼170平方米，龙车屯人饮工程300立方米，配合发改局协助广西锐航新能源有限公司在龙车村兴龙寨落地实施风能发电项目。全村新种植杉木390亩，水果320亩，产量57吨；甘蔗现种100亩，进厂原料70吨；养猪2856头，家禽0.88万余只。龙车村通过盘活县直门面、甘蔗种植奖励、古树名木管护等方式，全年村级集体经济收入3.98万元。村党支部书记姚达文，村民委主任姚达果。

三帮村　位于百乐乡东部，村部所在地三帮屯，距乡政府所在地46千米。辖三帮、里苗、伟角、少西4个自然屯、6个村民小组，居住着汉、瑶两个民族，全村共有170户、773人，总面积23.94平方千米，耕地面积2281亩（其中水田102亩，旱地2184亩），林地面积33654亩。主导产业以种植业为主。全村4自然屯都通屯级道路、通电话，安装有电视接收设备。2018年，33户、172人脱贫摘帽，未脱贫人口18户、73人，新识别贫困户1户、1人，返贫户1户、4人。全村新种植杉木3000亩，油茶500亩，养猪存栏258头，家禽700余只。完成建设太阳能路灯三帮新寨屯35盏，三帮屯水柜7个共420m³。三帮村通过入股百色市工业投资有限公司、盘活县直门面、甘蔗种植奖励等方式，全年村级集体经济收入4.16万元。村党支部书记兼主任张必兴。　（罗　倩）

八渡瑶族乡

【中共八渡瑶族乡委员会领导】

书　记：莫永南（壮族）
副书记：盘佳鑫（瑶族）
　　　　黄　雷（壮族）
　　　　罗华耕（壮族，2018年3月挂职）
纪委书记：王国交（壮族，2018年10月离任）
　　　　覃映楠（女，壮族，2018年10月任职）
组织委员：秦金明（回族）
宣传委员：吴桃会（女）
武装部长：黄尚兴（壮族，2018年3月任职）

【八渡瑶族乡人大主席团领导】

主　席：黄　雷（壮族）
副主席：盘正忠（瑶族）

【八渡瑶族乡人民政府领导】

乡　长：盘佳鑫（瑶族）
副乡长：蒙景严（壮族）
　　　　张启志
　　　　卢玉画（女，壮族）
　　　　李永辉（壮族）

【概况】　八渡瑶族乡位于田林县中部偏西南，2005年撤并乡镇时由原八渡瑶族乡和福达瑶族乡合并为八渡瑶族乡，乡政府所在地福达街，距县城64千米，田林至西林二级公路过境。全乡总面积701平方千米，辖17个村民委员会、112个自然屯、146个村民小组。全乡总户数5207户，总人口22570人，聚居壮、瑶、汉、苗四个民族，其中瑶族人口4972人，占总人口的22.02%。2015年精准识别后，全乡共有贫困人口1655户、6840人，贫困发生率30.4%；2016—2018年博峨村、顶孟村2个村脱贫，共1298户、5596人。2018年，全乡达脱贫标准共888户、3878人，贫困发生率降至8.6%。全乡共有耕地面积3.8万亩，其中水田1万亩，旱地2.8万亩，林地面积101万亩，森林覆盖率85.3%。主要产业有糖料蔗、八渡笋、油茶、杧果、烤烟、林下养鸡等，主要矿藏有金矿、锑矿等，畜牧业有水牛、黄牛、黑山羊等。八渡瑶族乡系清代贡品八渡笋的原产地，全乡八渡笋种植面积达4万多亩。

【经济发展】

农业生产　2018年粮食播种面积2.46万亩，其中水稻种植面积0.61万亩，玉米种植面积1.60万亩，其他如豆类、薯类等作物0.25万亩，实现粮食总产0.78万吨，粮食单产317.07公斤；烤烟种植面积1061亩，收成2600担，产值达312万元；甘蔗种植面积10716亩（含翻种和新种）。

林业生产　2018年八渡笋种植达5.1万亩，年产值2040万元。新增油茶种植面积2000亩，总面积达3.8万亩，茶籽产量400万公斤，户均增收约为2000元。杧果累计种植面积11554亩，2018年杧果挂果面积700亩。

畜牧生产　年内肉鸡出栏141万羽，产值达4794万元。

【基础设施建设】　2018年，实施道路硬化14条、砂石路1条，完成施工2条。协助县水利局抓好人饮工程6个。完成八头易地扶贫安置点水电路等基础设施建设，福达易地扶贫搬迁安置点附属设施建设。

【社会发展】

社会保障　年内审核发放城乡低保资金1004.29万元，累计发放60002人次，发放农村五保资金42.99万元，累计发放908人次，实现应保尽保。

危房改造 2018年八渡瑶族乡建档立卡户危房改造指标共10户，8月份县人民政府增加指标5户，年底15户建档立卡户危房指标全部落实并全部竣工。

医疗事业 福达卫生院、八渡卫生院职工共有41人，年内接诊患者15209人次，住院病人1987人，占就诊人数的13.06%，门诊就诊人次为8652人。

人口和计划生育服务 2018年稳步推进广西农村计划生育家庭奖政策，进一步加大流动人口计划生育管理工作，对流入人口实行规范化管理。全乡人口自然增长率为4.71‰，全乡（区间内：2017年10月01日至2018年9月30日）共出生227人，计划内出生218人，计划外9人，出生政策符合率96.04%。八渡瑶族乡开通运行生育服务证打印信息系统，极大方便群众。

文教、卫生社会事业 全乡有中学1所—福达中学，有教学班16个，在校生895人，寄宿制学生872人，年底有教职工68人，其中专任教师65人，专任教师中本科学历42人，取得中学高级教师资格1人；小学6所，福达中心校、八渡中心校、新寨小学、六林小学、那囊小学、合塘小学，小学学生共1291人，教师共89人，专业技术设有中级岗位59个，聘任30人，中级以上教师占比66.29%，本科14人，专科75人。因库区建设，年内八渡中心校师生搬迁至新寨小学上课。该乡协助做好义务教育均衡发展学校建设项目的征地工作，开展校外托管机构安全专项检查工作，做好2018年初中毕业考试和升学考试“两考合一”迎考工作。开展各类传染病卫生宣传防治活动，有效地保护人民群众的身体健康和财产安全。开展党的十九大精神、扶贫“扶心扶志扶智”、讲习夜话、“乡村振兴，娃娃同行”新时代主题讲习活动及戏曲进校园文艺演出等活动，丰富群众精神文化生活。

社会治安综合治理 2018年没有发生群体事件，没有人员赴邕进京上访。加大公众安全感满意度宣传力度，发放满意度调查问卷2500份，发动群众参与调查，并采取电话抽查的方法确保发放到位，提高知晓率和答优率，进一步深化提高公众安全感满意度工作。在全乡17个行政村分别成立群防群治巡逻队，配备一村一警务助理，大力推进“扫黑除恶”行动，重点惩治吸毒贩毒人员，全力保护群众生命财产安全。

安全生产及环境保护 年内对全乡重点行业进行排查整治，对存在安全隐患的矿点进行整改，严厉惩治私挖滥采矿山资源。加大对地质灾害点的排查监控。联合乡司法所、派出所等单位开展安全生产检查20余次，重点针对八渡库区移民建设、校园安全隐患和建筑施工安全等重点方面进行专项整治。

森林防火 年内八渡瑶族乡聘请259名贫困户家庭成员为生态护林员，组织4支森林防火半专业队和4支防火应急分队及4支村级森林防火上路巡逻队，有效保障全乡森林资源安全。2018年未发生重大森林火险情况。

武装、工会、共青团、妇联 夏季征兵工作中，八渡瑶族乡4名适龄农村青年光荣入伍。组织开展共青团员义务活动，做好预防青少年违法犯罪工作，切实维护妇女儿童合法权益。推进团委和妇联换届工作，6月份选举产生新一届乡级团委班子成员，为八渡瑶族乡各项事业注入新鲜力量。

清洁乡村 制定保洁员制度，安排村屯保洁员121名，按时划拨保洁员报酬，规范保洁员的工作职

2018年，八渡瑶族乡有多个村被中共百色市委员会、百色市人民政府授予红旗村荣誉称号。图为八渡瑶族乡六章村被评为2018年度产业兴旺红旗村

责，各村保洁工作长期正常运转。八渡瑶族乡政府平均每月两次组织干部职工深入村屯开展清洁乡村整治工作。

库区移民搬迁 瓦村水电站八渡库区移民工作涉及7个行政村、15个自然屯，需要搬迁涉及3个行政村、4个自然屯、309户（含自行安置）、1293人，年内已全部完成库区移民搬迁工作，淹没土地补偿工作也在有序进行中。

【党建工作】 八渡瑶族乡以落实党要管党、全面从严治党为主线，抓班子、带队伍，为决战脱贫攻坚提供坚强组织和作风纪律保障。一是突重点，履行党建工作责任。严格落实县委六个层级联动机制构建“质量党建”的要求，年内组织召开6次党委会专题研究基层党建工作，34次带队深入各村督促落实“三会一课”制度以及“党务”“村务”公开等工作。重点做好“两学一做”及“不忘初心，牢记使命”学习教育活动。二是强队伍，狠抓党员干部培养。4名乡干部被推荐为第一书记，3名年轻干部走上科级领导岗位，8名年轻干部到县级部门交流学习。136名乡村干部参加省、市、区各类培训。重视在农村发展党员，新发展的18名党员中致富能手3名。三是夯基础，提升党建促产业发展水平。坚持“围绕产业抓党建，抓好党建促发展”的思路，推动百六村党支部引领发展林下养鸡产业，八桃村党支部助推抓好烤烟、油茶的示范种植，平封村党支部打造杧果产业党建示范片区，顶孟村党支部带动发展种桑养蚕项目，全乡17个村村集体经济蓬勃发展。四是抓对标，着力推进党建规范化建设。针对2017年度县委领导指出的问题进行对单销号。强化党务干部队伍建设，按规定配备组织干事2人、村级党建指导员17人，推行“积分管理＋评议定级”的党员教育管理模式，科学合理设置“主题党日”活动引导全乡党员共同进步。发展村级公共服务设施建设，那利村、顶孟村村部项目竣工验收；八渡村、博峨村、六林村三个新建村部主体工程完工。突出“对标定级・整体提升”工作，推动全乡党支部达标升级，其中星级党支部达到6个。五是学先进，提升党建组织能力。按照市委及县委开展“乡村振兴・争创五旗”活动的要求，全乡各村党支部自觉对照标准，开展争创活动，福达村、博峨村、六章村获产业兴旺红旗村称号、八桃村获生活富裕红旗村称号、百六村获治理有效红旗村称号。六是重保障，助推脱贫攻坚行动。以“党建引领乡村振兴”“软弱涣散基层党组织整顿”等主题，部署全乡基层党建工作任务，压实乡村党组织抓党建促脱贫攻坚主体责任。强化“头雁队伍”培训。定期举办村党支部书记培训班，提高基层党支部书记基层党建、乡村振兴、脱贫攻坚等工作的能力素质。推进村干部专职化管理试点工作，为脱贫攻坚工作保驾护航。

【党风廉政建设】 政治建设情况。坚决维护以习近平同志为核心的党中央权威和集中统一领导，将学习党的十九大精神作为首要政治任务，深入学习领会习近平新时代中国特色社会主义思想。认真贯彻落实习近平总书记对广西工作的重要讲话和指示精神，对照“三大定位”新使命和“五个扎实”新要求，紧密结合实际拿出细化措施，逐一贯彻落实。作风建设情况。通过专项工作督查、纪律检查等活动，通报工作不力、会风不正的干部职工23人次，把扶贫领域执纪监督问责工作列为重要议事日程，明确干部职工帮扶责任，对开展帮扶工作不到位的干部由乡纪委进行提醒、约谈提醒。落实整改情况。对巡察组的反馈意见高度重视，及时召开专题民主生活会，认真制定整改方案，精心组织整改工作，并督促各相关村党支部按要求开展问题整改。纪律建设。密切关注扶贫项目建设、生态公益林补助金管理、民政补助发放等扶贫领域动态，对违纪案件，发现一起查处一起。2018年共立案6件，其中扶贫领域案5件，涉案资金金额11.75万元。扶贫领域腐败和作风问题专项治理工作。出台《八渡瑶族乡扶贫领域腐败和作风问题专项治理工作方案》，明确2018—2020年全乡专项治理工作任务，人员工作职责。组建乡、村两级扶贫领域腐败和作风问题专项治理工作办公室、工作站，延伸基层监督触角，打通基层监督“最后一公里”。

【意识形态】 大兴学习，提高理论素养。抓好党委中心组学习。将意识形态工作纳入乡党委中心组学习的重要内容，有效提升领导班子成员决策和研判意识形态工作的能力。加强干部学习培训，不断提升党员领导干部理论素养。抓宣传，造氛围。做好思想政治、脱贫攻坚、扶贫领域腐败和作风问题专项治理工作，以及扶贫“扶心扶志扶智”宣传教育工作，营造浓厚宣传氛围，推动各项工作的纵深发展。抓文化阵地建设，大力培育和践行社会主义核心价值观。指导学校组织开展社会主义核心价值观宣传工作及“乡村振兴，娃娃同行”新时代主题讲习活动及戏曲进校园文艺演出活动，从娃娃抓起，从教师抓起，加强师德师风建设，为培养德智体美全面发展的社会主义建设者和接班人打牢思想基础。抓好各级组织文化阵地建设。在全乡及各村配齐配全文化阵地建设，做好村村通小广播工程。

【脱贫攻坚】

贫困状况 2015年共识别出6个贫困村（博峨、顶孟、六章、那利、者塘、那骂），2018年全乡确定857户、3716人的预脱贫户，11月份开展“双认定”核验工作后，全乡达脱贫标准共888户、3878人，顶孟村整村脱贫摘帽。年内全乡先后两次组织各村帮扶干部、扶贫信息员深入17个行政村2523户（含2014年、2015年退出户、2018年贫困人口动态调整）建档立卡贫困户开展信息采集和摸底调查工作，为2018年度预脱贫户的“八有一超”脱贫双认定验收工作及国扶系统信息准确性打下坚实基础。开展新一轮数据清洗工作，保证全乡贫困人口信息的真实性、可靠性；开展贫困人口“动态调整”工作，印发《八渡瑶族乡2018年度贫困人口动态调整工作实施方案的通知》，落实动态调整工作领导小组，明确分工，通过“两公示”“两评议”等规定程序开展工作，在规定时间节点内向上级报送各阶段工作进度数据。年内全乡2018年贫困人口“动态调整”工作中，新识别纳入建档立卡贫困户19户、66人，识别返贫12户、52人，剔除3户、9人，“老人户”并户22户、34人。

易地扶贫搬迁 八渡瑶族乡易地扶贫搬迁总户数238户、1028人，八头安置点涉及45户、181人，已全部入住，入住率达到100%；福达安置点涉及59户、251人，已全部入住，入住率达100%；田林县百花寨安置点涉及103户、464人，已全部入住，入住率达100%；百色“深圳小镇”安置点28户、119人，已搬迁入住22户、93人。

公共服务和产业奖补 2018年成功协助办理186名符合补助条件的大中专院校学生及时办理“雨露计划”教育补助。完成1349户贫困户申请“以奖代补”项目奖补资金发放工作。完成项目库入库1128条，其中，社会事业类575条，基础设施类406条，产业发展类129条，易地扶贫搬迁类类10条，能力建设类8条。

【各村简介】

八渡村 位于八渡瑶族乡西北部，村部所在地瓦村水电站八渡库区弄中移民点，距乡政府所在地20千米。辖八渡、那佰、弄中、六苗、八全、平东、那兄、弄中移民点8个自然屯、10个村民小组，共有314户、1530人。全村建档立卡贫困户123户、511人，2018年底脱贫57户、247人，贫困发生率降至14.01%。全村土地总面积44.74平方千米，耕地面积3832亩，其中水田面积490亩，旱地3342亩。村民的主要经济收入来源是种养殖业、经商外出务工等为主，主要产业有八渡笋、油茶、甘蔗。村“两委”班子成员共8人；村设党支部一个，支部委员3名，正式党员43名。村党支部书记黄红方，村民委主任代育金。

八桃村 位于八渡瑶族乡东北部，与潞城瑶族乡接壤，村部所在地新寨屯，距乡政府所在地11千米。辖平楼、渭腊、八桃、八利、新寨、八轰、者合、八横、八马、渭官10个自然屯、12个村民小组，共有517户、2125人，居住着壮族、瑶族、汉族三个民族，年底脱贫72户、291人，剔除2户、4人，动态调整纳入贫困户2户、11人。全村总耕地面积2591亩，水田面积978亩，旱地面积1613亩，林地面积6万亩。八桃村为“十三五”贫困村，也是自治区深度贫困村，群众以种植糖料蔗、烟叶、杧果、杉、油茶等传统产业为主要收入来源。村两委班子成员共8人，男性6人，女性2人，平均年龄45岁；村设党支部一个，支部委员3名，正式党员36名，10个自然屯均有党员分布。村党支部书记骆彩光，村民委主任兰日春。

百六村 位于八渡瑶族乡西北部，村部所在地百六屯，距乡政府所在地5千米。辖八旦、百六、那读、渭兰、赵屯5个自然屯、6个村民小组，共有256户、1003人，年底脱贫27户、106人。全村总面积49.24平方千米，林地面积4272公顷(64080亩)，森林覆盖率达到85.18%，耕地面积912亩，水田428亩，旱地484亩。全村主要以农业生产为主，主要产业有糖料蔗、八渡笋、杧果、油茶、杉木、林下养鸡、养猪等。村“两委”班子成员共7人；村设党支部一个，支部委员

3名,正式党员35名。村党支部书记兼村民委主任黄志学。

博峨村 位于八渡瑶族乡东南部,村部所在地博峨屯,距乡政府所在地32千米。辖博峨、平作、平塘、平歪、新寨、新龙寨、央茶7个自然屯、9个村民小组,共有372户、1636人。博峨村于2016年整村脱贫摘帽,2018年底剩4户、16人未脱贫,贫困发生率为0.98%。全村土地总面积32.60平方千米,耕地面积4279亩,其中水田635亩,旱地3644亩,村民的主要经济收入是种养和劳务输出,主要产业有八渡笋、油茶、甘蔗、杉木、松木,主要矿藏有锑、黄金等。全村现有八渡笋1.93万亩,油茶5000亩,甘蔗4000亩,杉木5000亩,松木700亩。村"两委"班子成员8名,7个屯各分配有一名屯级队长;村设党支部一个,支部委员3人,正式党员30名(包括驻村工作组两名工作队员)。村党支部书记罗文才,村民委主任农春福。

顶孟村 位于八渡瑶族乡东北方向,村部所在地顶孟屯,距乡政府所在地30千米。辖渭忙、顶孟、那告、平怀、渭后、那安、渭豆7个自然屯、村民小组7个,共有218户、1057人,居住着壮族、汉族、瑶族三个民族。顶孟村于2018年整村脱贫摘帽,全村建档立卡贫困户113户、510人,其中2016年脱贫109户、496人,2018年底未脱贫4户、14人,全村贫困发生率为1.38%。全村总面积41.13平方千米,耕地面积0.2万亩,林地面积5.97万亩。群众以种植糖料蔗、杉、油茶等产业为主要收入来源。村"两委"班子成员共8人,男性5人,女性3人,平均年龄40岁;村设党支部一个,支部委员3名,正式党员27名,7个自然屯均有党员分布。村党支部书记兼村民委主任邓安明。

东朋村 位于八渡瑶族乡南部,八桂至老八渡县道传境而过,村部所在地东朋屯,距乡政府所在地19千米。辖平乐、东朋、八双、弄桃、渭代5个自然屯、7个村民小组,共有278户、1085人。全村建档立卡贫困户71户、271人,2018年脱贫42户、173人,年底贫困发生率降至8.10%。全村国土面积19.08平方千米,耕地面积2426亩,其中水田358亩,旱地2068亩。村民收入主要靠种植甘蔗、油茶、八渡笋果等农作物。村"两委"班子成员共8人,男性7人,女性1人;村设党支部一个,委员3名,正式党员38名。村党支部书记兼村民委主任农战荣。

福达村 位于八渡瑶族乡的北面,321省道沿村而过,村部所在地福达屯,距乡政府所在地2千米。辖福达、福达三队、渭的、八江、班马、六屯6个自然屯、9个村民小组,共有522户、1876人,居住着壮、汉、瑶三个民族,其中8个村民小组通公路,1个村民小组通机耕路,6个屯通自来水和高压电。全村建档立卡贫困户101户、349人,2018脱贫32户、109人,年底贫困发生率降至4.49%。全村土地面积71平方千米,耕地面积2002亩。其中水田889亩,旱地1113亩。群众以种植糖料蔗、八渡笋、油茶等传统产业为主要收入来源。村"两委"班子成员共7人,其中村党支委3人,村民委4人;村设党支部一个,正式党员34名,其中女性党员6人。村党支部书记李进周,村民委主任农富贵。

合塘村 位于八渡瑶族乡西南方向,村部所在地弄扣屯,距乡政府所在地45千米,辖弄扣、合塘、弄朋、那油4个自然屯、6个村民小组,共有267户、1273人。2018年脱贫22户、102人,年底贫困发生率为15.78%。全村土地总面积25.81平方千米,耕地面积2773亩,其中水田703亩,旱地2070亩,村民的主要经济收入是种植业和劳务输出,主要产业有油茶、甘蔗、杉木等,其中油茶约2000亩,甘蔗约1800亩,杉木约1800亩。村"两委"班子成员共7人,6个村民小组各分配有一名屯级队长;村设党支部一个,支部委员3人,正式党员39名(包括驻村工作组2名工作队员)。村党支部书记岑昌武(任职时间至2018年3月)、村党支部书记韦志华(2018年7月任职),村民委主任黄建家(任职时间至2018年3月)、村民委主任罗志开(2018年10月任职)。

六林村 位于田林县八渡瑶族乡西南部,村部所在地六林屯,距乡政府所在地20千米,辖六林、那俄、那言、乐六4个自然屯、6个村民小组,共有187户、780人,居住着壮族、汉族两个民族。建档立卡贫困户66户、272人,2018年动态调整新纳入贫困户1户、3人,返贫户1户、4人。2018年脱贫38户、168人,剩余16户、56人,贫困发生率降至7.46%。全村耕地面积1351亩,大部分村民经济来源以种养或者外出打工为主。村基本作物以糖料蔗、八渡笋、油茶、杧果为主。村"两委"班子成员共8人,男性7人,女性1人,平均年龄

36岁;村设党支部一个,支部委员3名,正式党员20名。村党支部书记兼村民委主任韦庭峰。

六章村 位于八渡瑶族乡东南部,与那囊村、东朋村接壤,村部所在地平翁屯,距乡政府所在地30千米。属大石山区,汛期内涝,枯水期严重缺水、无地表河流、居住着壮族、瑶族两个民族。辖各车、六章、那桑、平翁、渭华、岩乐6个自然屯、7个村民小组,共有238户、1066人。全村建档立卡贫困户124户、559人,2018年脱贫110户、515人,还有14户、44人未脱贫,贫困发生率4.05%。全村耕地少、土壤贫瘠,全村总耕地面积2614亩,水田面积624亩,旱地面积1990亩,人均耕地2.45亩,人均水田0.58亩,经济林13000亩,生态林9889.4亩,农民收入主要依靠种养植和劳务输出。村“两委”班子成员共8人;村设党支部一个,支部委员3名,正式党员33名。村党支部书记兼村民委主任李永星。

那拉村 位于八渡瑶族乡东南部,村部所在地那拉屯,距乡政府所在地25千米,辖那拉、那港、坡岭、新寨、坡血、六的、渭寒7个自然屯、10个村民小组,居住着瑶族一个民族,共有272户、1267人。全村建档立卡贫困户145户、626人,2018年脱贫122户、541人,贫困发生率降至6.95%。全村总面积48.09平方千米,人均水田0.5亩,人均旱地2.5亩,耕地面积4279亩。村3+1产业:甘蔗、杉木、油茶、杧果,全村桐果面积共有500亩,玉米1000亩,甘蔗3500亩,油茶1500亩,杉木4800亩,黑山羊养殖850只,2018年村集体经济收入4.78万元。村“两委”班子成员7人;村设党支部一个,支部委员3名,正式党员43名。村党支部书记冯金亮,村民委主任陈元金。

那利村 位于八渡瑶族乡东北方向,村部所在地那利屯,距乡政府所在地49千米。辖各干、那利、那老、平赖、渭横5个自然屯、6个村民小组,共有167户、648人,其中瑶族人口548人,占全村总人口的84.6%。全村建档立卡贫困户90户、372人,2018脱贫64户、284人,贫困发生率降至16.7%。全村总面积36.67平方千米,耕地面积2711亩,其中水田360亩、旱地2351亩,林地面积5.3万亩。那利村为“十三五”贫困村,也是自治区深度贫困村,群众以种植糖料蔗、八渡笋、油茶等传统产业为主要收入来源。村“两委”班子成员共8人,男性7人,女性1人,平均年龄38岁;村设党支部一个,支部委员3名,正式党员29名。村党支部书记冯成华,村民委主任盘贵明。

那骂村 位于八渡瑶族乡南部,村部所在地那骂屯,距乡政府所在地45千米。辖那骂、平江、挨告、谭得、渭良、太平、岩岗7个自然屯、7个村民小组,共有173户、756人,居住着汉族、壮族、瑶族三个民族,以汉族为主。全村建档立卡贫困户104户、502人,2018年脱贫77户、385人,贫困发生率降至15.48%。全村总面积14.94平方千米,以林地面积为主,耕地面积1487亩(水田250亩,旱地1237亩)。那骂村为自治区深度贫困村,群众以种植杉木、油茶、糖料蔗、八渡笋等传统产业为主要收入来源。村“两委”班子成员共8人;村设党支部一个,支部委员3名,正式党员18名。村党支部书记蔡永光,村民委主任刘回珍。

那囊村 位于八渡瑶族乡东南部,村部所在地那囊屯,距乡政府所在地35千米。辖那囊、八车、囊领、平江、平万、八羊、八万、八母、八来、法来、六雅、那固上、那固下、八头、六弄15个自然屯、20个村民小组,共有745户、3045人,居住着壮族、瑶族两个民族,以壮族为主。全村建档立卡贫困户183户、724人,2018年脱贫113户、478人,贫困发生率降至6.69%。全村总面积52平方千米,以林地面积为主,耕地面积6632亩(水田1073亩,旱地5559亩)。那囊村为自治区非贫困村,群众以种植杉木、油茶、糖料蔗、八渡笋、杧果、板栗等传统产业为主要收入来源。村“两委”班子成员共9人;村设党支部一个,支部委员3名,正式党员42名。村党支部书记杨留权,村民委主任罗校明。

弄当村 位于八渡瑶族乡中部,村部所在地弄当屯,距乡政府所在地13千米。辖标屯、弄当、弄谭、八都、渭项5个自然屯、7个村民小组,共有264户、1190人。全村建档立卡贫困户112户、465人,2018年脱贫60户、264人,2018年动态调整剔除1户、5人,贫困发生率降至17.22%。全村总面积60.88平方千米,耕地面积3375亩,其中水田574亩、旱地2801亩。群众的经济来源主要以种植甘蔗、桉树、杉木、油茶和外出务工为主。村“两委”班子成员共8人;村设党支部一个,支部委员3名,正式党员22名。村党支部书记黄尚勇,村民委主任黄文富。

2018年10月23日，八渡瑶族乡易地扶贫搬迁工程福达安置点隆重举行入住仪式

平封村　位于八渡瑶族乡西北部，村部所在地平封屯，距乡政府所在地5千米。辖平封、央降、那烧、者赖4个自然屯、7个村民小组，共有309户、1208人，以壮族为主。全村建档立卡贫困户47户、162人，2018年脱贫7户、24人，还有29户、89人未脱贫，贫困发生率为7.25%。农户收入主要以种植甘蔗为主，增收产业还有生姜、油茶、八渡损、杉木及养猪等。村“两委”班子成员7人；村设党支部一个，支部委员3名，正式党员47人（包括驻村工作队2个）。村党支部书记兼村民委主任黄秉文。

者塘村　位于八渡瑶族乡西南部，与高龙乡、定安镇接壤，村部所在地者塘屯，距乡府所在地36千米。辖者塘、石板寨、平太贤、平郎、联队、渭江、渭坝7个自然屯、村民小组10个，共有230户、1027人，居住着汉族、壮族两个民族。建档立卡贫困户76户、343人，2018年脱贫户45户、191人，还有31户、152人未脱贫，贫困发生率为14.80%。全村总耕地面积1779亩，水田面积529亩，旱地面积1250亩，人均耕地1.73亩，人均水田0.52亩，经济林24138亩。者塘村为“十三五”贫困村，也是自治区深度贫困村，农民收入主要依靠种植油茶、杉木、糖料蔗、玉米、生姜和劳务输出。村“两委”班子成员共7人；村设党支部一个，支部委员3名，正式党员31名。村党支部书记姚茂富，村民委主任袁普和。

（谢佳成）

者苗乡

【中共者苗乡委员会领导】

书　记：廖　瑜（壮族）
副书记：黄　榕（女，壮族）
　　　　张正锋（壮族）
纪委书记：姚建城
组织委员：农秋谨（女，壮族）
宣传统战委员：黄政军（壮族）
武装部长：向龙江

【者苗乡人大主席团领导】

主　席：张正锋（壮族）
副主席：王志锋（壮族）

【者苗乡人民政府领导】

乡　长：黄　榕（女，壮族）
副乡长：黄昭君（壮族）
　　　　甘天权
　　　　罗　媛（女，壮族）
　　　　曲　媛（女）

【概况】　者苗乡位于田林的中部偏西北方向，东南与八渡瑶族乡相邻，东北和潞城瑶族乡相接，西南连接定安镇，西北与平塘乡、旧州镇毗邻，乡府驻地距县城88千米，总面积263.01平方千米，辖者苗、者化、渭龙、八中、百隆、八亨、六恒7个行政村、38个自然屯、47个村民小组。居住壮、汉、布依3个民族，其中壮族占98%，汉族占1.6%。2018年总户数2689户、10074人；2018年有林地面积32.5万亩，其中经济林为8.7万亩，森林覆盖率76.8%。盛产油茶、八角、油桐、杉木、生姜、八渡笋、造纸林、板栗、灵芝等，年产茶油1023吨，是田林县油茶主产区之一。全乡耕地面积17745.7亩，粮食作物以种植水稻为主，者苗街圩商贸繁荣，每6天一圩。全乡各村已通四级公路，38个自然屯已全部修通公道路和架通高压电，有线电视覆盖率达100%，通信网络覆盖全境，全乡群众安全饮用水保障率达100%。全乡设有卫生院一所，卫生专业技术人员18名；中心小学一所，教职工38名，在校学生537人。全乡地势北高南低，属土山，平均海拔700米，年平均气温23.6℃，年降水量900毫米。河流有八中河、者化河以及郁江干流（驮娘江）过境，溪涧纵横，土质肥沃，雨量充沛，水草丰茂，森林资源丰富，呈物种多样化，伴生以灵芝为主的多种药材，并栖息着多种珍贵野生动物。

【经济发展】 2018年，者苗乡农业和农村经济得到持续健康稳定发展。全乡国民生产总值达6024万元，同比上年增长4.22%。粮食生产播种面积完成1.32万亩，油茶3.1万亩，烤烟158亩，甘蔗中草药750亩。年出栏肉鸡21036羽，肉鸭1897羽，鹅208羽，肉猪3253头，肉牛524头，肉羊1026头。

【社会发展】 着力解决人民群众生产生活最迫切的困难和问题，各项社会事业全面发展。

计生工作 2018年，全乡人口出生100人，符合政策出生98人，出生政策符合率为98%，比指标值(96%)高2个百分点；辖区7个行政村5个村无计划外生育和计划外多孩生育；全乡应筛产妇数42人，产前筛查数40人，产筛率达到95.2%，比指标值(80%)高15.2个百分点。完成免费孕前优生健康检查28对，跟踪随访28对。健全乡村医疗卫生服务网络，预计在2019年实现标准化卫生院，贫困村标准化村卫生室全覆盖。全乡参加城乡居民基本医疗保险人数9132人，参合率达99.57%。其中贫困人口参合2080人，参合率101.91%。

社会保障工作 完善农村最低生活保障、医疗救助、五保供养、残疾人供养和临时救助等制度，实现新型农村社会养老保险全覆盖。2018年，全乡享受农村低保有1097人，其中既是贫困户又是低保户695人，实现低保政策“应保尽保”。

就业和城乡养老保险 2018年完成劳动力转移就业新增130人，农村贫困劳动力新增转移就业32人，农村贫困劳动力转移广东就业13人，参加城乡养老保险5546人，到龄领取养老金1226人，共发放养老金155824元，80~100岁人口195人，共发放高龄津贴128300元。

教育工作 稳步推进教育均衡发展，新建设乡级幼儿园，对旧中心小学进行全面改造。控辍保学工作成效明显，2018年全乡25名辍学生中，已劝返回校学生24名，1名适龄儿童因智力不足无法上学，该乡采取“送教上门”等方式，保障其受教育权利，全乡义务教育阶段适龄儿童入学率100%。

【脱贫攻坚】 全面推进脱贫摘帽攻坚工作，坚决打赢脱贫攻坚战。

脱贫摘帽 者苗乡共有5个贫困村，其中，者化、八中和八亨3个贫困村，八亨、渭龙2个深度贫困村，2018年，顺利脱贫465户、1831人，八中村和者化村整村脱贫，全乡贫困发生率降至2.05%。

易地扶贫搬迁 者苗乡“十三五”期间符合搬迁126户、538人，实际搬迁126户、538人。其中平欢集中安置点19户、85人；弄麦集中安置点33户、134人；百花寨安置点43户、187人；百色深圳小镇22户、97人；分散安置9户、35人。者苗乡平欢安置地和弄麦安置点通过实施原有产业护理、引导农村技能培训、公益性岗位设立、扶贫车间带动务工等方式有利的对搬迁点进行后续扶持工作，为贫困搬迁户贡献年人均800元的纯收入。

村集体经济发展 者苗乡有渭龙、者化、八亨3个肉鸡养殖场，年内者化村第一批肉鸡已出栏售卖，收入1.3万元；八中村、者苗村、百隆村和六恒村抱团发展实体产业经济，建设八中村250亩卡拉丁柑种植基地。

2018年2月，者苗乡人民政府获“落区工作先进单位”称号

【基础设施建设】 一是实施危房改造96户，解决364人的住房问题。二是完成渭龙、渭苗、平杆、渭化等一批村屯人饮工程，解决群众饮水难的问题，受益群众207户、987人。三是交通设施明显改善，落实3个脱贫攻坚村屯道路硬化项目，让八灯、南沙、渭额3个屯实现通屯道路硬化，解决群众行路难问题，切实改善农村生产生活条件。四是落实者化、八亨、八中篮球场及八中村戏台建设，惠及者化、八亨、八中3个村、18个自然屯、4600多名群众。

【"美丽乡村"建设】 建立清洁乡村长效机制，年内全面开展"基础便民""产业富民""服务惠民"活动。者苗乡结合清洁乡村工作共同开展，采取"村收乡运乡处理"的模式，在距乡政府所在地约2千米处建设有垃圾集中处理设施，每日焚烧3吨垃圾。全乡共配备村级保洁员65名，各个自然村屯均建设有垃圾池，示范村屯配有垃圾清运车，乡政府所在地配有两辆专用垃圾清运车。推进各村改厨、改圈、改厕建设，实施屯内道路硬件，改善农村人居环境，大力实施十项进村行动，解决农民群众最关心最直接最现实的利益问题，实现"农村基本公共服务全覆盖、农民群众办事不出村"的目标。

【安全生产】 每季度组成联合执法部门对者苗乡重点企业、道路交通、烟花爆竹、地质滑坡隐患点等进行多次隐患排查，登记造册。常态化开展食品安全大检查；严抓农用车辆上路检查，对无证经营车辆进行惩治和取缔；在汛期，严格执行24小时值班制度，接到气象信息及时传递到各村，做好防御工作，受到灾情每日汇报。对地质灾害点做到重点区域责任明确，防范措施到位。2018年，者苗乡境内未发生一起重特大安全生产事故和食品安全事故，3个地质灾害隐患点得到有效监控，汛期安全得到保障。加强安全生产宣传教育工作，在节假日和"安全生产月"活动期间利用街天广播37次、悬挂横幅55条、张贴宣传标语800多张、发放宣传单3600多份。

2018年11月26日，县委常委、宣传部部长、县人民政府副县长蒋桂红到者苗乡(右一)检查指导产业发展

【维护稳定工作】 一是开展打好"扫黑除恶"专项行动，广泛开展社会治安综合治理，不断提升人民群众社会安全感。2018年，组织开展校园周边环境综合治理4次。乡派出所接警25件，出警25件，其中刑事案件4起，破案2起，治安案查处3起，办结3起罚款4人，调处各类纠纷6；查处交通违法违章车辆50辆，完成"一标四实"信息采集5477户，完成率达87.81%，完成全乡男性"Y库"建设家族族谱绘制，采集血样250份。二是开展矛盾纠纷、信访线索的排查化解，2018年，乡村两级人民调解机构共调处各类矛盾纠纷案38起、调结38起，调处率100%，调结率100%，接到上级信访件5件，年内已办结5件。三是开展为弱势群体提供法援助。开展大接访活动2次，共为弱势群体提供法援助4起。2018年，全乡无非法上访、越级上访事件、进京赴邕上访，无重特大事(案)件、群体事件发生。

【党建工作】 者苗乡党委辖9个党支部，其中有7个农村党支部，1个乡直联合党支部，1个乡政府联合党支部。共有354名党员，其中男党员共276名，女党员共78名。

学习教育 推进"两学一做"学习教育常态化制度化，以领导班子建设年活动为契机，在领导班子中大兴学习调查之风，重点突出学习贯彻习近平新时代中国特色社会主义思想和党的十九大精神学习。2018年,共组织召开各种理论专题学习活动6次,部署各基层党组织开展各类学习活动46次,开展党员活动日290余次,开展各类党建知识培训20余次。

发挥阵地作用 2018年,者苗乡开展“对标定级·整体提升”“乡村振兴·争创五旗”活动,整顿软弱涣散党组织,争取项目资金,实施六恒村村级组织活动场所建设,解决“无村级组织活动场所或虽有场所但不具备基本服务功能”问题;严格按照“五个规范”要求,每月集中开展一次对标定级,对存在问题的分类督促逐项整改,指导整改提升。在“争创五级”活动中,者苗乡百隆村被命名为“治理有效”红旗村;全面提升基层阵地建设标准,落实资金10万元,对八中、者化、百隆、渭龙等4个行政村旧村部进行全面改造,争取到新建设者化、六恒村级组织活动场所及篮球场、戏台等村民活动场所项目,重新粉刷百隆、渭龙村旧村部,新添置办公设备和办公用品,完善制度上墙,张贴各种标语,安排独立办公室打造脱贫攻坚作战指挥部,营造“党建带脱贫”的浓厚氛围,为全乡村级组织活动场所布置树立榜样;按照“一室多用,实用管用、共建共享”的原则,创建乡级和八中村党代表工作室示范点及八中村人大代表之家示范点,落实活动场所,完善各种标识,组建工作队伍,党代表、兼职联络员和党员志愿者在联系党员群众作用中得到发挥。

党员队伍建设 2018年,全乡共发展党员9名,培养积极分子25名。实行党员民主评议,基层党员积分活动全覆盖。严格按照驻村队员管理有关要求,做好服务和监督管理,充分发挥第一书记作用。各村驻村第一书记、工作队员、包村干部均为各村争取到水泥、油茶苗、杉木、家禽等一批;帮扶改善办公用品;落实安装太阳能路灯120余盏及道路建设、村级活动场所建设等一大批惠民工程,为群众办理实事好事400余件/次,得到广大人民群众认同。

党的先锋模范带动作用 围绕抓党建促脱贫攻坚、促乡村振兴主线,树立典型,抓示范带动,实现党的先锋模范带动作用发挥。2018年,者苗乡以“双培”工作为主抓手,以领头雁引领农村发展,共培养21名村级致富带头人,其中党员12名,吸收3名经济能人加入党组织,激发党员干部带头作用,每村培养一个以上党员致富能人。全乡通过党员带动发展的油茶、甘蔗、杧果、柑橘、林下养鸡、中草药种植(砂仁、鸭胆子)等在农户总收入占50%以上,成为实现脱贫奔康的主打产业。同时,注重规模和示范基地建设,通过采取“公司+基地+支部+合作社+农户”的发展经营模式,打造两个党建促脱贫产业示范园,其中连片1000亩以上的高产优质油茶种植示范基地4个和1000亩“双高”糖料蔗种植基地2个,林下养鸡示范基地3个,中草药种植示范基地2个,柑橘种植基地1个。

【党风廉政】 者苗乡坚持“党要管党、从严治党”方针,扎实推进党的纪律建设。一是层层传导压力,压实责任。在乡、村党员领导干部中掀起学习贯彻中央纪委副书记徐令义、自治区纪委书记房灵敏调研讲话精神以及县委、县纪委有关党风廉政建设工作部署、扶贫领域腐败和作风问题专项治理等有关工作部署会议精神热潮。同时和基层党支部各负责人、各单位负责人签订廉政责任状,各班子成员和联系分管部门、村“两委”负责人分别签订责任状,落实廉政责任;二是实行干部谈话制度。建立和完善干部纪律考勤、述职评议、质询谈话、警示谈话等制度,切实加强对党员干部日常工作的监督和管理,发现苗头性问题及时给予提醒和教育,促进干部廉洁从政、依法从政,防患于未然。2018年,乡党委书记对乡班子成员进行诫勉或提醒谈话13人,乡纪委共对党员干部进行诫勉或提醒谈话16人(次),集体约谈6次357人(次)。三是营造扶贫领域腐败和作风问题专项治理浓厚氛围。充分利用会议、标语、板报、宣传栏、播放电教片、大接访活动等形式,组织开展反腐倡廉宣传教育活动。全乡在7个村、弄麦安置点、平欢安置点和乡政府所在地各制作1个举报箱,制作54条宣传横幅拉挂在各村各自然屯最醒目位置,张贴54张公告在各村各自然屯人员最集中地方,入户发放宣传资料3000多份到每个农户家庭,让广大干部群众知晓专项工作。在大接访活动中,直接面对面向群众进行宣传,解答群众疑问,接受群众举报和反映问题。接访活动累计接访群众300余人,收到群众反映问题16件,发放宣传资料1200余份。全年共开展两次专项大接访活动。四是主动下访,加大问题线索排查力度,从严开展执纪审查。通过公开公布信访举报方式,拓宽群众信访渠道,同时组织乡纪委委员在辖区内开展巡访，主动走村入户开展巡访工作，主动排查问题线索。全年主动排查问题线索6条，立案4件，其中扶贫领域4件，已全部办结。

【意识形态】 一是开展重塑社会主义核心价值观活动。利用“讲习所”、理论中心组学习、“三会一课”“八桂先锋”手机APP等平台和载体，组织开展“不忘初心、牢记使命”主题教育和社会主义核心价值观宣传活动，参与“八桂先锋”手机APP党的十九大精神学习竞赛，重塑人世观、世界观、价值观，进一步坚定基层党组织和各位党员的理想信念，强化“四个意识”，树立“四个自信”。全年开展各类宣传活动20余次，播送文化宣传小广播150余次，树立大型户外宣传标语、横幅70余幅。二是开展国旗示范工程。选择在乡道沿线渭龙村平些屯列为国旗工程示范点，共安装75面国旗，大力宣传国旗工程重要意义，落实专门人员进行维护，营造爱国旗、护国旗的氛围，增强民族自信心和自豪感。三是开展新时代中国特色社会主义思想讲习所创建及乡村振兴战略百人百场讲习活动。以“六个有”要求更新乡级讲习所，制定方案和学习计划，收集下发学习资料给干部职工学习，年内按照学习计划集中学习8期，下发学习资料12份。打造渭龙村和八中村为村级讲习所，共开展6期学习。组织各剧团、中心小学和幼儿园，开展庆祝建党97周年者苗乡实施乡村战略暨“扶贫扶志扶智”百人百场“板凳圈”讲习和宣讲暨感恩壮戏进百村文艺晚会，在者化村开展“板凳圈”讲习活动、“学习习总书记系列讲话”进村屯夜话活动。四是加大正面宣传力度，管好党的喉舌。主要做好新闻宣传及脱贫攻坚稿件完成率。年初制定者苗乡新闻宣传和党政信息工作方案，组建由7名年轻干部组成的撰稿小组，并对其业余通讯员培训，全乡在各类媒体发表稿件87篇。五是开展树立正面典型活动。弘扬社会正能量，在各村屯广泛开展美德少年、最美基层医生、身边好人、最美乡村干村、星级文明户、文明家庭创建、文明村镇申报等各类评比，覆盖率已达60%。

【各村简介】

八亨村 位于者苗乡东部，村部所在地八亨屯，距乡政府所在地5千米。已实现“水、电、路”三通，村部所在地通宽带网络。辖八亨、平刀、央香、渭贯4个自然屯、4个村民小组，居住着壮、汉两个民族，全村共有278户、1106人，总面积38.2平方千米，耕地面积2162亩，其中水田690亩，旱地1064.2亩，主导产业以油茶2879亩、柑橘103亩、肉猪养殖446头、肉牛养殖74头、山羊养殖156只、肉鸡2882羽、肉鸭265羽、鹅28羽为主。2018年农民人均纯收入5341元。全村共有党员36名，其中女党员6名。村两委班子成员6名(交叉任职)，其中村党支部成员3名，村民委成员5名。村党支部书记兼村民委主任岑桂枝。

八中村 位于者苗乡中部，村部所在地八中屯，距乡政府所在地8千米。已实现“水、电、路”三通，村部所在地通宽带网络。辖八中、八三、八达、渭额、洞额、弄麦等6个自然屯、6个村民小组，居住着壮民族，全村共有445户、1611人，总面积59.42平方千米，耕地面积2443亩，其中水田1013亩，旱地1430亩，主导产业以油茶4885亩、杉木2275亩、肉猪养殖481头、肉牛养殖78头、山羊养殖166只、肉鸡3113羽、肉鸭277羽、鹅31羽为主。2018年农民人均纯收入6237元。全村共有党员46名，其中女党员7名。村“两委”班子成员5名(交叉任职)，其中村党支部成员3名，村民委成员5名，村党支部书记兼村民委主任罗绍云。

百隆村 位于者苗乡北部，村部所在地弄江屯，距乡政府所在地20千米。已实现“水、电、路”三通，村部所在地通宽带网络。辖平宁、百足、弄江、弄肯、平赖等5个自然屯、9个村民小组，居住着壮族，全村共有546户、2049人，总面积42.29平方千米，耕地面积2993亩，其中水田904亩，旱地2089亩，主导产业以油茶13788.5亩、杉木4020亩、烤烟158亩、肉猪养殖475头、肉牛养殖76头、山羊养殖143只、肉鸡3072羽、肉鸭267羽、鹅30羽为主。2018年农民人均纯收入7410元。全村共有党员44名，其中女党员5名。村“两委”班子成员7名(交叉任职)，其中村党支部成员3名，村民委成员7名。村党支部书记黄文治，村民委主任黄忠军。

六恒村 位于者苗乡西北部，村部所在地六谷屯，距乡政府所在地14千米。已实现“水、电、路”三通，村部所在地通宽带网络。辖六恒、六谷、平杆3个自然屯、3个村民小组，居住着壮民族，全村共有232户、809人，总面积21.2平方千米，耕地面积1405.7亩，其中水田481亩，旱地924.7亩，主导产业以油茶4118亩、杉木1638亩、八角1010亩、肉猪养殖426头、肉牛养殖61头、山羊养殖120只、肉鸡2756羽、肉鸭224羽、鹅27羽为主。2018年农民人均纯收入6474元。全村共有党员41名，其中女党员12名，预备党员1名。村“两委”班子成员6名（交叉任职），其中村党支部成员3名，村民委成员5名，村党支部书记兼村民委主任黄华国。

渭龙村 位于者苗乡东南部，村部所在地平些屯，距乡政府所在地4千米。已实现“水、电、路”三通，村部所在地通宽带网络。辖渭龙、渭怀、平些、渭苗、八弄等5个自然屯、5个村民小组，居住着壮民族，全村共有371户、1397人，总面积46.91平方千米，耕地面积2502亩，其中水田671亩，旱地1831亩，主导产业以油茶5319亩、杉木1200亩、玉米971亩、肉猪养殖459头、肉牛养殖73头、山羊养殖145只、肉鸡2966羽、肉鸭269羽、鹅29羽为主。2018年农民人均纯收入5926元。全村共有党员44名，其中女党员9名，预备党员1名。村“两委”班子成员5名（交叉任职），其中村党支部成员3名，村民委成员5名，村党支部书记兼村民委主任雷善清。

者化村 位于者苗乡西部，村部所在地者化屯，距乡政府所在地8千米。已实现“水、电、路”三通，村部所在地通宽带网络。辖者化、者余、弄盘、八土、八灯、八庆、南沙、岩怀等8个自然屯、14个村民小组，居住着壮、汉、布衣等3个民族，全村共有472户、1784人，总面积37.00平方千米，耕地面积3010亩，其中水田1043亩，旱地1967亩，主导产业以油茶8248亩、杉木4105亩、玉米1600亩、肉猪养殖494头、肉牛养殖77头、山羊养殖150只、肉鸡3197羽、肉鸭307羽、鹅32羽。2018年农民人均纯收入6011元。全村共有党员45名，其中女党员6名，预备党员1名。村“两委”班子成员6名（交叉任职），其中村党支部成员3名，村民委成员5名，村党支部书记黄政荣，村民委主任黄政教。

者苗村 位于者苗乡西南部，村部所在地各怀屯，距乡政府所在地0.5千米。已实现“水、电、路”三通，村部所在地通宽带网络。辖各怀、平楼、平外、渭鲁、渭化、八塘6个自然屯、6个村民小组，居住着壮、汉民族，全村共有345户、1318人，总面积34.11平方千米，耕地面积3230亩，其中水田709亩，旱地2521亩，主导产业以油茶5425亩、杉木1980亩、八角283亩、甘蔗1287亩、肉猪养殖472头、肉牛养殖85头、山羊养殖146只、肉鸡3050羽、肉鸭288羽、鹅31羽为主。2018年农民人均纯收入5991元。全村共有党员46名，其中女党员9名。村“两委”班子成员5名（交叉任职），其中村党支部成员3名，村民委成员5名，村党支部书记兼村民委主任王文章。 （李美稹）

高龙乡

【中共高龙乡委员会领导】

书　记：黎敏基（壮族）
副书记：潘　慎（女，壮族）
　　　　黄宁波（壮族）
　　　　韦　琅（壮族，2018年4月挂职）
纪委书记：杜茂朝（壮族）
组织委员：唐志龙
宣传委员：黄红萍（女，壮族）
武装部长：戴永进（壮族）

【高龙乡人大主席团领导】

主　席：黄宁波（壮族）
副主席：倪元军

【高龙乡人民政府领导】

乡　长：潘　慎（女，壮族）
副乡长：唐文才（瑶族）
　　　　朱良志
　　　　何振源（壮族）
　　　　韦　坦（壮族）

【概况】 高龙乡于1984年建乡，位于田林县城西南部，地处滇桂两省（区）三县交界处，东与八渡瑶族乡接壤，西与西林县足别乡交界，南与那比乡、云南省富宁县隔西洋江相望，北与定安镇毗邻，距县城116千米，辖7个行政村、65个自然屯、47个村民小组，2018年末总人口8687人，有壮、汉、瑶、苗等4个民族，其中，汉族占71.2%。2015年，全乡精准识别贫困户213户、789人。

全乡自然条件优越、物产资源丰富，境内多为土山，还有少量石山岩溶地貌，海拔在千米以上山峰有18座，年平均气温16.9℃。全乡土地面积266.2平方千米，耕地面积23615亩，其中水田3865亩，旱地19750亩；矿藏资源有黄金、源烟煤、锑水晶、冰砂石等，有黄金矿业、木材加工、石灰加工、石场等27家中小企业；全乡村屯公路总长210千米，屯级公路通车率达100%。

【社会经济】2018年，全乡产业稳步发展。一是着力打造产业示范区，实施该乡2018至2020年特色产业示范区建设规划，达尧村陇应屯高隆果蔬合作社柑橘种植示范区年内完成种植400多亩，投入30万元用于专业合作社配套设施建设。此外，广西宏泉林业发展公司在新寨村平爱屯与农户联营的1000亩油茶种植示范区启动实施，将分别作为乡、村级特色产业示范区进行重点打造。二是着力培育养殖示范户。扶持建设渭山村广西祖铭养猪场、新寨村"桃园林"家庭家场，实现生猪养殖规模500头以上。2018年，广西祖名养猪场、"桃园林"家庭农场分别获五星级广西畜禽现代生态养殖场和五星级广西畜禽现代生态养殖场(肉猪)。通过示范带动，渭荣、新寨、渭山3个贫困村80%的农户均保持在户均4头以上的养猪存量。三是着力推进林果业发展。抓好全乡土地确权工作，完善7个村"一户一档"材料1840户共13287.58亩，可颁证率达100%。2018年新种植沃柑等柑橘类300多亩，全乡柑橘种植面积达1800多亩；新种油茶2300亩，全乡油茶面积达23300亩；杉木种植2580亩，全乡经济林30000余亩。全乡2018年新种糖蔗3540.72亩，完成县级下达指标任务的295.06%，糖蔗种植总面积达11944.7亩，2018甘蔗榨季完成进厂量3.74万吨，完成县级下达指标任务的115.98%。实现人均1亩甘蔗的产业培育，其中全乡有82户贫困户种植834.03亩，糖蔗产业发展成为脱贫支柱产业之一。

【基础设施建设】重点加强对贫困村的基础设施建设投入力度。一是投资56.96万元的渭荣村和新寨村太阳能路灯安装工程全部完工，投资13.96万元的渭荣村便民候车厅投入使用；二是完成全乡道路硬化和人畜饮水工程项目库的编制和申报，2018年修建通屯道路硬化3条，5.78千米，总投资212.29万元；重点产业区配套道路建设5条，27.22千米，总投资166.04万元；人畜饮水工程3个，总投资57.66万元；三是落实高龙集镇饮水建设项目，总投资570多万，彻底解决困扰高龙乡多年的集镇饮水难问题。

【民生工程】2018年，乡党委政府始终把民生工作作为第一目标来抓好落实，各项民生工作稳步推进。一是对全乡1029名60岁以上及优抚对象老年人发放社会养老金共计158.66万元。发放农村低保、城乡低保10296人次，合计200多万元。二是加强社会保障工作。年内完成县下达的新农合及新农保工作任务。三是落实惠农补贴发放。2018年完成水稻良种补贴发放65.3万元、农机具购置补贴发放2.78万元，免费发放杧果苗3500株，杉木苗10.25万株，复合肥65吨。四是农村科教文卫各项事业全面发展。巩固"普九"和"两基"成果，春季学期开学，适龄儿童、青少年入学率100%全部达标；组织者车、高郭业余壮剧团参加田林县各项演出活动，深入村屯、学校开展"板凳圈""戏曲进校园""广场舞会演"文艺晚会活动；着力提升农村群众卫生健康水平，开展免费健康体检下村屯，艾滋病、流感等疾病防治知识宣传活动10余场次。

【生态乡村】自生态乡村活动实施以来，高龙乡全面落实乡、村两级生态乡村建设责任制，组织全乡干部群众深入开展生态乡村活动，环境卫生质量得到进一步改善。一是为全乡5个行政村配备好各自1辆垃圾清运三轮车，建成1座中型垃圾焚烧炉。为群众分发家用垃圾收集桶480个。二是按村屯绿化实施方案要求，重点实施村屯绿化工程。三是结合清洁乡村统一行动，定期开展沟渠清淤及排水排污，养殖污染治理等工作；四是落实"大棚房"全面清查工作。五是落实卫生保洁员的工作经费。六是完善村规民约制定细则。七是加强组织领导。成立乡级督查组，不定期对各村屯开展生态乡村情况进行督查，生态乡村建设工作得到有序推进。

【脱贫攻坚】一是坚持高质量脱贫，持续巩固脱贫成效。2018年高龙乡没有脱贫户任务，但乡党委、政府坚持严格按照区、市、县相关文件要求做好"两不愁三保障""八有一超""十一有一低于"等各项工作，各帮扶干部也尽职尽责地按照乡党委、政府的统筹部署落实结对帮扶责任，有效巩固脱贫成效。2018年，高龙乡脱贫攻坚工作稳中求进、长足发展在县级平时核查中均获得好评，连续获得两次流动红旗，在年终绩效考核评比中取得较好成绩。二是狠

2018 年 12 月 8 日，县长黄慧(左三)到高龙乡渭荣村走访贫困户

(张其勇　摄)

抓政策落实。抓好“以奖代补”工作，落实以奖代补 179 户，奖补资金 57.29 万元，扶持引导贫困户发展种养产业，增强“造血”功能；完成易地扶贫搬迁 11 户，危房改造 7 户，年内贫困群众喜迁新居；获得雨露计划学历教育精准补助学生 44 人次，共计补助资金 7.95 万元。三是坚持跟踪帮扶。2018 年，共安排 138 名帮扶干部结对帮扶 225 户、839 人；安排 108 名干部跟踪帮扶 2014、2015 年退出户。强化帮扶工作的组织领导，由乡领导班子牵头，实行主要领导领导包片、联系领导包村、帮扶干部包户，同时抓好驻村第一书记和工作队员的管理。年内全乡驻村工作队员和帮扶干部争取落实建设项目 17 个，为群众办实事好事 225 件。自治区纪委派驻高龙乡的 2 位第一书记，年内为两个贫困村落实项目建设资金 520 万元，巩固贫困村脱贫摘帽成果。四是聚焦政策落实，细化工作措施。以“五个措施”扎实推进脱贫巩固。落实好“产业增收措施”。通过发展养猪、养鸡、种植甘蔗、种植杉木、种植油茶等 3+1 特色产业实现贫困户全覆盖。落实好“就业措施”。通过开展技能培训、提供就业岗位、扶持创业等措施，实现巩固脱贫增收覆盖贫困户 125 户；落实好“救助措施”。对因病、因学、因灾致贫的 15 户家庭开展救助，帮助他们走出困境。实施好“兜底措施”。对特困、精神残疾、无力发展、无业可扶的 31 户，通过社会保障应保尽保、全部兜底。落实好“基础保障措施”。继续抓好水电路房等建设项目，不断改善农村居民生产生活条件，在基础设施保障上助推脱贫攻坚。

【维稳与安全】 一是安全生产常抓不懈。抓好森林防火工作、非煤矿山、道路交通安全和食品卫生安全的检查力度，严厉惩治偷挖盗采矿产资源行为。2018 年，全乡未发生大面积森林火灾，无重大安全生产事故发生，群众安全感显著提升。二是强化社会综合治理。严格按照“属地管理”“谁主管，谁负责”的原则，把责任落实到位，建立健全各项制度，以“一办三中心”服务平台和“四大”排查为抓手，全面加强社会综合治理，做好重点节日、十九大期间维稳工作，促进社会和谐稳定。年内高龙乡集中组织开展反邪教知识、清理整顿非法营运车、惩治“法轮功”等邪教组织利用人民币进行反动宣传和电力设施保护等宣传活动，发放宣传材料 3000 余份，悬挂横幅 12 余处，做到综治宣传进村、入户、到人，提高广大干群“维护治安、人人有责”的思想认识，促进综治工作措施的全面落实，在全乡范围内营造学法、用法、知法、守法、护法的良好氛围。

【政府自身建设】 强化学习意识，提升履职能力。结合“三会一课”制度，深学细研十九大报告，深入学习贯彻十九大精神，推进“两学一做”学习教育常态化制度化，深入开展“三年一争当”活动。二是强化廉政意识，改进工作作风。进一步加强干部队伍思想建设、组织建设、纪律建设、作风建设和能力建设，坚决贯彻落实党中央八项规定，整治“四风”，打造一支讲党性、想干事、能干事、干成事、干大事的党员干部队伍，建设勤政廉洁务实高效政府。

【党建工作】 “两学一做”学习教育常态化制度化，结合推进“两学一做”学习教育常态化制度化，督促指导各个党支部从基础抓起，落实好“三会一课”、组织生活会、民主评议党员等基本制度，以支部为单位组织党员领导干部开展“两学一做”集中学习、讲党课、专题研讨，党员活动日制度进一步常态化，基层党组织政治生活得到有效开展。

领导班子建设 通过开展“村党支部建设年”活动，落实农村党员积分管理、星级党组织创建、软弱涣散基层党组织整顿，巩固深化全面从严治党。为巩固2017年村“两委”换届成果，高龙乡突出“五查五看”的主要内容，对7个行政村56名村“两委”成员进行联审，未出现不符合条件的情况，确保村“两委”政治素质过硬、组织运转有序、担当作为有力、先锋作用发挥、班子风气清正。

基层党组织战斗堡垒作用 一是充分发挥基层党组织作用。不断夯实村、屯党组织建设，涌现出向昌林等多名农村党员带头创业，带领群众增收致富的好手。二是充分发挥“第一书记”作用。渭荣、渭山、新寨3个贫困村第一书记利用自身优势，帮助村民选准致富项目，制定脱贫计划，争取项目资金，完善基础设施等。三是充分发挥党员干部的作用，做好结对帮扶。以“一帮一”结对帮扶为抓手，夯实干部联户抓帮扶、党群结对促脱贫机制，帮助贫困户解决实际问题300多个。

执纪监督工作 一是深入开展党风廉政建设，持续推动八项规定落地生根，全面推动作风建设常态化长效化。认真学习贯彻落实《关于贯彻落实习近平总书记重要指示精神集中整治形式主义、官僚主义的工作意见》文件精神，以深化领导班子建设年活动为抓手，组织班子成员及乡党员干部进村到屯了解情况，入户走访贫困户解民忧，收集到群众意见建议120多条，解决问题90多项，为群众办实事好事230多件，用实际行动联系群众、服务群众。二是加强扶贫领域监督执纪问责工作，加大案件查办力度，严肃查处“四风”腐败问题。组织干部开展“巡访百村千户”走访工作，开展扶贫领域党委书记大接访活动2次，解决群众反映问题27个，实现抓早抓小抓苗头；扎实开展扶贫领域腐败和作风问题专项治理工作，坚持把惩治“蝇贪”同扫黑除恶结合起来，深挖黑恶势力“保护伞”。2018年共查处各类违纪案件4件，其中扶贫领域问题3件，处分4人，办结群众信访7件。认真履行执纪职责，做到有案必查，有腐必惩。三是狠抓领导班子和干部队伍建设。坚持强化民主集中制，提升班子自身建设；制定完善了值班、驻村、学习、考勤等制度，深化作风建设；通过批评与自我批评、针对性谈话函询、常态化明察暗访等，加强干部作风监督，推动政治生态风清气正。

意识形态建设工作 一是深入学习贯彻党的十九大会议精神，通过各种形式迅速掀起学习宣传贯彻十九大精神的热潮，组织开展形式多样的宣讲活动，推动十九大精神进村屯、进机关、进校园。二是加强党员干部党性修养。充分利用乡党委党校开展党性专题教育，教育引导党员、干部牢记党的宗旨，解决好世界观、人生观、价值观这个“总开关”问题，有效提升全乡农村党员干部服务农民群众、引领乡村振兴和脱贫攻坚本领。2018年高龙乡累计下拨村级培训经费7万元，开展农村党员和村“两委”干部培训乡级9次、600余人次，村级22次、800余人次。三是注重宣传引导，牢牢把握意识形态工作主动权。开展“乡村夜话”、戏剧进校园等活动，大力宣传高龙乡经济社会发展成果，组织群众开展丰富多样的文娱活动100多场次。广泛开展“道德大讲堂”和社会主义核心价值观评选活动，推进精神文明建设深入基层。

【各村简介】

达尧村 达尧村为非贫困村，位于高龙乡东北部，属土山区，村部所在龙旺屯，距乡政府5.7千米。辖6个自然屯、6个村民小组，总户数349户、1522人，主要居住着汉、壮族群众。全村总面积24平方千米，耕地面积4860亩，其中水田面积591亩，旱地面积4269亩，人均耕地3.2亩，有林地面积34219亩。农民收入主要依靠种养殖和外出务工为主，全村共有党员27名，其中女党员3名。

高郭村 高郭村为非贫困村，为高龙乡政府驻地，村部设在高郭屯，全村大部为土山区，分部有少部分石山。辖10个自然屯、6个村民小组，总户数531户、1878人，主要居住着汉、壮、瑶、苗族等民族。全村总面积54.88平方千米，耕地4700亩，其中水田750亩，旱地3950亩，人均耕地2.5亩，有林地面积64580亩，其中生态林1571.4亩。农民收入主要依靠种植玉米、生姜、油茶、甘蔗、杉木、龙井茶为主要收入来源。全村共有党员57名，其中女党员12名，预备党员1名。

2018 年高郭村的火龙果种植园　　（陆　杭　摄）

弄南村　弄南村为非贫困村，位于高龙乡东南部，村部设在弄南屯，距乡政府所在地 16 千米，辖 9 个自然屯、10 个村民小组，277 户、1053 人，全村总面积 30.09 平方千米，耕地面积 2720 亩，其中水田面积 752 亩、旱地面积 1968 亩，人均耕地 2.58 亩，有生态公益林面积 505.7 亩。农民收入主要依靠种养殖和外出务工为主，全村共有党员 36 名，其中女党员 3 名。

渭荣村　渭荣村属于“十三五”贫困村，位于高龙乡东部，属土山区，村部所在青岗林屯，距乡政府 18 千米。辖 6 个自然屯、6 个村民小组，总户数 183 户、827 人，主要居住着汉族群众。全村总面积 7.68 平方千米，耕地面积 2170 亩，其中水田面积 270 亩、旱地面积 1900 亩，人均耕地 2.62 亩，有林地面积 9350 亩。农民收入主要依靠种养和外出务工。全村共有党员 25 名，其中女党员 3 名，预备党员 2 名。

渭山村　渭山村属于“十三五”贫困村，位于高龙乡东南部，村部所在渭山屯，距乡政府 25 千米。辖 8 个自然屯、9 个村民小组，总户数 310 户、1317 人，主要居住着壮、汉族群众。全村总面积 58.69 平方千米，耕地面积 2512 亩，其中水田面积 740 亩、旱地面积 1772 亩，人均耕地 1.91 亩，有林地面积 63497 亩，其中生态林 24538 亩。农民收入主要依靠外出务工和种养，全村共有党员 40 名，其中女党员 5 名，预备党员 1 名。

新寨村　新寨村属于“十三五”贫困村，位于高龙乡东部，村部所在新寨屯，距乡政府 15 千米。辖 5 个自然屯、5 个村民小组，总户数 217 户、893 人，主要是汉族群众。全村总面积 26.7 平方千米，耕地面积 2495 亩，其中水田面积 304 亩、旱地面积 2191 亩，人均耕地 2.79 亩，有林地面积 23116 亩。农民收入主要依靠外出务工、种植杉、油茶、糖料蔗及养猪等，全村共有党员 30 名，其中女党员 1 名，另有预备党员 1 名。

者车村　者车村为非贫困村，位于高龙乡西部，村部所在弄瓦屯，距乡政府 12 千米。辖 5 个自然屯、5 个村民小组，总户数 281 户、1167 人，主要居住着壮、汉、瑶、苗 4 族群众。全村总面积 47.91 平方千米，耕地面积 3149 亩，其中水田面积 553 亩、旱地面积 2596 亩，人均耕地 2.7 亩，有林地面积 45300 亩。农民收入主要依靠种植业和劳务输出，全村共有党员 52 名，其中女党员 6 名，预备党员 1 名。　　（李　平）

八桂瑶族乡

【中共八桂瑶族乡委员会领导】

书　记：陆海坚（壮族）
副书记：邓小蟠（瑶族）
　　　　罗炳德（壮族）
纪委书记：陆琪芳（壮族，女，2018 年 9 月离任）
　　　　黄　婷（壮族，女，2018 年 9 月任职）
组织委员：黄小富（壮族）
宣传委员：农彩朗（壮族，女）
武装部长：熊熙灵

【八桂瑶族乡人大主席团领导】

主　席：罗炳德（壮族）
副主席：罗永华（壮族）

【八桂瑶族乡人民政府领导】

乡　长：邓小蟠（壮族）
副乡长：彭　誉（壮族）
　　　　邓才礼（瑶族）
　　　　李义合（壮族）
　　　　庹印欢（2018 年 10 月任职）

【概况】　八桂瑶族乡位于田林县西南部。2005 年 6 月 25 日撤弄瓦瑶族乡并入八桂瑶族乡。东接乐里镇，南与那比乡和云南省富宁县接壤，西靠八渡瑶族乡，北邻潞城瑶族乡。乡政府驻地八桂村，距田林县城32千米。行政区域面积382平方千米，森林面积约293.76平方千米，森林覆盖率76.9%，生态环境优良。八桂瑶族乡属亚热带气候，平均气温21.3摄氏度，年降雨量为1161毫米，无霜期335天，海拔200至1250米。辖八桂、八高、八江、平六、八修、渭标、六丹、弄瓦、果卜、者达、岩林、谭合12个行政村、89个自然屯、93个村民小组。2018年全乡总户数为3758户、14784人。主要居住着壮、汉、瑶三个民族，2018年瑶族人口3253人，占总人口的22%。八桂瑶族乡山地多，平地少，2018年有耕地1249.84公顷，其中水田486.04公顷，旱地763.8公顷。者达、渭标、岩林、八高4个行政村被列入国家级贫困村，共涉及37个自然屯、1198户人口。全乡84个自然屯全部通水通电。全乡发展以农、林、牧业为主，盛产水稻、生姜、玉米、杧果、板栗、油茶等。有初中1所，中心校2所，村级教学点1个，中小学教师总数为109人，在校中小学生1717人；乡卫生院2所，在编医务人员30人，有病床数29个，村卫生室12个。主要河流有驮娘江、六丹河、八修河、平六河、八高河等，水利资源较丰富，由于境内江河密布，野生河鱼种类多。境内的河鱼味鲜可口，特别以弄瓦河鱼闻名周边市县，弄瓦干鱼更是鱼中之品，是周边地区的上佳礼品。全乡有2个集贸市场（八桂农贸市场和弄瓦农贸市场），每5天一个圩日。

【经济发展】

农业生产 2018年粮食播种面积1.89万亩，同比2017年增加0.04万亩，粮食总产量0.55万吨；甘蔗种植面积（包括新种和翻种）2358.76亩，累计面积13000多亩；杧果总面积达17000余亩，杧果挂果面积达10000多亩，同时重点打造弄瓦村渭雅屯1500亩的杧果示范基地，杧果产业成为八桂乡"十三五"支柱产业之一；烤烟种植1500多亩，收购量共计2300担，按均价6.4元/公斤，烟农收入294.4万元；2018年八桂乡固定资产总投资624万元。

林牧生产 年内林下养鸡存栏25万余羽，出栏10万余羽，瑶山鸡养殖存栏8万余羽，出栏5万余羽；2018年谭合村、平六村大力发展肉鸡养殖产业，存栏15万余羽，预计产值600万元。生猪存栏7000多头，出栏4500多头；黄牛存栏1000头，出栏400头；黑山羊存栏6000只，出栏肉羊2500只。完成造林杉木等经济林种植5000亩（其中新造林500亩，其他4500亩）；2018年新种植油茶达1000多亩，低产林改造1500多亩，同时重点打造弄瓦村六告屯连片种植800亩。

【社会发展】

义务教育 2018年义务教育阶段在校学生1717人，义务教育阶段入学率达100%，九年义务教育实现"两免一补"全覆盖，营养午餐工程全面落实，中考"两率一分"成绩达标。2018年，新型农村养老参保人数9219人，参保率达100.45%，其中60周岁以上老人每人每月发放养老金90元至126元不等，发放率达100%。

新型农村合作医疗 2018年，应参保14418人，参合群众达14264人（其中免缴2357人）参合率达98.93%，参合资金172.17万元。

民政工作 年内共发放低保金819.86万元惠及4247人，发放五保户救济金41.825万元、惠及94人，发放医疗救助金42.69万元、惠及176人，发放救灾物资713件（衣被类）、惠及74人。

计生工作 全年新出生人口185人，其中男孩107人，女孩78人，出生人口性别比为137.17%；12个行政村已全覆盖诚信计生工作，开展率达100%。

农村土地确权工作 年内八桂已颁发新一轮土地证书到农户手中，并与农户签订"领取确认书"，实现土地证书颁证率达100%。

【基础设施建设】

"一事一议"惠民工程 2018年，争取到2个财政奖补项目（果卜村弄福屯至弄瓦村六告屯和八修村渭囊屯至渭夜屯的道路硬化），总共涉及7.1千米，总投资300万元，受益103户、602人，已完成项年内期的工作。

危房改造工程 农村危房改造任务为13户，落实到户有13户。

基础设施建设 一是深圳市玉塘办事处结对帮扶建设八桂玉塘民族文化体育活动中心。项目规划总投资292万元，占地面积2.5亩，总建筑面积2186.88平方米，年内已完成主体建设，正进行装修。二是深圳市玉塘办事处玉律社区结对帮扶渭标村实施3条通屯道路硬化项目，项目全长8.72千米，宽3.5米，规划总投资332万元，已完工并交付使用。三是2018年争取上级专项资金251.87万元，实施田林县八桂瑶族乡渭标村平定屯、各里屯和平中屯三个饮水提升工程，以及八桂村八桂集镇、那揽安置点人饮巩固提升工程，受益2800余人。

重大项目 2018年12月25日上午，田林瓦村水电站竣工仪式在田林县八桂瑶族乡弄瓦村隆重举行。瓦村水电站是田林建县以来最大的水电投资项目，项目总投资26.6亿元，年发电量约7亿度，项目总工期44个月(2015年5月至2018年12月)。至年底移民搬迁工作及电站项目建设已完成，比计划工期提前一年半，具备蓄水发电条件。

【脱贫攻坚】 年内全乡共完成345户、1485人顺利脱贫，实现一个贫困村(渭标村)脱贫出列，贫困发生率由12.61%降至3.19%。一是着重抓好拆旧复垦试点工作。渭标村岩轮屯作为田林县易地扶贫搬迁拆旧复垦的试点，涉及的建档立卡贫困户为11户、59人，其中砖瓦房4户、21人，木瓦房1户、4人，土坯瓦房6户、34人。按照“合法自愿、合理奖励”的原则，由搬迁贫困户书面委托乡人民政府组织施工队进行统一拆旧复垦作业，至年底渭标村岩轮屯易地扶贫搬迁拆旧复垦的各项工作已全面完成。二是着重抓好自主安置和易地搬迁安置工作。完成岩林村六兰屯9户、28名群众的自主安置工作；于2018年8月完成八桂那榄安置点4栋、49套天地楼的建设工作并做好49户贫困户、196人的搬迁入住工作；完成县城百花寨安置点106户、472人的抽签领房和搬迁入住工作。三是着重抓好产业奖补工作。对符合申请“以奖代补”政策条件的361户贫困户1467人开展核查和申报工作，并兑现奖补资金126.35万元，有效地帮助贫困户解决产业发展资金不足问题，确保各村贫困户“5+2”特色产业覆盖率达100%。

2018年8月22日，田林县易地扶贫搬迁建设项目八桂易安交房抽签仪式

【文化卫生】 年内组织开展春节、三八节、“三月三·吼敢”壮剧节等文艺表演活动；给予资金支持八修、六丹等瑶族村寨开展民族民俗活动；培养八桂女子剧团、平六剧团、八修剧团、八良剧团、弄瓦剧团5个北路壮剧团。农村医疗卫生状况极大改善，卫生院的基础设施建设得到完善，医疗条件明显提高，疫病防治体系得到健全，防控能力得到进一步加强；新型农村合作医疗全面实施，群众参合率达94.17%。

【安全生产】 一是做好汛期地质灾害安全隐患排查工作，成立由乡国土规建环保安监站牵头、各乡直部门协调配合的领导小组，及时对各村地质灾害隐患点进行全面排查，对排查出有隐患的点，落实防治责任人和点上监测人。二是坚持抓好道路交通安全工作。加大农村道路日常检查巡逻力度，严厉查处驾驶员违法违章行为，年内出动车辆30台次、警力及工作人员90余人次，分别到乡主要干道及村屯路口开展道路交通安全检查执法行动，共教育纠正机动车驾驶人存在安全隐患的不良行为300余人次，查处违规车辆54台次，对存在违章行为的27余辆机动车进行扣押、罚款，有效警示教育广大车辆驾驶人，交通安全意识进一步深入人心。三是做好食品卫生安全检查。年内共派出检查组68人次进入学校食堂、群众集中用餐场所开展食品安全检查，确保八桂瑶族乡群众食品卫生安全。全年无安全生产问题引起的伤亡事故发生。

【维护稳定】 2018年，全乡共开

2018年12月25日，地处八桂瑶族乡的广西田林瓦村水电站工程竣工

展综治排查15次，参与人数30余人次，对社会不稳定因素和矛盾纠纷及时排查、处理。同时，加强乡综治办、派出所、司法所等部门协同合作，对各类违法犯罪活动始终保持高压态势，对辖区发生的案件做到尽快处理，及时消除社会影响。

【党建工作】

党的基层组织建设 扎实开展发展党员工作，2018年共发展党员11名，培养入党积极分子12名（中专、高中学历4名，大专以上学历1名，35岁以下3名，致富能手2名，村组干2名），大大改善党员队伍结构；扎实开展党建促脱贫工作，2018年谭合村党支部采取"党支部＋合作社＋基地＋农户"的发展模式，通过"能人带动、公司推动、园区联动、品牌拉动、政策奖扶"以及党员结对帮扶的发展战略，大力发展林下养鸡产业。2018年，整个养殖小区共有规模养殖户6户，总投资67万元，现鸡存栏4万羽，年出栏肉鸡6万羽；扎实开展乡村振兴，争创五旗工作，全乡共有八高、八修2个村获"红旗村"称号；扎实开展扫黑除恶专项斗争工作，以县乡领导到八桂瑶族乡开展各村群众发放扫黑除恶宣传材料，听取群众反映涉及黑恶势力的线索，营造扫大接访、纪检干部大蹲点、大巡访活动和领导干部走访入户活动为契机，及时向黑除恶社会舆论氛围，同时加强乡纪委、综治办、司法所和派出所等部门的沟通，形成各部门联动，实现信息共享，对涉黑涉恶犯罪活动实施精准惩治。

意识形态工作 以讲习所、理论学习室为平台，在八修、八高、者达、岩林、渭标5个村开展"学习夜话"活动。同时邀请县社科联到八桂瑶族乡开展学习和贯彻党的十九大精神社科理论培训会以及专题讲座，每季度定期深入贫困村开展十九大精神宣讲板凳圈活动，为全乡营造浓厚的宣传学习氛围。

党风廉政建设 2018年开展扶贫领域腐败和作风问题专项治理工作，成立村级专项治理工作站12个，年内立案8起，移送审理9起，结案9起，给予党纪处分9人，上缴违纪款26830元。通过领导干部蹲点巡访、公开接访、明察暗访、监督走访、部门移送等形式，精准发力，集中筛选典型问题线索，加大案件审查力度，对不收敛、不收手、不知止的典型问题，加大通报曝光力度，形成强有力的震慑效果。2018年全乡共排查扶贫领域问题线索18条，了结10起，立案6起，结案6起，给予党纪处分6人。 （陆鸿飞）

【各村简介】

八桂村 是乡（镇）政府所在地，村部所在地八桂屯。2018年"水、电、路"已全部实现三通。下辖7个自然屯（八桂屯、高屯、六胡、八务、花园、隆桂、平树），11个村民小组，居住着瑶、壮、汉民族，全村共有424户1767人，其中全村劳动力1186人，总面积33.9平方公里，耕地面积1395亩，其中水田928亩，旱地467亩，主导产业以水稻和玉米、烤烟为主。八桂村2015年精准识别建档立卡贫困人口79户312人，贫困发生率18.25%（2014年底公安系统户籍人口数为1767人）。2016年脱贫8户30人，2018年计划脱贫28户116人，全村计划于2019年底实现脱贫摘帽。全村共有党员38名，其中女党员7名，预备党员0名。村"两委班子"成员共8名，平均年龄36岁，男4名、女4名；村设党支部一个，支部委员3名，7个自然屯均有党员分布。

八高村 位于八桂瑶族乡东北部，距乡政府驻地7公里，下辖八来、八高、八供、新寨、八架、六腊、渭囊、渭金、渭怀、木山10个自然屯11个村民小组，共244户

1023人(2018年11月底实际人口数),居住着壮、汉、瑶3个民族,其中瑶族294人,占总全村人口29.7%。全村总面积24万平方公里,有耕地2186亩,人均耕地面积2.14亩。群众以种植油茶、甘蔗、杉木和养殖生猪为主要收入来源。八高村2015年精准识别建档立卡贫困人口29户120人,贫困发生率11.7%(2014年底公安系统户籍人口数为1022人)。2016年29户120人全部脱贫,2018年底动态调整返贫1户4人。截止2018年7月,全村建档立卡贫困人口31户128人,未脱贫2户8人,贫困发生率为0.78%。2018年计划脱贫1户3人。八高村村“两委班子”成员共8名,平均年龄44岁,男6名、女2名;村设党支部一个,支部委员3名,正式党员25名,8个自然屯有党员分布。

谭合村 位于八桂瑶族乡西部,村部所在地架屯,距乡政府18公里,下辖架屯、渭六、龙屯、仆屯、八那布、坡红、平毕7个自然屯9个村民小组,共有220户955人,居住着壮、汉、瑶3个民族,2018年“水、电、路”已实现三通,全村共有耕地面积2960亩,其中水田464亩,旱地2496亩,农民收入主要依靠种养和劳务输出。谭合村现有贫困户90户377人,2016年脱贫2户17人,2017年脱贫52户210人,2018年预脱贫33户145人,贫困发生率可降至0.94%。

村“两委班子”成员共8名,平均年龄41岁,男6名、女2名;村设党支部一个,支部委员3名,正式党员35名,7个自然屯均有党员分布。

渭标村 位于八桂瑶族乡西南部,村部所在地那马屯,距乡政府驻地15公里,下辖渭港、能领、平中、八角、各里、那马、渭欢、岩轮、那当、渭苗、平定11个自然屯13个村民小组,共303户1327人,居住着壮、汉、瑶3个民族,其中瑶族占总全村人口80%以上。全村人均耕地2.07亩,人均经济林4.68亩,生态林28亩。群众以种养和劳务输出为主要收入来源。渭标村2015年精准识别建档立卡贫困人口143户646人,贫困发生率48.9%(2014年底公安系统户籍人口数为1321人),经贫困人口动态调整,全村共有建档立卡贫困户141户665人。2016年脱贫18户81人,2017年脱贫57户261人,2018年脱贫63户315人。村“两委班子”成员共7名,男5名、女2名;村设党支部一个,支部委员3名,正式党员45名,11个自然屯均有党员分布。

岩林村 位于八桂瑶族乡西部,村部距乡政府驻地58公里,下辖岩林、那康、那丢、渭六、高坡、弄什、平塘、六岗、六兰、平告10个自然屯,设10个村民小组,共360户1568人(2018年6月底实际人口数),居住着壮、汉2个民族,其中壮族1276人,占总全村人口81.4%,汉族292人,占总全村人口18.6%。全村总面积29.5平方公里,有耕地1883亩(其中水田728亩,旱地1155亩),人均耕地面积1.2亩,林地面积19671亩。群众以种植玉米、八角、油茶、甘蔗、杉木为主要收入来源。村“两委”班子成员共6名,平均年龄43.7岁,男4名、女2名;村设党支部一个,支部委员3名,正式党员48名,10个自然屯均有党员分布。

者达村 位于田林县八桂瑶族乡西南部,村部所在地者达屯,也是移民建设安置点,距乡政府驻地34公里,下辖者达屯、那拉屯、拉合屯、平显屯、平西屯和渭俄屯6个自然屯,其中平西屯和渭俄屯位于八桂乡至那比乡的三级公路旁,距三级公路约4公路,已铺设砂石路,那拉屯距三级公路约9公路,已铺设砂石路,平显屯距村部所在地者达屯有约4公里,拉合屯距村部所在地者达屯有约6公里。2018年全村共341户1391人(2018年6月底实际人口数),居住着壮、汉、瑶3个民族。全村总面积17656亩,有耕地3652亩,人均耕地面积2.6亩,林地面积14004亩,退耕还林面积2153亩。群众以种植玉米、生姜、油茶、甘蔗、杉木、八渡笋为主要收入来源。者达村2014、2015年精准识别建档立卡贫困人口209户823人,贫困发生率59.2%(2014年底公安系统户籍人口数为1391人)。2018年计划脱贫4户10人。村“两委班子”成员共7名,平均年龄38岁,男6名、女1名;村设党支部一个,支部委员3名,正式党员39名,6个自然屯均有党员分布。

果卜村 位于八桂瑶族乡西南部,村部所在地距乡政府所在地55公里。下辖平西、果卜、那少、弄福、那弄、囊楼7个自然屯,10个村民小组。全村总户数251户,总人口数1012人;其中贫困户100户(不含2014年、2015年已退出户),贫困人口380人,2016年—2017年已经脱贫摘帽72户,已脱贫人口297人。未脱贫30户(其中2户2018年人口动态调整新增),未脱贫人口89人(其中2018

年计划脱贫摘帽22户，预脱贫人口61人）。全村主要居住以瑶族为主，有壮、汉、瑶族3个民族。全村土地面积22000亩，耕地面积1600亩，其中水田520亩，旱地面积1080亩，林地面积10000亩。主要经济林有八角500亩，松杉木7000亩，甘蔗23840亩，其他400亩，全村人均9.71亩。村“两委班子”成员共8名，男6名、女2名；村设党支部一个，支部委员3名，正式党员28名。

八修村 位于八桂乡西北部，村部所在地八修屯，距乡政府所在地7公里。2018年“水、电、路”已实现三通。下辖8个自然屯（八修、那林、那高、渭府、渭业、渭夜、渭门、岩桃），9个村民小组，居住着瑶、壮2个民族，全村共有305户1333人（2018年6月底实际人口数），其中瑶族1130人，占总全村人口84.8%。八修村总面积42900亩，耕地面积1436亩，其中水田647亩，旱地789亩，人均耕地面积1.09亩，林地面积30030亩，退耕还林面积0亩。群众以种植水稻、玉米、生姜、油茶、甘蔗、杉木、砂仁、烤烟为主要收入来源。全村共有149户贫困户，其中2014年退出户为20户105人，2015年退出户为27户128人。2018年预脱贫户为58户246人，计划于2019年底实现全村脱贫摘帽。村“两委班子”成员共7名，平均年龄41岁，男6名、女1名；村设党支部一个，支部委员3名，正式党员37名，8个自然屯均有党员分布。

六丹村 位于八桂瑶族乡西部，距乡政府驻地8公里，下辖那桃一组、八良屯、八良屯、八良屯、八良屯、八良屯、六央屯、六丹屯和渭翁屯9个自然屯10个村民小组，共328户1392人（2018年6月底实际人口数），居住着壮、汉、瑶3个民族，其中瑶族342人，占总全村人口24.6%。全村总面积47400亩，有耕地2350亩，人均耕地面积1.68亩，林地面积265000亩，退耕还林面积2350亩。群众以种植烤烟、玉米、生姜、油茶、甘蔗和杉木为主要收入来源。

2015年精准识别建档立卡贫困人口111户443人，贫困发生率33.2%（2014年底公安系统户籍人口数为1336人）。2018年计划脱贫17户69人，全村计划于2019年底实现脱贫摘帽。

村“两委班子”成员共8名，平均年龄38岁，男5名、女3名；村设党支部一个，支部委员2名，正式党员35名，9个自然屯均有党员分布。

弄瓦村 位于田林县八桂瑶族乡西南部，距乡府所在地31公里。全村总面积26.5平方公里，下辖弄瓦、八囊、六告、六寿、岩好、渭雅、6个自然屯9个村民小组，是八桂乡深度贫困村之一。全村369户，1434（2018年11月底实际人口数）人，居住壮、汉、瑶3个民族。全屯总面积80506亩，有耕地1301亩，人均耕地0.91亩，林地面积68301亩，退耕还林面积2581亩。群众以种植杉木、油茶、养鸡、种植芒果、鱼业、劳务输出等为主要收入来源。弄瓦村2015年精准识别建档立卡贫困户人口（71分以下）107户405人，贫困发生率27.1%（2014年底公安系统户籍人口数为1495人）；2018年计划脱贫17户，2020年计划实现全脱贫。村“两委班子”成员共7人，平均年龄42岁，男6人，女1人；村高支部一个，支委委员3名，正式党员40名，6个自然屯均有党员分布。

平六村 位于八桂瑶族乡中南部，距乡政府驻地12公里，下辖平六、者利2个自然屯4个村民小组，共201户782人（2017年底实际人口数），居住着壮、汉2个民族。全村总面积18.5平方公里，全村耕地面积1397亩，林地面积2290亩，可耕地面积1275亩，水田面积980亩，经济林面积1090亩，其中水果面积470亩、桐果510亩、杉木650亩、八角310亩，油茶89亩，主导产业以杉木和烤烟为主。全村建档立卡贫困人口36户142人，未脱贫4户16人，贫困发生率1.8%。2016年脱贫19户72人，2018年动态调整返贫1户，新增2户。2018年计划脱贫1户4人。村“两委班子”成员共7名，男5名、女2名；村设党支部一个，支部委员3名，正式党员32名，2个自然屯均有党员分布。

八江村 位于八桂瑶族乡南部，村部所在地汪屯，距乡政府所在地6公里。2018年“水、电、路”已全部实现三通。全村辖八江、汪屯2个自然屯4个村民小组，居住着壮族，全村共有191户769人（2018年6月底实际人口数）。全村总面积9.5平方公里，耕地面积1764亩（其中水田564亩，旱地1200亩），林地面积11666.3亩，主导产业以甘蔗、油茶、杉木和养猪养鸭为主。八江村组建村民合作社和种养专业合作社，2018年在建新村部一栋、戏台一座、篮球场一个。全村贫困户共80户341人，贫困发生率为18.96%（2014年底公安系统户籍人口数为749人），

2018年脱贫为25户104人,2018年动态调整返贫2户6人。全村计划于2019年脱贫摘帽。全村共有党员31名,其中女党员5名、工作队员党员3名。村“两委”班子成员8人。每个自然屯均有党员分布。

那比乡

【中共那比乡委员会领导】

书　记:卢　磊

副书记:黄忠和(壮族)

　　　李艺海(女,壮族)

纪委书记:李清明

组织委员:韦柳先(女,壮族)

宣传委员:蒋正宪

武装部长:农学军(壮族)

【那比乡人大主席团领导】

主　席:李艺海(女,壮族)

副主席:黄　康(壮族)

【那比乡人民政府领导】

乡　长:黄忠和(壮族)

副乡长:陈　杰(瑶族)

　　　廖文杰(壮族)

　　　黄善科(壮族)

　　　李冠文(壮族)

【概况】 那比乡位于田林县西南部,东、南、西面分别与云南省富宁县剥隘镇、那能乡、阿用乡山水相连,北部与田林县高龙乡、八渡瑶族乡、八桂瑶族乡毗邻。乡政府驻地那比村,距离县城91千米,辖那比、六音、六邦、普农、那腊5个行政村、46个自然屯、51个村民小组,主要居住壮、汉、瑶三个民族,2018年底总人口1846户、8340人。那比乡总建档立卡贫困户315户、1230人。2018年年末,已完成2户、7人的年度脱贫目标任务,剩余贫困户10户、33人,贫困发生率降至0.43%。年底普农、六音两个贫困村实现整村脱贫摘帽。全乡土地总面积216.97平方千米,耕地面积22000亩,其中水田4000亩,人均0.53亩,旱地17000亩;林业用地面积30.95万亩,其中生态公益林9.7万亩,经济林7.44万亩(杉木1.11万亩,松树0.13万亩,桉树0.8万亩,八角2.0万亩、油桐2.3万亩、油茶1.1万亩),森林覆盖率为81.3%。全县总装机容量最大的两座水电站都在那比乡境内的西洋江流域下游,其中装机容量为7.2万千瓦的洞巴电站及总装容量为4.8万千瓦的瓦村梯级那比水电站分别于2007年和2011年竣工投产。

【经济发展】 2018年,那比乡继续扩大产业规模,因地制宜引导贫困群众发展“5+2”特色产业,重点发展杧果、烤烟、油茶、养猪等产业,全乡建档立卡贫困户“5+2”特色产业覆盖291户,产业覆盖率92.4%。一是培育杧果产业。按照“基地+公司+合作社+贫困户”的模式统一管理,继续打造六音村350亩杧果连片种植示范基地,辐射带动全乡群众种植杧果1500亩,完成杧果种植示范基地937米水泥硬化道路建设,受益群众61户、286人,2018年成功申报为乡级特色农业示范园。二是扩大生猪养殖产业。截至2018年年底,那比乡建立生猪养殖基地2个。沿用六音村前期发展特种野猪养殖的模式,利用区纪委帮扶建设的养猪场,采取“公司+养殖能人+贫困户+村民合作社”的模式发展生猪养殖产业,增加村集体经济收入。2018年9月首批引进250头生猪发展养殖产业,产业覆盖贫困户71户、297人。普农村生猪养殖基地于2018年建设,10月首批引进肉猪150头,采取“村民合作社+养殖户+公司+贫困户”的模式发展,产业可覆盖贫困户20户、72人。贫困户户均受益达200元。三是推广种植黑木耳产业。结合六邦村气候条件,2018年10月底首批引进两万棒菌棒在六邦村发展黑木耳种植,采取“公司+合作社+贫困户”模式发展,产业可覆盖贫困户73户、291人。四是发展种桑养蚕产业。在那比村、普农村分别发展种桑养蚕产业。那比村于2018年11月通过租赁12开间闲置厂房,配套出租30亩荒田在那比村种植桑树,采取村民合作社+致富带头人+贫困户的模式进行养殖,产业可覆盖贫困户50户、181人,贫困户户均受益达160元;普农村种桑养蚕项目已于2018年12月投资15万元建成360平方米养蚕基地,种植20亩桑树,产业可覆盖贫困户20户、72人,贫困户户均受益达300元。五是巩固发展烤烟产业。采用“烟+玉”轮作模式,2018年在六邦村种植烤烟27户165亩,共带动11户贫困户发展烤烟产业。六邦村烤烟品质优良,今年烤烟收购总量约1.5万公斤烤烟叶,产值33万元,贫困户户均受益达1万余元,真正实现产业促农增收。

【社会发展】 2018年,那比乡社会各项事业全面发展。全乡保持安全稳定和谐。加强社会管理创新,加大信访积案化解,一批焦点、难点问题和矛盾得到妥善处理和化解,加大重点时期维稳工作的针对性和实效性。圆满完成全国“两会”、自治区成立60周年等重要时期维稳任务。深入开展“扫黑除恶”专项整治行动,从严惩治各类违法行为,社会治安持续好转。严格落实安全生产责任制,防火、防汛、防灾宣传深化,在森林防火期内,着重在公路沿线、各村屯、重点林区等人员聚集地段悬挂防火横幅10条,张贴条形标语300张,并向群众发放森林防火宣传单600份,全年全乡未发生一起森林火警火灾;落实防汛工作责任制,与各村及两个电站签订防汛工作责任状,在汛期开展巡查、宣传及值守工作;食品药品安全监控力度加强,开展食品药品检查12人次。共开展安全生产大检查行动38次,累计排查安全隐患85条,全部整改到位,全年未发生一起重大安全事故,保持安全生产的平稳态势,社会公众安全感不断提升。二是社会事业均衡有力,社会保障全面落实。民政工作有序推进,全年累计发放优抚资金23人16.1万元,居民低保336人2240.7万元、救助五保户48人103.6万元,残疾人、特困户、残疾人等弱势群体得到充分的保障。年内发放符合领取养老金人员1034人、80岁以上高龄补贴122人、发放率100%,城镇新增就业完成率达100%、农村劳动力转移就业新增率达100%。新型农村社会养老保险参(续)保缴费4751人、目标完成率93.87%,新型农村合作医疗普通参合人数8281、贫困人口新型农村合作医疗保险和人身意外伤害商业保险参保率100%,60周岁以上的贫困人口均能享受基础养老保险金。救助遭受地质灾害人口29人,申请受灾转移安置人员过渡性生活补助14500元,发放救助物资棉被17床、席子14张、大衣3件;卫计政策全面落实,已婚育龄妇女1863人、2018年出生人口94人、出生人口性别比为108.8∶100;其中一孩出生35人,二孩出生51人,符合政策生育率为96.8%,落实计划生育手术共34例,共有那比和六音两个无政策外生育村。流动人口计划生育免费技术服务率达97%,完成县下达100%以上任务,全员数据库信息准确率达99.1%,比县下达95%以上高4个百分点,变更及时率达98.9%,比县下达高3.9个百分点;文化事业精彩纷呈,组建业余文艺团队4支,举办各类主题文艺演出25场次,组织剧团参加“吼敢”壮剧节片区预演,那比剧团《留守老人的情怀》获片区第一名,并在县2018年“吼敢”壮剧节展演中得到县领导高度评价。十一月开展扶贫“扶心扶志扶智”戏曲进乡村文艺演出6场,年内举办各种文艺演出场次8场,5000人次;大力推进危房改造,2018年危房改造任务20户,年内开工8户,竣工4户。改厨、改厕140户任务已全部动工,完工率达85%,改圈18户任务,已完工13户;村“两委”换届圆满完成,严格执行法定程序,认真把握好换届选举的“七个环节”和“八公开”,正确处理好“八个关系”,完成2018年村两委换届选举工作,对新一届两委班子进行法律、生猪养殖技术、杧果种植等培训3期。

【基础设施建设】 加快基础设施建设,为民办实事项目全面推进。一是强力推进乡村环境整治,宜居乡村建设成效显著。河流生态保护进一步完善。全面建了区域与流域相结合,以乡、村两级“河长”为主要内容的“河长制”体系,确立乡级总河长、河段长、村专管员工作机制,落实日常巡河制度,加

2018年7月5日,自治区纪委向那比乡九年一贯制学校和六音村小学捐赠价值17.85万元学习用品

强对境内江河整治工作。加大农村路网维护，新建、硬化全乡贫困村屯内道路，总长4.36千米；及时修复全乡21个屯水毁道路8.5千米，修复“一事一议”项目34个，5个村村部所在地均通4.5米宽水泥硬化路，50户以上的屯均通水泥硬化路，20户以上的屯均全部通砂石路，有效解决群众“出行难”的问题。大力完善人居饮水、用电、网络等项目建设，安全饮水率达100%，生活用电覆盖率达100%，5个村村部所在地均已实现宽带网络覆盖。新建普牙桥、排水沟3条，实施危房改造20户，“三改”工作有序推进，改厨、改厕完工率达98%，改圈完工率100%。二是大力改善基础设施，水路网络稳步推进。基础设施建设逐步改善，五个村村部所在地都通4.5米宽的水泥硬化路，50户以上的屯均通3.5米宽的水泥硬化路，20户以上的屯都全部通砂石路，对因雨水冲刷造成道路损坏的及时进行修复，确保群众出行道路通畅；安全饮水率达100%；生活用电覆盖率达100%；五个村村部所在地均已实现宽带网络覆盖。完成县道经渭华至云南边界硬化道路、普牙经那龙至渭西通屯水泥硬化道路、六下、平上、江莫、普农、普洛、那龙、渭西等屯内道路硬化，两个贫困村各屯均实现通屯道路硬化，在15个屯实现屯内道路硬化等基础上，继续维修六邦岔路口至弄楼至渭令、矿山至那登屯、那忙屯等6条道路，总长34.1千米，新建平那至江莫道路硬化，总长7千米，精细化实施六音村伍义等3户通屯道路硬化，总长0.744千米。通过实施各项基础设施建设，群众生产生活条件得到极大改善，群众满意度和获得感显著提升。

【安全生产】 2018年，那比乡继续深入推进平安建设工作，深化矛盾纠纷排查化解，持续提升群众安全感和满意度：一是认真落实“党政同责、一岗双责”安全生产责任制，建立健全安全生产“五覆盖”网络化管理责任体系，把安全生产责任分解到各个单位，分解落实到企业。政府与各分管领导、分管领导与各职能单位层层签订责任书，与重点行业、企业签订安全生产责任书。规定严格的责任目标，落实安全防范措施及时有效，执行安全生产法律、法规，特别是对企业的安全生产乡安监站紧盯不放，一抓到底，层层签状，严格监管。对全乡企业签订安全生产责任书，确保安全生产责任目标逐级得到落实；二是加大宣传。2018年共制作永久宣传标语20幅，发放宣传资料15000份，制作大型户外公益广告2块；落实节假日的停、复工安全专项检查，一年来累计排查安全隐患85条，全部整改到位；定期或不定期对全乡烟花爆竹零售商户开展的安全专项检查，对非煤矿山严格按照规定、要求、规范性生产，要求企业做到“五落实、五到位”，杜绝事故发生，保持安全生产的平稳态势；三是加大社会热难问题的排查调处力度，规范信访秩序，畅通信访渠道，全力避免群体上访和越级上访现象发生。

【脱贫攻坚】 那比乡以脱贫攻坚六个“精准”为要求，全力抓好结对帮扶、基础设施建设、产业扶持等工作，2018年新纳入贫困人口1户、3人，退出1户、2人，贫困人口识别进一步精准。大力实施就业帮扶，新增外出务工贫困群众218人，就近安置就业7人。扎实落实雨露计划等政策，帮扶贫困学生28名，发放助学补助8.3万元，组成工作组分别深入到各村对辍学适龄儿童进行劝返，劝返适龄辍学未成年人9人，年内适龄贫困生在校就读178人，适龄

2018年12月17日，那比乡组织那比村两委发展种植桑叶。图为村第一书记带领两委班子处理桑苗（韦柳先 摄）

贫困生义务教育保障达100%。易地搬迁成效稳固，8户、30人搬迁至百花寨集中安置点，针对每户实际情况制定后续扶持发展措施，通过开展劳动技能培训，引导外出务工自主就业15人，以小额信贷入股获得分红方式鼓励1人自主创业就业，获得稳定收入，增强搬迁贫困户的安全感、归属感、获得感，推进“百企扶百村”活动，引导辖区内规模较大、发展较好的企业参与到脱贫攻坚战等中心工作中，努力争取各项发展优惠政策，促进企业发展与中心任务双推进，创建“爱心超市”5个。

【村集体经济】 制定村级集体经济发展三年行动计划。一是延续好经验，打造生猪养殖基地。沿用前期发展特种野猪养殖的模式，利用区纪委帮扶建立的猪舍，采取“公司+养殖能人+贫困户+村民合作社”的模式发展六音村、普农村生猪养殖产业，增加村集体收入。年内，那比乡建立生猪养殖基地2个，共养殖生猪400头；二是强化村企合作，催旺产业。组织第一书记、村两委干部到凌云县下甲镇加西村、云南省富宁县那能乡开展村集体经济专项考察调研，根据考察学习启发，六邦村与云南强丰农业科有限公司合作，采取“公司+合作社+贫困户”发展食用菌种植产业，公司为村民提供技术、销路等服务，保证贫困户和村集体经济收入；那比村、普农村采取“养殖能人+村民合作社”的模式发展种桑养殖产业、狮头鹅养殖产业；截至2018年末，5个行政村村集体经济收入全部超过2万元以上，其中贫困村六音村、普农村的集体经济收入分别为9万元、5.2万元。

【党建工作】 一是坚持抓党的各项建设，构建坚强堡垒。以“领导班子建设年”活动为契机，召开专题民主生活会，重点对照活动中查摆出来的领导班子及其成员在政治思想、团结协作、能力业绩、作风形象、廉洁自律等方面存在的突出问题，结合思想和工作实际，开展问题分析，开展批评和自我批评，明确整改目标，不断增强领导班子和领导干部发现和解决自身问题的能力；以提升基层党组织组织力为主线，加强在管理机制、党员教育、队伍建设、党员管理、支部建设等五个方面工作的力度，助推基层党支部规范化建设，全面提升基层党组织组织力；加强后备力量储备，认真抓好本土人才调整补充、培养管理和实践锻炼，充分调动其参与乡、村中心工作的积极性，让他们接受教育、经受磨炼，为那比乡培养出一批村“两委”后备人才；抓好驻村工作队员管理。严格监督第一书记、乡村振兴队员遵守“吃住在村”等各项工作纪律；加大扶贫领域腐败和作风问题专项治理，对有违纪违规行为的党员立案调查4件，结案1件，送审2件，正在调查1件，给予党纪处分1人。规范村级活动场所建设，为各村统一规范门牌24块，制作党务（村务）公开、党代表职责等各类图板100余块，实现村级场所设置规范、党建制度上墙、服务运行规范；每月开展对标评级，对那比乡党支部进行分类动态管理，自4月以来，那比乡连续4个月被评为五星党支部的1个，连续3个月被评为五星党支部的3个，连续2个月被评为五星党支部的2个，支部“争星”“创星”氛围日益浓厚。二是以深化领导班子建设年为载体，努力打造“五个过硬”的领导班子集体。乡领导班子开展调研、走访、座谈活动，全面了解和掌握2018年各村工作开展情况，为调研村“量身定制”发展大计，2018年共走访群众310户，收集建议意见73余条，为民办实事39件；三是严格执行中央“八项规定”，加强政府制度体系建设，健全权力运行制约和监督体系，着力解决“不严不实”和“不作为、乱作为”等损害群众利益问题，自觉接受人大代表监督、人民群众的社会监督，精神文明建设、民主政治建设和依法行政进程明显加快。2018年新发展党员11名，35岁以下的党员8名，大专以上学历及的7名。

【各村简介】

那比村 位于那比乡中部，是那比乡政府所在地，辖那比、平昆八捞、平那、八麻、那里、那用、大湾、岩乐等8个自然屯、8个村民小组，391户、1771人，居住着壮、汉、瑶3个民族。全村总面积50.43平方千米，林地面积3万多亩，耕地面积3843亩，其中水田761亩，旱地3082亩。森林面积3843亩，经济林面积6149亩，人均住房13平方米，户均有牛栏、猪圈、菜地、果园等72平方米。经济来源少，经济收入主要靠杉木、油茶、甘蔗等。那比村在册的贫困人户数为4户，贫困人口9人。经济收入有养羊和网箱养鱼，八角和油茶种植及外出务工。依托上级20万发展村集体产业财政资金，发展种桑养蚕项目，建立30亩桑叶基地，实现村集体产业零突破。村党支部书记韦建华,村民委主任农志华。

六音村 列为“十三五”整村推进贫困村,暨为自治区纪委帮扶联系村屯。六音村位于那比乡东北部,村部驻地六音屯,距乡人民政府所在地有10千米,辖六音、平上、大平、新安、站保、六下、渭华等7个自然屯、7个村民小组,居住壮、汉两个民族,年末共有298户、1445人。六音村均属土山区,海拔在400~900米之间,年平均气温20℃,年均降雨量1010.6毫升,总面积16.31平方千米,人均面积0.012平方千米,耕地面积4397亩,人均耕地面积3.25亩,其中水田820亩,人均水田面积0.61亩,旱地3577亩,人均旱地面积2.65亩,林地面积18774亩,人均林地面积13.90亩,林种主要有杉木、油茶、八角等。六音村在册的贫困人户数为6户,贫困人口22人。经济收入以生猪养殖、杧果、八角和油茶种植及外出务工为主。六音村村级文化娱乐基础设施建设完成,包括一栋综合楼,一个戏台,一个篮球场,维修六下屯篮球场。通屯道路硬化率100%;排水排污设施覆盖率100%;各村屯主干道路亮化率100%;村级综合服务中心建设达标;道路、村名、门牌等标识标牌规范设立。2018年10月,爱心超市正式在村部挂牌运营,鼓励贫困户通过参加公益活动、勤奋创业、改善人居环境等获得爱心积分,换取所需物资。2018年,被授予“生态宜居红旗村”,成为那比乡唯一一个获“红旗”的乡村。村党支部书记鲁仕勇,村民委主任王光仁。

普农村 地处那比乡东南部,与云南文山州富宁县那能乡接壤,村部驻地普牙屯,距乡人民政府所在地16千米。辖普农、普牙、普洛、平上、拉毛、那龙、渭西、江莫8个自然屯、11个村民小组,居住壮、瑶两个民族。2018年末全村共有339户、1715人,建档立卡贫困户20户、77人,贫困发生率4.49%。全村土地总面积16.75平方千米,耕地总面积4521亩,人均耕地面积2.64亩,其中水田面积977亩,人均水田面积0.57亩,旱地面积3544亩,人均旱地面积2.066亩,林地面积17990亩,人均林地面积10.49亩,主要有杉木、八角、油茶等经济作物。普农村八角、油茶等经济林成为该村的主导产业。普农村于2016年底实现整村脱贫摘帽,贫困发生率降为0,现普农村处于巩固脱贫阶段。普农村为“十三五”整村推进贫困村,为自治区纪委帮扶联系村屯,2018年利用财政专项资金150万元推进普牙桥、通边路及排水沟建设;安排产业发展资金15万元发展种桑养蚕基地;第一书记1.5万元办公经费采购办公电脑、相机、办公柜及安装村部办公室LED等;年内,普农村成立爱心超市。推动群众新种植油茶600亩、杧果70亩、杉木130亩。加大产业帮扶力度,3+1特色产业覆盖贫困户已达80%以上,帮助每户贫困户申请以奖代补政策补贴3500元;做好八角特色产业宣传推广,八角种植面积已达2000亩。2018年10月,参加广西工业和信息产品展示会,将普农村野生灵芝、八角和山茶油、野生蜂蜜包装参展,取得订单10余个。2018年,村集体经济收入4.2万元。村党支部书记兼村民委主任李照发。

六邦村 地处那比乡东北部,村部驻地六邦屯,距乡人民政府所在地8千米,辖六邦、平同、八班、八少、顶外、八外、毛利、渭令、弄楼、那卜等10个自然屯、10个村民小组,371户、1834人,居住为壮族。全村总面积25.58平方千米,耕地面积4777亩,其中水田1116亩,旱地3661亩;林地面积1960.7公顷,经济林主要有八角、桐果、油茶。六邦村在册的贫困人户数为1户,贫困人口5人。六邦村属区定贫困村,群众收入来源主要依靠种植八角、桐果、油茶等传统农业。

2018年,只有六邦屯和顶外至毛利屯实现道路硬化,其他屯均为砂石路。配合财政局实地测量“一事一议”项目“平同—八外—那补”道路,该项目道路总长3千米,项目投资150万,已完成上报工作。及时核对脱贫攻坚项目库项目上报工作,共核对完善上报12条通屯道路硬化项目,9个屯内道路硬化,5个饮水工程,40条水利建设,4个地头水柜建设,4座漫水桥建设。

为发展壮大六邦村村集体经济收入,该村于9月到云南强丰农业科技有限公司签订订购黑木耳菌棒合同,10月底引进两万棒菌棒,采用“公司+合作社+贫困户”的发展模式进行种植,村集体经济收入1万元,实现贫困户增收。村党支部书记兼村民委主任岑忠辉。

那腊村 位于那比乡西南部,村部驻地洞巴屯,距那比乡人民政府所在地32千米,辖那灯、渭乐、那忙、那腊、顶项、洞巴、洞他、那弄、那项、平八、那坡、林乐12个自然屯、12个村民小组,434户、1915

人，建档立卡贫困户102户、398人，劳力872人，低保户26户、66人，五保户9户，新农合参保率达到100%，居住着壮、汉两个民族。那腊总面积107.9平方千米，耕地面积4836亩，其中水田708亩，旱地4128亩。那腊村经济来源渠道多，有桐果、杉木等种植业，还有部分群众依托资源优势发展网箱养鱼、养羊等养殖业。那腊村共有党员42名，其中女党员3名，村“两委”班子7人，村民监督委员会3人。贫困人户数69户、247人，2016年已全部脱贫出列。2018年该村推进村集体经济发展，确定杧果种植项目和黑山羊养殖项目作为那腊村村集体经济项目，年内完成40亩杧果种植。在黑山羊养殖项目，已完成场地平整。

那腊村公共基础设施比较落后，那腊屯、顶项屯、那项屯、洞巴、洞他屯已经屯内道路硬化；旧州至那腊村二级路正在建设中；那项至平八至那坡至云南交界道路硬化正在建设中。各屯均建有人畜饮水工程，解决各屯饮水困难问题。全村已经能够正常供电，各村屯能收看电视节目及开通网络；教育基础设施落后，设有1个教学点，设一至三年级，在校生15人，校舍简陋，教学设备欠缺。村部办公楼于2007年9月投入使用，基本达到基层党组织建设标准要求，村级服务中心建设还处于进一步规划阶段。村党支部书记谭贵兵，村民委主任农志辉。　（向玲玉）

索 引

索引说明

一、本索引采用主题分析索引方法。正文(包括条码、文献、资料、图片和表格)中凡具有独立检索意义的完整资料,均可通过本索引进行检索。少数条目名因语言环境需要,在名称前或者名称后酌加修饰词;有的条目名称动词置后;有的条目名称重复的动词作省略;有的条目名称作简化。为突出图片主题,有的图片文字说明作简略处理。

二、索引按汉语拼音字母(同声字按声调)升序排列。类目、分目、次分目作索引款目用黑体字排印,其余均用宋体字排印。表格、图片在其款目后分别注明“表”“图”。

三、索引款目后的阿拉伯数字和拉丁字母(a, b, c)分别表示内容所在的页码和栏别(即左、中、右栏)。

四、索引空两字位起排的款目为上一主题的“附见”。同一主题的“参见”只标页码。为便于读者检索,内容有交叉的款目,在本索引中重复出现。

五、“图片专辑”“编辑说明”“大事记”等栏目不作索引,阿拉伯数字开头的款目排在索引的前面。

C

D

E

F

G

H

J

K

L

M

N

P

Q

W

X

Z

后 记

《田林年鉴》是在田林县委、县人民政府领导下，由县人民政府主办、县党史和地方志编纂委员会办公室承编，逐年编纂、连续出版的综合年鉴，该书全面、准确、科学、系统地记载料本行政区域自然、政治、经济、文化、社会等各项事业的基本情况和重大事情，是具有政府公报性质的综合性大型信息资料工具书和权威性的年度资料性文献，是了解田林、研究田林的重要窗口，旨在为各级领导提供决策的参考依据，为社会各界和多层面提供资讯。田林县自 2009 年开始编纂出版《田林年鉴》，至今已连续编纂出版 13 个年度共 8 部年鉴。

2019 年，为贯彻落实上级关于地方志综合年鉴“一年一鉴、公开出版”的工作要求，田林县按上级的要求，田林县委、县人民政府于 2019 年 4 月制定下发《〈田林年鉴(2019 年卷)〉编纂工作方案》，组织全县各单位编写和报送年鉴稿件。因本编辑部需在年内全力冲刺完成《田林县志(1991—2005)》审验稿，且要花大量的精力开展脱贫攻坚工作，致使总纂延至 10 月底才完成。

《田林年鉴(2019 年卷)》延续上一年度《田林年鉴》版本的基本框架，但对书名做了调整，将历年书名标注的年度，由原来每部年鉴内容的年度更改为实际出版的年度，以便于与全区、全国的年鉴书名设计一致。

各乡(镇)、县直及区、市驻田林县的各单位对年鉴编纂给予了积极的配合，大部分单位都能按时编写报送年鉴稿件，县摄影协会的会员选送了大量精美的图片，使《田林年鉴》图文并茂，生动的展现田林社会各项事业建设和丰富的人文景观。值此《田林年鉴(2019 年卷)》出版之际，编辑部对为本版年鉴编纂出版付出辛勤劳动的各级领导和全体供稿人员，及所有关心支持《田林年鉴》编纂出版的社会各界人士表示衷心感谢！

由于《田林年鉴》编纂人员的编辑水平有限，且业务繁忙，为确保在年内能够按时出版，编纂工作略显仓促，对全书稿件的编辑未能做到精益求精，整部年鉴难免有不周全之处，祈望读者提出宝贵意见，以便于我们在下一部年鉴编纂工作中进一步整改和提高。

《田林年鉴》编辑部设在田林县乐里镇环昌路人力资源和社会保障服务中心综合办公楼 5 楼县党史和地方志办公室。邮政编码：533300，电话：(0776) 7210475，竭诚欢迎广大读者和从事年鉴编纂工作的同行不吝批评、指正，使《田林年鉴》的编纂工作做得更好。

《田林年鉴》编辑部

2019 年 12 月